Werner Friedrich Kümmel

Musik und Medizin

Freiburger Beiträge zur Wissenschafts- und Universitätsgeschichte

Im Auftrag der Albert-Ludwigs-Universität Freiburg herausgegeben von Hugo Ott

Band 2

Werner Friedrich Kümmel

Musik und Medizin

Ihre Wechselbeziehungen in Theorie und Praxis
von 800 bis 1800

Verlag Karl Alber Freiburg/München

CIP-Kurztitelaufnahme der
Deutschen Bibliothek

Kümmel, Werner Friedrich
Musik und Medizin: ihre Wechselbeziehungen
in Theorie u. Praxis von 800 bis 1800. –
1. Aufl. – Freiburg [Breisgau], München:
Alber, 1977.
    (Freiburger Beiträge zur Wissenschafts-
und Universitätsgeschichte; Bd. 2)
    ISBN 3-495-49602-5

© Verlag Karl Alber GmbH Freiburg/München 1977
Satz und Druck: Presse-Druck Augsburg
ISBN 3-495-49602-5
Gedruckt mit Unterstützung der
Deutschen Forschungsgemeinschaft

„Musica enim generaliter sumpta
obiective quasi ad omnia se extendit,
ad Deum et creaturas,
incorporeas et corporeas,
celestes et humanas,
ad scientias theoricas et practicas."

Jacobus von Lüttich

„Instrumenten und Seytenspil
der Musica helffen auch die gesuntheit
erhalten / und die verloren wider
zubringen. Dan die tön seind eben den
schwachen gemüteren vergleicht /
wie sich die artzneyen den schwachen
leiben vergleichen."

Schachtafelen der Gesuntheyt . . .
Straßburg 1533

„Medicina sanat animam per corpus,
musica autem corpus per animam."

Giovanni Pico della Mirandola

„Musica itaque medicinalis est . . ."

Johannes de Muris (?)

Inhalt

Vorwort

Das vorliegende Buch ist die überarbeitete Fassung meiner Habilitationsschrift für Geschichte der Medizin, die 1971/72 dem Fachbereich Humanmedizin der Johann Wolfgang Goethe-Universität Frankfurt am Main vorgelegen hat. Die Anregung zu diesem Thema gab mir das von Julius Berendes verfaßte Heft über „Musik und Medizin" der CIBA-Zeitschrift (Bd. 9, Nr. 100, 1961), das mir während meiner Studienzeit in die Hände fiel. Damals faßte ich den Plan, die Beziehungen zwischen Musik und Medizin in früherer Zeit gründlicher, als es bis dahin geschehen war, zu untersuchen. Ein Forschungsstipendium der Deutschen Forschungsgemeinschaft bot mir in den Jahren von 1966 bis 1969 die Chance, den Plan zu verwirklichen. Dafür möchte ich der DFG meinen Dank aussprechen. In diesem Zusammenhang danke ich auch den Professoren Ingomar Bog (Marburg), Heinrich Hüschen (Köln, früher Marburg) und Gunter Mann (Mainz, früher Frankfurt am Main und Marburg), die mich in meinem Vorhaben ermunterten und bereitwillig unterstützten. Mein besonderer Dank gilt dem zuletzt Genannten: Gunter Mann hat das Projekt von Anfang an mit Rat und Tat gefördert, mich in die Geschichte der Medizin eingeführt und schließlich ganz für dieses Fach gewonnen. Dankbar erwähnt sei aber auch Herr Prof. Dr. Walter Artelt (†); eine Assistentenstelle, die er mir 1970 am Senckenbergischen Institut für Geschichte der Medizin der Universität Frankfurt übertrug, ermöglichte es mir, die Arbeit nach Ablauf der Stipendienzeit ohne Aufschub fortzusetzen und zu Ende zu führen.

Darüber hinaus habe ich auch all denen zu danken, die den Weg zur Veröffentlichung des Buches ebnen halfen: dem Verlag Karl Alber in Freiburg im Breisgau, insbesondere Herrn Dr. Meinolf Wewel, für die Aufnahme der Arbeit in das Verlagsprogramm; der Deutschen Forschungsgemeinschaft für die Genehmigung eines Zuschusses zu den

Druckkosten; verschiedenen in- und ausländischen Bibliotheken für die Erlaubnis zur Reproduktion von Fotos aus Handschriften; Frau Dr. Erika Dinkler-von Schubert (Heidelberg) und vor allem Frau Dr. Hildegard Giess (Rom) für das erfolgreiche Bemühen, mir ein Originalfoto von einem Fresko im römischen Ospedale di Santo Spirito zu beschaffen. Herr Prof. Dr. Martin Ruhnke (Erlangen) machte mir den Mikrofilm eines Telemann-Druckes zugänglich, Herr Prof. Dr. Hubert Unverricht (Mainz) gewährte mir Einsicht in eine eigene Materialsammlung zum Thema Musik und Medizin. Herrn Dr. Eckhard Neubauer (Frankfurt am Main) danke ich für wertvolle Literaturhinweise, Auskünfte und die Übersetzung einer arabischen und einer türkischen Quelle, desgleichen meinem Institutskollegen Prof. Dr. Helmut Siefert für bibliographische Mitteilungen und schließlich meiner Frau für die Mitarbeit an der endgültigen Textfassung, das Mitlesen der Korrekturen und die Herstellung des Registers.

Bergen-Enkheim, im März 1976   *Werner Friedrich Kümmel*

12

Einleitung

Buchtitel sollten keinen Anlaß zu Fehldeutungen geben. Doch liegen zu Zeiten Gedanken und Begriffe so in der Luft, daß sie sich ähnlichen Formulierungen ungewollt aufdrängen. Wer dächte bei dem Begriffspaar „Musik und Medizin" heute nicht sogleich an „Musiktherapie", von der so viel gesprochen wird? Man könnte versucht sein, in dem Titel dieses Buches, zumal nach einem Blick in das Inhaltsverzeichnis, die Ankündigung einer Geschichte der Musiktherapie von 800 bis 1800 zu sehen. Das Wort Musiktherapie erscheint nun aber mit Absicht nicht im Titel. Man würde damit allzu leicht Vorstellungen und Erwartungen, die der moderne Begriff zwangsläufig weckt, in die Geschichte hineintragen und das Verständnis für die Eigenart, ja Fremdheit früherer Zeiten verstellen. Zwar geht es in einem großen Teil der vorliegenden Untersuchung um die medizinische Anwendung von Musik, doch wird sich zeigen, daß man dabei nicht eigentlich von Musiktherapie sprechen kann, wohl aber von Musik *in* der Therapie. Außerdem geht es in den folgenden Kapiteln nicht nur um den praktischen Gebrauch von Musik in der Medizin und um seine „physiologische" Erklärung, sondern auch um gedanklich-theoretische Wechselbeziehungen zwischen Musik und Medizin (die allerdings praktische Konsequenzen nicht ausschlossen). So diente die Musik – oder genauer die ihr zugrundeliegende Zahlenordnung – als Modell für eine einzelne Körperfunktion wie den Puls, für das Zusammenwirken von Körper und Seele und für das Wesen von Gesundheit und Krankheit. Umgekehrt war der Puls Vorbild und praktisches Richtmaß für den Ablauf der Musik. Der Leser wird also weit vielfältigeren, umfassenderen Beziehungen zwischen Musik und Medizin begegnen, als er es aus seiner Kenntnis moderner Musiktherapie vielleicht erwartet.

An Literatur über Musik und Medizin in der Vergangenheit mangelt es nicht – jedenfalls nicht der Zahl nach. Neben einigen ausführlicheren Arbeiten stehen viele kürzere Darstellungen und Aufsätze. Ganz gleich, ob diese Arbeiten das Thema als ganzes skizzieren – nicht selten mit Einschluß der Gegenwart[1] – oder sich einem Teilproblem widmen,[2] das Hauptgewicht liegt durchweg auf dem Altertum und auf dem 16.–18. Jahrhundert. Auch diejenigen umfangreicheren Untersuchungen, die sich auf einen bestimmten Zeitabschnitt beschränken, gelten teils der Antike,[3] teils der Zeit nach dem Mittelalter.[4] Das Mittelalter selbst bleibt weitgehend ausgespart, wenn man von einigen wenigen Arbeiten zum arabischen Mittelalter einmal absieht.[5] Was die Neuzeit betrifft, so nimmt die Darstellung des Tarantismus-Phänomens, theoretisch-spekulativer Gedanken und „physiologischer" Erklärungen der Wirkung von Musik in der bisherigen Literatur einen ungebührlich breiten Raum ein. Die Person Athanasius Kirchers rückt zu sehr in den Mittelpunkt, während von dem tatsächlichen medizinischen Gebrauch der Musik nur ein undeutliches Bild entsteht, ja man muß sogar sagen, daß dieser Gesichtspunkt bisher zu wenig beachtet wurde.[6] Und noch ein weiteres Merkmal kennzeichnet die Literatur: Eine kleine, recht zufällige Auswahl von Quellen kehrt immer wieder. Es scheint, als ob die reichhaltige Bibliographie zum Thema Musik und Medizin, die Dorothy M. Schullian 1948 vorgelegt hat und die teilweise bis in das 18. und

---

[1] Vgl. A.-J. Chomet (L 1874); C. Engel (L 1876), Bd. 2, S. 84–113; H. Soula (L 1883); L.-C. Colomb (L 1886), S. 265–288; S. Bryk (L 1894); P. Hospital (L 1897); A. Cabanès (L 1913), S. 75–118; G. Quertant (L 1933); K.-H. Polter (L 1934); H. Sohler (L 1934); E. A. Underwood (L 1947); H. E. Sigerist (L 1952), S. 218–232; A. Machabey (L 1952); F. Garofalo (L 1957); J. Berendes (L 1961); M. G. Yaşargil (L 1962); H.-J. Möller (L 1971/a); ders. (L 1974).
[2] R. M. Lawrence (L 1910); P. Albarel (L 1929); M. Yearsley (L 1935); K. G. Fellerer (L 1938/39); A. Carapetyan (L 1948); F. Densmore (L 1948); Br. Meinecke (L 1948); P. Radin (L 1948); W. Katner (L 1952/53); D. P. Walker (L 1953); R. Vaultier (L 1954); B. Boehm (L 1958); J. Schumacher (L 1958); G. L. Finney (L 1962); G. Wille (L 1962); H. Steffen (L 1966); ders. (L 1969); J. Ziemann (L 1970); H.-J. Möller (L 1971/b); Y. David-Peyre (L 1973); E. Lesky (L 1973); H. und H. Huchzermeyer (L 1974).
[3] Br. Meinecke (L 1948); B. Boehm (L 1958); J. Schumacher (L 1958); G. Wille (L 1962); H. und H. Huchzermeyer (L 1974).
[4] A. Carapetyan (L 1948); W. Katner (L 1952/53); H. Steffen (L 1966); J. Ziemann (L 1970).
[5] H. G. Farmer (L 1926); ders. (L 1943); J. Chr. Bürgel (L 1972); A. Shiloah (L 1972).
[6] So beschäftigt sich H.-J. Möller in seinen Darstellungen (L 1971 und 1974) wiederum fast nur mit den „Vorstellungen" und Theorien von der Wirkung der Musik.

14

17. Jahrhundert zurückgreift,[7] erst recht zu dem Fehlschluß verleitet hat, man könne sich die Mühe eigener Quellensuche nunmehr ersparen. So wurden gerade die medizinischen Quellen, vor allem insofern sie praktische Ratschläge für die Therapie geben und konkrete Fälle schildern, im ganzen gesehen erstaunlich wenig ausgewertet. Das Urteil, das der französische Musikwissenschaftler Armand Machabey 1952 über den damaligen Stand der Forschung fällte, gilt im wesentlichen noch heute:

> „... un chapitre cent fois esquissé, mais peu approfondi, peu connu, de l'histoire de la musique – ou de celle de la médecine ... des incidents sporadiques, isolés, sans lieu entre eux, peu susceptibles surtout de se rattacher à une doctrine générale et de justifier, par conséquent, une étude d'ensemble ..."[8]

Es besteht immer noch Grund zu fragen, ob sich die Beziehungen zwischen Musik und Medizin in früherer Zeit in einzelnen kulturgeschichtlichen Kuriositäten erschöpften oder sich allenfalls auf den Bereich theoretischer Überlegungen und literarischer Ideentradition erstreckten, mit anderen Worten: ob die Musik wirklich auch eine praktische Bedeutung für die Medizin hatte.

Damit ist ein deutlicher Mangel der Forschung und zugleich eine wichtige Aufgabe der vorliegenden Arbeit bezeichnet. Eine bloß fachgeschichtliche Sicht wäre dem Gegenstand nicht angemessen. Das Thema bedarf der interdisziplinären Darstellung, worauf man bisher nicht immer genügend geachtet hat. Daher war es zuallererst notwendig, eine breite Quellengrundlage zu schaffen und dabei auch das Mittelalter gebührend zu berücksichtigen. Medizinische, musiktheoretische, philosophische, enzyklopädische und kulturgeschichtliche Quellen boten die Voraussetzung dafür, die wesentlichen Aspekte des Themas auszubreiten und von der fachlichen Herkunft bedingte Einseitigkeiten zu vermeiden.[9] Die Auswahl der Quellen beschränkte sich nicht auf herausragende Persönlichkeiten und Werke, sondern schloß

---

[7] D. M. Schullian (N 1948).
[8] A. Machabey (L 1952), S. 5.
[9] So zog z. B. H. Sohler in seiner musikwissenschaftlichen Dissertation (L 1934) kaum medizinische Quellen heran, während sich K.-H. Polter in seiner medizinischen Dissertation (L 1934) auf medizinische Quellen beschränkte, ohne die Musikanschauung zu berücksichtigen, für deren Kenntnis die musiktheoretischen Schriften unentbehrlich sind.

auch die Schriften wenig bekannter Verfasser ein, die, wenngleich in anderer Weise, ebenfalls als geschichtliche Zeugnisse „repräsentativ" sind. Vor allem war es wichtig, die bisher sehr vernachlässigten medizinischen Texte gründlich zu durchforschen. Ein besonderes Augenmerk galt dabei der „Konsilien"-Literatur, also den Sammlungen von tatsächlichen Krankheitsfällen, um auf diesem Wege die Theorien und Vorschriften, die in Lehrbüchern und anderen Abhandlungen formuliert sind, bis in die Praxis und, soweit möglich, bis in das kulturelle Milieu hinein verfolgen zu können.

Das Quellenstudium eröffnete Einblicke in neue größere Zusammenhänge und brachte für diejenigen Aspekte, die in Umrissen schon bekannt waren, so viel neues Material zutage, daß sich ein erheblich genaueres, anschaulicheres Bild gewinnen ließ. Die folgende Übersicht soll das kurz verdeutlichen.

Die Vorstellung von der „Musik" im Puls (Kapitel I, 1) beschäftigte bereits eine Reihe von Autoren; sie konzentrierten sich jedoch, von einigen Hinweisen abgesehen, auf den besonders illustrativen letzten Abschnitt, die musikalisch notierten Pulsaufzeichnungen aus dem 16.–18. Jahrhundert. Den Versuch, die wechselvolle Entwicklung dieses Gedankens von der Antike über das Mittelalter bis um 1800 im einzelnen vor Augen zu führen, hat bisher niemand unternommen. Das gilt erst recht für die umgekehrte Beziehung zwischen Puls und Musik: Die Musikwissenschaft hat die Rolle, die der Puls in der Musiktheorie spielte (Kapitel I, 2), noch nicht näher untersucht. Weitgehend Neuland erschließen das zweite und dritte Kapitel. Im zweiten Kapitel geht es um die Bedeutung der Musik (oder der Musiktheorie) für die ärztliche Bildung, im dritten um das Verständnis von Gesundheit und Krankheit unter dem Aspekt der musica-Idee, oder anders ausgedrückt: um die Interpretation des musiktheoretischen Begriffs der „musica humana".

Das Hauptinteresse der Forschung galt begreiflicherweise der Heilkraft der Musik, wobei man sich vorwiegend den „physiologischen" Erklärungsversuchen und Theorien zuwandte, ungleich weniger aber der tatsächlichen therapeutischen Anwendung von Musik. Die Frage nach deren Vorbedingungen wurde dabei nicht übergangen, doch bisher nur unzureichend beantwortet. Man erkannte wohl, daß die antike Lehre vom „Ethos" der Musik, d. h. von ihrer Wirkung auf die Seele, auf Affekte und Charakter, eine unabdingbare Voraussetzung

16

war, übersah aber, daß der medizinische Gebrauch der Musik noch auf zwei weiteren Grundlagen beruhte: einmal auf der Überzeugung, daß das Verhältnis von Körper und Seele sehr eng und der Arzt daher für beide zuständig sei, zum andern auf der „Diätetik" der Humoral- medizin, die aller Prophylaxe und Therapie zugrundelag und die Berücksichtigung der Gemütsbewegungen einschloß. Erst als diese drei Gegebenheiten miteinander verbunden wurden, konnte, ja mußte die Musik einen festen Platz in der praktischen Medizin erhalten (Kapitel IV). Die ungenügende Einsicht in diese Zusammenhänge hatte zur Folge, daß zwei sehr wesentliche Merkmale medizinischer Anwendung von Musik in früherer Zeit bisher weitgehend verborgen blieben: Einmal, daß sie nicht auf Krankheiten beschränkt bleiben konnte, sondern auch für den Schutz der Gesundheit wichtig war (Kapitel V),[10] zum andern, daß sie bei Krankheiten aller Art von Nutzen war (Kapitel VI), also nicht etwa, wie gelegentlich angenommen, nur bei Geisteskrankheiten.[11] G. L. Finney hat allerdings, wie ausdrücklich anerkannt sei, am Beispiel englischer Quellen des 17./18. Jahrhunderts bereits 1962 gezeigt, daß der medizinische Gebrauch von Musik auf der Diätetik der Humoralmedizin fußte.[12] Sonst ist man darauf paradoxerweise nur außerhalb der speziellen Forschung zu unserem Thema, wenn auch eher beiläufig, aufmerksam geworden.[13] Wohl nicht zufällig handelt es sich dabei um Arbeiten, die dem *Mittelalter* gelten.

Damit ist ein für die vorliegende Arbeit entscheidendes Stichwort gefallen. Bisher hat sich die einschlägige Forschung mit dem Mittelalter, was die Bedeutung der Musik für die Medizin betrifft, auffallend wenig beschäftigt. Wenn man es nicht ganz ausklammerte, um von der Antike gleich zur Renaissance und zur Barockzeit überzugehen,[14] sprach man allenfalls von der mittelalterlichen „Tanzkrankheit" und

---

[10] Darauf machte schon A. Carapetyan (L 1948), S. 129 f. aufmerksam.
[11] Vgl. z. B. den Titel des Buches von H.-J. Möller (L 1971): „Musik gegen ‚Wahnsinn'. Geschichte und Gegenwart musiktherapeutischer Vorstellungen."
[12] G. L. Finney (L 1962).
[13] Vgl. G. Eis (L 1962); W. Salmen (L 1960), S. 132–135 widmete einen Abschnitt der „leibseelischen Wirkung spielmännischen Musizierens"; vgl. auch W. Bachmann (L 1964), S. 155.
[14] So enthält der Sammelband „Music and medicine" (L 1948) Beiträge über primitive Völker, amerikanische Indianer, das Altertum sowie über die Renaissance und das 17./18. Jahrhundert; das Mittelalter geht leer aus.

fügte noch einige Belege hinzu, die nur in einem weiteren Sinne zum Thema gehören. Demgegenüber verdient es Beachtung, daß die Arabistik einige Beiträge zum arabischen Mittelalter geleistet[15] und Hans-Jürgen Möller jüngst dem lateinischen Mittelalter einen eigenen Abschnitt gewidmet hat. Da es ihm jedoch um „psychotherapeutische Aspekte in der Musikanschauung" ging, stützte er sich weitgehend auf musiktheoretische und philosophische Quellen und ließ die medizinischen fast ganz beiseite; von der wirklichen Anwendung der Musik ist daher nur am Rande die Rede.[16]

Diese das Mittelalter betreffende Forschungslücke ist aber nicht nur auf mangelnde Quellenstudien zurückzuführen, sondern auch auf ein schematisierendes Verständnis von Mittelalter und Renaissance, das noch immer weit verbreitet ist. Danach ist im Mittelalter nahezu alles, was die Antike gekannt hatte, untergegangen oder in Vergessenheit geraten, um erst in der Renaissance (oder noch später) wieder ans Licht zu kommen. So heißt es 1934 bei Heinrich Sohler über die Zeit der Renaissance:

„In demselben Maße, in dem der Blick auf das Altertum hingelenkt wurde, und man sich mit den Griechen und ihren wissenschaftlichen und künstlerischen Ansichten wieder befaßte, beginnt man sich auch mit der ärztlichen Verwendung von Musik zu beschäftigen."[17]

Michel Foucault äußert sich 1969 ebenso: „Seit der Renaissance hatte die Musik alle heilenden Kräfte wiedergefunden, die ihr die Antike zugeschrieben hatte."[18] Für manche Autoren gewinnt die Musik sogar erst – oder erst wieder – im 17./18. Jahrhundert Bedeutung für die Medizin. „Das tiefe Schweigen des Mittelalters", so meint Walther C. Simon, „erstickte . . . jede Fortentwicklung der Musiktherapie bis ins 16. und 17. Jahrhundert."[19] Wilhelm Katner glaubte, erst mit der barocken musikalischen Affektenlehre seien die antiken Ideen von der harmonisierenden, heilenden Kraft der Musik wieder aufgegriffen worden und dadurch Musik und Medizin in engere Berührung gekommen; eingeleitet von Athanasius Kirchers „Verschränkung

---

[15] Siehe oben Anm. 5.
[16] H.-J. Möller (L 1974), S. 113–126.
[17] H. Sohler (L 1934), S. 23.
[18] M. Foucault (L 1969), S. 327.
[19] W. C. Simon (L 1973), S. 87.

zwischen der Barockmusik und -medizin" sei „die so charakteristische Iatromusik des Barock" entstanden; „nur in dieser Stilperiode war die Iatromusik eigentlich ein organisches Gewächs."[20] Zu solchen Urteilen scheint auch die Tatsache beigetragen zu haben, daß die bibliographisch leicht auffindbaren Monographien von Ärzten über die medizinische Wirkung der Musik erst im 18. Jahrhundert einsetzen.[21] Man zog daraus nicht nur den richtigen Schluß, daß damals das Interesse an diesem Vorgang und seiner Erklärung stark zunahm, sondern folgerte weiter, daß die Musik offenbar für die Medizin früherer Jahrhunderte keine oder nur eine geringe Rolle spielte. So sagt Hans-Jürgen Möller 1971:

„Seit der Aufklärung . . . wuchs das Interesse für die therapeutische Wirkung der Musik sprunghaft an, nachdem das Mittelalter sich fast gar nicht und die Renaissance nur wenig um den Ausbau der von der Antike tradierten Vorstellungen über die Wirkung der Musik bemüht hatten."[22]

Und weiter:

„Bis zum 18. Jahrhundert wird die Musik lediglich in äußerst wenigen Einzelfällen, die immer wieder in den Traktaten zitiert werden, aus medizinischen Gründen angewandt."[23]

Treffender und vorsichtiger beschrieb demgegenüber der Musikhistoriker Joseph Smits van Waesberghe 1969 den derzeitigen Wissensstand: „Inwieweit man im Mittelalter an die medizinisch-physische Wirkung der Musik glaubte, läßt sich nicht mit Bestimmtheit sagen."[24]

Die Quellen, zumal die medizinischen, erweisen aber deutlich, daß man im Mittelalter nicht nur daran glaubte, sondern, wie die Kapitel V und VI zeigen werden, auch danach handelte, ja daß die Musik im Mittelalter bereits fest in die Medizin eingegliedert war. Aus diesem

---

[20] W. Katner (L 1952/53), S. 498; vgl. auch S. 504.
[21] Vgl. H.-J. Möller (L 1974), S. 139: „Konnten wir bisher [d. h. vor dem 18. Jahrhundert] nur verstreute Anmerkungen über die Wirkungen der Musik in der medizinischen Fachliteratur aufzeigen, so gibt es seit dem 18. Jahrhundert zahlreiche medizinische Monographien über die Wirkungen der Musik auf Gesunde und Kranke."
[22] Ders. (L 1971), S. 7.
[23] Ebd. S. 49.
[24] J. Smits van Waesberghe (L 1969), S. 40 f.

Ergebnis, das über die bisherige Forschung in einem wichtigen Punkt hinausführt, ergibt sich für die vorliegende Arbeit der zeitliche Rahmen von 800 bis 1800, was kurz begründet werden muß.[25] Das Mittelalter übernahm vom Altertum die Lehre vom „Ethos" der Musik und die Humoralmedizin, zu deren Diätetik die Regulierung der Affekte gehörte; es lag nahe, beides miteinander zu verbinden, doch geschah dies in der antiken Medizin nur vereinzelt. Erst bei arabischen Ärzten und Gelehrten des 9. Jahrhunderts erscheint die Musik als fester Bestandteil von Prophylaxe und Therapie. Mit der Rezeption der arabischen Wissenschaft machte sich das lateinische Mittelalter auch diese medizinische Funktion der Musik zu eigen. Bis in das frühe 19. Jahrhundert behielt die Musik ihre Geltung in der Medizin; sie verlor sie erst, zumindest zu einem großen Teil, als die Tradition der Diätetik, auf der sie beruhte, zu Ende ging. Diese Kontinuität im großen – trotz manchen Wandels im einzelnen – fordert die Darstellung eines Jahrtausends, das sich mit keiner der geläufigen historischen Epochenbezeichnungen zutreffend benennen ließe. Obwohl die zeitliche Abgrenzung ursprünglich nur für die diätetisch-therapeutische Funktion der Musik getroffen wurde, erwies sie sich auch für die in den ersten drei Kapiteln behandelten Themen als sinnvoll und angemessen. Es versteht sich von selbst, daß es dabei oft nötig war, über diesen zeitlichen Rahmen hinauszugreifen, vor allem, um antike Traditionen und ihre Reichweite richtig einschätzen zu können.

Zwei Einschränkungen müssen noch erwähnt werden. Die eine betrifft die Quellen. Die entscheidende Bedeutung, die dem arabischen Kulturkreis für unser Thema zukommt, tritt in jedem der folgenden Kapitel deutlich hervor. Doch wurden aus diesem Bereich nur Quellen herangezogen, die entweder schon im Mittelalter ins Lateinische übersetzt wurden und dadurch auf den lateinischen Westen erheblichen Einfluß ausübten, oder die durch moderne Übersetzungen leicht zugänglich geworden sind. Nur ein Fachmann könnte die zahlreichen handschriftlichen, noch unbearbeiteten arabischen Texte durchforschen, die ebenfalls in Betracht kämen. Gewiß wäre eine solche Untersuchung wünschenswert, und sicherlich brächte sie wertvolle Aufschlüsse, doch darf man vermuten, daß sich die Hauptlinien, wie sie dieses Buch aufgrund der gedruckten lateinischen und der

---

[25] Ausführlicher darüber unten S. 148–152.

20

modernen Übersetzungen arabischer Texte skizziert, dadurch wohl kaum wesentlich verschieben würden.

Die zweite Beschränkung bezieht sich auf Inhaltliches. In der Literatur wurden bisher die mittelalterliche „Tanzkrankheit" und der Tarantismus des 16.–18. Jahrhunderts oft eingehend geschildert – wie es auch viele Quellen tun, wenn sie die Wirkungen der Musik diskutieren. Hier werden diese beiden Komplexe dagegen mit Absicht nicht behandelt. Der Grund dafür ist nicht, daß sie schon vielfach bearbeitet wurden und daß für den Tarantismus nunmehr das Werk Ernesto De Martinos vorliegt.[26] Vielmehr hat die Musik in den beiden Phänomenen eine völlig andere Funktion als in der Medizin. Während sie aus ärztlicher Sicht bei Gesunden und Kranken die Gemütsbewegungen regulieren und im rechten Mittelmaß halten sollte, verhalf sie bei den „Tanzepidemien" und bei den angeblich von der Tarantel Gestochenen zu unablässigem, rauschhaftem Tanzen, glich also die Affekte nicht maßvoll aus, sondern steigerte sie vielmehr in einer Richtung immer weiter. Eine solche Funktion der Musik paßte ganz und gar nicht in die Humoralmedizin und ihre Diätetik. Man müßte das Thema „Musik und Medizin" schon bedenklich ausweiten, wollte man ihm die mittelalterliche „Tanzkrankheit" und den Tarantismus mit zuordnen. Aus guten Gründen ist es in diesem Buch enger gefaßt.

Die vorliegende Arbeit versucht, eine tausend Jahre umspannende Kontinuität darzustellen und umfassend zu dokumentieren.[27] Das Stichwort „Entwicklung" wäre hier unangebracht. Vielmehr ist mit dem Begriff „Kontinuität" der Kern und zugleich ein Problem vor allem der Kapitel V und VI berührt, das dem Verfasser Schwierigkeiten bereitete und vom Leser Verständnis erfordert. Die Grundgedanken und Voraussetzungen, auf denen die medizinische Funktion der Musik aufbaute, waren jahrhundertelang dieselben. Daher gleichen sich die Belege zum Teil bis in die einzelne Formulierung hinein. Vielen Texten ist nicht ohne weiteres anzumerken, aus welcher Zeit sie stammen. Mögen die Wiederholungen zuweilen auch monoton wirken, so sind sie doch unmittelbarer Ausdruck einer langen, nahezu

---

[26] E. De Martino (L 1961). Es sei jedoch hinzugefügt, daß die musikalische Seite des Tarantismus nach wie vor nur ungenügend erforscht ist. Eine Untersuchung des Verfassers über die Frühgeschichte der „Tarantella" befindet sich in Vorbereitung.
[27] Um den Text dieses Buches leicht lesbar zu machen, werden fremdsprachige Quellenzitate mit wenigen Ausnahmen in deutscher Übersetzung gegeben.

unveränderten Tradition, und es ist „gerade das Stereotype dieser Formeln, das ihre Authentizität verbürgt".[28] An diesem Thema zeigt sich besonders deutlich, daß nicht nur Veränderung und Entwicklung den historischen Prozeß kennzeichnen, sondern ebenso das Festhalten an Tradition. Beides zusammen in jeweils wechselndem Verhältnis konstituiert erst Geschichte. Wer die Mühe nicht scheut, geschichtliche Authentizität zu suchen, dem gewähren die folgenden Kapitel Einblick in ein Stück „musikgeschichtliche Wirklichkeit",[29] die zugleich medizinhistorische Wirklichkeit ist.

---

[28] So R. Alewyn (L 1975), S. 20 über stereotype Formeln zum Ausdruck der Angst vor der Natur in Gebeten und Liedern vergangener Jahrhunderte.

[29] Zu diesem Begriff vgl. H. Zenck (L 1959). Zenck sieht „musikgeschichtliche Wirklichkeit" in drei verschiedenartigen Sphären, die eng miteinander zusammenhängen, sich ausprägen:
„1. in dem musikalischen Gestalten (im Zentrum stehen ‚Schöpfer und Werk'),
2. im Vollziehen und Aufnehmen der Musik (oder in der Sphäre des Musizierens und Hörens), und
3. in der Musikanschauung (d. h. in der Selbstdeutung der Musik." (S. 11) Für unser Thema sind vor allem der zweite und dritte Bereich wichtig. Die Musikanschauung, um mit dem letzten zu beginnen, ist nach Zenck „nicht ‚Spiegelung' oder geistiger ‚Überbau', die unwirklich wären gegenüber dem ‚realen' musikgeschichtlichen Dasein", vielmehr gibt die Musikanschauung Auskunft darüber, „welche Erwartungen die Menschen von der Musik hegten, welche Forderungen sie an die Musik stellten und welche Lebenswerte die Musik für sie verwirklichte". (S. 16 f.) Musikanschauung ist daher eng mit der zweiten Sphäre, der „Geschehens-Seite des Musikalischen und dessen gesellschaftlich-geschichtlicher Welt" verflochten, die sich mit folgenden Fragen umschreiben läßt: „Wer musiziert? wo und wie wird musiziert? für wen und in welcher Absicht wird musiziert?" (S. 14).

I. Puls und Musik[1]

1. „Musik" im Puls

In Shakespeares „Hamlet", in dem großen Dialog zwischen Hamlet und der Queen in der vierten Szene des dritten Akts, wirft die Königin ihrem Sohn Geistesverwirrung und Sinnestäuschung vor. Hamlet erwidert:

> „Ecstasy!
> My Pulse, as yours, does temperately keep time, and makes as healthful music: it is not madness that I have utter'd . . ."

Die Vorstellung von der „Musik" im Puls stammt aus der antiken Medizin. Im 16. Jahrhundert kam sie zu neuer Blüte: Eine veränderte musikgeschichtliche Situation eröffnete dem Gedanken Entfaltungsmöglichkeiten, wie sie früher nicht denkbar gewesen waren.

Übereinstimmend schreiben antike Autoren die Verbindung von Puls und Musik dem um 300 v. Chr. in Alexandria wirkenden Arzt HEROPHILOS zu. Er hatte sich als einer der ersten unter den griechischen Ärzten eingehend mit dem Puls beschäftigt, hatte eine Reihe von Pulsmerkmalen festgelegt und darauf eine Pulsdiagnostik und -prognostik aufzubauen versucht. Es ging ihm dabei sowohl um empirisches Fühlen und Messen des Pulses als auch darum, bestimmte zahlenmäßige Gesetzlichkeiten des Pulses zu fixieren. Einerseits widmete Herophilos seine Aufmerksamkeit erstmals Unterschieden der Pulsfrequenz je nach Altersstufe, wobei er sich einer Wasseruhr bediente.[2]

---

[1] Dieses Kapitel vereinigt in überarbeiteter und z. T. erweiterter Fassung zwei frühere Aufsätze (L 1968 und L 1970).
[2] H. Schöne (Q 1907), S. 452 und 463. Nach Herophilos begann man sich für die Messung der Pulsfrequenz erst wieder seit dem 15. und 16. Jahrhundert zu interessieren; vgl. dazu unten S. 33−35.

23

Andererseits (und wohl in Zusammenhang damit) wandte er metrisch-musikalische Modelle auf den Puls an, um dadurch gesunde und kranke Pulse zu unterscheiden und zu kennzeichnen. Er nahm für die vier Lebensalter eine verschiedene Zeitdauer der beiden den einzelnen Pulsschlag bildenden Bewegungen „Diastole" und „Systole" an, setzte diese beiden Bewegungen der Arterie mit Arsis und Thesis, dem Auf und Nieder der Musik und Metrik, gleich und drückte ihr Zeitverhältnis in bestimmten Versfüßen aus: bei Säuglingen ∪ ∪ , bei Heranwachsenden — ∪, im mittleren Alter — —, im hohen Alter ∪ — . Diese aus „Diastole" und „Systole" der Pulsader bestehenden „Rhythmen" im einzelnen Pulsschlag sowie einige normale Varianten und krankhafte Abweichungen faßte Herophilos außerdem auch in entsprechende Zahlenproportionen. Dabei legte er, der Rhythmuslehre des Aristoxenos von Tarent (4. Jahrhundert v. Chr.) folgend, eine kleinste wahrnehmbare Zeiteinheit zugrunde; nach seiner Auffassung war das beim Puls die „Diastole" des Pulsschlages der Neugeborenen.[3]

Die Verknüpfung des Pulses mit der Musik und Metrik blieb über zwei Jahrtausende lebendig, obwohl eine der maßgeblichen medizinischen Autoritäten bis weit in die Neuzeit, der griechische Arzt GALEN (129–199 n. Chr.), sie nach anfänglicher Zustimmung schließlich doch ablehnte. Galen setzte sich wiederholt mit der Pulstheorie des Herophilos auseinander. Die von Herophilos aufgestellten metrischen Schemata für den Pulsschlag der vier Lebensalter verwarf er. Doch scheint auch er es anfangs für wichtig, für notwendig und auch für möglich gehalten zu haben, das Verhältnis zwischen der Zeitdauer der „Diastole" und der „Systole" zu ermitteln[4] – unter den drei damals strittigen Einteilungen des einzelnen Pulsschlags entschied er sich für diese Proportion.[5] Bald jedoch regten sich bei Galen Zweifel, ob sie wirklich festzustellen sei. Denn die „Systole" der Pulsader, so

---

[3] Galen (Q 1821–33/i), Bd. 9, S. 463–465 K.; Rufus von Ephesus (Q 1879), S. 224 f.; M. Wellmann (L 1895), S. 169 ff., bes. S. 188 ff.; C. R. S. Harris (L 1973), S. 181–195. Vgl. ferner Plinius (Q 1892–1909), lib. 11, cap. 89, § 219 sowie lib. 29, cap. 5, § 6; Censorinus (Q 1867), cap. 12, 4. Zu Aristoxenos vgl. die Zusammenfassung bei E. Pöhlmann (L 1960), S. 32–40.

[4] Galen (Q 1821–33/f), Bd. 8, S. 514 K.

[5] Galen (Q 1821–33/g), Bd. 8, S. 909–913 K. Zu Aufbau und Chronologie von Galens großem Pulswerk und seinen anderen Pulsschriften vgl. J. Gossen (L 1907), S. 34 f. und 37.

24

meinte er, könne zwar manchmal kürzer als die „Diastole", manchmal auch gleich lang, manchmal wiederum länger sein, niemals aber, wie Herophilos behauptet hatte, um ein vielfaches länger, sondern höchstens ein wenig länger, so daß sich zumindest keine einfachen, ganzzahligen Proportionen ergäben. Auch war nach Galens Auffassung eine stark verlängerte „Systole" gar nicht mehr in ihrem Anfang und Ende als Bewegung wahrnehmbar.[6] Es mußte also, wie Galen später nochmals betonte, sehr schwierig sein, die nur geringfügig verschiedene Dauer der beiden Pulsbewegungen in der von Herophilos angegebenen Weise genau auszuzählen.[7] Daher sollte nach Galen auch das Urteil darüber, ob im einzelnen Pulsschlag die beiden Bewegungen der Arterie schnell, langsam oder normal und die beiden Pausen lang, kurz oder normal seien, lediglich von der Erfahrung ausgehen. Galen verzichtete also bewußt auf quantitative Fixierungen, auf genaue Messungen ebenso wie auf in Zahlenverhältnissen festgelegte Gesetzmäßigkeiten des Pulses,[8] wie überhaupt seine komplizierte Pulslehre ganz auf *qualitativen,* durchweg *relativen* Kriterien aufbaute, die sich nur aufgrund langer praktischer Erfahrung und Übung beurteilen ließen.[9] Galen lehnte aber die herophilischen „Rhythmen" im Pulsschlag nicht nur deshalb ab, weil sie nicht genau wahrzunehmen seien und der Puls sich überhaupt nicht in so starre Schemata einfügen lasse. Vielmehr warf er den Anhängern des Herophilos auch vor, sie hätten nirgends gezeigt, wie man von der staunenswerten Unterscheidung solcher Pulsrhythmen zu einer Krankheitsprognose gelangen könne,[10] was doch die eigentliche Absicht des Herophilos gewesen sei.[11]

---

[6] Galen (Q 1821–33/h), Bd. 9, S. 278 f. K.; vgl. auch Galen (Q 1821–33/i), Bd. 9, S. 465 K.

[7] Galen (Q 1821–33/i), Bd. 9, S. 470 f. K.

[8] Galen (Q 1821–33/h), Bd. 9, S. 275 K. Zu Galens Gesinnungswandel gegenüber der herophilischen Pulslehre vgl. die aufschlußreichen Bemerkungen des spanischen Arztes Luiz de Mercado (Q 1619–29/c), Bd. 2, 1619, S. 559 f., bes. S. 560 B/C.

[9] Zur galenischen Pulslehre insgesamt vgl. E. Gotfredsen (L 1942), S. 257–288 und C. R. S. Harris (L 1973), S. 397–431 und passim. Eine modernen Anforderungen genügende Geschichte der Pulslehre im Abendland, die zu weiten Teilen eine Geschichte der Tradierung der galenischen Lehre und der Auseinandersetzung mit ihr ist, fehlt bisher. Einen kurzen Überblick bieten E. F. Horine (L 1941) und E. Bedford (L 1951); vgl. ferner O. Schadewaldt (L 1866).

[10] Galen (Q 1821–33/g), Bd. 8, S. 871 f. K.

[11] Ebd. S. 911.

Galens Kritik trug sicherlich mit dazu bei, die musikalisch-metrische Pulstheorie des Herophilos in den folgenden Jahrhunderten nicht in Vergessenheit geraten zu lassen. Eine wichtigere Rolle in dieser Tradition spielte aber wohl ein anonymer Pulstraktat, der die herophilischen Pulsrhythmen der vier Lebensalter genau mitteilt.[12] Er stammt vielleicht von dem kurz vor Galen lebenden griechischen Arzt Rufus von Ephesus, wurde durch die lateinischen Übersetzungen des Burgundio von Pisa (12. Jahrhundert) und des Nikolaus von Reggio (1345) der mittelalterlichen Medizin bekannt und galt im Mittelalter als ein Werk Galens.[13] Als ein Galen zugeschriebenes Werk wurde er seit dem ausgehenden 15. Jahrhundert auch in die gedruckten Sammlungen der galenischen Schriften aufgenommen.[14]

Neben dieser medizinischen Überlieferung der musikalisch-metrischen Pulstheorie des Herophilos gab es noch andere Traditionsbahnen. Schon in römischer Zeit war die Vorstellung von den musikalisch-metrischen „Rhythmen" des Pulses, ob mit ausdrücklicher Berufung auf Herophilos[15] oder nicht,[16] auch außerhalb der Medizin bekannt geworden. Durch die spätantiken Enzyklopädien wurde sie in thesenhafter Verkürzung dem Mittelalter geläufig. Die mittelalterliche Musiktheorie, die zu den sieben, auch für das Medizinstudium obligatorischen propädeutischen Fächern gehörte,[17] übernahm diesen Gedanken ebenfalls, und zwar im Rahmen der musica-humana-Idee, wonach die Seele und der Körper des Menschen sowie das Zusammenwirken beider von denselben harmonischen, zahlenmäßigen Ordnungen bestimmt waren wie die Töne der Musik und die Umläufe der Gestirne.[18] In einer vielzitierten, auf Isidor von Sevilla (um 570–636) und über ihn auf Cassiodor (erste Hälfte des 6. Jahrhunderts) zurückgehenden Formel erhielt sich im Mittelalter und darüber hinaus die Auffassung, daß das Sprechen und die Pulsbewegungen aufgrund ihrer „musikalischen Rhythmen" an dieser universalen

---

[12] Rufus von Ephesus (Q 1879). Der Aufsatz von V. Angrisani (L 1968) führt nicht wesentlich weiter; Angrisani spricht die Schrift Rufus und Galen ab.
[13] Vgl. L. Thorndike und P. Kibre (N 1963), Sp. 494 und 630 f.
[14] Vgl. R. J. Durling (L 1961), S. 282.
[15] Vgl. die Anm. 3 genannten Stellen aus Plinius und Censorinus.
[16] Vgl. Gellius (Q 1903), lib. 3, cap. 10, 13 (aus Varro) sowie Vitruvius Pollio (Q 1964), lib. 1, cap. 1, 16.
[17] Siehe unten S. 68–71.
[18] Siehe unten S. 68, 93–96.

„Harmonie" teilhätten.[19] (Daß das Sprechen in diesem Zusammenhang erscheint, ist zweifellos ein Reflex der metrisch-musikalischen Schemata, die Herophilos für den Pulsschlag der vier Lebensalter aufgestellt hatte.) Martianus Capella (5. Jahrhundert) überlieferte sogar die genauere Nachricht, daß Herophilos die Pulse von Kranken durch Vergleich mit musikalischen Rhythmen beurteilt habe.[20]

Die musikalisch-metrische Pulslehre des Herophilos begegnet uns bei Ärzten, Musiktheoretikern und anderen Autoren des Mittelalters aber auch in mancherlei Abwandlungen. Wieviel Übereinstimmung zwischen dem Menschen und der Musik herrsche, ergebe sich daraus, so erläutert der Musiktheoretiker Aurelian von Réomé im 9. Jahrhundert, daß der Mensch in seiner Kehle eine singende Flöte, in der Brust eine Art Harfe und „Hebungen und Senkungen" habe im Wechselspiel der Pulse.[21] Ein anderer Musiktheoretiker bemerkt um 900 zu der Feststellung, daß der Rhythmus durch das Sehen, das Hören und das Fühlen wahrgenommen werde, folgendes: Das Fühlen gehe die Ärzte an, in dem Sinne nämlich, daß mit Hilfe der fühlenden Finger ein Urteil über die Adern, d. h. über den Puls gewonnen werde.[22] In der sogenannten „Apokalypse des Golias", einer Satire gegen den Klerus, die im 12. und 13. Jahrhundert und auch später sehr beliebt war und noch bis zum 17. Jahrhundert immer wieder abgeschrieben wurde, hat der Dichter zu Beginn eine Vision. Er erblickt Pythagoras als Verkörperung der sieben Artes, von denen jede mit einem bestimmten Körperteil oder Organ in Beziehung gesetzt ist. So ist die Arithmetik mit den Fingern verbunden, während „die Musik in der

---

[19] Cassiodor (Q 1963), S. 143; Isidor von Sevilla (Q 1911), lib. 3, cap. 17, 3. Den Satz Isidors übernahmen z. B. folgende Autoren: Rabanus Maurus (Q 1852), Sp. 495; Dominicus Gundissalinus (Q 1903), S. 102; [Ps.-]Aristoteles (Q 1864), S. 253; Marchettus von Padua (Q 1784), S. 66; Simon Tunstede (Q 1864), S. 206; Fr. Gafurius (Q 1492), lib. 1, cap. 3. – Sachlich nicht unrichtig wird die auf Cassiodor zurückgehende Formel mit Herophilos in Verbindung gebracht bei N. Burtius (Q 1487), fol. b I; Petrus de Canuntiis (Q 1510) schickt im Kapitel über die nützlichen Anwendungen der Musik dem Satz Cassiodors unter Hinweis auf Pythagoras und Hippokrates (!) die Bemerkung voraus, daß man mit Hilfe der Musik die langsame oder schnelle Bewegung des Pulses erkennen und beurteilen könne (cap. 2, unpaginiert).
[20] Martianus Capella (Q 1925), S. 493 (lib. 9, § 926); vgl. dazu Fr. Gafurius (Q 1492), lib. 1, cap. 3.
[21] Aurelian von Réomé (Q 1784), S. 30.
[22] Remigius Altissiodorensis (Q 1784), S. 80.

27

hohlen Ader spielt".[23] Gilles de Corbeil erwähnt in seinem um 1200 entstandenen, bis zum Ausgang des Mittelalters weit verbreiteten Lehrgedicht über den Puls den Vergleich der beiden Pulsbewegungen mit Arsis und Thesis der Metrik und verwendet zur Charakterisierung verschiedener Pulsmerkmale auffällig viele Begriffe, die aus dem Bereich der Musik stammen.[24] Der jüdische Gelehrte R. Jehuda b. Samuel b. Abbas entwirft um 1250 in seinem Werk „Beleuchtung des Pfades" einen vollständigen Studiengang. Er führt vom Anfangsunterricht für das Kind über das Studium der Bibel, des Talmud und der rabbinischen Autoritäten bis zu Lehrwerken der Mathematik, Astronomie und Logik.

„Alsdann", so heißt es in dem Plan weiter, „folge nacheinander das Studium der Geometrie, der Optik und der Musik (von welcher letzteren Einiges schon bei der Erlernung der Medicin zu nehmen ist, und zwar wegen des Pulses, denn dafür ist diese Wissenschaft eine sehr nützliche Einleitung, um seine näheren Umstände, seine Bewegungen und Unterbrechungen zu verstehen . . ."[25]

Roger Bacon (um 1215–1295) schließlich führt in seinem „Opus tertium" (1267) als Beispiel für Bewegungen, die ähnlichen oder gleichen Proportionen folgen wie die Musik, ausdrücklich die Bewegungen des Pulses an. „Denn sie verlaufen nach ihnen gemäßen Proportionen, denen auch die Musik folgt." Obwohl diese Bewegungen nicht hörbar, sondern nur fühlbar sind, unterstellt Bacon die Lehre von den Pulsen der Disziplin Musik und fordert, der gute und vollkommene Arzt müsse die musikalischen Proportionen kennen.[26] Wenn dagegen Francesco Petrarca (1304–1374) eine vorsichtige Einschränkung machte, indem er von der Wissenschaft der Musik sprach, „die im menschlichen Puls vielleicht nicht unnütz Zeitausdehnungen und Intervalle betrachten mag",[27] so war schon eine solche Andeutung von Skepsis eine Ausnahme. Im Mittelalter war nämlich zu der aus der Antike stammenden Tradition ein neuer Text hinzugekommen, der für Jahrhunderte autoritative Geltung erlangte. Es ist

---

[23] Die Apokalypse des Golias (Q 1928), S. 16, Strophe 5, Vers 2.
[24] Aegidius Corboliensis (Q 1826), S. 29 f., Verse 27 f., 44 ff., 63, 67 f.
[25] Zitiert bei M. Güdemann (L 1873), S. 153.
[26] R. Bacon (Q 1859), S. 232.
[27] Fr. Petrarca (Q 1950), S. 77.

der Abschnitt über Puls und Musik im „Kanon der Medizin" des
AVICENNA (980–1037).

„Du mußt wissen, daß im Puls musikalische Natur vorhanden ist. Wie
sich das Fach Musik zusammensetzt aus der ,Komposition' der Töne aufgrund des Verhältnisses zwischen [je zwei von] ihnen in Höhe und Tiefe
und aus Zyklen metrischer Zeitmaße begrenzter Zeitspannen, die zwischen den Anschlägen der Töne [mit dem Plektrum auf der Laute] liegen,
so ist es auch beim Puls. Die Proportionen [seiner] Zeitabschnitte in
Schnelligkeit [der Bewegungen] und [ihrer] Aufeinanderfolge entsprechen den musikalisch-metrischen Proportionen, und [seine] Proportionen
in Intensität, Schwäche und Quantität entsprechen den musikalisch-,kom-
positorischen'. Und so, wie die metrischen Zeitabschnitte und die Quantitäten der Töne gleichmäßig oder ungleichmäßig sein können, so auch die
Pulsationen in ihrer Aufeinanderfolge: Sie können geordnet miteinander
verbunden sein oder ungeordnet. Und ebenso die Proportionen des Pulses
oder unregelmäßig gleich, oder aber unregelmäßig ungleich; [letztere]
stehen außerhalb einer feststellbaren Ordnung.

Galen hat die Meinung vertreten, daß der wahrnehmbare Anteil metrischer Proportionen [im Puls] in einer der folgenden musikalischen Proportionen zu finden ist: Entweder im Verhältnis der Duodezime, das ist das
in Schwäche, Stärke und Quantität: Sie sind entweder regelmäßig gleich
Verhältnis der Verdreifachung [3:1] ... Oder im Verhältnis der Oktave,
dem [Verhältnis] des Doppelten. Oder im Verhältnis der Quinte, also dem
Vermehrten um die Hälfte [3:2]. Oder im Verhältnis der Quarte, dem
Vermehrten um ein Drittel [4:3]. Oder im Verhältnis [der Terz], also
dem Vermehrten um ein Viertel [5:4]. Was darüber hinausgeht, sei nicht
wahrnehmbar.

Ich finde es großartig, diese Verhältnisse durch das Pulsfühlen wahrnehmen zu können, halte es aber für leichter, wenn jemand sich in den musikalischen Metren und in den Tonverhältnissen professionell auskennt, denn
er kennt die Musik und kann durch sein Wissen das (hierin) Geschaffene
beurteilen. Wenn sich ein solcher Mensch intensiv mit dem Puls befaßt,
dann kann er [sicherer und leichter] durch Pulsfühlen diese Proportionen
erkennen.

Ich selbst unterscheide zwischen regelmäßigem und unregelmäßigem
Puls, wenn auch letzterer nur in einem von zehn [Fällen auftritt], und mag
er noch zu etwas nütze sein, so ist doch seine Teilung irregulär, da er zu den
unregelmäßig-ungleichen gehört. Auf jeden Fall aber ist auch [der unre-
gelmäßige] eine [vorhandene] Form des Pulses.

Die Form aber, die dem metrischen Maß entnommen ist, läßt sich
dadurch bestimmen, daß man vier Quantitäten von Zeitspannen-Proportionen vergleicht, nämlich die der beiden Bewegungen und der beiden Pausen [im Pulsschlag].

Gelingt es nicht, diese [Proportionen] beim Pulsfühlen festzustellen, dann durch Vergleich der Quantitäten der Zeitspannen-Proportionen einer Diastole zu den Zeitspannen zwischen zwei Diastolen, kurz gesagt: der Zeitspanne, in der die Bewegung [der Arterie] stattfindet, zu der Zeitspanne, in der die Pause stattfindet.

Wer aber hier Zeitspannen der Bewegungen mit Zeitspannen der Bewegungen und Zeitspannen der Pausen mit Zeitspannen der Pausen vergleicht, der bringt zwei Dinge durcheinander, obwohl auch dieses möglich und nicht ganz abwegig ist. Doch fachgerecht ist es nicht.

Das metrische Maß [des Pulses] wird von musikalischen Proportionen bestimmt, und man sagt [daher], der Puls geht entweder in festem Metrum oder außerhalb eines festen Metrums. Der letztere [Puls] hat drei Arten:

Bei der ersten ist das Metrum verändert, oder es geht über das [normale] Metrum hinaus. Das kommt in solchen Fällen vor, wo das Lebensalter [-Metrum] des Pulses vom Alter seines Besitzers geringfügig abweicht, wenn [beispielsweise] Heranwachsende das Pulsmetrum eines kleinen Kindes haben. Bei der zweiten [Art] ist das Metrum weiter entfernt, etwa dann, wenn der Puls Heranwachsender demjenigen alter Männer entspricht. Bei der dritten Art steht das Metrum außerhalb jeden Metrums, und das dann, wenn das Pulsmetrum demjenigen keines Lebensalters gleicht. Hat sich der Puls sehr weit von einem festen Metrum entfernt, so deutet das auf eine außergewöhnlich starke Veränderung im Zustand [des Körpers] hin."[28]

Ohne daß hier auf Einzelheiten des komplizierten, nicht überall ganz verständlichen Textes eingegangen werden kann, ist doch Avicennas Auffassung in ihren Grundzügen deutlich genug: Anders als Galen übernimmt er die von Herophilos aufgestellten metrischen Pulsschemata für die vier Lebensalter, er schließt sich, ohne davon ausdrücklich zu sprechen, Galens Einwänden gegen die musikalisch-metrische Pulstheorie des Herophilos nicht an und weicht auch in der

---

[28] Avicenna (Ibn Sīnā) (Q 1294/1877), S. 125, Z. 19 – S. 126, Z. 12. Die Übersetzung aus dem Arabischen und wertvolle Erläuterungen verdanke ich Herrn Dr. E. Neubauer, Frankfurt am Main. Vgl. auch die lateinische Übersetzung (Q 1658) des Vopiscus Fortunatus Plempius, S. 127, die wesentlich verständlicher ist als die mittelalterliche Übersetzung des Gerhard von Cremona (Q 1507), fol. 44 r/v. Eine sehr freie englische Übersetzung gibt O. C. Gruner (L 1930), S. 292 f. Zu Avicennas Pulslehre insgesamt vgl. A. Schaul (L 1828). – S.-H. Amirkhalili (L 1958) hat eine unter dem Namen des Avicenna überlieferte persische (nicht arabische!) Pulsschrift in deutscher Übersetzung herausgegeben, in der die Verknüpfung von Puls und Musik anders und viel kritischer beurteilt wird als in Avicennas „Canon" (vgl. a. a. O. S. 25 f. und 55 f.). Obwohl schon dies Bedenken gegen die Echtheit des Textes wecken müßte, hat Amirkhalili die Verfasserfrage gar nicht erörtert, wie er auch auf die Datierung des Werkes überhaupt nicht eingegangen ist und die genannte Diskrepanz nicht zu klären vermocht hat.

Frage, welche Abschnitte im Pulsschlag miteinander zu vergleichen seien, von Galen ab,[29] ohne ihn jedoch dabei namentlich zu nennen. Bemerkenswert im Hinblick auf die kommende Entwicklung ist auch, daß Avicenna die für den Puls geltenden metrischen Proportionen an den Proportionen der musikalischen Hauptintervalle erläutert.

Mit Avicennas Darstellung des Zusammenhangs zwischen Puls und Musik war die musikalisch-metrische Pulslehre des Herophilos trotz der galenischen Kritik endgültig fest etabliert. Da der „Kanon" des Avicenna nach seiner Übersetzung ins Lateinische im 12. Jahrhundert zum wichtigsten medizinischen Lehrbuch im Abendland wurde und diesen Rang bis weit in das 16. Jahrhundert behielt,[30] blieb auch sein Abschnitt über Puls und Musik jahrhundertelang der maßgebliche Text zu dieser Frage.[31]

Neben den Avicenna-Text und dessen Kommentare, die hier übergangen werden müssen, trat im 14. Jahrhundert die noch weit ausführlichere Behandlung des Problems im „Conciliator" (1303) des PETRUS VON ABANO (1257 bis um 1315),[32] der bis in das 16. Jahrhundert viel benützt wurde. Von verschiedenen Prämissen und Begriffsdefinitionen her erörtert Petrus in scholastisch-dialektischer Weise die Frage, „ob im Puls musikalische ‚Konsonanz' wahrzunehmen ist oder nicht", wobei er sich vor allem mit Galen und Avicenna[33] auseinandersetzt. Er kennt (wohl aus der bereits erwähnten pseudogalenischen Pulsschrift) die metrisch fixierten Lebensalterpulse des Herophilos,[34] befaßt sich mit der Definition und Klassifikation der Musik, mit der Lehre von den musikalischen Proportionen und Intervallen sowie mit dem Monochord. Obwohl Petrus einer klaren Entscheidung der gestellten Frage ausweicht, weil je nach den gesetzten Prämissen die

---

[29] Siehe oben S. 24.
[30] Vgl. die Übersicht bei M. Ullmann (L 1970), S. 152–154.
[31] Von zahlreichen kurzen Erwähnungen abgesehen, wird z. B. der ganze Avicenna-Abschnitt zitiert von N. Nicolus (Q 1533), Bd. 1, sermo 2, fol. 244 v und von H. de Monantheuil (Q 1597), S. 48–50; vgl. auch ebd. S. 36 und 56. Sogar ein Musiktheoretiker des 15. Jahrhunderts, Johannes Tinctoris, zitiert den einleitenden Satz dieses Textes (Q 1864, S. 198).
[32] Petrus de Abano (Q 1565), differentia 83, fol. 124r–126r. Der Text, der im einzelnen manche Schwierigkeiten bietet, wurde erstmals, wenn auch ungenügend, untersucht von G. Vecchi (L 1967).
[33] Nicht mit Aristoteles, wie G. Vecchi (L 1967), S. 16 und 19 meint, weil er die Namensabkürzung falsch aufgelöst und die Zitate aus Avicenna nicht erkannt hat.
[34] Siehe oben S. 24.

Antwort anders ausfallen könne, ist doch bei ihm eine gewisse Skepsis spürbar, ob und inwiefern sich musikalische Proportionen auf den Puls anwenden und auch tatsächlich wahrnehmen lassen. Daß sich allerdings im Puls die „musica humana" ausdrücke, der er auch an anderer Stelle nachgeht,[35] bezweifelt Petrus nicht,[36] und es ist dann nur folgerichtig, daß er die Proportionen, die für die inneren „Rhythmen" des einzelnen Pulsschlages gelten sollen, wie Avicenna[37] mit den entsprechenden Proportionen der musikalischen Intervalle und den Abständen auf dem Monochord in Beziehung setzt.[38] Für die antik-mittelalterliche musica-Vorstellung bezog sich die zahlhafte Ordnung, die den Kosmos im großen und im kleinen, den Menschen und die klingende Musik bestimmte, bei der klingenden Musik von Anfang an auf die Proportionen der Hauptintervalle.[39]

Schon in dem antiken Musiktraktat des Aristeides Quintilianus war die Verbindung zwischen Puls und Musik so interpretiert worden. Von der These ausgehend, daß neben vielen anderen Disziplinen auch die Medizin alles mittels der Zahlen untersuche und erkenne, nannte Aristeides an erster Stelle die Pulsschläge. Er bezeichnete die der Oktave, der Quint und der Quart entsprechenden Proportionen im Pulsschlag als normal oder doch der Gesundheit nicht schädlich, während ihm andere Proportionen als gefährlich oder gar als tödlich galten.[40] Damit war die Ordnung der Pulse unmittelbar verknüpft mit der Ordnung der Musik in ihren Intervallen, aber im Unterschied zur ursprünglichen Konzeption des Herophilos mit ihren *metrischen* Modellen und entsprechenden Proportionen war die direkte Analogie zwischen Verhältnissen von *Zeitabschnitten* aufgegeben. Das war um so bemerkenswerter, als Aristeides die herophilische Auffassung durchaus kannte und sie auch erwähnte.[41]

Auch bei Petrus von Abano erscheinen diese beiden Aspekte der Puls-Musik-Beziehung, jedoch mit sehr ungleichem Gewicht. Er erläutert ausführlich diejenigen Proportionen musikalischer Interval-

---

[35] Vgl. dazu G. Vecchi (L 1967), S. 20 f.
[36] Petrus de Abano (Q 1565), fol. 126r C.
[37] Siehe oben S. 29.
[38] Petrus de Abano (Q 1565), fol. 125v H–126r B.
[39] Siehe unten S. 91–95.
[40] Aristeides Quintilianus (Q 1963), S. 106; vgl. dazu die Übersetzung (Q 1937) von R. Schäfke, S. 324.
[41] Aristeides Quintilianus (Q 1963), S. 82; dazu die Übersetzung (Q 1937), S. 293.

le, die den für die „Rhythmen" im Pulsschlag aufgestellten Proportionen entsprechen. Erst am Schluß nennt Petrus mit einem einzigen Satz als ebenfalls möglichen Gesichtspunkt auch die andere, zwar unmittelbarere, aber dem mittelalterlichen musica-Gedanken ferner liegende Entsprechung von Zeitwerten im Pulsschlag und in der Musik. „Wie die klingende Musik (musica organica) es mit Zeitquantitäten zu tun hat, so wird auch im Puls Musik beobachtet."[42] Dieser Vergleich mußte damals, obwohl er nur die ursprüngliche Konzeption des Herophilos umschrieb, eine neue, aktuelle Bedeutung haben. Denn im 13. Jahrhundert war eine mensurale musikalische Theorie und Notation entstanden, die erstmals der Musik ein von Silbenquantitäten und metrischen Modellen unabhängiges, autonom-musikalisches System der Zeitmessung und ihrer graphischen Darstellung gebracht hatte. Es beruhte auf einer Reihe von Notenwerten und deren zwei- oder dreifachen Unterteilungen, war also auf bestimmten einfachen Proportionen aufgebaut und kannte mehrere genau proportionierte Tempograde, die letztlich auf eine mehr oder weniger feststehende Grundzählzeit bezogen waren.[43]

Eine praktische Folgerung aus der neuen Lage zog um die Mitte des 15. Jahrhunderts der italienische Medizinprofessor MICHAELE SAVONAROLA (1384–1468) in seinen Vorlesungen über den Puls. Seine Darstellung der herkömmlichen Pulslehre beginnt mit dem normalen, gesunden Puls, den der Arzt gut kennen muß, um krankhafte Veränderungen beurteilen zu können.[44] Es war ungewöhnlich, daß Savonarola dabei nicht nur das Geschehen im einzelnen Pulsschlag betrachtete, sondern den Puls auch als Abfolge *ganzer* Pulsationen auffaßte; erst recht ungewöhnlich war es, daß er auch nach einem praktikablen Vergleichsmaß für die Geschwindigkeit des normalen Pulses suchte. Er fand es in der alten Verknüpfung des Pulses mit der Musik, aus der er eine völlig neue, unmittelbar praktische Anwendung ableitete. Er ging von der italienischen Mensuraltheorie aus, wie sie sein Landsmann Marchettus von Padua formuliert und wie sie sein Zeitgenosse und Landsmann Prosdocimus de Beldemandis noch zu Beginn des 15. Jahrhunderts wieder zu erneuern versucht hatte.[45]

---

[42] Petrus de Abano (Q 1565), fol. 126r D.
[43] Vgl. dazu J. Wolf (L 1904), W. Apel (L 1962), F. A. Gallo (L 1966) und J. A. Bank (L 1972).
[44] M. Savonarola (Q 1498), fol. 80 v.

Gerade in Padua, wo Savonarola bis 1440 gewirkt hatte, war die italienische Mensurallehre länger als anderswo lebendig geblieben.[46] Auf sie bezog sich nun Savonarola, griff zwei ihrer „divisiones" heraus und verlangte vom Arzt, er müsse sie kennen und sich gut einprägen, welches Zeitintervall und Tempo ihnen eigen sei, damit er dadurch die Geschwindigkeit des Pulses beurteilen könne. Die Frequenz des normalen Pulses sollte innerhalb der beiden Tempograde liegen, die im Verhältnis 1:2 standen. Diese Eingrenzung präzisierte Savonarola noch folgendermaßen näher: Langjährige Erfahrung habe ihm gezeigt, daß die normale Pulsfrequenz nahe bei dem schnelleren Tempo liege oder sogar mit ihm identisch sei.[47] Damit waren dem Arzt für die Messung der Pulsfrequenz leicht erlernbare Temporichtmaße an die Hand gegeben – Savonarola meinte, dafür seien nicht mehr als acht Unterrichtsstunden bei einem kundigen Musiker nötig.

Savonarolas Rat für seine Studenten enthält aber zugleich auch einen interessanten Hinweis für die moderne Musikwissenschaft: Aus seinem Text läßt sich das Tempo der italienischen Mensuralmusik jener Zeit wesentlich genauer und zuverlässiger ermitteln, als es aus anderen Quellen bisher möglich war. Dabei erweist sich die ein Jahrhundert ältere Tempoberechnung des Johannes Verulus de Anagnia, wenn man von der neuen, zweifellos richtigen Interpretation des Textes durch Salvatore Gullo ausgeht, in überraschendem Maße als zutreffend. Auch die Ergebnisse von Gullos Versuch, die Tempoeinheit des franconischen „tempus minimum in plenitudine vocis" nach der Beschreibung des Marchettus von Padua experimentell zu rekonstruieren und genau zu messen, werden im wesentlichen bestätigt.[48]

Der originelle Vorschlag Savonarolas, die Tempograde der italienischen Mensurallehre für die Messung und Beurteilung der Pulsfrequenz zu benützen, blieb vereinzelt und fand keine Nachfolge. Ebenso vereinzelt und ohne Wirkung blieb in derselben Zeit die Anregung des Nikolaus von Cues (1401–1464), Unterschiede der Pulsfrequenz je nach Altersstufe mit Hilfe einer Wasseruhr zu messen,

---

[45] Zum folgenden vgl. W. F. Kümmel (L 1970).
[46] J. Wolf (L 1904), S. 288.
[47] M. Savonarola (Q 1498), fol. 80 v.
[48] Dazu im einzelnen W. F. Kümmel (L 1970), S. 151–156.

anstatt in herkömmlicher Weise bloß Pulsqualitäten zu fühlen.[49] (Nikolaus erwähnt in diesem Zusammenhang Herophilos nicht, weshalb sich nicht mit Sicherheit sagen läßt, ob er an ihn anknüpft.) Die Vorschläge Savonarolas und des Nikolaus von Cues zeigen, daß es damals noch keine Instrumente der Zeitmessung gab, die überall leicht verfügbar gewesen wären und genormte Zeitgrößen – erst recht nicht kürzere Zeitabschnitte – zuverlässig genug hätten anzeigen können.[50] Mit der Messung der Pulsfrequenz im modernen Sinne, d. h. mit der Zählung der Pulsschläge in einem bestimmten Zeitraum, beschäftigte sich wohl als erster Leonardo da Vinci (1452–1519) zu Beginn des 16. Jahrhunderts; Girolamo Cardano (1501–1576) folgte ihm 1570 mit genaueren Ergebnissen.[51]

Im 16. Jahrhundert begann auch ein neues Kapitel in der Verknüpfung des Pulses mit der Musik. Um die Mitte des Jahrhunderts unternahm der polnische Arzt JOSEPHUS STRUTHIUS (1510–1568) den neuartigen Versuch, den alten Gedanken vom Zusammenhang zwischen Puls und Musik mit Hilfe der musikalischen Mensuraltheorie unmittelbar anschaulich zu machen. Mit seiner Pulsschrift von 1555 wollte Struthius die galenische Pulslehre, die, wie er glaubte, seit 1200 Jahren „verlorengegangen" sei, wieder erneuern.[52] Er befaßte sich jedoch nicht nur mit Galen, sondern auch mit Herophilos und nahm dessen vier Lebensalterpulse wieder auf. Aber im Unterschied zu den metrischen Pulsmodellen des Herophilos[53] setzte Struthius für alle vier Pulse eine bei „Diastole" und „Systole" der Pulsader *gleiche* Zeitdauer fest, die sich von Altersstufe zu Altersstufe verdoppelte.[54] Um

---

[49] Nicolaus de Cusa (Q 1937), S. 120 f.

[50] Vgl. dazu W. F. Kümmel (L 1974), S. 4 f.

[51] Dazu im einzelnen ebd. S. 5 ff. Die Pulsfrequenzangaben Leonardos sind mir erst nach Erscheinen meines Aufsatzes bekannt geworden; vgl. Leonardo da Vinci (Q 1911–1916), Bd. 2, 1912, S. 24, Z. 4 f. und S. 40, Z. 4 f.

[52] J. Struthius (Q 1555). Die mehrfach vorkommende Angabe, das Werk sei bereits 1540 erstmals erschienen, läßt sich nicht bestätigen. Vgl. C. Castellani in G. Struzio (Q 1961), S. LXXXV f.

[53] Siehe oben S. 24.

[54] Wenn Struthius die ihm sicherlich bekannten Pulsmetren des Herophilos nicht übernahm, so wohl deshalb, weil in ihnen die „Diastole" und „Systole" teilweise ungleich lang waren (s. oben S. 24). Struthius scheint ebenso wie seinen Nachfolgern daran gelegen zu haben, für den normalen Puls aller vier Lebensalter eine durchgehende „Gleichheit", d. h. gleich lange Dauer der beiden Pulsbewegungen anzunehmen, während „Ungleichheit" nur dem unnormalen, krankhaft veränderten Puls zukommen sollte.

diese Lebensalterpulse darzustellen, bediente er sich erstmals der mensuralen Notenschrift (Abb. 1).

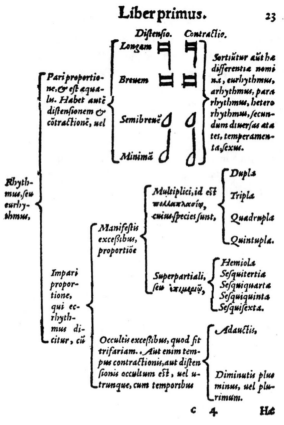

Abb. 1: Josephus Struthius: Sphygmicae artis ... libri V. Basel 1555, S. 23.

Krankheiten oder andere Einwirkungen auf Körper und Seele, so erläutert Struthius, können den normalen Puls entweder in den Puls eines benachbarten Lebensalters verwandeln (z. B. den Greisenpuls in den Puls des mittleren Alters), oder in den Puls einer entfernteren Altersstufe (z. B. den Greisenpuls in den Puls der kleinen Kinder), oder aber die normalerweise gleiche Dauer der „Diastole" und „Systole" kann zu einer ungleichen Proportion werden. Diese Beispiele führt Struthius gleichfalls in musikalischen Noten vor Augen.[55] Im ganzen hält er sich jedoch hauptsächlich an die Pulslehre Galens. Die Betrachtung der Pulsrhythmen sei zwar schön und fesselnd, so meint er, aber sie gehe mehr den Philosophen als den Arzt an. Als überzeugter Humanist verzichtet Struthius auch nicht auf einen Seitenhieb gegen jene Autoren (wohl des Mittelalters), die nach dem Untergang der Werke des Herophilos diese „sehr dunkle Sache in keinem Punkt klarer" gemacht hätten.[56]

Ungeachtet solcher Vorbehalte und der im Zeichen des Humanismus noch gestiegenen Autorität Galens machte über zwei Jahrhunderte lang das Beispiel des Struthius Schule, die musikalische Notenschrift in den Dienst der Pulslehre zu stellen.[57] Franciscus Joël (1508–1579) ging bereits einen Schritt weiter und zeichnete neben den vier Lebensalterpulsen auch sogenannte „Ungleichheiten" des Pulses sowie zwei spezielle Pulsarten in Noten auf.[58] Ein wesentliches Motiv für die weitere Ausgestaltung „musikalischer" Darstellung des Pulses im 17. Jahrhundert lag in spekulativen naturphilosophischen Bestrebungen der Zeit. Auf dem Boden einer Tradition, die platonisch-pythagoreische, orientalisch-hellenistische, magische und kabbalistische Elemente vereinigte und die im 15. und 16. Jahrhundert von Marsilio Ficino, Giovanni Pico della Mirandola, Agrippa von Nettesheim und anderen neu belebt worden war, konstruierte man weitgreifende Verbindungen und Entsprechungen zwischen dem Makrokosmos und dem Mikrokosmos Mensch, zwischen Elementen, Qualitäten, Gestirnen, Himmelsrichtungen, Jahreszeiten usw. Man fügte sie zu umfassenden Systemen und Schaubildern zusammen, legte vor allem zahlenmäßige Ordnungsprinzipien zugrunde und versuchte, überall in der Schöpfung „musikalische" Proportionen und Harmonien aufzuzeigen. In solche Zusammenhänge stellte 1629 der englische Arzt, Musiktheoretiker und Rosenkreuzer ROBERT FLUDD (1574–1637) auch den Puls. Er kritisierte an der galenischen Pulsleh-

---

[55] J. Struthius (Q 1555), S. 20.
[56] Ebd. S. 24.
[57] Struthius' Abbildung der vier Lebensalterpulse übernahm 1619 unverändert L. de Mercado (Q 1619–29/c), Bd. 2, 1619, S. 559. Vereinzelt blieb dagegen der Versuch des französischen Arztes J. Eusebe (Q 1568), S. 31–34, der die regelmäßige und unregelmäßige „Ungleichheit" des Pulses am Beispiel der Intervallunterschiede mehrerer Tonfolgen erläuterte, die er in Notenbeispielen aufzeichnete.
[58] Fr. Joël (Q 1663/a), Bd. 1, S. 82.

re, daß sie bloße Theorie und für die ärztliche Praxis weitgehend unbrauchbar sei, behielt aber ihre maßgeblichen Kriterien und Begriffe bei. Eine der Aufgaben der Musik (d. h. der Musiktheorie) erblickte er darin, daß sie „die Ärzte lehre, in rhythmischer und metrischer Hinsicht über die Pulse richtig zu urteilen."[59] Die je nach Gesundheit oder Krankheit mögliche Schnelligkeit der beiden Bewegungen und Pausen im einzelnen Pulsschlag verdeutlichte Fludd mit Hilfe verschiedener Notenwerte.[60] Er errichtete außerdem ein kompliziertes System, in dem unter Einbeziehung von Wärme und Kälte die beiden Bewegungen und Pausen des Pulsschlages in ihrer von Lebensalter, Jahreszeit, Himmelsrichtung und anderen Faktoren abhängigen Zeitdauer durch eine Skala von fünf verschiedenen Notenwerten dargestellt waren (Abb. 2).

Der Tübinger Medizinprofessor SAMUEL HAFENREFFER (1587–1660) ging 1640 noch wesentlich weiter. In seiner Schrift über den Puls, deren bildkräftiger Titel „Monochordon symbolico-biomanticum" schon die Verknüpfung mit der Musik ausdrückte, versuchte Hafenreffer, die gesamte herkömmliche Pulslehre mit ihren verschiedenen Pulsqualitäten und Pulsarten planmäßig mit Hilfe der musikalischen Notenschrift anschaulich zu machen.[61] Sein spekulatives Naturverständnis ließ ihn im Puls mit seinen der Musik entsprechenden Ordnungen „die süßeste Lebensmelodie" vernehmen (Widmungsvorrede). Er setzte die vier Stimmlagen, die vier Hauptintervalle und die vier Elemente mit bestimmten Pulsarten in Beziehung und wandte außerdem in herkömmlicher Weise die Proportionen der musikalischen Hauptintervalle auf den inneren „Rhythmus" des einzelnen Pulsschlages an. Da die Wirkung der Affekte auf den Puls schon der antiken Medizin bekannt war und den Kirchentonarten traditionellerweise bestimmte Affekte zugeordnet waren, brachte Hafenreffer auch dies in einen Zusammenhang, den er musikalisch wiedergab.[62] Den Notenlinien verlieh Hafenreffer eine neue Bedeutung: Sie sollten den vier pulsfühlenden Fingern entsprechen, weshalb sich Hafenreffer auf vier Notenlinien beschränkte. Neu war bei ihm auch, daß er erstmalig nicht mehr nur das rhythmisch-musikalische Bild

---

[59] R. Fludd (Q 1624), Bd. 1, S. 167. Vgl. auch R. Fludd (Q 1629), S. 40.
[60] R. Fludd (Q 1629), S. 37 und 75–80.
[61] S. Hafenreffer (Q 1640).
[62] Ebd. S. 49.

von Einzelpulsationen mit ihren inneren Proportionen der beiden Bewegungen, sondern jeweils ein Stück des *Pulsverlaufes* aufzeichnete. Dabei werden, ohne daß Hafenreffer davon spricht, nicht mehr „Diastole" und „Systole" einzeln gemessen und dargestellt, sondern nur noch ganze Pulsschläge abgebildet. Das entsprach einem allgemeinen Wandel in der medizinischen Betrachtung des Pulses: Im 17. Jahrhundert interessierte man sich in wachsendem Maße für Bewegungsphänomene und physiologische Abläufe.[63]

Hafenreffers musikalische Darstellung der damals noch weithin anerkannten galenischen Pulslehre ist teils ohne weiteres verständlich oder doch unmittelbar anschaulich, teils beruht sie auf der Verwendung von Begriffen, die in Musiktheorie und Pulslehre eine verschiedene Bedeutung haben. So ergibt sich oft nicht mehr als ein auf den ersten Blick zwar augenfälliges, aber doch irreführendes Bild.

Den normalen Puls des Gesunden (pulsus moderatus) gibt Hafenreffer mit gleichen mittleren Notenwerten und gleichen Zeitabständen wieder (Abb. 3):

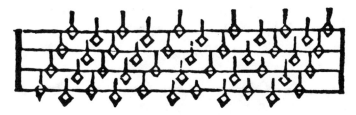

Abb. 3: Samuel Hafenreffer: Monochordon symbolico-biomanticum... Ulm 1640, S. 55.

Doch ist schon die Darstellung der Pulskategorie lang/kurz (pulsus longus/brevis) nur in übertragenem Sinne verständlich. Denn nicht die Länge oder Kürze der Pulswelle, worauf sich das Begriffspaar bezog, kommt darin zum Ausdruck, sondern es werden unterschiedliche Zeitgrößen vor Augen geführt (Abb. 4).

---

[63] Vgl. dazu unten S. 48 und 111–113.

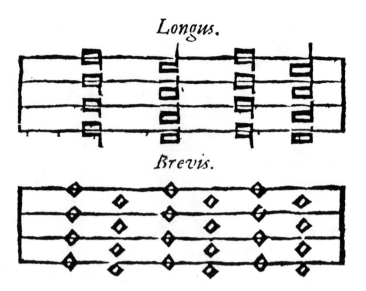

Abb. 4: Samuel Hafenreffer: Monochordon symbolico-biomanticum ...
Ulm 1640, S. 56.

Auch im Notenbild des pulsus plenus und vacuus werden räumliche
Kriterien als Zeitquantitäten wiedergegeben (Abb. 5).

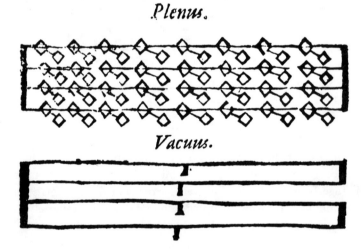

Abb. 5: Samuel Hafenreffer: Monochordon symbolico-biomanticum ...
Ulm 1640, S. 61 f.

40

Bei der Darstellung des pulsus latus und angustus durch unterschiedliche Tonabstände ist hingegen die Analogie des Räumlichen gewahrt (Abb. 6).

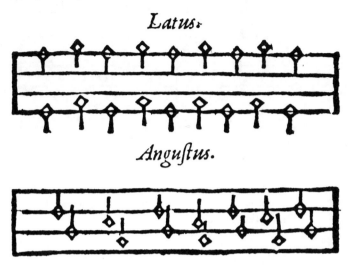

Abb. 6: Samuel Hafenreffer: Monochordon symbolico-biomanticum...
Ulm 1640, S. 57.

Bei der Wiedergabe des pulsus altus und humilis ist es ebenso, da Hafenreffer die Höhe oder Tiefe der Pulswelle als Unterschiede der Tonhöhe ausdrückt (Abb. 7).

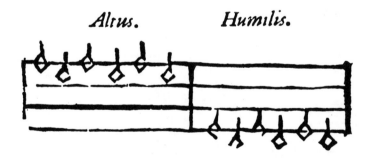

Abb. 7: Samuel Hafenreffer: Monochordon symbolico-biomanticum...
Ulm 1640, S. 63.

Nur auf Umwegen verständlich, aber nicht ohne eine gewisse Originalität ist Hafenreffers Aufzeichnung der Pulsqualitäten durus und mollis mit Hilfe der gleichnamigen Tonleiterausschnitte der mittelalterlichen Musiklehre, d. h. mit den Tönen b und h (Abb. 8).

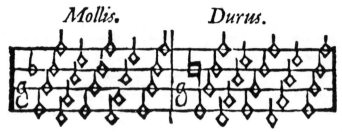

Abb. 8: Samuel Hafenreffer: Monochordon symbolico-biomanticum ...
Ulm 1640, S. 58.

Naturgemäß eignete sich die musikalische Notenschrift am besten zur Wiedergabe zeitlicher Verhältnisse und Abläufe. So etwa zur Darstellung des pulsus celer und tardus (Abb. 9).

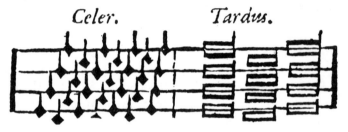

Abb. 9: Samuel Hafenreffer: Monochordon symbolico-biomanticum ...
Ulm 1640, S. 63.

Auch unregelmäßige Pulse ließen sich einigermaßen überzeugend vor Augen führen, wie z. B. der pulsus vibratus und der pulsus undosus (Abb. 10).

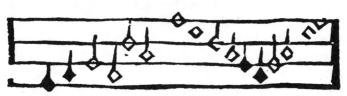

Abb. 10: Samuel Hafenreffer: Monochordon symbolico-biomanticum ...
Ulm 1640, S. 59.

Oder der pulsus dicrotus, der pulsus caprizans und der pulsus intermittens (Abb. 11).

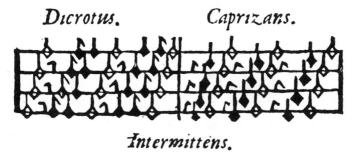

Abb. 11: Samuel Hafenreffer: Monochordon symbolico-biomanticum ...
Ulm 1640, S. 64.

Dennoch werden überall, auch bei bloß übertragenen Vergleichen, die engen Grenzen, ja oft der Widersinn von Hafenreffers Unternehmen deutlich genug. Doch ist dies ein Urteil aus moderner Sicht. Naturforscher und Ärzte des 17. Jahrhunderts liebten das Denken in Analogien und Verknüpfungen, sie liebten bildhafte Veranschaulichung und Systematisierung, Symbole und Allegorien, und sie empfanden es auch nicht als unangemessen, aus den unterschiedlichen

43

Bedeutungen, die ein Wort in einzelnen Bereichen hatte, auf innere Zusammenhänge zu schließen, sondern sie sahen vielmehr gerade in solchen wechselnden Begriffsinhalten Hinweise auf verborgene Beziehungen und Ordnungen.

Einen von Hafenreffer offensichtlich unabhängigen Versuch ähnlicher Art unternahm 1650 der Jesuit ATHANASIUS KIRCHER (1601–1680) in seiner „Musurgia universalis".[64] Kircher war überzeugt, daß nichts im menschlichen Körper so sehr an Harmonie und Disharmonie denken lasse wie die „wunderbare verborgene Harmonie der Pulse".[65] Das Schema der vier Lebensalterpulse baute Kircher in doppelter Weise weiter aus, indem er die vier Altersstufen in entsprechenden Schlüsseln ausdrückte (Sopran-, Alt-, Tenor- und Baßschlüssel) und sie mit bestimmten Tönen verband (von oben: f' – c' – a – c), die zusammen einen F-Dur-Akkord bildeten (Abb. 12).[66]

Cantus Puer.

Rhythmus equalis fiue paris propor.in notis fufis

Puerili ætati refpondet, habetque celerem contractioné aut diftenfioné arteriç, vti notæ fufæ cantus fiuè fupremç vocis, exprimunt.

Altus Iuuenis.

Rhythm.æqualis fiuè paris propo. in notis femimin.

Adolefcentiæ ætati refpondens, contractionem diftenfionemque arteriæ habet, notis femiminimis Alti conuenientem.

Tenor Vir.

Rhyth.çqualis, fiue paris proport. in notis minimis.

Virili ætati correfpondens, contractionem diftenfionemque arteriæ habet, notis minimis Tenoris conuenientem.

Bafis Senex.

Rhyth.çqualis, fiue paris proport. in not. femibreu.

Senectuti refpondens, contractionem diftenfionemque arteriç patitur, qualem femibreues notæ in bafi teferunt.

Abb. 12: Athanasius Kircher: Musurgia universalis. Rom 1650. Bd. 2, S. 417.

---

[64] A. Kircher (Q 1650), Bd. 2, S. 413–420: „De Pulsuum Rhythmorumque in humano corpore harmonia."
[65] Ebd. S. 413.
[66] Ebd. S. 417.

44

Außerdem waren die Lebensalterpulse nun, der Musikentwicklung entsprechend, in kleineren Notenwerten als früher dargestellt. Die Vermutung liegt nahe, daß die genannten Intervalle Frequenzunterschiede der Pulse verkörpern sollen. Das ergäbe durchaus sinnvolle Werte wie etwa 120:90:75:60 Pulsschläge in der Minute[67] und wäre angesichts der zunehmenden Beschäftigung mit der Pulsfrequenz in der damaligen Zeit[68] auch denkbar. Doch ist einzuwenden, daß dadurch die Abstufung der *Notenwerte* erheblich verändert, ja im Grunde entbehrlich würde – es sei denn, daß hier wie in ähnlichen Fällen die Notenwerte in ihrem gegenseitigen Verhältnis nicht „wörtlich" zu nehmen sind, sondern nur eine allgemeine Abstufung der Zeitwerte andeuten sollen.[69]

In seinem Drang, die wunderbare harmonisch-musikalische Ordnung der Natur und Schöpfung vor Augen zu führen, stellt Kircher auch die Pulse der vier Temperamente je nach der vorherrschenden Grundqualität in vier verschiedenen Notenwerten dar.[70] Schließlich gibt er neben mehreren musikalisch aufgezeichneten „ungleichen" Pulsen eine ganze Tabelle mit der musikalischen Notierung von 15 der sogenannten „zusammengesetzten" galenischen Pulse, wobei jedoch manches unklar bleibt (Abb. 13). An seine musikalisch illustrierte Pulslehre knüpfte Kircher große Erwartungen. Ein Arzt, der sie gründlich studiert und sich fleißig darin geübt habe, werde, so glaubte er, Wunderbares vollbringen können. Die geringen Heilerfolge der Medizin führte Kircher vor allem darauf zurück, daß die Ärzte zu wenig Einsicht in die Geheimnisse des Pulses hätten, und er entwarf das Bild eines Arztes, der die Harmonie des Pulses so gut kenne, daß er die Pulse der einzelnen Krankheiten genau unterscheiden,

---

[67] Fr.-J. Machatius (L 1959), S. 186.
[68] Siehe dazu unten S. 48.
[69] Diese Erwägung könnte eine Bestätigung finden in der Schrift des Straßburger Arztes Johann Ulrich Bix über den Puls von 1677 (Q 1677). Bix kritisiert an der überlieferten Pulslehre, daß es unmöglich sei, innerhalb der einzelnen Pulsation durch Fühlen die zeitliche Gleichheit oder Ungleichheit von „Diastole" und „Systole" festzustellen (S. 16); er zeigt daher auch eine gewisse Zurückhaltung gegenüber der Anwendung musikalischer „Rhythmen" auf den Puls: „. . . diese Unterschiede werden mehr deswegen angeführt, damit man sie kennt, als damit man sie erkennt. Die Ärzte, die überdies den Rhythmus [in die Pulslehre] einführen, wollen nicht wörtlich verstanden werden." (S. 18.)
[70] A. Kircher (Q 1650), Bd. 2, S. 418.

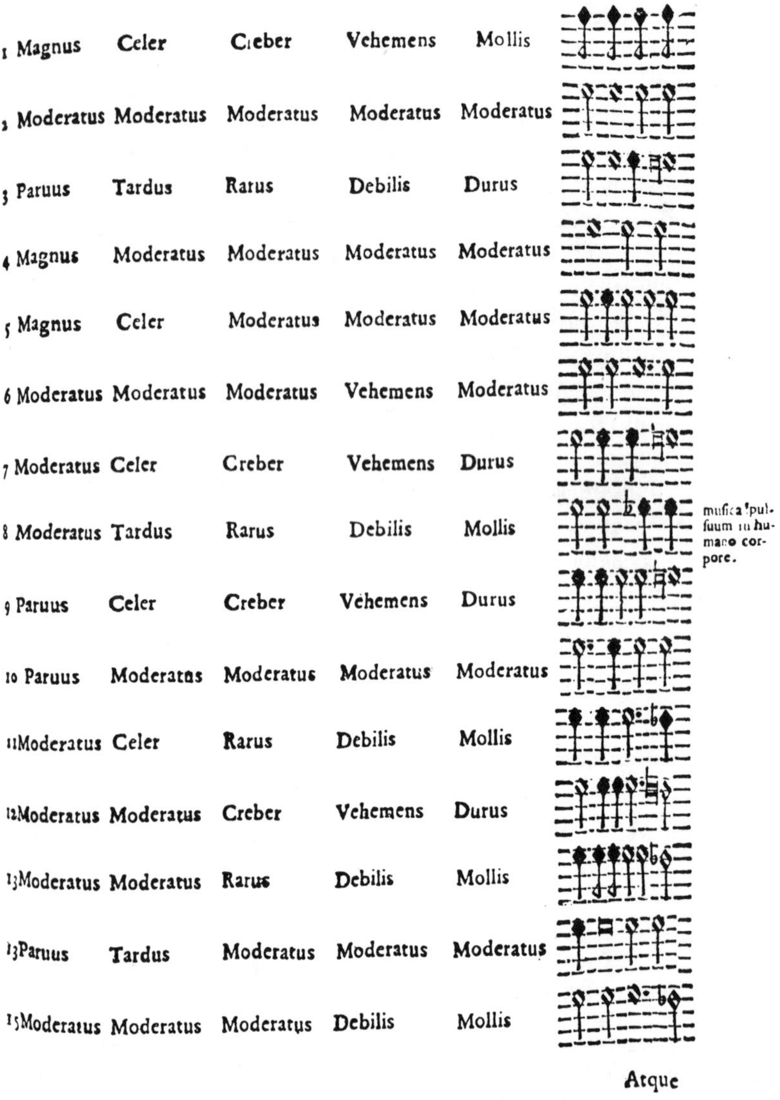

1 Magnus	Celer	Cieber	Vehemens	Mollis
2 Moderatus	Moderatus	Moderatus	Moderatus	Moderatus
3 Paruus	Tardus	Rarus	Debilis	Durus
4 Magnus	Moderatus	Moderatus	Moderatus	Moderatus
5 Magnus	Celer	Moderatus	Moderatus	Moderatus
6 Moderatus	Moderatus	Moderatus	Vehemens	Moderatus
7 Moderatus	Celer	Creber	Vehemens	Durus
8 Moderatus	Tardus	Rarus	Debilis	Mollis
9 Paruus	Celer	Creber	Vehemens	Durus
10 Paruus	Moderatus	Moderatus	Moderatus	Moderatus
11 Moderatus	Celer	Rarus	Debilis	Mollis
12 Moderatus	Moderatus	Creber	Vehemens	Durus
13 Moderatus	Moderatus	Rarus	Debilis	Mollis
13 Paruus	Tardus	Moderatus	Moderatus	Moderatus
15 Moderatus	Moderatus	Moderatus	Debilis	Mollis

musica pulsuum in humano corpore.

Atque

Abb. 13: Athanasius Kircher: Musurgia universalis. Rom 1650.
Bd. 2, S. 415.

dadurch die passenden Gegenmittel anwenden und den Körper schnell wieder zu vollkommener Harmonie bringen könne.[71]

Die „Musik" im Puls fand bei Hafenreffer und bei Kircher eine besonders ausführliche und originelle Darstellung. Sie erfreute sich im 17. und frühen 18. Jahrhundert aber auch bei anderen einer gewissen Beliebtheit. So übernahm man z. B. Franciscus Joëls musikalisch aufgezeichnete Lebensalterpulse,[72] der Vergleich der vier Lebensalterpulse mit vier Notenwerten nach dem Vorbild des Struthius begegnet, wenn auch ohne Notenbeispiele, mehrmals,[73] und viele hielten zumindest an der Vorstellung in einer allgemeinen Form fest – etwa so, wie es 1649 Jean Riolan (1580–1657) formuliert: Dem Herzen sei zur Erfüllung seiner Aufgabe eine bewegende, „pulsierende" Kraft verliehen, die „harmonisch, auf musikalische Weise" das Herz schlagen lasse.[74] Der württembergische Arzt Rosinus Lentilius (1651–1733) verwendet 1711 sogar wieder die Notenschrift, um den Puls einer jungen Patientin zu verdeutlichen; dabei stellt er zwei Pulsarten in einer von Hafenreffer völlig verschiedenen Weise musikalisch dar.[75] Bei einem anderen Patienten beobachtet er einen Puls, den es in der herkömmlichen Pulslehre überhaupt nicht zu geben scheint; er prägt für ihn einen neuen Namen und bildet ihn außerdem in Noten ab.[76]

Als im 18. Jahrhundert der quadriviale musica-Gedanke, der seit Jahrhunderten für die Pulslehre als Ordnungsvorstellung gedient hatte, immer mehr in den Hintergrund trat, endete die Verknüpfung des Pulses mit der Musik keineswegs. Nur gewann sie jetzt, entsprechend der allgemeinen geistigen sowie der musiktheoretischen und medizinischen Entwicklung, ein neues, stärker empirisch-praktisches Aussehen.

Die veränderte Situation wird in mehrfacher Hinsicht deutlich bei

---

[71] Ebd. S. 420.

[72] H. Grube (Q 1679), S. 55; M. B. Valentinus (Q 1713), S. 603; vgl. die Abbildung bei E. F. Horine (L 1941), S. 242.

[73] Vgl. z. B. Ph. Harduin de S. Jacques (Q 1624) sowie D. Sennert (Q 1676/b), S. 573.

[74] J. Riolan (Q 1649), S. 2.

[75] R. Lentilius (Q 1711), S. 845 f.

[76] Ebd. S. 1026 f. Der Kuriosität halber sei noch erwähnt, daß Lentilius die musikalische Notenschrift auch verwendete, um die Geräusche aus dem Munde eines Patienten aufzuzeichnen, der behauptete, eine Kröte im Leibe zu haben (S. 689).

dem französischen Arzt François Nicolas Marquet (1687–1759), der, ohne Hafenreffers und Kirchers Versuche zu kennen, 1747 nach 35jährigen Beobachtungen mit einem neuen – dem letzten – System musikalischer Pulsdarstellung hervortrat.[77] Hier zeigt sich, daß inzwischen die Frequenz des Pulses – und zwar auch absolut gemessen – zu einem wichtigen Kriterium geworden war. Seit dem 16. Jahrhundert hatte man diesem Gesichtspunkt zunehmende Beachtung geschenkt, zuerst, um kleinere Zeitabschnitte zu messen, dann im Rahmen physiologischer Forschung, seit John Floyer (1707) in wachsendem Maße auch im Dienste der Diagnostik.[78] Demgemäß verschob sich das Interesse von der Proportion der beiden Bewegungen im einzelnen Pulsschlag immer mehr auf den Ablauf des Pulses als Abfolge ganzer Pulsationen, wie schon bei Hafenreffer zu beobachten war.[79] Bereits Johannes Kepler (1571–1630) hatte 1618 zu seinen Messungen der Pulsfrequenz ausdrücklich bemerkt, daß dabei „keine Unterscheidung zwischen Systole und Diastole" mehr berücksichtigt sei.[80]

Soweit die medizinische Seite der Situation. Am Werk Marquets zeigt sich aber auch, daß im Bereich der Musik inzwischen ebenfalls eine wichtige Veränderung eingetreten war. Sie bestand darin, daß seit der Stilwende um 1600 die mensuralen Tempograde mit ihrer Verankerung in einer stabilen Grundzählzeit dem barocken Affektprinzip mit variableren, freieren Tempi gewichen waren – wenngleich mit Satzbezeichnung und Satzcharakter meist noch ziemlich genaue Tempovorstellungen verbunden waren. Dieser doppelte Wandel in der medizinischen Betrachtung des Pulses und in der Musik mußte sich auch in der Verwendung der Notenschrift für die Darstellung des Pulses äußern, zumal seit dem Stilumbruch um 1600 der selbst gleichsam „pulsierende" Akzentstufentakt (H. Besseler) die Kunstmusik mehr und mehr bestimmte.

Von diesen Voraussetzungen her ist Marquets Versuch zu verste-

---

[77] Fr. N. Marquet (Q 1747). Eine zweite Auflage, auf die sich alle im folgenden gegebenen Nachweise beziehen, erschien 1769 (Q 1769). Schon E. A. Underwood (L 1947), S. 661–665 und C. Menini (L 1962) haben Marquets Werk behandelt, doch ohne es genügend in einen größeren historischen Zusammenhang einzuordnen.
[78] Vgl. dazu im einzelnen W. F. Kümmel (L 1974), bes. S. 6 ff.
[79] Siehe oben S. 39.
[80] J. Kepler (Q 1953), S. 180, Z. 7/8.

VNIVERSALE PVLSVVM SYSTEMA.

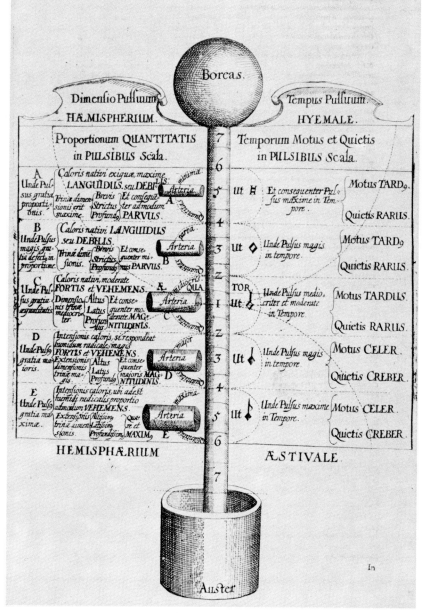

Abb. 2: Robert Fludd: Pulsus seu nova et arcana pulsuum historia. Frankfurt am Main 1629, S. 78.

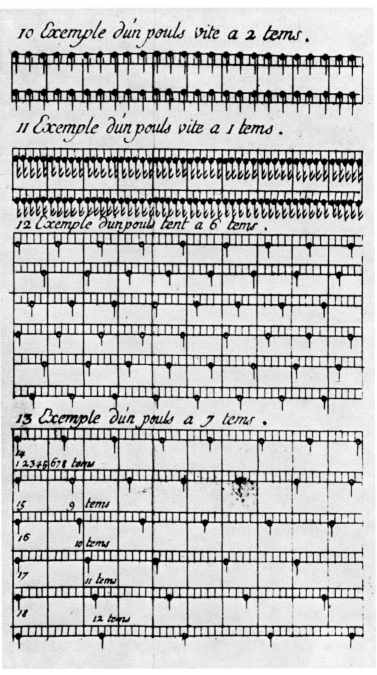

Abb. 14: François Nicolas Marquet: Nouvello Méthode facile et curieuse, pour connoître le pouls par les notes de la musique. Amsterdam 1769. Tafel-Anhang.

hen. Bei ihm finden sich die vier Lebensalterpulse nicht mehr, ebensowenig die früheren Erörterungen über die Proportion zwischen der
Dauer der „Diastole" und der „Systole" im einzelnen Pulsschlag.
Marquets Interesse gilt nur noch den verschiedenen Formen des Puls-
ablaufs. Er reduziert die Notenlinien in seinen musikalischen Pulsbildern auf zwei, wobei die Lage der Noten von unten nach oben abneh-
mende Intensität der Pulsschläge bedeuten soll: Beim normalen Puls
liegen also die Noten zwischen den beiden Linien.[81] Für die einzelnen
Pulsarten legt Marquet nicht mehr nur bestimmte Notenwerte fest –
sie wären damals ohne genauere Fixierung nicht mehr eindeutig
genug gewesen –, sondern er wählt als Grundmaß für den Puls das
Menuett seiner Zeit; dessen Takte setzt er mit den Pulsschlägen der
normalen Pulsfrequenz gleich, für die er 60 Schläge in der Minute
annimmt. Zwei Faktoren erwiesen sich jedoch als hinderlich: Einmal
die der Musik des 17. und 18. Jahrhunderts eigenen und in einem
Tanz besonders ausgeprägten Akzentschwerpunkte, auch wenn gerade dadurch die Musik dem Puls unmittelbar verwandter erscheinen
mochte als ehedem die ohne feste Akzentstufung verlaufende Musik
des 15. und 16. Jahrhunderts (die sich ihrerseits besser dafür geeignet
hatte, innere Proportionen der Einzelpulsation zu messen und abzubilden); zum andern die Bedeutung, die nun dem Ablauf und der Frequenz des Pulses zukam. Denn sobald bestimmte Pulsfrequenzen oder
gar unregelmäßige Pulse in das feststehende Menuettmodell nur als
komplizierte Synkopen einzuordnen waren, mußte Marquets Methode zwangsläufig problematisch, wenn nicht unpraktikabel werden. Die Schwierigkeiten wurden noch größer dadurch, daß Marquet
den Menuett-Takt unverständlicherweise in fünf statt in sechs Teile
untergliederte (Abb. 14).[82] Der Herausgeber der zweiten Auflage von
Marquets Buch (1769), sein Schwiegersohn Pierre-Joseph Buchoz,
führte nicht zufällig anstelle des einen Menuettmodells, das allen
Pulsarten zugrundegelegt werden sollte, für mehrere Pulsarten andere Tänze als Richtmaße ein.[83] Zwei weitere Auflagen, die Marquets
„Méthode" 1783 und 1806 noch erlebte – allerdings ohne die musi-

---

[81] Vgl. die Abbildungen bei E. F. Horine (L 1941), S. 244 und E. A. Underwood
(L 1947), S. 664.
[82] Vgl. die Abbildungen bei E. F. Horine (L 1941), S. 245 und E. A. Underwood
(L 1947), S. 665.
[83] Fr. N. Marquet (Q 1769), S. 169 f.

kalischen Beispieltafeln der beiden ersten Auflagen[84] –, zeugen mehr
von der Sympathie, die der Herausgeber für die Sache des Schwieger-
vaters hegte, als von einem sichtbaren Erfolg des Werkes. Wohl ist
Marquets musikalischen Pulsbildern eine gewisse pädagogisch nutz-
bare Anschaulichkeit nicht abzusprechen, weshalb sie bei Zeitgenossen auch einigen Beifall fanden,[85] doch war die Zeit einem solchen
Unternehmen nicht mehr günstig.

Hafenreffers Büchlein hatte seinerzeit noch mancherlei Zustim-
mung finden können. Der Marburger Medizinprofessor Johann
Daniel Horst (1620–1685) pflegte es seinen Studenten zu empfehlen,[86] und noch der bereits erwähnte Rosinus Lentilius[87] ließ sich
1711 von Hafenreffer anregen, die musikalische Notenschrift zur
Aufzeichnung von Pulsen zu verwenden, obgleich ihm Hafenreffers
System im ganzen „mehr spekulativ als praktisch" erschien.[88] Doch
schon der Helmstedter Professor Hermann Conring (1606–1681)
urteilte 1654 geringschätzig über Hafenreffer,[89] und gegen Ende des
17. Jahrhunderts wurden grundsätzliche Einwände laut. Vieles in der
herkömmlichen Pulslehre, so meinte der Augsburger Stadtarzt Georg
Hieronymus Welsch (1624–1677), sei unsicher, überflüssig, unbegründet und willkürlich, und dazu zählte er auch die Versuche, Puls
und Blutkreislauf mit den Noten der Musik statt nach den Gründen
der Mechanik zu erfassen.[90] Der englische Mediziner John Floyer
(1649–1734) lehnte 1707 die Anwendung musikalischer Begriffe und
mathematischer Proportionen auf den Puls prinzipiell ab, weil sie dem
Tastsinn nicht wahrnehmbar seien und ein solches Verfahren daher
abwegig und nutzlos sei.[91] Der Hallische Medizinprofessor Michael
Alberti (1682–1757) rechnete 1719 die Beurteilung der Pulse nach
musikalischen Kriterien zu den vielen dunklen und unnützen Kapiteln
der Pulslehre,[92] und der Utrechter Professor Johann Conrad Barchusen (1666–1723) unterzog 1723 Fludds musikalisches Pulssystem

---

[84] J. Buchoz (Q 1782–85), Bd. 3, 1785, S. 173–217; ders. (Q 1806).
[85] Vgl. Fr. N. Marquet (Q 1769), S. 70–78.
[86] J. D. Horst (Q 1660), S. 193 f.; vgl. auch G. Horst (Q 1660), Bd. 1, S. 304.
[87] Siehe oben S. 47.
[88] R. Lentilius (Q 1711), S. 846.
[89] H. Conring (Q 1726), S. 216.
[90] G. H. Welsch (Q 1681), S. 278.
[91] J. Floyer (Q 1707–10), Bd. 1, 1707, S. 7.
[92] M. Alberti (Q 1719), S. 15.

einer scharfen Kritik; er vermochte nicht einzusehen, „auf welche Weise es dem Arzt für die Kranken von Nutzen sein könnte".[93]

Auch Marquets „Méthode", die von barocker Spekulation unbelastet war, stieß auf viel Skepsis. Der Verfasser des Puls-Artikels in der von d'Alembert und Diderot herausgegebenen „Encyclopédie", der französische Arzt Hugues Maret (1726–1786), stellte 1765 Marquets System samt Beispielen ausführlich dar. Er begrüßte seinen Versuch, die Verschiedenheiten des Pulses anschaulich vor Augen zu führen, meinte aber, Marquet habe sich bei der Verknüpfung des Pulses mit der Musik zu weit in willkürliche und nutzlose Einzelheiten verloren und sich zu wenig an die Beobachtung gehalten.[94] Der französische Mediziner Jean-Jacques Menuret (1733–1815) hielt 1768 Marquets Buch in den Hauptpunkten für brauchbar, auch für verbesserungsfähig und verbessernswert, doch erschien auch ihm manche Einzelheit ohne praktischen Nutzen und unbegründet.[95] Daneben gab es aber auch ironische und satirische Kritik[96] oder gar völlige Ablehnung. So verwarf 1769 der italienische Arzt Carlo Gandini (gest. 1785) die ganze „herophilische" Richtung einschließlich Marquet grundsätzlich.[97] Für den französischen Arzt Théophile de Bordeu (1722–1776) war 1768 Marquets System theoretisch und praktisch unhaltbar, weil zwischen Puls und Musik nur ein ganz allgemeiner, übertragener Vergleich möglich sei.[98] Der Jenaer Medizinprofessor Christian Gottfried Gruner (1744–1815) schließlich erklärte 1801 prinzipiell „die Abbildung der Pulsarten", womit er neben der vorherrschenden musikalischen Darstellung auch andere Verfahren meinte,[99] für „unsicher und blendend".[100]

Trotz alledem behielt die musikalische Notenschrift noch bis zum Ende des 18. Jahrhunderts eine gewisse Anziehungskraft für die Veranschaulichung des Pulses. 1781 schrieb ein ungenannter Arzt –

---

[93] J. C. Barchusen (Q 1723), S. 476.
[94] [H. Maret] (Q 1765/b), S. 220 f. Der Verfasser des Artikels ist nach H. Zeiler (L 1934), S. 37 Hugues Maret.
[95] J.-J. Menuret (Q 1768), S. 117 f.
[96] Vgl. Fr. N. Marquet (Q 1769), S. 79–83.
[97] C. Gandini (Q 1769), S. 216.
[98] Th. de Bordeu (Q 1768–72), Bd. 2, 1768, S. 132; vgl. auch H. Fouquet (Q 1767), S. 38.
[99] Vgl. dazu unten Anm. 107.
[100] Chr. G. Gruner (Q 1801), S. 99.

offenbar ohne frühere Versuche zu kennen –, der Puls lasse sich „durch Musikzeichen" bequemer und genauer als auf andere Weise beschreiben. Er schlug vor, die Pulsfrequenzen von 50 bis 135 mit sechs Notenwerten wiederzugeben; ein starker oder schwacher Puls sollte mit dem Zusatz „forte" oder „piano", ein harter oder weicher Puls mit einem Kreuz oder einem Auflösungszeichen, ein voller Puls mit dem Baßschlüssel, ein kleiner Puls mit dem Diskantschlüssel, Intermissionen mit Pausen gekennzeichnet werden usw. Als Beispiel stellte der Autor den Puls eines „hypochondrischen" Patienten musikalisch dar.[101] 1782 brachte der Leipziger Medizinprofessor Johann Georg Friedrich Franz (1737–1789) sogar die alten Werke von Struthius und Hafenreffer wieder zu Ehren, aus denen er unbedenklich mehrere musikalisch notierte Pulsbeispiele übernahm.[102] Franz war wohl der letzte, der den Puls auf diese Weise zu illustrieren versuchte. Aber in der ersten Hälfte des 19. Jahrhunderts fand die musikalische Notenschrift mit ihren Möglichkeiten der graphischen Veranschaulichung nochmals eine Anwendung in der Medizin. René-Théophile-Hyacinthe Laennec (1781–1826) bildete 1826 in der zweiten Auflage seines großen Werkes über die Auskultation unnormale Geräusche des durch die Arterien strömenden Blutes mit Hilfe von drei Notenbeispielen ab.[103]

Wenig später war allerdings die Zeit endgültig vorbei, in der solche indirekten, übertragenen Aufzeichnungen körperlicher Vorgänge noch als nützlich und sinnvoll gelten konnten. Die immer stärker sich naturwissenschaftlich-experimentell orientierende Medizin stellte andere, höhere Anforderungen an graphische Verfahren. Der Physiologe Karl Vierordt (1818–1884), schon ganz ein Vertreter der neuen Epoche, hielt 1855 zwar Marquets musikalische Pulsdarstellung noch einer Erwähnung für wert, nannte sie aber eine „naive Doctrin" und zählte sie zu den „völlig mißglückten Versuchen".[104]

Sieht man von der chinesischen Medizin hier ab,[105] so haben die musikalischen Pulsdarstellungen des 16.–18. Jahrhunderts als der ein-

---

[101] Anonymus (Q 1781), S. 25f.

[102] J. G. Fr. Franz (Q 1782), S. 11–14.

[103] R.-Th.-H. Laennec (Q 1826), Bd. 2, S. 424 und 426. In der ersten Auflage des Werkes (1819) sind diese Beispiele noch nicht enthalten.

[104] K. Vierordt (Q 1855), S. 18.

[105] Hierzu vgl. zuletzt M. D. Grmek (L 1962).

zige einigermaßen systematische Versuch zu gelten, den Puls abzubilden, bevor um die Mitte des 19. Jahrhunderts die direkte mechanische Sphygmographie einsetzte.[106] Daneben scheint es nur wenige und unzusammenhängende Bemühungen gegeben zu haben, den Puls in anderer Form aufzuzeichnen.[107]

2. Der Puls in der Musiktheorie

Nicht nur von der Medizin, sondern auch von der Musik her befaßte man sich über Jahrhunderte mit dem Zusammenhang zwischen Puls und Musik. Im Mittelalter gehörte dieser Gedanke über die medizinische und musikalische Fachliteratur hinaus zum allgemeinen Bildungsgut,[108] und im 16. und 17. Jahrhundert blieb er erst recht geläufig. Bei den Musiktheoretikern hielt sich teilweise bis in das 18. Jahrhundert die von der Spätantike vermittelte Vorstellung, daß die Proportionen, auf die sich die Umläufe der Gestirne, das seelisch-körperliche Wesen des Menschen und die Töne der Musik gründeten, auch den einzelnen Pulsschlag sowie die metrische Ordnung der Sprache bestimmten. Der zuletzt genannte Aspekt, der die ursprüngliche Konzeption des Herophilos wiedergab, begegnet in einer auf Cassiodor zurückgehenden Formel bei den Musikschriftstellern besonders häufig.[109] Viele Musiktraktate tradierten auch das aus Martianus Capella übernommene Beispiel von Herophilos, der die Pulse nach den Gesetzen der Musik beurteilt habe.[110] Johannes Tinctoris (um 1440–1511) zitierte sogar aus dem „Kanon" des Avicenna den Satz, daß im Puls musikalische Natur vorhanden sei.[111] Thomas Campion (1567 bis 1619), Musiker und Arzt in einer Person, versäumte nicht, in der Widmungsvorrede zu seiner weitverbreiteten Einführung in den Kontrapunkt (1618) hervorzuheben, ein wie kundiger Musiker Galen gewesen sei: Er habe alle musikalischen Proportionen auf die unge-

---

[106] Vgl. dazu L. Huard (L 1892) und H. Buess (L 1947).
[107] Darüber ausführlicher W. F. Kümmel (L 1968), S. 285–287 mit vier Beispielen vom 15. bis zum 18. Jahrhundert.
[108] Siehen oben S. 26–28.
[109] Siehe oben Anm. 19.
[110] Vgl. oben Anm. 20; vgl. dazu aus dem 17. Jahrhundert z. B. L. Casali (Q 1629), S. 134 und C. Pellegrinus (Q 1665), S. 79.
[111] Siehe oben Anm. 31.

wissen Bewegungen des Pulses angewendet – eine offenkundige Verwechslung mit Herophilos.[112] Der Gelehrte Isaac Vossius (1618 bis 1689) forderte in seinem Werk über den Rhythmus (1673) die Medizin auf, die Methode des Herophilos zu erneuern und auszubauen – offenbar ohne zu wissen, daß dies seit langem und in einem erstaunlichen Ausmaß geschehen war.[113]

Es blieb aber nicht dabei, daß der Gedanke vom Zusammenhang zwischen Puls und Musik lediglich Bestandteil der quadrivialen musica-Vorstellung war und die Musiktraktate in sehr allgemeiner Form von der musikalischen Pulslehre des Herophilos berichteten. Vielmehr leiteten die Musiktheoretiker seit dem Ende des 15. Jahrhunderts aus dieser Tradition auch eine Verknüpfung ab, die sich auf die praktische Musik bezog. Diese Entwicklung ähnelte der in der Medizin seit Savonarola und Struthius, doch verlief das Bestreben der Musiker, die quadriviale Puls-Musik-Verbindung ins Praktische umzudeuten, naturgemäß in anderen Bahnen als in der Medizin. So ist es weder verwunderlich noch zufällig, daß kein Musiktheoretiker den normalen Puls etwa in der Art Savonarolas dazu benützte, das Tempo der Musik zu bestimmen. Bezeichnenderweise unternahm dies erst im 18. Jahrhundert Johann Joachim Quantz.[114] Ein solcher Versuch lag fern, solange es die proportional aufgebauten Tempi der Mensuralmusik gab, die auf einem stabilen Grundzeitmaß beruhten und im Normalfall recht genaue Erfahrungswerte waren.[115] (Eben deshalb konnte ein Arzt wie Savonarola gerade den umgekehrten Weg gehen und die Geschwindigkeit des normalen Pulses, die sich damals mit Uhren noch nicht messen ließ, mit Hilfe der mensuralen Tempograde abgrenzen.[116])

Seit dem ausgehenden 15. Jahrhundert erscheint der Puls in der Musiktheorie als Modell für den Ablauf der Musik,[117] zuerst 1472 bei Bartholomaeus Ramis de Pareia (um 1440 bis nach 1491), nicht, wie

---

[112] Th. Campion (Q 1909/a), S. 191; das Werk erschien erstmals um 1618 in London und wiederum 1655, wurde aber schon 1650 in John Playfords „Introduction" (Q 1700) aufgenommen, die zahlreiche Auflagen erlebte.

[113] I. Vossius (Q 1673), S. 71.

[114] Siehe unten S. 58 f.

[115] Vgl. dazu im einzelnen W. F. Kümmel (L 1970), S. 157 f.

[116] Siehe oben S. 33 f.

[117] Es scheint, daß sich die Musiktheoretiker dabei von der Medizin anregen ließen. Vgl. z. B. Johannes Tinctoris (s. oben S. 53) und Fr. Gafurius (Q 1512), fol. 22 r.

oft behauptet, erst bei Franchinus Gafurius (1451–1522). Der Puls wird aber keineswegs in erster Linie als eine Art metronomisches Vergleichsmaß eingeführt. Vielmehr scheint das Modellhafte des Pulses, sofern die Musiktheoretiker überhaupt näher darauf eingehen, hauptsächlich in folgenden Punkten zu liegen: einmal in der *Regelmäßigkeit* des Pulses, zum andern darin, daß der einzelne gesunde Pulsschlag, wie man annahm, aus zwei „gleichen", d. h. *gleich langen Bewegungen* der Arterie bestand. Das entsprach den von Struthius aufgestellten Lebensalterpulsen,[118] aber nur zum Teil den ursprünglichen metrischen Pulsschemata des Herophilos.[119] Beides, die Regelmäßigkeit und die gleich langen Bewegungen des Pulsschlages, sollte auch für die Musik, genauer: für das Auf und Nieder der Dirigierbewegung gelten (natürlich nur bei zweizeitiger, „imperfekter" Mensur). Daher scheiden bei Gafurius Fieberpulse als Modell für die Musik aus, weil sie eine „ungleiche", d. h. ungleich lange Dauer von „Diastole" und „Systole" haben – also offensichtlich nicht etwa deshalb, weil sie schneller sind als der normale Puls.[120] Dieses Problem kann hier aber nicht im einzelnen weiter verfolgt werden; die wichtigsten Texte finden sich bei Ramis de Pareia,[121] Gafurius[122] und Gioseffo Zarlino (1517–1590).[123] Nur sei davor gewarnt, das Vorbild des Pulses für die Musik in der alten Musiktheorie unmittelbar oder ausschließlich auf die Tempofrage zu beziehen; die unbestimmten Formulierungen erlauben das nicht, sie lassen aber zumindest erkennen, daß der Vergleich in erster Linie anderen Gesichtspunkten gilt.[124]

Damit soll freilich nicht geleugnet werden, daß die Musiktheoretiker bei dem Modell des Pulses *auch* das im Puls gegebene mittlere Zeitintervall mit im Auge hatten. Obwohl dieser Aspekt – zumindest bis zum Ende des 16. Jahrhunderts – nicht im Vordergrund stand, gehört

---

[118] Siehe oben S. 36.
[119] Siehe oben S. 24.
[120] Fr. Gafurius (Q 1512), fol. 22 r.
[121] B. Ramis de Pareia (Q 1901), S. 83.
[122] Fr. Gafurius (Q 1512), fol. 22 r und 41 v.
[123] G. Zarlino (Q 1589), S. 256 f.
[124] Mit Recht bemerkt W. Apel (L 1962), S. 208, Anm. 1 zu der zweiten der genannten Gafurius-Stellen folgendes: „Der Puls stellt die Zeiteinheit dar, aber es wird nicht ausdrücklich gesagt, daß die S(emibrevis) gleich einem Puls ist, sondern nur, daß sie nach diesem Puls gemessen wird."

doch die Verwendung des Pulses als Modell für die Musik in den Zusammenhang einer neu sich ausprägenden Haltung gegenüber dem musikalischen Ablauf. Sie äußert sich vor allem darin, daß man im 16. Jahrhundert neben dem Puls auch andere ähnliche Bewegungsvorgänge anführt, die mit dem Puls einen regelmäßigen Gang und ein mittleres Zeitmaß gemein hatten und überdies viel anschaulicher und praktikabler waren als ehedem das franconische „tempus minimum in plenitudine vocis". Das Bestreben ist unverkennbar, anstelle dieses „tempus minimum", das nur die einzelne kleinste Zeiteinheit, nicht aber zugleich die Abfolge von Zeiteinheiten auszudrücken vermochte, neue und passendere Vergleichsbilder zu finden, um mit dem einzelnen Zeitintervall auch den musikalischen Ablauf selbst zu erfassen. So vergleichen die Musiktheoretiker die Musik nicht nur mit dem Pulsschlag, sondern auch mit dem Stundenschlag von Turmuhren oder einfach dem Gang von Uhrwerken, mit der Körperbewegung beim „Krauthacken", mit der Tätigkeit des lauten, sorgfältigen Geldzählens, mit dem Einherschreiten eines erwachsenen Mannes, mit dem Vor und Zurück der Meeresbrandung und anderen sich gleichmäßig wiederholenden Vorgängen.[125]

Der normale menschliche Puls, näher bestimmt z. B. als der „Puls eines gleichmäßig Atmenden" (Gafurius) oder als der „ganz gesunde Puls" (Lanfranco),[126] sowie der Vergleich der beiden Pulsbewegungen mit dem Auf und Nieder der dirigierenden Hand war und blieb bis in das 18. Jahrhundert das bei weitem bevorzugte Modell der Musiktheorie für den musikalischen Ablauf.[127] Zwar könnte man vermuten, daß im Laufe der Zeit das Modell des Pulses insofern an Verbindlichkeit und Überzeugungskraft verlieren mußte, als, wie bereits erwähnt,[128] das proportionale Temposystem der Mensuralmusik dem barocken Affektprinzip mit seiner beweglicheren, freieren Temponahme Platz gemacht hatte. So unterschied Claudio Monteverdi

---

[125] Die einzelnen Nachweise aus dem 16. und frühen 17. Jahrhundert bei W. F. Kümmel (L 1970), S. 160, Anm. 41–46.

[126] Fr. Gafurius (Q 1512), fol. 41 v; G. M. Lanfranco (Q 1533), S. 67.

[127] Vgl. G. Spataro (Q 1531), S. 67; Fr. Salinas (Q 1577), S. 235 f.; L. Zacconi (Q 1596), fol. 20 v; S. Picerli (Q 1630), S. 25; A. Kircher (Q 1650), Bd. 2, S. 30 und 52; A. Berardi (Q 1689), S. 46 und 80. Im 18. Jahrhundert vgl. z. B. J. Mattheson (Q 1739), S. 171; L. Mozart (Q 1787), S. 27; Ch. Compan (Q 1787), S. 240 (Artikel „Mesure").

[128] Siehe oben S. 48.

(1567–1643) im achten Madrigalbuch (1638) ausdrücklich zwischen dem herkömmlichen „tempo de la mano", also der gleichmäßigen Dirigierbewegung, und dem neuen „tempo del'affetto del animo e non a quello de la mano".[129] Doch blieb der Puls für die Musiktheorie weiterhin von Interesse, nicht allein wegen der Macht der Tradition oder weil dieses Vergleichsmaß so leicht verfügbar und so gut bekannt war, sondern wohl vor allem deshalb, weil das mittlere Zeitmaß des normalen Pulses nach wie vor und mit Recht der Musik nahe stand. In einer bestimmten Hinsicht erschien die Musik dem Puls nun sogar verwandter als zuvor, da seit der musikalischen Stilwende um 1600, wie bereits erwähnt,[130] mit dem „Akzentstufentakt" die Kunstmusik selbst „pulsierende" Züge angenommen hatte.

Wie die Ärzte im 17. Jahrhundert dem Ablauf und der Frequenz des Pulses wachsende Beachtung schenkten, so bahnt sich auch bei den Musiktheoretikern in der Auffassung des Pulses als Modell für die Musik eine ähnliche Akzentverschiebung an. MARIN MERSENNE (1588–1648) sah 1636 einerseits noch traditionsgemäß in den beiden Bewegungen des Pulses das Auf und Ab der dirigierenden Hand, andererseits hatte er aber den Eindruck, daß der Takt („mesure") nicht allein seine innere Ordnung, sondern auch sein *Tempo* vom Herz- und Pulsschlag habe. Daß Mersenne anders als frühere Autoren das Modell des Pulses ausdrücklich auch als direktes Tempomaß ins Auge faßte, zeigt noch deutlicher seine weitere Bemerkung, die Musiker folgten in der Regel dem Gang des Pulses nicht, weil dieser schneller sei als die dirigierende Hand – es sei denn, man wähle ein beschleunigtes Tempo oder nehme einen ziemlich langsamen Puls, wie z. B. einen Puls von einem Schlag je Sekunde. Mersenne setzte also das normale musikalische Tempo mit mehr als 60 MM und weniger als 71–75 MM an. Aber das konnte damals nur noch als ein sehr allgemeiner Richtwert gelten und bedurfte einer wesentlichen Einschränkung. Da nämlich die Musiker, wie Mersenne betonte, das Tempo innerhalb desselben Stückes – gleichgültig, ob es ein Zweier- oder ein Dreiertakt war – öfters änderten und die Dirigierbewegung entsprechend beschleunigten oder verlangsamten, „je nach den Texten oder den verschiedenen Leidenschaften des Gegenstandes, von dem

---

[129] C. Sachs (L 1953), S. 275.
[130] Siehe oben S. 48 f.

sie handeln, ist es schwierig, hier irgendeine feste Regel anzuwenden ..."[131]

Am ehesten ließ sich noch bei Tanzsätzen das Tempo genau festlegen. Daher gab man seit dem ausgehenden 17. Jahrhundert absolute Zeitwerte für die damals vorherrschenden französischen Tänze an und konstruierte dafür metronomähnliche Apparate.[132] Aber auch das Modell des Pulses erlangte im 18. Jahrhundert nochmals neue Bedeutung in der Musiktheorie – in einer Form, die sich in gewisser Weise mit dem gleichzeitigen Versuch Marquets auf medizinischer Seite vergleichen läßt.[133] Der Gesichtspunkt, der schon bei Mersenne in den Vordergrund getreten war, verselbständigte sich nun: Die Verknüpfung von Puls und Musik wurde eingeschränkt und direkt bezogen auf die Übereinstimmung im *Tempo*.[134] So schreibt 1691 Andreas Werckmeister (1645–1706):

> „Gleichwie die Pulß-Ader an dem Menschen in rechter aequalität / nicht zu geschwinde oder zu langsam schläget / so ist eine freudige Natur oder Gesundheit bey dem Menschen zuvermuthen ... Also muß man in der Music bey der Aequalität / wo man nicht mit Fleiß einen sonderlich-traurigen Affectum vorbringen will / bleiben."[135]

Über eine solche allgemeine Gemeinsamkeit des mittleren Tempos ging JOHANN JOACHIM QUANTZ (1697–1773) erheblich hinaus. Er machte 1752 in seiner Flötenschule den Puls folgerichtig zu einer Art Metronom. Zwar war er sich bewußt, „daß der Pulsschlag, weder zu einer jeden Stunde des Tages, noch bey einem jeden Menschen, allezeit in einerley Geschwindigkeit gehe, wie es doch erfordert würde, um das Zeitmaß in der Musik richtig darnach zu fassen".[136] Aber der Puls hatte für Quantz den unschätzbaren Vorteil, daß ihn „jeder immer bey sich hat",[137] und so versuchte Quantz, den Nachteil, der im Schwanken dieses Maßes lag, dadurch auszugleichen, daß er die Voraussetzungen für einen normalen Puls genau beschrieb.

---

[131] M. Mersenne (Q 1636), S. 325. Vgl. zu diesem Zusammenhang R. Dammann (L 1967), S. 391–396.
[132] Vgl. C. Sachs (L 1953), S. 311–316.
[133] Siehe oben S. 48 f.
[134] Vgl. z. B. Chr. Simpson (Q 1678), S. 15.
[135] A. Werckmeister (Q 1691), S. 28.
[136] J. J. Quantz (Q 1752), S. 266.
[137] Ebd. S. 261.

„Man nehme den Pulsschlag, wie er nach der Mittagsmahlzeit bis Abends, und zwar wie er bey einem lustigen und aufgeräumten, doch dabey etwas hitzigen und flüchtigen Menschen, oder . . . bey einem Menschen von cholerisch-sanguinischem Temperamente geht, zum Grunde: so wird man den rechten getroffen haben."[138]

Um den Normalpuls darüber hinaus noch genauer zu fixieren, setzte ihn Quantz außerdem mit 80 Schlägen in der Minute fest[139] – ähnlich wie Marquet, der jedoch von 60 Schlägen in der Minute ausging.[140] Wer andere Pulsfrequenzen hatte, konnte Quantzens Angaben mit entsprechenden Veränderungen dennoch folgen. Quantz wußte, daß nicht er den Puls als „Richtschnur des Zeitmaaßes" entdeckt hatte, aber er konnte doch mit Recht behaupten,

„daß sich noch niemand die Mühe gegeben hat, die Anwendung desselben deutlich und ausführlich zu beschreiben, und zum Gebrauche der itzigen Musik bequem zu machen."[141]

Diese Anwendung bestand darin, daß Quantz für alle damals wichtigen Tempobezeichnungen und Taktarten sowie für die französischen Tänze das Verhältnis zwischen den Notenwerten und dem Normalpuls festlegte.[142] Obgleich sich naturgemäß auch hier – wie bei der Methode Marquets – ähnliche unpraktische Konsequenzen einstellten, gab Quantz mit seinem Versuch doch in Deutschland erstmals eine umfassende und brauchbare, noch heute aufschlußreiche Übersicht über die musikalischen Tempi seiner Zeit.

Wenn Ludwig van Beethoven (1770–1827), der selbst wesentlich zur Einführung des Metronoms beitrug, später (1826) äußerte, man könne „beynahe keine tempi ordinari mehr haben, indem man sich nach den Ideen des freyen Genius richten muß",[143] so hat eine Untersuchung von Hermann Beck doch auch bei ihm erwiesen, daß die meisten seiner Tempi „in einfachen Proportionen von dem zwischen relativ engen Grenzen schwankenden mittleren Pulswert abgeleitet

---

[138] Ebd. S. 267.
[139] Ebd.
[140] Siehe oben S. 49.
[141] J. J. Quantz (Q 1752), S. 261.
[142] Ebd. S. 264 f. und 270 f.
[143] L. van Beethoven (Q 1906–08), Bd. 5, 1908, S. 284. Der Brief ist im Dezember 1826 an B. Schott Söhne in Mainz gerichtet.

(sind) und so eine starke innere Einheit bilden".[144] Schwerlich ist dies, wie man einmal gemeint hat, lediglich auf seine Krankheit zurückzuführen, die ihn den eigenen Puls stets übermäßig deutlich empfinden ließ.[145] Ob man Puls und Musik von der Medizin oder von der Musik her ins Auge faßt und in welchen geschichtlich bedingten Formen sich ihre Verknüpfung jeweils ausprägen mochte – letztlich scheint eine innere Verwandtschaft in elementaren Gegebenheiten der menschlichen Natur zu liegen. Hatte Quantz ein letztes Mal in spezieller Weise den Puls als praktisches Richtmaß für die Musik angewendet (wie umgekehrt Marquet das Menuett seiner Zeit als Richtmaß für den Puls), so stellte nach mancherlei unhaltbaren Theorien, die im 19. Jahrhundert über den Zusammenhang zwischen Puls und Musik vorgetragen wurden,[146] schließlich HUGO RIEMANN (1849–1919) eine wohlbegründete These auf (1903), die generalisierende Überschätzung ebenso vermied wie zu enge Verknüpfung. „Das normale Mittelmaß des gesunden Pulses", so meinte Riemann, entspreche zugleich jenem ziemlich eng begrenzbaren Zeitwert, den wir selbst als weder schnell noch langsam empfänden, von dem aus wir aber „alle sinnlich wahrnehmbaren Folgeerscheinungen als langsam oder schnell beurteilen". Nicht ohne Grund sah Riemann daher „einen direkten Zusammenhang der Wahl dieses Grundmaßes mit unserer natürlichen körperlichen Organisation".[147]

Exkurs: Die Wirkung von Musik auf den Puls

Obwohl man sich jahrhundertelang mit Zusammenhängen zwischen Puls und Musik befaßte, scheint die direkte Wirkung von Musik auf den Puls erst spät allgemeinere Beachtung gefunden zu haben.

---

[144] H. Beck (L 1964), S. 13.
[145] J. Niemann-Charles (L 1907/08), S. 20–26.
[146] Vgl. dazu W. F. Kümmel (L 1973), S. 133 f. sowie P. Moos (L 1922), S. 618, Anm. 50.
[147] H. Riemann (Q 1903), S. 7, 6 und 4. – Die neuere psychologische Forschung hat dies bestätigt und näher bestimmt. Danach ist die menschliche Sinneswahrnehmung am genauesten bei Zeitstrecken von 0,6–0,8 Sekunden Dauer. „Eine rhythmische Gruppe kann bis zu einer Dauer von 3 sec als ungeteilte Einheit aufgefaßt werden; längere Gruppen werden in der musikalischen Vorstellung zerlegt." (H. Riemann [N 1959–75], Sachteil, 1967, S. 196, Artikel „Dauer".)

Zwar wußten schon Ärzte des Altertums, daß Affekte den Puls verändern, und die Musiktheoretiker betonten seit der Antike die Affektwirkungen bestimmter „Tonarten" und anderer musikalischer Faktoren, aber man verknüpfte diese beiden Gesichtspunkte nicht ausdrücklich.

Ein vereinzelter früher Beleg dafür, daß man den Einfluß von Musik auf den Puls beobachtete, findet sich bei dem arabischen Gelehrten Ibn al-Qiftī (gestorben 1248). Er berichtet, daß al-Kindi (gestorben um 870) zu einem vom Schlag getroffenen Kranken gerufen wurde und vier Lautenspieler kommen ließ, die unablässig vor dem Patienten spielen mußten, um ihn zu stärken. Dabei

„ergriff Al-Kindi den Puls des Kranken, und während dieser Zeit wurde sein Atemzug regelmäßig und sein Puls stärker, und sein Geist kehrte nach und nach zurück, bis er sich bewegte . . ."[148]

Erst im 18. Jahrhundert werden solche Erfahrungen häufiger mitgeteilt. Wenn man Musik höre, so bemerkt 1745 der Jenaer Medizinprofessor Ernst Anton Nicolai (1722–1802), richteten sich die Haare „in die Höhe, das Blut beweget sich von außen nach innen, die äußern Theile fangen an kalt zu werden, das Hertz klopft geschwinder, und man hohlt etwas langsamer und tiefer Athem".[149] Johann August Unzer (1727–1799) erklärt es 1769 für unzweifelhaft, „daß die Musik, insofern sie die Leidenschaften dirigirt, den Puls verändern könne".[150] Ebenso sagt Christoph Wilhelm Hufeland (1762–1836) in seinem 1796 zuerst erschienenen Hauptwerk über die Verlängerung des menschlichen Lebens, daß beim Hören von Musik „unwillkührlich . . . unser ganzes Wesen den Ton und Tact" annehme, „den die Musik angiebt, der Puls wird lebhafter oder ruhiger, die Leidenschaft geweckt oder besänftigt, je nachdem es diese Seelensprache haben will . . ."[151] Der italienische Arzt Luigi Desbout berichtet 1784, er

---

[148] Ibn al-Qīftī (Q 1903), S. 376 f.
[149] E. A. Nicolai (Q 1745), S. 21.
[150] J. A. Unzer (Q 1769), S. 469. Vgl. dazu auch J. J. Kausch (Q 1782), S. 155. Wenn dagegen [J. G. Fr. Franz] (Q 1770), S. 24 sagt: „. . . Herophylus (!) verursachte durch die Harmonie, daß das Geblüt bey den Kranken wiederum seinen ordentlichen Umlauf bekam", so ist damit das Anliegen des Herophilos und der ganzen an ihn anknüpfenden Tradition von einem neuen Gesichtspunkt des 18. Jahrhunderts aus völlig falsch dargestellt.
[151] Chr. W. Hufeland (Q 1798), Bd. 2, S. 351.

habe bei einem fiebernden Mädchen während eines Konzerts sogar beobachtet, daß Atem- und Pulsfrequenz genau mit dem Takt der Musik übereinstimmte.[152] Aber auch Musiker äußern sich in ähnlicher Weise. Johann Abraham Peter Schulz (1747–1800) meint 1787, es sei durchaus „glaublich, daß durch Musik der Umlauf des Geblütes etwas angehalten, oder befördert werden könne".[153] Vor allem zitierte man öfters eine Bemerkung des französischen Musikers André-Ernest-Modeste Grétry (1741–1813). Er erklärte 1789 in seinen vielgelesenen „Mémoires", ein längere Zeit wiederholter Rhythmus beeinflusse den Blutkreislauf; er habe an sich selbst beobachtet, daß sich die Pulsfrequenz beim Singen je nach Tempo und Rhythmus des Gesanges verändere.[154] Neben vielen anderen Autoren beruft sich 1838 der französische Psychiater Etienne Esquirol (1772–1840) noch ausdrücklich auf Grétrys Hinweis.[155] Exakte experimentelle Untersuchungen über den Einfluß von Musik auf Pulsfrequenz und Blutdruck begannen erst im späten 19. Jahrhundert.[156]

---

[152] L. Desbout (Q 1784), S. 30.
[153] J. A. P. Schulz (Q 1787), S. 353.
[154] A.-E.-M. Grétry (Q 1797), Bd. 1, S. 43 f.
[155] E. Esquirol (Q 1838), Bd. 1, S. 69.
[156] Zuerst wohl J. Dogiel (Q 1880).

II. Musik und ärztliche Bildung

Herophilos hatte damit begonnen, metrisch-musikalische Schemata und entsprechende Zahlenproportionen auf den Pulsschlag anzuwenden. Sein Versuch fand jedoch in der antiken Medizin nur beschränkte Anerkennung, galt lediglich als Besonderheit seiner Schule und war schließlich von Galen ausdrücklich abgelehnt worden. Doch muß der Gedanke in den folgenden Jahrhunderten – in Zusammenhang mit den neuplatonisch-neupythagoreischen Strömungen des ausgehenden Altertums – mehr und mehr an Überzeugungskraft gewonnen haben. Jedenfalls tritt uns bereits bei spätantiken Autoren, deren enzyklopädische Werke zum Fundament mittelalterlicher Bildung wurden, die Verknüpfung des Pulses mit der Musik trotz Galens Kritik als unbestrittene, allgemein anerkannte Tatsache entgegen.[1] Nun mußte sich auch die Frage erheben, ob und inwieweit der Arzt für die Beurteilung des Pulses Kenntnisse in der Musik benötigte.

Es ist bezeichnend, daß erst das Mittelalter sich mit dieser Frage in so spezieller Form beschäftigte. Das allgemeine Thema „Musik und ärztliche Bildung" ist freilich älter. Es wurde durch die Verbindung zwischen Puls und Musik nur neu gestellt und für ein halbes Jahrtausend in charakteristischer Weise konkretisiert und eingeengt. Um diese Entwicklung im Wandel der Bildungsideale recht zu verstehen, müssen wir von der Antike ausgehen.

Naturgemäß kann sich unser Augenmerk hier nur auf den kleinen Kreis derjenigen Ärzte richten, die nicht bloß durch Erfahrung und Übung geschulte Handwerker sein wollten, sondern sich um eine wissenschaftlich-theoretische Fundierung ihres Faches bemühten. Dieses Bestreben ist ein Hauptmerkmal der vor allem mit dem Namen des HIPPOKRATES (460 bis um 370 v. Chr.) verbundenen griechischen

---

[1] Siehen oben S. 26 f.

Heilkunde, die im 5. Jahrhundert v. Chr. in engstem Zusammenhang mit der vorsokratischen Philosophie entstand und in der Folgezeit, wenn auch in wechselndem Maße, mit der Philosophie in Verbindung blieb. Es ging dieser Medizin in immer neuen Ansätzen um einen Ausgleich zwischen Empirie und rationaler Theorie, um den Versuch, aus ärztlicher Beobachtung und Erfahrung rationale medizinische Theorien zu entwickeln und aus diesen wieder Regeln für die ärztliche Praxis zu gewinnen. Es entstand eine reiche, überaus kontroverse medizinische Literatur, und die Diskussion, an der sich Ärzte wie Philosophen beteiligten, berührte zwangsläufig auch die Frage nach dem eigentlichen Aufgabengebiet des Arztes, nach den Bereichen seiner Zuständigkeit. Darin eingeschlossen war die Frage nach der rechten Ausbildung des Arztes, nach dem Umfang und den Inhalten ärztlichen Wissens.[2] Es kam eine „Zeit der Besinnung . . . auf die Frage nach dem Verhältnis von Philosophie und Medizin als Einzelwissenschaft". Die Devise lautete entweder „ohne Medizin keine Philosophie" oder „ohne Philosophie keine Medizin" oder aber vermittelnd „Philosophie in der Medizin soweit wie nötig".[3]

Daß der vollkommene Arzt sich nicht bloß dem Handwerk und der Erfahrung überlassen dürfe, sondern wissenschaftlich-philosophisch gebildet sein, d. h. über die theoretischen Grundlagen seines Faches und seiner Tätigkeit sowie über das Wesen der Dinge im allgemeinen Bescheid wissen müsse, wurde ein Ideal, zu dem sich Platon[4] und Aristoteles[5] bekannten und das Galen später nachdrücklich erneuerte.[6] Es blieb zwar keineswegs unangefochten, erwies sich aber auf die Dauer als das wirksamste ärztliche Bildungsideal. Es stimmte mit dem vorherrschenden antiken Bildungsziel überein, wonach jeder Fachmann über eine breite Allgemeinbildung und eine formale Verstandesschulung verfügen sollte, während die bloß fachliche Orientierung,

---

[2] Zur medizinischen Ausbildung in der Antike vgl. J. E. Drabkin (L 1944) sowie zuletzt den vorzüglichen Überblick von Fr. Kudlien (L 1970).
[3] K. Deichgräber (L 1935), S. 28 f.
[4] Vgl. J. Schumacher (L 1963), S. 236 f.
[5] Aristoteles unterscheidet in der „Politik", 1282 a 3–5 (Q 1973, S. 120, vgl. dazu S. 309) zwischen dem bloß handwerklich geschulten ärztlichen Praktiker, dem studierten, wissenschaftlich ausgebildeten Arzt und dem Laien, der im Rahmen seiner Allgemeinbildung auch einige medizinische Kenntnisse hat.
[6] Vgl. Galens Abhandlung über das Thema „Daß der vorzügliche Arzt auch Philosoph sein muß" (Q 1821–33/b), Bd. 1, S. 53–63 K.; dazu P. Bachmann (L 1965).

Abb. 15: Bibliothèque Nationale, Paris. Ms. fr. 12323, fol. 79 v. 14. Jahrhundert. (Aldebrandino von Siena: Le régime du corps.)

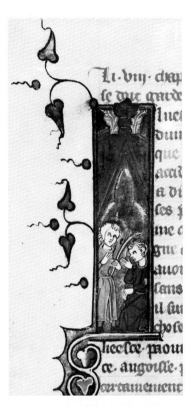

Abb. 16: Fratelli Zucchi: Inneres des Findelhauses des Ospedale di Santo Spirito in Rom. Zweite Hälfte des 16. Jahrhunderts. Fresko in der Aula des Palazzo del Commendatore des Hospitals.

Abb. 19: Hans Bock der Ältere: Das Bad zu Leuk (?). 1597. Gefirnisste Tempera auf Leinwand. Öffentliche Kunstsammlung Basel.

die Beschränkung auf eine reine Fachausbildung gering eingeschätzt wurde.[7] Man wollte zuerst

„ganz allgemein die geistigen Fähigkeiten des Menschen ausbilden und so die Voraussetzungen für ein erfolgreiches Fachstudium, gleich welcher Art, schaffen. Das Denken zu schulen, die Urteilsfähigkeit auszubilden, darüber hinaus eine gewisse geistige Kultur dem Menschen zu verleihen, dies war das eigentliche und ursprüngliche Ziel der antiken Allgemeinbildung."[8]

Genauso dachte Galen: Von seinem eigenen Studiengang her hatte er das Ideal des philosophisch gebildeten Arztes vor Augen, und er legte großen Wert auf eine umfassende allgemeine Bildung des künftigen Arztes.[9]

Obwohl diese Paideia im Laufe der Zeit ein stark schulmäßig-enzyklopädisches Aussehen annahm, war der Kreis der zu ihr gehörenden Fächer in der Antike lange Zeit noch keineswegs genau festgelegt. Von Anfang an hatte allerdings die Musik einen festen Platz,[10] d. h. vor allem die mathematische Musiktheorie,[11] daneben aber auch praktischer Unterricht in Gesang und Instrumentenspiel. Beides, musiktheoretisches Wissen wie musikalisch-praktisches Können zählte in der griechisch-römischen Kultur zu den Erfordernissen höherer Bildung.[12] Unter den Wissensgebieten, die als eines freien Mannes würdig galten („Artes liberales"), weil sie kein mit körperlicher Arbeit verbundener Broterwerb waren, war die Musik ein Bestandteil jener allgemeinen Bildung, wie sie z. B. Cicero und Quintilian vom Redner, Vitruv vom Architekten verlangten.[13] Dieselbe Forderung erhob GALEN auch für den Arzt. Er schreibt in einer scharfen Polemik gegen den Arzt Thessalos, der sich gerühmt hatte, in sechs Monaten tüchtige

---

[7] H.-I. Marrou (L 1957), S. 329. Vgl. hierzu im einzelnen Fr. Kühnert (L 1961), S. 74 ff.

[8] Fr. Kühnert (L 1961), S. 146; vgl. auch S. 128 ff.

[9] Galen (Q 1821–33/l), Bd. 19, S. 8–48 K.; ders. (b), Bd. 1, S. 53–63 K.; ders. (a), Bd. 1, S. 1–39 K.

[10] Vgl. die übersichtliche Zusammenstellung bei H.-I. Marrou (L 1958), S. 216 f. und 227, Anm. 1; Fr. Kühnert (L 1961), Tafel nach S. 158; G. Wille (L 1967), S. 407 ff.

[11] Fr. Kühnert (L 1961), S. 47 f. und 113 f. Vgl. auch unten Anm. 14.

[12] Vgl. H.-I. Marrou (L 1957), Register s. v. „Musik"; G. Wille (L 1967), S. 350, 406 u. ö. sowie im Register s. v. „Musikerziehung".

[13] Vgl. H.-I. Marrou (L 1958), S. 108 f.

Ärzte ausbilden zu können: Wenn man als angehender Arzt weder Geometrie noch Astronomie, weder Dialektik noch Musik noch andere Fächer benötige, und außerdem noch nicht einmal gründliche Erfahrung mit den Hilfsmitteln der Medizin selbst brauche, dann könne jedermann leicht Arzt werden wollen; noch niemand habe es gewagt, Geometrie, Astronomie, Musik und Rhetorik so geringzuachten wie Thessalos.[14] Es entsprach der „fruchtbaren Unbestimmtheit" des antiken Bildungsideals (H.-I. Marrou), daß Galen – anders als später mittelalterliche Autoren – nicht im einzelnen begründete, wozu die geforderte Allgemeinbildung für bestimmte Bereiche der medizinischen Theorie und Praxis notwendig oder doch nützlich sei. So lehnte Galen zwar die metrisch-musikalische Pulslehre des Herophilos ab, für die musiktheoretische Kenntnisse nötig gewesen wären, auf die Musik als einen Bestandteil allgemeiner Bildung des Arztes verzichtete er aber nicht, obwohl er ihr keine spezielle Aufgabe in der Medizin zuwies.

Galens programmatische Kritik an Thessalos in der Einleitung zu seinem großen Therapie-Buch scheint im Mittelalter wenig Widerhall gefunden zu haben, obwohl das Werk seit dem 13. Jahrhundert im lateinischen Westen bekannt war.[15] Das hängt wohl damit zusammen, daß in mittelalterlichen Texten über die Persönlichkeit und das Studium des Arztes generell die späten hippokratischen Schriften eine viel größere Rolle spielen als die Schriften Galens.[16] Immerhin beruft sich z. B. Guy de Chauliac 1363 auf die erwähnte Galen-Stelle, um seine Forderung nach einer nicht bloß fachlich-handwerklichen Ausbildung des Chirurgen zu bekräftigen; allerdings nennt er dabei – anders als Galen – außer der Geometrie, Astronomie und Dialektik

---

[14] Galen (Q 1821–33/k), Bd. 10, S. 5 und 17 K. und ders. (a), Bd. 1, S. 39 K. – Vgl. W. Tatarkiewicz (L 1963), S. 234 über Galen: „It is true he also included music. However, he understood music less as an exercise in sounds than as the mathematical theory of acoustics. Both theory and practice were in antiquity scarcely distinguished in music." – Die beiden oben genannten Galen-Stellen sind Fr. Kühnert entgangen; er erwähnt (L 1961), S. 92 f. für die vom antiken Arzt geforderte Vorbildung in den Artes nur die „Quaestiones medicinales" des Ps.-Soranus (4.–6. Jahrhundert); dort ist jedoch die Musik nicht unter den Kenntnissen in den Artes, die vom Arzt verlangt werden. Vgl. Soranus (Q 1870), S. 244 f.
[15] Vgl. die Zusammenstellung lateinischer Handschriften bei D. Campbell (L 1926), Bd. 2, S. 89–94.
[16] L. MacKinney (L 1952), S. 29 f., bes. S. 30, Anm. 52.

keine weiteren Artes.[17] Erst Ärzte des 16. Jahrhunderts, die vom Humanismus geprägt sind, beziehen sich häufiger auf Galens Auffassung von der ärztlichen Bildung.[18] Wenn medizinische Autoren des Mittelalters dennoch darauf Wert legen, daß der Arzt sich in den Artes liberales auskenne – ein Gedanke, der sich in den hippokratischen Schriften noch nicht findet[19] – und wenn zu diesen Kenntnissen oft ausdrücklich auch die Musik gezählt wird, so kann das nicht von Anfang an und nur zu einem kleinen Teil auf der Autorität Galens beruhen. Wir müssen anderen Traditionswegen, die für unsere Frage gleichfalls wichtig sind, nachgehen: einmal der Bedeutung, welche die Artes und in ihrem Rahmen die Musik im lateinischen Mittelalter für die Medizin hatten, zum andern den Forderungen, die arabische Ärzte aus der Verknüpfung von Puls und Musik herleiteten.

Im ausgehenden Altertum hatte sich aus dem zuvor nicht genau abgegrenzten Kreis der Artes liberales ein fester Kanon von sieben Fächern herausgebildet. Das christliche Mittelalter konnte ihn nicht einfach übernehmen. Erst mußte geklärt sein, ob und inwieweit die heidnisch-weltlichen Disziplinen für das christlich-kirchliche Bildungsideal überhaupt notwendig oder doch wenigstens nützlich seien. Diese Frage wurde – auch hinsichtlich der Musik – im Zuge der karolingischen Bildungsreform grundsätzlich zugunsten der Artes entschieden.[20] Die enzyklopädische, den überlieferten Artes aufgeschlossene Konzeption Cassiodors hatte sich zuvor nur zum Teil durchgesetzt, während im übrigen noch das den Artes mehr oder weniger abgewandte, liturgisch-asketische Ideal Benedikts von Nursia und Gregors des Großen vorherrschte. Durch Karl den Großen, durch Alkuin und seinen Kreis kam aber nun das Programm Cassiodors zu allgemeiner Geltung. Damit wurden die sieben Artes liberales

---

[17] Guy de Chauliac (Q 1890), S. 18. Auch Petrus von Abano erwähnt 1303 in seinem „Conciliator" (Q 1565), fol. 3 v a F/G diese Galen-Stelle in derselben Weise, d. h. ohne die Musik mit zu nennen.

[18] Vgl. z. B. Michael Herr (s. unten S. 78), Henri de Monantheuil (s. unten Anm. 70) und Pietro Castelli (s. unten Anm. 75).

[19] L. MacKinney (L 1952), S. 29. Dasselbe sagt auch schon Petrus von Abano (Q 1565), fol. 4 r b B.

[20] Vgl. hierzu und zum folgenden G. Pietzsch (L 1932), S. 24 ff. und passim. Daß im Übergang vom Altertum zum Mittelalter der ursprüngliche systematische Zusammenhang der quadrivialen Fächer im antiken Sinne verlorenging, kann hier unberücksichtigt bleiben; zu diesem Verfall des Quadriviums im frühen Mittelalter vgl. H. M. Klinkenberg (L 1959).

zum verbindlichen Fundament der mittelalterlichen Bildung. Sie gliederten sich seit der karolingischen Zeit in die Fächer des „Trivium"
(Grammatik, Rhetorik, Dialektik) und die des „Quadrivium" (Arithmetik, Geometrie, Astronomie, Musik); ihre Inhalte entnahm man
vor allem den Werken des Martianus Capella, Cassiodor und Isidor
von Sevilla. Bis zur Mitte des 10. Jahrhunderts waren die sieben Artes
die Grundlage des Unterrichts an den Klosterschulen, um dann, nach
dem Vordringen der cluniazensischen Reform in den Klöstern, auf die
Domschulen und von da auf die neu entstehenden Universitäten überzugehen.

Die Musik gehörte im Mittelalter – wie schon im Altertum – zu den
mathematischen Fächern.[21] Sie blieb bis zur Mitte des 16. Jahrhunderts ein fester Bestandteil der Artes. Als quadriviale Disziplin enthielt sie hauptsächlich die Lehre von den Zahlproportionen, die –
nach der vorherrschenden, auf Boethius zurückgehenden Klassifizierung – den Umläufen der Gestirne („musica mundana"), der Seele
und dem Körper des Menschen und dem Zusammenwirken beider
(„musica humana") sowie der klingenden, hörbaren Musik („musica
instrumentalis") zugrundelagen.[22] Die Musiktheorie des Mittelalters
widmete sich aber nicht nur der Darstellung dieser umfassenden „musica"; vor allem seit dem 13. Jahrhundert wandten sich die Musiktheoretiker immer mehr auch praktischen Problemen der Musik zu.[23]
Mit dieser doppelten Zielsetzung entwickelte sich die mittelalterliche
Musiktheorie zu einem selbständigen Fach, das jedoch durch seinen
mathematisch-quadrivialen Teil noch mit den Artes verbunden war.
Daß die Musik dadurch bis in das 16. Jahrhundert fest im Kreis der
sieben Artes blieb,[24] ist für unsere Frage wichtig.

Bei der Medizin verlief die Entwicklung anders. In der Antike
gehörte sie gelegentlich zu den Artes, auch im frühen Mittelalter

---

[21] Vgl. hierzu H. Hüschen (L 1957) und K. G. Fellerer (L 1959/b); zu den antiken
Grundlagen vgl. E. A. Lippman (L 1967). Zur Musikanschauung des Mittelalters
insgesamt: H. Abert (L 1905), H. H. Eggebrecht (L 1957) und R. Hammerstein
(L 1962).
[22] Zu dieser und den drei anderen maßgeblichen Klassifikationen der Musik im Mittelalter vgl. G. Pietzsch (L 1929) sowie H. Hüschen (L 1955), S. 145 ff. Herrn Prof.
Dr. H. Hüschen danke ich für die Erlaubnis, das Manuskript seiner Habilitationsschrift einsehen zu dürfen.
[23] Vgl. G. Pietzsch (L 1929), S. 102.
[24] Vgl. die Nachweise bei H. Hüschen (L 1955), S. 108–114.

scheint sie noch zu ihnen gezählt zu haben,[25] und im 9. Jahrhundert wurde sie unter dem Einfluß Alkuins in die „Physica", d. h. ein auf sieben Fächer erweitertes Quadrivium, aufgenommen.[26] Sie war also wie die Musik eine Zeit lang obligatorischer Bestandteil höherer Klerikerbildung – zumindest als theoretisches Fach.[27] Aber seit dem Ende des 9. Jahrhunderts wurde die Medizin immer deutlicher den Artes übergeordnet. Sie war nun – jedenfalls als theoretisch-wissenschaftliche Disziplin – ein Spezialfach, dessen Studium die vorherige allgemeine Ausbildung in den Artes voraussetzte,[28] ähnlich wie es seinerzeit Galen vom studierten Arzt verlangt hatte und wie es auch für das Studium der Theologie und der Jurisprudenz üblich wurde.

Schon bei ISIDOR VON SEVILLA (um 560–636) stand die Medizin *über* den Artes.[29] Sie galt für ihn geradezu als eine „zweite Philosophie" neben der eigentlichen Philosophie, weil beide Disziplinen den ganzen Menschen für sich in Anspruch nähmen und durch die Philosophie die Seele, durch die Medizin aber der Körper geheilt werde.[30] Die Tendenz, die Artes der Medizin unterzuordnen, kommt deutlich in Isidors Frage zum Ausdruck, warum die Medizin nicht zu den Artes gehöre, und in seiner Antwort darauf. Sie lautet, daß die Medizin alle Gebiete, die Gegenstand der Artes seien, in sich vereinige und voraussetze. Isidor legt dar, wozu der Arzt die einzelnen Artes kennen müsse. Mit der Musik solle er vertraut sein, weil sie nach der Überlieferung vieles an Kranken bewirkt habe. Isidor bekräftigt das mit dem Beispiel von Davids Harfenspiel vor König Saul und mit dem Fall eines Geisteskranken, den der griechische Arzt Asklepiades durch Musik geheilt habe – zwei der bis weit in die Neuzeit beliebtesten Exempla für die Macht der Musik in der medizinischen und musiktheoretischen Literatur. Bei Isidor war also nicht nur – wie einst bei Galen – vom Arzt in allgemeiner Weise die Ausbildung in den Artes einschließlich der Musik gefordert, sondern es wurde auch begründet, in welcher

---

[25] L. MacKinney (L 1954/55), S. 843.

[26] Ähnlich auch noch im 12. Jahrhundert Honorius Augustodunensis (Q 1854/b), Sp. 1245.

[27] V. L. Bullough (L 1966), S. 36 f.; M. Maragi (L 1966). Vgl. auch K. Sudhoff (Q 1914), S. 225.

[28] V. L. Bullough (L 1966), S. 38 und 48.

[29] Isidor von Sevilla (Q 1911), lib. 4, cap. 13, 3.

[30] Dazu vgl. unten S. 125.

Hinsicht die einzelnen Artes für den Arzt notwendig und nützlich seien.[31]

Obwohl Isidors „Etymologiae" eines der maßgeblichen Lehrbücher des Mittelalters war, scheint sein Programm, das die Artes zur unentbehrlichen Grundlage der ärztlichen Bildung erklärt, nur teilweise ganz übernommen worden zu sein. Mehrere Autoren, die sich offensichtlich auf Isidor stützen, verlangen zwar vom Arzt Kenntnisse in der Geometrie und der Astronomie, übergehen jedoch die Musik. Andere fordern, der Arzt müsse in allen Artes unterrichtet sein, und nennen hierbei ausdrücklich auch die Musik, so z. B. drei Texte, die im 9./10. und im 11. Jahrhundert geschrieben, aber vermutlich früher verfaßt worden sind.[32] Wieder andere sagen wenigstens in allgemeinen Wendungen, der Arzt müsse das ganze Quadrivium beherrschen.[33] Besondere Beachtung verdient, daß im 12. Jahrhundert Dominicus Gundissalinus[34] und im 13. Jahrhundert Vinzenz von Beauvais[35] die erwähnte Isidor-Stelle vollständig übernahmen. Ob allerdings in weiteren Fällen jeweils auch Isidors Begründungen und Exempla mit tradiert wurden,[36] ob also für die Musik das biblische Beispiel König Sauls, das besondere Überzeugungskraft haben mußte, immer als Beleg gedient hat, muß hier offen bleiben. Im ganzen scheint überhaupt Isidors Einfluß in diesem Punkt geringer gewesen zu sein, als man zunächst annehmen möchte.

Isidors Auffassung von der Stellung der Medizin nimmt die spätere mittelalterliche Entwicklung vorweg: Seit dem 10. Jahrhundert galt die Medizin als eine Disziplin, die den Artes übergeordnet war, und das Studium der Artes war von nun an Voraussetzung für das Studium der Medizin.[37] An den Universitäten, die seit dem 13. Jahrhun-

---

[31] Auch schon bei Ps.-Soranus (4.–6. Jahrhundert) zeigt sich dieses Bestreben, den Nutzen einzelner Artes für die Medizin näher zu begründen. Vgl. Soranus (Q 1870), S. 244 f.

[32] Abgedruckt bei E. Hirschfeld (Q 1928), S. 367 und R. Laux (Q 1930), S. 420.

[33] L. MacKinney (L 1952), S. 15 f. und 27.

[34] Dominicus Gundissalinus (Q 1903), S. 88.

[35] Vinzenz von Beauvais (Q 1624), Sp. 1170 A–D.

[36] Die von L. MacKinney (L 1952), S. 16 gegebene Übersetzung von vier eng verwandten Texten des 9.–11. Jahrhunderts ist vielleicht eine zusammenfassende Verkürzung.

[37] Vgl. L. MacKinney (L 1954/55), S. 854 ff.; V. L. Bullough (L 1966), S. 38 und 48. Vgl. zur mittelalterlichen medizinischen Ausbildung im allgemeinen auch Th. Puschmann (L 1889), O. Temkin (L 1956) und C. H. Talbot (L 1970).

dert entstanden, bürgerte es sich ein, daß die Medizinstudenten zunächst die Artes studierten.[38] Bald wurde es sogar Vorschrift. Die Pariser medizinische Fakultät legte 1426 fest, daß ihre Mitglieder in den Artes promoviert haben mußten, bevor sie einen entsprechenden Grad in der Heilkunde erwerben konnten.[39] Im Jahre 1509 veranlaßte ein Streitfall die Leipziger medizinische Fakultät zu dem Beschluß, daß gemäß der bisherigen Übung der Magistergrad in den Artes obligatorisch sei für die Verleihung medizinischer Grade.[40] Für die Bewerber um den Magistergrad in den Artes war an den meisten Universitäten, wie sich vom ausgehenden 14. Jahrhundert an nachweisen läßt, eine Musikvorlesung im Rahmen der Fächer des Quadriviums vorgeschrieben.[41] Wir haben also davon auszugehen, daß der künftige Mediziner während seines vorbereitenden Studiums an der Artistenfakultät auch einen kurzen musiktheoretischen Kurs absolvieren mußte.

In diesen Musikvorlesungen fand der Musikunterricht als Teil der allgemeinen Bildung seinen Abschluß. Während die Elementarschulen den liturgischen Gesang lehrten, wurden in den Dom- und Klosterschulen die mehrstimmige Musik, die dafür nötigen musiktheoretischen Kenntnisse sowie die wichtigsten Kapitel der übrigen Musiktheorie behandelt.[42] Die Musiklehre an der Universität schließlich galt hauptsächlich der quadrivialen Musiktheorie als der Lehre von den Zahlenproportionen, meist in der Form, die seit Gerberts von Aurillac Rückgriff auf Boethius für Jahrhunderte fixiert worden war.[43] Das maßgebliche, bis zur Mitte des 16. Jahrhunderts an den meisten Universitäten vorgeschriebene Lehrbuch für die Musikvorlesung war ein kurzer Traktat des Johannes de Muris (1323), der auf dem Musiktraktat des Boethius aufbaute.[44] Der Musikunterricht an der

---

[38] Th. Puschmann (L 1889), S. 183, 192, 200; G. Kaufmann (L 1896), Bd. 2, S. 337; H. Rashdall (L 1936), Bd. 2, S. 59; O. Temkin (L 1956), S. 386.
[39] E. Seidler (L 1968), S. 328.
[40] K. Sudhoff (L 1909), S. 47 f. und 170.
[41] N. C. Carpenter (L 1958), S. 95 f., 101, 103, 108, 110 f.; G. Pietzsch (L 1941), S. 23, 32, 35, 39, 43.
[42] G. Schünemann (L 1931), 1. Teil, S. 36 f. und 45 f.
[43] G. Pietzsch (L 1932), S. 106 f.
[44] N. C. Carpenter (L 1958), S. 65 ff. und passim; G. Pietzsch (L 1941), S. 23, 31, 43. Bei dem Lehrbuch des Johannes de Muris handelt es sich nach H. Besseler (L 1958), Sp. 111, um die ausführliche Fassung (Q 1784/c), während N. C. Carpenter (L 1958), S. 65, kaum zu Recht die Kurzfassung (Q 1784/b) dafür hält.

Universität, der auf drei bis vier Wochen bzw. auf 16 Stunden begrenzt war[45] und daher nicht sehr ins einzelne gehen konnte, befaßte sich – nach dem genannten Traktat zu urteilen – vor allem mit den Zahlenproportionen, mit der mathematischen Ableitung und Begründung der musikalischen Intervalle, mit der Monochordteilung sowie mit Intervallberechnungen für die Tetrachorde. Man beschäftigte sich mit der zahlenmäßigen Ordnung der Musik vor allem deshalb, weil man in ihr besonders sinnfällig und leicht faßbar jene Zahlengesetzlichkeit zutagetreten sah, welche die gesamte Schöpfung im großen wie im kleinen durchwaltete. Dieser Zusammenhang sicherte der Musik – neben ihrer kirchlich-liturgischen Aufgabe – einen festen Platz in der mittelalterlichen Bildung, verband sie aber auch mit anderen Disziplinen, nicht nur solchen des Quadriviums. Indem man die klingende, hörbare Musik als unmittelbaren Ausdruck eines umfassenden Ordnungsprinzips der Dinge verstand, konnte, wie es schon Isidor von Sevilla formuliert hatte, kein Seinsbereich, keine Wissenschaft „vollkommen" sein ohne „Musik".[46] Diese Vorstellung umschreibt das unter dem Namen des Johannes de Muris überlieferte, aber wohl von Jacobus von Lüttich stammende „Speculum musicae" um 1330 folgendermaßen:

> „Die Musik erstreckt sich – allgemein genommen – auf nahezu alle Dinge, auf Gott und die Geschöpfe, die unkörperlichen und die körperlichen, die himmlischen und die irdisch-menschlichen, auf die theoretischen und auf die praktischen Fächer."[47]

Bei der großen Bedeutung, die der Zahl aus pythagoreisch-platonischer Tradition im Denken des Mittelalters wie auch der Renaissance und noch des Barock zukam, überrascht es nicht, daß dieselben Gelehrten sich oft zugleich mit Mathematik, Musiktheorie, Medizin und Astronomie befaßten und daß etwa Mediziner auch musiktheore-

---

[45] N. C. Carpenter (L 1958), S. 101, 108, 110.

[46] Isidor von Sevilla (Q 1911), lib. 3, cap. 17, 1: „Itaque sine musica nulla disciplina potest esse perfecta, nihil enim sine illa." Diese Formel kehrt in der mittelalterlichen Musiktheorie öfter wieder; vgl. z. B. Marchettus von Padua (Q 1784), S. 66 und Aegidius Zamorensis (Q 1784), S. 370.

[47] Johannes de Muris (Q 1924), S. 58 (lib. 1, cap. 1). Nach H. Besseler (L 1925), S. 180 f. stammt das Werk nicht von Johannes de Muris, sondern von Jacobus von Lüttich.

tische Werke oder Kommentare, z. B. über Johannes de Muris, schrieben.[48]

Obwohl die Musikvorlesungen an den Universitäten hauptsächlich der Proportionenlehre galten, dürften doch – wenn das nicht schon im Musikunterricht an den Dom- und Klosterschulen geschah – auch diejenigen Punkte kurz behandelt worden sein, welche die Einleitung der meisten Lehrschriften der Musik bis in das 18. Jahrhundert bildeten.[49] Der spätere Medizinstudent hörte also vermutlich etwas darüber, „was" die Musik sei, wer sie „erfunden" habe, wie sie eingeteilt werde, welche nützlichen Fähigkeiten sie habe. Dabei lernte er wohl auch einige der traditionellen Exempla kennen, welche die staunenswerten Affekt- und Heilwirkungen der Musik bezeugen sollten, und wenn bei der Klassifizierung der Musik die „musica humana" erläutert wurde, so begegnete er wahrscheinlich dem von Cassiodor und Isidor überlieferten Satz, daß die Pulsbewegungen durch ihre „musikalischen Rhythmen" an der universalen „Harmonie" der Dinge teilhätten.[50]

Im arabischen Kulturbereich führte die auf Herophilos zurückgehende Tradition von der „Musik" im Puls zu einer neuen, folgenreichen Forderung: daß nämlich der Arzt speziell für das Pulsfühlen in der Musik vorgebildet sein müsse, um den Pulsschlag richtig beurteilen zu können. Bei HALY ABBAS in der zweiten Hälfte des 10. Jahrhunderts ist diese Forderung noch mit einem deutlichen Vorbehalt versehen. In seinem Hauptwerk „Das königliche Buch", neben Avicennas „Kanon" eines der bedeutendsten Bücher der arabischen Medizin, das in der zweiten Hälfte des 11. und nochmals im frühen 12. Jahrhundert ins Lateinische übersetzt und bis in das 16. Jahrhundert im lateinischen Westen viel benützt wurde, verlangt Haly Abbas vom Arzt neben Kenntnissen in Geometrie und Astronomie auch sol-

---

[48] Vgl. N. C. Carpenter (L 1958), S. 41, 44, 97 f., 225, 259. – In Wien zählte die „Musica" des Euklid zu den Büchern, über die man für den Erwerb des medizinischen Doktorgrades eine Vorlesung gehört haben mußte (ebd. S. 101 f., 225, 321). – Über Ärzte, die im späteren Mittelalter und in der Renaissance auch als praktische Musiker hervortraten oder sogar später Musiker wurden, ist hier nicht zu sprechen. Vgl. die Beispiele ebd. S. 39, 52, 99, 238 f.

[49] Eine gute Übersicht über die in den Musiktraktaten des Mittelalters und der Renaissance behandelten Themen gibt N. C. Carpenter (L 1958), S. 125 f. und 323 ff.

[50] Siehe oben S. 26 f.

che in der „Wissenschaft der Musiker", „um sein Unterscheidungsvermögen im Wahrnehmen der Saiten und der Töne zu üben, damit ihm dadurch die Lehre von den Pulsen und das Fühlen der Adern erleichtert werde". Allerdings fügt Haly Abbas hinzu, der Nutzen dieser Fächer in der Medizin sei gering; man könne auch ohne sie die Medizin vollständig erlernen und ein tüchtiger Arzt sein.[51] Daß die erwünschte, aber nicht notwendige musikalische Vorbildung des Arztes nicht nur die Zahlenproportionen der Musiktheorie umfassen, sondern auch einen unmittelbar praktischen Zusammenhang zwischen Puls und Musik einschließen sollte, deutet der knappe Text nur an. Andere Autoren sagen darüber Genaueres. So legt im 11. Jahrhundert der Arzt Ṣā'id ibn al-Ḥasan in seiner Einführung in die Medizin ausführlich dar, inwiefern der Arzt sich in der Arithmetik, Astronomie, Geometrie und Musik auskennen müsse. Über die Musik heißt es:

„Aus dem Gebiet der Musik soll er (der Arzt) die Rhythmen, Zeitabstände, die zeitliche Proportionalität der Rhythmen, die Pausen zueinander, die Harmonien und die Verschiedenheit ihrer Regeln kennen. Er soll auch Melodien und Tonarten kennen, den Unterschied zwischen tiefen, dunklen, schrillen, zarten und hellen Stimmen. Er soll seine Fingerspitzen auf die Abtastung der Saiten trainieren; denn das kann ihm sehr beim Fühlen des Pulses von Nutzen sein."[52]

Hier beschränkt sich die musikalische Bildung des Arztes, soweit sie den Puls betrifft, nicht auf die Kenntnis von Zahlenproportionen und entsprechenden Rhythmen, vielmehr liegt in der Verbindung zwischen dem die Lautensaite berührenden und dem die Pulsader fühlenden Finger auch ein überaus praktischer Aspekt. Die musikalische Bildung bezieht sich aber, wie der zitierte Text vermuten läßt, nicht nur auf den Puls, sondern offensichtlich auch auf die therapeutische

---

[51] Haly Abbas (Q 1523), fol. 8 r. Vgl. auch den oben S. 28 zitierten Studienplan des R. Jehuda b. Samuel b. Abbas, der das Studium der Musik ausdrücklich mit dem Puls in Beziehung setzt.
[52] Zitiert von S. E. Taschkandi (Q 1968), S. 90. Der Vergleich zwischen der Saite und der Pulsader findet sich auch schon in der „Die Schlüssel der Wissenschaften" betitelten Enzyklopädie des al-Ḫwārizmī aus dem Ende des 10. Jahrhunderts. Im Abschnitt über die Musik behandelt der Autor die Laute, ihre Teile und ihre Spielweise; dabei erwähnt er das Schlagen der Saiten mit Zeigefinger und Daumen, ohne das Plektrum zu benützen: „Es gleicht dem Betasten der Arterien." Zitiert von E. Wiedemann (L 1970), Bd. 2, S. 583.

Anwendung der Musik. Doch erwartete man in dieser Hinsicht im arabischen Mittelalter vom Arzt allenfalls ein theoretisches Wissen, selbst musizieren mußte er nicht; dafür gab es den Musiker, der nach Meinung des arabischen Arztes und Philosophen Ibn Hindū (10. Jahrhundert) zu den ärztlichen Hilfsberufen gehörte:

> „Wir verordnen bei der Therapie von Melancholikern häufig die ihnen entsprechenden und für sie nützlichen Tonarten (tarā'iq). Das heißt jedoch nicht, daß der Arzt selber trommeln, blasen, springen und tanzen müsse, vielmehr hat die Heilkunst viele Helfer, wie den Apotheker, den Aderlasser, den Schröpfer, und sie bedient sich ihrer und betraut sie mit allen diesen Arbeiten, und ebenso (bedient sie sich) des Musikers für die diesbezüglichen Zwecke."[53]

Im 13. Jahrhundert greift der lateinische Westen die Konzeption der ärztlichen Allgemeinbildung auf, wie er sie aus Haly Abbas und vielleicht auch aus anderen neuerschlossenen arabischen Autoren kennenlernte. Aber hier zeigt sich – ähnlich wie in anderen Fällen –, daß die Rezeption der arabischen Medizin durch das lateinische Mittelalter nicht bloß eine Übernahme war, sondern auch Bearbeitungen, Umformungen und Abwandlungen der neuen Texte einschloß, also ein Vorgang war, den Heinrich Schipperges mit Recht als „Assimilation" bezeichnet hat.[54] So engen lateinische Autoren – im Gegensatz zu Haly Abbas – den Sinn und Zweck musikalischer Vorbildung des Arztes ganz auf die Kenntnis der Zahlenproportionen für die Pulsdiagnostik ein. Dieses Argument tritt nun neben die älteren Auffassungen, die Galen und Isidor über die Gebiete ärztlichen Wissens formuliert hatten, und gewinnt sehr bald die Oberhand. ROGER BACON befaßt sich in seinem „Opus tertium" (1267) mit den verschiedenen Seiten des musica-Begriffs und schließlich auch mit solcher „Musik", die nicht durch proportionierte Klänge oder Gebärden unmittelbar wahrzunehmen ist, aber dennoch entsprechende Proportionen in sich enthält. Hierzu zählt Bacon die Bewegungen des Pulses, die zwar nur dem Tastsinn zugänglich seien, aber wie die Musik bestimmten Proportionen gehorchten. Daher unterstellt er die Wissenschaft von den Pulsbewegungen der Disziplin der Musik. Denn, so sagt er nun unter

---

[53] Zitiert von J. Chr. Bürgel (L 1972), S. 244.
[54] Vgl. zu diesem Problem H. Schipperges (L 1964).

Hinweis auf Haly Abbas, „niemals wird es einen guten und in der Beurteilung der Pulse vollkommenen Arzt geben, wenn er nicht unterrichtet ist in den Proportionen der Musik".[55]

Vom 13. Jahrhundert an wird die Beziehung zwischen dem Pulsschlag und den Proportionen der musikalischen Intervalle zum entscheidenden Argument dafür, daß der Arzt Kenntnisse in der Musik haben müsse. Damit tritt die ältere Konzeption Isidors – trotz des gewichtigen biblischen Beispiels von Saul und David – in den Hintergrund, die praktisch-therapeutische Seite der Musik unterliegt – ganz unabhängig von ihrer tatsächlichen Bedeutung – dem quadrivialen, auf übergreifende Zahlenordnungen gerichteten Denken. Wie beherrschend das quadriviale Moment geworden ist, zeigt sich bei Bacon einmal darin, daß er den Vorbehalt wegfallen läßt, mit dem Haly Abbas die Musik noch zu einer lediglich fakultativen Disziplin innerhalb der ärztlichen Bildung erklärt hatte, zum andern darin, daß Bacon die von Haly Abbas angedeutete praktische Übung der Finger auf der Laute als Training für das Pulsfühlen nicht übernimmt. Die von Isidor und unbestimmter schon von Galen vertretene Auffassung, daß die Musik zur ärztlichen Bildung gehöre, ist nun bei Bacon in neuer Weise konkretisiert und begründet. Vom 13. Jahrhundert an war die Forderung unbestritten, daß der Arzt etwas von der Musik verstehen müsse, um den Pulsschlag beurteilen zu können. Das geht etwa aus dem „Schachzabelbuch" des Jacobus de Cessolis hervor, das zwischen 1234 und 1330 entstand und in vielen Übersetzungen, Reimfassungen und Bearbeitungen bis in das 16. Jahrhundert weit verbreitet war.[56] Unter den Ständen und Berufen, die am Beispiel der Schachfiguren vorgeführt werden, um daran unterhaltsame Belehrung und Ermahnung zu knüpfen, ist auch der Arzt. Von ihm wird verlangt, daß er in den sieben Artes Bescheid wisse, auch die „Harmonie" des menschlichen Körpers, vor allem jedoch die musikalische Harmonie der Pulsadern kenne.[57] Auch Petrus von Abano zählt in seinem vielgelesenen „Conciliator" (1303) die Fächer des Quadriviums zu den unentbehrlichen Wissensgebieten des Arztes, wobei ihm

---

[55] R. Bacon (Q 1859), S. 232.
[56] Vgl. dazu H.-J. Kliewer (L 1966).
[57] E. Köpke (Q 1879), S. 24. Vgl. ferner folgende Versionen des Textes: E. Sievers (Q 1874), Sp. 310, Z. 5–10; Kunrat von Ammenhausen (Q 1892), Sp. 590, V. 14 684 ff., bes. 14 710–14; G. F. Schmidt (Q 1961), S. 95, Z. 10.

die Musik für die Beurteilung des Pulses notwendig erscheint (diesen Zusammenhang erörtert er ausführlich); nur meint er, auch ein sehr kundiger Arzt brauche keine ausgedehnten Kenntnisse in den quadrivialen Fächern zu haben, sondern es genüge eine gewisse Grundkenntnis. Dabei beruft er sich auf Haly Abbas, der allerdings in dieser Hinsicht zurückhaltender geurteilt hatte.[58]

Um die Mitte des 15. Jahrhunderts gibt MICHAELE SAVONAROLA der Forderung, daß der Arzt in der Musik Bescheid wissen müsse, eine völlig neue, originelle Wendung. Savonarola urteilt skeptisch über das traditionelle Bemühen, auf das Verhältnis der Zeitdauer von Bewegungen und Pausen im einzelnen Pulsschlag die musikalischen Intervallproportionen anzuwenden. Ähnlich wie Haly Abbas scheinen ihm solche spitzfindigen Erörterungen zumindest für den praktisch tätigen Arzt entbehrlich, da er auch ohne sie zu einer vollständigen Kenntnis des menschlichen Körpers gelangen könne.[59] Stattdessen versucht Savonarola, aus der alten Verknüpfung des Pulses mit der Musik einen unmittelbar praktischen Nutzen zu ziehen.[60] Er schlägt vor, der Arzt solle sich zwei Tempograde der italienischen Mensuraltheorie durch entsprechende Zeichengebung mit den Fingern (Dirigierbewegung) fest einprägen, um danach die Schnelligkeit des Pulses zu beurteilen, und er solle zu diesem Zweck „eine gewisse Kenntnis der musikalischen ‚Konsonanzen'" erwerben, was nach seiner Meinung in acht Unterrichtsstunden bei einem tüchtigen Musiker leicht möglich sei.[61] Mit diesen „Konsonanzen" waren die Proportionen der musikalischen Hauptintervalle gemeint, aber hier angewendet auf die Notenteilungen und Tempostufen der Mensurallehre.

Savonarolas Anregung blieb Episode. Die bis zur Mitte des 16. Jahrhunderts häufig wiederholte Forderung, daß der Arzt die musikalischen Proportionen kennen müsse, um den Puls beurteilen zu können, bezog sich, soweit es aus den oft knappen Formulierungen zu ersehen ist, stets auf die herkömmliche Auffassung, daß die den musikalischen Intervallen zugrundeliegenden Proportionen auf die Zeit-

---

[58] Petrus de Abano (Q 1565), fol. 3 v b H und 4 r a D. Zu seiner Darstellung des Zusammenhangs zwischen Puls und Musik s. oben S. 31–33; zu Haly Abbas s. oben S. 73 f.
[59] M. Savonarola (Q 1498), fol. 80 v.
[60] Siehe oben S. 33 f.
[61] M. Savonarola (Q 1498), fol. 80 v.

verhältnisse innerhalb des Pulsschlages angewendet werden sollten.[62] Daneben findet sich auch weiterhin das mittelalterliche Bildungsprogramm in seiner allgemeineren, der Antike entsprechenden Form, d. h. ohne daß man die einzelnen Artes mit dem anschließenden Fachstudium direkt verknüpfte und die vom Arzt verlangte musikalische Vorbildung näher begründete. Der Straßburger Arzt Michael Herr legte 1533 dieses alte Konzept noch einmal dar und schmückte es, nur teilweise richtig, mit den Namen der beiden Autoritäten, die nun, im Zeichen des Humanismus, zu höchstem Rang aufgestiegen waren:

> „die Artzney ist so eyn herrliche kunst / das sye nit sein mag on vil umbstendige künst / die ir zum dienst bereyt sollen sein ... Solcher ding seind tausenderley ... Dazu seind auch von nöten alle freyen künst / auch die musica nit ußgenomen. wie wir dan weytleufftig bey den alten Hippocrate und Galeno ermant werden."[63]

Zur gleichen Zeit trat ein Gedanke wieder in den Vordergrund, der schon bei Isidor von Sevilla und in der an ihn anschließenden Tradition eine Rolle gespielt hatte, aber seit dem 13. Jahrhundert von dem quadrivialen Puls-Musik-Bezug verdrängt worden war: daß nämlich die Musik für den Arzt deshalb wichtig sei, weil sie Gemütsbewegungen und Geisteskrankheiten günstig beeinflussen könne. Der Leibarzt König Heinrichs II. von Frankreich, Hieronyme de Monteux, der dieses Argument 1556 vorbringt, beruft sich dafür auf Censorinus, Celsus, Homer und Plutarch, natürlich auch auf König Saul, ferner auf Galen und seine Schrift über den Zusammenhang zwischen den Affekten und dem Körperzustand. Erst an zweiter Stelle bemerkt de Monteux, daß der Arzt auch die „rhythmische und metrische Musik" kennen solle, weil die alten Ärzte und in ihrem Gefolge Avicenna Zahlenproportionen auf den Pulsschlag angewendet hätten. Zugleich verweist de Monteux aber auch auf die Kritik Galens an der musikalischen Pulslehre des Herophilos.[64] Die zweifache Begründung dafür,

---

[62] Vgl. z. B. U. Binder (Q 1506), fol. 89 r; L. Fries (Q 1518), fol. 14 v, 71 v, 72 r; J. Velsius (Q 1543), S. 28; J. A. Siccus (Q 1551), S. 297.
[63] Schachtafelen der Gesuntheyt (Q 1533), Nachwort des Herausgebers M. Herr (unpaginiert). Auch im arabischen Mittelalter wird die Musik zuweilen nur in allgemeiner Form, d. h. ohne spezielle Verknüpfung zur Vorbildung des Arztes gezählt; vgl. die Hinweise bei S. Hamarneh (L 1970), S. 52 und 54.
[64] H. de Monteux (Q 1556), S. 11 f.

daß die Musik für den Arzt nützlich sei, die neue Rangordnung der Argumente und die zitierten Autoren zeigen deutlich, daß humanistisch gesonnene Ärzte sich nun von den mittelalterlichen Autoritäten, den arabischen ebenso wie den lateinisch-scholastischen, distanzieren und sich um so mehr den antiken Quellen des Wissens zuwenden.

Bei de Monteux beschränkt sich die Musik als Bestandteil ärztlicher Bildung nicht mehr auf die Proportionenlehre im Dienste der Pulsdiagnostik, vielmehr bezieht sie sich in erster Linie auf ihre therapeutische Anwendung. Bei anderen Autoren wird dieser Aspekt sogar zum einzigen Argument, der quadriviale Puls-Musik-Bezug wird überhaupt nicht mehr erwähnt. Der niederländische Arzt Justus Velsius sagt in seiner Basler Rede von 1543 über den Umfang des ärztlichen Wissens, die Musik gehöre hauptsächlich deshalb dazu, weil sich heftige Affekte und Geistesstörungen, aus denen die verschiedensten körperlichen Leiden entstehen könnten, durch Musik mildern oder ganz beheben ließen. Denn nichts, so bemerkt der platonisierende Redner, scheine der Materie ferner und zugleich der Seele näher und verwandter als die Harmonie der Musik.[65] Der italienische Arzt Johannes Antonius Siccus sagt es 1552 in seinem Buch „Über den besten Arzt" noch deutlicher: Der Arzt habe nicht nur die Aufgabe, Krankheiten zu heilen, sondern müsse in gleichem, wenn nicht höherem Maße die dem Körper „eingepflanzte Wärme",[66] d. h. die Gesundheit erhalten. Das sei nur mit angemessener körperlicher Betätigung und bei rechter geistig-seelischer Verfassung zu erreichen, und so habe der Arzt, was die Gesundheit und das Gleichgewicht der Seele betreffe, vor allem an die Musik zu denken.[67]

Obwohl dieser Gedanke in der Folgezeit nicht im mindesten angefochten, sondern im Gegenteil in der Praxis, wie sich zeigen wird, vielfach befolgt wurde, verstummte seit dem späten 16. Jahrhundert die alte Forderung, daß zur Bildung des Arztes auch die Musik gehöre. Zur gleichen Zeit verschwanden an den Universitäten die selbständigen Musikvorlesungen, die bis dahin für den Magistergrad in der Artistenfakultät und damit auch für die Mediziner obligatorisch gewesen

---

[65] J. Velsius (Q 1543), S. 26–28.
[66] Über die Lehre von der „eingepflanzten", „eingeborenen" Wärme, die in der Humoralmedizin eine wichtige Rolle spielt und im folgenden immer wieder begegnen wird, vgl. E. Mendelsohn (L 1964).
[67] J. A. Siccus (Q 1551), S. 295–297.

waren.[68] Beide Vorgänge hängen eng zusammen. Sie sind äußere Zeichen dafür, daß sich unter dem Einfluß des Humanismus, der Reformation und der neuen Naturwissenschaft das mittelalterliche System der sieben Artes liberales auflöste. Zwar wurden die Themen und Inhalte der quadrivialen Musikanschauung in der Musikliteratur noch bis zum 18. Jahrhundert weiter behandelt[69] und behielten auch bei Philosophen, Naturforschern, Polyhistoren und manchen Medizinern noch erhebliche Bedeutung.[70] Doch änderte das nichts daran, daß die Musik vom Ende des 16. Jahrhunderts an – bis zum Beginn einer neuen Entwicklung im 18. Jahrhundert[71] – keine selbständige, wissenschaftlich-theoretische Universitätsdisziplin und auch für den späteren Arzt kein obligatorisches Unterrichtsfach mehr war.

Damit war ein Auflösungsprozeß eingeleitet, der die Artes insgesamt in ihrer Stellung erschüttern sollte, sich aber zuerst und am deutlichsten bei der Musik bemerkbar machte. Die Ausführungen über die Wissensgebiete des Arztes, die 1564 der kaiserliche Leibarzt MARTIN RULAND (1532–1602) seinem kleinen Lehrbuch der praktischen Medizin vorausschickte, lassen erkennen, daß die Inhalte der Artes untereinander nicht mehr fest abgegrenzt wurden. Ruland war zwar noch davon überzeugt, daß der Arzt alle sieben Artes studiert haben müsse, und begründete es im einzelnen. Doch zeigt sich dabei eine charakteristische Verschiebung. Der Arzt, sagte Ruland, müsse auch einige Kenntnis der Arithmetik haben, um die Zahlen auf die Pulsschläge sowie auf die Quantität und Zusammensetzung der Heilmittel anwenden zu können. Mit den Zahlen eng verwandt sei die Musik: Ihre Macht erhalte den gesunden Körper gesund und schaffe dem kranken Körper Linderung.[72] Damit hatte Ruland die quadriviale

---

[68] Vgl. N. C. Carpenter (L 1958), S. 155 f., 222, 317 f.
[69] Vgl. dazu unten S. 99.
[70] So ist z. B. der Pariser Professor Henri de Monantheuil (Q 1597), S. 5–7 und 56 überzeugt, daß die quadriviale Musiktheorie für den Arzt notwendig sei: einmal, weil Galen es gefordert habe, zum andern, weil sie der Erkenntnis der menschlichen Seele, der Mischungen des Körpers sowie des Pulses diene. Der spanische Arzt Marcelo de Morales Guebara verteidigt noch im 17. Jahrhundert den Nutzen der sieben Artes liberales für die Medizin und empfiehlt unter Berufung auf Hippokrates (!), Galen und Avicenna an erster Stelle die Musik: Der Arzt benötige sie für sein Wissen und um die Heilmittel nach ihr abzuwägen, ferner sei sie nach Gilles de Corbeil ein Modell für die Beurteilung des Pulses.
[71] Vgl. hierzu W. F. Kümmel (L 1967).
[72] M. Ruland (Q 1564), fol. A II r/v.

musica-Vorstellung in einem entscheidenden Punkt aufgegeben: Während die „musica" im Rahmen des Quadriviums hauptsächlich die Lehre von den Zahlenproportionen enthalten hatte, wies Ruland diese nun der Arithmetik zu und löste dadurch die bisherige Verbindung zwischen Musik und Puls auf. Die Musik kam für die ärztliche Bildung nur noch wegen ihres praktisch-therapeutischen Nutzens in Betracht, nicht mehr als Lehre von den Proportionen für die Pulsdiagnostik.

Es erregte auch Kritik, für ein höheres Fachstudium wie die Medizin schematisch alle sieben Artes zur Voraussetzung zu machen und dies mit mehr oder weniger weit hergeholten Verknüpfungen zu begründen. In diesem Sinne nahm JULIUS ALEXANDRINUS (1506–1590), Leibarzt zweier habsburgischer Kaiser und eifriger Anhänger Galens, 1557 vor allem die Fächer des Quadriviums aufs Korn. Nicht zufällig galt sein Einwand gegenüber der Musik gerade ihrer Verbindung mit der Pulslehre, die den Gelehrten des Mittelalters, zumal den arabischen, so wichtig gewesen war.

„Werden wir etwa", so fragt Alexandrinus ironisch, „allein für die Wahrnehmung der Pulsrhythmen in den Adern alle Proportionen der Musik herbeiholen? ... Den wievielten Teil der Wissenschaft vom Puls werden schon die Rhythmen ausmachen! Jedermann kann sie doch, ohne die Musik auch nur zu erwähnen, ganz leicht wahrnehmen und für medizinische Zwecke hinreichend beurteilen, wenn man nur die Verhältnisse der Teile, welche die Bewegung und die Pause [im einzelnen Pulsschlag] einnehmen, miteinander vergleicht. Daher wird es nicht nötig sein, die Grundlagen dieser [quadrivialen] Fächer und das ganze dazugehörige Rüstzeug herbeizuschaffen ... Es mag bestimmte Disziplinen dieser Art geben, die jeder, der zur Medizin gelangen will, absolvieren muß, aber man darf an ihnen nicht hängen bleiben."[73]

So streng waren die Ärzte im allgemeinen nicht. Gerade unter dem Eindruck der neuerschlossenen antiken Autoren und angesichts neuer, zu selbständigen Fächern heranwachsender Wissensgebiete urteilte man über die Grenzen ärztlicher Bildung meist recht großzügig. So blieben – mit Ausnahme der Musik[74] – die meisten Artes weiterhin

---

[73] J. Alexandrinus (Q 1557), S. 237 f. Ähnlich argumentiert noch zu Beginn des 18. Jahrhunderts M. E. Ettmüller (Q 1714), S. 4.
[74] Das gilt natürlich nicht uneingeschränkt; vgl. die Beispiele oben Anm. 70.

propädeutische Fächer für den künftigen Mediziner. Darüber hinaus verlangte man vom Arzt, daß er fremde Sprachen beherrsche, von Philosophie etwas verstehe und sich vor allem in den neuen naturwissenschaftlichen Disziplinen auskenne (Physik, Chemie, Botanik, Optik usw.)[75] – Fächer, die in der Folgezeit immer mehr in den Vordergrund treten sollten. Gleichzeitig machte sich das entgegengesetzte Bestreben bemerkbar, die ärztliche Bildung nicht allzu weit ins Enzyklopädische auszudehnen, sondern sie zugunsten praktischer Erfahrung am Krankenbett auf das wirklich Nötige zu beschränken. So fand Giorgio Baglivi (1668–1707) scharfe Worte gegen die „aus früheren Zeiten überkommene Gewohnheit", vom praktischen Arzt Kenntnisse in der Dialektik, in Mathematik, in mehreren Sprachen, in Rhetorik, Astronomie usw. zu fordern.[76] Und als der schweizerische Arzt Johann Jakob Scharandaeus 1670 das Werk des Siccus „Über den besten Arzt" neu herausgab, teilte er dessen Auffassung nicht, daß sich der Arzt wegen der Heilkraft der Musik in diesem Gebiet auskennen müsse.[77] Er meinte jedoch, der Arzt könne die Frage, ob er auch in Fächern wie Arithmetik, Geometrie, Musik, Poesie, Historie und Kosmographie Bescheid wissen solle, selbst beantworten, wenn er sich vor Augen führe, „wie peinlich und ungebildet es wirkt, sich über nichts anderes unterhalten zu können als über Sterbende, Kranke und ihre Exkremente".[78] Damit reduzierte sich die Frage, ob die Musik zur ärztlichen Bildung gehöre, auf die Fähigkeit des Arztes zur geselligen Konversation.

GEORG ERNST STAHL (1660–1734), bis 1716 Medizinprofessor in Halle und später Leibarzt des preußischen Königs, hielt noch weniger von der Musik. Er meinte 1732, „daß einer gleichwohl einen guten Medicum abgeben könne, ob er gleich nicht die geringste Wissenschafft der Music habe". Widme sich der Medizinstudent der Musik als Chorsänger, so fürchtete Stahl, daß „dadurch eine noch zarte Lunge verdorben, und das Subjectum zu Schwindsucht und andern Kranckheiten, bevorab in der kalten Winter-Lufft, kan disponiret

---

[75] Vgl. z. B. J. van Heurne (Q 1627), S. 531–542; D. Sennert (Q 1676/a), S. 173 f.; S. Gracchus (Q 1693), Bd. 1, S. 86 ff. P. Castelli (Q 1637), S. 34 zählt die Musik zur ärztlichen Bildung, aber nur in Anlehnung an Galen.
[76] G. Baglivi (Q 1734/a), S. 13–15.
[77] Siehe oben S. 79.
[78] J. J. Scharandaeus (Q 1749), S. 40 f.

werden". Beteilige sich der künftige Mediziner aber an Instrumentalmusik, „so giebt solche auf Universitäten Gelegenheit zu liederlichen Gesellschafften, darüber die beste Zeit zum Studiren verdorben wird". Wer unbedingt „in der Music einige Recreation animi suchen, und seine Finger gelenck machen will, der kan solches bey einem stillen Clavier suchen; solches ist ein Instrument, welches nicht in liederlichen Versammlungen gebraucht wird". Stahl selbst konnte aber nicht einmal in dieser Hinsicht der Musik etwas abgewinnen. Er bedaure, so schließt er, „dannenhero noch die Stunden, welche ich in meinen jüngern Jahren zu Erlernung und im Exercitio derselben zugebracht habe".[79]

Daß Stahl sich so negativ über die Musik äußerte, war – gerade unter Ärzten – recht ungewöhnlich. Ungewöhnlich war allerdings auch, daß er unter dem Aspekt der ärztlichen Bildung überhaupt noch von der Musik sprach; denn meist überging man sie in diesem Zusammenhang nun völlig. Ausnahmsweise tauchte im Jahre 1700 einmal der Gedanke auf, daß geübte Lautenspieler und andere Instrumentalisten wegen ihres feineren und zuverlässigeren Taktempfindens den Puls besser beurteilen könnten als Nichtmusiker, woraus ein praktischer Ratschlag für den Arzt abgeleitet wurde.[80] Ebenso vereinzelt forderte 1652 der holländische Theologe und Mediziner Johannes de Mey (1619–1678), daß der Arzt darüber Bescheid wissen müsse, „welche Klänge welche Bewegungen in den spiritus verursachen und zu welchen Handlungen anregen, damit die Musik wirklich medizinisch wirksam sein kann".[81]

Hier erhebt sich die Frage, warum die Ärzte des 17. und 18. Jahrhunderts die Musik zwar vielfach zu Hilfe nahmen und sie Gesunden wie Kranken empfahlen, sie aber nicht einmal am Rande in die ärztliche Bildung einschlossen. Die Antwort ist wohl hauptsächlich im generalisierenden, rationalistisch-mechanistischen Denken der Zeit zu suchen. Solange man die Wirkung der Musik auf den Menschen – ein im 17./18. Jahrhundert oft erörtertes Thema – in direkter Analogie zu physikalischen Schwingungsvorgängen und Resonanzerschei-

---

[79] G. E. Stahl (Q 1732), S. 30 f.
[80] De Vigneul-Marville (Q 1700–02), Bd. 1, 1700, S. 161. Hinter dem Pseudonym de Vigneul-Marville verbirgt sich der Kartäuser Bonaventura d'Argonne (um 1634–1704).
[81] J. de Mey (Q 1652), S. 24.

nungen verstand, konnten sich kaum Probleme ergeben. Der menschliche Organismus, als „Maschine" aufgefaßt, mußte ebenso reagieren, wie man es bei mitschwingenden Gläsern oder Saiten beobachtete – wobei es nebensächlich war, wie man sich die Übertragung physikalisch im einzelnen vorstellte.[82] Entscheidend war, daß man den Vorgang rein physikalisch erklärte. Erst als in der zweiten Hälfte des 18. Jahrhunderts der Rationalismus und Mechanismus schrittweise überwunden wurde, erkannte man, daß die Wirkung der Musik auf den Menschen ein überaus komplexer Zusammenhang ist, bei dem viele Faktoren mitspielen und der sich nicht in feste, einfache Regeln fassen läßt. Es schien nun nicht mehr zu genügen, wie bisher lediglich die Art der Musik und die „Komplexion" des Kranken in grob schematischer Weise zu berücksichtigen; erst recht mußte es unangemessen sein, zur Erläuterung die längst untergegangenen Tongeschlechter der antiken griechischen Musik und deren überlieferte Wirkungen anzuführen, wie es belesene Autoren vom 16. bis 18. Jahrhundert nicht selten taten – ein Zeichen für die Beharrlichkeit literarischer Tradition. Vielmehr wurde man sich bewußt, daß es auch auf die Art der Krankheit und auf die jeweilige Verfassung des Kranken ankam, ebenso aber auf seine Individualität, seine Musikalität und musikalische Vorbildung und nicht zuletzt auch auf die musikalischen Kenntnisse des Arztes. Der Hamburger Arzt Johann August Unzer (1727–1799), für den „die Musik in allen sogenannten Gemüthskrankheiten ein wahres Arzneymittel" war, bemerkte 1769 ausdrücklich, daß Ärzte, die sich dieses Mittels recht bedienen wollten,

„selbst Kenner der Tonkunst seyn, und aus dem Zustande eines jeden Kranken zu urtheilen vermögend seyn müssen, welche Art der Leidenschaften in ihnen besänftigt oder erregt und unterhalten werden, und welche Arten der Musik hierzu erwählt werden müssen. Wer sich ohne diesen Unterschied die Regel machen wollte, die Gemüthskrankheiten mit Musik zu curiren, der würde ebenso ungereimt handeln, als wenn er sich vorsetzte, alle Fieber mit Pulver zu heilen."[83]

---

[82] Vgl. A. C. Crombie (L 1969), S. 29 über Mersenne und Descartes: „In the animal-machine the problem of sensation did not arise, because the light or sound or other external physical motions striking the sense-organs simply stimulated other, internal physical motions of response in accordance with the construction of the machine."
[83] J. A. Unzer (Q 1769), S. 468.

Ganz ähnlich sagt 1792 der englische Psychiater William Pargeter (1760–1810), wer bei Geisteskranken Musik anwende und dabei etwas von Musik verstehe, werde eher Erfolg haben, als wenn er die Musik unüberlegt und planlos zu Hilfe nehme. Es sei eine beträchtliche Musikkenntnis erforderlich,

„um diejenigen Kompositionen und Instrumente und diejenige Anordnung der instrumentalen Partien auszuwählen, die in genauer Übereinstimmung mit dem Gemütszustand des Patienten dessen Aufmerksamkeit auf sich lenken und fesseln und die animalischen spiritus beeinflussen können."[84]

Zu Beginn des 19. Jahrhunderts stellte sich daher, gemessen an früheren Äußerungen, das Problem keineswegs mehr einfach dar. Der Heilbronner Arzt Friedrich August Weber (1753–1806) bemerkte dazu folgendes:

„Daß ein Arzt, welcher nicht roh empirisch, sondern rationell die Musik zu Radicalcuren oder palliativen Behandlungen von Krankheiten anwenden will, mehr als Halbkenner im musikalischen Fache seyn müsse, versteht sich von selbst. Die Tonkunst hat in dieser Hinsicht ihre eigene *Materia medica*, ihre eigene *Pharmacie* und ihr eigen *Formular*. Man könnte sagen: sogar auch ihre eigene *Semiotik*, die man zu Hülfe nehmen muß, um die Krankheiten zu erkennen, in welchen sich aus einer bestimmten Anwendung der Musik Hülfe hoffen läßt, oder nicht . . ."[85]

Wie schon Unzer und Pargeter sah Weber eine deutliche Grenze von vornherein darin, daß nach seiner Meinung „nur in Übeln aus der Klasse der Nervenkrankheiten . . . sich von der Anwendung der Musik etwas Gedeihliches hoffen" lasse. Dennoch gab er einen allgemeinen, naturgemäß fragmentarischen Überblick über die bisherigen „musikalisch-medicinischen Versuche". Er verlangte von demjenigen Arzt, der die Musik nicht bloß „roh empirisch" anwenden wollte, daß er über frühere Bemühungen auf diesem Gebiet Bescheid wisse, vor allem jedoch verlangte er Kenntnisse in der musikalischen Ästhetik.[86] Aber es war klar, daß hier nicht mehr die ärztliche Bildung im allge-

---

[84] W. Pargeter (Q 1792), zitiert bei R. Hunter und I. Macalpine (Q 1963), S. 376.
[85] F. A. Weber (Q 1801/02), Sp. 566.
[86] Ebd. Sp. 567.

meinen und nicht mehr die ganze ärztliche Tätigkeit, sondern nur noch der Psychiater gemeint war – eine Einschränkung, die der allgemeinen damaligen Entwicklung entsprach.[87]

Überblicken wir die Jahrhunderte der Neuzeit, so sind zwei Beobachtungen festzuhalten. Obwohl die Musik nach der Mitte des 16. Jahrhunderts aus dem Kreis der ärztlichen Bildung ausschied, berührte dies weder ihre vielfältige praktisch-therapeutische Funktion (wie sich noch zeigen wird) noch erst recht ihre Verknüpfung mit dem Puls. Vielmehr begann gerade zu dieser Zeit mit der Anwendung der musikalischen Notenschrift für die Pulsdarstellung eine besonders enge und anschauliche Verbindung beider Disziplinen, die über zwei Jahrhunderte bestand, ohne daß jedoch die Mediziner deshalb die einstige Forderung nach musikalischen Kenntnissen des Arztes beibehalten oder erneuert hätten.

In der Musikliteratur wird demgegenüber diese Forderung noch bis zum Ende des 17. Jahrhunderts aufrechterhalten. Sie erscheint hier wohl erstmals in der zweiten Hälfte des 15. Jahrhunderts bei Johannes Tinctoris. Er beruft sich dafür sowohl auf Isidor, also auf die Wirkung der Musik bei Geisteskranken, als auch auf Avicenna, d. h. darauf, daß im Pulsschlag musikalische Intervallproportionen zu beobachten seien.[88] Von da an wird die These, daß die Musik für die Medizin nützlich und notwendig, ja unentbehrlich sei, ein willkommener Beleg in jenen Kapiteln über das „Lob" der Musik, in denen die Musikgelehrten des 16. und 17. Jahrhunderts die umfassende Bedeutung der Musik darlegten. Als Hauptargument für die Forderung, daß der vollkommene Arzt musikalische Kenntnisse haben müsse, dienen allerdings meist weniger die Heilkräfte der Musik und die betreffenden Exempla der Tradition als vielmehr das alte Beispiel des Herophilos, der die Pulse nach den musikalischen Proportionen gemessen habe[89] – also der quadriviale Zusammenhang. Noch 1673 fordert Isaac Vossius die Medizin auf, das Unternehmen des Herophilos wieder aufzunehmen und fortzuführen.[90]

GIOSEFFO ZARLINO (1517–1590) stellt dem Hinweis auf Herophi-

---

[87] Vgl. dazu unten S. 242–244.
[88] Johannes Tinctoris (Q 1864), S. 198.
[89] Vgl. z. B. P. Aron (Q 1539), lib. 1, cap. 1 (unpaginiert); P. Pontio (Q 1595), S. 6; L. Casali (Q 1629), S. 134 f.
[90] Siehe oben S. 54.

los noch einen anderen Gedanken voran, um zu beweisen, wie sehr die Medizin der Musik bedürfe. Wie könne der Arzt, so fragt Zarlino, ohne Kenntnis der Musik wissen, wie er in seinen Medikamenten die warmen und die kalten Eigenschaften entsprechend ihren Graden und richtig proportioniert zusammensetzen müsse[91] – ein Gesichtspunkt, der sich auch bei einem humanistisch gebildeten Arzt wie Martin Ruland findet.[92] Zarlino dürfte hier – wie vor ihm schon Gafurius und später andere Musiktheoretiker[93] – dem antiken Musiktraktat des Aristeides Quintilianus gefolgt sein, der im Anschluß an seine Darstellung der musikalischen Proportionen im Puls gesagt hatte,[94] daß die Medizin die qualitativen Grundstoffe und Wirkungen der Heilmittel zu keiner Zeit anders als aufgrund richtiger Proportionen unter den Qualitäten hergestellt habe.[95] Im Mittelalter scheint dieser Gedanke vor allem durch das Werk des al-Kindi (gest. nach 870) über die Zusammensetzung der Arzneimittel lebendig geblieben zu sein; es wurde noch im 16. Jahrhundert mehrfach gedruckt.[96]

Die Verankerung der Medizin in der alten quadrivialen „musica" findet sich noch am Ausgang des 17. Jahrhunderts bei dem Musiktheoretiker Angelo Berardi (um 1630/40–1694). Hier wird aber zugleich auch deutlich, daß die mittelalterliche musica-Vorstellung keineswegs bloß unverändert übernommen, sondern daß sie auf dem Boden des im Humanismus und in der Barockzeit zu neuer Blüte gelangten pythagoreisch-platonischen Denkens weiter ausgebaut wurde – teilweise in durchaus aktueller Form. Berardi erklärt alle Wissenschaften, die Musik eingeschlossen, zum Fundament der Medizin. Die Musik ist nach seiner Überzeugung in mehrfacher Hinsicht unentbehrlich: einmal für die vollständige Kenntnis der Pulse (wozu nun auch das seit Girolamo Cardano untersuchte Frequenzverhältnis zwischen Puls und Atmung gehört),[97] außerdem für das Verständnis der verborgenen „Harmonie" des menschlichen Körpers, die in der

---

[91] G. Zarlino (Q 1589), S. 8.
[92] Siehe oben S. 80.
[93] Fr. Gafurius (Q 1518), fol. 96 v; L. Casali (Q 1629), S. 134; A. Berardi (Q 1681), S. 105; ders. (Q 1689), S. 46.
[94] Siehe oben S. 32.
[95] Aristeides Quintilianus (Q 1963), S. 106, Z. 18–20; die Übersetzung nach R. Schäfke (Q 1937), S. 325.
[96] J. Alkindus (Q 1531); A. Siggel (L 1953). Vgl. dazu unten S. 107.
[97] Vgl. dazu W. F. Kümmel (L 1974), S. 12, Anm. 60.

rechten Proportion der Glieder und Säfte, in den rechten Abmessungen zwischen Leisten, Nabel und Herz sowie in der rechten Übereinstimmung zwischen den Hauptorganen (Herz, Gehirn, Leber) besteht. (Hier greift Berardi die im 16. Jahrhundert einsetzenden Versuche auf, dem musica-Komplex die Proportionen der äußeren Abmessungen des menschlichen Körpers einzugliedern.) Schließlich ist nach Berardi die Musik für die Medizin wichtig, um die warmen und trockenen mit den feuchten und kalten Elementen in der Nahrung und in den Medikamenten richtig abzuwägen.[98]

Hier waren nochmals wichtige Punkte einer Konzeption zusammengefaßt, die seit der Antike das Verständnis der Welt im großen wie im kleinen wesentlich geprägt hatte. Indem man die auf Zahlen gegründeten Töne der Musik als intelligiblen und zugleich sinnfälligen Ausdruck einer umfassenden Ordnung der Dinge begriff, war damit aber auch der Medizin eine Modellvorstellung für ihren Bereich, für den menschlichen Organismus, für Gesundheit und Krankheit gegeben. Sie war von um so größerer Bedeutung, als sie nicht auf den Bezirk der bloßen Erkenntnis beschränkt blieb und bleiben konnte, sondern darüber hinauswies und praktische Folgerungen nahelegte. Diesem Zusammenhang wenden wir uns im folgenden Kapitel zu.

---

[98] A. Berardi (Q 1681), S. 105 f.; ders. (Q 1689), S. 46.

III. Gesundheit und Krankheit
unter dem Aspekt der „musica"

In einer mehrfach gedruckten Spruch- und Zitatensammlung des 17. Jahrhunderts heißt es zum Stichwort „Gesundheit":

> „Ein gesunder Leib ist wie ein Musicalisch Instrument / so die Seiten verletzt werden / hat man lang daran zu stimmen / biß sie wieder zur Harmoni komen."

Und dementsprechend zum Stichwort „Krankheit":

> „Kranckheit ist nichts anders / alß ein zerrüttung der Natürlichen Ordnung des Leibs. Die Harmony der Seiten im Leib wird zerstört / unnd man hat offt lang daran zu stimmen / biß man sie wider zur Consonans bringt."[1]

So beliebt dieses Bild gerade im 17. Jahrhundert war, es war doch nur der besonders anschauliche Ausdruck einer auf die Antike zurückgehenden Tradition, die für die Medizin wie für die Musik große Bedeutung hatte.

Ein historisch entscheidendes Bemühen antiker Philosophie und Medizin ging dahin, rationale Ordnungsvorstellungen für den Bau und die Funktion des menschlichen Körpers, für die leib-seelische Einheit des Menschen sowie für Gesundheit und Krankheit zu entwickeln. Man versuchte, Gesundheit als rational definierbare Ordnung, Krankheit als rational erklärbare Abweichung von der Ordnung zu verstehen und daraus Richtlinien für das ärztliche Handeln abzuleiten. Ob diese Ordnung „Isonomie", „Harmonie", „Physis" oder „Symmetrie" genannt wurde, ob man Gesundheit in der rechten „Mischung" von Körpersäften und Elementarqualitäten sah („Eukrasie") oder ob man vom rechten „mittleren Maß" ausging – alle diese Begriffe und Vorstellungen umschrieben eine bestimmte Ausgewo-

---

[1] Chr. Lehmann (Q 1639), S. 303 und 443.

genheit, ein Gleichgewicht zwischen wenigen, meist gegensätzlichen Faktoren.[2] Die Versuche griechischer Philosophen und Ärzte, Ordnung in der Natur und im menschlichen Organismus als einen Ausgleich des Verschiedenen und Gegensätzlichen zu begreifen, erhielten systematische Gestalt dadurch, daß man die angenommenen Faktoren zu zahlenmäßig fixierten Gruppen zusammenfügte. Schon früh trat dabei das Vierer-Schema in den Vordergrund (vier Körpersäfte, Elemente, Hauptorgane, Qualitäten, Lebensalter, Jahreszeiten, Himmelsrichtungen usw.), dem dann Galen in der Medizin auf Jahrhunderte kanonische Geltung verschaffte.[3] Die einzelnen Komponenten ließen sich wie in einem Baukastensystem in vielfältiger Weise miteinander verbinden; dadurch entstand ein Instrumentarium von Grundvorstellungen und Begriffen, das flexibel und variabel, durch seinen straffen zahlenmäßigen Aufbau aber auch übersichtlich und handlich genug war, um der medizinischen Theorie und der ärztlichen Praxis jahrhundertelang als Grundlage dienen zu können.

Neben der Vierzahl spielten auch andere Zahlen (wie etwa die Siebenzahl) eine wichtige Rolle. Zahlen waren aber nicht nur ein Mittel der Systematisierung, um Verschiedenes und doch Zusammengehöriges überschaubar zu ordnen, vielmehr galten sie auch als unmittelbare Ordnungsfaktoren.[4] Die große Bedeutung der Zahlen in der antiken und mittelalterlichen Medizin (z. B. in der Lehre von den „kritischen Tagen" oder in der Embryologie) läßt deutlich die prägende Kraft pythagoreisch-platonischen Denkens erkennen. Für die Pythagoreer lag das ordnende Prinzip aller Dinge in der Zahl selbst.[5] Diese Idee hat bis weit in die Neuzeit – teilweise bis in die Gegenwart – künstlerisches Gestalten, wissenschaftliches Forschen, philosophisches Deuten und nicht zuletzt auch die medizinische Theorie und die ärztliche Praxis in vielfältiger Weise befruchtet.[6]

---

[2] Zu diesen Vorstellungen im einzelnen J. Schumacher (L 1963), ferner R. Schäfke (L 1964), S. 60 ff.; zum Isonomie-Begriff vgl. L. MacKinney (L 1971), zum Gedanken des Maßes W. Müri (L 1950) und F. Wehrli (L 1951).
[3] Vgl. hierzu im einzelnen E. Schöner (L 1964).
[4] Vgl. die Skizze von H. H. Lauer (L 1966).
[5] Zur Geisteswelt der Pythagoreer vgl. vor allem W. Burkert (L 1962), zu ihren medizinisch fruchtbaren Gedanken auch J. Schumacher (L 1963), S. 34 ff., bes. 53 ff., ferner 152 ff. (Demokrit) und 226 f. (Platon).
[6] Einen Überblick über den Einfluß pythagoreischer Gedanken, insbesondere der Proportionenlehre, von der Antike bis zur Gegenwart gibt R. Haase (L 1969).

Aus pythagoreischer Sicht bestimmte die Zahl alles Geformte, Räumliche, Gegensätzlich-Verbundene, alles sich Bewegende und Organisch-Lebendige, die Umläufe der Gestirne ebenso wie die Seele, den Körper und die leib-seelische Einheit des Menschen. Wie eine dem Pythagoras zugeschriebene Entdeckung bewies, beruhten die musikalischen Hauptintervalle, d. h. die verschiedene Länge schwingender Saiten, ebenfalls auf ganzzahligen Proportionen; Zahlen bildeten also die Grundlage auch der Musik. Da Seele und Körper des Menschen sowie ihre „harmonische" Vereinigung von derselben zahlhaften Ordnung bestimmt waren, erschienen sie folglich als wesensverwandt mit der Musik. Dieser Gedanke blieb in der langen Tradition des Pythagoreismus und Platonismus nicht nur literarisch lebendig, sondern führte von Anfang an zu einer unmittelbar praktischen Folgerung: Da körperliche und seelische Gesundheit als zahlenmäßig-harmonische Ordnung, Krankheit dagegen als Störung dieser Ordnung aufgefaßt wurde, kam der Musik die wichtige Aufgabe zu, mit der ihr innewohnenden Harmonie die gestörte psychophysische Ordnung wiederherzustellen.[7]

In diesem Kapitel beschränken wir uns jedoch vorerst auf den ideellen Bereich. In der pythagoreisch-platonischen Vorstellung von der Verwandtschaft zwischen dem Wesen des Menschen und der Musik lag von Anfang an eine Tendenz zur Konkretisierung und Verbildlichung. So gebraucht PLATON das Bild der Leier, um die „musikalische" Übereinstimmung des Menschen mit sich selbst in der Erkenntnis der Dinge und im Ethischen darzustellen.[8] Mit dem gleichen Bild verdeutlicht er die Gemeinschaft von Körper und Seele: Der Leib ist „eingespannt" und zusammengehalten von gegensätzlichen Qualitäten und Elementen, die Seele, den Saiten der Leier vergleichbar, ist die rechte Mischung und Stimmung dieser Komponenten, die sofort Schaden leidet, wenn Krankheit den Körper ergreift.[9] Wie in der Musik die Ordnung des Hohen und Tiefen, des Schnellen und Langsamen auf die Zahlen gegründet ist, so nach Platon auch die Gesundheit auf die zahlenmäßige Vereinigung des Gegensätzlichen.[10] In diesem Zusammenhang gehört, was eine der älteren hippokratischen Schriften, die

---

[7] Vgl. dazu R. Schäfke (L 1964), S. 63.
[8] Platon (Q 1900–07), Gorgias 482 b und Laches 188 d.
[9] Ders., Phaidon 86 b/c.
[10] Ders., Philebos 25 e–26 a.

Schrift „Über die Lebensweise", über die Voraussetzungen für die Entstehung des Menschen ausführt:

„Jeder Teil [des menschlichen Körpers] nimmt so lange dieselbe Stelle ein, bis der Raum ihn nicht mehr fassen kann und er nicht mehr ausreichend Nahrung für den höchstmöglichen Grad seiner Entwicklung bekommt. Dann wechseln die Teile in den größeren Raum hinüber, männliche und weibliche, in derselben Weise von Gewalt und Notwendigkeit getrieben. Was aber zuerst den bestimmten Anteil erfüllt, das wird zuerst abgesondert, zugleich aber auch vermischt. Wenn es den Platz wechselt und die richtige Harmonie gefunden hat, die drei Akkorde hat, die Quart, die Quint und die Oktave, lebt es und wächst es durch dasselbe wie vorher. Wenn es aber nicht die Harmonie findet und die tiefen Töne nicht zu den hohen stimmen, sei es in der Quart, der Quint oder der Oktave, so ist, wenn nur ein einziger Ton ausfällt, die ganze Stimmung verkehrt; denn dann gibt es keinen Zusammenklang . . ."[11]

Doch ging pythagoreisch-platonisches Denken im allgemeinen bei der Auffassung der Seele weiter ins einzelne als bei der des Körpers. Da man sich die innere Struktur der Seele als streng „musikalische" Ordnung dachte, verknüpfte man die einzelnen Seelenkräfte mit bestimmten Intervallen, und Platon legte im „Timaios" dem Rhythmus des seelischen Lebens und dem Bau der Seele dieselben Proportionen musikalischer Intervalle zugrunde, die auch für die Bahnen der Gestirne gelten sollten.[12] Im Gefolge der neuplatonischen Strömungen des ausgehenden Altertums, die das Mittelalter wesentlich bestimmten, und von neuem mit dem Rückgriff des Humanismus auf die antiken Autoren zeitigte die Vorstellung von der „Seelenmusik" eine lange und nachhaltige Wirkung, ohne daß wir hier näher darauf eingehen können.

Die pythagoreisch-platonische Konzeption von der „musikalischen", d. h. zahlenmäßig proportionierten Ordnung der Dinge wurde dem Mittelalter vor allem durch Autoren wie Boethius, Cassiodor und Isidor von Sevilla vermittelt. Dazu trat noch der biblische Satz aus der „Sapientia Salomonis" (11, 21): „Aber du [Gott] hast alles geordnet mit Maß, Zahl und Gewicht." Daß im Menschen als

---

[11] Hippokrates (Q 1839–61/g), Bd. 6, S. 482 L.; die Übersetzung nach H. Diller (Q 1962), S. 235.
[12] R. Schäfke (L 1964), S. 64 ff.

dem „Mikrokosmos", vor allem in seiner leib-seelischen Einheit sich „Musik" finde, wurde ein fester Bestandteil des mittelalterlichen Weltbildes.[13] Dieser Gedanke ließ sich auch leicht mit den hippokratisch-galenischen Grundvorstellungen der mittelalterlichen Medizin in Einklang bringen. Doch wurde er von Anfang an verschieden weit gefaßt und unterschiedlich ausgedeutet.

Für CASSIODOR z. B. erstreckte sich – wie für Platon – die „Musik" auf alle Tätigkeiten des menschlichen Lebens. Sie bestand für ihn darin, daß der Mensch die Gebote des Schöpfers befolgte und sich reinen Herzens den göttlichen Gesetzen unterwarf; tat er dagegen Unrecht, so hatte er keine „Musik" in sich. Sowohl das Sprechen als auch die Pulsbewegungen hatten für Cassiodor durch ihre „musikalischen Rhythmen" an der universalen Harmonie teil.[14] Dieser von Isidor übernommene Text wurde bis in das 17. Jahrhundert tradiert[15] und hat die musica-humana-Idee nachhaltig mit geprägt. Erst recht gilt das für BOETHIUS. Auf ihn geht der einprägsame Begriff der „musica humana" und die über das Mittelalter hinaus verbreitetste Formulierung ihres Inhalts zurück. Auch Boethius' Einteilung der Musik in „musica mundana", „musica humana" und „musica instrumentalis" war bis weit in die Neuzeit eine der maßgeblichen Klassifizierungen der Musiktheorie.[16] Die „musica humana" bestand für Boethius einmal darin, daß Seele und Körper des Menschen nach denselben Proportionen zusammengesetzt sind, nach denen „harmonische" Tonbewegungen verlaufen. Aber auch die Vereinigung der Seele mit dem Körper war eine „musikalische" Zusammenfügung. Für Boethius waren das jedoch keine bloß theoretischen Einsichten; er betonte, daß die Musik nicht nur der „speculatio", sondern wegen ihrer Wirkung auf den Menschen auch der „moralitas" angehöre. Das gelte für alle Altersstufen; die Musik sei uns „von Natur aus" so verbunden, daß wir sie, selbst wenn wir es wollten, nicht entbehren könnten. Ausdrücklich berief sich Boethius auf die Pythagoreer, die sowohl vor dem Schlafen sangen, um die täglichen Sorgen zu vertreiben und einen leichten Schlaf zu haben, als auch nach dem Erwachen, um die

---

[13] Vgl. die Nachweise bei H. Hüschen (L 1955), S. 57 f.
[14] Cassiodor (Q 1963), S. 143.
[15] Vgl. oben S. 27, Anm. 19.
[16] Vgl. oben S. 68, Anm. 22.

Dumpfheit des Schlafes zu zerstreuen.[17] Nichts schien Boethius so charakteristisch für die Natur des Menschen als seine naturgegebene Hinneigung zur Musik, die entweder beruhigend oder stimulierend auf ihn zu wirken vermochte.[18] Daß sich die Macht der Musik schon beim Säugling zeigte, galt für Boethius wie später für viele andere als besonders überzeugender Beweis, und medizinische Autoren verwiesen hierbei gerne auch auf eine ähnliche Bemerkung Galens.[19]

War die „musikalische" Ordnung des Menschen bei Boethius für den körperlichen Bereich nur ganz allgemein formuliert, so bemühten sich mittelalterliche Autoren in der Folgezeit, diesen Gedanken in verschiedener Weise weiter auszuführen, zu präzisieren und näher zu erläutern. Für Aurelian von Réomé (9. Jahrhundert) hatte der Mensch dadurch an der „wunderbaren", in der ganzen Natur waltenden Harmonie teil, daß er Eigenschaften hatte, die zur Musik gehörten: in der Kehle eine Flöte, um zu singen, in der Brust hingegen eine Harfe, die in den „Fasern" der Lunge eine Art von Saiten habe, und schließlich (metrisch-musikalische) Hebungen und Senkungen im regelmäßigen Wechsel der Pulsschläge. Die Vereinigung des unkörperlich-lebendigen Geistes mit dem Körper läßt sich nach Aurelian nur als „Stimmung" verstehen, die aus tiefen und hohen Tönen einen guten Zusammenklang bildet; auch die Verbindung der verschiedenen Teile der Seele und des Körpers sowie die richtige Mischung der Elemente des Körpers seien ohne das Prinzip „Musik" nicht erklärbar.[20] Hugo von St. Victor (gest. 1141) weist bei der Darstellung der „musica humana" dem menschlichen Körper den ersten Platz zu. Das Musikalische sieht er zuerst im Wachstum, das allen Lebewesen gemeinsam ist, sodann in den Körpersäften, aus deren Mischung der menschliche Körper

---

[17] Boethius (Q 1867), S. 185–187.
[18] Ebd. S. 179. – Später billigt z. B. der Musiktheoretiker Aribo (11. Jahrhundert) ausdrücklich die „heidnische" platonische Auffassung, daß sich die Seele aus musikalischen Proportionen zusammensetze, mit der Begründung, die musikalischen Hauptintervalle seien dem menschlichen Geist deshalb angenehm, weil Ähnliches einander angenehm, Unähnliches aber einander zuwider sei. Einen weiteren Beweis für die „angeborene" menschliche Neigung zur Musik sieht Aribo auch darin, daß jeder fahrende Musiker, obgleich ohne Kenntnisse in der Musiktheorie, doch fehlerfrei weltliche Lieder singen könne, die das Ohr nicht beleidigten. Vgl. Aribo (Q 1951), S. 46.
[19] Galen (Q 1821–33/e), Bd. 6, S. 37 K.
[20] Aurelian von Réomé (Q 1784), S. 30 und 33.

94

besteht, und schließlich in den Betätigungen des menschlichen Körpers, die gut sind, solange sie das rechte Maß nicht überschreiten, andernfalls aber Schwäche und Krankheit zur Folge haben.[21] Honorius Augustodunensis (12. Jahrhundert) ordnet den Planeten sieben Töne und den Entfernungen zwischen den Planeten soviele Ganz- und Halbtöne zu, daß er sagen kann, das Weltall bestehe aus sieben Ganztonschritten. Dann vergleicht er es mit der „kleinen Welt" des menschlichen Organismus:

> „Wie das Weltall aus sieben Ganztönen und unsere Musik aus sieben Tönen besteht, so wird der Organismus unseres Körpers aus sieben Tonarten (modi) gebildet: Der Körper enthält vier Elemente, die Seele wird durch drei Kräfte zusammengehalten; durch die ‚Musik' wird der Organismus von Natur aus zur Einheit zusammengeschlossen."[22]

Die meisten Autoren verstehen trotz einzelner individueller Ausdeutungen unter „musica humana" nicht nur die Übereinstimmung der vier Körpersäfte, die rechte Proportion zwischen den Elementen, Qualitäten und Teilen des menschlichen Körpers usw., sondern auch – und oft an erster Stelle – die Verbindung und das Zusammenwirken von Seele und Körper.[23] Für Vinzenz von Beauvais (um 1190–1264) läßt sich die Vereinigung des unkörperlichen Geistes mit dem Körper nur begreifen als eine „bestimmte Zusammenfügung, und zwar als ein richtiges Verhältnis von der Art, wie sich tiefe und hohe Stimmen zueinander verhalten und das so einen einheitlichen Zusammenklang ergibt." Dieses harmonische Ordnungsprinzip beherrscht auch die Verbindung der verschiedenen Teile der Seele sowie die „Mischung" der Elemente und Teile des Körpers.[24] Auch der Musiktheoretiker Aegidius von Zamora, der die musica-humana-Vorstellung im einzelnen wesentlich weiter ausgestaltete als die meisten anderen, erkennt die „Musik" zuerst in dem „großen musikalischen Verhältnis" zwischen Seele und Körper. Es wird vermittelt durch den spiritus naturalis, dessen Sitz die Leber ist, durch den spiritus vitalis (im Herzen) und

---

[21] Hugo von St. Victor (Q 1854), Sp. 756.
[22] Honorius Augustodunensis (Q 1854/a), Sp. 140.
[23] Vgl. die Stellennachweise bei H. Hüschen (L 1955), S. 152.
[24] Vinzenz von Beauvais (Q 1624), Sp. 1513 C/D.

durch den spiritus animalis (im Kopf).[25] Weiter besteht eine musikalische Proportion zwischen den Körpersäften, zwischen den einzelnen Säften und dem Körper, ebenso zwischen den Knochen, den Nerven, den Blutadern, den Knorpeln, den fleischigen Teilen und der Haut sowie schließlich zwischen ihnen und dem Körper.[26] Wie auch die „musikalische" Struktur und Harmonie des menschlichen Wesens im einzelnen aufgefaßt sein mochte, in allgemeiner Form oder so bildhaft wie bei Aegidius – die Folgerung, die am Ende des 15. Jahrhunderts der Musiker Adam von Fulda aussprach, war in der Vorstellung von der „musica humana" von Anfang an mit enthalten: „Solange diese Harmonie andauert, lebt der Mensch; ist aber die Proportion zerstört, so stirbt er."[27]

Neben solchen Versuchen, die leib-seelische Natur des Menschen von der zahlhaften Ordnung der Musik her zu begreifen, steht das Bestreben vor allem arabischer Gelehrter, Körper und Seele des Menschen nicht nur mit der Musik, sondern auch mit den irdischen Dingen und mit der kosmischen Welt in vielfältiger Weise zu verknüpfen. Aus der Verarbeitung pythagoreischer, platonischer, gnostischer und kabbalistischer Traditionen, die für das arabische Mittelalter charakteristisch ist, entstanden komplizierte spekulative Systeme (z. B. bei al-Kindi), in denen die vier Saiten der Laute, vier Rhythmusarten, vier Melodietypen, die vier Körpersäfte, die vier Elemente, die vier Seelenvermögen, die vier physischen Kräfte, vier Farben, Düfte, Tierkreis-

---

[25] Da im folgenden oft von den „spiritus", vor allem vom „spiritus animalis" (bzw. den „spiritus animales") die Rede sein wird, sei diese Theorie hier kurz erläutert. Nach der von Galen definitiv fixierten Lehre, die in der Medizin bis in das 18. Jahrhundert gültig blieb, gab es drei Arten von „Pneuma" („spiritus"), oder genauer: Dieser mit der Atmung aufgenommene Stoff differenzierte sich im Körper in dreifacher Weise: In der Leber, wo aus Nahrungsbrei das Blut entsteht, ist der „spiritus naturalis"; im Herzen, wo die „eingeborene Wärme" ihren Sitz hat, wird das Blut verdünnt und gereinigt und aus dem feinere „spiritus vitalis" gebildet, der durch die Arterien im Körper verteilt wird; im Gehirn schließlich wird der völlig luftartige „spiritus animalis" bereitet. Er ist so fein und beweglich, daß er durch die als Röhren aufgefaßten Nerven fließen und so der Mittler zwischen der unstofflichen Seele im Gehirn und dem Körper sein kann. Er überträgt z. B. den Muskeln Willens- und Gemütsregungen oder umgekehrt der Seele Sinneswahrnehmungen oder lokale Schmerzempfindungen. Vgl. zu dieser Lehre M. Neuburger (L 1906–11), Bd. 1, 1906, S. 376–381, Th. Meyer-Steineg (L 1965), S. 88–90 und K. E. Rothschuh (L 1958), S. 2950–2962; zu den Vorstellungen vom „Lebensantrieb" ferner M. Putscher (L 1973).

[26] Aegidius Zamorensis (Q 1784), S. 377.

[27] Adam von Fulda (Q 1784), S. 333.

zeichen, Jahreszeiten, Tageszeiten, Lebensalter usw. miteinander in Beziehung gesetzt waren.[28] Diese Verknüpfungen blieben keineswegs bloße Theorie; vielmehr ist es für die arabischen Gelehrten bezeichnend, daß sie daraus eine überaus differenzierte praktische Anwendung der Musik bei Gesunden und Kranken ableiteten und dabei die Musik der Sphären direkt mit der von den Menschen gemachten Musik in Verbindung brachten.

Anschaulich zeigt das ein Abschnitt aus dem „Secretum Secretorum", einer angeblich von Aristoteles für Alexander den Großen verfaßten Schrift, die jedoch aus dem arabischen Mittelalter stammt, ohne daß sich Verfasser und Entstehungszeit bisher hätten hinreichend klären lassen (man datiert sie auf das 10. Jahrhundert oder früher). Die Schrift ist eine Art Enzyklopädie, die einen Gesundheitstraktat und Elemente eines Fürstenspiegels enthält. Sie war in zahlreichen Versionen verbreitet und erfreute sich, wie die stattliche Zahl lateinischer Übersetzungen und volkssprachlicher Fassungen zeigt, später auch im lateinischen Westen großer Beliebtheit.[29] In einem Textteil, der allerdings nicht in die westeuropäische Tradition übergegangen ist, heißt es, auch Geisteskrankheiten ließen sich behandeln, und zwar mit Musikinstrumenten, die der Seele auf dem Wege über das Gehör jene harmonischen Klänge übermittelten, die durch die Bewegungen und Berührungen der himmlischen Sphären entstünden. In menschlicher Sprache dargeboten, würden diese Klänge zu einer der menschlichen Seele angenehmen Musik,

„weil sich die Harmonie der Himmelssphären im Menschen in der Harmonie seiner eigenen Elemente ausdrückt, worin das Prinzip des Lebens liegt. Wenn daher die Harmonie irdischer Musik vollkommen ist oder wenigstens der Harmonie der Sphären möglichst nahe kommt, wird die Seele des Menschen aufgemuntert, fröhlich gestimmt und gestärkt."[30]

Eine unmittelbare praktische Folgerung aus der musica-Idee findet sich auch in den Anweisungen, die Haly Abbas am Ende des 10. Jahr-

---

[28] Vgl. H. G. Farmer (L 1926), S. 97 f., 103, 105, 111; dens. (L 1943), S. 7–9, 22, 30 f. Solche Verknüpfungen erlebten später, im 16./17. Jahrhundert, bei Agrippa von Nettesheim, Robert Fludd, Athanasius Kircher und anderen eine neue Blüte.
[29] Vgl. die Zusammenfassung der bisherigen Forschung mit neuen Ergebnissen bei W. Hirth (L 1969) und Fr. Wurms (L 1970).
[30] R. Bacon (Q 1920), S. 217 f.

hunderts für die rechte Behandlung des Säuglings gibt. Er rät, man solle das Kind nach dem Stillen und Waschen mit bedecktem Gesicht schlafen lassen und es unter süßen Gesängen sanft hin- und herbewegen.

„Das Kind erfreut sich nämlich an süßen und wohlklingenden Tönen, wie auch an solchen, die vollkommen sind, weil der Mensch aus der ‚Konsonanz' von Bewegung und Zusammenklang besteht."[31]

Der Musiktheoretiker Engelbert von Admont führt zu Beginn des 14. Jahrhunderts diesen Gedanken in allgemeinerer Form weiter aus:

„Durch musikalischen Gesang werden die Geister [des Menschen] mehr verändert als durch bloße Worte. Der Grund dafür ist, daß die Natur sich an allem erfreut, was ihr gemäß ist. Eine geordnete Bewegung ist der Natur gemäß, und eine solche Bewegung ist im musikalischen Gesang gegeben, wo verschiedene Stimmen entsprechend den musikalischen Proportionen miteinander zusammenklingen. An diesem Zusammenklang erfreut sich die natürliche Komplexion [des Menschen], die aus gegensätzlichen Elementen besteht, die zueinander in einem proportionierten Verhältnis stehen."[32]

Die Vorstellung von der „musica humana" regte auch dazu an, in der Musik ein Sinnbild für die Medizin zu sehen. In dem enzyklopädischen Lehrwerk des Gossouin von Metz, das um die Mitte des 13. Jahrhunderts entstand und in vielen Fassungen und mehreren volkssprachlichen Bearbeitungen verbreitet war, heißt es:

„Wer die Wissenschaft der Musik kennt, der kennt die Übereinstimmung (acordance) aller Dinge. Von der Kunst der Musik kommt alle maßvolle Ordnung, und von dieser Kunst hat auch die Medizin einen Nutzen. Denn wie die Musik alle Dinge, die in sich nicht übereinstimmen, in Ordnung bringt und sie zur Übereinstimmung zurückführt, genauso bemüht sich die Medizin, dasjenige in den natürlichen Zustand zurückzubringen, was von der natürlichen Ordnung abweicht und im menschlichen Körper das abgewogene Maß verliert, wenn eine Krankheit ihn angreift."[33]

Mit anderen Worten sagt dasselbe Robert Grosseteste (um 1175–1253):

---

[31] Haly Abbas (Q 1523), fol. 151 v.
[32] Engelbert von Admont (Q 1784), S. 341.
[33] O. H. Prior (Q 1913), S. 82 f.

„Wissend ist also derjenige, der das rechte [innere] Verhältnis des menschlichen Körpers kennt, d. h. der weiß, aus welchen Proportionen sich Übereinstimmungen der Elemente, der feuchten Bestandteile, der sehr wichtigen spiritus und der Seele mit dem Körper ergeben, und der dieselben Proportionen kennt, die klingenden Zahlen zugrundeliegen, und der weiß, wie die Angreifer und Feinde der Seele hinsinken und wie aus Unordnung ohne Maß alles zurückkehrt zu der richtigen maßvollen Ordnung."[34]

Die Vorstellung von der „musica humana" blieb – trotz unterschiedlicher Ausdeutungen – im Mittelalter nahezu unangefochten. Die bissige Kritik des Johannes de Grocheo (um 1300) war eine Ausnahme,[35] und wenn später Adam von Fulda in seiner „Musica" (1490) die „musica mundana" und die „musica humana" mit der Begründung ausklammerte, jene müsse von den Mathematikern, diese aber von den Medizinern behandelt werden,[36] war das weder für die Musikanschauung seiner Zeit noch für die der beiden folgenden Jahrhunderte charakteristisch. Vielmehr kam die musica-humana-Idee im 16. und 17. Jahrhundert durch den Platonismus der Humanisten und der barocken Naturphilosophie zu neuer Blüte. Obwohl sich die Musiktheoretiker in dieser Zeit immer mehr der praktischen Musik und ihren Problemen zuwandten oder sogar ganz darauf beschränkten, wurde doch in einem großen Teil der musiktheoretischen wie auch der philosophischen und enzyklopädischen Literatur bis zur Mitte des 18. Jahrhunderts der alte musica-Begriff und damit auch die „musica humana" weiter tradiert.[37] Weiterhin blieb die Überzeugung leben-

---

[34] R. Grosseteste (Q 1912), S. 5.

[35] Johannes de Grocheo wendet sich in seiner Schrift „De musica" in sehr ungewöhnlicher Weise von der traditionellen quadrivialen Musiktheorie ab. Er zeigt ein erstaunliches Interesse für die weltliche Musik seiner Zeit, lehnt die Vorstellungen von der „musica mundana" und der „musica humana" ab und will „musica" nur im engeren Sinne der klingenden Musik verstanden wissen. Den herkömmlichen musica-humana-Begriff erklärt er für erdichtet und wirft dessen Verfechtern vor, sie folgten mehr den Pythagoreern als der Wahrheit und hielten sich weder an die Natur noch an die Logik. Daran schließt er die ironische Bemerkung an: „Auch in der menschlichen Komplexion ist kein eigentlicher Klang zu finden. Wer hat denn schon die Komplexion klingen gehört?" Vgl. E. Rohloff (Q 1943), S. 46, Z. 25 ff.

[36] Adam von Fulda (Q 1784), S. 333.

[37] Eine kurze Übersicht über die Entwicklung dieser Vorstellung gibt R. Allers (L 1944), S. 375–377; vgl. auch S. 400. Eine reichhaltige Sammlung von Stellen, welche die „musica humana" betreffen, aus musiktheoretischen und philosophischen Quellen von der Antike bis zum 18. Jahrhundert bietet H. Hüschen (L 1956), Sp. 1600 f.

dig, daß die Musik, wie es 1513 eine Einführung in die Mensuralmusik formulierte, auf Geisteskranke und auf körperliche Krankheiten deshalb eine so starke Wirkung habe,

„weil entweder Körper und Geist demselben Gesetz unterliegen, so daß sie alles Gute und Schlechte, ob sie wollen oder nicht, gemeinsam haben, oder aber – was wohl richtiger ist –, weil wir selbst in einer der Musik entsprechenden Weise strukturiert sind."[38]

Auch zahlreiche Ärzte des 16. und 17. Jahrhunderts bekannten sich zu dieser Auffassung. Sie sahen die musikalische Veranlagung des Menschen und erst recht die Wirkungen der Musik, vor allem ihren günstigen Einfluß auf Geisteskranke, in der „musikalischen" Ordnung des menschlichen Wesens begründet, und sie sparten, um dies zu beweisen, nicht mit antiken Exempla und mit Zitaten aus antiken Autoren.[39] So sagt Johann Lange (1485–1565), Leibarzt mehrerer pfälzischer Kurfürsten, weil die menschliche Seele Anteil habe an der „Musik" der Weltseele, weil sie die Erinnerung an die Zahlenordnung und an die Musik in den Körper gebracht und sich mit ihm eng verbunden habe, deshalb bestehe zwischen Geist und Körper des Menschen eine so enge Gemeinschaft, daß die meisten Heilmittel für beide wirksam seien.[40] Knapp und klar drückt sich der niederländische Arzt und Theologe Levinus Lemnius (1505–1568) aus:

„Wie unter den Saiten [eines Musikinstruments] ein bestimmter Zusammenklang wahrzunehmen ist, eine zusammenstimmende Harmonie, so daß kein Mißklang das Ohr trifft und beleidigt, so ist im richtig gestimmten Körper eine passende und zusammengehörende Mischung der Elemente und Qualitäten, so daß keine Qualität für sich allein sichtbar ist, sondern eine feste, vollständige und vollkommene Vereinigung der Elemente und Qualitäten besteht."[41]

Auch der Augsburger Stadtarzt Raymund Minderer (gest. 1621) spricht 1619 von der seit langem allgemein anerkannten Lehre, daß die Gesundheit des Menschen in einem bestimmten „harmonischen Zusammenklang" und einer „Konsonanz" der Säfte bestehe, die

---

[38] [J. Knapp] (Q 1513), fol. A II.
[39] Vgl. z. B. J. Fr. Ulmus (Q 1597), S. 74 ff. und J. Du Chesne (Q 1607), S. 125 f.
[40] J. Lange (Q 1605), S. 913 f.
[41] L. Lemnius (Q 1587), fol. 32 r/v.

ihrerseits von den Elementen und den damit verbundenen Qualitäten abhingen. Nach Minderer wird diese Harmonie, die auch den menschlichen Geist und seine Verbindung mit dem Körper beherrscht, durch das Übergewicht einer dieser Komponenten gestört, weil alles, was im Körper zu viel oder zu wenig ist, auf den geistig-seelischen Bezirk übergreift und umgekehrt alles, was in einem verwirrten Geist wirkt, auch in den Körper eindringt.[42]

Blieben solche Gedankengänge noch im Rahmen der Tradition, so zeigt sich im 17. Jahrhundert das Bestreben, das Wesen des Menschen sowie Gesundheit und Krankheit konkreter und anschaulicher als bisher in musikalischen Bildern auszudrücken. Dem französischen Gelehrten Marin Mersenne erschien 1634 „die Gesundheit so musikalisch, daß die Krankheit nichts anderes ist als eine Dissonanz". Daraus leitete er die ausgleichende, therapeutische Wirkkraft der Musik ab.[43] Der Hamburger Kantor und Musiktheoretiker Johann Mattheson (1681–1764) brauchte ein Jahrhundert später noch dasselbe Bild: „Die Gesundheit ist so musicalisch, daß alle Kranckheiten aus nichts anders, als aus lauter Mishelligkeiten und Dissonantzen bestehen."[44] Besonders beliebt war im 17. Jahrhundert der Vergleich des Menschen mit einem Saiteninstrument – eine Vorstellung, die bis in die Antike zurückreicht.[45] Francis Bacon (1561–1626) verstand den menschlichen Körper mit seiner feinen und komplizierten Zusammensetzung als ein empfindliches, schwer spielbares Musikinstrument, das leicht seine „Harmonie" verlieren konnte. Daher erblickte er die Aufgabe des Arztes darin, „daß er die Laute des menschlichen Körpers also zu stimmen und zu schlagen wisse, daß man den wenigsten Mißklang vernehme."[46] Die zu Eingang dieses Kapitels angeführten Definitionen von Gesundheit und Krankheit beruhen auf demselben Vergleich.

In den bisher behandelten Texten bezog sich die „musica humana",

---

[42] R. Minderer (Q 1619), S. 448. Vgl. z. B. auch A. Alexius (Q 1627), S. 91.
[43] M. Mersenne (Q 1634), S. 102. In dem spätbarocken Roman „Arminius" des Schlesiers Daniel Caspar von Lohenstein (1635–1683) sagt ein griechischer Weiser, daß „die Kranckheit nichts anders als eine Verstimmung des menschlichen Leibes" sei. Vgl. D. C. von Lohenstein (Q 1689–90), Bd. 2, 1690, S. 907.
[44] J. Mattheson (Q 1739), S. 14, § 46. Ähnlich auch noch Novalis (s. unten S. 113 f.).
[45] Siehe die Beispiele aus Platon oben S. 91. Einige Nachweise zu diesem Vergleich gibt R. Dammann (L 1967), S. 420 f.; vgl. dazu ferner W. Wiora (L 1973), S. 20.
[46] Fr. Bacon (Q 1783), S. 378.

soweit sie den Körper betraf, im wesentlichen auf den Körper in seiner Gesamtheit – ausgenommen natürlich den Puls. Vom 15. Jahrhundert an wurden aber auch spezielle körperliche Merkmale und Vorgänge der musica-humana-Vorstellung zugeordnet und eingegliedert, wie z. B. die Verläufe von Krankheiten, die Entstehung des Kindes im Mutterleib oder die Gewichtsproportionen der Körpersäfte. Verfolgen wir dies im einzelnen.

Die antike Medizin hatte, den Bahnen pythagoreischen Denkens folgend, die Lehre von „kritischen Tagen" ausgebildet, wonach sich die Krankheiten an bestimmten Tagen zum Guten oder zum Schlechten „entschieden". Dem Krankheitsverlauf sollten also bestimmte, im einzelnen allerdings umstrittene periodische Gesetzmäßigkeiten zugrundeliegen.[47] In der hippokratischen Schriftensammlung deutet sich in den Parallelen, die zwischen der Lehre von den kritischen Tagen und dem Schema der Tetrachorde der griechischen Musiktheorie gezogen werden, auch schon eine Verknüpfung der beiden Bereiche an.[48] Doch scheint man die zahlenmäßige Ordnung von Krankheitsverläufen bis zum Ende des Mittelalters noch nicht direkt als Ausdruck der „musica humana" verstanden zu haben. Allerdings kündigt sich ein solcher Zusammenhang im frühen 14. Jahrhundert bei dem französischen Chirurgen Henri de Mondeville (gest. nach 1316) an. Ihn dürfte nicht nur die Idee der „musica humana", sondern in Verbindung damit auch die Lehre von den kritischen Tagen inspiriert haben, als er das Verhältnis von Natur und Medizin in einem eindrucksvollen musikalischen Bild zu umschreiben versuchte:

> „Die Natur ist nämlich wie ein Fidelspieler, der mit seinem Klang die Tänzer führt und lenkt. Wir Ärzte und Chirurgen sind wie die Tänzer, und genauso, wie die Natur musiziert, müssen wir tanzen."[49]

Erst vom ausgehenden 15. Jahrhundert an wird die Lehre von den kritischen Tagen ausdrücklich in den Komplex der „musica humana"

---

[47] Zur Lehre von den „kritischen Tagen" vgl. M. Neuburger (L 1906–11), Bd. 1, 1906, S. 209 f. und 384 sowie K. Sudhoff (L 1929). Sudhoff dürfte allerdings kaum recht haben mit seiner Annahme, daß diese Lehre nicht aus pythagoreischer Gedankenwelt, sondern ganz aus der Erfahrung der griechischen Ärzte erwachsen sei.

[48] Vgl. dazu Ch. Lichtenthaeler (L 1963), S. 133–135 und H. Grensemann in Hippokrates (Q 1968), S. 102 f.

[49] Ohne Quellenangabe zitiert bei M. Neuburger (L 1926), S. 25. Die Stelle ließ sich jedoch bisher bei Henri de Mondeville nicht auffinden.

aufgenommen. Auf die Frage, warum er so oft Medizin und Musik miteinander vermische, antwortet MARSILIO FICINO (1433–1499), der von Hause aus Arzt war, zuerst mit dem Hinweis auf Apoll, der beide in seiner Person vereinigt habe: „Ist es also erstaunlich, daß beide Künste oft von denselben Menschen ausgeübt werden?" Dann aber beruft sich Ficino auch auf die „natürliche Proportion" zwischen Seele und Körper, zwischen den Teilen der Seele untereinander und zwischen den Teilen des Körpers untereinander. Diesem allgemeinen „Zusammenklang" gehorchen nach Ficino auch die „harmonischen Kreisläufe" der Fieber und der Körpersäfte sowie die Bewegungen des Pulses. Für den Platoniker Ficino ergibt sich aus seinem harmonisch-musikalischen Verständnis der Welt und des Menschen unmittelbar die Bedeutung der Musik für Seele und Körper. Zum Beweis führt er nicht nur Platon, die geläufigen antiken Exempla und die „Sapientia Salomonis" an, sondern auch die eigene Erfahrung; sie habe ihm oft gezeigt, daß eine wohlabgewogene Musik den „Zusammenklang" der Seelenteile erhalte und wiederherstelle. Oft wende er sich deshalb nach seinen theologischen und medizinischen Studien dem Saitenspiel und dem Gesang zu, um nach dem Vorbild Davids und des Pythagoras „die Beschwernisse der Seele und des Körpers zu vertreiben und den Geist zu höheren Dingen und zu Gott zu erheben."[50]

Die Frage, „wie wir uns den himmlischen Dingen angleichen können", beschäftigte Ficino in besonderem Maße. Er verband damit aber zugleich auch die umgekehrte Frage, „wie der Himmel auf den Geist, den Körper und die Seele einwirkt".

„Da der Himmel nach harmonischer Proportion zusammengesetzt ist und sich bewegt und alles durch seine harmonischen Bewegungen und Klänge bewirkt, lassen sich allein durch die Harmonie nicht nur die Menschen, sondern alle niederen irdischen Dinge in verschiedenem Maße für das Ergreifen der himmlischen Dinge verwenden."

Ficino nahm für die „Harmonie", mit deren Hilfe man die höheren Dinge zu erfassen vermöge, sieben Stufen an. Zuerst „harmonisch" strukturierte Wahrnehmungen des Auges, dann „Medikamente, die nach einem ihnen angemessenen Zusammenklang abgestimmt sind",

---

[50] M. Ficino (Q 1576/b), S. 651. Zu Ficino und die Musik vgl. D. P. Walker (L 1953) und dens. (L 1958), S. 3–29.

danach Düfte, die mit ähnlicher Übereinstimmung hergestellt sind, an vierter Stelle musikalische Gesänge und Klänge (einschließlich ihnen entsprechender Körperbewegungen und Tänze), sodann Vorstellungen der Einbildungskraft und entsprechende Bewegungen, schließlich Überlegungen des Verstandes und zuletzt stille Betrachtungen des Geistes.[51] Aber obwohl Medizin und Musik beide der Vorbereitung und Hinführung des Geistes zu den himmlischen Dingen dienen konnten und sollten, zeigte ihre in der inneren „Harmonie" begründete Verwandtschaft doch gewisse Unterschiede, weshalb sie auch auf verschiedenen Stufen der Skala standen. Diesen Unterschieden geht Ficino an anderer Stelle nach; an der Erkenntnis des Gemeinsamen und des Trennenden in beiden Bereichen war ihm viel gelegen.

„Wie kundige Ärzte bestimmte Säfte in einem bestimmten Verhältnis mischen, durch welches mehrere verschiedene Materien zu einer neuen Gestalt zusammentreten . . ., so stimmen kundige Musiker ganz tiefe Stimmen als gleichsam kalte Materie, ganz hohe Stimmen als gleichsam warme Materie, mäßig tiefe Stimmen als gleichsam mäßig feuchte Materie und mäßig hohe Stimmen als gleichsam trockene Materie in einem solchen Verhältnis aufeinander ab, daß aus mehreren Bestandteilen *eine* Form wird . . . Aber damit niemand etwa leugne, daß aus einer hohen und einer tiefen Stimme eine dritte, gemeinsame Stimmgestalt entsteht, ist zu bedenken, daß tiefe mit hohen Stimmen vollkommener gemischt werden können, als dies bei Säften möglich ist. Erstens deshalb, weil Stimmen wegen ihrer Feinheit, ihrer ständigen Bewegung und ihrer überall gleichförmigen Beschaffenheit leichter und vollständiger verschmelzen als Säfte, die dick sind, ungeeignet für Bewegung und in ihren Eigenschaften sehr unterschiedlich. Zweitens, weil das natürliche Instrument der Stimme, das innerlich und der virtus vitalis, animalis und rationalis äußerst nahe und gehorsam ist, sich leichter und vollkommener der Musik fügt . . . als die äußerlichen Instrumente der Medizin. Auch wenn· die Harfe mit den Fingern gespielt wird, werden die Saiten dem Willen des Musikers treuer folgen als die Heilkräuter den Ärzten . . ."[52]

Bei AGRIPPA VON NETTESHEIM (1486–1535) erscheint die musica-humana-Idee in anderer Hinsicht weiter präzisiert und ausgebaut. Nach Agrippa enthält der Mensch als „minor mundus" von „voll-

---

[51] M. Ficino (Q 1576/a), S. 564.
[52] Ders. (Q 1576/c), S. 1455.

kommener Zusammensetzung und Harmonie" alle Zahlen, Maße, Gewichte, Bewegungen, Elemente usw. in sich. Agrippa versucht das zuerst an den äußeren Abmessungen des menschlichen Körpers darzustellen – ein Gedanke, mit dem sich auch die Künstler der Renaissance, voran Leonardo da Vinci und Dürer, auf den Spuren Vitruvs eingehend beschäftigten.[53] Agrippa geht dann aber noch einen Schritt weiter und drückt diese Proportionen des menschlichen Körpers direkt in musikalischen Intervallproportionen aus.[54] Für die innere Ordnung des Körpers, d. h. für die Mischung der Säfte, nimmt er ebenfalls feste Proportionen an; es sind in diesem Falle Gewichtsproportionen: Der gesunde Mensch sollte acht Gewichtsteile Blut, vier Gewichtsteile Schleim, zwei Gewichtsteile gelbe Galle und einen Gewichtsteil schwarze Galle enthalten. Die „harmonische" Zusammensetzung von Körper und Seele führt Agrippa zu der Überzeugung, daß die Musik sehr geeignet sei, um die Gesundheit des Körpers zu erhalten oder wiederherzustellen und sittliche Haltung einzuprägen.[55]

Nikolaus von Cues hatte bereits im 15. Jahrhundert die Bedeutung der Gewichte und der Experimente mit dem Messen von Gewichten erörtert. Indem er die musikalische Harmonie in diese Überlegungen einbezog, gelangte er zu dem allgemeinen Satz, daß sich alle „harmonischen Übereinstimmungen" durch die beteiligten Gewichte sehr genau erforschen ließen. Das Gewicht einer Sache sei die ihr zukommende „harmonische Proportion", die aus verschiedenen Verbindungen entstehe und aufgrund der harmonischen „Konkordanzen" und der entgegengesetzten „Dissonanzen" abgewogen werde. „So wird auch die Gesundheit und Krankheit des Menschen nach dem Grade der Harmonie gewogen."[56]

Außer Agrippa von Nettesheim nimmt auch Franchinus Gafurius einen neuen Gedanken in die musica-humana-Vorstellung auf.

[53] Vgl. dazu H. Rupprich in A. Dürer (Q 1966), S. 27 ff. und S. Braunfels (L 1973).

[54] H. C. Agrippa (Q 1533), S. 160–170. Die Musiktheoretiker scheinen diesen Gedanken erst später in die „musica humana" aufgenommen zu haben. Vgl. z. B. A. Kircher (Q 1650), Bd. 2, S. 404–407; A. Berardi (Q 1681), S. 106; ders. (Q 1689), S. 46; A. Steffani (Q 1695), S. 61 f.

[55] H. C. Agrippa (Q 1533), S. 169–171. Zu den medizinischen Auffassungen Agrippas vgl. jetzt W.-D. Müller-Jahncke (L 1973), zu seiner Musikanschauung K. G. Fellerer (L 1959/a).

[56] Nicolaus de Cusa (Q 1937), S. 137.

Er sieht musikalische Harmonie zuerst in der Vereinigung von Seele und Körper, im Pulsschlag, in der Mischung der Elemente des Körpers und im Zusammenspiel seiner Bewegungen, ferner im Zusammenhang von körperlicher und seelischer Bewegung. Darüber hinaus kommt Gafurius zu dem Schluß, daß auch der Geburtstermin mit Musik zu tun haben müsse, da die einzelnen Phasen der Schwangerschaft „nach musikalischen Proportionen" verliefen. Damit fügt er in die musica-humana-Idee eine Schwangerschaftstheorie ein, die wohl auf die Pythagoreer zurückgeht, von der antiken Medizin in verschiedener Form ausgebaut wurde und über das Mittelalter hinaus fortlebte. Danach sollte für die Dauer der Schwangerschaft sowie für die einzelnen Stadien der Bildung des Embryo und des Foetus jeweils eine bestimmte Zahl von Tagen maßgeblich sein.[57] Deren Proportionen setzte Gafurius nun mit den Proportionen der musikalischen Hauptintervalle gleich,[58] was in der Antike auch schon der Musiktheoretiker Aristeides Quintilianus getan hatte[59] (aber offenbar kein Musiktheoretiker des Mittelalters). Spätere Musiktheoretiker schlossen sich Gafurius an und verstanden diese Proportionen der Schwangerschaft ausdrücklich im Sinne der „musica humana".[60] Dagegen erkannte Gioseffo Zarlino zwar die wunderbare Harmonie der Natur an, die in diesen Proportionen des Wachstums lag, wollte sie aber nicht zur „musica humana" gerechnet wissen.[61]

Aber kehren wir noch einmal zu Gafurius zurück. Er führte Ficinos Ansatz, den Verlauf von Fiebern in die „musica humana" einzugliedern, weiter aus. In der Medizin spielen nach seiner Ansicht „zusammenstimmende" Zahlen, wie sie den musikalischen Hauptintervallen zugrundeliegen, eine beherrschende Rolle: Die zwei-, drei- und viertägigen Fieber, die keinerlei Todesgefahr mit sich bringen, entsprechen der Oktave, der Quint und der Quart; andere Fieber, die in sich keine solchen einfachen Zahlenverhältnisse enthalten, wie etwa die

---

[57] Vgl. hierzu P. Diepgen (L 1937), S. 160–164, A. Delatte (L 1930) und E. Lesky (L 1959), Sp. 1238–1240; zum Mittelalter vgl. z. B. K. Leonhardt (L 1917).

[58] Fr. Gafurius (Q 1492), lib. 1, cap. 3; Gafurius beruft sich dabei auf Censorinus (Q 1867).

[59] Aristeides Quintilianus (Q 1963), S. 117, 18–118, 18; vgl. die Übersetzung von R. Schäfke (Q 1937), S. 342 f.

[60] Zum Beispiel A. Kircher (Q 1650), Bd. 2, S. 409; A. Steffani (Q 1695), S. 47 ff. mit Hinweis auf Augustin (Q 1841), Sp. 39.

[61] G. Zarlino (Q 1589), S. 22.

Halbtertianfieber, sind dagegen zwar schwer und nicht ungefährlich, lassen aber Hoffnung auf Genesung; nur Krankheiten, die in ihrem Ablauf keinen inneren „Zusammenklang" haben, also ununterbrochen andauern und keine zahlenmäßige Periodik zeigen, sind sehr schwer und lebensgefährlich. Gafurius sah die musikalischen Proportionen außerdem auch insofern in der Medizin walten, als die Eigenschaften der Medikamente und ihre Wirkungen nur durch richtiges Abwägen und Messen zur Geltung kommen konnten[62] – ein Gedanke, den bereits die antike Medizin vorbereitet hatte. Caelius Aurelianus, der im 5. Jahrhundert das Werk des Soran von Ephesus (um 100 n. Chr.) über akute und chronische Krankheiten ins Lateinische übersetzte und bearbeitete, benannte Medikamente, die aus vier oder fünf gleich großen Bestandteilen zusammengesetzt sind, wohl nicht ohne Absicht mit den der griechischen Musiktheorie entnommenen Begriffen für die Quart (Diatessaron) und die Quint (Diapente).[63] Der Musiktheoretiker Aristeides Quintilianus schloß an seine Erörterung der musikalischen Proportionen im Puls die Bemerkung an, die Medizin habe die qualitativen Grundstoffe und Wirkungen der Heilmittel zu keiner Zeit anders als aufgrund richtiger Verhältnisse unter den Qualitäten hergestellt.[64] Aus diesem Gedanken entwickelte im 9. Jahrhundert AL-KINDI, zum Teil an Galen anknüpfend, eine komplizierte Theorie. In seiner Abhandlung „Über die Grade der Dinge", die im Mittelalter viel gelesen und in lateinischer Fassung noch im 16. Jahrhundert gedruckt wurde, legte al-Kindi der Mischung der Qualitäten in zusammengesetzten Heilmitteln die gesamte Lehre von den Proportionen zugrunde. Dabei spielte das Verhältnis der Verdopplung eine besondere Rolle, weil sich für al-Kindi die Intensitätsgrade der Qualitäten nach dieser Proportion unterschieden. Sie sei, wie er ausdrücklich bemerkte, auch nach Meinung eines Musikexperten besser und in Heilmitteln passender als alle anderen Proportionen.[65]

Von Gafurius bis zum Ende des 17. Jahrhunderts stellten auch Musiktheoretiker eine Beziehung zwischen der Zusammensetzung

---

[62] Fr. Gafurius (Q 1518), fol. 96 v.
[63] Caelius Aurelianus (Q 1950), S. 880, cap. 101.
[64] Siehe oben S. 87, Anm. 95.
[65] J. Alkindus (Q 1531), bes. S. 152; vgl. dazu A. Siggel (L 1953) und H. Schelenz (L 1904), S. 174 f.

von Heilmitteln und den Proportionen musikalischer Intervalle her,[66] so z. B. GIOSEFFO ZARLINO, der daraus und aus der Lehre von den musikalischen Pulsrhythmen den Schluß zog, daß der Arzt Kenntnisse in der Musiktheorie haben müsse.[67] Andere Zusammenhänge, die erst kurz zuvor der „musica humana" zugeordnet worden waren, wie z. B. die äußeren Abmessungen des Körpers, die Stadien der Schwangerschaft oder die Abläufe von Fieber wollte Zarlino dagegen nicht in den Komplex der „musica humana" aufnehmen. In seiner ausführlichen Darstellung der „musica humana" beschränkte er sich im wesentlichen auf die drei allgemeinen Aspekte der alten boethianischen Konzeption: auf den Körper, die Seele und die Verbindung beider. An erster Stelle nennt Zarlino die „musikalische" Ordnung des Körpers. Er erblickt sie in den Dingen, die wachsen, in den Körpersäften und in den menschlichen Betätigungen. Das Wachstum alles Lebendigen besteht in einer Zustandsänderung, die sich „nach einer bestimmten Harmonie" vollzieht. Aber obwohl man die Lebewesen und Pflanzen während ihres Wachsens täglich vor Augen hat,

> „kann man dennoch eine solche Änderung nicht sehen, wie man bei der Musik den Raum nicht hören kann, in welchem sich beim Gesang der Übergang von der hohen zur tiefen Stimme bewegt, sondern man kann ihn nur in Gedanken erfassen."[68]

Die „Harmonie" der Körpersäfte liegt für Zarlino in der „Stimmung" der vier Elemente; wird einer der Säfte durch schädliche Einflüsse gestört, so entsteht eine „Verstimmung", und als solche ist Krankheit zu verstehen. Die musikalische Ordnung im menschlichen Tun sieht Zarlino darin, daß der Mensch, geleitet von seinem Verstand, die Dinge, die er tut, „wie eine bestimmte Harmonie" zu einem vollkommenen Ende führt.[69] Ausführlich widmet sich Zarlino sodann der musikalischen Harmonie in der menschlichen Seele und legt im Anschluß an Ptolemaios dar, daß sich die verschiedenen Seelenteile zueinander verhalten wie die musikalischen Hauptintervalle.[70] Der dritte Bereich der „musica humana" schließlich, das Zusammenwir-

---

[66] Siehe oben S. 87, Anm. 93.
[67] Siehe oben S. 86 f.
[68] G. Zarlino (Q 1589), S. 21 f.
[69] Ebd. S. 22 f.
[70] Ebd.

ken von Körper und Seele, ist nach Zarlino das einigende Band, von dem alle „menschliche Harmonie" abhängt.[71] Da die Musik jedem Menschen in irgendeinem Grade mitgegeben ist und die Natur in einer Proportion und Abstimmung von der Art besteht, daß alles Ähnliche und Gleiche sich am Ähnlichen und Gleichen erfreut und danach verlangt, wie sich schon bei den kleinen Kindern zeigt,

„so könnte man sagen, daß derjenige nicht harmonisch zusammengesetzt ist, der nicht Gefallen an der Musik findet; deshalb . . . ist es zwangsläufig so, daß derjenige, der keinen Gefallen an der [musikalischen] Harmonie hat, diese in gewisser Weise nicht in sich hat."[72]

Daher hat die Natur für den geschwächten und kranken Körper die Heilmittel der Medizin, für den bedrängten und geschwächten Geist dagegen Klänge und Gesänge als „proportionierte" Heilmittel bestimmt.[73]

Vor allem in dieser allgemeinen Form, die auf eine unmittelbare therapeutische Anwendung der Musik hinlenkte oder diese doch überzeugend zu begründen vermochte, blieb die Idee der „musica humana" bei Ärzten und Musikern bis zur Mitte des 18. Jahrhunderts unbestritten gültig. 1714 verfaßte der Leipziger Medizinprofessor Michael Ernst Ettmüller (1673–1732) eine Dissertation über die Wirkung der Musik auf den Menschen. Darin heißt es:

„Wie sich das Gleiche am Gleichen erfreut, so strebt die harmonische Konstitution des Menschen zur Harmonie des Makrokosmos; besonders von klingenden Zahlen werden das Gehör und die Seele in wunderbarer Weise ergriffen und gestärkt."[74]

Der Musiker Christoph Raupach (1686–1744) äußert sich 1717 ähnlich:

---

[71] Ebd. S. 23.
[72] Ebd. S. 12. Ähnliche Überlegungen finden sich vom 16. bis zum 18. Jahrhundert öfters. So schreibt z. B. Leibniz in einer noch unveröffentlichten Aufzeichnung, man könne „aus dem, was die Menschen gern essen, trinken oder riechen und was sie in der Musik erfreut, Schlüsse auf ihre körperliche und seelische Konstitution ziehen." Vgl. G. Rath (L 1951), S. 746. Dieser Gedanke gehört zu dem weitläufigen Thema „Musik und Temperament", das hier nicht behandelt werden kann.
[73] G. Zarlino (Q 1589), S. 13.
[74] M. E. Ettmüller (Q 1714), S. 17 f.

„Wenn nun die Music nach dem Temperament eines Krancken klüglich eingerichtet und angebracht wird, kan sie sich sehr kräftig in Beförderung der Gesundheit erweisen; Worüber man sich so viel weniger wundern darff, weil die Kranckheiten nichts anders als eine Verstimmung des Menschlichen Leibes sind."[75]

Doch blieb die musica-humana-Vorstellung nicht nur in dieser traditionellen allgemeinsten Form lebendig. Vielmehr diente sie der mehr und mehr von Physik und Chemie geprägten Medizin im 17. und 18. Jahrhundert auch als Ausgangspunkt und Rechtfertigung für eine neue Richtung ihres Fragens und Forschens. In der Naturanschauung und Naturwissenschaft dieser Zeit bestand auf der einen Seite der pythagoreisch-platonische Glaube an die zahlhafte Ordnung des Makrokosmos und Mikrokosmos fort, auf der anderen Seite begnügte man sich aber nicht mehr damit, sie zu verkünden und zu deduzieren, sondern man versuchte, sie empirisch, d. h. messend, zählend, wiegend aufzudecken und nachzuweisen – meist in der teils mehr platonisch, teils mehr christlich motivierten Absicht, die geheimnisvolle Ordnung der Welt bzw. der göttlichen Schöpfung vor Augen zu führen.

Bis zum Ende des Mittelalters war die musica-humana-Idee auch dort, wo sie über ihre allgemeinste Formulierung hinaus spezieller gefaßt und ausgedeutet wurde, ein Denkmodell, das abstrakt und unanschaulich war und zahlenmäßig auch gar nicht näher konkretisiert wurde. Außerdem war es eigentümlich statisch; es bezog sich auf Zustände, nicht aber auf Vorgänge. Eine gewisse Ausnahme bildete nur der Puls. Doch war es bezeichnend, daß man lange Zeit seine „musikalische" Ordnung in der inneren Zeitproportion der *einzelnen* Pulsation sah, sich also auf den einzelnen Pulsschlag konzentrierte, während man die Abfolge der Pulsschläge, den zeitlichen Ablauf des Pulses erst seit der Mitte des 15. Jahrhunderts ins Auge zu fassen begann.[76] In dieser veränderten Sehweise drückt sich ein neu erwachendes Interesse an zeitlichen Abläufen in der Natur aus. Es äußert sich gegen Ende des 15. Jahrhunderts auch darin, daß Ficino und Gafurius die medizinischen Lehren von den kritischen Tagen und von den Stadien der Schwangerschaft in die musica-humana-Vorstellung

---

[75] Chr. Raupach (Q 1847), S. 137 f.
[76] Vgl. M. Savonarola, Nikolaus von Cues und Leonardo da Vinci (s. oben S. 33–35).

einbezogen.[77] Damit wurde die „musica humana" erstmals auf bestimmte periodische Vorgänge im Körper ausgedehnt, für die feste Zahlenverhältnisse gelten sollten. Die große Aufmerksamkeit, welche die Phänomene der Bewegung und des freien Falles in der Naturwissenschaft der frühen Neuzeit fanden, lenkte auch die Medizin mehr als bisher auf die Bewegungsvorgänge im menschlichen Organismus hin. Der Verfasser einer Pariser medizinischen Dissertation aus dem Jahre 1624, die der Wirkung der Musik bei Krankheiten galt, sieht den „stillschweigenden Zusammenklang der verschiedenartigen Dinge", den die Natur überall bewirke, zuerst im Lauf der Himmelskörper, dann auch im menschlichen Körper. Beweis dafür sind die Verbindung des Körpers mit der Seele, das „stille Zusammenspiel" der Säfte, Körperteile, Fähigkeiten und entgegengesetzten Funktionen sowie schließlich die „rhythmische Dauerbewegung", die im Gehirn zweifelhaft, in der Peristaltik jedoch sicher, in den Atmungsorganen offenkundig und nirgends sichtbarer sei als am Herzen und an den Arterien. Damit soll begründet werden, wie stark die musikalische Harmonie, praktisch am Krankenbett angewendet, auf den Geist und die Säfte des Körpers wirke – so stark nämlich, daß Musik „im ganzen Körper den rechten ‚Ton' aller seiner Funktionen" wiederherstellen könne.[78]

Ein halbes Jahrhundert später ordnet der Musiktheoretiker Angelo Berardi der „musica humana" eine weitere rhythmische Bewegung des Organismus zu, nämlich ein festes Zahlenverhältnis zwischen Puls und Atmung.[79] Mit dieser Proportion hatten sich erstmals Girolamo Cardano und Santorio Santorio befaßt.[80] Hier wird die Richtung deutlich, in der sich die Naturwissenschaft der Zeit bewegte. Der Hallische Medizinprofessor FRIEDRICH HOFFMANN (1660–1742) erklärte die Bewegungen, welche die „Maschine" unseres Körpers vollführe, geradezu zum Angelpunkt der Medizin. Der Arzt müsse die Eigenart und die Gesetze dieser Bewegungen gründlich kennen, da von ihnen alle Körperfunktionen, die Gesundheit und das rechte Verständnis der Krankheit abhingen.

---

[77] Siehe oben S. 103 und 106.
[78] Ph. Harduin de S. Jacques (Q 1624).
[79] A. Berardi (Q 1681), S. 106.
[80] Vgl. dazu W. F. Kümmel (L 1974), S. 12, Anm. 60.

„Dies ist das Anliegen der jüngeren Ärzte", schreibt Hoffmann 1729, „daß alles aus mechanischen Gründen abgeleitet werden muß, während man früher an den verschiedenen Qualitäten und Mischungen der Materie hängen blieb und die Bewegung ignorierte, die doch das Hauptprinzip der Mechanik ist." „Es ist nämlich nicht zu bezweifeln, daß alles in unserem Körper mechanisch, d. h. nach Bewegungen von einem bestimmten Maß und einer bestimmten Proportion abläuft... Mit aller Kraft und Sorgfalt müssen wir uns bemühen, die gottgegebene Mechanik in den beseelten und lebenden Körpern sowie die Gesetze der Bewegungen, die solche Veränderungen bewirken, zu erforschen und uns einzuprägen."[81]

Einen derartigen Versuch unternahm 1741 ein Schüler Hoffmanns, der spätere Duisburger Medizinprofessor JOHANN GOTTLOB LEIDENFROST (1715–1794), in seiner Dissertation „Über die Bewegungen des menschlichen Körpers, die nach harmonischer Proportion ablaufen, besonders bei den Krisen und den Fiebern":

„Der Tonus, die Bewegung, das Gleichgewicht, die Übereinstimmung, die Harmonie, die Ratio und die Proportion sind feste Prinzipien der Medizin, die von bedeutenden Männern immer für wichtig gehalten wurden. Aber die periodischen Veränderungen und feststehenden Zeitabschnitte des Lebens und der Krankheiten, die aus jenen Prinzipien notwendig folgen, sind früher höchstens beobachtet, nicht jedoch erklärt worden, was heute nur von einer rationalen Medizin zu erwarten ist. Auf deren Grundlage will ich einige Probleme erläutern, die den ‚Zusammenklang' des menschlichen Körpers betreffen, der hierin den Gesetzen musikalischer Melodien folgt."[82]

Leidenfrosts Untersuchung stützte sich auf zahlreiche Beispiele, die teils der herkömmlichen medizinischen Lehre, teils aber auch neueren Messungen und Beobachtungen entstammten, wobei die Fieber im Vordergrund standen und die alte Theorie von den kritischen Tagen eine große Rolle spielte. Es ist aber sehr bezeichnend, daß Leidenfrost von den zahlreichen Arten von „Harmonie" im menschlichen Körper nur diejenigen Abläufe im menschlichen Organismus ins Auge faßte, die „den Gesetzen der Melodie" und „harmonischer Proportion" gehorchten, d. h. die einfachen ganzzahligen Proportionen zu entsprechen schienen.[83] Leidenfrost steht hier noch ganz im Banne der

---

[81] Fr. Hoffmann (Q 1727–40), Bd. 2, 1729, S. 12 und 66.
[82] J. G. Leidenfrost (Q 1741), S. 3 f.
[83] Ebd. S. 6.

alten musica-humana-Idee, auch wenn sie sich bei ihm nur mehr auf den Körper bezieht. Zugleich zeigt seine Untersuchung, daß diese Vorstellung trotz der ihr eigenen Beschränkung auf ganzzahlige Proportionen auch für die Medizin des 17. und 18. Jahrhunderts, die messend, wiegend und zählend körperliche Bewegungen und Funktionsabläufe zu erforschen unternahm, noch überaus anregend sein konnte.

In der zweiten Hälfte des 18. Jahrhunderts endete die lange Tradition der „musica humana". Das zeigt ein Blick auf zwei maßgebliche Musiktheoretiker des 18. Jahrhunderts. Johann Mattheson erläutert 1739 noch die alte dreifache „musica", wie sie seit Boethius geläufig war, und faßt dabei die „musica humana" sogar ungewöhnlich weit:

> „Die zweite Art, nehmlich die Mensch-Music, bedeutete die Vereinigung menschlicher Seelen und Leiber; die Verhältnisse eines Gliedes mit dem andern; die Ordnung und Kreis-Kette aller Wissenschaften und Künste, aller Reiche, Städte, Staaten usw."[84]

Der 18 Jahre jüngere Jacob Adlung (1699–1762) geht zwei Jahrzehnte später über diese „Mensch-Music" bereits mit einem einzigen ablehnenden Satz hinweg.[85] Als 1782 ein aus dem Jahre 1617 stammendes Werk Robert Fludds, das die „musica humana" in eine höchst spekulative Naturphilosophie einbaute, in deutscher Übersetzung neu herausgegeben wurde, war dies nur noch für den Kreis der Rosenkreuzer, denen Fludd selbst angehört hatte, aktuell.[86] Freilich blieben, wenn auch abgeschwächt oder zur Metapher verblaßt, Grundzüge der musica-humana-Idee in der Gedankenwelt der Romantik und in der Medizin um 1800, besonders im Mesmerismus und in der Homöopathie, nicht nur lebendig, sondern erlebten sogar eine letzte Nachblüte. So sagt Novalis (1772–1801):

> „Jede Krankheit ist ein musikalisches Problem, die Heilung eine musikalische Auflösung. Je kürzer und dennoch vollständiger die Auflösung, desto

---

[84] J. Mattheson (Q 1739), S. 6, § 22. Dieselbe Definition findet sich auch schon bei Fr. Salinas (Q 1577/1592), S. 1. Die weitere und die engere Fassung des musica-humana-Begriffs zeigt auch der betreffende Artikel bei J. G. Walther (Q 1732), S. 433.

[85] J. Adlung (Q 1758), S. 26.

[86] R. Fludd (Q 1782), bes. S. 190 und 292 f.

113

größer das musikalische Talent des Arztes." „Sollten mehrere Heilmethoden jeder Krankheit möglich sein? Wie in der Musik mehrere Auflösungen einer Dissonanz?"[87]

Vertreter der von der romantischen Naturphilosophie geprägten Medizin griffen mit Vorliebe zu musikalischen Bildern und Begriffen. Gottlieb Ludwig Rau (1779–1840) sagt vom Arzt, daß er

„jedes individuelle Leben als ein Ganzes betrachten muß, welches in verschiedenen Richtungen tätig ist . . ., so wie es nötig ist, alle Saiten eines Instruments und alle Akkorde in den verschiedenen Tonarten zu prüfen, um die harmonische Stimmung desselben beurteilen zu können."[88]

„Einzig die krankhaft gestimmte Lebenskraft bringt die Krankheiten hervor", so formuliert SAMUEL HAHNEMANN (1755–1843) seine Lehre vom Wesen der Krankheit. Er spricht von der „krankhaften Verstimmung der innern Dynamis" und meint, der menschliche Körper lasse sich „in seinem Befinden durch Arzneien . . . wirksamer umstimmen . . ., als durch natürliche Krankheits-Reize."[89]

„Wenn ich Krankheit eine Stimmung oder *Verstimmung* des menschlichen Befindens nenne, so bin ich weit entfernt, dadurch einen hyperphysischen Aufschluß über die innere Natur der Krankheiten überhaupt, oder eines einzelnen Krankheitsfalles insbesondere geben zu wollen. Es soll mit diesem Ausdrucke nur angedeutet werden, was die Krankheiten erwiesenermaßen *nicht* sind, und *nicht* sein können, nicht mechanische oder chemische Veränderungen der materiellen Körpersubstanz und nicht von einem materiellen Krankheitsstoffe abhängig – sondern bloß geistartige, dynamische Verstimmung des Lebens."[90]

Mit dem Aufstieg der naturwissenschaftlich-experimentellen Medizin in der zweiten Hälfte des 19. Jahrhunderts traten solche vom alten Gedanken der musikalischen Harmonie bestimmten Anschauungen, Bilder und Begriffe endgültig in den Hintergrund. Aber in Randbezirken der Medizin und in Wendungen unserer Sprache (z. B. „Magenverstimmung") leben sie noch heute fort.

---

[87] Novalis (Q 1929), S. 347, Nr. 993 und 994.
[88] Zitiert nach W. Leibbrand (L 1956), S. 220. Weitere ähnliche Belege bei dems. (L 1937), S. 58, 107, 114, 127, 133, 148, 153 f.
[89] S. Hahnemann (Q 1955), S. 45, § 12 und S. 51, § 30.
[90] Ebd. S. 180, Anm. 63.

IV. Die Grundlagen der diätetisch-therapeutischen Funktion der Musik

1. Das Problem „Arzt des Körpers – Arzt der Seele"

„Wie die Formung der Seele den Moralphilosophen angeht, damit die Seele zu einer guten Haltung geführt werde, so ist es die Aufgabe des Arztes, die körperlichen Leiden zu beheben, damit der Körper des Menschen in angemessener Gesundheit erhalten werde."[1]

Mit diesem Satz gibt ARNALD VON VILLANOVA (um 1235–1311), einer der großen Ärzte des Mittelalters, in seiner Schrift über die Gesundheit eine Aufgabenteilung wieder, die schon antike Philosophen getroffen hatten und die seitdem in die literarische Tradition eingegangen war. Wenige Zeilen weiter sagt Arnald über dieselbe Frage aber auch folgendes:

„Weil seelische Regungen notwendigerweise den Körper verändern, ist es Aufgabe des Arztes, sie auszugleichen und zu beeinflussen. Wie nämlich schlechte Seelenzustände Folge eines schlechten Zustandes der Körpersäfte sind, so ist ein schlechter Säftezustand sehr oft eine Folge schlechter Seelenzustände."[2]

Das bedeutete nichts weniger, als daß der Arzt nicht nur für den Körper, sondern auch für die Seele zuständig sei, und in der Tat war die Medizin seit der Antike dieser Meinung. Im 16. Jahrhundert untersuchte Andreas Tiraquellus, ein französischer Gelehrter, in seinem Werk über den Adel das Verhältnis von Körper und Seele, bestimmte von da aus den Aufgabenbereich des Arztes und kam zu folgendem Ergebnis: Nicht nur diejenigen medizinischen Autoren,

---

[1] Arnald von Villanova (Q 1585/e), Sp. 702; vgl. auch Sp. 668 u. ö., dazu Isidor von Sevilla (Q 1911), lib. 4, cap. 13, 5.
[2] Arnald von Villanova (Q 1585/e), Sp. 702.

die er ausdrücklich zitierte, sondern auch „fast alle übrigen Ärzte"
teilten die an zweiter Stelle angeführte Auffassung Arnalds.[3] Daß die
Ärzte sich als Ärzte des Körpers *und* der Seele verstanden, weil beide
eng zusammenhingen, ist von grundlegender Bedeutung für unser
Thema.

Bereits in Schriften des Corpus Hippocraticum kündigt sich diese
Einsicht an.[4] Obwohl das medizinische Denken, das ihnen – etwa im
Begriff der „Physis" – zugrundeliegt, ausgeprägt materiell-somatisch
ist, wird doch der Mensch nicht als bloß körperliches Wesen aufgefaßt. Die geistig-seelische Komponente tritt zwar nur gelegentlich in
den Gesichtskreis, wird dann aber in engster, untrennbarer Verbindung mit dem Körper gesehen und selbst gleichsam somatisch verstanden. Die menschliche Seele, so heißt es in der Schrift „Über die
Lebensweise", „schlüpft . . . in den ganzen Menschen hinein."[5] Wie
der Körper ist sie aus Elementarbestandteilen zusammengesetzt
(„eine Mischung aus Feuer und Wasser").

> „Sie wächst aber nicht in allen in gleicher Weise, sondern in den jungen
> Körpern, wo der Umlauf schnell und der Körper zum Wachstum fähig ist,
> wird sie verbrannt und verdünnt und für das Wachstum des Körpers ver-
> braucht. In den älteren [Körpern], wo die Bewegung langsam und der
> Körper kalt ist, wird sie zur Minderung des Menschen verbraucht."[6]

Der Verfasser der Schrift über die Umwelt („Über die Lüfte,
Gewässer und Örtlichkeiten") führt die seelische Haltung und die
charakterliche Eigenart der Asiaten zum Teil auch auf das Klima ihres
Landes zurück,

> „das keine großen Schwankungen, weder zum Warmen noch zum Kal-
> ten hin, zeigt, sondern sehr gleichmäßig ist. Infolgedessen tritt keine Er-
> schütterung des Geistes oder starke Umstellung des Körpers ein, wodurch
> die Menschen natürlich in ihrem Temperament erregt werden und mehr
> Tollkühnheit und Mut haben, als wenn sie immer unter den gleichen Ver-

---

[3] A. Tiraquellus (Q 1549), fol. 136 v.
[4] Für das Folgende vgl. die aufschlußreichen Ausführungen von Fr. Kudlien
(L 1968).
[5] Hippokrates (Q 1839–61/g), Bd. 6, S. 496 L.; die Übersetzung nach Fr. Kudlien
(L 1968), S. 2, die mir hier treffender erscheint als die von H. Diller (Q 1962), S. 242.
[6] Hippokrates (Q 1839–61/g), Bd. 6, S. 496 L.; die Übersetzung nach H. Diller
(Q 1962), S. 242 f.

hältnissen leben. Denn der ständige Wechsel in allen äußeren Verhältnissen ist es, der den Geist des Menschen aufweckt und nicht zur Ruhe kommen läßt."[7]

Ebenso wie die äußere Natur, so rufen nach Meinung hippokratischer Ärzte auch materielle Veränderungen innerhalb des Körpers entsprechende geistig-seelische Veränderungen bis hin zum Krankhaften hervor. Das Gehirn, der Ursprungsort seelischen und geistigen Lebens, wird durch solche materielle Störungen des Körpers in seinen Qualitäten krank. So heißt es in der Schrift „Über die heilige Krankheit":

„In Raserei verfallen wir durch Feuchtigkeit; wenn das Gehirn nämlich feuchter als normal ist, so wird es notwendig bewegt, und wenn es bewegt wird, kann weder Gesicht noch Gehör in Ruhe bleiben, sondern man sieht und hört bald dies, bald jenes, und die Zunge spricht das aus, was man jeweils gerade sieht und hört. Solange aber das Gehirn in Ruhe ist, solange ist der Mensch auch bei Sinnen."[8]

Störungen des Gehirns kommen nach Auffassung des Verfassers durch Einwirkung der Galle, des Schleims oder des Blutes und durch eine damit verbundene übermäßige Erhitzung oder Abkühlung zustande, und je nachdem bietet die geistige Erkrankung ein anderes Bild.[9] Der Autor der Schrift „Über die Winde" meint, viele Anfälle und Geistesstörungen beruhten darauf, daß „die Veränderung des Blutes auch den Geist verändert".[10] Und in der Schrift „Über die alte Medizin" heißt es: Der Mensch, den in seinen Körpersäften „scharfe und giftige Säure befällt, wie leidet der unter Geistesverwirrung und Raserei und unter Bissen in den Eingeweiden und in der Brust!"[11]

Aber hippokratische Ärzte erkennen nicht nur, daß Störungen der körperlichen Ordnung geistig-seelische Störungen verursachen kön-

---

[7] Hippokrates (Q 1839–61/b), Bd. 2, S. 62 f. L.; die Übersetzung nach H. Diller (Q 1962), S. 119 f. Vgl. auch das Kapitel 24 der Schrift (S. 86–92 L.), in Dillers Übersetzung S. 126–128.

[8] Hippokrates (Q 1839–61/f), Bd. 6, S. 388 L.; die Übersetzung nach H. Diller (Q 1962), S. 146.

[9] Hippokrates (Q 1839–61/f), Bd. 6, S. 388 f. L.

[10] Hippokrates (Q 1839–61/e), Bd. 6, S. 112 L.; die Übersetzung nach H. Diller (Q 1962), S. 185.

[11] Hippokrates (Q 1839–61/a), Bd. 1, S. 618 L.; die Übersetzung nach H. Diller (Q 1962), S. 218.

nen. Vielmehr nehmen sie aufgrund des engen Zusammenhangs von Körper und Seele gelegentlich auch eine umgekehrte Wirkungsrichtung und sogar eine beiderseitige, sich gegenseitig steigernde Wechselwirkung als Krankheitsursache an. Wenn, so heißt es im sechsten Epidemien-Buch, mit dem Körper auch die Seele krank wird, dann ist es nun wieder die Seele, die „den Körper aufzehrt".[12] Oder ein seelischer Affekt zieht seinerseits körperliche Organe wie das Herz oder die Lunge in Mitleidenschaft und bringt so das Gleichgewicht der Grundqualitäten im Körper durcheinander.[13] Es ist also kein Zweifel: „Das Gebiet der Seele gehört mit zum Aufgabenbereich des Arztes; er hat sich um ihre Äußerungen und deren Zusammenhänge mit dem Körper zu kümmern."[14]

Dieser Auffassung hippokratischer Ärzte trat schon früh der Anspruch der Philosophie auf die Seele entgegen, für uns zuerst faßbar bei Demokrit (um 460 bis um 370 v. Chr.). Er beschränkte die ärztliche Zuständigkeit auf das Körperliche und forderte eine genaue Aufgabenteilung. „Die ärztliche Kunst heilt die Krankheiten des Körpers", sagt Demokrit, „die Philosophie dagegen befreit die Seele von ihren Leiden."[15] Obwohl mit dieser Aussage nicht von vornherein eine scharfe Trennung und eine Rangordnung gemeint sein mußte, bildeten sich doch im Laufe der Zeit, vor allem im Gefolge der weit verbreiteten stoischen Philosophie, eine unterschiedliche Bewertung von Körper und Seele und ein deutlicher Gegensatz zwischen ihnen heraus. Die Stoiker maßen den äußeren Gütern des Lebens, also auch dem Körper, nur geringen Wert bei. Die körperliche Gesundheit, deren hoher Rang sich im Altertum in der wichtigen Rolle der medizinischen Diätetik ausdrückte, erschien nun aus philosophischer Sicht nicht mehr als ein Gut, ihr Fehlen daher nicht als Übel. Die Seele konnte vom Körper weder Nutzen noch Schaden haben, denn in der „Verachtung aller äußeren Umstände, vor allem der körperlichen Bedürfnisse und Nöte, zugunsten der Freiheit und des Glücks der Seele" stellte man die Seele nicht nur weit über den Körper, sondern schied sie zugleich als etwas Ätherisch-Reines, Kosmisch-

---

[12] Hippokrates (Q 1839–61/c), Bd. 5, S. 314 L.
[13] Ebd. S. 316. Ganz ähnlich etwa auch Platon (Q 1900–07), Timaios 88 a.
[14] Hippokrates (Q 1839–61/d), Bd. 5, S. 488 f. L., zusammengefaßt von Fr. Kudlien (L 1968), S. 2.
[15] H. Diels (Q 1959), Bd. 2, S. 152, fr. 31.

118

Unsterbliches vom niedrigen Körper, an den sie ein Leben lang gefesselt war.[16]

War körperliche Gesundheit kein erstrebenswertes Gut mehr, so brauchte man körperliche Schmerzen und Krankheiten auch nicht zu meiden. Der Körper galt als etwas Minderwertiges, für dessen Krankheiten der Arzt zuständig war, falls man auf ihn nicht ganz verzichtete, auf der anderen Seite stand die an ihn vorübergehend gebundene, in ihrem Wesen aber ganz verschiedene, ungleich wertvollere Seele, auf die sich der „psychiatrische" oder besser „psychotherapeutische" Anspruch des (stoischen) Philosophen richtete. Dieser ausgeprägte Dualismus kam nicht nur in der einflußreichen stoischen Popularphilosophie zur Geltung, sondern auch bei Ärzten, die zur „pneumatischen" Schule gehörten.

Damit waren Gedanken vorbereitet, die dem frühen Christentum verwandt erscheinen mußten, das in der Erwartung des nahen Weltendes lebte, dem Jenseits zugewandt war, das Heil der Seele über alles stellte – nun in einem neuen, christlichen Verständnis – und das Irdische, Materielle, Körperliche geringschätzte. Tatsächlich werden in Texten des frühen Christentums der Körper und der allein für *ihn* zuständige „profane" Arzt in derselben Weise abgewertet wie bei stoischen Autoren.[17] Der Kirchenvater Tertullian (um 160 bis nach 220) ging in seiner scharfen Polemik gegen die Medizin sogar noch weiter und verwarf grundsätzlich die Tätigkeit des Arztes wie den Gebrauch von Medikamenten.[18] Weder der von den Christen heftig bekämpfte Asklepios noch der „profane" Arzt, der sich um die Erhaltung des sündigen, vergänglichen Körpers bemühte, sondern allein Christus konnte der wahre „Heilende" sein – er, der zwar selbst Kranke geheilt hatte, aber doch Kranke, denen ihr Glaube zur Heilung verholfen hatte und die ohne die üblichen Hilfsmittel der Medizin gesund wurden. Sollte sich der Kranke noch einem Arzt anvertrauen, um den hinfälligen, irdischen Gütern hingegebenen Körper, das bloße Gefäß der Seele, am Leben zu erhalten, anstatt mit Zuversicht und Sehnsucht den Tod zu erwarten, der die Seele aus ihrer irdischen Verstrickung erlöste?

Zweifellos brachten solche Gedanken die Medizin in eine kritische

---

[16] Fr. Kudlien (L 1968), S. 4 f.
[17] Ebd. S. 9.
[18] Ebd. S. 11 und P. Lain Entralgo (L 1950), S. 115.

Lage[19] – weniger vielleicht in der alltäglichen Praxis als in ihrem Selbstverständis. Kaum weniger schwerwiegend als die grundsätzliche Ablehnung des Arztes dürfte für die Medizin die ihr zugemutete Beschränkung auf den Bereich des Körpers gewesen sein; sie war für antikes medizinisches Denken unanehmbar. Auf dem Hintergrund dieser geistigen Situation müssen wir die pointierten Stellungnahmen GALENS zum Körper-Seele-Problem und zum Aufgabengebiet des Arztes sehen.

Galen war Eklektiker, aber ein Eklektiker mit der Fähigkeit zu systematisieren. Er schuf aus den bisherigen medizinischen und philosophischen Hauptrichtungen der Antike eine umfassende Synthese. Dabei nahm er die hippokratische Humorallehre als Grundlage, erweiterte und ergänzte sie jedoch in verschiedener Hinsicht.[20] In seinem Verständnis von Krankheit folgte Galen aber ganz dem „krassen Naturalismus" der Hippokratiker.[21] Daß er in der Frage der Körper–Seele–Beziehung die hippokratische Auffassung sogar in auffälliger Weise zuspitzte, dürfte mit jener Kritik und Beschränkung zusammenhängen, der sich die Medizin von philosophischer und von christlicher Seite ausgesetzt sah.[22]

Galen konnte als Hippokratiker den Vorrang einer eigenwertigen, selbständigen Seele vor dem minderwertigen Körper nicht anerkennen. Er erklärte im Gegenteil, es sei für den Arzt überflüssig, sich über die Frage einer eigenen Substanz der Seele Gedanken zu machen; es genüge zu wissen, daß es bei allen seelischen Regungen und Zuständen nur auf die jeweilige „Mischung" des Körpers oder eines bestimmten Organs ankomme, also auf das Verhältnis der Körpersäfte und Elementarqualitäten (kalt, warm, trocken, feucht).[23] Dem Nachweis, „daß die Kräfte der Seele eine Folge der Mischungen des Körpers sind", widmete Galen sogar eine eigene Abhandlung – wobei er allerdings im Prinzip nicht über die hippokratische bzw. peripatetische Lehre hinausging[24] –, und er zog aus dieser These „den lapidaren und von ihm sehr energisch vorgetragenen Schluß, daß die von sol-

---

[19] Fr. Kudlien (L 1968), S. 11.
[20] Vgl. die zusammenfassende Würdigung bei Ch. Lichtenthaeler (L 1974), Bd. 1, S. 195–214.
[21] P. Lain Entralgo (L 1950), S. 81.
[22] Fr. Kudlien (L 1968), S. 13.
[23] Ebd. S. 12.
[24] Vgl. H. Flashar (L 1966), S. 108.

chen körperlichen Mischungen unbedingt abhängige Seele also auch (wie der Körper selber) auf diätetischem Wege beeinflußt werden könne."[25]

Galens These ist nicht so zu verstehen, als ob immer nur der Zustand der Seele vom Zustand des Körpers abhänge. Vielmehr erschien ihm, wie es schon in hippokratischen Schriften angedeutet war,[26] die Beziehung zwischen Körper und Seele durchaus wechselseitig. Wie für den Körper, so galt auch für die Seele, daß ihre Verfassung „durch dieselben Einflüsse aufrechterhalten wird, durch die sie auch gestört wird"[27] – entscheidend war also das rechte Maß. Einflüsse auf die Seele konnten dabei auch von materiell-körperlicher Art sein, z. B. Fehler beim Essen und Trinken oder bei der körperlichen Betätigung. Umgekehrt konnten von der Seele auch Wirkungen auf den Körper ausgehen. So waren nach Galen zu heftige Affekte wie Zorn und Weinen, Leidenschaft, Trauer, grundlose Sorgen und daraus entstehende anhaltende Schlaflosigkeit imstande, Fieber zu erregen und viele, vor allem hitzige Krankheiten hervorzurufen. Aber auch zu schwache Seelenregungen, z. B. Mutlosigkeit, Bedrücktheit, Passivität usw. konnten Blässe und Auszehrung verursachen, die „angeborene Wärme" des Körpers schwächen, Leber und Eingeweide verstopfen, Krampfanfälle, plötzliche Ohnmacht, katarrhalische und rheumatische Leiden auslösen. Stets kam es in erster Linie darauf an, ein Übermaß, in welcher Richtung auch immer, zu vermeiden und das rechte Maß, das in der Mitte lag, zu bewahren. Am wichtigsten für die Gesundheit war nach Galen, „die angeborene Wärme innerhalb der Grenzen der Gesundheit zu erhalten". „Sie wird bewahrt durch maßvolle Tätigkeit nicht nur des Körpers, sondern auch der Seele."[28] Wer sich um den Schutz der Gesundheit bemühe, müsse sich über diese Zusammenhänge im klaren sein; „er darf nicht glauben, daß es allein Aufgabe des Philosophen sei, den Zustand der Seele zu beeinflussen".[29] Galen fügt hinzu, er selbst habe

---

[25] Fr. Kudlien (L 1968), S. 12. – Z. B. sagt im frühen 4. Jahrhundert n. Chr. auch Jamblichos in seiner Schrift über Pythagoras und dessen Anhänger (Q 1963, S. 203–205, § 207), es sei „kein Wunder, daß das Menschengeschlecht in seinen Seelenregungen zur Raserei in den verschiedensten Formen neigt. Denn alles, was man zu sich genommen hat, verursacht jeweils eine ganz bestimmte Seelenverfassung."
[26] Siehe oben S. 116–118.
[27] Galen (Q 1821–33/e), Bd. 6, S. 40 K.
[28] Ebd. S. 40 f.
[29] Ebd. S. 40.

„nicht wenige Menschen, die wegen ihres Seelenzustandes jahrelang krank waren, allein dadurch geheilt, daß ich ihre heftigen Seelenbewegungen auf das rechte Maß zurückführte."[30]

Diese Stelle zitierten Ärzte später häufig, um den therapeutischen Nutzen der Musik zu begründen – um so mehr, als Galen sich im folgenden Satz auf Asklepios berief: Der Gott habe die Kranken, die bei ihm Heilung suchten, viele Lieder, lustige Possen und bestimmte Melodien aufschreiben lassen, welche die Seelenregungen steigern und die Mischung der Körpersäfte „wärmer" machen könnten.[31] Galen kannte also die Bedeutung psychischer Therapie – bei seelischen wie auch bei körperlichen Leiden –, wenngleich er damit keine völlig neuen Wege beschritt, sondern im wesentlichen Gedanken hippokratischer Ärzte, Platons und des Aristoteles aufgriff.[32] Doch dachte Galen so sehr humoralmedizinisch-materialistisch, daß psychische Therapie bei ihm letzten Endes nur eine geringe Rolle spielen konnte. Das wird besonders deutlich im Vergleich mit den beiden vor ihm in Rom tätigen Ärzten Asklepiades von Bithynien (124 bis um 60 v. Chr.) und Soran von Ephesus (um 100 n. Chr.). Beide lehnten die hippokratische Humorallehre ab und empfahlen zur Behandlung Geisteskranker neben Diät und physikalischer Therapie auch eine vielfältige psychische Beschäftigungs-, Ablenkungs- und Ermunterungstherapie.[33] Auch der römische Schriftsteller Celsus spricht im ersten nachchristlichen Jahrhundert davon, daß Musikstücke, das Getön von Becken und Lärm nützlich seien, um Geisteskranke von ihren traurigen Grübeleien abzubringen.[34] Er sagt ferner, man solle bei Gelbsuchtkranken für ein gepflegtes Bett und Zimmer, für Spiel, Scherz und fröhliche Stimmung sorgen, damit der Geist der Patienten dadurch aufgeheitert werde.[35] Demgegenüber begnügt sich Galen im Falle der Melancholie, die später, vom Mittelalter an, eine selbstver-

---

[30] Ebd. S. 41.
[31] Ebd.
[32] Zur „Psychotherapie" in der Antike – der Begriff ist hierbei mit Vorsicht zu verwenden – vgl. R. Pfaffenberg (L 1930) und P. Lain Entralgo (L 1958 und L 1970). Daß eine rein verbale „Psychotherapie" bei Galen gar nicht möglich ist, zeigt neuestens L. Garcia Ballester (L 1974).
[33] Vgl. H. Flashar (L 1966), S. 74 f. und 83.
[34] Celsus (Q 1915), S. 124 (lib. 3, cap. 18, 10). Vgl. unten S. 290.
[35] Ebd. S. 141 (lib. 3, cap. 14, 5).

ständliche Indikation für psychische Therapie war,[36] ganz mit Diätvorschriften, Bädern, Aderlässen usw.[37]

Diese Einschränkung ändert aber nichts daran, daß Galen grundsätzlich von dem engen Zusammenhang zwischen Körper und Seele fest überzeugt war. Er kannte, so läßt sich resümieren, keine Rangordnung und Verschiedenwertigkeit von Körper und Seele. Von seinem konsequent somatischen, „physiologischen" Denken aus konnte er das Verhältnis von Körper und Seele nur als eine direkte, sehr enge Wechselwirkung, als eine unlösbare Vereinigung verstehen, wobei beide letztlich nur zwei Seiten derselben Sache, d. h. zwei verschiedene Ausprägungen und Erscheinungsformen der inneren Einheit der menschlichen „Natur" (Physis) waren. Daraus ergab sich zwangsläufig die Folgerung, daß der Arzt Körper und Seele gleichermaßen berücksichtigen mußte.

Für unsere Frage ist es von entscheidender geschichtlicher Bedeutung, daß Galen nicht nur „der Lehrmeister des gesamten antiken und auch noch des mittelalterlichen Christentums" war,[38] sondern auch eine Leitfigur der arabischen Wissenschaft, der eine wichtige Vermittlerrolle für die abendländische Medizin zukam. Der beherrschende Einfluß, den die galenische Medizin im lateinischen Mittelalter und weit darüber hinaus hatte, war jedoch nur möglich, weil es auf die Dauer nicht bei der frühchristlichen Ablehnung der antiken Medizin als einer bloßen weltlich-heidnischen Körper-Fürsorge blieb. Vielmehr fand das Christentum im ausgehenden Altertum ein zunehmendes Verständnis für die Tätigkeit des Arztes, das schließlich die Oberhand gewann. Man lernte die „heidnische" Medizin schätzen, denn aller Weltverachtung zum Trotz mußten die Christen ihr irdisches Leben „im Körper" führen und konnten die Gebote christlichen Lebens nur erfüllen, wenn nicht Krankheit sie daran hinderte – obgleich Krankheit auch weiterhin aus theologischer Sicht nicht als bloßes Übel erschien, da sie als göttliche Strafe, als Prüfung, Bewährung oder sogar als Zeichen besonderer Erwählung galt. Indem das Christentum die heidnisch-antike Medizin schrittweise anerkannte und übernahm, schuf es die wichtigste Voraussetzung für Kontinuität

---

[36] Siehe unten S. 291–294.
[37] H. Flashar (L 1966), S. 107.
[38] P. Lain Entralgo (L 1950), S. 85.

in der Medizin vom Altertum zum Mittelalter. Fridolf Kudlien hat diesen Prozeß folgendermaßen beschrieben:

„Zunächst begann eine Wiederaufwertung des Körpers ganz allgemein mit dem Gedanken, daß auch der Körper (ungeachtet seines möglicherweise niedrigeren Wertes) eine Schöpfung Gottes und daher also nicht an sich verabscheuenswert sei. Insbesondere habe der Körper des Menschen als ein Seelengefäß oder -kleid zu dienen und besitze daher durchaus seine funktionelle Berechtigung und Notwendigkeit. Damit war erst einmal grundsätzlich der Weg auch für die Rehabilitierung der ‚Körper-Medizin‘ gewiesen; diese hatte demnach, als Bewahrerin und Betreuerin des ‚Seelen-Kleides‘, immerhin eine (wenn auch der ‚Seelen-Medizin‘ nachgeordnete) gottgewollte und daher schätzenswerte Aufgabe."[39]

Das wichtigste, letztlich entscheidende Motiv dafür, daß das Christentum die heidnisch-antike Medizin schließlich ganz akzeptierte, lag jedoch in dem christlichen Gebot, dem Nächsten zu dienen und zu helfen, besonders, wenn er arm, krank und schwach war.

„Eines allerdings muß betont werden: es gab auch in der hellenistischen und heidnischen Welt schon eine Form der Barmherzigkeit. ‚Denn wo Liebe zum Menschen . . . ist, da ist auch Liebe zur ärztlichen Kunst‘, heißt es in den pseudo-hippokratischen ‚Vorschriften‘. Und auch aus anderen hellenistischen Schriften geht hervor, daß sich mancher heidnische Arzt den Forderungen der Humanitas und Misericordia gebeugt hat. Sogar die Apostelgeschichte spricht von der ‚Menschlichkeit‘ der Heiden! (28,2) Die *christliche* Barmherzigkeit indessen unterscheidet sich dennoch von der griechisch-römischen, einmal durch ihre irrational-religiöse Quelle – sie wurzelt im Glauben –, vor allem aber durch die *Wucht*, mit der sie auftritt. Es sind Christen, die sich erstmals der Aussätzigen annehmen und sie versorgen und pflegen!"[40]

Nächstenliebe und Barmherzigkeit rechtfertigten die heidnisch-weltliche Heilkunde, auch dann, wenn sie „nur" Medizin des Körpers war; denn von nun an war die „ars medica" zugleich „ars caritativa".[41] So wurde

„in jener Zeit des ausgehenden Altertums die Medizin für das Christentum trotz des Körper-Seele-Dualismus schließlich doch nicht bloß zu einer

---

[39] Fr. Kudlien (L 1968), S. 14.
[40] Ch. Lichtenthaeler (L 1974), Bd. 1, S. 237 f.
[41] P. Laín Entralgo (L 1950), S. 121.

wenigstens vernünftigerweise geduldeten Techne, sondern sogar zu einer höchstrangigen Wissenschaft."[42]

Eine gewisse Rangordnung blieb allerdings bestehen. Gregor von Nazianz unterschied im 4. Jahrhundert ausdrücklich zwischen „Ärzten der Seele" und „Ärzten des Körpers" und wies den Seelenärzten einen höheren Rang zu, weil ihre Aufgabe schwieriger und wertvoller sei. Dennoch seien die Ärzte des Körpers sehr zu schätzen, weil sie eine in hohem Maße mitmenschlich-aufopfernde Tätigkeit ausübten.[43] Daher, so argumentiert Basilius der Große im 4. Jahrhundert,

„soll man die Heilkunst weder fliehen noch auf sie alle Hoffnung setzen. Wie wir den Feldbau gebrauchen, von Gott aber die Früchte erbitten, und wie wir dem Steuermann das Ruder anvertrauen, zu Gott aber flehen, daß wir heil aus dem Meer gelangen, ebenso sollen wir einen Arzt beiziehen, wenn es vernünftige Überlegung gestattet, dabei aber unsere Hoffnung auf Gott nicht aufgeben."[44]

Aus ähnlichen Beweggründen nannte später Isidor von Sevilla die Medizin eine „zweite Philosophie":

„Beide Disziplinen nehmen nämlich den ganzen Menschen für sich in Anspruch. Denn wie durch die Philosophie die Seele, so wird durch die Medizin der Körper geheilt."[45]

Natürlich war hier die von antiken Philosophen festgelegte, aber von den Ärzten nie akzeptierte Aufgabenteilung dahin abgewandelt, daß mit der Philosophie stillschweigend auch die christliche Philosophie und Theologie gemeint war. Eines stand am Übergang vom Altertum zum Mittelalter auf jeden Fall fest:

„Die Körper-Medizin trug nun ihre Rechtfertigung vor Gott in sich; und wenn sie zumal von einem Christen ausgeübt wurde, dann konnte sie letzten Endes sogar über sich selbst, und das heißt bis in den Bereich der Seelen-Medizin, hinauswachsen."[46]

---

[42] Fr. Kudlien (L 1968), S. 15.
[43] Ebd. S. 14.
[44] Zitiert bei H. Schipperges (L 1962/b), S. 99.
[45] Isidor von Sevilla (Q 1911), lib. 4, cap. 13, 5.
[46] Fr. Kudlien (L 1968), S. 15. Für das Mittelalter vgl. H. Schipperges (L 1962/b), S. 138, 145 u. ö.

Das wird bei vielen Ärzten des Mittelalters und der Neuzeit deutlich. Sie konnten aber nicht nur deshalb auch Seelenärzte sein, weil sie Christen waren, sondern sie mußten es sein, weil sie auf dem Boden der hippokratisch-galenischen Medizin standen. Denn trotz aller Polemik gegen die heidnische Medizin war „die allgemeine Tendenz des frühen Christentums . . . die vollständige Übernahme der griechischen Heilkunde", „und zwar in ihrer seit dem Ende des 2. Jahrhunderts als ‚galenisch' zu bezeichnenden Form".[47] Das gilt ebenso für den arabischen Kulturbereich und mußte auch in der medizinischen Auffassung von Körper und Seele und in der dementsprechend verstandenen Kompetenz des Arztes zum Ausdruck kommen. Mit anderen Worten: Der Arzt der nachantiken Zeit konnte sich noch weniger als je zuvor auf den Bereich des Körpers beschränken oder beschränken lassen, er mußte vielmehr Arzt des Körpers und der Seele zugleich sein.

Vergegenwärtigen wir uns diese Überzeugung, die im Laufe der Jahrhunderte vielfach erörtert und immer wieder bestätigt wurde, an einigen ausgewählten Texten. In einer Einführung in die Wissenschaften, die von al-Farabi (um 870–950) stammen soll und später im lateinischen Westen weit verbreitet war, heißt es:

„Der Körper ist krank, wenn die Seele geschwächt ist, und er ist beeinträchtigt, wenn sie beeinträchtigt ist. Daher geschieht die Heilung des Körpers durch die Heilung der Seele, indem ihre Kräfte wiederhergestellt und ihre Substanz in die rechte Ordnung gebracht wird mit Hilfe von Klängen, die dies bewirken können und die dafür geeignet sind."[48]

„Die Seele", so drückt Robert Grosseteste denselben Gedanken einprägsam aus, „folgt dem Körper in seinen Leiden, und der Körper folgt der Seele in ihren Tätigkeiten."[49] Luiz de Mercado (1520–1606), Leibarzt Philipps II. und Philipps III. von Spanien, beurteilt die enge Wechselwirkung zwischen Körper und Seele genauso. Allerdings trifft er eine wichtige Abgrenzung. Er unterscheidet zwischen seelischen Störungen, die sich aus einer körperlichen Krank-

---

[47] P. Lain Entralgo (L 1950), S. 115.
[48] Alfarabi (Q 1916), S. 19. Diesen Satz zitiert im lateinischen Westen z. B. schon Dominicus Gundissalinus (Q 1903), S. 102.
[49] Robert Grosseteste (Q 1912), S. 5. Diese Formel zitiert z. B. noch Rodericus a Castro (Q 1662/b), S. 272.

heit ergeben, und solchen, die zuerst da sind und ihrerseits körperliche Krankheiten auslösen. Während ihm im zweiten Fall unter den vorgeschlagenen Maßnahmen auch Musik und Gesang durchaus erfolgversprechend zu sein scheinen, glaubt er im ersten Fall nur an eine begrenzte Wirkung, solange die Ursache der seelischen Störung, die körperliche Krankheit, nicht zurückgedrängt ist.[50] Umgekehrt könne man, wie Giorgio Baglivi an der Wende vom 17. zum 18. Jahrhundert in seinem Werk über die medizinische Praxis hervorhebt, manche körperliche Erkrankung überhaupt erst dann heilen, wenn zuvor die geistig-seelische Verfassung, die eine wichtige Rolle bei der Entstehung und Verstärkung körperlicher Leiden spiele, in das rechte Gleichgewicht zurückgebracht worden sei.[51] Die doppelte Aufgabe, die sich aus dem engen Zusammenhang zwischen Körper und Seele für den Arzt ergab, erläutert 1518 Erasmus von Rotterdam in seinem „Lob der Heilkunst":

„Nicht nur für den Körper, der der wertlosere Teil des Menschen ist, trägt der Arzt Sorge, er sorgt sogar für den ganzen Menschen, wenn auch (in dieser Hinsicht) der Geistliche mit der Seele, der Arzt mit dem Körper anfangen wird. Denn wie wegen der wechselseitigen Verbindung und Verknüpfung beider Teile die Gebrechen der Seele sich in den Körper ergießen, so hemmen andererseits die Krankheiten des Körpers die Lebenskraft der Seele oder vernichten sie gar völlig ... Wer wird dem Kranken eindrücklicher [als der Arzt] raten, er solle, wenn er am Leben bleiben und die heilsame Hilfe des Arztes erproben möchte, zuvor seine Seele von dem Unrat ihrer Laster säubern? Sooft ferner der Arzt, sei es durch diätetische Maßregeln, sei es mit Hilfe von Heilmitteln die schwarze Galle verringert, die schon erschlaffenden Kräfte des Herzens neu belebt, die Arbeit des Gehirns stützt, die die Geisteshaltung beeinflussenden Organe reinigt, den Verstand in Ordnung bringt, den Sitz des Gedächtnisses wieder instandsetzt und so die ganze Verfassung der Seele zum Besseren wendet – rettet er da nicht über den sogenannten äußeren Menschen auch den inneren? Der Geistliche bewirkt, daß die Menschen von ihren Lastern los- und wieder zur Besinnung kommen, der Arzt aber bewirkt, daß es überhaupt einen gibt, der wieder zur Besinnung kommen kann."[52]

Auf dem Boden der naturwissenschaftlichen Entdeckungen des 16. und 17. Jahrhunderts sowie eigener Forschungen vornehmlich auf

---

[50] L. de Mercado (Q 1620–29/a), Bd. 1, S. 578 f.
[51] G. Baglivi (Q 1734/a), S. 152–155.
[52] D. Erasmus (Q 1518/1960), S. 8 f.; die Übersetzung von E. Bornemann (ebd.).

dem Gebiete der Physik unternahm René Descartes (1596–1650) den Versuch, physiologische Vorgänge im menschlichen Körper ganz nach mechanischen Gesetzen zu erklären. Damit war die traditionelle „unio mentis et corporis" aufgegeben. Nach Descartes ist die Seele (res cogitans) eine vom Körper (res extensa) verschiedene Substanz, die ihren Hauptsitz zwar im Gehirn, d. h. in der Zirbeldrüse, hat, die aber die Bewegungen des Körpers (die willkürlichen ausgenommen) ebensowenig auslöst, wie es „in einer Uhr eine Seele gibt, welche die Stunden anzeigt."[53] Die konsequente Anwendung der Mechanik auf körperliche Funktionen und die strikte Trennung von Körper und Seele boten „die Chance einer streng rationellen medizinischen Therapie im Sinne einer Reparatur mechanischer Automaten"[54] oder, wie Descartes selbst in seiner „Beschreibung des menschlichen Körpers" (1648) es formulierte:

„Ich glaube, daß man in ihr [in der Medizin] viele zuverlässige Maßnahmen hätte finden können, teils um die Krankheiten zu heilen, teils um ihnen vorzubeugen und selbst auch, um das Nahen des Alters aufzuhalten, wenn man sich genügend Mühe geben würde, die Natur unseres Körpers kennenzulernen, und wenn man der Seele nicht die Funktionen zugeschrieben hätte, die nur von ihm (dem Körper) und von der Verfassung seiner Organe abhängen."[55]

Die Frage, in welcher Weise die Seele den Körper und der Körper die Seele jeweils auf dem Wege über die Zirbeldrüse und die spiritus animales beeinflussen könne, blieb in Descartes' Philosophie letztlich offen. Für den Verstand war diese Wechselbeziehung ein Rätsel, die Erfahrung aber lehrte sie immer wieder. Diese Erfahrung, in stärkerem Maße aber noch die Hoffnung, die Descartes an eine nicht spekulative, sondern empirisch-experimentell verfahrende Wissenschaft vom menschlichen Körper knüpfte, geht aus folgenden Sätzen seiner Abhandlung „Von der Methode des richtigen Vernunftgebrauchs und der wissenschaftlichen Forschung" (1637) hervor:

„. . . sogar der Geist hängt so sehr vom ‚Temperament' [d. h. von der Mischung und vom Zustand der Körpersäfte] sowie von der Anlage der

---

[53] R. Descartes (Q 1969), S. 141.
[54] R. Specht (L 1966), S. 7 f.
[55] R. Descartes (Q 1969), S. 139.

Körperorgane ab, daß ich, falls sich ein Mittel finden ließe, das die Menschen ganz allgemein weiser und geschickter machte, als sie bisher gewesen sind, der Meinung bin, daß man dieses Mittel in der Medizin suchen muß."[56]

Die hochgespannten Erwartungen, die Descartes, seine Schüler und Nachfolger in das mathematisch-mechanische Denken setzten, riefen seit dem Ende des 17. Jahrhunderts Gegenbewegungen hervor – vitalistische Theorien, die der traditionellen Auffassung von der Körper-Seele-Einheit, wenn nicht sogar von einem Primat der Seele verhaftet waren. Als erster entwarf GEORG ERNST STAHL ein konsequent antimechanistisches System der Physiologie. Der Titel seiner Abhandlung von 1695 „Über den mannigfaltigen Einfluß von Gemütsbewegungen auf den menschlichen Körper"[57] war Programm: Für Stahl ist es die Seele, die allein den Körper belebt und erhält, ihr sind die Organe und Teile des Körpers unterstellt. „Hier verbindet sich ein betonter Anticartesianismus mit aristotelischer Tradition und der Physiatrie der Hippokratiker zu einer neuen Legierung, die man als Psychovitalismus bezeichnen kann."[58]

Stahls Konzeption erfuhr gleichermaßen Zustimmung wie Ablehnung. Von der Körper-Seele-Einheit und der Wechselbeziehung zwischen beiden waren allerdings die meisten Ärzte des 18. Jahrhunderts überzeugt – gleich, ob sie die überlieferte Auffassung oder eine spezieller vitalistisch-animistische Theorie vertraten. Als ein typisches Beispiel kann der Boerhaave-Schüler und Leidener Professor HIERONYMUS DAVID GAUB (1705–1780) gelten. Er hielt 1749 und 1763 zwei Reden über das Thema, daß der Arzt den Einfluß der Seele auf den Körper berücksichtigen müsse und es daher seine Aufgabe sei, auch die Seele in das ärztliche Handeln mit einzubeziehen.[59] Gaub nahm, der medizinischen Tradition entsprechend, zwei Wirkungsrichtungen zwischen Körper und Seele an. Einerseits konnte aus einer körperli-

---

[56] R. Descartes (Q 1960), S. 100–102; der Übersetzung von L. Gäbe bin ich nur teilweise gefolgt.
[57] G. E. Stahl (Q 1695 und Q 1961). Über die Bedeutung dieses Themas in der Medizin des 18. Jahrhunderts vgl. J. P. Heck (L 1962) und M. Kerkmann (L 1965)
[58] K. E. Rothschuh (L 1968), S. 152.
[59] H. D. Gaub (Q 1747 und Q 1763; Übersetzung: Q 1932). Eine ausführliche Interpretation der beiden Reden bei L. J. Rather (L 1965). – Einen Überblick über die Medizin der Aufklärung gibt G. Mann (L 1966).

chen Störung eine geistig-seelische entstehen; aber auch wenn eine geistig-seelische Störung keine somatische Ursache hatte, waren doch auch körperliche Heilmaßnahmen nützlich. Andererseits konnten geistig-seelische Zustände körperliche Krankheiten nach sich ziehen; aber auch wenn die Ursache einer Krankheit zuerst im somatischen Bereich lag, so konnten doch auch Mittel, die auf Geist und Seele günstig einwirkten, das körperliche Leiden bessern helfen.[60] Welche Affekte welche heilsamen oder schädlichen körperlichen Wirkungen hatten, stand in der Humoralmedizin seit der Antike fest. In der ausführlichen Darstellung bei Gaub[61] finden sich noch dieselben Grundgedanken wie bei antiken und mittelalterlichen Autoren: Zorn erhitzt das Blut, treibt es plötzlich an die Peripherie des Körpers, erwärmt ihn übermäßig, trocknet ihn aus und kann Fieber auslösen; Freude und Fröhlichkeit bringen ebenfalls die Körperwärme zu den äußeren Körpergegenden, aber in einer maßvollen, gesundheitsfördernden Weise, sie stärken die Körperwärme, dehnen die spiritus aus und temperieren die Säfte; Traurigkeit, Furcht, Sorgen usw. treiben dagegen die Wärme in das Körperinnere, ziehen die spiritus zusammen, schwächen den Körper, zehren ihn auf, verursachen eintägige Fieber und sind sehr schädlich für die Gesundheit.[62]

Ob es um Gesunde oder um Kranke ging, die Ärzte waren sich über Jahrhunderte darin einig, daß nur ein Affektzustand uneingeschränkt zu empfehlen, ja geradezu lebensnotwendig war: Freude, Heiterkeit und Zuversicht, doch nicht im Übermaß und nicht zu plötzlich. In bestimmten Fällen, etwa bei einer zu „kalten" Komplexion, galt lediglich Zorn mit Maßen als nützlich, um den Körper etwas zu erwärmen. Auf welche Weise kann der menschliche Geist den Körper in gesundem Zustand erhalten und ihn vor Krankheiten schützen? Auf diese Frage antwortet Friedrich Hoffmann in seiner Abhandlung „Über den Geist als Ursprung von Gesundheit und Krankheit" (1708) folgendermaßen:

„Alles, was eine angenehme, ruhige und mäßige Bewegung in den spiritus animales hervorruft, ist sehr geeignet, ein gesundes und langes Leben zu garantieren. Am besten erreicht dies ein ausgeglichenes Gemüt bei maß-

---

[60] L. J. Rather (L 1965), S. 12.
[61] Vgl. die Übersicht ebd. S. 133 ff.
[62] Vgl. z. B. Haly Abbas (Q 1523), fol. 69 r; Robert Grosseteste (Q 1912), S. 5.

voller Freude und wohltemperiertem, wohlgeordnetem Geschlechtsleben. Wie nämlich das Gemüt ist, so ist die Bewegung der spiritus; wie die Bewegung der spiritus ist, so ist die Bewegung des Herzens und der Arterien und die Spannung der Körperteile; und wie die Spannung und Bewegung des Herzens und der Arterien ist, so ist der Umlauf [der Säfte], und wie der Umlauf [der Säfte] ist, so ist die Gesundheit. Ein ausgeglichenes Gemüt ist daher das höchste Gut des Menschen in diesem Leben."[63]

Daß die Sorge für den Körper dem Arzt unausweichlich auch die Sorge für die Seele gebot, war seit dem Altertum nicht nur von der Sache her selbstverständlich, sondern bildete auch begrifflich einen festen Komplex im medizinischen Denken. Er ging auf die antike Medizin zurück – wie das System der Diätetik, dem er eingegliedert war.

2. Die Diätetik der Humoralmedizin

Die antike Medizin ist wesentlich dadurch gekennzeichnet, daß sie schon früh ihre Hauptaufgabe in der Erhaltung der Gesundheit erblickte. Daher war es die vornehmste Aufgabe des Arztes, die Lebensweise des gesunden Menschen so zu gestalten, daß Krankheit gar nicht erst entstehen konnte. Der Verfasser der hippokratischen Schrift „Über die Lebensweise" trägt diesen für die Medizingeschichte bis weit in die Neuzeit zentralen Gedanken selbstbewußt als seine eigene Entdeckung vor:

„Wenn das richtige Verhältnis zwischen Nahrung und Übung sich nur ein kleines bißchen verschiebt, so muß der Körper im Laufe der Zeit vom Übermaß des Einen überwältigt werden und in Krankheit verfallen. Die anderen medizinischen Schriftsteller haben ihre Forschungen zwar bis zu diesem Punkt ausgedehnt, richtig gesagt aber haben sie auch das nicht. Ich aber habe es entdeckt und die Möglichkeit gefunden, noch vor der Erkrankung des Menschen durch ein solches Übermaß festzustellen, nach welcher Seite sich bei ihm das Verhältnis verschoben hat. Denn die Krankheiten befallen den Menschen nicht sofort, sondern sie sammeln sich allmählich und brechen dann mit einem Schlage aus. Ich habe nun entdeckt, was im Menschen vor sich geht, bevor die Gesundheit in ihm von der Krankheit

---

[63] Fr. Hoffmann (Q 1708), S. 111. Ausführlich behandelt dieses Thema G. Chr. Schelhammer (Q 1713).

überwältigt wird, und habe gefunden, wie man seine Gesundheit in diesem Zustand wieder in Ordnung bringen kann."[64]

Aus diesem Ansatz entwickelte sich im Altertum eine überaus differenzierte „Diätetik", eine umfassende Regelung der rechten, gesunden Lebensweise, ja geradezu eine Lehre von der Lebenskunst. Sie galt zuerst der Erhaltung der Gesundheit, bildete aber auch die Grundlage aller Therapie.[65] Galen faßte in seiner „Ars medica" die Gestaltung der Lebensweise in sechs Punkten zusammen, die er als die sechs für Gesundheit und Krankheit „notwendigen" Faktoren bezeichnete.[66] Da er aber in Einführungsschriften über den Puls einige dieser Faktoren „nicht-natürlich" genannt hatte,[67] konnte Ḥunain ibn Isḥāq (Johannitius) im 9. Jahrhundert in seiner „Isagoge" jene sechs Faktoren indirekt mit dem Begriff „nicht-natürlich" verbinden. Haly Abbas tat den letzten Schritt: In seinem „Königlichen Buch", das schon im 11. Jahrhundert ins Lateinische übersetzt und bis in das 16. Jahrhundert sehr viel benützt wurde, nannte er die galenischen sechs „notwendigen" Faktoren einfach die „sechs nicht-natürlichen Dinge".[68] Obwohl Avicenna in seinem „Canon" den Begriff nicht verwendete, bildeten von nun an die „sechs nicht-natürlichen Dinge" das feste Schema der Diätetik, die in dieser systematisierten Form das ärztliche Denken und Handeln bis zur Mitte des 19. Jahrhunderts wesentlich bestimmt hat. Die „sex res non naturales" waren folgende:

1. Licht und Luft
2. Speise und Trank
3. Arbeit und Ruhe des Körpers
4. Schlafen und Wachen
5. Leerung und Füllung des Körpers
6. Bewegungen des Gemüts.

---

[64] Hippokrates (Q 1839–61/g), Bd. 6, S. 470 f. L.; die Übersetzung nach H. Diller (Q 1962), S. 231.
[65] Die beste Darstellung der antiken Diätetik ist die von L. Edelstein (L 1931). Vgl. zu diesem Thema neuerdings auch G. Harig und J. Kollesch (L 1971). Zur Bedeutung der Diätetik in der Geschichte der Medizin und zu ihrer Entwicklung bis in das 19. Jahrhundert vgl. vor allem H. Schipperges (L 1962/b und L 1963).
[66] Galen (Q 1821–33/c), Bd. 1, S. 366–369 K.
[67] Vgl. dazu J. J. Bylebyl (L 1971).
[68] Vgl. L. J. Rather (L 1968); S. Jarcho (L 1970); P. H. Niebyl (L 1971). Unbeachtet blieb bei diesen Autoren der Aufsatz von Fr. Berg (L 1962).

Die wichtigste Aufgabe des Arztes in der „Rangordnung der drei verschiedenen Möglichkeiten, Medizin zu treiben", war es, dafür zu sorgen, daß diese sechs Faktoren berücksichtigt wurden. Erst wenn das nicht genügte, sollte er Arzneien anwenden, zunächst einfache, danach zusammengesetzte, und nur wenn auch diese nicht halfen, sollte er zum Operationsmesser greifen.[69] Die Ärzte des arabischen Mittelalters legten ausführlich dar, worauf bei den sechs Punkten im einzelnen zu achten, was nützlich und was schädlich sei. Sie gingen dabei von der antiken Diätetik, hauptsächlich von Galen aus, fügten aber aus der arabisch-islamischen Kultur manches hinzu.[70] So entstand eine detaillierte Gesundheitslehre, die der lateinische Westen mit der „Assimilation" der arabischen Medizin seit dem 11. und 12. Jahrhundert übernahm. „Noch die großen Ärzte der Goethezeit, ein Reil oder ein Hufeland, bedienten sich bedenkenlos dieses Schemas der ‚sex res non naturales', um Heilkunde und Lebenskunst zu vermitteln."[71] Erst mit der stürmischen Entfaltung der experimentell-naturwissenschaftlichen Medizin endete um die Mitte des 19. Jahrhunderts die Tradition der antik-mittelalterlichen Diätetik. „Diese einschneidendste Zäsur in der Geschichte der Medizin", bemerkt dazu Heinrich Schipperges, „wird einmal als ein historisches Phänomen ersten Ranges angesehen werden".[72] Doch darf man sich den Einschnitt nicht allzu radikal denken: Viele Gesichtspunkte der einstigen „sechs nicht-natürlichen Dinge", darunter auch die Bedeutung der seelischen Verfassung für Gesundheit und Krankheit, wurden weiterhin berücksichtigt, wenn auch in modifizierter Form, nicht so systematisiert und mehr am Rande als zuvor – aber keineswegs nur abseits der Schulmedizin.

Es ist nicht überraschend, daß die Diätetik der alten Medizin bei den Medizinhistorikern der zweiten Hälfte des 19. und der ersten Hälfte des 20. Jahrhunderts nur wenig Beachtung fand. Zwar widmete sich eine ganze Reihe von Untersuchungen – meist in Form von Texteditionen – einzelnen Gesundheitsschriften, nicht zuletzt dem

---

[69] H. Schipperges (L 1962/b), S. 66; vgl. dazu auch A. W. Bock (L 1929).

[70] Vgl. dazu H. Schipperges (L 1968). Daß dabei auch religiös-rituelle Vorschriften des Islams in die Diätetik aufgenommen wurden, kann hier nicht näher erörtert werden. Einige Bemerkungen hierzu bei Chr. Hagenmeyer (L 1972), S. 97 f.

[71] H. Schipperges (L 1962/b), S. 37.

[72] Ebd. S. 19.

berühmten „Regimen Salernitanum", doch erhielten die Diätetik und damit der Vorrang der medizinischen Prophylaxe bei weitem nicht die Bedeutung zugewiesen, die ihnen in der Geschichte der abendländischen Medizin tatsächlich zukommt. Erst seitdem in neuerer Zeit die Präventivmedizin stärker in den Vordergrund getreten ist, beginnt man auch die wichtige Stellung der Diätetik in der Medizin früherer Jahrhunderte zu erkennen, sie eingehender zu erforschen und historisch zu würdigen.[73] Dennoch sind historische Fehlurteile noch immer recht verbreitet. Den einen erscheinen die Bemühungen um eine prophylaktische Medizin oder die psychosomatischen Bestrebungen unserer Zeit als etwas völlig Neues in der Medizin.[74] Andere glauben, psychosomatische Einsichten früherer Jahrhunderte seien erst in den dreißiger Jahren des 20. Jahrhunderts „wiedererstanden", nachdem sie durch die „materialistisch-naturwissenschaftliche" Medizin des 19. Jahrhunderts verlorengegangen seien – eine Behauptung, die den großen Klinikern des 19. Jahrhunderts nicht gerecht wird.[75] Wieder andere sind erstaunt, wenn sie bei Ärzten vergangener Zeiten Äußerungen über den engen Zusammenhang zwischen Körper und Seele entdecken und ihn in der Therapie berücksichtigt finden, und sprechen dann ohne weiteres von „Psychosomatik". So hat man neuerdings den Begriff der Psychosomatik auch auf die Medizin vor dem 19. und 20. Jahrhundert ausgeweitet und etwa im Mittelalter „psychosomatisches" Denken festgestellt.[76] Es ist jedoch methodisch bedenklich, wenn z. B. Jürg A. Bosshard verwundert bemerkt, daß Henri de Mondeville

„bewußt die Grenzen streng naturwissenschaftlichen Denkens seiner Zeit überschreitet und sein ärztliches Verständnis und therapeutisches Denken nach der geistig-seelischen oder persönlich-emotionellen Seite hin erweitert."[77]

---

[73] Das Hauptverdienst gebührt H. Schipperges (L 1962/b; L 1963; L 1970, S. 100–115). Für das Altertum vgl. oben Anm. 65, zum Mittelalter vgl. neuestens W. Schmitt (L 1973). K. Sudhoff, G. Eis und ihren Schülern ist die Bearbeitung und Edition einer Reihe von mittelalterlichen Gesundheitsbüchern zu verdanken.
[74] Vgl. L. J. Rather (L 1965), S. 15.
[75] Vgl. dazu E. H. Ackerknecht (L 1968).
[76] J. A. Bosshard (L 1963); S. Muntner (L 1964); A. Stettler-Schär (L 1974).
[77] J. A. Bosshard (L 1963), S. 34.

Wer für das 14. Jahrhundert ein „streng naturwissenschaftliches Denken" annimmt, dessen „Grenzen" ein einzelner bedeutender Arzt „bewußt überschreitet", behauptet damit, daß die Ärzte im allgemeinen den geistig-seelischen oder persönlich-emotionellen Bereich ausgeklammert hätten. Er verkennt von modernen Voraussetzungen her die Einheit, Geschlossenheit und Eigenart des Verständnisses von Körper und Seele in der antik-mittelalterlichen Medizin. Er übersieht, daß es ein „streng naturwissenschaftliches Denken" in jener Zeit nicht gab, oder richtiger: daß es von Anfang an ein Charakteristikum dieses naturwissenschaftlichen Denkens war, den engen Zusammenhang zwischen Körper und Seele zu berücksichtigen. Es konnte also gar nicht darum gehen, „bewußt Grenzen zu überschreiten", weil es diese Grenzen gar nicht gab; allenfalls das Ausmaß, in dem man körperlich-seelische Wechselwirkungen beachtete, konnte verschieden sein.

Man hat bisher meist nicht genügend bedacht, ob und in welcher Weise sich der Begriff der Psychosomatik auf die Medizin vor dem 19. Jahrhundert anwenden läßt, ohne falsche, moderne Vorstellungen zu wecken, mit anderen Worten: ob und welche Unterschiede zwischen früherer und moderner „Psychosomatik" bestehen. Nimmt man den Begriff lediglich in seiner Grundbedeutung, so eignet er sich durchaus für die allgemeine Feststellung, daß in der mittelalterlichen Medizin (und weit darüber hinaus)

„pathogene Leib-Seele-Beziehungen für möglich gehalten wurden, daß ferner emotionell bedingte Krankheitsbilder bekannt waren und daß die Therapie dementsprechend emotionelle Faktoren zur Genesung berücksichtigte."[78]

Nur sollten die modernen Inhalte, die der Begriff im 20. Jahrhundert angenommen hat, nicht dazu verleiten, die eigentümliche Auffassung der alten Ärzte von Körper und Seele zu übersehen und moderne Gedanken hineinzudeuten.[79] Es sei daher nochmals betont, daß für die antik-mittelalterliche Humoralmedizin, die bis in das 19. Jahrhundert fortwirkte, die Seele insofern mit dem Körper in engster Wechselwirkung stand, als sie gar nichts grundsätzlich vom Körper

[78] A. Stettler-Schär (L 1974), S. 105.
[79] Vgl. dazu P. Lain Entralgo (L 1950), S. 134 ff., 144 u. ö.

Verschiedenes, sondern gleichsam nur die „Innenseite" des Körpers war.[80] Daraus ergab sich folgende Konsequenz:

> „Zwischen einer Kur mit Hilfe der Leidenschaften und einer Kur auf-
> grund von Rezepten der Pharmakologie gibt es keinen Unterschied in der
> Natur, sondern nur eine Verschiedenheit in der Art des Zugangs zu diesen
> Mechanismen, die dem Körper und der Seele gemeinsam sind."[81]

Dieser Satz, mit dem Michel Foucault die 1787 erschienene Schrift „Die Leidenschaften als Heilmittel betrachtet" des Arztes Friedrich Christian Gottlieb Scheidemantel (1735–1796) zusammenfaßt, gilt für die Medizin des ganzen Zeitraumes, der in der vorliegenden Arbeit behandelt wird. So versuchten die Ärzte des Mittelalters wie auch noch des 18. und frühen 19. Jahrhunderts bei Leiden aller Art – nicht nur bei Geisteskranken – auf die Seele in einer geradezu „mechanisti-schen" Weise einzuwirken, die den körperlichen Therapiemaßnahmen wie z. B. der Verabreichung von Medikamenten, Aderlässen, Purgie-rungen, Diät- oder Badevorschriften genau entsprach. Man hatte da-bei auch keine Bedenken, durch falsche Aussagen, schockierende Ein-drücke, abstoßende Erfahrungen usw. die Seele je nach Lage der Dinge in der gewünschten Richtung zu beeinflussen oder über die dadurch erregten Affekte bestimmte körperliche Wirkungen zu errei-chen. Ein Beispiel, das sich in der Schrift ARNALDS VON VILLANOVA über die Unfruchtbarkeit des Mannes und der Frau findet, mag das abschließend verdeutlichen.

Für Arnald steht ebenso wie schon für die antike Medizin fest, daß Freude, Heiterkeit und Zuversicht den Körper erwärmen, ihn feuch-ter und dicker machen und daher der Gesundheit sehr zuträglich sind, daß hingegen Zorn, Traurigkeit und Angst den Körper abkühlen, ihn austrocknen und auszehren und deshalb im allgemeinen der Gesund-heit schaden. Nur in Ausnahmefällen, z. B. bei einer zu „kalten" Komplexion, kann gelegentlich Zorn nützlich sein; oder für Men-schen, die ein zu „warmes" Temperament haben, zu dick und fleischig sind, ist es bisweilen ratsam, traurig zu sein, damit dadurch die Wärme des Körpers etwas verringert wird und der Körper abmagert.[82] Von diesen Überlegungen ausgehend empfiehlt Arnald für

---

[80] So richtig M. Putscher (L 1973), S. 32.
[81] M. Foucault (L 1969), S. 330.
[82] Arnald von Villanova (Q 1585/e), Sp. 702 f.

die Behandlung derjenigen weiblichen Unfruchtbarkeit, die aus übermäßiger Korpulenz herrühre, neben Aderlässen, Abführmitteln, eingeschränkter Nahrungsaufnahme, sorgfältiger Diät usw. folgendes:

> „Hin und wieder soll man die Frauen zu Zorn und zu Traurigkeit brin-
> gen, indem man ihnen traurige Dinge vorspiegelt, so beispielsweise, daß ihr
> Mann eine Geliebte habe, die er über alles liebe und der er kostbare und
> schöne Geschenke gemacht habe; das hat zur Folge, daß die Frau vor Zorn
> [und vor Traurigkeit] sich verzehrt und abmagert."[83]

Hier zeigt sich anschaulich, wie wenig für das physiologisch-soma-
tische Denken der alten Medizin die psychischen Folgen eines solchen
Vorgehens problematisch erscheinen konnten, wie wenig die „Seele"
als Trägerin der Personhaftigkeit und Individualität im modernen
Sinne verstanden, wie sie vielmehr als eine Art Körperteil aufgefaßt
und behandelt wurde. Im Lichte dieses Denkens, das nur „psychoso-
matisch" genannt werden kann, wenn man neben vertrauten Zügen
das Fremdartige nicht übersieht, gewinnen auch die oft so feinfühlig
erscheinenden ästhetisch-affektiven Mittel der Diätetik ein etwas
weniger modern anmutendes Aussehen.

3. Das „Ethos" der Musik

Für die „sechs nicht-natürlichen Dinge" der Diätetik galt wie für die
ganze Humoralmedizin in erster Linie das Gebot des rechten Maßes,
der Mitte zwischen den Extremen, des Ausgleichs zwischen den
Gegensätzen, die aristotelische „Mesotes" – ein Gedanke, der in der
griechischen Kultur schon früh hervortritt. Wann er „vom ethisch-
politischen auf das physiologisch-medizinische Gebiet übertragen
wurde, läßt sich kaum feststellen – wenn er nicht überhaupt von
Anfang an in beiden Sphären verbunden erschien."[84] Was dem Menschen zuträglich sein sollte, mußte immer in der Mitte liegen, Entge-
gengesetztes mußte sich immer die Waage halten. Das galt auch für
die Gesundheit. Nach dem Bericht des Jamblichos aus dem Beginn des
4. Jahrhunderts n. Chr. bemühten sich die Pythagoreer – vielleicht

---

[83] Ders. (l), Sp. 1507.
[84] F. Heinimann (L 1945), S. 174.

auch schon die frühen Pythagoreer des ausgehenden 6. und des 5. Jahrhunderts v. Chr. —, „das rechte Gleichgewicht zwischen Arbeit, Nahrungsaufnahme und Ruhe zu finden", vor allem aber im Essen und Trinken sowie in den Gemütsbewegungen bis in alle Einzelheiten stets das richtige mittlere Maß einzuhalten.[85] Das bedeutete für den Bereich der Seele, alles Unmaß und Übermaß der Affekte zu meiden und für ein möglichst beständiges seelisches Gleichgewicht, für eine maßvolle Fröhlichkeit, ruhige Zufriedenheit und von Sorgen und Angst freie Zuversicht zu sorgen. Im „Regimen Salernitanum", dem der Schule von Salerno zugeschriebenen mittelalterlichen Lehrgedicht, das weit über das Mittelalter hinaus wohl der populärste diätetische Text war, wird die Bedeutung der rechten Gemütsverfassung für die Gesundheit gleich in den ersten Zeilen zweimal hervorgehoben:

„Wenn du dich gesund und unversehrt erhalten willst, laß schwere Sorgen und halte Zorn für unwürdig . . . Wenn dir Ärzte fehlen, dann sollen diese drei Dinge deine Ärzte sein: ein heiteres Gemüt, Ruhe und maßvolles Essen."[86]

Um dem ersten Punkt Genüge zu tun, kannten die Ärzte zahlreiche Mittel: beruhigende oder aufmunternde Worte, Gespräche mit Freunden, die Gegenwart geliebter Menschen, lustige Geschichten, Scherze und Spiele[87] sowie angenehme Sinneseindrücke aller Art. Dazu gehörte es beispielsweise, die Schönheiten der Natur zu betrachten, sich an leuchtenden Farben und kostbaren Dingen wie funkelnden Edelsteinen zu erfreuen, prächtige Gewänder zu tragen, Wohlgerüche einzuatmen und nicht zuletzt schöne Melodien und Klänge zu hören. Die arabischen Ärzte des Mittelalters empfahlen eine solche Vielzahl ästhetisch ansprechender, affektiv wirkender Sinnesgenüsse, daß die Medizin des lateinischen Westens kaum noch etwas hinzuzufügen wußte.

Schon von der Antike her war ein Mittel vor allen anderen dazu berufen, auf die Seele und über sie auf den Körper einzuwirken: die

---

[85] Jamblichos (Q 1963), S. 167 (§ 163); vgl. dazu S. 193–195 (§ 196), 201–207 (§ 205–211), 219 (§ 226) u. ö. Daher galten den Pythagoreern die Krankheiten und alle körperlichen Leiden als Folge von Zügellosigkeit (ebd. S. 213, § 218).
[86] [Regimen Salernitanum] (Q 1545), S. 1 und 5.
[87] Vgl. hierzu H.-G. Schmitz (L 1972).

Musik. Im arabischen Mittelalter nannte man sie mit Vorliebe „Nahrung" für die Seele.[88] Der bereits zitierte Satz al-Farabis, daß der Körper mit krank werde, wenn die Seele krank sei und daß der Körper durch die Heilung der Seele wieder gesund werde, und die kürzere Formel Robert Grossetestes, daß die Seele dem Körper in seinen Leiden und der Körper der Seele in ihren Tätigkeiten folge,[89] dienten nicht zufällig beide als Argument dafür, daß die Musik durch ihre Wirkung auf die Seele Gesunde und Kranke – auch körperlich Kranke – heilsam beeinflussen könne. Der Musiktheoretiker Franchinus Gafurius beruft sich 1492 – wie viele andere Autoren seit dem Humanismus – auf eine Textstelle des Gellius, der eine Reihe von Beispielen für die Heilwirkungen der Musik mit folgendem Satz abschließend kommentiert hatte:

„So eng ist die Verwandtschaft zwischen dem Geist und dem Körper, und daher auch zwischen den Leiden und den Heilmitteln des Geistes und des Körpers."[90]

Johann Knapp, der Verfasser einer Einführung in die Mensuralmusik, erläutert 1513 den Zusammenhang ausführlicher:

„Um den verwirrten und kranken Sinnen die wilden und stürmischen Affekte zu nehmen, ist nichts wirksamer und mächtiger als musikalische Klänge. Sie erweisen sich auch oft an kranken Körpern als wirksam, entweder deshalb, weil Körper und Geist demselben Gesetz unterworfen sind, so daß bei ihnen alles, ob gut oder schlecht, ob sie es wollen oder nicht, wechselseitig zusammenhängt; oder aber richtiger deshalb, weil wir selbst in einer der Musik ähnlichen Weise strukturiert sind . . ."[91]

Damit ist der Hauptgedanke jener Lehre vom „Ethos" der Musik berührt, die uns zuerst im Kreise der Pythagoreer entgegentritt und über Platon und Aristoteles in die abendländische Bildungstradition

---

[88] Vgl. unten S. 160 und 259, ferner H. Hickmann (L 1970), S. 42. Herr Dr. E. Neubauer, Frankfurt a. M., weist mich darauf hin, daß der anonyme „Kitāb fī adwār al-īqāʿ" (Ms. Berlin, Ahlwardt 5532, fol. 5 = Petermann 446, fol. 167 b) die Bezeichnung der Musik als „Nahrung" der Seele auf den bedeutenden arabischen Musiker Isḥāq al-Mauṣilī (767–850) zurückführt. Diese Metapher fügt sich im übrigen anschaulich in die Ausführungen der beiden ersten Teile dieses Kapitels ein.

[89] Siehen oben S. 126.

[90] Fr. Gafurius (Q 1492), lib. 1, cap. 1.

[91] [J. Knapp] (Q 1513), fol. A II.

einging.[92] Daß „Rhythmus und Harmonie", wie Platon formulierte, „tief in das Innere der Seele eintauchen und sie auf das stärkste ergreifen",[93] war weit mehr als eine bloße Erfahrungstatsache. Vielmehr sah man darin eine zahlenmäßig geordnete „Bewegung", die gleichermaßen den Umläufen der Gestirne, der Struktur und Tätigkeit der menschlichen Seele sowie den Intervallen und rhythmischen Tonfolgen der Musik zugrundelag. Diese Vorstellung einer umfassenden Ordnung, die in der Musik am sinnfälligsten zum Ausdruck kam, ging aus

„von der Annahme enger, auf dem Prinzip der Bewegung beruhender Wechselbeziehungen zwischen Klang und Rhythmus einerseits und dem menschlichen Gemüthsleben andererseits; ihr Hauptsatz ist: die hörbare Bewegung vermag die Bewegung der Seele nicht nur darzustellen und wiederzuspiegeln, sondern auch zu erzeugen."[94]

Je nach Art der musikalischen Elemente, d. h. je nach Oktavgattung, Klanggeschlecht, Stimmklasse, Instrument, Tempo und Rhythmus,[95] wobei der Rhythmus das wichtigste Element war,[96] enthielt die Musik ein verschiedenes „Ethos" und konnte die verschiedene affektive und sittliche Haltung, die sie zum Ausdruck brachte, auch im Hörer wecken. Daraus ergab sich für die Pythagoreer, für Platon und die lange Tradition des Platonismus die große Bedeutung der Musik als Ordnungsmacht für die Erziehung und für das geregelte Zusammenleben der Menschen. Musik konnte das seelische Gleichgewicht festigen und den Charakter stärken, die Tatkraft und den Mut steigern, also stimulierend wirken, und sogar bis zur Ekstase und zur „reinigenden" Affektentladung führen. Sie konnte aber auch beruhigend und sogar in unangenehmer Weise lähmend wirken.[97] Musik, so sagt Cicero in seiner Schrift über die Gesetze unter ausdrücklichem Hinweis auf Platon, wirkt in zwei Richtungen: Sie spornt Ermattete an und beruhigt Erregte, indem sie die Gemüter das eine Mal

---

[92] Vgl. hierzu vor allem H. Abert (L 1899) und W. D. Anderson (L 1967).
[93] Platon (Q 1900–07), Politeia, lib. 3, 401 d.
[94] H. Abert (L 1899), S. 2 f.; vgl. auch S. 5 ff. und 48 f.
[95] Ebd. S. 100 und 127 f.
[96] Ebd. S. 54, 121 ff. und 162; neuerdings hierzu auch H. und H. Huchzermeyer (L 1974).
[97] Vgl. H. Abert (L 1899), S. 48 ff. und 96 ff.

anspannt, das andere Mal entspannt.[98] Allerdings galt nicht jede Musik als nützlich; es gab Arten von Musik, die als schädlich und sogar als gefährlich erschienen.

Schon die Pythagoreer, welche die „wiederaufrichtende", d. h. die das seelische Gleichgewicht des Menschen wiederherstellende Kraft der Musik besonders betonten, sollen die Musik zu diesem Zweck Tag für Tag verwendet haben: Mit bestimmten Melodien und Rhythmen, die sie auf der Leier spielten, pflegten sie morgens die Dumpfheit des Schlafes zu vertreiben, abends vor dem Schlafengehen die Seele von unschönen Gedanken zu reinigen und in Ordnung zu bringen[99] – ein Beispiel „musikalischer Seelenhygiene",[100] das vor allem durch Quintilian und Boethius dem Mittelalter überliefert und jahrhundertelang viel zitiert und zur Nachahmung empfohlen wurde.[101] Ebenso bekannt war die über Cicero, Augustin und Boethius in die Tradition übergegangene Erzählung, daß Pythagoras einige vor Trunkenheit rasende Jünglinge von Ausschreitungen dadurch zurückhielt, daß er eine Flötenbläserin eine „spondeische", d. h. getragene Melodie spielen ließ. Andere Autoren bezogen sich auf Martianus Capella, der im Anschluß an Varro von dem athenischen Musiker Damon eine ähnliche Geschichte erzählte.[102] Auch Galen kannte dieses Beispiel; er übernahm es zustimmend von Poseidonios, der den Vorgang mit dem Wechsel von der phrygischen zur dorischen Tonart erklärt hatte.[103]

Daß diese Erzählungen einen historischen Kern enthalten, erscheint um so weniger zweifelhaft, als sich solche Ideen noch lange nach den älteren Pythagoreern, die historisch kaum faßbar sind, in praktischer Anwendung nachweisen lassen. So sagt Cicero von seinem Freund, dem blinden Stoiker Diodotus, daß er das Lyraspiel „nach

---

[98] Cicero (Q 1950), S. 70 f. (lib. 2, cap. 15, 38).
[99] Jamblichos (Q 1963), S. 69–71, § 65 und S. 119–121, § 114. Die weiteren Stellen bei H. Abert (L 1899), S. 6, Anm. 3. Vgl. zur medizinischen Funktion der Musik bei den Pythagoreern auch J. Schumacher (L 1958) und C. J. de Vogel (L 1966), S. 162–166.
[100] G. Wille (L 1967), S. 436. Näher erläutert wird die „musikalische Seelenhygiene" der Pythagoreer bei Jamblichos (Q 1963), S. 69 (§ 64), S. 117 (§ 110/111), S. 217 (§ 224). Vgl. dazu auch unten S. 157 f.
[101] Vgl. unten S. 364.
[102] G. Wille (L 1967), S. 444.
[103] Galen (Q 1821–33/d), Bd. 5, S. 473 K.

pythagoreischer Art" pflegte, d. h. also wohl in diätetischer Absicht, und Cicero selbst führte

„Erscheinungen aus der Frühzeit der römischen Musikgeschichte auf den Einfluß der musikalischen Seelenhygiene der Pythagoreer zurück, die ihre Gemüter von den Anstrengungen der Gedankenarbeit durch Gesang und Saitenspiel zu beruhigen pflegten."[104]

Die Vermutung läge nahe, daß die Lehre vom „Ethos" der Musik jenen antiken Ärzten willkommen war, die den Zusammenhang zwischen seelischen Zuständen und der Entstehung und Fortdauer von Krankheiten erkannt hatten, daher die Seele zum Aufgabengebiet des Arztes zählten und die Beachtung der „Gemütsbewegungen" zu einem festen Programmpunkt der Diätetik machten. Doch lassen sich solche Erwartungen nur zu einem kleinen Teil bestätigen. Einigermaßen eindeutige und historisch zuverlässige Belege dafür, daß man die Musik als affektwirksames Mittel therapeutisch anwendete, gibt es aus dem Altertum nur vereinzelt (von den Pythagoreern einmal abgesehen). In der hippokratischen Schrift von der Siebenzahl heißt es über die Behandlung des viertägigen Fiebers unter anderem, man solle die Beine und Arme des Kranken salben, den Rumpf und die Extremitäten auf verschiedene Weise erwärmen und „mit Musik die Ohren erfreuen", bis der Schlaf komme.[104a] Der Peripatetiker Theophrast (371–287 v. Chr.) soll zur Behandlung seelischer Störungen und zur Linderung von Ischiasschmerzen das Flötenspiel empfohlen haben.[105] Von dem Arzt Xenokrates (1. Jahrhundert n. Chr.) heißt es, er habe Wahnsinnige erfolgreich mit Orgelspiel kuriert.[106] Von dem Arzt Asklepiades von Bithynien (124 bis um 60 v. Chr.) wird berichtet, er habe Geisteskranke durch Musik geheilt[107] – jahrhundertelang ein Paradebeispiel für die Heilkraft der Musik. Der Römer Celsus, der im zweiten Viertel des 1. Jahrhunderts im Rahmen einer großen Enzy-

---

[104] G. Wille (L 1967), S. 436.
[104a] Hippokrates (Q 1913), S. 51, Z. 18/19; diese Stelle ist die einzige im Corpus Hippocraticum, an der die Anwendung von Musik erwähnt wird.
[105] Die Stellen bei G. Wille (L 1967), S. 415, Anm. 95.
[106] Martianus Capella (Q 1925), S. 493 (lib. 9, § 926).
[107] Die Stellen bei G. Wille (L 1967), S. 415, Anm. 92. Ob die dem Asklepiades ebenfalls zugeschriebene Heilung von „Taubheit" durch Trompetenmusik auf Affektwirkung (z. B. Schrecken) oder auf einem physikalischen Effekt (heftige Schwingungen) beruht, ist aufgrund der Überlieferung kaum zu entscheiden.

klopädie eine ausführliche Darstellung der Medizin gab (obgleich er wohl selbst kein Arzt war), folgt im Kapitel über die Geisteskrankheiten vermutlich dem von ihm mehrfach zitierten Asklepiades,[108] wenn er Instrumentalmusik, das Schlagen von Becken und überhaupt Lärm empfiehlt, um Geisteskranke von ihren traurigen Gedanken wegzuführen.[109] Asklepiades bediente sich bei der Behandlung Geisteskranker wohl als erster einer Therapie, in der die Beschäftigung der Patienten, die Ablenkung und der Affektausgleich eine wesentliche Rolle spielten. Daß er dabei auch die Musik einsetzte, bezeugt der um die Wende vom ersten zum zweiten Jahrhundert in Rom tätige Arzt Soran von Ephesus in seinem Werk über akute und chronische Krankheiten, das in der lateinischen Bearbeitung des Caelius Aurelianus aus dem 5. Jahrhundert erhalten ist.[110] Bei Soran wird noch deutlicher als schon bei Celsus, daß sich Asklepiades bei seinem therapeutischen Gebrauch der Musik auf die Lehre vom „Ethos" der Musik stützte: je nach Lage des Krankheitsfalles sollten auf der Flöte unterschiedliche Weisen gespielt werden; der „phrygische" Modus sei geeignet, depressive Patienten aufzumuntern, der „dorische" Modus hingegen könne überheiterte Kranke beruhigen und stabilisieren.[111]

Galen scheint, wie zwei bereits zitierte Stellen mehr indirekt als direkt zeigen,[112] die Auffassung vom „Ethos" der Musik ebenfalls vertreten und Musik gelegentlich auch als therapeutisches Korrektiv angewendet zu haben. Aber es ist unverkennbar, daß sie bei ihm ganz am Rande steht – wie die psychische Therapie überhaupt –, und bei der Behandlung der Melancholie, die später eine selbstverständliche Indikation für die Hinzunahme der Musik war, verzichtet er sogar auf jede Art von psychischer Therapie.[113] Jedenfalls hat die Musik bei Galen keinen festen Platz in Diätetik und Therapie.[114]

---

[108] Vgl. H. Flashar (L 1966), S. 75.
[109] Celsus (Q 1915), S. 124 (lib. 3, cap. 18, 10).
[110] Caelius Aurelianus (Q 1950), S. 558, § 178.
[111] Ebd. S. 556, § 175/176.
[112] Siehen oben S. 121 f.
[113] Siehen oben S. 122 f.
[114] Die anderen antiken Zeugnisse über Heilwirkungen der Musik können hier außer Betracht bleiben, weil sie teils offensichtlich legendären Charakters und historisch nicht faßbar sind, teils mehr oder weniger deutlich auf eine magische Anwendung der Musik weisen, teils so allgemein und knapp formuliert sind, daß sie sich nicht eindeutig interpretieren lassen. Zum Thema „Musik und Medizin" im Altertum vgl. Br. Meinecke (L 1948), B. Boehm (L 1958), G. Wille (L 1962), dens. (L 1967),

Dennoch verdienen die spärlichen Äußerungen Galens über die Musik Beachtung, einmal deshalb, weil er eine der wichtigsten medizinischen Autoritäten der nachantiken Zeit war, zum andern, weil die Lehre vom „Ethos" der Musik im Altertum keineswegs unangefochten war. Während für die Pythagoreer, Platoniker, Peripatetiker und Stoiker die Fähigkeit und die vornehmste Aufgabe der Musik darin bestanden, als sinnfälliger Ausdruck umfassender harmonischer Ordnung die menschlichen Leidenschaften zu zügeln, den Charakter zu formen und zu festigen, leugnete seit dem 4. Jahrhundert v. Chr. eine sensualistische Skepsis dies ebenso wie die enge Verwandtschaft der Seele mit der Musik. Sie sollte nur ein angenehmes, unschädliches, aber auch entbehrliches Spiel zur Unterhaltung sein, ein bloß sinnliches Vergnügen, das nur aus Klängen und Rhythmen ohne einen bestimmten Inhalt bestand. Eine affektive und ethische Wirkung konnte die Musik aus dieser Sicht nicht haben.[115]

Für unser Thema ist es von entscheidender Bedeutung, daß dieses rein ästhetische Verständnis der Musik im ausgehenden Altertum von den neuplatonisch-neupythagoreischen Strömungen, die das Mittelalter wesentlich prägten, völlig verdrängt wurde.[116] Als ein Repräsentant dieser Tendenzen gewann BOETHIUS wegweisende Bedeutung für das Mittelalter und darüber hinaus. In der Einleitung zu seiner Schrift über die Musik faßte er in Sätzen, die jahrhundertelang viel zitiert wurden, die Auffassung vom „Ethos" der Musik kurz zusammen:

„Die Musik ist nicht nur mit der ,speculatio', sondern auch mit der ,moralitas' verbunden. Nichts ist nämlich dem menschlichen Wesen so eigentüm-

---

S. 443–446 sowie zuletzt H. und H. Huchzermeyer (L 1974). Doch kann zu diesen Arbeiten im Rahmen der vorliegenden Untersuchung nicht im einzelnen kritisch Stellung genommen werden. – Wenn H. E. Sigerist (L 1952), S. 218 sagt: „Während der ganzen Antike wurde bei der Behandlung von Krankheiten Musik angewendet", so ist dieses Urteil mißverständlich. Es trifft für die antiken Ärzte, wenn man sich an die Quellen hält, nur in einigen Fällen zu. Sehr wohl trifft es aber zu, wenn man den vielfältigen magischen Gebrauch der Musik mit einbezieht. Das scheint Sigerist auch gemeint zu haben, denn er beruft sich auf L. Edelstein (L 1937), S. 234, der betont, daß sich die griechische und römische Medizin nicht nur gegenüber der Magie, sondern auch gegenüber der Anwendung der Musik bei Schmerzen durchgehend rational und ablehnend äußere. Zur Unterscheidung zwischen magischer und affektiver Funktion der Musik vgl. unten S. 210–219.

[115] Vgl. H. Abert (L 1899), S. 27–43; R. Schäfke (L 1964), S. 157–173.

[116] H. Abert (L 1905), S. 149.

144

lich, als sich durch sanfte Melodien zu entspannen, durch Melodien entgegengesetzten Charakters sich anzuspannen; das ist nicht auf einzelne Berufe oder Altersstufen beschränkt, sondern gilt für alle; Kinder, Jugendliche und alte Menschen werden auf diese Weise von Natur aus spontan von musikalischen Melodien ergriffen, so daß es kein Lebensalter gibt, das sich nicht an einer schönen Melodie erfreute."[117]

Das Werk des Boethius über die Musik, nach Hermann Abert eine „verständnisvolle und sachkundige Zusammenfassung der griechischen Musiktheorie . . . auf pythagoreischer Grundlage", hat auf die Musikanschauung des Mittelalters

„einen geradezu enormen Einfluß gewonnen. In der fast ausschließlich ihm allein zufallenden Rolle des Vermittlers der griechischen Musiktheorie an das Mittelalter liegt seine hohe Bedeutung für die Geschichte der musikalischen Theorie überhaupt, wie für die Geschichte der musikalischen Ästhetik im speziellen. Aus seinen Händen haben die Theoretiker des frühen Mittelalters die antike Lehre von der ethischen Macht der Musik empfangen und nach ihrer Weise dem frühmittelalterlichen christlichen Tonsystem anzupassen versucht. So hat sich das gesamte musikalische Glaubensbekenntnis der pythagoreischen Schule mit seinen ethischen Dogmen, seiner mystisch-symbolischen Zahlenlehre, ja sogar mit den zahlreichen Anekdoten über die musikalische Wundertätigkeit ihres Stifters das ganze Mittelalter hindurch erhalten und die Weiterentwicklung der ästhetischen Anschauungen erheblich beeinflußt."[118]

Christlich-kirchliches Denken stand dem nicht grundsätzlich im Wege. Vielmehr konnte die platonische Ablehnung bloß sinnlicher, sittlich enthemmender Musik ebenso in christlichem Sinne umgedeutet werden wie erst recht die ausgleichende, sittlich festigende Macht der Musik und ihre Fähigkeit, zu religiöser Hingabe, zu Frömmigkeit und Anbetung hinführen zu können.

„Augustin empfahl zwar dringend, bei der kirchlichen Bildung statt des Pythagorasbeispiels das von David und Saul zu gebrauchen. Doch die spätantiken Ausschreiber und Kompilatoren, die noch aus den Bemühungen der klassischen Zeit um musikalische Bildung schöpften, werden nicht

---

[117] Boethius (Q 1867), S. 179 f.
[118] H. Abert (L 1899), S. 8 f. Zum Weiterwirken der antiken Ethos-Lehre im Mittelalter vgl. H. Abert (L 1905), S. 149–168 und 229–247; ferner H. Hüschen (L 1962).

müde, die Macht der Musik über die Seelen in althergebrachter Weise zu erwähnen. So erreichte Augustin nur soviel, daß bei Cassiodor und Isidor das Beispiel von David neben den antiken Beispielen eingereiht wurde."[119]

Dieses Nebeneinander, das auch für die folgenden Jahrhunderte charakteristisch ist, zeigt sich vor allem in den Texten über die vielfältigen Wirkungen der Musik, die ein ständiges Thema der Musiktheoretiker bis in das 18. Jahrhundert sind, seit dem Humanismus aber auch von gelehrten Medizinern öfters dargestellt werden. Damit sollte die Berechtigung der Musik gegen etwaige Einwände verteidigt werden, wie schon früh ein Brief Cassiodors an Boethius aus dem Jahre 506 zeigt.[120] Das „Lob" der Musik, der Nachweis ihres Nutzens, ihrer Anwendungen und ihrer Notwendigkeit bildete jahrhundertelang einen festen Bestandteil der musiktheoretischen und enzyklopädischen Literatur und wurde seit dem Humanismus in Gedichtform sogar zu einer selbständigen literarischen Gattung.[121]

Der Erläuterung der isidorischen Formel „musica movet affectus" und der Heilwirkungen der Musik dienten nicht nur die vorwiegend der antiken Tradition entstammenden Exempla, sondern auch allgemeine katalogartige Aufzählungen. Da die gegensätzlichen Wirkungen der Musik meist nebeneinandergestellt werden, tritt die Ambivalenz, die stimulierende und sedierende Kraft der Musik eindrucksvoll hervor. Daß dabei nicht unterschieden wird zwischen der Erregung oder Beruhigung einzelner Affekte und der Heilung geistiger oder körperlicher Krankheiten, entspricht ganz medizinischer Auffassung und zeigt, daß man die heilenden Kräfte der Musik in ihrem Einfluß auf die Seele erblickte, die mit dem Körper auf das engste zusammenhing.

Die Wirkung der Musik auf den Menschen verstand das Mittelalter im allgemeinen von der musica-humana-Idee her. Boethius hatte in Sätzen, die immer wieder zitiert wurden, gesagt, daß die ganze Verbindung der Seele mit dem Körper eine musikalische sei:

„Der Zustand unserer Seele und unseres Körpers scheint gleichsam aus

---

[119] G. Wille (L 1967), S. 438.
[120] Vgl. ebd. S. 700–704.
[121] Vgl. dazu J. Hutton (L 1951).

denselben Proportionen zusammengefügt zu sein, durch die harmonische Tonfolgen verbunden und verknüpft werden."[122]

Der Arzt Johann Lange erläuterte das, platonischen Gedanken folgend, im 16. Jahrhundert so: Die menschliche Seele, die an den höheren Sphären teilhat, bringt die „Erinnerung" an Zahlen und Musik in den Körper und verbindet sich mit ihm in einer ganz bestimmten Weise.

„Dadurch ist zwischen Geist und Körper der Menschen eine solche Nähe gegenseitiger Teilnahme entstanden, daß die meisten Heilmittel für Krankheiten des Geistes und des Körpers gleich sind."[123]

Daher kann man mit harmonisch geordneten Tönen auf Seele und Körper einwirken, beider Ordnung erhalten und die gestörte Ordnung wiederherstellen.

Während für pythagoreisch-platonisches Denken die Wirkung der Musik auf der harmonischen Ordnung beruhte, die den „Bewegungen" der Seele und der Musik gemeinsam war, ohne daß der Vorgang näher hätte erklärt werden müssen, gab es schon in der Antike (vor allem seit Aristoteles) eine materiellere, „physikalische" Auffassung, wonach die Wirkungen von Gehörseindrücken auf Luftbewegungen, die das Ohr aufnimmt, zurückzuführen seien.[124] Boethius überlieferte auch diese Vorstellung von den Tönen, die als unaufhörliche „Schläge" der Luft das Ohr treffen,[125] doch spielte sie im Mittelalter nur eine geringe Rolle für das Verständnis der Wirkungen der Musik. MARSILIO FICINO vertrat beide Auffassungen. Auf der einen Seite die von der „natürlichen Proportion", nach welcher Körper und Seele, aber auch die Teile der Seele unter sich und die Teile des Körpers untereinander „zusammenstimmen", ein „Zusammenklang", den „auch die harmonischen Abläufe der Fieber und der Säfte sowie die Pulsbewegungen nachzuvollziehen scheinen". Daher könne eine maßvolle Musik, so sagt Ficino unter Berufung auf Platon, Aristoteles und die eigene Erfahrung, die harmonische Ordnung der Seele bewahren und wiederherstellen. Auf der anderen Seite bringen nach Ficino

---

[122] Boethius (Q 1 867), S. 186.
[123] J. Lange (Q 1605), S. 914. Vgl. dazu auch oben S. 139.
[124] G. Wille (L 1967), S. 460 f.
[125] Boethius (Q 1 867), S. 189.

Gesang und Klang durch die angestoßene und in geordnete Bewegung versetzte Luft „den luftartigen Geist (spiritus) des Hörenden, der die Verbindung zwischen Seele und Körper ist, in Schwingung". Auf diese Weise bewegt die Musik leicht die Phantasie und das Herz, sie dringt ins Innerste des Geistes ein, und „auch die Säfte des Körpers und seine Glieder bringt sie zum Halten oder in Bewegung."[126] Während bei Ficino noch beide Konzeptionen gleichrangig nebeneinanderstehen, treten nach dem Mittelalter, vor allem seit dem 17. Jahrhundert physikalische oder physiologische Erklärungen immer stärker in den Vordergrund. Doch sei dies hier nur angedeutet; ausführlicher wird davon in den folgenden Kapiteln die Rede sein.

Der Musiktheoretiker Zarlino umschreibt im 16. Jahrhundert die Wirkungen der Musik auf den Menschen und die Voraussetzungen dafür folgendermaßen:

> „Die Natur hat es gut eingerichtet, daß in uns durch die Vermittlung des Geistes (spirito) der Körper und die Seele . . . miteinander verbunden sind; sie hat für beide, wenn sie schwach und krank sind, geeignete Heilmittel vorgesehen; wenn der Körper ermattet und krank ist, bemüht man sich, ihn wieder gesund zu machen mit den Arzneien, welche die Medizin darbietet; wenn aber der Geist niedergedrückt und geschwächt ist, wird er wieder aufgerichtet durch die luftigen spiritus und durch musikalische Klänge und Gesänge, die für ihn angemessene Heilmittel sind."[127]

Zarlino darf hier nicht so verstanden werden, als ob die Musik nur bei geistig-seelischen Störungen, die Arzneimittel nur bei körperlichen Leiden in Frage kämen. Vielmehr ergibt sich aus dem ersten Satz der Schluß, daß wegen des engen Zusammenhanges zwischen Körper und Seele die Musik zwar zuerst auf die Seele, dadurch aber auch auf den Körper wirkt und daß umgekehrt die auf den Körper angewendeten Medikamente auch die Seele beeinflussen.

Die therapeutische Funktion der Musik war bereits für die Ärzte des Mittelalters völlig selbstverständlich; in ihrem Denken und Handeln hatte die Musik, wie die folgenden Kapitel zeigen werden, einen festen Platz. Hier ist nochmals zu betonen, daß die Musik in der antiken Medizin eine solche Stellung offensichtlich noch nicht einnahm –

---

[126] M. Ficino (Q 1576/b), Bd. 1, S. 651; vgl. auch dens. (a), S. 526 und 563.
[127] G. Zarlino (Q 1589), S. 13.

148

von vereinzelten Ausnahmen und gewissen Ansätzen abgesehen.[128] Darüber darf die Bedeutung, welche die Lehre vom „Ethos" der Musik im Altertum hatte und der auch eine Praxis entsprochen haben muß, nicht hinwegtäuschen. Dieser bisher noch kaum beachtete Unterschied zwischen antiker und mittelalterlicher Medizin ist um so erstaunlicher, als die Bedingungen für eine Eingliederung der Musik in die Medizin bereits in der Antike von zwei Seiten, sowohl von der Ethos-Lehre als auch von der Diätetik her, durchaus gegeben waren. Da der Arzt die Seele, die „Gemütsbewegungen" des Kranken mit zu berücksichtigen hatte, könnte man sogar sagen, daß in der antiken Diätetik schon ein Platz für die Musik vorbereitet war – sofern man sie von der Ethos-Lehre her verstand. Da nur vereinzelte Ärzte daraus die Konsequenzen zogen, zu ihnen nur ein einziger Verfasser der hippokratischen Schriftensammlung gehört und auch Galen kaum zu ihnen zu rechnen ist, wohl aber Asklepiades, der Gegner der Humorallehre, läge der Schluß nahe, daß das humoralpathologische, physiologisch-„materialistische" Denken einem solchen Schritt im Wege stand, ihn zumindest nicht gerade beförderte. Doch vermag diese Überlegung insofern nur teilweise zu befriedigen, als die mittelalterliche Medizin, die ganz auf der von Galen kanonisierten Humoralpathologie aufbaute, keine Bedenken trug, der Musik eine feste Funktion in Diätetik und Therapie zuzuerkennen. Ferner ist daran zu erinnern, daß auch diejenigen antiken Ärzte, welche die von zwei Seiten vorbereitete Verbindung zwischen Medizin und Musik herstellten, die Musik nur bei bestimmten Krankheiten (vor allem bei Geisteskrankheiten) angewendet, die Musik aber noch nicht in die Diätetik und Therapie insgesamt fest eingegliedert zu haben scheinen. Der grundsätzliche Wandel, der sich auf diesem Felde vom Altertum zum Mittelalter vollzog, ist für unser Thema von allergrößter Bedeutung. Er läßt sich wohl nur verstehen und andeutungsweise erklären, wenn man einerseits bedenkt, in welchem Maße die neuplatonisch-neupythagoreischen Strömungen des ausgehenden Altertums das byzantinische, das arabisch-islamische und das lateinische Mittelalter geprägt haben, und wenn man andererseits die arabische Wissenschaft und ihre nachhaltige Wirkung auf den lateinischen Westen hoch genug einschätzt. Dann wird begreiflich, daß die geistigen Kräfte, die der

---

[128] Siehe oben S. 142–144.

auf der Ethos-Lehre beruhenden Musikanschauung zur Alleinherr-schaft verhalfen, ihr auch den Weg in die Humoralmedizin bahnten. Die antike Lehre vom „Ethos" der Musik bildete für den arabischen Kulturbereich nicht anders als für das lateinische Mittelalter eine feste Grundlage ihres Musikverständnisses. Der Arzt und Philosoph Ibn Hindū – um nur einen unter zahllosen Autoren, die in Frage kämen, zu nennen – sagt im 10. Jahrhundert in seinem Werk „Schlüssel der Medizin":

> „Wer die Musik ausübt, spielt nämlich geradezu mit den Seelen und Kör-pern (der Menschen); denn wenn er will, gebraucht er sein Instrument so, daß es lachen macht, wenn er will, gebraucht er es auf eine Weise, die weinen macht, will er, so erregt er Freude, will er, so erregt er Trauer."[129]

Ibn Hindū war sich dabei bewußt, daß die altgriechische Musik mit ihren Eigenheiten und Feinheiten des „Ethos" zwar seit langem unter-gegangen, daß aber – und das ist entscheidend – die Ethos-Lehre in ihren Grundzügen weiterhin unvermindert gültig war; nur kannte die Musik jetzt für die verschiedenen Affektwirkungen andere melodische und rhythmische Typen. Ebenso wichtig ist aber auch die Überzeu-gung Ibn Hindūs, daß die Musik zur Medizin gehöre.

> „Was aber die Wissenschaft von der Musik anbetrifft, so gehört sie in einer bestimmten Hinsicht zur Medizin. Theon der Alexandrier hat von Hippokrates erzählt, daß die alten Philosophen die Kranken durch Melo-dien (alḥān) zu heilen pflegten, nämlich durch das Spielen des ‚Lyra‘ genannten Instrumentes sowie der Rohrflöte (zamr). Ich meine jedoch, daß die Heilkunst, die auf diese Weise verfuhr, weitgehend verschollen und erloschen ist; denn schon Hippokrates hat sie ungeachtet seiner Größe nicht mehr gekannt, vielmehr haben nur die Alten vor ihm sich dieser Methode bedient. Wollten wir daran gehen, sie (wieder) herauszufinden, so würde das Generationen und (ganze) Epochen in Anspruch nehmen. Wir müssen uns jedoch bei unserer Erörterung an die heute noch vorhandene hippokratische Medizin halten. Wir stellen daher fest, daß zwar die Fein-heiten und Verborgenheiten der Wissenschaft der Musik, mit deren Hilfe jene Philosophen die Krankheiten zu heilen vermochten, uns nicht mehr zugänglich, die offenbaren Hauptzüge jedoch nicht abhanden gekommen sind. Denn wir wissen doch generell, daß es eine Art der Melodie und des Trommelns und des Blasens und des Rhythmus gibt, die Trauer, eine ande-

---

[129] Zitiert bei J. Chr. Bürgel (L 1972), S. 243.

re, die Freude hervorruft, eine andere, die beruhigt und entspannt, eine andere, die beunruhigt und beklemmt, eine andere, die schlaflos macht, eine andere, die einschläfert."[130]

Während das lateinische Mittelalter sich im wesentlichen darauf beschränkte, die antike Lehre vom „Ethos" der Musik in der formelhaften, umrißhaften Gestalt weiterzureichen, in der sie spätantike Autoren übermittelt hatten, gingen arabische und jüdische Gelehrte des Mittelalters über die bloße Bewahrung literarischer Tradition weit hinaus. Sie paßten die Ethos-Lehre nicht nur ihrer eigenen Musik genau an, sondern bauten sie vor allem erheblich aus und konkretisierten sie bis in praktische Einzelheiten. War bei Platon, Aristoteles und den Neuplatonikern die Überzeugung von der heilsamen, „reinigenden" Kraft der Musik lediglich in Grundzügen ausgedrückt, so wurden nun bestimmte Melodietypen, Rhythmen und sogar die vier Saiten der Laute mit bestimmten Körpersäften, Affekten, Primärqualitäten, Kardinaltugenden, Jahres- und Tageszeiten, Gestirnkonstellationen usw. in direkte Beziehung gesetzt und die vielfältigen Verknüpfungen zu ganzen Systemen zusammengefügt.[131] Dabei tritt die zweifache, entweder aufmunternde oder beruhigende Wirkkraft der Musik deutlich hervor. Deutlich wird aber auch ihre Wirkungsrichtung. Mit Recht hat Eric Werner darauf hingewiesen, daß die arabischen und jüdischen Gelehrten des Mittelalters angesichts der Alternative, die das antike Erbe bot, in diesem Punkt eine für die Folgezeit wichtige Entscheidung trafen: Bei der therapeutischen Anwendung der Musik – nicht in ihrer Musikanschauung insgesamt – gingen sie nicht von der aristotelischen „Katharsis" aus, die man „homöopathisch" nennen könnte, sondern von der pythagoreischen, „allopathi-

---

[130] Ebd. S. 243 f.; vgl. auch die französische Übersetzung mit Erläuterungen von A. Shiloah (L 1972), S. 459 f. – In dem zitierten Text kommt – wie in anderen arabischen Texten, die im folgenden angeführt werden – ein sehr wesentlicher Charakterzug der arabischen Musik zum Ausdruck, der dem „Ethos" der antiken griechischen Musik eng verwandt ist. Die arabische Musik (ebenso die persische, türkische, indische, indonesische Musik) kannte und kennt zum Teil bis heute eine Reihe von verschiedenen Melodietypen, auf die sich alle im Einzelfall musizierten Melodien in freier Ausgestaltung beziehen. Jeder Melodietyp (arabisch „Maqām") ist bestimmten Situationen zugeordnet und Träger bestimmter Gefühle und Vorstellungen, die der arabische Hörer unmittelbar wahrnimmt und auf sich wirken lassen kann. Vgl. zum Maqām-Phänomen H. Hickmann (L 1970), S. 117–126 und H. H. Touma (L 1975), S. 57–68.
[131] Vgl. H. G. Farmer (L 1926) sowie E. Werner (L 1965), S. 78–80.

schen" Konzeption.[132] Die Musik sollte also nicht dazu dienen, einen Affektzustand weiter zu steigern, damit das Übermaß schließlich zur Erleichterung und „Reinigung" führe, sondern sie sollte, wie der zitierte Text des Ibn Hindū gezeigt hat, stets einem Affektzustand entgegenwirken, ihn aufheben und ausgleichen.

Auf der Grundlage dieses Musikverständnisses erscheint die Musik vom 9. Jahrhundert an im arabischen Kulturbereich als fester Bestandteil der Medizin, ebenso der Diätetik wie der Therapie. Damit war ein Prozeß abgeschlossen, in dessen Verlauf die antike Auffassung vom Aufgabengebiet des Arztes und die antike Lehre vom „Ethos" der Musik konsequent miteinander verbunden wurden – eine Konzeption, die im Altertum vorbereitet, aber noch nicht in dieser Weise definitiv ausgebildet worden war. Diese Entwicklung läßt sich jedoch nicht einmal in großen Zügen verfolgen, da uns für die „dunkle" Übergangszeit vom Altertum zum Mittelalter die Quellen fehlen. Wir müssen uns mit der Tatsache begnügen, daß die Musik vom 9. Jahrhundert an in der arabischen Welt eine Stellung in der Medizin einnahm, die sie in der antiken Medizin noch nicht gehabt hatte. Sie war von nun an eine reguläre Hilfsdisziplin der Medizin, und der Musiker zählte zu den medizinischen Hilfsberufen, da man, wie Ibn Hindū erläutert, vom Arzt nicht verlangen könne, daß er selbst am Krankenbett musiziere und ein tüchtiger Musiker sei:

„Wir verordnen bei der Therapie von Melancholikern häufig die ihnen entsprechenden und für sie nützlichen Tonarten (tarā'iq). Das heißt jedoch nicht, daß der Arzt selber trommeln, blasen, springen und tanzen müsse, vielmehr hat die Heilkunst viele Helfer, wie den Apotheker, den Aderlasser, den Schröpfer, und sie bedient sich ihrer und betraut sie mit allen diesen Arbeiten, und ebenso (bedient sie sich) des Musikers für die diesbezüglichen Zwecke."[133]

Im Zuge der „Assimilation" der arabischen Medizin übernahm der lateinische Westen vom 11./12. Jahrhundert an diese medizinische Funktion der Musik. Bis in das frühe 19. Jahrhundert behielt die Musik uneingeschränkt ihren Platz in der Medizin, obwohl die Werke der arabischen Autoritäten im 16. Jahrhundert ihre kanonische Gel-

---

[132] E. Werner (L 1965), S. 78–80.
[133] Zitiert bei J. Chr. Bürgel (L 1972), S. 244.

tung verloren. Dafür lassen sich hauptsächlich zwei Gründe anführen. Einmal, daß die antik-mittelalterliche Humoralmedizin und ihre Diätetik im großen und ganzen bis zur ersten Hälfte des 19. Jahrhunderts gültig blieb, also weiterhin die Grundlage aller Gesundheitsvorsorge und Therapie bildete. Zum anderen gewannen die Wirkkräfte der Musik gerade vom 16. Jahrhundert an ein starkes neues Interesse, das die Musik und Musikanschauung des Barock maßgeblich bestimmen sollte. Es ging um die alte Lehre vom „Ethos" der Musik. Sie war zwar seit dem ausgehenden Mittelalter nicht mehr völlig unangefochten – so übte im 15. Jahrhundert der Musiktheoretiker Johannes Tinctoris in einigen Punkten Kritik[134] –, aber das fiel kaum ins Gewicht. Viel bedeutsamer war, daß humanistisch gesonnene Gelehrte und Musiker des 16. und 17. Jahrhunderts wie Tyard, Vincenzo Galilei, G. Mei und G. B. Doni die vielbewunderte altgriechische Musik mit ihren staunenswerten Wirkungen wiederbeleben wollten. Der Wunsch, das „Ethos" der antiken Musik wiederzugewinnen, war allerdings nicht allgemein. Musiker wie Gafurius, Artusi, Salinas oder Cerone, die nur „ein rein gelehrtes Interesse an der antiken Musik" hatten, waren mit der Musik ihrer Zeit zufrieden und dachten nicht daran, sie grundlegend zu reformieren. Für andere wie etwa für Glarean, Vicentino, Zarlino und Mersenne war „die antike Musik der modernen nur in gewissen Punkten überlegen"; obschon ihnen einige Reformen wünschenswert erschienen, meinten sie doch, daß „in vieler Hinsicht die moderne Musik weit über die antike hinausgelangt sei."[135] Die größte Aufmerksamkeit fanden jedoch damals diejenigen, welche die altgriechische Musik möglichst vollständig und getreu wiederherstellen wollten, weil sie glaubten, daß die moderne Musik ihr weit unterlegen sei.

„Der Wunsch, die ethische Wirkung der Musik wiederzubeleben, ist die eigentlich treibende Kraft hinter Theorie und Praxis der begeisterten Gruppe von Humanisten. Bei den meisten Mitgliedern der Pléiade beispielsweise erschöpfte sich die Nachahmung der antiken Musik in dem Versuch, ernste Musik und Dichtung enger zu verschmelzen. Aber für Baïf, Tyard, Galilei oder Mersenne war dies erst der erste Schritt zur Wiederbelebung einer Kunst, die die Leidenschaften erwecken und beherrschen,

---

[134] R. Schäfke (L 1964), S. 240.
[135] D. P. Walker (L 1949), S. 9.

Tugend einprägen und bewahren, sogar Krankheiten heilen und den Bestand des Staates sichern sollte."[136]

Da man den meisten Berichten über die Wirkungen der antiken Musik Glauben schenkte, sie immer von neuem und vollzähliger als früher beschrieb und nach Möglichkeit noch ein Beispiel aus neuerer Zeit hinzufügte[137] – das gilt auch für manchen gelehrten Mediziner –, wurde die Frage viel diskutiert, auf welchen musikalischen Elementen die bewunderten Fähigkeiten hauptsächlich beruht hatten. Man erörterte ausgiebig die Wiedereinführung des „chromatischen" und des „enharmonischen" griechischen Tongeschlechts und die richtige Anwendung der antiken Tonarten, aber die praktischen Versuche dazu fielen enttäuschend aus.[138] Dagegen gewann ein anderes Argument aus dieser Debatte einen weitreichenden Einfluß auf die Musik selbst: die Überzeugung nämlich, daß das Geheimnis der Wirkkräfte der griechischen Musik in der Unterordnung der Musik unter den Text hinsichtlich Metrik und Ausdruck liege.[139] Dieser Gedanke prägte die Musik von der zweiten Hälfte des 16. bis zur Mitte des 18. Jahrhunderts sehr wesentlich. Auch diejenigen, denen an einer Erneuerung der antiken Musik und ihrer Wirkungen wenig gelegen war, folgten dem Grundsatz, „einen Text durch seine Komposition zu illustrieren" und seinen Ausdrucksgehalt in der Musik wiederzugeben.[140] Das zeigt, daß die Bemühungen humanistischer Gelehrter und Musiker, die griechische Musik wiederzubleben, in enger Wechselbeziehung zu allgemeinen künstlerischen Zeittendenzen standen.[141]

Wie man aber auch im einzelnen die antike Musik im Vergleich zur modernen beurteilen mochte – die genannten humanistischen Bestrebungen und der mit ihnen unmittelbar zusammenhängende Stilwandel in der Musik um 1600 führten zu dem Ergebnis, daß die alte Lehre vom „Ethos" der Musik in erneuerter, der Zeit angepaßter Form zur allgemein anerkannten Grundlage der Musik bis zur Mitte des 18. Jahrhunderts wurde. Die erste und wichtigste Aufgabe der Musik – auch der nicht textgebundenen Instrumentalmusik – bestand fortan

---

[136] Ebd. S. 13; vgl. auch S. 21.
[137] Ebd. S. 17–19.
[138] Ebd. S. 21–35.
[139] Vgl. ebd. S. 35–61.
[140] Ebd. S. 56.
[141] Ebd. S. 44.

darin, Affekte darzustellen und im Hörer zu erregen. In Analogie zu der vom Humanismus wiederbelebten antiken Rhetorik und Poetik entstand im 17. Jahrhundert eine komplizierte musikalische „*Affektenlehre*", die in geradezu handwerklicher Weise alle musikalischen Elemente in den Dienst des Affektausdrucks stellte. Sie galt nicht nur für die Komposition, sondern auch für die Darbietung der Musik und war eines der grundlegenden Prinzipien der barocken Musik und Musikanschauung.[142] „Leidenschafft. Affectus. Bey denen Menschen zu erregen, oder zu stillen ist der Music einziges Zihl", schreibt noch 1745 Meinrad Spieß in seiner Kompositionslehre.[143]

Obwohl die musikalische Affektenlehre des Barock aus der humanistischen Erneuerung der antiken Vorstellung vom „Ethos" hervorging, traten doch bald deutliche Unterschiede zutage. Zwar beruhte die Affektenlehre auf der antiken Annahme einer unmittelbaren Analogie zwischen der „harmonischen Bewegung" der Musik und der „Bewegung" der Seele,[144] aber gegenüber der antiken Zielsetzung und auch gegenüber den antikisierenden humanistischen Bestrebungen überwog im Laufe der Zeit immer mehr „der Wille zur Affektdarstellung als solcher". „Die hochstilisierte und in idealtypische Formen gezwungene Darstellung der spannungsgeladenen Affektzustände", der musikalische Ausdruck „extremer Lagen der menschlichen Seele in ihrer exzentrischen Polarität" drängte die ethischen Gesichtspunkte in den Hintergrund.[145]

„Die Aufgabe, dem Text musikalisch-darstellerisch Genüge zu tun, wird erweitert durch das Ziel, den hörenden Menschen zu erregen, ihn aufzurütteln. Dabei rechnet der Komponist mit der Affektbereitschaft des Hörers, mit seiner spontanen Reaktion und Schwingungsfähigkeit", er will „die gegensätzlichen Affekte schüren und wieder stillen".[146]

„Der Komponist beherrscht den Hörer mit den Errungenschaften der musica pathetica."[147] Man dachte dabei aber nicht an individuelle

---

[142] Vgl. hierzu R. Dammann (L 1967), S. 215–396 („Der Affektbegriff"), ferner M. Donà (L 1968).
[143] Aus dem Anhang der Kompositionslehre von M. Spieß (Q 1745) zitiert bei R. Dammann (L 1967), S. 215; vgl. auch die weiteren Belege ebd. S. 225 f.
[144] R. Dammann (L 1967), S. 223.
[145] Ebd. S. 218.
[146] Ebd. S. 222.
[147] Ebd. S. 228.

Affektregungen und Stimmungen, sondern an allgemeine Typen von Affekten, die sich bei allen Menschen in derselben Weise hervorrufen und wieder beruhigen ließen, da man die Wirkungen musikalischer Affektdarstellung für naturgesetzlich und zwangsläufig hielt.

Die große Bedeutung, die das Affektprinzip für die Musik der Barockzeit hatte, ließ die Wirkkräfte der Musik verstärkt ins allgemeine Bewußtsein treten. Für die Medizin, die sich die Affektwirkungen der Musik schon seit langem in Diätetik und Therapie zunutze machte, war die musikalische Affektenlehre des Barock eine willkommene systematisch-wissenschaftliche Bestätigung ihrer Praxis. Umgekehrt lenkte die Affektenlehre die Aufmerksamkeit der Musiker viel mehr als früher auf die Frage, wie die Wirkungen der Musik auf Seele und Körper zu erklären seien, und weckte damit bei ihnen ein reges naturwissenschaftliches Interesse. Man bemühte sich, die Wirkungen der Musik mit den Zahlenproportionen, die in der linearen Abfolge und in der Schichtung der Intervalle steckten, sowie mit der Verbindung der Akkorde zu begründen. Darüber hinaus fragte man, wie etwa Kirchers vielgelesene „Musurgia universalis" (1650) zeigt, auch nach den „physiologischen" Vorgängen bei der Wirkung von Musik auf den Menschen und befaßte sich ausführlich mit deren „medizinischer" Erklärung.[148]

Bis in das frühe 19. Jahrhundert hatte die Musik einen festen Platz in der Medizin. Der Grund dafür ist einmal vor allem darin zu suchen, daß die antik-mittelalterliche Diätetik so lange gültig blieb. Zumindest indirekt dürften aber im 17. und 18. Jahrhundert auch das Affektprinzip und die Affektenlehre der barocken Musik dazu beigetragen haben. Daß die Ärzte gerade in dieser Zeit, wie es scheint, die Musik noch mehr und noch bewußter als bisher zum Schutz der Gesundheit empfahlen oder bei der Behandlung von Krankheiten zu Hilfe nahmen, läßt sich wohl nur daraus erklären, daß der Affektausdruck die Musik der Zeit unmittelbar bestimmte.

---

[148] Ebd. S. 241–253.

V. Musik zum Schutz der Gesundheit

1. Musik als seelisch-körperliches Regulativ

„Musik ist . . . gleichsam die Medizin der sieben Artes", formulierte 1392
der französische Dichter EUSTACHE DESCHAMPS (um 1346 bis um 1406).
„Denn wie die Energie und der Geist der Menschen, wenn sie sich mit den
anderen Artes beschäftigen, von der Arbeit ermüdet und überdrüssig sind,
so singt ihnen die Musik mit der Süße ihrer Kunst und der Melodie ihrer
Stimme . . . angenehme und gefällige Lieder . . . Durch ihre angenehme
Melodie werden die Herzen und Lebensgeister derer, die . . . durch Nachdenken und durch ihrer Hände Arbeit erschöpft, träge und unlustig sind,
ärztlich behandelt und wieder zu Kräften gebracht und sind danach wieder besser imstande, zu studieren und sich mit den anderen sechs Artes zu
beschäftigen."[1]

Deschamps gibt eine originelle Interpretation der Stellung der
Musik unter den Artes liberales: Obwohl die Musik als Lehre von den
Zahlenproportionen zu den mathematisch-theoretischen Fächern der
Artes gehörte, richtet er den Blick auf ihre praktische Seite. Ihre
Fähigkeit und ihre Aufgabe sieht er darin, daß sie dem von Arbeit
ermüdeten Geist und Körper Erholung verschaffen und dadurch als
die „Medizin der übrigen Artes" dazu dienen könne, die Gesundheit
zu erhalten.

Von den antiken PYTHAGOREERN wissen wir, daß sie die Musik auf
dem Boden der Lehre vom „Ethos" planmäßig zum Schutz der
Gesundheit verwendeten. Was Jamblichos im 4. Jahrhundert n. Chr.
berichtet, gilt vielleicht auch schon für die frühen Pythagoreer des
ausgehenden 6. und des 5. Jahrhunderts v. Chr.:

„Auch war er [Pythagoras] der Auffassung, die Musik trage Wesentliches zur Gesundheit bei, wenn man sie in der rechten Weise betreibe. Denn

---

[1] E. Deschamps (Q 1 891), S. 269.

157

nicht nur nebenbei pflegte er diese Form der ‚Reinigung': so nannte er nämlich die Heilung durch die Musik. Im Frühjahr griff er zu einer melodischen Übung folgender Art: in die Mitte setzte er einen, der die Leier schlug, und rings um diesen ließen sich die Sänger nieder und sangen so gemeinsam zu seinem Spiel bestimmte Paione, durch die sie, wie sie glaubten, frohen Sinnes, harmonisch und rhythmisch wohlgeordnet wurden. Sie verwandten auch in der übrigen Zeit (des Jahres) die Musik als Heilmittel. Dabei gab es bestimmte Melodien, die auf die Affekte – etwa auf Anfälle von Mutlosigkeit und nagendem Kummer – zugeschnitten waren; diese waren sehr hilfreich erdacht. Andere wieder wirkten auf Zornes- und Gemütswallungen und auf jedes Außersichgeraten der Seele, die dafür anfällig ist. Gegen die Begierden war ebenfalls eine bestimmte Art von Musik erfunden."[2]

Dieser Brauch der Pythagoreer darf allerdings nicht darüber hinwegtäuschen, daß die Musik im Altertum im allgemeinen noch kein Bestandteil der Medizin war. Erst arabische Gelehrte und Ärzte verknüpften konsequent die antike Lehre vom „Ethos" der Musik mit dem Körper-Seele-Verständnis der Humoralmedizin und gliederten die Musik fest in die Diätetik und Therapie ein.[3] In einer bereits an anderer Stelle zitierten Einführung in die Wissenschaften, die von al-Farabi stammen soll und später im lateinischen Westen viel benützt wurde, heißt es über die „Wissenschaft von den Klängen":

„Sie ist auch nützlich für die Gesundheit des Körpers; denn der Körper ist krank, wenn die Seele geschwächt ist, und er ist beeinträchtigt, wenn sie beeinträchtigt ist. Daher geschieht die Heilung des Körpers durch die Heilung der Seele, indem ihre Kräfte wiederhergestellt und ihre Substanz in die rechte Ordnung gebracht wird mit Hilfe von Klängen, die dies bewirken können und dafür geeignet sind."[4]

Diesen Sätzen, die bis in das 17. Jahrhundert oft zitiert wurden,[5] entsprechen in den arabischen Gesundheitsbüchern des Mittelalters praktische Ratschläge. Im „Tacuinum Sanitatis" des Ibn Buṭlān aus dem 11. Jahrhundert, einer der bekanntesten unter den arabischen Gesundheitsschriften, von welcher der Straßburger Arzt Michael Herr 1533 eine deutsche Ausgabe veröffentlichte, wird die Aufgabe der Musik in der Medizin kurz folgendermaßen definiert:

---

[2] Jamblichos (Q 1963), S. 117 (§§ 110/111).
[3] Siehe oben S. 148–152.
[4] Alfarabi (Q 1916), S. 19.
[5] Vgl. z. B. Vinzenz von Beauvais (Q 1624), Sp. 19 A; [Ps.-]Aristoteles (Q 1864), S. 253; S. Tunstede (Q 1864), S. 206; R. Fludd (Q 1624), Bd. 1, S. 167.

„Instrumenten und Seytenspil der Musica helffen auch die gesuntheit erhalten / und die verloren wider zubringen. Dan die tön seind eben den schwachen gemüteren vergleicht / wie sich die artzneyen den schwachen leiben vergleichen."[6]

Im pseudoaristotelischen „Secretum Secretorum"[7] finden sich genaue Anweisungen, wie man durch die richtige Lebensweise die Wärme des Körpers erhalten, den Körper stärken und seine Gesundheit schützen kann. Empfohlen werden u. a. Bäder in süßem Wasser, angenehme Düfte von Pflanzen, das Trinken süßer, warmer Milch oder süßen Weines, das Schlafen auf weichen Kissen usw. Alles wird aber noch „viel besser und nützlicher sein, wenn Fröhlichkeit und Freude" hinzukommen. Damit ist im einzelnen gemeint, sich an Spielen und an einem schönen Anblick zu ergötzen, hübsche Gesichter zu sehen, erfreuliche Bücher zu lesen, „süße und liebliche Gesänge zu hören", „sich mit Musikinstrumenten angenehm zu unterhalten", sich prächtige, verschiedenfarbige Gewänder anzulegen, sich mit kostbaren Edelsteinen zu schmücken, mit guten Freunden zu plaudern und zu scherzen usw.[8] In der ältesten bisher bekannten deutschen Version dieser Gesundheitslehre aus dem 13. Jahrhundert heißt es über die Musik, man solle „horen gesank und herpfen [Harfen] und ander saiten spil".[9] In einer deutschen Fassung aus dem frühen 14. Jahrhundert steht die Musik sogar an erster Stelle:

„Seithen spil und guten zugesanc und lustig bucheren horen und schone antlitze und schone ougen ansehn, daz hilft sere zu der gesuntheit des libes."[10]

Ähnliche Ratschläge, die instrumentale und vokale Musik einschlossen, gab um 1200 der jüdische Gelehrte und Arzt Maimonides

---

[6] Schachtafelen der Gesuntheyt (Q 1533), S. CXCV. Zu diesem Werk, seiner Überlieferung, Verbreitung und Wirkung vgl. E. Wickersheimer (L 1950) sowie die Einleitung von Fr. Unterkircher zur Faksimile-Ausgabe einer Wiener Handschrift des Tacuinum Sanitatis (Q 1967).
[7] Siehe oben S. 97.
[8] R. Bacon (Q 1920), S. 82 und 95.
[9] W. Hirth (L 1969), S. 186.
[10] J. Brinkmann (L 1914), S. 53. Vgl. auch Hiltgart von Hürnheim (Q 1963), S. 82 f. und 165; eine französische Version bei Ch.-V. Langlois (L 1926–28), Bd. 3, 1927, S. 87 und 97 f.; ferner die italienische Fassung bei G. Manente (Q 1538), fol. 8 r.

(1135–1204) in einem jahrhundertelang sehr populären Brief an einen ägyptischen Sultan, der an Verstopfung und an Depressionen litt.[11] In einer aus dem 13. Jahrhundert stammenden Version der bis in das 9. Jahrhundert zurückgehenden „Medizin des Propheten" beginnt das Kapitel über das Anhören von Gesang mit folgenden Sätzen:

> „Gesang zu lauschen ist Wohlgeruch für Seelen, Beruhigung für Herzen, Nahrung für den Geist, und gehört zu den wichtigsten Arten der seelischen Medizin. Dies ist [nämlich] eine Ursache für Vergnügen . . ., und maßvolles Vergnügen reinigt die angeborene Wärme [des Körpers], stärkt die Kräfte der Seele, verlangsamt den Verfall des Alters, indem sie dessen Krankheiten vertreibt, macht die Komplexion reiner und erfrischt den ganzen Körper."[12]

Am Ende des 13. Jahrhunderts nannte Arnald von Villanova in einer Liste der „den ganzen Körper stärkenden Dinge" angenehme Düfte, schöne Farben und liebliche Klänge unter den Mitteln, welche die „virtus animalis" stärkten.[13] Für ihn war das selbstverständlich: Die Übernahme und „Assimilation" der arabischen Medizin war damals bereits weitgehend abgeschlossen. In den vom 14. Jahrhundert an immer zahlreicheren Gesundheitsschriften, die auch schon in Volkssprachen verbreitet waren, war es ein fester Programmpunkt, die Musik als ein Mittel zu empfehlen, das der Gesundheit förderlich sei. Die Ärzte ermahnten ihre Leser in immer wiederkehrenden Wendungen, vor allem übermäßige Affekte jeder Art zu meiden. So heißt es in einem Gesundheitstraktat des 14. Jahrhunderts aus Montpellier:

> „Der Mensch soll sich hüten vor Zorn, Traurigkeit und Aufregung. Er soll vielmehr für Freude und Fröhlichkeit sorgen mit Hilfe von erfreulichen Dingen wie z. B. Musikinstrumenten und ähnlichen Dingen, weil dies die Kräfte des Organismus stärkt, die ,Natur' festigt und sie in ihren Tätigkeiten unterstützt. Was dagegen Traurigkeit hervorruft, bringt gesunden Lebewesen Schaden."[14]

Traurigkeit, so erläutert eine italienische Gesundheitsschrift, ermü-

---

[11] Maimonides (Q 1477), S. 26.
[12] C. Elgood (Q 1962), S. 175.
[13] Arnald von Villanova (Q 1585/c), Sp. 352.
[14] H. Faber (Q 1921), S. 15.

det den Körper und zehrt ihn auf, während erfreuliche Dinge und Fröhlichkeit das Blut rein und sauber machen und den Körper dick werden lassen.[15] Auch ein guter, duftender Wein ist nach allgemeiner Ansicht geeignet, das Herz zu kräftigen und die Wärme des Körpers zu steigern, das Blut zu reinigen und seine Trübung zu beseitigen, besonders dann, so fügt Magninus von Mailand hinzu, „wenn der Wein bei Klängen und Melodien getrunken wird".

„Die Gelehrten sagen nämlich, daß das Anhören von Musikinstrumenten das unruhige Getöse aus dem Geist und die Traurigkeit und Dumpfheit aus dem Herzen vertreibt. Man soll aber darauf achten, daß ein lieber Kamerad und guter Freund die Musik mit lustigen Erzählungen ergänzt."[16]

Wie geläufig die gesundheitsfördernde Funktion der Musik im Mittelalter war, zeigen besonders anschaulich einige Handschriften des „Régime du corps", das Aldebrandino von Siena um die Mitte des 13. Jahrhunderts verfaßte. In der Initiale zu dem Kapitel „Wie man sich vor Zorn hüten soll" ist in mehreren Handschriften des 13. und 14. Jahrhunderts ein Fiedelspieler dargestellt, obwohl die Musik im Text gar nicht erwähnt wird (s. Abb. 15).[17]

Die Musik galt als besonders nützlich, um bei Menschen von „warmer" und von „trockener" Komplexion einer gesundheitsschädlichen Veränderung ihrer Disposition vorzubeugen. Nach Meinung des Averroës (1126–1198) waren diese beiden Komplexionen letztlich nicht streng zu trennen, sondern höchstens graduell unterschieden, „weil es unmöglich ist, daß Wärme schließlich nicht zur Trockenheit wird".[18] Personen dieses Temperaments sollten alles vermeiden, was die Trockenheit des Körpers beförderte, seine Wärme steigerte und dadurch den Körper aufzehrte und vorzeitig altern ließ; dazu gehörten vor allem schwere Arbeit, Sorgen, Aufregung, Zorn usw. Stattdessen sollten sie heiter gestimmt sein, sich an angenehmen Dingen

---

[15] Gregorio Medicofisico (Q 1865), S. 24. Vgl. ferner etwa Oderico da Genova (Q 1961), S. 112.
[16] Magninus Mediolanensis (Q 1503), fol. 17 v.
[17] Zwei weitere Darstellungen ähnlicher Art sind abgebildet bei L. Landouzy und R. Pépin (Q 1911), S. 31 sowie bei R. Klibansky, E. Panofsky und F. Saxl (L 1964), Abb. 67.
[18] Averroës (Q 1562), fol. 139 D.

erfreuen, sanfte Musik und lieblichen Gesang hören, mit Freunden zusammensein und schöne Dinge betrachten, die Freude machen.[19]

Neben dieser auf der arabischen Medizin basierenden Diätetik, die über das Mittelalter hinaus Geltung behielt, entstand im 15. Jahrhundert eine vom Humanismus geprägte Gesundheitsliteratur. Hatten sich in der Diätetik der arabischen Ärzte die sinnenfrohe arabisch-islamische Kultur und ihr Lebensstil unmittelbar ausgedrückt, so wirken die humanistischen Gesundheitsschriften gelehrter, literarischer und blasser.[20] Auch in ihnen wird der Musik eine wichtige Aufgabe für die Gesundheit zugewiesen, aber nun auf der Grundlage der von den florentinischen Humanisten erneuerten pythagoreisch-platonischen Geisteswelt. Dadurch war ein Ausgleich dafür geschaffen, daß die Musik in den hippokratischen Schriften und bei Galen – also den medizinischen Autoritäten, die jetzt die arabischen Bücher aus ihrer Vorrangstellung verdrängten – gar keine oder nur eine sehr geringe Bedeutung hatte. Mit dieser veränderten Lage dürfte es zusammenhängen, daß den humanistischen Gesundheitsschriften gerade in ihren Aussagen über die Musik – im Vergleich zu den mittelalterlichen Texten arabischer Herkunft – eine gewisse literarisch vermittelte, künstlich wirkende Distanz eigen ist: In gedrechselten Sätzen und mit vielen gelehrten Belegen aus der antiken Literatur wird die Musik als Mittel gegen Traurigkeit und Beschwernis der Seele und für eine maßvolle Heiterkeit empfohlen, weil der Körper sonst nicht gesund sein und bleiben könne. Der antiken Musikkultur entsprechend verstehen die Autoren unter Musik hauptsächlich Gesang oder doch begleiteten Gesang, während in den mittelalterlichen Gesundheitsbüchern Gesang und Instrumentalmusik stets gleichberechtigt nebeneinandergestanden hatten. Im Gegensatz zu den meist kurzen und formelhaften mittelalterlichen Texten stellen humanistische Ärzte die antike Lehre vom „Ethos" der Musik oft ausführlich dar, um damit die Wirkung der Musik auf die Seele zu begründen. Dafür fehlen bei ihnen die im Mittelalter häufig beschriebenen direkten körperlichen Auswirkungen der Musik, wie die humanistischen Gesundheitsschriften überhaupt einen mehr literarischen und pädagogisch-

---

[19] Ebd. fol. 139 G und 203 B. Ähnlich Giacomo Albini in G. Carbonelli (Q 1906), S. 110 und L. Lemnius (Q 1587), fol. 55 v.

[20] Vgl. hierzu und zum folgenden z. B. C. Landi (Q 1557), S. 19–21; E. Hessus (Q 1564), fol. 13 v; A. Niger (Q 1581), letztes Kapitel (unpaginiert).

moralischen als medizinisch-praktischen Charakter haben. Sie bezogen sich auf die heiter-gelassene Lebensform, wie sie dem gebildeten Humanisten vorschwebte, der sich am liebsten vom lärmenden Treiben der Welt zurückzog, im Kreise gleichgesinnter Freunde außerhalb der Stadt bei Gesang, gelehrtem Gespräch und gemessener Fröhlichkeit die alltäglichen Sorgen vergaß und darin den besten Schutz seiner Gesundheit erblickte. Ein weiterer Unterschied zum Mittelalter fällt dabei auf: Galten in der mittelalterlichen Medizin Körper und Seele in ihrem Verhältnis als gleichrangig, so bewerten humanistische Autoren die Gesundheit von Geist und Seele höher; daß die körperliche Gesundheit von ihr abhängig ist, erscheint wichtiger als der umgekehrte Zusammenhang.[21] So bezeichnet Marsilio Ficino unter Hinweis auf Platon den menschlichen Geist als „Herren und König des Körpers". Der gesamte Körper hänge vom Geist so sehr ab, daß er nicht gesund sein könne, wenn nicht der Geist bei guter Gesundheit sei – Apoll habe nicht Hippokrates, sondern Sokrates für den Weisesten erklärt.[22]

Ein solcher Vorrang von Geist und Seele ist aber nur für Gesundheitsschriften typisch, die stark vom Humanismus geprägt sind. Zahlreiche Gesundheitsbücher des 16. und 17. Jahrhunderts, die davon nur wenig berührt sind, vor allem kurzgefaßte populäre Werke, halten ganz im traditionellen Sinne daran fest, daß die Fürsorge für die seelische und die körperliche Gesundheit gleich wichtig sei, und geben im Stile spätmittelalterlicher Traktate weiterhin schlichte, pragmatische Anweisungen, unter denen die Musik selten fehlt. So faßt z. B. der Arnstädter Hof- und Stadtarzt Johann Wittich (1537–1598) in wenigen Worten zusammen, was jeder über die Bedeutung der „Bewegung des Gemüts" für den Schutz der Gesundheit wissen sollte:

„Das Hertz zu erfrewen / und allen Unmuht zu wenden / haben sonderliche große Krafft diese fünff Stück:
1. Gottes Wort.
2. Ein gut Gewissen.
3. Die Musica.
4. Ein guter Wein.
5. Ein vernünfftig Weib."[23]

---

[21] Vgl. W. Artelt (L 1932), S. 320–322.
[22] M. Ficino (Q 1576/a), Bd. 1, S. 509.
[23] J. Wittich (Q 1606), S. 164.

163

Der italienische Arzt Castor Durante (gest. 1590), der Leibarzt des Papstes Sixtus V. gewesen sein soll, verfaßte ein umfängliches Werk über die Gesundheit, das 1623 in deutscher Übersetzung erschien. Darin legte er ausführlich dar, inwiefern die „Zufälle des Gemüths" für die Gesundheit wichtig seien. Ihr „groß vermögen unsere Leiber zuverändern" beruhe bei Affekten wie Zorn und Freude darauf, daß die Säfte und die spiritus zur Körperperipherie hin bewegt würden, während Furcht, Traurigkeit und dergleichen eine umgekehrte Bewegung auslösten, die Glieder erkalten ließen und den Körper schwächten. Besonders Zorn und Traurigkeit im Übermaß sind nach Durante sehr gesundheitsschädlich, weil sie die spiritus in Unordnung und in Erregung bringen, die Glieder austrocknen, den Körper auszehren, entzünden und gleichsam verbrennen.[24]

„Alle zufälle aber deß Gemüths in gemein haben die böse Art / daß sie die Tawung [Verdauung] verhindern / die Kräffte zu boden stürtzen und den ganzen leib von seinem natürlichen Zustande bewegen."[25]

Vor allem wirken schwere Gedanken, Sorgen, innere Unruhe usw. in dieser Richtung. Dagegen steigert maßvolle Freude alle Körperfunktionen und ist „allen Menschen nutz", ausgenommen denjenigen,

„so einer Außmägerung oder schmälerung deß Leibs bedörffen: sintemal die Frewde den Menschen noch feister und völliger macht und das Fleisch zusampt der Feuchtigkeit vermehrt."[26]

Bei der Freude wie überhaupt bei allen Dingen, die den Körper und die Seele betreffen, kommt es hauptsächlich darauf an,

„allezeit ein Maß zuhalten...: sintemal eine solche Mäßigung die natürliche wärmbde aufferweckt / alle animalische Geister temperiert und reiniget / alle andere Kräffte stärckt / der Tawung große Hülff und Beförderung gibt / den Verstandt schärpfft / den Menschen zu allen Geschäfften düchtig bereit und fertig macht / die jugendt erhält unnd endlich auch das Leben selbst verlängert."[27]

---

[24] C. Durante von Gualdo (Q 1623), S. 56 f.
[25] Ebd. S. 58.
[26] Ebd. S. 62.
[27] Ebd. S. 61 f.

„In Summa es ist zu Erhaltung der Gesundtheit nichts unter allen dingen so bequem / als in Frewden leben / sich weder erzörnen noch bekümmern ... Derowegen welchem sein Gesundtheit lieb und angelegen ist / der suche seinen Lust in den Gährten oder andern grünen Feldern / ergetze sich mit guten Freunden oder einer wolklingenden Music: Als welche Sachen beneben einer guten unnd bequemen diaet die Speiß unnd Tranck betreffendt / die Kräffte gewaltig stärcken ...“[28]

Solche Ratschläge, die meist die Musik einschließen, kehren in den Gesundheitsschriften bis zum frühen 19. Jahrhundert vielfach wieder. Als der Altdorfer Professor Jacob Pancraz Bruno (1629–1709) 1682 eine Neubearbeitung des erstmals 1607 erschienenen medizinischen Lexikons von Bartolomeo Castelli herausbrachte, war ein bisher nicht vorhandener Artikel „musica" neu eingefügt. Darin heißt es, die Musik sei „nützlich zur Heilung von Krankheiten wie auch zur Erhaltung der Gesundheit".[29] Die Beispiele ließen sich beliebig vermehren. Sie berechtigen zu dem Schluß, daß die Hinweise der Ärzte auf die gesundheitsfördernde Wirkung der Musik auch tatsächlich befolgt wurden, mit anderen Worten: daß man der Gesundheit zuliebe Musik hörte oder selbst musizierte, wenn auch – anders als bei Krankheiten – konkrete Belege hierfür selten sind. Einen solchen Beleg bringt im Jahre 1700 der Augsburger Arzt Veit Riedlin (1656–1724) in seinem über mehrere Jahre geführten ärztlichen Tagebuch. Er erzählt zustimmend von einem alten Mann, der auf die Frage, was ihm zur Erhaltung der Gesundheit am besten erscheine, verschiedenes aufzählte und dann hinzufügte,

„er könne bezeugen, daß er die Musik zu diesem Zweck kaum je vergeblich zu Hilfe geholt habe; ob ein berechtigter Zorn in ihm entbrannte oder Traurigkeit seinen Geist bedrückte oder begründete Furcht ihn quälte oder andere Affekte ihn überfielen – sobald er das Musikinstrument ergriffen und eine zeitlang darauf gespielt habe, hätten sich seine Gemütsbewegungen so weit gelegt, daß er sich kurz danach schon wieder viel besser gefühlt habe und wieder besser imstande gewesen sei, die begonnene Arbeit zu Ende zu führen ...“[30]

Schon MARSILIO FICINO bezeugt, er habe in seiner Studierstube oft

---

[28] Ebd. S. 62 f.
[29] B. Castelli (Q 1682), S. 877.
[30] V. Riedlin (Q 1697–1701), Jg. 1700, S. 1058.

erfahren, „wieviel die Süße der Harfe und des Gesanges gegen die Bitterkeit der schwarzen Galle vermag."[31] Unter der „schwarzen Galle" hatten nach der Meinung Ficinos vor allem Gelehrte und Künstler wegen ihrer einseitig geistigen Tätigkeit und der „sitzenden Lebensweise" zu leiden. Beides trockne das Gehirn aus, nehme mit der Feuchtigkeit dem Körper auch die Grundlage für die unentbehrliche Wärme und verzehre außerdem die übermäßig bewegten spiritus. Indem diese aus den feineren Teilen des Blutes aufgefrischt und ersetzt würden, werde das übrige Blut dicker, trockener, schwarz und kalt, die Verdauung werde gestört, und wegen der zu geringen körperlichen Bewegung seien die körperlichen Ausscheidungen zu sehr reduziert. „Alles dies macht einen melancholischen Geist und eine traurige, ängstliche Stimmung."[32] In dem Kapitel „Wie die schwarze Galle zu vermeiden sei" gibt Ficino unter Hinweis auf Merkur, Pythagoras und Platon ausdrücklich den Rat, „den verstimmten oder traurigen Geist mit der Harfe und mit einem ebenmäßigen und harmonischen Gesang wieder in Ordnung zu bringen und aufzurichten."[33]

Solange es sich nur um eine melancholische „Komplexion" handelte, d. h. um ein angeborenes Überwiegen der schwarzen Galle, das sich noch nicht zur melancholischen Krankheit gesteigert hatte, bewertete Ficino sie – im Gegensatz zur antiken und mittelalterlichen Medizin – nicht negativ. Vielmehr sah er in ihr, an die pseudoaristotelischen „Problemata" anknüpfend, die für künstlerische und geistige Leistungen besonders geeignete, ja geradezu notwendige Disposition, die allerdings bei unachtsamer Lebensweise leicht krankhafte, gefährliche Ausmaße annehmen konnte. Aus dieser Melancholie-Konzeption Ficinos, die eine nachhaltige Wirkung entfaltete, erwuchs eine eigene Gattung von Gesundheitsschriften, die speziell den Gelehrten galten.[34] Seit Ficino galt es als selbstverständlich, daß die Musik für die geistige Erholung, die der Gelehrte mehr als andere Menschen nötig hatte, außerordentlich nützlich, ja sogar unentbehrlich sei. So fordert z. B. der englische Arzt Thomas Cogan (um 1545–1607) in einer Schrift über die Gesundheit der Gelehrten (1584), der Gelehrte solle nach Möglichkeit selbst die Musik erlernen,

---

[31] M. Ficino (Q 1576/a), Bd. 1, S. 502.
[32] Ebd. S. 497.
[33] Ebd. S. 502.
[34] Über diesen Zusammenhang ausführlicher unten S. 287–290 und 298–300.

„nicht nur zur Beruhigung und Erholung, sondern auch, weil sie die Menschen zur Tugend und zu gutem Charakter bringt und sehr beiträgt zur Weisheit, zur Ruhe des Geistes und zur Kontemplation."[35]

Hier berief sich ein überzeugter Humanist auf die antike Lehre vom „Ethos" der Musik in ihrem ganzen Umfang. Im 17. und 18. Jahrhundert dachte man aber im allgemeinen nur an den unmittelbaren medizinischen Nutzen der Musik für die seelische und körperliche Gesundheit der Gelehrten. Martin Pansa, Stadtarzt in Annaberg, empfahl ihnen 1615 mäßigen Weingenuß, Unterhaltungen, Spaziergänge, lustige Schauspiele und „nicht zuletzt Musikinstrumente".[36] Der in Thüringen wirkende Nicolaus Börner (1693 bis um 1770) erläutert das 1748 näher:

„Wannenhero Studierende nicht unrecht thun, wenn sie sich, sowohl der Vocal- als Instrumental-Music befleißigen, weil solche das Gemüthe gar sonderlich besänftigen und in Ruhe bringen, auch Sorgen, Traurigkeit und Grillen vertreiben, die Arbeit darneben erleichtern, die Spiritus aber ermuntern und belustigen kan: Sintemal auch die Kräfte der Seelen und des Verstandes, bey einem ruhigen Gemüthe sich weit besser äußern und zu Tage legen können, als wenn die Gemüths-Ruhe nicht vorhanden."[37]

Der Londoner Arzt William Buchan (1729–1805), Verfasser eines im ausgehenden 18. Jahrhundert sehr beliebten Gesundheitsbuches, äußert sich ähnlich:

„Musik wirkt sehr günstig auf die Entspannung des Geistes, wenn er vom Studieren ermüdet ist. Es wäre gut, wenn jeder geistig Arbeitende mit dieser Kunst so weit vertraut wäre, daß er sich nach anstrengender Denkarbeit selbst unterhalten könnte, indem er solche Stücke spielt, welche die Fähigkeit haben, die Lebensgeister aufzurichten und Heiterkeit und gute Stimmung zu schaffen."[38]

Neben Gelehrten und Künstlern hatten nach Meinung der Ärzte vor allem Könige und regierende Fürsten wegen der Last ihres Amtes

---

[35] Aus Th. Cogan (Q 1584) zitiert bei R. Hunter und I. Macalpine (Q 1963), S. 31.
[36] M. Pansa (Q 1615/a), Bd. 1, fol. 170 v. Vgl. ferner etwa G. W. Wedel (Q 1704), S. 20.
[37] N. Börner (Q 1744–48), Bd. 2, 1748, S. 689 f.
[38] W. Buchan (Q 1784), S. 67. Buchans Werk erlebte zwischen 1769 und 1813 21 Auflagen.

die Musik zur Erholung besonders nötig. Johannes Gallego de la Serna, Leibarzt Philipps III. und Philipps IV. von Spanien, betont 1634, Musik sei

„politischen Geschäften nicht im mindesten hinderlich. Es ist für Könige sogar notwendig, sich manchmal der Musik zuzuwenden, um die von den großen Sorgen verursachte Erschöpfung zu beheben; denn eine ständige geistige Anspannung ist unerträglich." Daher „wird die Musik für die Könige notwendiger sein als für die übrigen Menschen".[39]

Ebenso rechtfertigt es der Schriftsteller Erasmus Francisci (1627 bis 1694) 1663 ausdrücklich, daß sich Fürsten der Musik widmen. Man könne es

„einem Fürsten nicht verdencken / wann er / in seinem Gemach / daheim sein / mit vielfältigen Regiments-Sorgen belastetes Gemüth / vermittelst einer süßen Harmony / ergetzt; es sey gleich daß er zuhöret / oder selbsten etwan eine Lauten in die Hand nimmt. Ja es ziert vielmehr / und vermehrt die Geschicklichkeit hoher Personen: Sintemal ihre Sinnen dadurch nicht allein erquicket / sondern auch besänfftiget und linder werden."[40]

Es lag nahe, die Musikpflege an den Fürstenhöfen auf solche medizinischen Motive zurückzuführen und damit zu rechtfertigen.[41] Welche Bedeutung dergleichen Gesichtspunkte für die Stellung der Musik in den Fürstenspiegeln und in der adligen Erziehungsliteratur gespielt haben, muß vorerst offen bleiben, da diese Frage noch nicht untersucht ist.

Dasselbe gilt für die Rolle der Musik in allgemeinen pädagogischen Entwürfen. Nur soviel kann schon jetzt gesagt werden: Vom 16. bis zum 18. Jahrhundert scheint die Musik nicht zuletzt aus medizinischen Gründen in der Pädagogik einen festen Platz eingenommen zu haben. Das ist um so weniger erstaunlich, als die Ärzte der Musik eine große Bedeutung für die seelische und körperliche Entwicklung des Kindes beimaßen.[42] Ein englisches Sammelwerk aus dem frühen 17. Jahrhundert knüpft an den Bericht von zwei Heilungen, die allein auf der Wirkung der Musik beruhen sollten, die Forderung,

---

[39] J. Gallego de la Serna (Q 1634), Bd. 2, S. 127 und 125.
[40] E. Francisci (Q 1663–73), Bd. 1, 1663, S. 26 f.
[41] Vgl. J. Katzschius (Q 1570), fol. 29 v.
[42] Siehe dazu unten S. 176–181.

„in allen gut regierten, wohlgeordneten Gemeinwesen sollten die Menschen ihre Söhne und Töchter in Musik unterrichten lassen, weil sie ängstliche Herzen beruhigt, Schwermut lindert, die Menschen in Eintracht und Freundschaft erhält, viele melancholische Krankheiten heilt und kein geringes Mittel ist, um den Geist zur Frömmigkeit zu bringen."[43]

Während diesen Sätzen noch der antike Gedanke von dem umfassenden „Ethos" der Musik zugrundelag, beschränkte man sich später mehr auf die gesundheitsfördernden Wirkungen der Musik. So versuchte 1769 Johann August Unzer den Lesern seiner populären Zeitschrift „Der Arzt" „einen richtigen und gründlichen Begriff vom Gebrauche der Tonkunst zu ihrer Gesundheit zu geben".[44]

„Daß durch die Leidenschaften oft Krankheiten verhütet und curirt werden können, ist eine so ausgemachte Sache, daß sie nichts weniger, als meines Beweises bedarf. Nun gehört aber die Musik unter die Mittel, welche die Leidenschaften erregen, vermehren, verändern und dirigiren. Sie muß also einen unstreitigen Einfluß in den Zustand der Gesundheit der Menschen haben."[45]

Daher empfahl Unzer seinen Lesern sowohl „die Erlernung, als auch die Anhörung der Musik, aus dem Bewegungsgrunde ihrer Gesundheit und Zufriedenheit", und damit man dafür genügend aufnahmefähig sei, riet er dringend, die Kinder frühzeitig in der Musik zu unterrichten.[46]

Johann Peter Frank (1745–1821), der Begründer der öffentlichen Gesundheitspflege, war ebenso überzeugt von dem Nutzen der Musik für die Gesundheit. Aber er bestimmte ihn aus seiner neuen, über die Einzelperson hinausgehenden Sicht. Die Wirkung der Musik, eines „Balsams wider die Krankheiten unserer Seele", war für Frank

„so sichtbar, daß der Kreislauf und die Ausdünstung, welche von dem krampfhaften Zustande der festen Theile unordentlich gemacht und gehemmt worden waren, in kurzer Zeit zur größten Erleichterung unseres Körpers, davon in Ordnung gebracht werden. Aber die Kraft, Leidenschaf-

---

[43] The Treasurie of auncient and moderne times (Q 1613), S. 807.
[44] J. A. Unzer (Q 1769), S. 464.
[45] Ebd. S. 465.
[46] Ebd. S. 470.

ten zu wecken, . . . muß uns dieses göttliche Mittel mit Einsicht benutzen machen."[47]

Trotz dieses Vorbehalts darf es aber die staatliche Verwaltung nach Franks Überzeugung

„an diesem großen Mittel der Aufmunterung und Volksergötzung, in großen Städten nicht fehlen lassen. Sie muß in solchen für gute Tonkünstler sorgen, welche sowohl das Ohr der Zuhörer befriedigen und, in einer melankolischen Stunde, den Teufel der Traurigkeit vertreiben, als auch Musikliebhabern in dieser, so manche Lücke des menschlichen Lebens, zum Vortheil der öffentlichen Gesundheit ausfüllenden Kunst, einen gründlichen Unterricht geben mögen. Aber so wie, in der Ausführung, das Allzuweichliche in der Komposition, und das Wohllüstige in den Liedern, vermieden werden muß, um nicht unzeitige und gemeinschädliche Leidenschaften im gemeinen Wesen zu ernähren: so muß auch die Erlernung schwerer blasenden [sic] Instrumente, zum Nachtheil schwachbrüstiger Jünglinge, nicht gleichgültig zugelassen werden."[48]

Die Frage, worauf die heilsame, der Gesundheit förderliche Wirkung der Musik beruhe, beantwortete man, wenn man sie überhaupt aufwarf, lange Zeit entweder mit Hinweisen auf die überlieferten Exempla, oder man berief sich auf die „musica humana", die „verborgene Kraft und Verbindung, welche die Musik mit der Seele hat."[49] Darüber hinaus gab man gelegentlich auch physiologische Erklärungen, die jedoch meist sehr allgemein gehalten waren: Musik bringe die Körpersäfte und die spiritus in gesteigerte Bewegung, richte sie auf und stärke sie; dadurch würden alle Körperfunktionen angeregt, vor allem die dem Körper eingepflanzte Wärme und die Verdauung. Erst vom 17. Jahrhundert an versuchte man, den physiologischen Vorgang schärfer zu erfassen und in seinen einzelnen Stadien zu beschreiben. Das tat im Jahre 1700 z. B. der französische Kartäuser Bonaventura d'Argonne (um 1634–1704) in einer Sammlung von Notizen zu den verschiedensten Gebieten, die er unter dem Pseudonym de Vigneul-Marville veröffentlichte:

„Die Musik und der Klang der Instrumente tragen zur Gesundheit des

---

[47] J. P. Frank (Q 1779–88), Bd. 3, 1783, S. 807 f.
[48] Ebd. S. 808 f.
[49] So z. B. noch C. Pellegrinus (Q 1665), S. 184.

Körpers und des Geistes bei, sie befördern den Umlauf der Säfte, reinigen das Blut, zerstreuen die Dämpfe und erweitern die Gefäße und die Poren, so daß die für das Wohlbefinden so notwendige Transpiration leichter verläuft."[50]

Im 18. Jahrhundert baute man solche Erklärungen kaum noch auf der alten pythagoreischen Vorstellung von der „Harmonie" auf, die der Musik und dem leibseelischen Wesen des Menschen gemeinsam war. Aber auch wenn man eine mehr physiologische Deutung anstrebte, ging man – wie die folgenden Abschnitte ebenfalls zeigen werden – nicht mehr allein von den Körpersäften und den spiritus aus. Vielmehr gewann neben dem herkömmlichen humoralmedizinischen Denken vom 17. Jahrhundert an auch die solidarmedizinische Theorie von der gespannten Faser als dem wichtigsten Element des Körpers Bedeutung.[51] Sie ließ das alte Bild vom menschlichen Organismus als einem Saiteninstrument viel realistischer erscheinen als zuvor und regte dazu an, die Wirkung der Musik streng mechanisch von der Spannung der Fasern und Nerven aus zu interpretieren. Einen anschaulichen Beleg dafür bietet das Gesundheitsbuch des schottischen Arztes George Cheyne (1671–1743), das auch ins Deutsche übersetzt wurde.

„Wir haben den beseelten Cörper einem Music-Instrument verglichen, womit nicht sowohl ein Gleichnüß der Sachen, als vielmehr die Sache selbst gezeiget worden ist ... Die Nerven des Leibs sind in unterschiedlichen Cörpern auf verschiedenen Music-Thon angespannet und gestimmet, dermaßen daß sie sich rühren, daß sie zittern und schwancken, wenn auf Saytenspielenden Instrumenten, oder, im Pfeiffen-Werck, ein ihnen gleicher Thon gerühret, gespielet oder geblasen wird ... Wer das weiter und nachsinnlicher überleget, wird leicht verstehen und begreifen, wie daß die Gemüther betrübter Leuthe durch Music ermuntert und erfreuet; und welchergestalt auch die in äußersten Theilen leiblicher Gefäßchen hafftende zähere Feuchtigkeiten, durch geschwindere Schauckelung derer Fibern, gleichsam zerschlagen und auseinander getrieben, also flüssiger gemachet werden, daß ... sie alle zusammen den freyen Gang des Bluts nicht mehr aufhalten."[52]

---

[50] De Vigneul-Marville (Q 1700–02), Bd. 1, 1700, S. 160.

[51] Zur Lehre von der Faser vgl. A. Berg (L 1942) und M. D. Grmek (L 1970).

[52] G. Cheyne (Q 1744), S. 224–226; vgl. auch den Artikel „Musick" in dem medizinischen Lexikon von J. Quincy (Q 1736), S. 310, wo die Wirkung der Musik ausführlich von der Faserlehre her erläutert wird.

In der gleichen Zeit, in der die Faser-Theorie in den Vordergrund trat, begann man an der herkömmlichen Lehre von den spiritus animales als den Vermittlern zwischen Seele und Körper zu zweifeln und nahm stattdessen einen feinen „Nervensaft" als Medium an. „Die Nervensaft-Hypothese war ein erster, wenn auch unvollkommener Versuch, dem Spiritus animalis der Alten ein materielles Substrat zu unterlegen."[53] Die Vorstellungen von der gespannten Faser und vom Nervenfluidum wurden auch miteinander verbunden, so etwa bei Friedrich Hoffmann. Der französische Arzt Louis René Marteau stützte sich auf beide Begriffe, als er 1743 ausführlich erläuterte, wie sich Freude, die von Musik hervorgerufen wird, unmittelbar auf die Gesundheit des Körpers auswirkt:

„Freude stärkt den Körper. Durch sie wird vermittels einer angenehmen Bewegung der Fasern eine sanfte Wärme im Körper wahrgenommen, und die Verdauungsvorgänge verlaufen leichter und wirksamer. Dann treibt und verteilt das Herz das Blut kräftiger in die Arterien, diese befördern das Blut ungehinderter weiter, es fließt freier in die Kapillargefäße, und dadurch vollziehen sich die Ausscheidungen der Säfte besser. Davon ist wiederum abhängig die Ausscheidung von Schweiß und Urin sowie die Aufnahme nährender Flüssigkeit und des Nervensaftes, woraus sich ein blühender Zustand des Körpers ergibt, Kraft, Ausdauer bei der Arbeit, Beweglichkeit – mit einem Wort: Gesundheit."[54]

In ähnlicher Weise erklärt und empfiehlt 1803 der französische Arzt Etienne Sainte-Marie (1777–1829) die gesundheitsfördernde Kraft der Musik. Im Zustande der Gesundheit verursache Musik im Körper

„eine angenehme Ausdehnung, welche die Ausscheidungen fördert und die Hauttranspiration anregt. Die Lebhaftigkeit und Leichtigkeit der Bewegungen, eine gewisse Rötung des Gesichts, eine sanfte allgemeine Wärme zeigen diese Entfaltung der Kräfte genügend deutlich."[55] Musikalischer Klang bringe die Fasern in ein „sanftes Gleichgewicht". „In dieser Hinsicht ist die Musik ein körperliches Training, und man muß sie Frauen und Gelehrten empfehlen, die eine sitzende Lebensweise haben."[56]

---

[53] K. E. Rothschuh (L 1958), S. 2962; eine Übersicht über diese Diskussion ebd. S. 2958–2962.
[54] L. R. Marteau (Q 1743), S. 114 f.; ähnlich Anonymus (Q 1763), S. 106 und [J. G. Fr. Franz] (Q 1770), S. 4 f.
[55] E. Sainte-Marie in J. L. Roger (Q 1803), S. 315.
[56] Ebd. S. XIII.

Sainte-Marie ist überzeugt, daß nach anstrengender geistiger oder körperlicher Arbeit die Säfte der Nahrung zur Erholung nicht ausreichen; denn „es sind die spiritus, die zerstreut wurden, und die Musik kann der Seele schnell wiedergeben, was sie eingebüßt hat".[57] Musik verweichliche den Menschen nicht, vielmehr „hindert sie ihn, sich zugrundezurichten".[58] Daher sei es auch

„in gesundem Zustand nützlich, oft Musik zu hören, und für sensiblere Menschen ist dies ein ebenso natürliches Bedürfnis wie die Nahrungsaufnahme. Aus diesem Grunde muß die Musik in den wohlüberlegten Plan einer Hygiene Eingang finden. Denn sie dringt gleichzeitig durch mehrere Sinneswahrnehmungen in uns ein, und kein Teil von uns, von der Knochenfaser bis zu den feinsten Ausscheidungen unserer Säfte, entgeht ihrer Einwirkung."[59]

Noch im Jahre 1842 findet sich in einem populären Gesundheitslexikon ein ausführlicher Artikel über die Musik, ganz in der Tradition der alten Diätetik. Die heilsame Kraft der Musik, so sagt der Verfasser, Julius Albert Hofmann, sei überall da willkommen,

„wo sie zur Erhebung oder Beschwichtigung und Beruhigung des Gemüthes dient, im gesunden sowohl als im kranken Zustande". „Wie nun Gemüthsbewegungen und Leidenschaften, den Kreislauf, die Respiration, die Verdauung usw. bald beschleunigen, bald verzögern, so thut dies auch die Musik, indem sie eben zunächst Gemüthsbewegungen bewirkt."[60]

2. Musik und Schwangerschaft

Die gesundheitsfördernde Wirkung der Musik kam nach der Meinung der alten Ärzte schon für die Schwangerschaft in Frage. Rhazes (865 bis nach 925), wohl der bedeutendste Kliniker des arabischen Mittelalters, gibt in seinem bis in das 16. Jahrhundert viel benützten „Liber ad Almansorem" genaue Vorschriften für die rechte Lebensweise der Schwangeren. Dazu gehört neben sorgfältiger Diät, maß-

---

[57] Ebd. S. XV.
[58] Ebd. S. X.
[59] Ebd. S. VII.
[60] J. A. Hofmann (Q 1842), S. 663 und 661.

voller körperlicher Betätigung und vielen anderen Maßnahmen auch die Ausgewogenheit der Affekte:

„Die Schwangeren sollen sich mit Gesängen, Scherzen und allem, was Freude bringt, beschäftigen, sie sollen länger schlafen, Kopf und Gesicht mit duftenden Essenzen einreiben und Räucherwerk anwenden. Auf diese Weise lassen sich nämlich während der Schwangerschaft Krankheiten vermeiden."[61]

Eines der wichtigsten und bis in das 16. Jahrhundert weit verbreiteten Gesundheitsbücher ist die „Summa conservationis et curationis" des italienischen Arztes Wilhelm von Saliceto aus dem 13. Jahrhundert. In der deutschen Übersetzung, die der Tübinger Medizinprofessor Bartholomaeus Scherrenmüller 1493 vom ersten Kapitel des ersten Buches anfertigte, wird der schwangeren Frau folgender Rat gegeben:

„Es ist gůt, daz die schwanger fraw freud habe und das sie gebruche dise ding, die ir freud machent, als singen, saitennspil. Dann dise ding krefftigent die natur und naturlich hicz und gaist und fürdernt, daz die geburt gekrefftiget und gefüret würt. Mit grossemm vleyß sol sich die fraw hůttenn vor zoren, drurikait und ainikait [Einsamkeit] und vor wainenn. Dann dise ding peynigent die natur der schwangeren frawenn und drücknent [trocknen] die naturlichen feuchtin uß und zerthailent die gaist und naturlich hicz und schickent von not wegen die schwangeren frawen zů ainem abgang."[62]

Es ging den Ärzten aber nicht nur darum, die schwangeren Frauen vor Krankheiten und Fehlgeburten zu schützen. Ebensosehr warnten sie vor den vielen schädlichen äußeren Einflüssen, die beim entstehenden Kind Mißbildungen aller Art verursachen konnten. Dazu zählte man vor allem den Anblick – oder auch bloß die Vorstellung – häßlicher, schreckenerregender Dinge sowie heftige Gemütsbewegungen. Man glaubte, dadurch könne entweder schon während der Konzeption das im väterlichen Samen enthaltene „Bild" verdrängt oder aber während der Schwangerschaft die formende Kraft geschwächt, behin-

---

[61] Rhazes (Q 1497), fol. 21 r; diese Stelle übernahm z. B. Vinzenz von Beauvais (Q 1624), Sp. 1088 E – 1089 A.
[62] W. Schmitt (Q 1970), S. 51. Der lateinische Text des Wilhelm von Saliceto ebd. S. 108, § 14 nach dem Druck von 1490 (Q 1490), fol. 3 r. Vgl. dazu auch W. Schmitt (L 1972).

dert oder gar überspielt werden; dann werde das Kind körperlich und seelisch solchen Eindrücken, Gedanken und Stimmungen entsprechend geformt. Daniel Sennert (1572–1637), Professor in Wittenberg, schränkte diese bis weit in die Neuzeit gültigen Auffassungen zwar mit bemerkenswerter Kritik ein und bestritt, daß äußere Eindrücke oder bloße Vorstellungen unmittelbar auf das Kind im Mutterleib einwirken könnten. Doch meinte auch er, daß heftige Affekte, „die eine unnormale und ungeordnete Bewegung der Säfte und spiritus auslösen und dadurch die Ausbildung des Foetus stören", Mißbildungen hervorrufen könnten. Daher solle sich die Schwangere vor allem Übermaß von Zorn, Furcht und Traurigkeit, aber auch von Freude, hüten und alle Dinge, die ein erschreckendes Aussehen hätten, ebenso meiden wie laute Geräusche, Donner, Pauken und Trompeten.[63] Der französische Arzt Jean Liebaut rät im 16. Jahrhundert der werdenden Mutter, sie solle stets fröhlich sein, sich mit Maßen freuen und ihren Geist erfrischen:

„Die Freude und die Kräftigung des Geistes [der Mutter] machen nämlich das Kind froh, wecken alle seine Fähigkeiten und stärken es in seinen Gliedern."[64]

Der spanische Arzt Luiz de Mercado äußert sich darüber ausführlicher:

„Um die ‚potentia imaginativa‘ [der Frau] von der Betrachtung wilder und häßlicher Kreaturen abzuhalten und mit den Bildern sehr schöner Dinge zu erfüllen, nicht nur beim Coitus, sondern während der ganzen Schwangerschaft, soll sich die Frau selbst unablässig abzulenken versuchen mit Musikinstrumenten, angenehmen Gesprächen und dem Anblick schöner Bilder; sie soll schönen und angenehmen Gedanken nachgehen, Traurigkeit und Furcht meiden und in einer heiteren, ausgeglichenen geistigen Verfassung sein, damit sie nicht vom Anblick irgendeines Tieres, z. B. einer Maus oder einer Schlange, erschreckt wird."[65]

Dadurch sowie durch viele andere Vorsichtsmaßnahmen werde der Körper der Frau gestärkt und könne äußeren Einflüssen, Einbildun-

---

[63] D. Sennert (Q 1676/c), Bd. 4, S. 705 f. und 713.
[64] J. Liebaut (Q 1649), S. 700 f.
[65] L. de Mercado (Q 1619–29/e), Bd. 3, 1620, S. 676.

gen und Säftestörungen energischer widerstehen.[66] Noch Petrus van Swieten bezieht sich 1773 in seiner Leidener Dissertation auf de Mercado und bemerkt, Musik könne

> „sicherlich bei Schwangeren insofern nützlich sein, als sie alle Furcht und Traurigkeit von ihnen nimmt, eine heitere und stabile Gemütslage schafft und dadurch von schreckenerregenden Gedanken und Vorstellungen sowie von der Betrachtung häßlicher Dinge ablenkt."[67]

3. Musik und Kleinkind

War ein Kind gesund zur Welt gekommen – auch bei der Geburt und während des Wochenbetts konnte die Musik hilfreich sein[68] –, so ergab sich alsbald die Sorge um die rechte Erziehung. Darüber machten sich die Ärzte umsomehr Gedanken, als sie von dem engen Zusammenhang zwischen Körper und Seele überzeugt waren. Daß das Kind moralisch und sittlich sorgfältig erzogen würde, ging den Arzt direkt nichts an, aber das körperliche Wohlergehen, für das er zuständig war, hing doch notwendigerweise von der anderen Sphäre mit ab – ein Problem, das Arnald von Villanova so beschreibt:

> „Aus schlechten Sitten und Affekten kann sich im Körper die Komplexion verschlechtern, und wie ein schlechter sittlich-affektiver Zustand aus einer schlechten Komplexion entsteht, so kann aus einer schlechten sittlich-affektiven Verfassung eine schlechte Komplexion entstehen. So machen z. B. Furcht und Angst das Kind schwarzgallig (‚melancholisch‘). Man darf daher nicht zulassen, daß Kinder traurig oder zornig sind oder sich allzusehr freuen, sondern muß das Mittelmaß einhalten."[69]

Für diesen Zweck mußte die Musik sehr geeignet sein. Nicht nur die Erfahrung sprach dafür, sondern auch die Autorität Galens, der gesagt hatte, die dem Menschen angeborene Neigung zur Musik zeige sich am deutlichsten und unwiderlegbar darin, daß Säuglinge für die Lieder der Amme so empfänglich seien.[70] Haly Abbas riet, man solle

---

[66] Ebd. Ganz ähnlich z. B. R. a Castro (Q 1662/a), Bd. 2, S. 388.
[67] P. van Swieten (Q 1773), S. 32.
[68] Siehe unten S. 346 f.
[69] Arnald von Villanova (Q 1585/e), Sp. 668.
[70] Galen (Q 1821–33/e), Bd. 6, S. 37 K.

176

die Säuglinge nach dem Stillen und Waschen sachte bei sanften Melodien wiegen, und er fügte hinzu, kleine Kinder erfreuten sich an süßen und wohlklingenden Tönen deshalb, weil der Mensch selbst aus der „Konsonanz" von „Bewegung" und „Zusammenklang" bestehe. Er wies auch darauf hin, daß Musik bei kleinen Kindern leichtere Schmerzen lindern und den Schlaf herbeiführen könne.[71]

Ähnliche Anweisungen finden sich in der mittelalterlichen Medizin häufig. Zu den Dingen, die für das Kleinkind nützlich seien und nicht vergessen werden sollten, um die Komplexion des Kindes zu stärken, zählt Avicenna leichte Bewegung sowie „Musik und Gesang, wie er üblich ist, wenn man die Kinder zum Schlafen bringt".[72] Rhazes mahnt, man solle Lieder, die dem Kind Freude machten, mit verhaltener, ruhiger Stimme, nicht grob und rauh vortragen.[73] Besonders wichtig sei, so betont im 12. Jahrhundert Averroës, daß alles, was beim Kind Schrecken, Furcht oder Traurigkeit auslösen könnte, von ihm ferngehalten werde; sonst bestehe die Gefahr, daß das Kind dick und stumpf werde.

„Damit die [dem Körper eingepflanzte] Wärme nicht beeinträchtigt und ausgelöscht wird, sondern zunimmt und die Lebenskräfte gestärkt werden, werden wir das Kind mit Liedern und süßen Melodien erfreuen; auf jede Weise muß man sich bemühen, daß das Kind fröhlich bleibt; auch soll es sich an wohlgestaltete, freundliche Menschen und Bilder gewöhnen."[74]

Bei Ärzten des lateinischen Mittelalters lauten die Vorschriften ganz ähnlich. So sagt Wilhelm von Saliceto (nach der Übersetzung Scherrenmüllers):

„Und dann so sie die wiegen bewegt, soll die amm singenn und lusperlich [lustbarlich] stimmenn machen, umb deß willen, das deß kinds gemüth gekrefftiget und bestetiget werde in ainemm gütenn wesenn und stand."[75]

---

[71] Haly Abbas (Q 1523), fol. 151 v.

[72] Avicenna (Q 1658), Bd. 1, S. 155.

[73] Rhazes (Q 1497), fol. 21 v. Diese und die zuvor angeführte Avicenna-Stelle übernahm Vinzenz von Beauvais (Q 1624), Sp. 1090 B.

[74] Averroës (Q 1562), fol. 199 J.

[75] W. Schmitt (Q 1970), S. 55; der lateinische Text Wilhelms von Saliceto ebd. S. 110, § 29 nach dem Druck von 1490 (Q 1490), fol. 3 v.

In der Schrift der sogenannten „Trotula" über die Frauenkrankheiten heißt es, das Kind solle verschiedenfarbige Bilder, farbige Tücher und Perlen vor Augen haben; außerdem solle man ihm Lieder singen, jedoch mit sanfter Stimme, „nicht kratzend und rauh wie mit Pommern."[76]

Im 15. und 16. Jahrhundert verliehen die Ärzte solchen Ratschlägen starken Nachdruck – nicht zuletzt unter Hinweis auf die genannte Galen-Stelle – und gaben mit gelehrt-humanistischer Sorgfalt detaillierte Anweisungen und Begründungen. Wenn es schon wichtig und nützlich schien, wie der paduanische Medizinprofessor Petrus Bagellardus (gest. 1494) es 1472 formulierte, das Kind nach dem Stillen zu wiegen, „einen sanften Ton erklingen zu lassen und mit leichter Stimme oder mit zartem Gesang zu singen, damit die spiritus des Kindes sich an dem ihm Ähnlichen erfreuen und gut gelaunt werden",[77] so hielt man dies erst recht für angebracht, wenn das Kind allzu schweigsam, träge und gleichgültig war. Dann sollte, so riet 1593 der in Florenz wirkende Arzt Jacobus Trunconius, „mit Musik, mit Gesängen, mit freudigem Klang und körperlicher Bewegung der Geist des Kindes und sein ‚begehrlicher Teil' zu maßvollen Bewegungen angeregt werden".[78] Besonders bei „melancholischer", d. h. von der schwarzen Galle bestimmter Komplexion brachte Musik die Seele in den rechten ausgeglichenen Zustand, der am besten vor den Krankheiten schützte, die leicht aus dieser Disposition entstehen konnten, wie z. B. geistige Störungen oder viertägiges Fieber. Weil ein schlechter Seelenzustand, sagt 1565 der französische Arzt Simon de Vallambert, den Körper krank machen könne, müsse man auf die Seele des Kindes sehr achten.[79] Die Wirkung der Musik schon auf das kleine Kind sieht er darin begründet, daß der Mensch aus „natürlichen und leichten Bewegungen" bestehe, weshalb sich die spiritus animales „an einem bestimmten Zusammenklang und an Harmonie" erfreuten; sie würden durch gleichmäßige Bewegung, sanfte Abreibungen und durch Gesang erfrischt, weil sich dann die Seele behutsam auf sich selbst zurückziehe.[80]

---

[76] Trotula (Q 1566), Sp. 253. „Pommer" (oder auch „Bomhart") war ein Holzblasinstrument mit scharfem, starrem Ton.
[77] P. Bagellardus (Q 1472), S. 7 des unpaginierten Textes.
[78] J. Trunconius (Q 1593), S. 125.
[79] S. de Vallambert (Q 1565), S. 189 und 187.
[80] Ebd. S. 98.

Auch für die Zeit, in der das Kind stehen und gehen lernt, blieb nach ärztlicher Auffassung die ausgleichende Funktion der Musik wichtig. Der niederländische Arzt Jason Pratensis (1486–1558) erläutert das 1538 in seinem Gesundheitsbuch folgendermaßen:

„Durch sanfte, süße Musik, die aufgrund einer bestimmten zahlenmäßigen Übereinstimmung den Pulsen des menschlichen Körpers und dem Atmen der lebenswichtigen Organe entspricht, wird der Geist gleichsam benetzt, vergißt das grollende Unwetter in sich, kühlt sich ab und wird ruhig."[81]

Sanftes Schaukeln und Gesang, schreibt 1557 Hieronyme de Monteux, könnten auch die von den ersten Zähnen verursachten Schmerzen lindern, während die Lieder der Amme die Kinder zum Essen anregten.[82] Allerdings kam es sehr darauf an, daß die Musik dem Kind angemessen war. Es mußten nämlich, wie Simon de Vallambert betonte,

„sanfte Stimmen und maßvolle Töne sein, wie von einer Leier, einer Cister, einer Laute, einem Spinett, einer Geige und Gitarre oder von einem anderen leise klingenden Instrument, oder aber Gesang allein mit mittlerer und zurückhaltender Stimmgebung."[83]

Dagegen sollte man die Kinder vor allen lauten, erschreckenden Geräuschen und Tönen wie Donner, großen Glocken, Schüssen von Feuerwaffen, Trommeln, Schalmeien, Trompeten usw. schützen, weil sie das Gehör verletzten, das Gehirn schädigten und unter Umständen Krämpfe, Epilepsie und andere Krankheiten auslösten.[84] Solche Erfahrungen machte gegen Ende des 17. Jahrhunderts der Musiker Wolfgang Caspar Printz (1641–1717) mit seinem Sohn:

„.... als einmahl mein Söhnlein Wolfgang Caspar / so ... damahls kaum 14 Tage alt war / hefftig weinete / und auff gantz keine Weise kunte gestillet werden / nahm ich eine Spanische Cithar / die ich / weil ich keine Laute hatte / mit verändertem Steg auff die Art einer Laute bezogen und gestimmet hatte / und spielete darauff ein annehmli-

---

[81] Jason Pratensis (Q 1538), fol. 62 r.
[82] H. de Monteux (Q 1557), S. 213 f.
[83] S. de Vallambert (Q 1565), S. 120.
[84] Ebd.

ches und bewegliches Lied. So bald solches das Kind hörete / hörte es auff zu weinen / horchte eine Weile gar auffmercksam zu / und fiel endlich in einen süßen Schlaff. Als ich dieses hernach öffter versuchet / hab ich mit höchster Verwunderung gesehen / daß meine Music allezeit ihre verlangte Würckung gethan. Allein scharff-lautende Instrumenta wollten dergleichen Effect nicht erweisen: ohn allen Zweifel / weil ihr Schall einem so zarten Gehöre nicht proportionirt war."[85]

In seiner Aufzählung der verschiedenen Wirkungen und Anwendungen der Musik wies ihr Printz ausdrücklich auch die Aufgabe zu, „die kleinen Kinder damit einzuwiegen / und in einen süßen Schlaf zu bringen".[86]

Zwar sollte die Musik nach Meinung der Ärzte in erster Linie dazu dienen, das Kind zu beruhigen und einschlafen zu lassen,[87] aber man konnte mit ihrer Hilfe auch nach dem Schlaf die Komplexion wieder ins Gleichgewicht bringen, die Natur anregen und die Lebensgeister erfrischen.[88] Michel Montaigne (1533–1592) berichtet, es habe zu den Erziehungsgrundsätzen seines Vaters gehört, die Seele des Kindes „in aller Sanftheit und Freiheit zu wecken, ohne Strenge und Zwang". Der Vater fürchtete wie die alten Ärzte, das zarte Gehirn des Kindes gerate in Unordnung, wenn man es morgens gewaltsam und plötzlich aus dem Schlaf reiße. Er ließ daher – vielleicht nach dem Vorbild der alten Pythagoreer – den kleinen Sohn morgens durch den Klang eines Musikinstruments wecken, wozu er stets einen Musiker im Hause hatte.[89]

Eine solche Funktion der Musik im Dienste der kindlichen Gesundheit war kein Einzelfall. Vielmehr scheinen nicht nur Ärzte, sondern auch Pädagogen der Musik für die rechte körperliche und seelische Entfaltung des Kindes eine wichtige Aufgabe zugewiesen zu haben. Dieser Zusammenhang ist bisher noch nicht untersucht und kann hier nur angedeutet werden. So betont etwa Amos Comenius (1592–1670), Gesundheit allein genüge nicht, sondern die Kinder müßten auch in der Beweglichkeit des Körpers, des Geistes und des

---

[85] W. C. Printz (Q 1690), S. 192 f.
[86] Ebd. S. 192.
[87] S. de Vallambert (Q 1565), S. 98 und 129.
[88] Ebd. S. 150.
[89] M. de Montaigne (Q 1950), S. 210. In der Ausgabe der „Essais" von 1580 sagt Montaigne, sein Vater habe aus diesem Grunde immer einen Spinett-Spieler gehalten (ebd.).

Gemütes geübt werden. Deshalb sollten die Ammen kleine Kinder durch Schaukeln, Singen usw. erheitern und dadurch die Bewegung des Blutes und der Lebensgeister steigern. Auch für die folgenden Lebensjahre schreibt Comenius in seinem Erziehungsplan für alle Kinder Musik vor, weil, wie er zur Begründung an erster Stelle sagt, „alle Dinge harmonisch sein sollen" und die Musik das Allerharmonischste sei.[90] Hier zeigt sich deutlich, daß die musica-humana-Vorstellung unmittelbar zu einer medizinisch-pädagogischen Anwendung der Musik führen konnte.

Auch im 18. Jahrhundert war man überzeugt, daß die Musik für die Entwicklung des Kindes wichtig sei. Johann Gottlob Krüger (1715–1759), Medizinprofessor in Halle und Helmstedt, preist 1751 in seinen „Gedanken von der Bildung der Kinder" den pädagogischen Nutzen der Musik; sie sei „in Wahrheit eine der edelsten Empfindungen, sie ist der sanfte Zügel, dadurch die Seele gelenkt wird . . ."[91] Sie könne dazu beitragen, so schreibt 1797 der Straßburger Professor Etienne Tourtelle (1756–1801), das Gehör zu vervollkommnen, die Ruhe der Seele zu erhalten oder wiederherzustellen und Langeweile zu bannen, „die für denkende Wesen ein Übel ist, das dem Schmerz nicht nachsteht".[92] Die heilsame Wirkung der Musik auf das Kind erläutert Etienne Sainte-Marie, ausgehend von der Faser-Lehre, 1803 folgendermaßen:

„Da die Fasern des Gehirns [beim Kind] noch zart und fein sind, kann Musik sie trainieren, sie dehnen und entwickeln und ihnen die Geschmeidigkeit und Beweglichkeit verleihen, die nötig ist, um sich den verschiedenen Verstandestätigkeiten anzupassen. Der Mensch, der frühzeitig den Eindruck musikalischer Akkorde kennengelernt hat, besitzt mehr Einbildungskraft, weil er lebendiger empfindet. Er hat mehr Intelligenz und Gedächtnis, weil keine Faser seines Gehirns hart oder unbrauchbar ist . . ."[93]

Die Musik diente aber noch in einer ganz anderen Weise der Gesundheit des Kindes. Um diesen Zusammenhang darzulegen, bietet sich ein Fresko des 16. Jahrhunderts an, das bisher noch nicht über-

[90] J. A. Comenius (Q 1960), S. 258 und 318.
[91] J. G. Krüger (Q 1751), S. 203.
[92] E. Tourtelle (Q 1797), Bd. 2, S. 284.
[93] E. Sainte-Marie in J. L. Roger (Q 1803), S. XVI f.

zeugend gedeutet worden ist, weil man sich mehr auf Vermutungen als auf die medizinischen Quellen der Zeit stützte. Im großen Saal des Kommendatorenpalastes des Ospedale di Santo Spirito in Rom befindet sich ein Fresko der Brüder Zucchi aus der zweiten Hälfte des 16. Jahrhunderts (s. Abb. 16).[94] Dargestellt sind mehrere Ammen, welche die im Findelhaus des Hospitals aufgezogenen Säuglinge stillen; dazu in der linken unteren Ecke eine Person, die Blockflöte spielt. Pietro de Angelis plädierte 1950 dafür, in diesem Musikanten (oder Musikantin?) kein bloß ornamentales Motiv, sondern die Wiedergabe eines tatsächlichen Vorgangs zu sehen, doch brachte er nur Mutmaßungen und keine stichhaltigen Argumente vor.[95] Für seine Annahme spricht eine Initiale in dem aus dem 14. Jahrhundert stammenden „Liber regulae S. Sprititus". Unter den zahlreichen, fast nur aus Rankenwerk oder phantastischen Tieren und Pflanzen bestehenden Randverzierungen zu den Initialen der einzelnen Kapitel ist neben der Initiale zum 41. Kapitel („De orphanis nutriendis et feminis pregnantibus"), die eine stillende Amme zeigt, ein Musiker dargestellt, der ein Blasinstrument spielt.[96]

Mehr Beweiskraft muß jedoch einer Interpretation des Freskos selbst anhand medizinischer Quellen zukommen. Nach der Ansicht Albrecht Peipers zeigt das Fresko, daß man damals erkannt hatte, „daß Musik in unschätzbarer Weise zum Wohlbefinden der gestillten Kinder beiträgt . . ., die Kinder wurden dadurch friedlicher und sogen besser".[97] Doch ist dieser Deutung entgegenzuhalten, daß die Ärzte

---

[94] Für wertvolle Hilfe bei der Beschaffung eines Fotos vom Original danke ich Frau Dr. Erika Dinkler-von Schubert (Heidelberg) sowie vor allem Frau Dr. Hildegard Giess von der Bibliotheca Hertziana in Rom.

[95] P. De Angelis (L 1950), S. 12.

[96] Abgebildet bei Fr. La Cava (L 1947), Tafel 31. Unter den Miniaturen des Codex sind nur noch an zwei weiteren Stellen Musiker dargestellt (vgl. Tafeln 45 und 48), jedoch nicht unmittelbar neben der Initiale, sondern auf der unteren Randleiste und offensichtlich als bloße Drolerie; sie sind also nicht in direktem Zusammenhang mit der in der Initiale wiedergegebenen Szene zu sehen.

[97] A. Peiper (L 1965), S. 189/191. Peipers Deutung des Freskos, die fast nur aus Irrtümern und Fehlurteilen besteht, ist wörtlich übernommen aus W. D. Davidson (L 1953), S. 79. Die Behauptung, Palestrina habe „zum Spielen während der Stillzeit . . . eine Weise komponiert" (!), ist frei erfunden. Sie scheint dadurch zustandegekommen zu sein, daß P. De Angelis (L 1950), S. 28 auf die von 1619–1625 im Ospedale di S. Spirito bestehende Notendruckerei des Luca Antonio Soldi hingewiesen hatte, der u. a. auch Werke von Palestrina druckte. Vgl. dazu Cl. Sartori (L 1958), S. 146 f.

Musik nicht für das Stillen selbst, sondern für die Zeit danach empfahlen und dabei hauptsächlich an Lieder dachten, welche die Amme sang.[98] Außerdem hat De Angelis mit Recht bemerkt, daß die Kinder durch das Stillen von selbst ruhig würden.[99] Es ist daher wahrscheinlicher, daß die Flötenmusik weniger den Kindern als den Ammen galt – aber nicht, wie De Angelis und Peiper glaubten,[100] weil nach damaliger Auffassung die Milch unter der Wirkung der Musik leichter floß. Vielmehr weisen medizinische Quellen auf alte, im Volksglauben und in der Sprache teilweise bis heute fortlebende Gedanken, die zur richtigen Deutung des Freskos führen.

Schon im Altertum nahm man an, daß die Amme beim Stillen einen entscheidenden Einfluß auf den Charakter des Kindes ausübe, weil das Kind durch die aufgenommene Milch der Amme gleich werde.[101] Daher gaben die Ärzte bis weit in die Neuzeit genaue Vorschriften für die Wahl der geeigneten Amme. Sie mahnten, eine Amme müsse von guten Sitten und von gutem Charakter sein und sich von allen schlechten oder auch nur übermäßigen Affekten möglichst frei halten. Avicenna und später im lateinischen Westen etwa Aldebrandino von Siena betonten, daß vor allem Zorn, Traurigkeit und Furcht gefährlich seien. Solche Gemütsbewegungen verdürben die Komplexion der Amme, gingen auf das Kind über und verhinderten unter Umständen sogar das Stillen.[102] Vor allem fürchtete man, daß Affekte der Amme die Milch schlecht machten. So heißt es in dem Ammenbuch des Eucharius Rösslin (gest. 1526), das zuerst 1513 gedruckt wurde und in etwa 100 Ausgaben weit verbreitet war:

„Zum vierden sol die seigam [Säugamme] guter sytten und geberd sein / die nit leichtlich in zorn fall / traurigkeit und forcht / Dann böse sitten geberd und zorn etc. seind dem kind schedlich / unnd bösern [verschlechtern] die milch.“[103]

Man glaubte geradezu, daß dem Kind sein Charakter und seine

---

[98] Siehe oben S. 177 f.
[99] P. De Angelis (L 1950), S. 13.
[100] Ebd. sowie A. Peiper (L 1965), S. 189/191.
[101] Vgl. dazu W. Braams (L 1913), S. 13.
[102] Avicenna (Q 1658), Bd. 1, S. 156; Aldebrandino von Siena in L. Landouzy und R. Pépin (Q 1911), S. 76.
[103] Eucharius Rösslin (Q 1513), S. 77.

Anlagen nicht so sehr von Vater und Mutter als vielmehr von seiner Amme aufgeprägt würden.[104] Der österreichische Barockdichter Wolff Helmhard von Hohberg (1612–1688), schreibt 1687, daß die Kinder

„offt böse und sträffliche Gemüths = Bewegungen mit der Milch an sich trincken / die ihnen Lebenslang anhencken / ja auch wol schwere und unheilsame Kranckheiten auf sich erben können."[105]

Um das Kind vor schädlichen Einflüssen zu bewahren, war es sehr wichtig, daß die Amme beim Stillen niemals traurig, melancholisch und furchtsam, sondern stets fröhlich und ausgeglichen war, gern ein Lied sang und dem Kind zulächelte.[106] Sie durfte, wie der holländische Arzt Stephan Blankaart (1650–1704) hervorhob, nicht wild und bäurisch, nicht dem Trunk ergeben und nicht „leichtlich zornig / geil / leichtfertig seyn", aber auch nicht „zu sehr betrübt / es sey wegen ihres Mannes / welcher etwa auf eine Schiff-Fahrt / oder sonst verreiset ist / oder dergleichen . . ., dan solches thut gar viel zur Milch". Am besten eignete sich nach Ansicht Blankaarts als Amme eine „sittsahme Wittibe", während er von einer Bäuerin oder einer Seemannsfrau abriet.[107]

Die Gefahren, die dem Kind beim Stillen drohten, waren also groß. Da nach allgemeiner Überzeugung Zorn, Traurigkeit und besonders Erschrecken die Milch der Amme verdarben, sie verdicken und gerinnen ließen und so die wertvolle Nahrung geradezu in ein Gift verwandelten, das dem Kind Leibschmerzen, Schlaflosigkeit, Angstzustände, Unruhe und epileptische Anfälle bringen konnte, riet 1698 Georg Ernst Stahl, die Amme solle frühestens vier bis fünf Stunden nach einer schädlichen Gemütsbewegung stillen, zuvor aber alle Milch entfernen, die zur Zeit des Affektzustandes vorhanden gewesen war.[108] Maßgebliche Ärzte des 18. Jahrhunderts wie Friedrich Hoffmann und später Johann Peter Frank hielten uneingeschränkt an diesen

---

[104] S. de Vallambert (Q 1565), S. 8.
[105] W. H. von Hohberg (Q 1687–1715), Bd. 1, 1687, S. 278. Ähnlich z. B. J. B. van Helmont (Q 1667), S. 477 f.; Zacutus Lusitanus (Q 1649), Bd. 1, S. 235; S. Wirdig (Q 1673), Bd. 1, S. 22 und 25.
[106] A. Paré (Q 1585/a), S. IXcLIII; J. Trunconius (Q 1593), S. 127.
[107] St. Blankaart (Q 1690), S. 548; vgl. dazu H. K. Hofmeier (L 1966).
[108] G. E. Stahl (Q 1698), S. 18 f.

Vorstellungen fest.[109] Noch zu Beginn des 19. Jahrhunderts wurden nur vorsichtige Zweifel laut,[110] und im Volksglauben wirken solche Vorstellungen bis in die Gegenwart fort.[111]

Aus dem geschilderten Zusammenhang läßt sich die musizierende Person auf dem römischen Fresko überzeugender als bisher deuten. Im Ospedale di Santo Spirito, das für seine aufwendige Krankenfürsorge bekannt war, setzte man offensichtlich die Musik in zweifacher Weise ein, im Krankensaal und im Findelhaus. Im Krankensaal sollte sie beim Essen die Kranken in die rechte Gemütsverfassung bringen, die für eine gute Verdauung unentbehrlich schien.[112] Im Findelhaus sollte sie die Ammen in die ausgeglichene Stimmung versetzen, die beim Stillen die Säuglinge am besten vor den sonst drohenden Gefahren zu schützen vermochte.

Pietro De Angelis vermutet, daß das auf dem Fresko dargestellte Musizieren allgemein der geistig-körperlichen Entwicklung der Kinder und insbesondere dem Einschlafen nach dem Stillen gegolten habe.[113] Das wäre zwar denkbar und stünde, wie zu Beginn dieses Abschnitts gezeigt, auch nicht im Widerspruch zu damaligen medizinischen Auffassungen. Doch ist es wenig wahrscheinlich, einmal, weil gerade der Vorgang des Stillens selbst dargestellt ist, zum andern, weil die Ärzte den Gefährdungen beim Stillen so große Bedeutung beimaßen und für die Zeit danach hauptsächlich Gesang empfahlen. Immerhin ist nicht völlig auszuschließen, daß die Musik im Findelhaus auch direkt für die Kinder gedacht war. Hier kam es vor allem darauf an, den ersten, bisher übersehenen Zusammenhang in das rechte Licht zu rücken.

---

[109] Fr. Hoffmann (Q 1740), S. 9 und 20 f.; J. P. Frank (Q 1779–88), Bd. 2, 1780, S. 313–324. Vgl. auch die bis in das frühe 19. Jahrhundert reichenden Belege bei L. Kunze (L 1971), S. 130–133.
[110] A. F. Hecker (Q 1816–30), Bd. 1, 1816, S. 414, Artikel „Amme".
[111] Vgl. Handwörterbuch des deutschen Aberglaubens (N 1927–42), Bd. 6, 1934/35, Sp. 287, Artikel „Milch".
[112] Siehe unten S. 198 und 261 f.
[113] P. De Angelis (L 1950), S. 13.

4. Musik zur Verlängerung des Lebens und zur Erleichterung des Alters

Durch eine richtige Lebensweise das Leben zu verlängern, das Altern hinauszuschieben und die Beschwernisse des Alters zu mindern – das ist ein Thema, mit dem sich die Medizin seit der Antike viel beschäftigt hat.[114] Die arabischen Ärzte des Mittelalters widmeten ihm große Aufmerksamkeit, vom 13. Jahrhundert an wurde es im lateinischen Westen zum Gegenstand selbständiger Schriften, und die seit dem späten Mittelalter immer zahlreicheren, auch bereits volkssprachlichen Gesundheitsbücher befaßten sich damit ebenfalls. Dabei wies man der Musik eine bestimmte Aufgabe zu.

In einem der arabischen Bücher über „prophetische Medizin" aus dem 15. Jahrhundert, das in zahlreichen Versionen und Handschriften verbreitet war, heißt es, Musik bereite Freude, und weil maßvolles Vergnügen die angeborene Wärme des Körpers reinige und die Kräfte der Seele stärke, könne Musik den Altersverfall verlangsamen, indem sie die Alterskrankheiten zurückhalte oder beseitige, die Komplexion reiner mache und den ganzen Körper erfrische.[115] Vor allem Menschen mit „trockener" Komplexion, warnt Averroës, müßten sehr darauf achten, daß sie nicht plötzlich und vorzeitig zu altern begännen. Er rät zu Maßnahmen, die den Körper feucht machten, und zu einer bestimmten Diät, während man Anstrengungen, Erregungen, Sorgen und alle Affekte gänzlich meiden solle, weil sie eine „warme" Komplexion erzeugten, die schließlich zwangsläufig zu einer „trockenen" werde. Außerdem solle man auf jede Weise für Aufheiterung und „maßvolle Freude" sorgen, wofür sich „sanfte musikalische Klänge und liebliche Gesänge" besonders eigneten.[116]

Im 13. Jahrhundert behandelte Roger Bacon in einem ganz auf den arabischen Autoritäten fußenden Werk ausführlich den „Aufschub der Alterssymptome". Arnald von Villanova übernahm den Text mit einigen Veränderungen in seine Schrift über dasselbe Thema, die jahrhundertelang viel gelesen und noch im 17. Jahrhundert gedruckt wurde. Im 10. Kapitel gibt er Anweisungen, wie Runzeln aus der Haut

---

[114] Vgl. hierzu J. Steudel (L 1942), H. Orth (L 1963) und G. J. Gruman (L 1966).
[115] C. Elgood (Q 1962), S. 175.
[116] Averroës (Q 1562), fol. 203 A/B; vgl. auch fol. 139 D.

entfernt und ihr wieder jugendliche Schönheit, Reinheit und Röte verliehen werden können. Zu diesem Zweck ist nach Arnalds Meinung alles gut, was das Blut regeneriert, verdünnt und reinigt, aber auch an die Körperperipherie treibt. Dem letztgenannten Ziel dienen körperliche Betätigungen und seelische Bewegungen, vor allem „Freude und Fröhlichkeit, und was Lachen auslöst, und das Hören von Musikinstrumenten mit Gesang und ohne Gesang". Ferner die Betrachtung wertvoller Dinge, des Himmels und der Sterne, oder auch das Tragen prächtiger Kleider sowie Spiele, angenehme Unterhaltungen usw.[117] In einer ähnlichen Abhandlung Bacons „Über die Erhaltung der Jugend" wird die medizinische Wirkung einer „heiteren Seele" noch deutlicher. Eine fröhliche Stimmung stärkt die körperlichen Kräfte, regt an und hilft bei allen Tätigkeiten, sie bewahrt die Jugend und die Gesundheit, reinigt das Blut, beschleunigt seinen Lauf, vertreibt Krankheiten und führt dabei schneller eine Entscheidung zum Guten oder Schlechten herbei. Zur Kräftigung und Aufmunterung der Seele gibt es neben Medikamenten eine Vielzahl von Mitteln, vorweg ästhetische Genüsse verschiedenster Art, welche die Sinne erfreuen und dem Geist Vergnügen und Befriedigung bereiten. Das „Anhören von Musikinstrumenten, die in den Ohren der Zuhörer sanft klingen, sowie das Anhören süßer Melodie" stehen dabei mit an erster Stelle.[118]

Der Paduaner Medizinprofessor GABRIELE ZERBI (gest. 1505) widmete 1489 in seiner „Gerentocomia" (sic), dem ersten gedruckten Buch über Gerontologie, ein langes Kapitel den Affekten, vielfach gestützt auf antike und arabische Autoren. Die alten Menschen, die ihre Gesundheit erhalten und ihr Leben verlängern wollen, so betont Zerbi, müssen nicht allein die dem Körper, sondern auch die der Seele geltenden Vorschriften der Ärzte befolgen. Da Affekte aller Art den Zustand des Körpers in entsprechender Weise verändern, ist Freude, die seelische und körperliche Pein wegschafft und Heiterkeit hervorruft, für Alte sehr nützlich. Dadurch verbreitet sich die angeborene Wärme des Körpers vom Herzen aus in die einzelnen Glieder, eine gute Verdauung wird gewährleistet, der Körper wird feucht, das Blut strömt in die Haut. Dagegen stört und verdirbt Traurigkeit die Dige-

---

[117] R. Bacon (Q 1928/a), S. 71.
[118] R. Bacon (Q 1928/b), S. 137.

stion, der Körper trocknet aus, was um so schädlicher ist, als der Prozeß des Alterns nach humoralmedizinischer Lehre ohnehin mit „Austrocknen" verbunden ist. Auf diese Gefahren haben besonders diejenigen Menschen zu achten, die träge und niedergeschlagen sind oder die von Natur aus eine „kalte" Komplexion haben, ebenso aber auch solche, die in kaltem Klima wohnen. Zerbi macht sich deshalb den Rat des Rhazes zu eigen, daß alte Menschen sich mit Dingen beschäftigen sollten, die Freude bereiten – allerdings müsse es mit Maßen geschehen, wenn nicht Schaden daraus entstehen solle. Für jedes Sinnesorgan gibt es viele Genüsse, die in Frage kommen, für das Ohr zuallererst die „musikalische Harmonie". Sie sollte nach Zerbi im Leben des Greises keinesfalls fehlen, weil sie Geist, Seele und Ohr zu jeder Zeit und an jedem Ort angenehm zu umspielen vermag. Den Grund für diese wohltätige Wirkung erblickt Zerbi, Platon folgend, in der dem Menschen innewohnenden „Harmonie", die der zahlhaften Ordnung der Musik verwandt ist.[119]

In neuplatonischer Färbung tritt uns diese Aufgabe der Musik für den alten Menschen in MARSILIO FICINOS Werk „Über das dreifache Leben" entgegen, dessen zweites Buch zum großen Teil der Verlängerung des Lebens und der rechten Lebensweise der alten Leute gewidmet ist. Ihnen empfiehlt Ficino eindringlich die Musik; man solle nie mit ihr aufhören, und wer ausgesetzt habe, solle wieder mit ihr beginnen, wie es überhaupt gut sei, Spiele und Betätigungen der Jugendzeit im Alter wiederaufzunehmen. „Denn es ist sehr schwer, . . . körperlich wieder jung zu werden, wenn man nicht zuvor geistig jung wird."[120] Für den Neuplatoniker Ficino gehört die Musik wie die Düfte zu den luftartig-geistigen Dingen. Wenn schon pflanzliche Düfte so kräftigend auf den Menschen wirken, welchen Nutzen haben dann erst harmonische, „luftige Gesänge"! So wird die Musik für Ficino unter dem Symbol der „Lyra" und des „apollinischen Gesanges" zum „Unterpfand langen Lebens".

„So wie nämlich Dinge, die in ihrer Qualität wohlabgewogen und zugleich wohlriechend sind, die Säfte untereinander und den spiritus naturalis in sich richtig abstimmen, so tun Düfte von solcher Art dasselbe bei dem spiritus vitalis, und ebenso tun es entsprechende Klänge bei dem spiri-

---

[119] G. Zerbi (Q 1489), Kap. 42 (unpaginiert).
[120] M. Ficino (Q 1576/a), Bd. 1, S. 516.

tus animalis. Mit den Saiten und Tönen der Leier und mit den Tönen des Sängers wird also auch euer spiritus innerlich zurechtgestimmt."[121]

Da Duft und spiritus beide eine Art von „Dampf" sind und Gleiches durch Gleiches ernährt wird, sind Düfte für den Menschen eine Nahrung und Stärkung; sie sind besonders wichtig für die Alten, weil sie dazu beitragen, den Mangel an fester Nahrung auszugleichen. Dasselbe gilt nach der Ansicht Ficinos, der hier Hippokrates und Galen folgt, auch für die Luft, die gleichfalls den spiritus nähren und kräftigen kann, speziell den spiritus vitalis, aus dem der spiritus animalis entsteht. Am meisten benötigt der Geistesarbeiter und der Künstler den „Genuß reiner, lichter Luft, bestimmter Düfte und der Musik. Denn diese drei Dinge gelten als die wichtigste Nahrung des spiritus animalis."

„Wenn ihr also das körperliche Leben verlängern wollt, dann kümmert euch vor allem um den spiritus: vermehrt ihn durch Nahrung, die das Blut vermehrt (d. h. richtig abgestimmtes, helles Blut), erhaltet ihn durch eine stets vorzügliche Luft, stärkt ihn täglich durch angenehme Düfte, erquickt ihn mit Klängen und Gesängen . . ."[122]

Für die Gesundheit alter Menschen erschien es besonders wichtig, heftige Gemütsbewegungen möglichst zu vermeiden. Bis zum Ende des 18. Jahrhunderts waren viele Ärzte überzeugt, daß hierfür hauptsächlich die Musik gute Dienste leisten könne. Hieronyme de Monteux schreibt 1572, Lieder und melodiöse Musik eigneten sich sehr, um alte Leute zu beruhigen, die den Körper durch Zorn allzusehr erhitzten und „gallig" machten.[123] 1631 heißt es bei Bernhard Stainer, Musik sei bei der im Alter häufigen Traurigkeit und Unlust sehr empfehlenswert, „weil nichts den menschlichen Geist mit mehr Süße erfüllt als eine angenehm klingende Melodie".[124] Die Musik solle, so fordert 1687 Wolff Helmhard von Hohberg, in der „Lebens-Ordnung eines Alten" einen festen Platz haben, vor allem in den Abendstunden, die er mit einem Spaziergang oder mit „frölichen Gesprä-

---

[121] Ebd. S. 523.
[122] Ebd. S. 525 f.
[123] H. de Monteux (Q 1572), fol. 185 v.
[124] B. Stainer (Q 1631), S. 46. Vgl. auch A. du Laurens (Q 1630), fol. 201 v; J. W. Krapff (Q 1607), fol. C 2 v.

chen / Kurtzweil oder Musica zubringen" solle.[125] Nach Meinung des zu Beginn des 17. Jahrhunderts in Mantua tätigen Arztes Aurelius Anselmus (1606) ist es besonders bei der im Alter nicht seltenen Schlaflosigkeit nützlich, zur Beruhigung aller Gedanken und Affekte „Erzählungen, Lieder und sanfte Musikstücke, mit leiser Stimme vorgetragen, anzuhören".[126]

In einer ausführlichen Anweisung „Über die Erhaltung der Gesundheit und die Verlängerung des Alters", die um die Mitte des 16. Jahrhunderts der paduanische Professor Nicolaus Massa (gest. 1569) für einen Senator verfaßte, nennt er auch die Musik: Sie solle zusammen mit vielen anderen ästhetischen Genüssen helfen, eine ausgeglichene heitere Stimmung zu schaffen und aufrechtzuerhalten. Der Senator solle sich in geschmückten Räumen und in schöner Landschaft (z. B. auf grünen Wiesen) aufhalten, solle die Zeit mit Menschen verbringen,

> „die sich an Musikern und dergleichen erfreuen, wie z. B. Harfenspielern, Lautenspielern und Sängern, weil, wie Platon im Timaios sagt, die harmonische Proportion den Geist fröhlich stimmt."

Dazu trügen auch prächtige bunte Gewänder, funkelnde Edelsteine, der Anblick schöner Frauen sowie das Anhören „lustiger Geschichten und einschmeichelnder Gesänge [bei], besonders wenn sie dem Lobe der eigenen Person oder der Vorfahren gelten."[127]

Franchinus Ranchinus (1565–1641), Medizinprofessor in Montpellier, widmete in seiner „Gerocomia" (1627) sogar einen eigenen Abschnitt der Frage, „ob und wie Musik den alten Menschen nützlich sein kann, um Affekte zu beruhigen und Beschwernisse der Alterskrankheiten zu lindern". Da nach allgemeiner Überzeugung Traurigkeit den Körper und die Säfte kalt machte, die Knochen austrocknete und das Herz zusammenzog, war eine solche Gemütslage dem Alter mit seiner ohnehin „kalten" und „trockenen" Komplexion besonders abträglich.

> „Unter den Mitteln, die Alterstraurigkeit, Furcht und Zorn vermindern, alle geistigen Verwirrungen mäßigen, Seele und Körper erfrischen und den

---

[125] W. H. von Hohberg (Q 1687–1715), Bd. 1, 1687, S. 255.
[126] A. Anselmus (Q 1606), S. 221.
[127] N. Massa (Q 1557), S. 256.

bereits Kranken unter den Alten Trost bringen können, gibt es nach meinem Urteil keines, das leichter verfügbar und angenehmer wäre als die Musik."

Gestützt vor allem auf antike Exempla beschreibt Ranchinus diese Wirkung der Musik folgendermaßen:

„Die Unordnung der spiritus und die Erregung der Säfte, die im Herzen, im Gehirn oder im ganzen Körper herrscht, wird von der äußeren Harmonie der Stimmen und Instrumente auf das rechte Maß zurückgeführt; daher kommt es, daß mit der Mäßigung Ruhe eintritt. Außerdem erfrischt der mit den Ohren aufgenommene Genuß den Geist und stimmt ihn zurecht, und der Körper, der daran teilhat, wird ebenfalls sehr erfrischt. Es ist also offenkundig, was von der Musik für die Gesundheit des alten Menschen zu erhoffen ist."[128]

Johann Daniel Horst (1616–1685) äußerte sich 1637 in seiner Dissertation ganz ähnlich,[129] und der englische Arzt Richard Brocklesby (1722–1797), der 1749 ein Buch über die Bedeutung der Musik für die Heilung von Krankheiten herausbrachte, widmete wie Ranchinus ein eigenes Kapitel der „Verlangsamung des Alterns durch die Anwendung von Musik". Er führte – wie viele andere – vorzeitiges Altern vor allem auf die Zerstörung und Zerstreuung der spiritus animales, der Vermittler zwischen Geist und Körper, zurück und wies der Musik die Fähigkeit zu, die spiritus in der rechten Verfassung und Bewegung zu erhalten und sie zu kräftigen, wenn sie erschöpft seien. Dem Einwand, ob Musiker deshalb älter würden als andere Menschen, begegnete Brocklesby mit dem Hinweis, daß Musiker sich leider allzu oft von seriöser, strenger Musik entfernten und außerdem in der Welt der Künstler lebten, die manche Unregelmäßigkeit mit sich bringe.[130]

Gelegentlich wird die Musik – wie der Gesang[131] – auch noch einem anderen Bereich der Diätetik zugewiesen und den alten Menschen als leichte körperliche Gesundheitsübung empfohlen. Friedrich Hoffmann vertritt 1728 noch die antike Auffassung, daß alte und schwache Menschen hauptsächlich den oberen Teil des Körpers bewe-

---

[128] Fr. Ranchinus (Q 1627), S. 485.
[129] J. D. Horst (Q 1637), S. 15 f.
[130] [R. Brocklesby] (Q 1749), S. 69–74.
[131] Siehe unten S. 202–209.

191

gen sollten; das sei vor allem für den Magen gut, weil dadurch die Ausdünstung befördert und schädliche Stoffe behutsam zerstreut würden.

„Es geschiehet aber solches am bequemsten, wenn durch Rührung musicalischer Instrumente oder allerhand Spiele, und dergleichen, man die Hände und Arme hin und her beweget."[132]

In CHRISTOPH WILHELM HUFELAND fand der alte Wunsch der Ärzte und Philosophen, das Leben des Menschen zu verlängern, am Ende des 18. Jahrhunderts nochmals einen leidenschaftlichen, bis zur Mitte des 19. Jahrhunderts sehr einflußreichen Verfechter. Sein in vielen Ausgaben verbreitetes Hauptwerk fußte noch ganz auf der alten humoralmedizinischen Diätetik, stellte das Prinzip des rechten Maßes in den Mittelpunkt und formulierte für die „sechs nicht-natürlichen Dinge" ausführliche Vorschriften. Dabei geht es auch um die Affekte und um die Musik. Doch erscheint nun die Funktion der Musik in charakteristischer Weise dem kulturellen Bewußtsein und der Empfindsamkeit der Epoche angepaßt – einer Zeit, der die Musik unter allen Künsten als die ihr gemäßeste, weil „innerlichste" Ausdrucksform galt. Nach Hufeland tragen „angenehme und mäßig genossene Sinnes- und Gefühlsreize" in doppelter Weise dazu bei, das menschliche Leben zu verlängern.

„Einmal, indem sie unmittelbar auf die Lebenskraft influiren, sie erwekken, erhöhen, verstärken, und dann indem sie die Wirksamkeit der ganzen Maschine vermehren, und so die wichtigsten Organe der Restauration, die Verdauungs-Circulations- und Absonderungswerkzeuge in regere Tätigkeit setzen. Es ist daher eine gewisse Kultur und Verfeinerung unsrer Sinnlichkeit heilsam und nöthig, nur darf sie nicht zu weit getrieben werden. weil sonst kränkliche Empfindlichkeit daraus entstehet. Auch muß bey der Sinnesreizung selbst sehr darauf gesehen werden, daß sie ein gewisses Maß nicht übersteige, denn die nehmlichen Genüsse, die, in mäßigem Grade angewendet, restauriren, können, stärker gebraucht, auch consumiren und erschöpfen."

Unter den „Freuden der Musik, der Malerey, und andrer bildenden Künste, auch der Dichtkunst und der Phantasie" scheint für Hufeland „in gegenwärtiger Rücksicht die Musik den Vorzug zu verdienen, denn durch keinen Sinneseindruck kann so schnell und unmittelbar auf Stimmung,

---

[132] Fr. Hoffmann (Q 1715–28), Teil 7 (= Bd. 3), 1728, S. 47 f.

Ermunterung und Regulirung der Lebensoperationen gewirkt werden, als dadurch. Unwillkührlich nimmt unser ganzes Wesen den Ton und Tact an, den die Musik angiebt, der Puls wird lebhafter oder ruhiger, die Leidenschaft geweckt, oder besänftigt, je nachdem es diese Seelensprache haben will, die ohne Worte, bloß durch die Macht des Tons und der Harmonie, unmittelbar auf unser Innerstes selbst wirkt, und dadurch oft unwiderstehlicher hinreißt, als alle Beredsamkeit. Es wäre zu wünschen, daß man einen solchen zweckmäßigen, den Umständen angemessenen Gebrauch der Musik mehr studirte und in Anwendung brächte."[133]

5. Musik und Digestion

Die Diätetik der alten Humoralmedizin beruhte – trotz aller Kompliziertheit im einzelnen – letztlich auf einem einzigen Grundgedanken: in allen Dingen das mittlere Maß zwischen den Extremen zu finden und einzuhalten, alles Übermaß hingegen, auch das Übermaß des an sich Guten und Nützlichen, zu meiden. Das galt, wie die vorangegangenen Abschnitte gezeigt haben, auch für den Bereich der Gemütsbewegungen. Wegen des engen Zusammenhangs zwischen Körper und Seele war eine ausgewogene Gemütslage für den gesunden Ablauf aller Körperfunktionen von größter Bedeutung, nicht zuletzt für die Verdauung. Auf sie bezogen sich nicht nur sorgfältige Diätvorschriften, sondern auch mancherlei andere Verhaltensmaßregeln.

Schon bei Avicenna kann man lesen, daß heftige Affekte ebenso wie körperliche Überanstrengung der Verdauung schadeten.[134] Die Ärzte waren jahrhundertelang davon überzeugt, daß bei eingeschränkter oder gestörter Digestion viele Krankheiten drohten.[135] Deshalb mahnte z. B. der florentinische Arzt Niccolò Falcucci (Nicolaus Nicolus, gest. 1412), man solle Kranken kein Essen reichen, wenn ihre seelische Verfassung erheblich verändert sei, sofern ein solcher Zustand nicht allzu lange andauerte.

„Vielmehr ist für das Essen eine Zeit zu wählen, in der die Seele des Kranken sich in einer besseren Verfassung befindet und der Kranke munter und fröhlich ist – es sei denn, die Freude wäre übermäßig groß und dadurch schädlich."[136]

---

[133] Chr. W. Hufeland (Q 1798), Bd. 2, S. 349–351.
[134] Avicenna (Q 1658), Bd. 1, S. 169.
[135] Vgl. z. B. G. Pictorius (Q 1557), fol. 81 v.
[136] N. Nicolus (Q 1533), Bd. 1, Sermo 2, fol. 11 r.

Der paduanische Arzt Giovanni Dondi dall'Orologio (1318–1389), der – vermutlich während der Pest von 1382 – eine Schrift über das Thema verfaßte, wie man sich zur Pestzeit richtig verhalte, ermahnte seine Leser, gerade in solchen Zeiten Angst, Sorgen und dunkle Gedanken von sich fernzuhalten und guter Dinge zu sein. „Beim Essen", schließt er, „fördern Gesänge, Klänge, Gelächter und Spiele die Verdauung sehr, während das Gegenteil die Nahrung verderben läßt".[137] In einem ausführlichen Consilium, das Hugo von Siena (gest. um 1439) einem an Nierensteinen leidenden Patienten erteilte, warnte er vor Traurigkeit, Furcht, Zorn usw., weil solche Affekte die Verdauung in Unordnung brächten oder sogar völlig zugrunderichteten. Der Kranke solle sich vielmehr mit Dingen beschäftigen, die Freude bereiteten; er solle „Lieder, Klänge und Gesänge hören und alles, was ruhig und fröhlich stimmt. Denn all dies bewirkt eine gute Digestion".[138]

Es war nur folgerichtig, daß man möglichst schon vor dem Essen schädlichen Gemütsbewegungen vorbeugen und jene ausgeglichene Stimmung herstellen wollte, die der Verdauung förderlich war. In detaillierten, den Tagesablauf bis ins einzelne regelnden Gesundheitsvorschriften für einen Erzbischof gibt Girolamo Cardano (1501–1576) den Rat, der Bischof solle eine gewisse Zeit vor dem Mittagessen nicht mehr arbeiten und umhergehen, sondern sich setzen, Scherzen zuhören, Spielen zusehen und Musik genießen.[139] Im allgemeinen hatte die Musik jedoch bei denen, die es sich leisten konnten, ihren Platz während der Mahlzeit (meist mit lauten Instrumenten) und nach dem Essen (meist mit leisen Instrumenten). Diese Funktion der Musik tritt uns in zahlreichen literarischen Belegen und bildlichen Darstellungen anschaulich entgegen.[140] Die Verpflichtung der Hofmusiker, bei Tafel zu musizieren, wurde oft sogar in ihren Anstel-

---

[137] Zitiert bei E. Morpurgo (L 1922), S. 116.

[138] Hugo von Siena (Q 1518), fol. 61 v.

[139] G. Cardano (Q 1663/d), Bd. 9, S. 227.

[140] Vgl. hierzu vor allem E. A. Bowles (L 1958); ferner J. Stosch (L 1881), S. 15 f. und 28; P. Zeller (L 1885), S. 56–58; E. Motta (L 1887), S. 283, Anm. 1; S. 299, Anm. 5; S. 333, Anm. 1; O. Müller (L 1889), S. 17; W. Großmann (L 1906), S. 82 f. und 99; J. Marix (L 1939), S. 30, 35 f., 77; W. Salmen (L 1959) und dens. (L 1960), S. 115–118. – Bildliche Darstellungen von Tafelmusik sind zahllos. Vgl. z. B. die Abbildungen bei J. Ulsamer und Kl. Stahmer (L 1973) sowie bei G. Schiedlausky (L 1959), Tafeln I und II; Abb. 11; S. 7, 10, 13, 21, 29, 35.

lungsverträgen festgelegt.[141] Luxuriöse Festbankette und dergleichen Festlichkeiten an großen Höfen waren wie wahre Kunstwerke aufgebaut, und in diesem Rahmen wurde auch die Musik zur Tafel sorgfältig ausgewählt und mit der Folge der Gänge abgestimmt.[142] Das sollte aber nicht darüber hinwegtäuschen, daß Tafelmusik auch zum Alltag gehörte, weil sie nicht nur als Teil höfischer Repräsentation und Lebensform galt, sondern, wie Karl Gustav Fellerer mit Recht vermutet, auch aufgrund „der Meinung von der verdauungsfördernden Wirkung der Musik" gepflegt wurde.[143] Das zeigen die verschiedensten Quellen zur Genüge. In den „Le songe du vieil pelerin" betitelten Ratschlägen für den französischen König Karl VI. (1380–1422) des Philippe de Mézières heißt es, es sei sehr nützlich, wenn Menestrels mit leise klingenden Instrumenten den König nach anstrengenden Beratungen und Regierungsgeschäften erquickten und so für die rechte Digestion sorgten.[144] Franchinus Gafurius sagt 1492, die Musik diene bei den Fürsten „zur Erleichterung von den Sorgen während der Mahlzeit".[145] Zwei Jahrhunderte später nennt der Musiker Angelo Berardi unter den verschiedenen heilsamen Wirkungen der Musik auch die, daß sie „nicht wenig zur Vermehrung der angeborenen Wärme der Körperteile und zur Beförderung der Verdauung" beitrage; daraus erwachse dem Körper vermehrte Kraft, um Krankheiten zu widerstehen und sie zu vertreiben. Die Musik könne Affekte beruhigen und das Herz erfreuen, die Lebensgeister aktivieren und die Dämpfe reinigen, welche die spiritus in ihrer Funktion beeinträchtigten.[146] Nicht zufällig ließ 1652 der am Münchner Hof wirkende

---

[141] Vgl. z. B. E. Fr. Schmid (L 1962), S. 408 f., 428 f., 516 f.; M. Ruhnke (L 1963), S. 276 f.

[142] Zum Beispiel beschreibt Cristoforo di Messisburgo in seinem zwischen 1549 und 1626 mehrfach gedruckten Kochbuch (Q 1556) ein Festmahl am Hofe des Herzogs von Ferrara im Jahre 1529 mit acht Gängen; bei jedem Gang wird in wechselnder, genau festgelegter Besetzung musiziert. Vgl. die Übersetzung bei C. S. Gutkind (Q 1929), S. 401–405. Zur ständig wechselnden Besetzung bei Tafelmusik vgl. auch M. Ruhnke (L 1963), S. 175, 278, 290.

[143] K. G. Fellerer (L 1938/39), S. 671.

[144] J. Marix (L 1939), S. 93, Anm. 2.

[145] Fr. Gafurius (Q 1492), lib. 1, cap. 1.

[146] A. Berardi (Q 1689), S. 48. – Der Kuriosität halber sei hier auch ein 1692 von Chr. Fr. Paullini (Q 1692), S. 203 geschilderter Fall von hartnäckiger Verstopfung erwähnt, gegen die weder Klistiere noch andere Mittel halfen. Schließlich ließ man „zu Vertreibung der Melancholie / zwey Sackpfeifer und einen Leyren-Mann holen". Der Erfolg stellte sich bald ein, jedoch nicht durch die Musik direkt, sondern durch ausgiebiges Tanzen, zu dem sie anregte, sowie durch ein gutes Bier.

Arzt Malachias Geiger (1606–1671) in einer programmatischen bildlichen Darstellung der rechten „Diaeta" (Abb. 17) die Musiker als
Verkörperung und Garanten des Prinzips „laeta moderate" gerade
neben der gedeckten Tafel plazieren.

Abb. 17: Malachias Geiger: Microcosmus hypochondriacus. München 1652,
Tafel zwischen S. 116/117.

196

Des bei Humanisten und humanistisch gebildeten Ärzten beliebten Hinweises auf den antiken Brauch, die Gastmähler mit Musik zu „würzen", hätte es eigentlich nicht bedurft, da sich die Tafelmusik von der humoralmedizinischen Diätetik her schon hinreichend begründen ließ. Dennoch verzichtete kaum ein Autor darauf, sich mit Zitaten zu dieser Überlieferung zu bekennen. Bis in das 18. Jahrhundert wird der an die antike Ethos-Lehre anknüpfende Gedanke von der zügelnden, das rechte Maß erhaltenden Kraft der Musik in der vom Humanismus geprägten Literatur (einschließlich der musiktheoretischen Schriften) mit der Tafelmusik in Verbindung gebracht. Der italienische Humanist Vittorino da Feltre (15. Jahrhundert) versuchte denn auch, dem antiken Vorbild in diesem Punkt nachzuleben. Er führte zu den Mahlzeiten Musik ein, weil er fand, daß einige seiner Schüler, die er um sich versammelt hatte, dadurch so abgelenkt wurden, daß sie zu ihrem Vorteil das Essen vergaßen.[147] Ähnlich äußert sich zu Beginn des 18. Jahrhunderts der Musiker Christoph Raupach über die Tafelmusik. Er führt den Satz eines antiken Schriftstellers an, daß Musik übermäßigem Weingenuß entgegenwirken könne,[148] und fügt hinzu:

> „Wer bey einer Tafelmusic aufmercksame Ohren" habe, „der kan so wol mit angenehmer Abwechselung in Anhörung der Music, als mit einem guten Discours, seinen Appetit im Essen und Trincken mäßigen."[149]

Solche antikisierenden, moralisierenden Gesichtspunkte finden sich in Texten über die Musik zwar oft, blieben aber mehr auf den literarischen Bereich gelehrt-humanistischer Erörterungen beschränkt. Wenn es um die tatsächliche Begründung von Tafelmusik ging, wogen letztlich die Argumente der Medizin schwerer als das Beispiel der „Alten". Mit anderen Worten: Musik bei Tisch galt im allgemeinen keineswegs als eine Art Appetitzügler, sondern sie sollte eine ausgeglichene, heitere Gemütslage herstellen und dadurch den Körper bei der Digestion unterstützen. Diese Auffassung, die schon aus den bisher angeführten Texten deutlich geworden ist, erläutert Jason Pratensis 1538 folgendermaßen:

---

[147] W. H. Woodward (L 1906), S. 20.
[148] Für die immer wieder aufgezählten antiken Belege vgl. die Zusammenstellung bei M. Praetorius (Q 1614/15), S. 223.
[149] [Chr. Raupach] (Q 1847), S. 120.

„Nichts wirkt der Verdauung in gleicher Weise entgegen, nichts beeinträchtigt in so schädlicher Weise den Appetit, nichts hemmt so das Leben wie Traurigkeit, Furcht, Schrecken, Angst, Zorn, während ein fröhlicher Geist die Kräfte der Natur stärkt und sie zu jeder Tätigkeit in wunderbarer Weise fähig macht."

Auch Jason verzichtet allerdings nicht auf den Hinweis, daß die Alten nicht allein aus diesem Grund bei ihren Gelagen Musik hatten, sondern auch deshalb, weil Musik von den Tafelfreuden abzulenken und Auge und Ohr in anderer Weise zu beschäftigen vermochte.[150] Ein unvoreingenommener Zeuge dafür, daß man Musik bei Tisch normalerweise nicht als Mittel zur Mäßigung der Eßlust, sondern als ein affektiv wirkendes Digestivum verstand, ist der deutsche Reisende Johann Limberg. Über den Brauch im römischen Ospedale di Santo Spirito, während des Essens für die Kranken Musik machen zu lassen,[151] sagt Limberg 1690, die Musiker sollten täglich während der Hauptmahlzeit „eine gantze Stunde musiciren / und mit einer herrlichen Music den Krancken einen appetit machen".[152]

Traurigkeit und Sorgen galten nicht nur allgemein als gesundheitsschädlich, weil sie den Körper aufzehrten, sie waren, wie Girolamo Cardano in einer Gesundheitsregel hervorhob, erst recht gefährlich nach dem Mittagessen, und sie waren in noch höherem Maße schädlich nach dem Abendessen und vor dem Schlafen.[153] Da Musik eine für die Verdauung günstige seelisch-körperliche Disposition schaffen konnte, lag es nahe, ihre heilsame Wirkung hauptsächlich gegen Ende der Mahlzeit oder erst danach eintreten zu lassen. So pflegte z. B. der französische König Karl V. im 14. Jahrhundert gern „am Ende der Mahlzeiten nach dem Vorbild Davids leise klingende Instrumente zu hören, um seine Lebensgeister zu erfrischen".[154] Der Heidelberger Hofarzt Münsinger empfahl im 15. Jahrhundert dem Kurfürsten Friedrich II., der an einem Bronchialkatarrh litt, er solle sich nach dem Essen nicht zu viel bewegen, sondern sitzen bleiben und „sich ergeczen, hören lesen alt hystoryen von alten Keysern und her-

---

[150] Jason Pratensis (Q 1538), fol. 80 r.
[151] P. Saulnier (Q 1649), S. 128 f.
[152] J. Limberg (Q 1690), S. 238. Weitere Belege für die Musikpflege im Krankensaal dieses Hospitals s. unten S. 261.
[153] G. Cardano (Q 1663/d), Bd. 9, S. 235.
[154] J. Marix (L 1939), S. 15, Anm. 1.

ren oder sust etwas lustlichs oder hören pfiffen oder seitten spill".[155]
Der französische Arzt Prosper Calanius schreibt 1550, unmittelbar
nach dem Essen seien Musik und andere Dinge, „die den Geist erquik-
ken, ohne den Körper zu erregen", sehr nützlich,[156] – nicht zuletzt
deshalb, weil es als sehr schädlich galt, sogleich nach dem Essen zu
schlafen. Sofortiger Schlaf bei noch unverdauter Nahrung, so glaubte
man, verhinderte eine richtige Digestion. Daher sollte man zwischen
Essen und Schlafen ein bis zwei Stunden mit leichter, angenehmer
Beschäftigung zubringen, mit Gesang, mit dem Anhören und Spielen
von Musikinstrumenten, mit lustigen Geschichten, Spaziergängen,
leichter körperlicher Betätigung usw. Dabei setzten sich die Speisen,
die aus der Verdauung entstehenden Dämpfe wurden zerstreut, und
der Kopf füllte sich nicht mit dicken Dämpfen an, die Katarrhen und
verschiedenen „kalten" Krankheiten Vorschub leisteten.[157]

Diese Ratschläge der Ärzte fanden auch Eingang in die Pädagogik.
In seinem Buch „Über die Erziehung und Ausbildung der Fürstenkin-
der, die für die Regierung bestimmt sind" empfahl der Jurist Conrad
Heresbach (1508–1576), sich während des Mittag- und Abendessens
mit Musik, Scherzen und leichten Gesprächen unterhalten zu lassen;
vor allem aber legte er großen Wert darauf, daß man nach der Mahlzeit nicht sofort studiere oder gar schlafe, sondern sich ein bis zwei
Stunden lang mit Spaziergängen, Spielen, unbeschwerter Unterhaltung oder mit Musik und mit Musikinstrumenten wie Laute, Gitarre
und Flöte beschäftige.[158] John Milton (1608–1674) wies 1644 im
Rahmen eines Erziehungsplanes für Jugendliche von 12 bis 21 Jahren
der Musik eine doppelte Funktion zu. Da körperliche Übungen schon
einige Zeit vor dem Mittagessen beendet werden sollten, benutzte man
die notwendige Erholungspause am besten dazu, Musik zu hören oder
selbst zu musizieren und sich dadurch zu erfrischen und zu beruhigen.
Dasselbe war auch ratsam „nach dem Essen, um der Natur bei der
ersten Verdauung zu helfen und die Geister in guter und zufriedener
Stimmung zum Studium zurückkehren zu lassen".[159]

[155] G. Eis (Q 1960), S. 607.
[156] P. Calanius (Q 1550), S. 66.
[157] Vgl. z. B. J. Curio in [Regimen Salernitanum] (Q 1557), fol. 20 r; M. Pansa
(Q 1615/a), Bd. 1, fol. 130 v; J. Follinus (Q 1648), S. 81.
[158] C. Heresbach (Q 1592), S. 161, 133, 138.
[159] J. Milton (Q 1946), S. 44 f.

Besonders geeignet war natürlich der Gesang, weil er nicht allein fröhlich stimmte, sondern zugleich eine leichte Körperübung war. So nannte Arnald von Villanova unter den Dingen, die für Brust und Lunge gut seien, auch die „maßvolle Übung der Stimme vor dem Essen", „ein maßvolles Auf- und Absteigen der Stimme, weil maßvoller, angenehmer und fröhlicher Gesang eine gute Verdauung gewährleistet."[160] Der englische Dichter, Musiker und Arzt Thomas Campion beginnt 1618 ein Tafellied mit folgenden Zeilen:

> „Tune thy chearefull voyce to mine;
>   Musicke helpes digesting,
>   Musicke is as good as wine,
>   And as fit for feasting.
>   Melodie now ist needfull here;
>   It will helpe to mend our cheare,
>   Joyne then, one ioy expressing."[161]

Der Musiker Thomas Morley (1557–1602) bezeichnet es 1597 als üblich, daß nach dem Essen Notenbücher an den Tisch gebracht wurden, aus denen man gemeinsam sang und spielte.[162] Der englische Apotheker Richard Browne (um 1625–1694) ist überzeugt, daß Gesang die Verdauung und alle übrigen Körperfunktionen fördere;[163] aber auch schon das bloße Hören von Musik steigere und reguliere die Sekretion der spiritus, die Digestion und den Blutumlauf, vor allem dann, wenn die Musik einen richtigen Wechsel entgegengesetzter Eigenschaften und Affektwirkungen biete (schnell – langsam, kühn – sanft usw.).[164] Ausführlich beschreibt 1770 der Leipziger Medizinprofessor Johann Georg Friedrich Franz, wie die von der Musik

---

[160] Arnald von Villanova (Q 1585/d), Sp. 615.

[161] Th. Campion (1909/b), S. 229.

[162] Th. Morley (Q 1597), S. 9.

[163] R. Browne (Q 1729), S. 23, 27–29. – Ein Reflex dieser auch im Volksglauben verbreiteten Auffassung ist z. B. darin zu erkennen, daß nach einer Bemerkung des italienischen Gelehrten Girolamo Maggi aus dem 16. Jahrhundert die Hirten ihren Herdentieren nicht nur deshalb Glocken umhängten, um die Tiere leicht zu finden und andere Tiere abzuschrecken, sondern auch, weil sie glaubten, „daß die Tiere durch den Klang der Glocke sowie der Hirtenflöte sich freuen und dadurch dicker werden". Vgl. G. Maggi (Q 1664), S. 39.

[164] R. Browne (Q 1729), S. 44 f.

geweckten „freudigen Empfindungen in der Seele" unmittelbar auf den Körper einwirkten:

„Das ganze Nervensystem wird auf eine angenehme Art gereizet, die Gliedmaßen werden in Bewegung gesetzt, das Blut in Wallung gebracht, und in allen Gegenden des Körpers umhergetrieben. Hierbey wird zugleich die Absonderung der Säfte befördert, ungemein vermehrt, und der Stockung vorgebeuget, indem durch die unmerkliche Ausdünstung das Blut und die Säfte von allen unnützen Theilen befreyet werden. Hiernächst werden die Lebensgeister erweckt, alle feste Theile gestärket und die Verdauung gehet gut von statten."[165]

Am Ende des 18. Jahrhunderts verteidigte der angehende Arzt Christian Ludwig Bachmann (1763–1813) bei seiner Promotion an erster Stelle die These, daß Musik die Verdauung befördere.[166] Der Heilbronner Arzt Friedrich August Weber meint 1802, schon die Theorie könne „darauf fallen, die Musik zur Heilung der Dyspepsie zu gebrauchen", da diese „nicht selten eine Folge geschwächter Empfindlichkeit der Magennerven" sei, deren Zusammenhang mit den Gehörsnerven anatomisch erwiesen sei.

„Und wer ist nicht inne geworden, daß man bey einer wackern Tafelmusik besser ißt und leichter verdaut, und wenn diese Tafelmusik auch nur in lustigen Liedchen besteht ...? Falscher Wohlstand, der uns um so manches Gute auf dieser Welt bringt, hat uns in den meisten Provinzen Europens auch diese kleine Wohlthat entzogen."[167]

Der österreichische Arzt Peter Lichtenthal (1780–1853) schloß sich 1807 der Auffassung Webers uneingeschränkt an.[168] Auch Etienne Sainte-Marie hielt es für nicht erstaunlich, daß musikalische Klänge durch ihre unleugbare Wirkung auf die Körpersäfte die Verdauung beförderten,[169] und noch 1883 zog ein französischer Mediziner aus zahlreichen Beobachtungen den Schluß, daß Musik im allgemeinen auf die Verdauung einen günstigen Einfluß habe.[170]

---

[165] [J. G. Fr. Franz] (Q 1770), S. 5.
[166] Chr. L. Bachmann (Q 1792), S. 45.
[167] Fr. A. Weber (Q 1801/02), Sp. 589.
[168] P. Lichtenthal (Q 1807), S. 132.
[169] E. Sainte-Marie in J. L. Roger (Q 1803), S. XXXIII f.
[170] H. Soula (L 1883), S. 16.

Die oben zitierte Äußerung Webers deutet freilich darauf hin, daß schon zu Beginn des 19. Jahrhunderts Musik bei Tisch nicht mehr so selbstverständlich und unangefochten war wie zuvor. Ob Weber mit seiner Erklärung recht hat, sei dahingestellt. Sicher ist, daß der Tafelmusik Unverständnis und Kritik von zwei anderen Seiten erwuchs. Einerseits verlor die alte Diätetik, auf der die Tafelmusik medizinisch beruhte, im 19. Jahrhundert nach und nach ihre Verbindlichkeit. Andererseits war schon seit dem ausgehenden 18. Jahrhundert eine bloß dienende, begleitende Funktion der Musik für die neuen ästhetischen Maßstäbe, vor allem für die nun vertretene Autonomie der Kunst nicht mehr annehmbar. Dadurch schien der Tafelmusik der Boden entzogen – jedoch nur, was ihre bisherige Begründung und Rechtfertigung anging. In Wirklichkeit gab es im 19. Jahrhundert, völlig unberührt von den Einwänden der Kritiker, weiterhin Musik zur Tafel, an den Höfen, in Wirtsstuben, Hotels und Kaffeegärten. In deutschen Bürgerhäusern der ersten Jahrhunderthälfte erfreute sich vor allem das Singen während und nach dem Essen großer Beliebtheit.[171]

6. Gesang und Gesundheit

„Daß Priester und Mönche ein sehr gesundes Leben führen, obwohl sie nicht viel körperliche Betätigung haben, liegt daran, daß sie tags und nachts bei den Bittgesängen zu Gott im Chor ihre Stimme üben. Auf diese Weise verschaffen sie sich durch die Übung der Stimme eine gewisse körperliche Bewegung, verdauen gut und leben dadurch länger und gesünder als die anderen Menschen."[172]

Mit dieser Ansicht zog der italienische Arzt Giorgio Baglivi am Ende des 17. Jahrhunderts eine originelle Schlußfolgerung aus einer auf die Antike zurückgehenden Tradition, nach der die Übung der Stimme der Gesundheit diente und vielen Krankheiten entgegenwirken konnte. Die maßvolle körperliche Betätigung, das rechte Verhältnis von Bewegung und Ruhe des Körpers zählte zu den „sechs nichtnatürlichen Dingen" der Diätetik, auf deren Beachtung die Gesundheit beruhte und die auch bei der Behandlung von Krankheiten zu

---

[171] Vgl. dazu im einzelnen W. F. Kümmel (L 1975).
[172] G. Baglivi (Q 1734/c), S. 638.

202

berücksichtigen waren. Zur rechten „Übung" des Körpers gehörten nicht nur Reiten, Laufen, Ballspiel, Speerwerfen usw., also Tätigkeiten, die mehr oder weniger den ganzen Körper betrafen.[173] Vielmehr empfahlen die Ärzte auch für die einzelnen Glieder und Organe des Körpers spezielle Übungen, die zuerst der Gesundheit und Kräftigung der betreffenden Glieder und Organe dienen, zugleich aber auch eine allgemeine reinigende, anregende, stärkende Wirkung auf Körper und Seele ausüben sollten. In diesem Rahmen hatte die Pflege und Übung der Stimme seit der römischen Kaiserzeit einen festen Platz.[174] Sie behielt ihn bis weit in die Neuzeit.

Anfangs spielte dabei das Singen nur eine geringe Rolle. Im Vordergrund standen – wie es der Bedeutung der rhetorischen Ausbildung im Altertum entsprach – lautes Lesen, Deklamieren und Rezitieren. Den Unterricht erteilten Stimmbildungslehrer. In dem Maße, wie die antike Rhetorik im Übergang zum Mittelalter ihren einstigen Rang in der Bildung und im öffentlichen Leben verlor, scheinen auch die zu ihr gehörenden Stimmübungen verschwunden zu sein.[175] Doch entstand mit der „Solmisation"[176] seit dem 11. Jahrhundert eine neue systematische Übung der Stimme, die zwar nicht speziell für die Stimmbildung entwickelt worden war, aber immer mehr dafür herangezogen wurde und in gewisser Weise an die Stelle der antiken Stimmschulungsmethoden trat.[177] Das war wohl die Voraussetzung dafür, daß die mittelalterliche Medizin ausdrücklich den Gesang unter die Stimmübungen aufnahm, denen sie – wie schon die antike Medizin – große Bedeutung für die Gesundheit beimaß. Avicenna scheint noch der antiken Überlieferung enger verbunden als spätere Autoren des lateinischen Westens; er nennt unter den Übungen der Stimme das Singen nicht ausdrücklich.

„Brust und Atmungsorgane", so betont er, „werden einerseits durch laute und tiefe Töne geübt, andererseits durch hohe und dazwischenlie-

[173] Vgl. hierzu W. Artelt (L 1936 und L 1931), W. Schmitt (L 1972) und H. Hänel (L 1972).
[174] Vgl. die gute Übersicht bei G. Finney (L 1966); ferner H. Schöne (L 1930), Fr. Kudlien (L 1963) und G. Wille (L 1967), S. 480.
[175] Fr. Müller-Heuser (L 1963), S. 145.
[176] Solmisation ist ein nach den Tonsilben „sol" und „mi" benanntes System zur Bildung und Übung von Tonvorstellungen nach dem Notenbild.
[177] Vgl. Fr. Müller-Heuser (L 1963), S. 148–155, bes. S. 154 f.

gende Töne der Stimme; das ist zugleich eine Übung für den Mund, für das Zäpfchen, die Zunge und den Hals; sie bringt Farbe [in das Gesicht], reinigt die Brust und übt sie durch das Ausatmen und das Anhalten des Atems. Dies wird auch für den ganzen Körper eine gewisse Betätigung sein und weitet seine inneren Gänge aus."[178]

Dagegen besteht bei Roger Bacon im 13. Jahrhundert die Übung der Stimme bereits hauptsächlich im Gesang. Unter Hinweis auf die zitierte Avicenna-Stelle erklärt er das Singen unter allen Gesundheitsübungen für besonders geeignet,

„weil dadurch nicht nur der Geist fröhlich wird, sondern die Kraft des Singens alle Nerven und Adern des ganzen Körpers ausdehnt, so daß die verdorbenen Säfte ausgeatmet werden und wieder feine Luft eingeatmet wird."[179]

Für Arnald von Villanova war, wie schon im vorangegangenen Kapitel erwähnt, der Gesang vor dem Essen eine nützliche Gesundheitsübung, die vor allem der Verdauung zugute kam.[180]

Von dieser Zeit an findet sich der Gesang häufig unter den Körperübungen, welche die Ärzte zur Erhaltung der Gesundheit empfehlen. Ein spanischer Arzt, der 1315 seinen beiden in Toulouse studierenden Söhnen Anweisungen für eine gesunde Lebensweise gab, ermahnte sie auch zu körperlicher Betätigung, wobei das Singen die beste Übung für die Brust sei. „Wenn du das getan hast", schließt er seine Ratschläge, „wirst du gesunde Glieder, einen gesunden Geist und ein gesundes Gedächtnis haben, und du wirst kein Rheuma bekommen".[181] Bartolomeo Montagnana (gest. um 1460), Medizinprofessor in Padua, hielt es für eine gute Übung des ganzen Körpers, am frühen Morgen mit lauten Worten zu sprechen, etwas vorzulesen oder „mit erhobener Stimme Psalmen zu singen".[182] Auch in verschiedenen Krankheitsfällen riet er, Hymnen und Psalmen mit mittlerer Stimmgebung zu singen,[183]

---

[178] Avicenna (Q 1658), Bd. 1, S. 165.
[179] R. Bacon (Q 1859), S. 299; wörtlich übernommen im frühen 14. Jahrhundert bei W. Odington (Q 1864), S. 193.
[180] Siehe oben S. 200.
[181] L. Thorndike (Q 1931), S. 113.
[182] B. Montagnana (Q 1565), fol. 3 A; vgl. auch Oderico da Genova (Q 1961), S. 40.
[183] B. Montagnana (Q 1565), fol. 36 E, 57 C, 61 G, 131 B, 297 F.

„weil die Übung der Stimmorgane bewirkt, daß durch die Erwärmung der Brust und des Kopfes überschüssige Stoffe im Körper aufgezehrt werden. Herz, Lunge, Gehirn und andere mit der Stimme zusammenhängende Organe werden dadurch auf angemessene Weise von Überflüssen gereinigt."[184]

Mittelalterliche Ärzte schreiben den Leprösen, deren Stimme oft rauh und heiser ist oder ganz aussetzt, unter den vor dem Essen vorzunehmenden Übungen ausdrücklich Gesang vor.[185] Einem an Magenschwäche leidenden Patienten, der sich beklagt hatte, daß das Singen die ohnehin starke Schleimabsonderung noch vermehre, empfiehlt Giovanni Battista Montano (1498–1551), Professor in Padua, er solle den Gesang trotzdem nicht meiden, da er, zumal bei leerem Magen, den Brustkorb und den Magen erwärmen, deren Teile kräftigen und überhaupt die dem Körper eingepflanzte Wärme steigern könne.[186] Nach Ansicht des eingangs zitierten Baglivi war der Gebrauch der Stimme (lautes Lesen, Sprechen, Singen) besonders nützlich für Kranke, die an Podagra litten; denn sie waren zu körperlichen Übungen nicht in der Lage, konnten aber stattdessen mit Hilfe von Stimmübungen den Umlauf der Körpersäfte beschleunigen.[187]

Obwohl der Humanismus und die gestiegene Autorität der antiken medizinischen Schriften im 16. Jahrhundert den reinen Stimmübungen wieder mehr Gewicht verliehen und obwohl Galen deren Aufgabe auf die Übung des Thorax und der Lunge beschränkt hatte, konnte der Gesang seinen Platz als wichtige Gesundheitsübung behaupten. Bis in das 19. Jahrhundert blieb die mittelalterliche Auffassung vom Nutzen des Singens lebendig, als allgemeine Vorschrift ebenso wie bei speziellen Krankheitsfällen.[188] Die kritische Haltung Girolamo Mercuriales (1530–1606), der sich in seinem bekannten Werk über die Gymnastik (1569) stark an die antiken Autoren anlehnte, dem Gesang nur geringen Nutzen für die Erhaltung der Gesundheit bei-

---

[184] Ebd. fol. 297 F.
[185] Henri de Mondeville (Q 1892), S. 428; Theodoricus Cerviensis (Q 1546), fol. 178 v G/H.
[186] G. B. Montano (Q 1565), Sp. 482.
[187] G. Baglivi (Q 1734/a), S. 117; vgl. auch dens. (c), S. 637 f.
[188] Vgl. dazu G. Finney (L 1968). Der Aufsatz stützt sich hauptsächlich auf englische Quellen und behandelt den Gesang nur als Teilgebiet der „vociferatio". Im folgenden sind daher auch andere Quellen herangezogen, die Finney nicht ausgewertet hat.

maß und reinen Stimmübungen den Vorzug gab, war keineswegs repräsentativ.[189] Anders als Mercuriale sahen die meisten Ärzte im Gesang durchaus nicht bloß eine „eitle Ergötzung", sondern sogar eine doppelte gesundheitsfördernde Wirkung. Was schon Arnald von Villanova betont hatte,[190] hob Girolamo Cardano im 16. Jahrhundert von neuem hervor: Singen übe nicht nur Brust und Lungen, sondern bereite zugleich Freude, beruhige die von Sorgen bedrängte Seele, befördere dadurch die Ausscheidungen des Körpers und reinige die Bahnen des Säfteumlaufs.[191]

Daß die heilsame Wirkung des Gesanges eine zweifache sei, richtiger: eine körperlich-seelische Wechselwirkung auslöse, war auch Musikern geläufig. Sie führten dieses Argument gerne zur Rechtfertigung und zum „Lob" ihrer Kunst an, maßen allerdings wie die Ärzte der körperlichen Wirkung des Singens größere Bedeutung bei. Gesang sei gut für die Lungen, schreibt 1588 der Musiker und Arzt John Case (gest. 1599 oder 1600); die dadurch entstehende Bewegung im Körper erzeuge reichlich Wärme und spiritus im Herzen, schaffe dicke Säfte weg und vertreibe die schädlichen Dämpfe.[192]

Wenig später sagt der englische Musikverleger John Playford der Ältere (1623–1686) in einer weit verbreiteten Musiklehre über den Gesang folgendes:

„Musik erfreut nicht allein den Geist des Menschen, sie trägt auch sehr zur körperlichen Gesundheit bei, nämlich durch die Übung der Stimme beim Gesang, der die Lungen reinigt und stärkt; und wenn man damit die Übung der Gliedmaßen verbindet, braucht niemand Asthma oder Schwindsucht zu fürchten, während das Fehlen solcher Übung vielen Gelehrten den Tod bringt. Vielen Nutzen bringt der Gesang auch bei Behinderungen des Sprechens wie z. B. bei Stottern oder schlechter Aussprache. Singen löst sanft den Schmerz Trauernder und erhöht die Freude derer, die fröhlich sind; es mindert Bedrücktheit und Haß . . ."[193]

Richard Browne, ein ebenso unbedeutender wie gerade dadurch für

---

[189] G. Mercuriale (Q 1672), S. 357 f.
[190] Siehe oben S. 200.
[191] G. Cardano (Q 1663/c), Bd. 6, S. 64.
[192] J. Case (Q 1588), S. 51 f.
[193] J. Playford (Q 1700), Preface (unpaginiert). Diese Stelle ist wohl übernommen aus Ch. Butler (Q 1636), S. 123. Ganz ähnlich äußert sich 1588 auch der Musiker William Byrd (Q 1948), S. XXXIV. Vgl. ferner Th. Salmon (Q 1672), S. 9.

die Durchschnittsmeinung repräsentativer Zeuge, konnte sich 1729 keine Körperübung vorstellen, die in so „wunderbarer Weise zur Erhaltung unserer Gesundheit beiträgt" wie der Gesang.[194] Auch wenn der Gesang schlecht sei, erhöhe das vom Singen geweckte Vergnügen die Sekretion und die Aktivität der spiritus, der Blutumlauf werde schneller, die Zusammenziehung des Herzens voller und kräftiger, wozu auch die verstärkte Lungentätigkeit beitrage, und dadurch kämen schließlich auch die festen Teile des Körpers in den richtigen Zustand.[195] Der Philosoph Thomas Hobbes (1588–1679) hatte nach dem Bericht John Aubreys

> „immer Notenbücher mit Liedern auf seinem Tisch liegen; wenn es Nacht war und er im Bett lag, die Türen verschlossen waren und er sicher sein konnte, daß niemand ihn hörte, sang er laut – nicht daß er etwa eine sehr gute Stimme gehabt hätte, sondern er tat es für seine Gesundheit, weil er glaubte, daß dies für die Lungen gut sei und sehr dazu beitrage, sein Leben zu verlängern."[196]

Nach der Meinung Richard Brownes ist Singen auch bei vielen Krankheiten sehr nützlich. Lediglich bei übermäßiger Bewegung der festen und flüssigen Teile des Körpers, vor allem bei Entzündungen (auch der Lungen), sei Gesang weniger ratsam, erst recht nicht bei zu geringer Bewegung wie bei Schwindsucht oder anderen Lungenkrankheiten.[197] Browne empfiehlt Gesang hingegen bei periodischem Asthma, um die Lungen zu üben und Anfälle zu verhindern, weil das Singen die von dicken Säften verstopften Bronchien durch starke Zirkulation freiräume; desgleichen bei Nervenkrankheiten aller Art, um die spiritus in Bewegung zu bringen und bedrückende Gedanken zu vertreiben;[198] schließlich auch bei vermindertem Appetit und geschwächter Verdauung, den Symptomen der meisten chronischen Krankheiten, weil durch das Singen die vermehrt in den Bauchraum strömenden spiritus die Muskelfasern dort stärkten, den Umlauf der Säfte erleichterten und dadurch die Verdauung förder-

---

[194] R. Browne (Q 1729), S. 19 und 24 f.
[195] Ebd. S. 1–19.
[196] J. Aubrey (Q 1957), S. 155.
[197] R. Browne (Q 1729), S. 25 f. Genauso dachten auch schon Ärzte im 16. Jahrhundert; eine bemerkenswerte Ausnahme ist dagegen im 17. Jahrhundert Santorio Santorio, der bei Lungenschwindsucht ausdrücklich Stimmübungen empfahl. Vgl. G. Finney (L 1968); S. 440.
[198] R. Browne (Q 1729), S. 26–28.

ten.[199] Das zuletzt genannte Argument war schon dem Mittelalter und dem 16./17. Jahrhundert geläufig.[200] Es begegnet uns noch im 18. Jahrhundert in einem detaillierten Katalog gesundheitsfördernder Wirkungen des Singens, den Johann Georg Friedrich Franz aufstellte. Er glaubte, Gesang könne durch die gesteigerte Lungentätigkeit nahezu alle wichtigen Körperfunktionen intensivieren oder wieder in Ordnung bringen, vor allem jedoch die Körpersäfte in ihren rechten Zustand versetzen.[201]

> „Wer wollte wohl über dieses zweifeln, daß das Singen die Verwandlung des Milchsaftes in Blut, den Fortgang des Milchsaftes zum Blut, den Umlauf des Blutes durch die Eingeweide des Unterleibes und durch die Leber, die Absonderung der Galle, die Verdauung der Speisen, die Oefnung des Unterleibes und unzählige andere Dinge, die insgesammt der Dauerhaftigkeit eines gesunden Lebens hülfreiche Hand leisten, ungemein befördert."[202]

Zu Beginn des 19. Jahrhunderts pries Friedrich August Weber den Gesang von neuem „als ein Beförderungsmittel der Gesundheit":

> „In sofern die den Werkzeugen des Athemholens benachbarten Verdauungsorgane durch Singen in eine gedeihliche Thätigkeit gesetzt werden, ist Singen bey Gastmalen eine Sitte, die wieder aus dem Alterthum sollte hervorgerufen werden."[203]

Webers Äußerung läßt vermuten, daß der alte, auch medizinisch motivierte Brauch, nach dem Essen zu singen, um 1800 ebensowenig mehr selbstverständlich und unbestritten war wie der Brauch der Tafelmusik.[204] Eine Beobachtung in anderem Zusammenhang weist in dieselbe Richtung. Bis weit in das 18. Jahrhundert waren die Singstunden in den Schulen auf die erste Stunde nach der Mittagspause festgesetzt,[205] und zwar, wie noch 1773 in Eisenach die ausdrückli-

---

[199] Ebd. S. 23 und 27–29.
[200] Siehe oben S. 200 und 202.
[201] [J. G. Fr. Franz] (Q 1770), S. 35–39.
[202] Ebd. S. 39.
[203] Fr. A. Weber (Q 1801/02), Sp. 821 und 819.
[204] Siehe oben S. 202.
[205] G. Schünemann (L 1931), S. 93 f. Zahlreiche Belege bei R. Vormbaum (Q 1860–64); vgl. z. B. die kurpfälzische Schulordnung von 1615 (ebd. Bd. 2, 1863, S. 163 ff.) oder die weimarische Ordnung von 1619, die für die Musikstunde ausdrücklich „allzeit eigentlich die Mittagsstunde, umb 12 Uhr" festlegte (ebd. S. 237).

che Begründung lautete, „nach der Vorschrift der alten Ärzte, die der Meinung waren, daß es gegen langsame Verdauung nützlich sei, laut zu lesen oder zu singen".[206] Im späteren 18. Jahrhundert begannen sich jedoch *stimmhygienische* Gesichtspunkte durchzusetzen, die bis dahin nur für Berufssänger gegolten hatten. Verhaltensmaßregeln für die Pflege der Stimme, darunter Diätvorschriften und Arzneien, scheint schon das Mittelalter gekannt zu haben.[207] Vom 16. Jahrhundert an sind sie deutlicher faßbar.[208] Es bildeten sich so minutiöse Diätanweisungen heraus, daß Johann Friedrich Agricola 1757 meinte, „einige alte deutsche Lehrer der Singkunst" seien in diesem Punkt „gar zu sorgfältig gewesen".[209] Doch schloß auch er sich der im 18. Jahrhundert immer nachdrücklicher ausgesprochenen Warnung an, ein Sänger solle nicht „gleich nach der Mahlzeit, oder mit sehr angefülltem Magen" singen; die Lunge könne sonst nicht „so viel Luft . . . schöpfen, als zum Singen nöthig ist".[210] Bald schien es dann nicht mehr nur für Sänger, sondern auch für die Schüler ungesund zu sein, nach dem Essen zu singen.[211] Die „Erneuerte Schulordnung für die lateinischen Stadtschulen der Chursächsischen Lande" von 1773 beließ zwar den Gesang noch in der ersten Nachmittagsstunde, mahnte aber zugleich zur „Vorsicht, daß es nicht zu bald nach der Mittagsmahlzeit geschehe, und der Gesundheit schädlich sey".[212] Was früher der Verdauung und damit der Gesundheit insgesamt förderlich gewesen war, sollte ihr nun abträglich sein. Das hinderte allerdings nicht, daß gerade in der ersten Hälfte des 19. Jahrhunderts, wie bereits erwähnt, das Singen bei und nach Tisch in deutschen Bürgerhäusern sehr beliebt war.[213]

---

[206] J. M. Heusinger (Q 1773), S. 326.
[207] Vgl. Fr. Müller-Heuser (L 1963), S. 140–143.
[208] Vgl. z. B. Bl. Rossettus (Q 1529).
[209] J. Fr. Agricola in P. Fr. Tosi (Q 1757), S. 51.
[210] Ebd. S. 52. Vgl. 1739 auch schon J. Mattheson (Q 1739), S. 98, § 24; später z. B. Fr. W. Marpurg (Q 1763), S. 34 und J. A. Hiller (Q 1774), S. 15.
[211] G. Schünemann (L 1931), S. 242 f.
[212] R. Vormbaum (Q 1860–64), Bd. 3, 1864, S. 664.
[213] Vgl. W. F. Kümmel (L 1975), S. 404–406; einige Stellungnahmen zum therapeutischen Nutzen des Singens aus dem 19. Jahrhundert bietet J. Ziemann (L 1970), S. 56–61.

VI. Musik zur Linderung der Krankheit und zur Unterstützung der Therapie

1. Vorbemerkungen zur magischen und diätetischen Funktion der Musik

Als der in Hamburg wirkende portugiesische Arzt Rodericus a Castro zu Beginn des 17. Jahrhunderts sein Werk über die Pflichten des Arztes (1614) schrieb, stellte er an den Schluß drei Kapitel über die Musik. Das erste Kapitel, das zeigen sollte, „daß die Musik nicht weniger nutzbringend als ehrbar und sinnvoll bei Krankheiten angewendet wird", schien ihm deshalb notwendig, weil es Leute gebe, „die es für eine Sünde, eine heidnische und profane Sache halten, bei Krankheiten Musik zuzulassen".[1] In denselben Jahren verfaßte der französische Arzt Joseph Du Chesne (Quercetanus, 1546–1609), Leibarzt König Heinrichs IV., ein Buch über die schweren Krankheiten des Kopfes, in dem er auch die Behandlung und Verhütung epileptischer Anfälle erörterte. Dabei fand er scharfe Worte gegen diejenigen, die zu versprechen wagten, „diese Krankheit und andere als sehr schwer und unheilbar geltende Leiden durch Zauberformeln, magische Inschriften, Amulette, Wahrsager und Zaubergesänge heilen zu können". Wenn irgendwo, dann seien bei so schweren Erkrankungen möglichst gelehrte und erfahrene Ärzte notwendig, welche die richtige Diagnose stellen und die passenden Heilmittel verordnen könnten. Die Überlieferung, wonach im Altertum die gefährlichsten Krankheiten mit lieblichen Melodien vertrieben wurden, erklärte Du Chesne für „reine Erfindung und bare Torheit"[2]. Dennoch, so fuhr er fort,

---

[1] R. a Castro (Q 1662/b), S. 265; vgl. auch S. 277.
[2] J. Du Chesne (Q 1609/b), S. 154 f.

„gebe ich zu – was auch alle richtigen Ärzte tun –, daß liebliche Gesänge und melodische Klänge, ob von Singstimmen oder von Instrumenten, nicht nur wenig, sondern sogar sehr viel und in glücklichster Weise bei zahlreichen Krankheiten Hilfe bringen. Dadurch wird nämlich der durcheinandergeratene spiritus wieder in den rechten Zustand und in seine Ruhe zurückgebracht, wie aus der Geschichte von David und König Saul zu ersehen ist.“[3]

Die Äußerungen von Rodericus a Castro und von Joseph Du Chesne zeigen anschaulich, wie eng die magische und die diätetisch-affektive Funktion der Musik nebeneinander lagen. Sie zeigen auch das Zwielicht, in dem die diätetisch begründete Anwendung der Musik wegen dieses Nebeneinanders stand. A Castro und Du Chesne wollten diese beiden Funktionen der Musik unterschieden wissen; sie wollten vermeiden, daß die von den Ärzten befürwortete diätetisch-affektive Anwendung der Musik mit der magischen verwechselt oder gleichgesetzt wurde und dadurch aus christlich-kirchlicher Sicht in den Verdacht heidnisch-abergläubischer Praxis rückte.

Die vorliegende Arbeit befaßt sich nur mit der diätetisch-affektiven Funktion der Musik, nicht aber mit ihrer Rolle im Rahmen magischer Heilweisen. Dabei erhebt sich aber immer wieder die Frage, ob sich jeweils klar entscheiden läßt, wann Musik als magisches und wann als affektwirksames Mittel eingesetzt wird. Zu Beginn des Kapitels, das der Anwendung der Musik bei Krankheiten gewidmet ist, muß das Nebeneinander dieser beiden Funktionen wenigstens in großen Zügen skizziert werden. Die oft sehr knappen Formulierungen der Quellen oder der Kontext erlauben nicht in jedem Falle eine eindeutige Antwort. Doch kann vereinfachend folgendes gesagt werden: Von den arabischen Gelehrten und Ärzten des 9./10. Jahrhunderts an, bei denen die Musik bereits fest in die Diätetik und Therapie eingegliedert ist, erscheint sie in den medizinischen (und musiktheoretischen) Quellen in einem Zusammenhang, der zweifelsfrei ihre Affektwirksamkeit, nicht ein magisches Verständnis erkennen läßt. Das hindert natürlich nicht, daß es daneben auch einen sehr verbreiteten magischen Gebrauch von Musik und Gesang bei Krankheiten gab, ebensowenig, daß die Ärzte die Musik als Hilfsmittel der Diätetik und Therapie zwar nicht magisch aufgefaßt wissen wollten, viele von ihnen

---

[3] Ebd. S. 155.

aber magische Heilpraktiken anderer Art wie Amulette, zauberkräftige Sprüche, Steine usw. zum Teil noch bis in das 18. Jahrhundert durchaus gelten ließen.

So eindeutig die Funktion der Musik in den medizinischen Quellen vom Mittelalter an ist – für die vielzitierten antiken Exempla von den Heilwirkungen der Musik ist die Frage „magisch oder affektiv?" viel schwieriger zu beantworten. Obwohl die Musiktheoretiker seit dem frühen Mittelalter, seit der Zeit des Humanismus auch manche Ärzte diese Exempla als Belege für die Wirkungen der Musik auf die Affekte und den Charakter anführen, sie also im Sinne der Lehre vom „Ethos" verstehen, lassen einige Exempla mehr oder weniger deutlich erkennen, daß die Musik magisch gemeint ist. Hier soll jedoch nur zusammenfassend von allgemeinen Kriterien die Rede sein, ohne daß die Exempla einzeln untersucht werden können.[4] Eine magische Funktion liegt sicherlich dort vor, wo Begriffe wie „epodé", „carmen", „cantatio", „incantatio", „cantio" usw. begegnen. Ferner ist magischer Zusammenhang anzunehmen, wenn die Heilung mit Hilfe der Musik augenblicklich und vollständig geschieht oder wenn Musikinstrumente ausdrücklich über der kranken Körperstelle gespielt werden. In allen diesen Fällen läßt sich natürlich der Anteil der Musik am magischen Gesamtvorgang, dessen Erfolg auf die Einheit der verschiedenen Elemente angewiesen ist, weder näher bestimmen noch gar isolieren und herauslösen.[5] Wenn dagegen eine auf Theophrast zurückgeführte Überlieferung sagt, viele seien der Meinung, daß starker Ischiasschmerz durch sanftes Flötenspiel „vermindert" werde (nur dies, nicht mehr!), so legt diese Formulierung die Vermutung nahe, daß hier ein ursprünglich wohl magischer Brauch im Sinne der Affektwirkung der Musik umgedeutet wurde, da die Musik den Schmerz nicht vollständig, sondern nur teilweise beseitigt. Dazu paßt, daß Gellius, der die Nachricht in dieser Form bringt, an ein weiteres Beispiel den zusammenfassenden Satz anschließt: „So eng ist die Verbindung zwischen dem Körper und dem Geist der Menschen und daher auch zwischen den Leiden und den Heilmitteln von Geist und

---

[4] Die Exempla sind zusammengestellt bei G. Wille (L 1967), S. 446.
[5] E. A. Underwood (L 1947), S. 654 knüpft an angelsächsische Heilgesänge mit Recht die Frage: „Who shall say what virtues were ascribed to the herbs, what to the religious significance of the words, and what to the music?"

Körper."[6] Demgegenüber gibt Plinius dieselbe Tradition mit den Worten wieder, Theophrast sage, daß am Ischiasschmerz Leidende durch ein „carmen" „geheilt" würden, womit offensichtlich ein magischer Vorgang gemeint ist. Dazu paßt die anschließende Bemerkung, daß ein „carmen" nach Cato verrenkten Gliedern, nach Varro Podagra-Kranken helfe.[7]

Die Praxis, Krankheitsursachen, wie immer man sie sich vorstellte, mit Zauberhandlungen, mit Gegenständen und Stoffen, die als heilkräftig galten, mit Zaubersprüchen, Zaubergesängen und magischem Instrumentenklang auszutreiben, ist uralt und lebt in einigen Gegenden noch bis in unsere Zeit fort.[8] Die wohl auf die PYTHAGOREER zurückgehende Vorstellung vom „Ethos" der Musik, die Verknüpfung der Musik mit der Seele, mit dem Charakter und den Affekten auf der Grundlage des Gedankens einer zahlenmäßig-harmonischen Weltordnung, ist dagegen nicht mehr magisch zu nennen. Der planvolle pädagogisch-moralische und diätetisch-therapeutische Gebrauch der Musik bei den Pythagoreern, um die Affekte zu zügeln und auszugleichen, wirkt wie ein Versuch, die Musik aus ihren magischen Bindungen zu lösen, ihre Wirkkräfte rationaler zu verstehen und sie sich dementsprechend in neuer Weise nutzbar zu machen. Was Jamblichos im 4. Jahrhundert n. Chr. über Pythagoras sagt, gilt vielleicht auch schon für die frühen Pythagoreer des 6./5. Jahrhunderts v. Chr.:

„Da er glaubte, die Betreuung der Menschen müsse auf dem Wege über die Sinneswahrnehmung beginnen – über das Sehen schöner Formen und Gestalten und das Hören schöner Rhythmen und Melodien –, so wies er der Erziehung durch die Musik die erste Stelle zu, der Erziehung durch bestimmte Weisen und Rhythmen, die auf die Wesensart und die Affekte des Menschen heilend wirkten. Die Seelenkräfte wurden dabei wieder in ihr ursprüngliches harmonisches Gleichgewicht gebracht. So erdachte er verschiedene Mittel, leibliche und seelische Erkrankungen einzudämmen und zu heilen. Ja, was noch mehr Beachtung verdient: für seine Gefährten stellte er sinnvoll die sogenannten Zurüstungs- und Zurechtweisungsmusi-

---

[6] A. Gellius (Q 1903), Bd. 1, S. 199 (lib. 4, cap. 13).
[7] Plinius (Q 1892–1909), Bd. 4, 1897, S. 282 (lib. 28, cap. 2, 21).
[8] Vgl. dazu R. M. Lawrence (L 1910), Fr. Densmore (L 1948) und P. Radin (L 1948); ferner W. Laade (L 1975), Nr. 77 (S. 100), Nr. 96 (S. 120 f.), Nr. 99 (S. 123), Nr. 102 (S. 126), Nr. 135 (S. 154–156), Nr. 141 (S. 167), Nr. 181 (S. 197 f.), Nr. 183 (S. 199 f.), Nr. 194 (S. 209 f.). Zum Zusammenhang zwischen Musik und Magie im ganzen vgl. J. Combarieu (L 1909).

ken zusammen, indem er mit dem Geschick eines Daimons Mischungen diatonischer, chromatischer und enharmonischer Weisen ersann, durch die er die Affekte der Seele leicht umkehren und ins Gegenteil verwandeln konnte, solange diese in den Menschen noch ganz neu und unbewußt entstanden und heraufwuchsen: Regungen des Schmerzes, des Zorns, des Jammers, sinnloser Eifersucht und Furcht, Begierden aller Art, Gemütswallungen, Bestrebungen, Hochgefühle, Depressionen und Wutausbrüche; jede dieser Regungen brachte er im Sinne der Tugend zurecht durch die passenden musikalischen Weisen wie durch heilsam gemischte Arzneien."[9]

Die aus dieser Wurzel erwachsene Lehre vom „Ethos" der Musik schuf die Grundlage für eine völlig neue Rolle der Musik in der Medizin. Musik wirkte nun nicht mehr wie magischer Sang und Klang oder andere Heilprozeduren und Zauberdinge unmittelbar auf die Krankheitsursache im Körper, sondern sie beeinflußte kraft ihrer harmonischen Ordnung die Seele und nur auf dem Wege über sie auch den Körper.

Der therapeutische Zusammenhang, in den die Musik dadurch rückte, läßt sich in der antiken Medizin erst recht spät und überhaupt nur vereinzelt nachweisen. Er zeigt sich besonders deutlich in der psychischen Therapie der Beschäftigung, der Ablenkung und des Affektausgleichs, welche die griechischen Ärzte Asklepiades und Soran bei Geisteskranken anwendeten; sie umfaßte Theateraufführungen, Vorträge, Vorlesen, Musikdarbietungen und andere Zerstreuungen.[10] Auch in Asklepios-Heiligtümern scheint man zumindest in der römischen Kaiserzeit solche Mittel empfohlen zu haben. Galen berichtet, der Heilgott habe die Kranken, die bei ihm Hilfe suchten, viele Lieder, lustige Possen und bestimmte Melodien aufschreiben lassen, welche die Seelenregungen steigern und die Mischung der Körpersäfte „wärmer" machen sollten.[11] Die Musik ist – ebenso wie die übrigen Maßnahmen – in diesem Zusammenhang ein Mittel, das auf die Affekte und nur über diese auch auf den Körper wirkt. Doch

---

[9] Jamblichos (Q 1963), S. 69 ($ 64); eine ebenso aufschlußreiche Stelle über Musik im Dienste der Gesundheit bei den Pythagoreern ist bereits oben S. 157 f. angeführt worden. Man sollte allerdings nicht übersehen, daß Jamblichos auch sagt, die Pythagoreer hätten stellenweise „auch bestimmte krankhafte Affektionen durch wirkliche Beschwörung geheilt" (ebd. S. 121, $ 114; desgleichen S. 167, $ 164 und S. 237, $ 244).
[10] H. Flashar (L 1966), S. 75 und 83; vgl. oben S. 122 und 143.
[11] Galen (Q 1821–33/e), Bd. 6, S. 41 K.; vgl. oben S. 122.

haben, wie bereits an anderer Stelle ausgeführt, im Altertum offenbar nur wenige Ärzte die Musik in dieser Weise therapeutisch eingesetzt.[12] Umso verbreiteter waren in der Volksmedizin Zaubersprüche, Zaubergesänge und magische Klänge. Die griechischen und lateinischen Begriffe für das „Besprechen" von Krankheiten, „epodé", „(in)cantatio", „carmen" und ähnliche Wörter, verraten deutlich die Herkunft des Zauberspruchs aus dem meist über der kranken Körperstelle gesungenen Heilspruch.[13] In diesem Sinne ist der im Mittelalter und darüber hinaus viel zitierte Satz des Martianus Capella zu verstehen, daß „die Alten Fieber und Wunden mit Gesang (cantione) heilten".[14] Gelegentliche Kritik von Ärzten zeigt, wie fest verwurzelt dieser Brauch in der Antike war. So wendet sich der Verfasser der hippokratischen Schrift „Über die heilige Krankheit" dagegen, die Epilepsie auf göttliche oder dämonische Einflüsse zurückzuführen und sie mit Sühnehandlungen und Zaubersprüchen zu bannen.[15] Soran wirft denjenigen lächerliche Einbildung vor, „die glaubten, die Kraft einer Krankheit könne mit musikalischen Weisen und mit Gesang ausgeschlossen werden",[16] und Quintus Serenus erklärt im vierten Jahrhundert n. Chr., es sei eitler Aberglaube zu meinen, man könne Fieber mit bestimmten Gesängen vertreiben.[17]

Aber auch nachdem die Musik im frühen arabischen Mittelalter als Mittel des Affektausgleichs einen festen Platz in der Medizin erhalten hatte, und obwohl studierte Ärzte einen magischen Gebrauch der Musik im allgemeinen ablehnten, ihn zumindest nicht empfahlen, auch wenn sie andere magische Heilverfahren nicht verurteilten, ließen sich Zaubersprüche, Zaubergesänge und magischer Klang bis weit in die Neuzeit nicht verdrängen.[18] In einer Vita Bernhards von Clairvaux wird geschildert, wie der an heftigen Kopfschmerzen leidende junge Mann eine Frau, die ihn mit Sprüchen und Gesängen heilen soll, empört zurückweist.[19] Diese Reaktion darf aber nicht verallgemei-

---

[12] Siehe oben S. 142–144 und 149 f.
[13] Vgl. Jamblichos (Q 1963), S. 121 (§ 114) sowie Fr. Pfister (L 1924), Sp. 324, 331–333, 340 f.
[14] Martianus Capella (Q 1925), S. 492 (lib. 9, § 926).
[15] Hippokrates (Q 1839–61/f), Bd. 6, S. 352 und 354 L.
[16] Caelius Aurelianus (Q 1950), S. 920 (lib. 5, cap. 23).
[17] Quintus Serenus (Q 1916), S. 44.
[18] Zum Zauberspruch in der Volksheilkunde vgl. I. Hampp (L 1961).
[19] Wilhelm von Saint-Thierry (Q 1855), Sp. 228.

nert werden; sie soll nur belegen, wie standfest der Heilige schon in jungen Jahren allen heidnischen Anfechtungen begegnete. Im 15. und 16. Jahrhundert scheint es eine „alltägliche" Sache gewesen zu sein, bei Fieber und Verwundungen Zaubergesänge anzuwenden.[20] Auch einen Pfeil auf diese Weise aus dem Körper zu entfernen, war nicht ungewöhnlich.[21] Ein Fall, den der italienische Arzt Epifanio Ferdinandi (1569–1638) 1621 schildert, zeigt die Konkurrenz von Magie und Diätetik besonders anschaulich. Einer an Hüftgicht leidenden Frau empfiehlt Ferdinandi Musik mit der Begründung, daß „Musik bei jeder Art von Hüftgicht die Schmerzen erheblich lindern kann". Neben der ärztlichen Behandlung sucht die Frau aber noch einen Mann auf, der in dem Rufe steht, „Hüftschmerzen mit Gesängen und Sprüchen" heilen zu können.[22]

Im Bewußtsein der Menschen waren die beiden Arten von Musik wohl meist nicht genau geschieden. Doch begannen Ärzte vom 16. Jahrhundert an, die beiden Funktionen, die sie in der Praxis schon lange sehr wohl zu unterscheiden wußten, näher zu untersuchen und voneinander abzuheben. Diese Versuche stehen in Zusammenhang mit dem allgemeinen Bestreben humanistisch-„aufgeklärter" Ärzte, sich von magischen Heilverfahren stärker und deutlicher als bisher zu distanzieren, zu zeigen, daß sie wissenschaftlichen Kriterien nicht standhielten, oder doch über die Bedingungen und Grenzen ihrer Wirkungsweise Klarheit zu gewinnen. Girolamo Cardano war allerlei Formen von Aberglauben durchaus zugetan, aber als Arzt betonte er, daß sich Schmerzen von Fußgicht weder mit Amuletten noch mit irgendwelchen Zaubergesängen vertreiben ließen.[23] An anderer Stelle erwähnt er die häufige Anwendung der Musik gegen Hüftschmerzen, versteht diesen alten magischen Gebrauch der Musik aber stillschweigend als Beweis dafür, wie stark Musik die Affekte beeinflusse, von denen auch die Leiden des Körpers abhingen.[24] Cardano liegt offenbar daran, bei Krankheiten angewendete Musik nur als affektwirksames Mittel gelten zu lassen.

---

[20] Ph. Beroaldus (Q 1509), fol. 14 r; wörtlich übernommen bei B. Cassaneus (Q 1579), fol. 248 v.
[21] A. Benivieni (Q 1529), S. 230 f.
[22] E. Ferdinandi (Q 1621), S. 317 und 321; ausführlicher über diesen Fall unten S. 354.
[23] G. Cardano (Q 1663/a), Bd. 1, S. 222.
[24] Ders. (b), Bd. 1, S. 574.

Einen guten Einblick in die Diskussion, die vom 16. Jahrhundert an über die Grundlagen und Grenzen, die Wirkungsweise und Berechtigung magischer Heilverfahren einschließlich Gesang und Musik geführt wurde, bietet AUGER FERRIER (1513–1588), Leibarzt der französischen Königin Katharina von Medici, in seinem Buch „Über die wahre Methode des Heilens" (1574). Im Kapitel über die „homerische Heilmethode", worunter er magische Praktiken versteht, tritt Ferrier diesen zwar kritisch und distanziert gegenüber, lehnt sie aber für die Praxis nicht grundsätzlich ab, da sie nach seinen Erfahrungen durchaus günstig wirken könnten – nur nicht in der angegebenen Weise.

„Ich bin weder abergläubisch noch liebe ich Märchen, sondern ich bemühe mich um die Wahrheit . . . Ich bemerkte, daß die Wirkung solcher [magischer] Behandlung nicht direkt aus den Amuletten und Zaubersprüchen hervorgeht. Vielmehr ist unsere Einbildungskraft so groß, daß sie, wenn sie von etwas überzeugt ist und daran festhält, das Vorgenommene auch tut und erfolgreich zu Ende führt – wenn nicht ein widerstrebender, mißtrauischer Anderer daran teilnimmt. Wenn hingegen unsere Einbildungskraft noch einen überzeugten Helfer hat, wird die Absicht noch schneller verwirklicht. Wenn weder ein überzeugter noch ein mißtrauischer Anderer dabei ist, wirkt dennoch allein die Einbildungskraft des Handelnden. Das kann man bei Zahnschmerzen, bei denen diese [magische] Behandlungsweise sehr häufig vorkommt, deutlich feststellen. Denn der Heilkundige beeinflußt den Geist eines Kranken, der ihm nicht Widerstand leistet, so stark, daß der Schmerz spürbar nachläßt, während der Andere spricht oder mit Amuletten hantiert. Das entbehrt nicht des Wunderbaren. Wenn jedoch der Kranke kein Vertrauen hat, entweder das Mittel völlig lächerlich findet oder Angehörige hat, die ihm den Glauben nehmen und das Mittel vor ihm schlecht machen, dann wird der Zauber keine Kraft haben . . . Es sind also nicht die magischen Sprüche und Gesänge, nicht die Amulette selbst, die solches vermögen, sondern die Überzeugung dessen, der daran glaubt, und der anderen, die mit ihm übereinstimmen."[25]

„Daher wird man diese merkwürdigen Dinge, Zahlen, Gesänge, und, wenn nötig, geometrische und himmlische Figuren sowie andere Geheimnisse der Weisheit und jeder verborgenen Disziplin nur dann anwenden, wenn man bemerkt hat, daß die Krankheiten selbst oder die Einbildungskraft des Patienten den natürlichen Mitteln und den Methoden der medizinischen Wissenschaft widerstehen."[26]

---

[25] A. Ferrier (Q 1574), S. 221 f.
[26] Ebd. S. 224 f.

Für Ferrier beruhen die unleugbaren Erfolge magischer Heilverfahren allein darauf, daß alle Beteiligten, vor allem natürlich der Kranke selbst, an ihre direkte Wirksamkeit glauben. Ferrier gesteht aber solchen Praktiken nur unter bestimmten Bedingungen eine gewisse Berechtigung zu. Aus anderen Gründen läßt sie auch der Leidener Medizinprofessor Jan van Heurne (1543–1601) in bestimmten Grenzen gelten – allerdings nur, weil auch er die behauptete Wirkungsweise nicht billigt, sondern sie umdeutet. Für ihn ist bei Zaubersprüchen nicht anders als bei „sanfter" Musik nur eine affektive, d. h. beruhigende Wirkung denkbar, weil aus christlicher Sicht den einstigen magischen Kräften längst der Boden entzogen sei. Das „Spiel der Dämonen" führe man auf den falschen Urheber zurück – jenen nämlich,

„dem Jesus Christus, der uns Gefangenen die Freiheit brachte, alle Gewalt genommen hat. Dennoch werden wir dem Heilspruch, sanften Gesängen und Melodien einen gewissen Raum geben; denn dadurch wird die innere geistige Unruhe beseitigt, und das Blut, das auf einen anderen Weg will, als ihm gebührt, wird durch angenehmes Drängen und Bitten besänftigt und schließlich zur Ruhe gebracht – ein Erfolg, den wir bei solchen Erregungen täglich beobachten."[27]

Kompromißloser zeigt sich demgegenüber der Augsburger Stadtarzt RAYMUND MINDERER in seiner „Threnodia medica" (1619). Er übt scharfe Kritik an den unwissenschaftlichen, abergläubischen Praktiken, die nach Hippokrates, der davon nichts habe wissen wollen, geradezu zu einem „Teil der Medizin" geworden seien.[28] Vor allem mit den Heilsprüchen und Zaubergesängen geht Minderer hart ins Gericht. Er schildert zuerst die vielfältige Funktion der Musik im Altertum, wobei er die antiken Beispiele für die Heilwirkungen der Musik allesamt im affektiven Sinne versteht. Mit dieser Darstellung will er zeigen, „inwiefern die Musik zur Medizin gehört und ihr dienen kann", im Gegensatz zu denjenigen, welche die Musik zu Unrecht für sich in Anspruch nähmen, indem sie sie durch nutzlose und sinnlose Zaubereien verunstalteten und entehrten – ein „wahres Geheul", welches das Ohr beleidige. Abschätzig spricht Minderer von spätanti-

---

[27] J. van Heurne (Q 1609), S. 350.
[28] R. Minderer (Q 1619/b), S. 476 f.

ken und mittelalterlichen Autoren, welche die Musik als Zaubermittel gegen Epilepsie, Zahn- und Augenschmerzen und andere Leiden anführten.[29] Ihm geht es dagegen um die Affektwirkung der Musik, die schon dem Altertum bekannt gewesen und im übrigen durch Erfahrung vielfach bewiesen sei. Ihre Bedeutung für die Medizin sieht er darin, daß Seelenzustände einen sehr großen Einfluß auf die Erhaltung der Gesundheit sowie auf die Entstehung von Krankheiten und auf deren Heilung hätten.

„Aus diesem Grunde hat die Medizin die Musik in ihr Fach einbezogen, um für die Gemütsbewegungen ein Heilmittel zu haben, und sie hat mit ihrer Hilfe viele Krankheiten beheben können, besonders aber die Melancholie, die den Körper aufzehrt . . .“[30]

Dieser Satz macht unmißverständlich klar, welche Aufgabe die Ärzte der Musik in der Medizin zuwiesen. Die Musik, so formuliert 1649 der dänische Naturforscher Olaus Borrichius (1626–1690), „ist nicht erfunden, um Krankheiten auszutreiben, sondern vielmehr, um den Geist des Menschen zu beeinflussen“. Es sei „unbestritten, daß sie zur Beruhigung und zur Aufmunterung des Menschen nicht wenig vermag“. So habe sie zwar „aus sich selbst keine unmittelbare Wirkkraft, kann aber mittelbar überaus nützlich sein“.[31]

2. Musik als Hilfe für den Kranken

a. allgemein

> „Musica magnorum est
> dulce solamen morborum.“
>
> JOHANN CHRISTIAN
> SENCKENBERG (1707–1772)[32]

Als im Jahre 1304 die älteste Tochter Jeanne des Pfalzgrafen von Burgund schwer erkrankte, ließ ihre Mutter einen Arzt holen, sie sandte

---

[29] Ebd. S. 463 f.
[30] Ebd. S. 449.
[31] O. Borrichius (Q 1649), fol. 4 r und 3 r.
[32] Ohne Quellenangabe zitiert bei A. de Bary (L 1947), S. 158.

Pilger nach San Jago, weihte Kerzen in allen wichtigen Kirchen, ließ Almosen unter die Armen verteilen und zum Gebet für die Tochter aufrufen. Außerdem verpflichtete sie für acht Tage einen Menestrel mit dem Auftrag, vor der jungen Patientin auf der Harfe zu spielen, wofür er mit 16 sous entlohnt wurde.[33] Am 4. Dezember 1494 bezahlte der burgundische Hof einem „tabourin" eine Geldsumme dafür, daß er vor dem Herzog (wohl Philipp dem Schönen) „mehrmals während seiner Krankheit gespielt hatte".[34] Ähnliche Szenen finden sich in der Dichtung. So werden z. B. im „Roman du chevalier Vaillant et des deux filles de Blondel de Luxembourg" (1285) vor den verwundeten Rittern in ihrer Kammer chansons de geste gesungen.[35] Der aus dem Kampf heimgekehrte Ritter in Edmund Spensers „The faerie Queene" (1590–1596) hört auf seinem Lager, während man ihm die frischen Wunden wäscht, salbt und verbindet, eine „wahrhaft himmlische Melodie" und „süße Musik", die ihn von seinem Schmerz und seiner Qual ablenken soll.[36]

Der Brauch, am Krankenbett zu musizieren, ist nicht nur als Teil höfischer Lebensform zu verstehen. Er beruht auch auf der Überzeugung, daß Musik Kranken helfen könne. Vom 9./10. Jahrhundert an läßt sich diese Auffassung im arabischen Kulturbereich nachweisen. In einer bereits an anderer Stelle zitierten Einleitung in die Wissenschaften, die von al-Farabi stammen soll und später im lateinischen Westen viel gelesen wurde, wird der therapeutische Nutzen der Musik folgendermaßen umschrieben:

„Der Körper ist krank, wenn die Seele geschwächt ist, und er ist beeinträchtigt, wenn sie beeinträchtigt ist. Daher geschieht die Heilung des Körpers durch die Heilung der Seele, indem ihre Kräfte wiederhergestellt und ihre Substanz in die rechte Ordnung gebracht wird mit Hilfe von Klängen, die dies bewirken können und die dafür geeignet sind."[37]

---

[33] J.-M. Richard (L 1887), S. 9.
[34] [L. E. S. J.] de Laborde (Q 1849–52), Bd. 3, 1852, S. 437, Nr. 7204. Der „tabourin" dürfte die „Einhandflöte" gespielt und sich dabei selbst auf der Trommel begleitet haben. Zu dieser damals sehr beliebten Musizierweise vgl. W. Stauder (L 1966), Sp. 742 und 746 sowie W. Salmen (L 1957).
[35] Zitiert bei A. Dinaux (L 1863), S. 377.
[36] E. Spenser (Q 1932), S. 60 (Gesang 5, Strophe 17).
[37] Alfarabi (Q 1916), S. 19.

Diese fest in die Medizin eingegliederte Anwendung der Musik war überaus differenziert. Die antike Lehre vom „Ethos" der Musik ist bei arabischen Gelehrten, wie bereits erwähnt, zu komplizierten Systemen ausgebaut, die trotz ihrer spekulativen Züge keineswegs Theorie blieben. Al-Kindi etwa, der im 9. Jahrhundert die vier Saiten der Laute mit einzelnen Affekten, mit den vier Körpersäften, Lebensaltern, Seelenkräften, mit bestimmten Rhythmen und Melodietypen, mit bestimmten Monaten, Tagen, Stunden usw. verknüpft, hebt dazu ausdrücklich hervor, daß er die Auffassungen und die Praxis seiner Zeit, nicht die der „Alten" wiedergebe.[38] Die „Lauteren Brüder", Mitglieder eines synkretistischen Geheimbundes, der im 10. Jahrhundert im Osten der islamischen Einflußsphäre wirkte, seine Schriften aber im ganzen islamischen Reich verbreiten konnte, hatten – ähnlich wie die antiken Pythagoreer – für verschiedene Anlässe bestimmte musikalische Weisen mit entsprechenden Affektwirkungen. Ein aus diesem Kreis stammender Musiktraktat berichtet, daß es z. B. für den Gesang im Gottesdienst, für die Soldaten im Kampf, für schwere Arbeit, bei Trauer und Unglück, bei Festen und Gelagen usw. besondere Weisen gab.

„Eine andere Weise brauchten sie in den Krankenhäusern zur Morgenzeit, den Schmerz der Krankheiten bei den Leidenden zu lindern, ihre Gewalt zu brechen und sie von vielen Übeln zu heilen."[39]

„Die feinen Töne sind heiß, sie erwärmen die Gesammt-Mischung des dicken Chylus und machen dieselbe zart. Die dicken Töne sind kalt, sie erfrischen die Gesammt-Mischung des heiß trockenen Chylus... Die gemäßigten Töne zwischen den feinen und vollen bewahren die Gesammt-Mischung des gemäßigten Chylus in seinem Zustand, damit er nicht aus der Mitte trete."[40]

Jeder der vier Lautensaiten wird die Fähigkeit zugeschrieben, einen bestimmten Körpersaft zu stärken, weil jede Saite einem Element ähnlich ist.

---

[38] H. G. Farmer (L 1926), S. 97–104; eine tabellarische Übersicht auf S. 98.
[39] Zitiert bei Fr. Dieterici (L 1865), S. 102 f. Zu dem hier zugrundeliegenden Maqām-Phänomen s. oben S. 151, Anm. 130.
[40] Fr. Dieterici (L 1865), S. 111.

„Bringt man diese Töne in Weisen, die ihnen entsprechen, an und gebraucht man diese Weisen zu den Zeiten der Nacht oder des Tages, deren Natur der Natur der mächtigen Krankheit und des zustoßenden Siechthums entgegensteht, so beruhigen sie dieselben, sie brechen deren Gewalt und erleichtern den Kranken die Schmerzen. Denn wenn der Dinge, die sich in ihrer Natur ähneln, viele werden und sie zusammenkommen, so wird ihr Thun stark und tritt ihre Einwirkung hervor, bis daß sie die Gegensätze überwinden... Aus dem Wenigen, was wir von der Weisheit der Musiker wissen, die ihre Kunst in den Krankenhäusern zu den der Natur der Krankheiten, der zufälligen und Grundursachen derselben entgegenstehenden Stunden anwandten, geht ihre Einsicht klar hervor, auch ist klar, warum sie sich auf vier Saiten beschränkten und weder mehr noch weniger annahmen."[41]

Auch im lateinischen Mittelalter war man überzeugt, daß Musik Kranken helfen könne. Doch läßt sich dies in den ersten Jahrhunderten nur aus formelhaften Sätzen der Musiktheoretiker nachweisen; erst vom 12. Jahrhundert an, in deutlichem Zusammenhang mit der Rezeption der arabischen Wissenschaft, beschäftigte man sich ausführlicher mit dem Problem. Gleichzeitig setzt auch die Reihe medizinischer Belege ein. Allerdings spielen im lateinischen Westen jene vielfältigen spekulativen Beziehungen, in die z. B. al-Kindi die Musik einordnete, nur eine geringe Rolle; oft lernte man sie wohl gar nicht kennen, oder aber man ging daran vorbei, weil sie nur auf dem Boden der arabischen Musik sinnvoll und verständlich waren.

Betrachten wir zunächst die musiktheoretischen und philosophischen Quellen. Wo immer Musiktheoretiker die Affektwirkungen und Funktionen der Musik aufzählen, um den „Nutzen", die „Würde", das „Lob" der Musik darzulegen, findet sich, so z. B. schon im 9. Jahrhundert bei Regino von Prüm, der Satz, daß Musik „auch Krankheiten des Körpers heilt".[42] Im 12. Jahrhundert schreibt Adelard von Bath, Musik könne dazu beitragen, von Krankheit zur Gesundheit zu kommen,[43] und Johannes von Affligem (Johannes Cottonius) sagt, Musik richte Verzweifelte auf, mache Traurige fröhlich, beruhige Zornige, verscheuche grundlose Gedanken und bändige

---

[41] Ebd. S. 127. Dieselben Gedanken kehren wieder in dem 1264 entstandenen Werk „Der Sucher" des Shem-Tob Falaquera. Vgl. E. Werner und I. Sonne (L 1942/43), S. 549.
[42] Regino von Prüm (Q 1784), S. 235.
[43] Adelard von Bath (Q 1903), S. 26, Z. 21 f.

die Wut Geisteskranker.[44] Unter den 20 Wirkungsweisen der Musik, die Johannes Tinctoris im 15. Jahrhundert aufführt, steht an siebter Stelle, daß Musik Traurigkeit verbanne, an 13. Stelle, daß sie die Menschen fröhlich stimme, und an 14. Stelle, daß „Musik Kranke heilt".[45]

Vom 12. Jahrhundert an machen sich die Anregungen bemerkbar, die von den neu erschlossenen arabischen Texten ausgehen. So zitiert etwa Dominicus Gundissalinus die oben angeführten Sätze des al-Farabi über den Zusammenhang von Körper und Seele und über die Aufgabe der Musik.[46] Zwei Musiktheoretiker aus späterer Zeit schreiben, Musik könne insofern Kranken Erleichterung bringen, als sie Kopfschmerzen und Traurigkeit beseitige, unreine Geister, schlechte Säfte und Schwäche vertreibe, und sie berufen sich dabei gleichfalls auf die genannte Textstelle aus al-Farabi, die sie dahingehend zusammenfassen, daß Musik für die Gesundheit des Körpers und der Seele nützlich sei.[47] Besonders eindrucksvoll sind die von arabischer Wissenschaft inspirierten Ausführungen, die Robert Grosseteste in der ersten Hälfte des 12. Jahrhunderts in seinem noch im 16. Jahrhundert gedruckten Buch über die Artes liberales macht:

„Die Hilfe der Musik ist in der Philosophie der Natur nicht weniger nützlich als zum Heilen, weil die Heilung jeder Krankheit darin besteht, die spiritus zu ordnen und zu regulieren, und jede Krankheit, die durch Ordnung oder Regulierung der spiritus geheilt wird, auch durch musikalische Weisen und Klänge zu heilen ist . . . Da nämlich die Seele dem Körper in seinen Zuständen folgt und der Körper der Seele in ihren Tätigkeiten, so zieht die Seele, wenn der Körper leidet, aus den klingenden Zahlen [der Musik] proportionierte Zahlen in sich hinein entsprechend der Proportion der klingenden Zahlen, und der spiritus selbst vollzieht dieselben Zahlenproportionen. – Wissend ist also derjenige, der das rechte [innere] Verhältnis des menschlichen Körpers kennt, d. h. der weiß, aus welchen Proportionen sich Übereinstimmungen der Elemente, der feuchten Bestandteile, der sehr wichtigen spiritus und der Seele mit dem Körper ergeben, und der dieselben Proportionen kennt, die klingenden Zahlen zugrundeliegen, und der weiß, wie die Angreifer und Feinde der Seele hinsinken und wie aus Unordnung ohne Maß alles zurückkehrt zu der richtigen maßvol-

[44] Johannes Cotto(nius) (Q 1784), S. 252.
[45] Johannes Tinctoris (Q 1864), S. 198.
[46] Dominicus Gundissalinus (Q 1903), S. 102, Z. 5–10. Siehe oben S. 126.
[47] [Ps.-]Aristoteles (Q 1864), S. 253; Simon Tunstede (Q 1864), S. 206.

len Ordnung. Wissend ist auch, wer weiß, auf welche Weise sich die spiritus in der Freude ausdehnen, wie sie sich dagegen in der Traurigkeit zusammenziehen, wie sie im Zorn wiederum herumgetrieben werden, wie sie in mutigen Menschen sich selbst antreiben und anregen, wie sie dagegen in furchtsamen Menschen sich zurückziehen, wie sie sich bei ruhigen Menschen in einer gewissen Ruhe halten, und wer schließlich proportionierte Klänge auf Musikinstrumenten hervorzubringen weiß, der wird leicht fähig sein, die Affekte so, wie er will, zu verändern."[48]

Von solchen Überlegungen her mußte, wie der Musiktheoretiker Engelbert von Admont zu Beginn des 14. Jahrhunderts betont, die Musik von Natur aus dem bloßen Wort überlegen sein:

„Durch musikalischen Gesang werden die spiritus mehr verändert als durch bloße Worte. Der Grund dafür ist, daß die Natur sich an allem erfreut, was ihr gemäß ist. Eine geordnete Bewegung ist der Natur gemäß, und eine solche Bewegung ist im musikalischen Gesang gegeben, in dem verschiedene Stimmen entsprechend den musikalischen Proportionen miteinander zusammenklingen. An diesem Zusammenklang erfreut sich die natürliche Komplexion [des Menschen], die aus gegensätzlichen Elementen besteht, die zueinander in einem proportionierten Verhältnis stehen."[49]

In diesem Sinne konnte der Verfasser der dem Johannes de Muris zugeschriebenen „Summa musicae" sagen, die Musik gehöre auch zur Medizin:

„Sie bewirkt Erstaunliches; durch Musik werden Krankheiten geheilt, besonders diejenigen, die durch die schwarze Galle oder aus Traurigkeit entstanden sind; durch Musik läßt sich verhindern, daß jemand in Verzweiflung und in Traurigkeit gerät."[50]

Eine bereits an anderer Stelle zitierte Einführungsschrift in die Mensuralmusik faßt 1513 die allgemeine Auffassung von der medizinischen Funktion der Musik knapp zusammen:

„Um Verwirrten und Wahnsinnigen die heftigen und wilden Gemütsbewegungen zu nehmen, ist nichts wirksamer und mächtiger als musikalische

---

[48] R. Grosseteste (Q 1912), S. 4 f.
[49] Engelbert von Admont (Q 1784), S. 341.
[50] Johannes de Muris (Q 1784/a), S. 195.

Zusammenklänge. Sie vermögen dasselbe auch bei Krankheiten des Körpers, weil entweder Körper und Geist demselben Gesetz unterliegen, so daß sie alles Gute und Schlechte, ob sie wollen oder nicht, gemeinsam haben, oder aber – was wohl richtiger ist – weil wir selbst in einer der Musik entsprechenden Weise strukturiert sind."[51]

Daß hinter diesen Aussagen mittelalterlicher Musiktheoretiker und Philosophen nicht nur eine feste literarische Tradition, sondern auch eine medizinische Praxis steht, läßt sich, wie die folgenden Kapitel im einzelnen zeigen werden, anhand medizinischer Quellen vielfach belegen. Hier seien daher nur einige allgemeine Äußerungen von Ärzten des lateinischen Mittelalters angeführt. In einem Kapitel über diejenigen Dinge, die „den ganzen Körper stärken", nennt Arnald von Villanova neben guten Düften, schönen Farben usw. auch „angenehme Klänge", weil sie die Sinne und damit die virtus animalis erfreuen. „Alle diese Dinge bringen nämlich das Gehirn wieder in den Normalzustand und stärken die Seelenvermögen."[52] Da Musik für Kranke in jedem Falle von Nutzen zu sein scheint, fordert Henri de Mondeville zu Beginn des 14. Jahrhunderts vom Chirurgen folgendes:

„Der Chirurg soll die ganze Lebensweise des Kranken auf Freude und Fröhlichkeit ausrichten, indem er ihm baldige Genesung verspricht und veranlaßt, daß ihm nahestehende und geliebte Menschen Gesellschaft leisten, und indem er für einen Spielmann sorgt, der ihm durch sein Spiel auf der Fiedel oder auf der zehnsaitigen Harfe Trost bringt . . ."[53]

In westeuropäischen Fassungen des „Tacuinum sanitatis" des Ibn Buṭlān, die aus dem 15. Jahrhundert stammen, wird die Bedeutung der Musik für die Medizin in kurzen Sätzen zusammengefaßt: Zu den vielen Dingen, die bei rechtem Gebrauch der Gesundheit dienen können, gehört auch der Gesang. Er wird definiert als „Übereinstimmung von Singstimmen mit Instrumentenklängen". Wenn Musik so beschaffen ist, daß sie den Geist der Zuhörer „anlockt", dann liegt ihr Nutzen darin, daß sie „von Krankheiten befreit". Schaden kann sie nur, wenn man sich an ihren Genuß allzusehr gewöhnt. Im Gegensatz

---

[51] [J. Knapp] (Q 1513), fol. A II.
[52] Arnald von Villanova (Q 1585/c), Sp. 352.
[53] Henri de Mondeville (Q 1892), S. 96.

225

zu anderen Mitteln der Therapie eignet sich die Musik für alle Komplexionen, Lebensalter, Zeiten und Gegenden.[54] Der Straßburger Arzt Michael Herr, der 1533 eine deutsche Übersetzung des „Tacuinum" zum Druck brachte, umschrieb „brauch und übung der Musica" so:

> „Instrumenten und Seytenspil der Musica helffen auch die gesuntheit erhalten / und die verloren wider zubringen ... Dann die tön seind eben den schwachen gemüteren vergleicht / wie sich die artzneyen den schwachen leiben vergleichen... So brauchen sein [= die Musik] die ärtzt / schmertzen damit zu lynderen."[55]

Einen weiteren Hinweis darauf, daß man im Mittelalter die Musik bei Krankheiten zu Hilfe nahm, bietet das „Poenitentiale" des Thomas de Cabham aus dem Ende des 13. Jahrhunderts, in dem der Autor auch über die Spielleute spricht. Unter den drei Gattungen, in die Thomas die „histriones" einteilt, bilden nach den derben Spaßmachern und den Akrobaten die eigentlichen Musiker, „die Musikinstrumente haben, um die Menschen zu erfreuen", die dritte Gruppe. Diese teilt Thomas ihrerseits in zwei Untergruppen. Die einen Musiker treten in Wirtshäusern und in zweideutiger Gesellschaft auf, reizen die Menschen zur Sittenlosigkeit und sind ebenso verwerflich wie die Spaßmacher und Akrobaten.

> „Es gibt jedoch andere Musiker, die ‚joculatores' genannt werden, Lieder von den Taten der Fürsten und vom Leben der Heiligen singen und den Menschen in ihren Krankheiten oder in ihren Ängsten Trost bringen."

Diese Musiker, so sagt Thomas, seien auch aus kirchlicher Sicht zu billigen.[56] Im späten Mittelalter begegnet diese Einteilung und Bewertung der histriones öfter, so z. B. im 15. Jahrhundert im französischen „Jardin des nobles".[57]

Auch nach dem Mittelalter blieb Musik am Krankenbett ein offenbar viel geübter Brauch. Als der Kardinal Cristoforo Madruzzo im Jahre 1549 in Brixen erkrankte, verlangte er nach Musikern, „in der

---

[54] Vgl. z. B. Theatrum Sanitatis (Q 1940), Bd. 1, S. 91; Tacuinum Sanitatis in Medicina (Q 1967), Bd. 2, S. 135.
[55] Schachtafelen der Gesuntheyt (Q 1533), S. CXCV; vgl. auch die Tabelle S. LXII und LXXX.
[56] Zitiert bei L. Gautier (L 1878–94), Bd. 2, 1892–94, S. 21 f., Anm.
[57] Vgl. ebd. S. 161, Anm. 1.

226

Hoffnung, daß [die Musik] für meinen Geist ein viel angenehmeres Heilmittel sein wird als diese unaufhörlichen Heiltränke und Arzneien, mit denen mich die Ärzte umbringen".[58] Zu Beginn des 17. Jahrhunderts war es, wie Rodericus a Castro 1614 bezeugt,

„in ganz Spanien üblich, sobald jemand ernsthafter krank war, Musiker herbeizuholen, die mit sanfter Stimme und lieblichem Instrumentenspiel den Patienten beruhigen sollen. Zu diesem Zweck gibt es ziemlich viele vortreffliche Musiker, die man mieten kann, und so bemühen sich gewissenhafte und kluge Ärzte, die Kranken von ihren Sorgen abzulenken und die Körpersäfte in einen guten, ausgeglichenen Zustand zurückzuführen. Wenn man nämlich den Komplex der ‚nicht-natürlichen Dinge‘ betrachtet, die hauptsächlich für die Gesundheit und für die Veränderung des Körpers maßgeblich sind, dann nehmen die Gemütsbewegungen nicht den geringsten Platz unter ihnen ein. Die Affekte können jedoch nur durch den Umgang mit Dingen, die angenehm sind und Freude bereiten, wie es die Musik tut, gemäßigt und gezügelt werden."[59]

Edoardo Madeira Arrais (gest. 1652), Leibarzt des portugiesischen Königs Johann IV., schreibt 1650, „wir wissen aus täglicher Erfahrung, daß die Reichen und Vornehmen, wenn sie krank sind, Musiker bei sich haben", um „durch die Musik die Krankheit zu lindern".[60] Von einer französischen Dame wird im 17. Jahrhundert sogar berichtet,

„daß sie in allen ihren Kranckheiten / Wunden / Geburths-Stunden / etc. keine eintzige Medicin gebrauchte / sondern an statt derselben behalff sie sich mit dem Klang der Flöthen / Trommeln und Schalmeyen / welche Instrumente sie ihre Medicin nennete. Als sie einsmahls in ihrem hohen Alter von der Gicht hart angegriffen ward / und absonderlich in dem einen Knie große Schmertzen empfand / da befahl sie ihrem Spielmann einen Couranten zu spielen / welcher darauff sein bestes thate..."[61]

Der Leipziger Medizinprofessor Christian Michael Adolphi (1676–1753) kannte eine vornehme Frau, „die, als sie krank war und um ihr Leben fürchtete, in ihr Krankenzimmer Musiker verschiedener Art holen ließ".[62]

[58] Zitiert bei M. Levri (L 1942/43), S. 395 f.
[59] Rodericus a Castro (Q 1662/b), S. 276 f.
[60] E. Madeira Arrais (Q 1650), S. 881 a und 883 b.
[61] E. G. Happel (Q 1683–90), Bd. 4, 1689, S. 51 f. Derselbe Bericht auch schon in: The Treasurie of auncient and moderne times (Q 1613), S. 807.
[62] Chr. M. Adolphi (Q 1747), S. 721.

Die letzten beiden Beispiele mögen kurios erscheinen; sie sind es aber nur insofern, als die Patientinnen allein der Musik vertrauten und auf alle übrigen Mittel der Medizin verzichteten. Daß die Musik – nicht als alleiniges Mittel, wohl aber im Rahmen der Diätetik – bei Krankheiten grundsätzlich von Nutzen sein könne, blieb bis zum frühen 19. Jahrhundert unter Ärzten wie unter Laien allgemein anerkannt. Dem Pariser Professor Henri de Monantheuil erscheint es 1597 unzweifelhaft, „daß Musik auf die Heilung von Krankheiten und Schmerzen, auf die Beseitigung geistiger Störungen, auf die rechte Erholung durch fröhliche Stimmung, Schlaf und Muße" Einfluß haben könne.[63] Der Zusammenhang zwischen Körper und Seele, schreibt Johannes Franciscus Ulmus (gest. 1612), Arzt in Brescia, in demselben Jahr, sei außerordentlich eng, ja man könne ihn sich gar nicht eng genug vorstellen, und viele körperliche Leiden kämen, wie schon Galen bemerkt habe, von der Seele her.[64] Ihr habe der Arzt daher größte Aufmerksamkeit zu schenken. Vier Mittel stünden ihm zur Verfügung, um auf die Seele heilsam einzuwirken: die Regelung der Lebensweise, Medikamente, die Musik und angemessene Worte.[65] Welches Heilmittel, so fragt 1593 der englische Humanist John Case, der in späteren Lebensjahren noch Medizin studiert hatte,

„ist bei Krankheiten besser als die Harmonie der Musik, durch die der Überdruß, der alle üblen Dinge begleitet, beseitigt wird oder doch gemildert und leicht ertragen werden kann?"[66]

„Musik erhält die Gesundheit und vertreibt Krankheiten", „sie erquickt müde Glieder des Körpers, sie macht die erstarrten spiritus lebhafter, sie weckt verborgene Kräfte, sie richtet den niedergedrückten Geist in wunderbarer Weise wieder auf und stärkt ihn", „sie ist eine angenehme Erfrischung für Seele und Körper, weil sie das süßeste Heilmittel gegen den Schmerz . . . und gegen alle Bedrückung ist."[67]

Der Wormser Stadtarzt Johann Carl Rosenberg verknüpft 1624 die Musik mit den drei Forderungen, die schon Asklepiades und die Methodiker im Altertum an die ärztliche Therapie gestellt hatten: „si-

---

[63] H. de Monantheuil (Q 1597), S. 56; vgl. auch S. 36 f.
[64] J. Fr. Ulmus (Q 1597), S. 75 f.
[65] Ebd. S. 77.
[66] J. Case (Q 1593), S. 499.
[67] Ebd. S. 482, 481, 488.

cher, schnell, angenehm". Rosenberg meint, zu einer angenehmen Behandlung könne „nicht wenig auch die Musik beitragen, die schmeichelnde Geliebte unseres Geistes".[68] Der Hamburger Kantor Erasmus Sartorius (1577–1637) stellt 1635 die Frage: „Wer hätte nicht schon bei der Musik Hilfe gesucht, die stärker ist als so und soviele Medikamente?"[69]

Vom 16. Jahrhundert an begnügte man sich nicht mehr damit, diese Überzeugung lediglich auszusprechen oder sie allenfalls mit allgemeinen platonischen Gedanken, meist mit der „musica-humana"-Idee zu begründen. Vielmehr entwickelte sich eine lebhafte, von Ärzten und anderen Gelehrten geführte Diskussion über die therapeutischen Wirkungsmöglichkeiten der Musik und deren Erklärung. Dabei verselbständigte sich schrittweise das Thema. Neben beiläufigen Bemerkungen widmet man ihm schon einmal einen eigenen Abschnitt oder ein ganzes Kapitel, vom 17. Jahrhundert an bereits Doktorthesen und Dissertationen, und vom 18. Jahrhundert an wird das Thema in wachsendem Maße zum Gegenstand von kleineren Monographien. Diese Entwicklung zeigt, daß hier ein neues Problembewußtsein entstand, daß eine in der Tradition fest verankerte Praxis, die man gar nicht in Frage stellen wollte, in der nachmittelalterlichen Zeit eines sich wandelnden naturwissenschaftlichen und medizinischen Denkens mehr der Rechtfertigung und Begründung bedurfte als zuvor.

Einige Beispiele mögen diese thematische Verselbständigung verdeutlichen. Der Straßburger Medizinprofessor Melchior Sebiz (1578–1674) ließ 1621 einen seiner Schüler unter den Doktorthesen, die der Dissertation beigefügt waren, an erster Stelle die Frage erörtern, „ob Gesang und Musik etwas zur Heilung von Krankheiten beitragen".[70] Die Antwort fiel – wie in fast allen ähnlichen Fällen – positiv aus. In dem Pariser Doktor-Programm des Philippe Harduin de S. Jacques aus dem Jahre 1624 über das Thema „Ob die Musik bei Krankheiten eine Wirkung habe" lautete die Antwort, niemals seien musikalische Gesänge und harmonische Klänge „den Gesunden unangenehm, für die Kranken ohne heilsamen Nutzen"; die Musik habe eine große Kraft, den menschlichen Geist zu erregen oder zu

---

[68] J. C. Rosenberg (Q 1624), S. 24.
[69] E. Sartorius (Q 1635), fol. D 2 v–3 r.
[70] M. Sebiz (Q 1621), „Parerga" (unpaginiert).

beruhigen und dadurch auch körperliche Leiden zu mildern oder zu beheben.[71] Dabei fehlt es nicht an Hinweisen auf verschiedene Symptome und Krankheiten, bei denen die Musik besonders angebracht sei, wie z. B. auch in einer Heidelberger medizinischen Dissertation von Georg Franck von Franckenau über die Musik aus dem Jahre 1672.[72] Bezeichnend ist, daß 1682 der Altdorfer Medizinprofessor Jacob Pankraz Bruno in seine erweiterte Bearbeitung des medizinischen Lexikons von Bartolomeo Castelli einen bisher fehlenden Artikel „Musica" neu einfügte – wohl der erste Artikel über Musik in einem medizinischen Lexikon. Bruno sagt über die Musik, sie sei „vor allem nützlich, um Krankheiten zu heilen und die Gesundheit zu erhalten".[73] Den noch recht kurzen Promotionsschriften von Philippe Harduin de S. Jacques (1624), Georg Franck von Franckenau (1672) und Theodor Kirchmajer (1672) folgen die bereits ausführlicheren Dissertationen von Adam Brendel (1706), Michael Ernst Ettmüller (1714), Georg Franck von Franckenau (1722) und Ansgar Anchersen (1722), denen sich dann die Bücher von Richard Browne (1729), Johann Wilhelm Albrecht (1734), Ernst Anton Nicolai (1745), Richard Brocklesby (1749), Joseph Louis Roger (1758) usw. anschließen.

Die Diskussion über die therapeutischen Möglichkeiten der Musik ist nicht nur von dem Bemühen gekennzeichnet, die Wirkungen der Musik zu begründen und „physiologisch" zu erklären. Vielmehr zeigen sich dabei auch noch zwei einander entgegengesetzte Tendenzen: einmal der Drang, die Fähigkeiten der Musik sehr hoch zu bewerten, ja in ihr fast ein Allheilmittel zu sehen, andererseits das Bestreben, die der Musik gesetzten Grenzen deutlich hervorzuheben.

Wenden wir uns zunächst der ersten Richtung zu. Ärzte und andere Autoren, die vom Humanismus und der platonischen Gedankenwelt geprägt waren, neigten dazu – wie einige der zitierten Texte bereits gezeigt haben –, der Musik recht weitgehende Heilwirkungen zuzuschreiben.[74] Doch vermieden sie im allgemeinen allzu extreme Urteile und blieben sich bewußt, daß die Musik nur auf dem Wege

---

[71] Ph. Harduin de S. Jacques (Q 1624).
[72] G. Franck von Franckenau (Q 1672). Aus demselben Jahre stammt die Wittenberger Dissertation von Th. Kirchmajer (Q 1672).
[73] B. Castelli (Q 1682), S. 877.
[74] Vgl. z. B. O. Sabuco (Q 1587), fol. 66 r/v.

über die Affekte wirken konnte. Demgegenüber glaubten andere, im Rahmen einer „natürlichen Magie" die Heilkräfte der Musik völlig neu begründen und dadurch der Musik wieder jenen hohen Grad an Wirksamkeit und Zuverlässigkeit verleihen zu können, der von der Musik des Altertums überliefert war. Die Vertreter einer „natürlichen Magie" nahmen eine zwischen allen Stoffen und Lebewesen wirkende „Sympathie" und „Antipathie" an. „Magia naturalis ist ein Fragen nach den ‚Kräften', die in den Kräutern wie den Tieren oder den Gesteinen liegen, und die der Mensch erkennen und sich dienstbar machen kann."[75] Der italienische Gelehrte GIAMBATTISTA DELLA PORTA (1535–1615) befaßte sich in seiner bis in das 18. Jahrhundert öfters gedruckten „Magia naturalis" (1589) wie viele andere Autoren (nicht nur Musikschriftsteller!) mit der Frage, warum die höher entwickelte, „vollkommenere" Musik seiner Zeit nicht die von der antiken Musik bekannten Wirkungen zustandebringe. Im Gegensatz zu den meisten anderen Autoren bezweifelte della Porta, daß der Grund dafür im Untergang der antiken Tongeschlechter liege, die jeweils verschiedene Affekte zu erregen vermochten. Noch weniger schien es ihm wichtig, wie kunstvoll das Instrumentenspiel war, und so kam della Porta auf der Suche nach der wahren Ursache zu dem Ergebnis,

„daß die Erklärung nicht in den Tongeschlechtern, sondern in den Saiten, in dem Holz der Instrumente und in den Tierfellen zu suchen sei, da die Eigenschaften und Wirkungen toter Tiere und gefällter Bäume auch in den tierischen Bestandteilen und in den Hölzern erhalten bleiben."[76]

Von dieser Annahme aus versuchte della Porta die geläufigen antiken Exempla von der Wirkung der Musik neu zu deuten. Ismenias, der Gichtschmerzen mit Musik vertrieb, besaß vermutlich ein Instrument aus Pappelholz – nach Dioskurides hilft der Saft der Pappelrinde bei solchen Schmerzen. Thaletas spielte auf einem Musikinstrument aus Rebenholz, als er gegen die Pest kämpfte, denn Wein und Essig wirkten bei einer Pest günstig. Von den Pythagoreern heißt es, sie hätten sich mit Musik zum Schlafen vorbereitet und morgens nach dem Erwachen die Schläfrigkeit auch wieder mit Musik vertrieben. Della

---

[75] W.-E. Peuckert (L 1967), S. 27.
[76] G. della Porta (Q 1607), S. 658.

Porta erklärt das so, daß sie abends auf Instrumenten aus Mandel-baum- oder Rebenholz, morgens jedoch auf Instrumenten aus Nies-wurz spielten, weil Wein einschläfernd wirkt, Nieswurz hingegen zur Reinigung des Körpers verwendet wird usw.[77] Auch der Jenaer Medi-zinprofessor Werner Rolfink (1599–1673) war der Ansicht,

> „daß die natürliche Kraft der Kräuter, verbunden mit musikalischen Weisen, eine ganz bestimmte Wirkung auf die Heilung gewisser Krankhei-ten hat, wenn man nämlich Flöten aus Pflanzen anwendet, die zu den Krankheiten in einem Verhältnis natürlicher Sympathie stehen."

Unter Rolfinks Vorschlägen war denn auch der, mit einer Flöte aus dem Holz der Rizinus-Staude Wassersüchtige zu purgieren.[78] Im all-gemeinen fanden allerdings solche Spekulationen nur wenig Zustim-mung. ATHANASIUS KIRCHER wendet sich in seiner „Musurgia univer-salis" (1650) scharf gegen das „Geschwätz und die Ammenmärchen" della Portas. Es ist aber bezeichnend, daß er zuvor erst della Portas Thesen von der „natürlichen Antipathie" durch eigene Experimente nachprüfte. Dabei zeigte sich, daß della Porta Unrecht hatte, daß z. B. trotz der „Antipathie" zwischen Wölfen und Schafen weder das Spiel auf einem Instrument, das mit zwei Saiten aus Wolfsdarm bespannt war, die Schafe in Schrecken versetzte, noch eine Saite riß, wenn gleichzeitig auf Saiten aus Wolfs- und aus Schafsdarm gespielt wurde.[79] Ebenso negativ war das Ergebnis, wenn man auf Instrumen-ten spielte, die aus Heilpflanzen angefertigt waren. Kircher meinte daher, die Wirkung von Musik beruhe nicht unmittelbar auf dem Ton selbst, sondern auf der durch den Ton in bestimmter Weise bewegten Luft, so daß es gleichgültig sei, welches Material die Luft in Bewegung versetze. Die Einwirkung dieser Luftschwingungen auf den menschli-chen Körper verstand Kircher ganz mechanisch:

> „Musik heilt nämlich Krankheiten durch keine andere Eigenschaft als dadurch, daß sie zähflüssige spiritus auseinandertreibt und wieder locker

---

[77] Ebd. S. 659 f.
[78] W. Rolfink (Q 1665), S. 1034.
[79] A. Kircher (Q 1650), Bd. 2, S. 228 f. Schon der arabische Gelehrte Ibn Ġaibī (gest. 1435) warnte davor, die Laute zugleich mit Saiten von Wolfs- und Schafsdarm zu bespannen, weil sie dann nicht gut klingen würde. Vgl. H. Hickmann (L 1970), S. 122. Der Gedanke findet sich z. B. auch bei Agrippa von Nettesheim und wird im 17. Jahrhundert öfters diskutiert. Vgl. A. Carapetyan (L 1948), S. 132 f.

macht, die gelockerten spiritus dann verdünnt, nach der Auflösung der zähen, schwarzgalligen Dämpfe den bedrückten Geist erleichtert und schließlich, nachdem die Krankheitsursachen beseitigt sind, die Gesundheit wiederherstellt."[80]

Obwohl Kircher an della Portas Spekulationen heftige Kritik übte, konnte auch er nicht dem Drang widerstehen, ein Zukunftsbild von den der Musik innewohnenden Heilkräften zu entwerfen, falls man je die Gesetze ihrer Wirkung auf den Menschen finden könnte. Kircher ging dabei von dem Phänomen der Resonanz- und Schwingungserscheinungen aus, das ihn wie viele seiner Zeitgenossen außerordentlich faszinierte. Die Beobachtung, daß eine klingende Saite eine andere, gleich oder ähnlich gespannte Saite zum Mitklingen brachte, während dies durch heftige Geräusche nicht gelang, ließ ihn auf eine „verborgene Kraft" in den Klängen schließen, die nur bei bestimmten, einander ähnlichen Körpern zur Wirkung kam, oder anders ausgedrückt: Nur bestimmte Klänge und Töne schienen bestimmten Körpern angemessen und „proportioniert".

„Der Grund dafür ist, daß eine proportionierte harmonische Luftbewegung überall dort, wo sie auf einen ihr proportionierten Körper trifft, diesen aufgrund der gleichen Art der Bewegung ebenfalls in einen Erregungszustand versetzt."
„Wer diese Proportion wüßte, könnte dadurch ohne Zweifel die größten Naturwunder vollbringen."
„Daraus folgere ich: Wenn man die Proportion wüßte, die zwischen dem Klang eines Instruments und den spiritus, Muskeln und Adern des menschlichen Körpers besteht, dann wäre nichts leichter, als den Menschen in jeden beliebigen Affektzustand zu versetzen ... Wenn man außerdem die Proportion wüßte, die zwischen jedem Klang und den vier Körpersäften besteht, dann bin ich überzeugt, daß es kein noch so hartnäckiges Leiden, keine noch so eingewurzelte Krankheit gibt, die man nicht durch die Kraft dieses Tones vertreiben könnte."[81]

Eine solche Perfektionierung der alten Lehre vom „Ethos" der Musik, aber nun ausgehend von dem physikalischen Phänomen der Schwingungs- und Resonanzvorgänge, war ein echt barock-universa-

---

[80] A. Kircher (Q 1650), Bd. 2, S. 229. Ebenso urteilt C. Schott (Q 1677), Bd. 2, S. 235. Scharf gegen della Porta äußert sich auch J. Chr. Frommann (Q 1675), S. 239.
[81] A. Kircher (Q 1650), Bd. 2, S. 226.

listischer Traum. Das Wunschbild einer geradezu allmächtigen Heilmusik, die sich allen Krankheiten anpassen läßt, taucht im 17. und
18. Jahrhundert öfters auf – allerdings kaum bei Ärzten. Bei dem
Militärschriftsteller Jean-Charles de Folard (1669–1752), der
1729–1730 einen Kommentar zum Geschichtswerk des Polybios veröffentlichte, verbinden sich Bewunderung der antiken Musik und
Fortschrittsglaube zu der Gewißheit, daß die Zukunft Kircher recht
geben wird:

> „Sie werden sehen, daß die Musik, wenn sie einmal zu ihrer Vollkom-
> menheit gelangt, vielleicht eines Tages ein Teil der Medizin wird, der Ruin
> der Apotheker und das Glück der Musiker ... Wenn ein Arzt, der diese
> Kunst [die Musik] mit Talent zur Komposition gründlich studiert hat,
> daran geht, eine völlig musikalische Medizin zu suchen und zu entdecken,
> die bestimmte Musikstücke, bestimmte Töne und Instrumente kennt, die
> für die Heilung bestimmter Leiden geeignet sind und auf denen er dasje-
> nige Stück spielt oder singt, das jedem angemessen ist – dann würde das
> unzweifelhaft den Ruf Kirchers wiederherstellen, dem man vorgeworfen
> hat, sehr vielen Torheiten Glauben zu schenken, besonders in seiner Über-
> zeugung von der Macht der Musik ... Nochmals: Ich stelle mir vor,
> daß dieser Arzt-Musiker wunderbare und erstaunliche Kuren vollbringen
> würde."[82]

Die utopischen Hoffnungen, die della Porta, Kircher und de Folard
in die Heilkräfte der Musik setzten, sind charakteristische Beispiele
für die Tendenz, die therapeutischen Möglichkeiten der Musik spekulativ zu überschätzen. Bereits im 16. Jahrhundert forderten solche
Spekulationen Kritik und Spott heraus. In diesem Sinne dürfte eine
Szene aus dem „Cinquième Livre" von FRANÇOIS RABELAIS
(1494–1553) zu verstehen sein (die Autorschaft des 1564, nach Rabelais' Tod, erschienenen Werkes ist nicht gesichert). Die Szene spielt am
Hofe der „Entelechie" unter der Königin „Quinte Essence". Das
20. Kapitel schildert, „wie die Quinte Essence die Kranken durch Lieder heilte". Der Besucher des Hofes trifft in den ersten Sälen eine
große Zahl von Kranken, Lepröse, Vergiftete, Pestkranke, Syphiliti-
ker usw. Sie sind nach ihren Krankheiten in Gruppen eingeteilt und
warten auf die Königin, die nicht wie die englischen und französischen
Könige nur bestimmte Krankheiten durch Berühren der Kranken,

---

[82] Histoire de Polybe (Q 1729–30), Bd. 5, 1730, S. 44.

sondern sämtliche Krankheiten ohne Berührung heilen kann, „allein dadurch, daß sie eine ihrem Leiden entsprechende chanson spielt". Diese Heilungen vollzieht die Königin mit Hilfe einer Orgel, deren Pfeifen, Tasten, Pedale und alle übrigen Teile aus Heilpflanzen bestehen, die hauptsächlich als Purgative verwendet wurden – es sind dieselben Kräuter, die Pantagruel früher (Buch II, Kap. 33) in großen Mengen verzehrte, um eine Magenverstopfung zu heilen. Zuerst werden die Leprösen zur Königin hereingeführt; die chanson, die sie ihnen auf der Orgel vorspielt, heilt sie augenblicklich und vollständig. Dann folgen die Vergifteten, für die ein anderes Stück erklingt, danach die Blinden, die Tauben (!), die Stummen und die vom Schlag Getroffenen, denen allen ein besonderes Musikstück vorgespielt wird, das sie heilt.[83]

Nan Cooke Carpenter sieht in dieser „Musiktherapie" in erster Linie „eine Objektivation der pythagoreischen Macht der Zahl, der Harmonie der mathematischen Zahlen, hier von der Orgel symbolisiert".[84] Dann bleibt aber unverständlich, warum Rabelais die Königin nicht auf einer gewöhnlichen Orgel spielen läßt. Es kam ihm offenbar darauf an, daß Musik und Heilpflanzen unmittelbar zusammenwirkten, d. h. daß die aus Heilpflanzen bestehenden Teile der Orgel beim Erklingen ihre spezifischen Heilkräfte auf die Kranken übertrugen – eben jener Gedanke, den ein Vierteljahrhundert später della Porta verfocht.[85] Aber auch Kirchers Wunschtraum einer zukünftigen Heilmusik ist in der Szene von Rabelais schon mit enthalten: Die Königin „Quinte Essence" heilt nicht mit beliebigem Orgelspiel, sondern sie hat für jede Krankheit ein bestimmtes Musikstück, das ihr genau entspricht. Die beiden Gedanken gehören, wie sich bei della Porta und Kircher zeigt, nicht notwendig zusammen. Rabelais verknüpft sie in satirischer Weise miteinander, steigert sie ins Absurde und Groteske und zieht sie damit ins Lächerliche.

In der Debatte über die therapeutischen Möglichkeiten der Musik ging es aber nicht nur um weitgreifende Spekulationen von einer universalen Heilmusik. Vielmehr begann man sich im 16. Jahrhundert auch über die Grenzen und Bedingungen der traditionellen, auf der Affektwirkung beruhenden Funktion der Musik im Rahmen der Diä-

[83] Fr. Rabelais (Q 1955), S. 824–826.
[84] N. C. Carpenter (L 1954), S. 100.
[85] So deutete auch schon P. Albarel (L 1929) diese Szene.

tetik Gedanken zu machen. Luiz de Mercado unterschied zwischen Affekten und Gemütsstörungen, die eine körperliche Erkrankung hervorriefen, und anderen, die ihrerseits erst aus einem körperlichen Leiden entstanden. Im ersten Fall, z. B. bei Depressionen, sei durch Ablenkung, Gesang, Musik, Ortswechsel usw. eine Besserung zu erhoffen, nicht jedoch im zweiten Fall, solange man den Körper, die erste Ursache der Krankheit, nicht in einen besseren Zustand oder zu voller Gesundheit zurückgeführt habe.

> „Was hilft denn einem Patienten, der im Delir liegt, die Überredung? Was die Musik? Was ein guter Rat? Was andere Mittel bei Kranken, die aufgrund der verschiedensten körperlichen Leiden an Geistesstörungen leiden?"[86]

Was für Geisteskrankheiten galt, die Folge eines körperlichen Leidens waren, mußte erst recht für schwere körperliche oder für chronische Krankheiten gelten. Athanasius Kircher, der sich für die Zukunft eine allmächtige Heilmusik erhoffte, urteilte über die Möglichkeiten der Gegenwart bemerkenswert nüchtern:

> „Nicht alle beliebigen Krankheiten ohne Unterschied, wohl aber diejenigen Krankheiten, die direkt von der schwarzen und gelben Galle abhängen, lassen sich mit Hilfe der Musik behandeln und heilen. Denn daß durch sie ein Schwindsüchtiger, ein Epileptiker, ein Podagra-Fall oder aber langwierige Leiden sowie solche, die ein lebenswichtiges Glied zerstört haben, geheilt werden können, halte ich für unmöglich."[87]

Andere Autoren nennen Schwindsucht, Wassersucht, verzehrendes Fieber, Podagra, Skorbut und „Fieber aller Art" als Beispiele dafür, daß es nutzlos wäre, hier Musik zu Hilfe zu nehmen.[88] Viele waren jedoch, wie sich noch zeigen wird, gerade im Falle von Fieber und Podagra anderer Meinung.

Im Verlauf dieser Diskussion wird oft – und nicht ohne Grund – darauf hingewiesen, daß Musik weder direkt auf Krankheitsursachen einwirken noch sie allein beheben könne, daß sie vielmehr, wie es ihrer herkömmlichen Stellung in der Diätetik entsprach, nur mittelbar,

---

[86] L. de Mercado (Q 1619–29/a), Bd. 1, 1620, S. 578 f.
[87] A. Kircher (Q 1650), Bd. 2, S. 214. Ebenso C. Schott (Q 1677), Bd. 2, S. 228.
[88] Th. Kirchmajer (Q 1672), S. 21; M. E. Ettmüller (Q 1714), S. 28 f.

d. h. auf dem Wege über die Affekte einen notwendigerweise begrenzten heilsamen Einfluß ausüben könne. Der Barockdichter Georg Philipp Harsdörffer (1607–1658) formuliert das 1646 in seinen „Gesprechspielen" so:

> „Die Music heilet für sich keine Krankheit / aber durch die sondere Aufmerkung / so sie verursachet / hindert sie / die sonst von dem Haubt abtrieffende Feuchtigkeiten / und mindert also etlichermaßen das Schmertzen." [89]

Der Coburger Stadtphysicus Johann Christian Frommann (geb. um 1640) warnt 1675 davor, die Möglichkeiten der Musik zu überschätzen; er hat für della Porta nur Spott übrig und bestreitet, daß Musik auf Krankheiten unmittelbar einwirken könne:

> „Allerdings trägt sie viel zur Gesundheit bei und heilt Leiden des Geistes und des Körpers, jedoch nicht aus eigener Kraft und direkt, sondern durch Vermittlung der Phantasie: Diese regt einmal die spiritus animales, einmal die spiritus vitales an und stärkt dadurch die Natur . . . So heilt letztlich nicht der Klang der Musik, sondern die Natur die Krankheiten . . . Aber die Natur ist nicht immer dazu imstande, weil die Krankheitsursache nicht selten schwerer und mächtiger ist als die Natur und die menschliche Kunst, so daß kaum eine herkulische Kraft, geschweige denn der luftige Hauch sanfter musikalischer Klänge, die in das Ohr dringen, die Krankheitsursache beeinflussen kann." [90]

Frommann glaubt, daß Musik nur bei leichteren Schmerzen in beschränktem Maße helfen könne. Daß dagegen die heftigen Schmerzen der Gicht aller Musik spotteten, wisse jeder, der diesen Schmerz kenne. [91] Ähnlich abgewogen urteilen die meisten Ärzte; sie lassen sich von naturphilosophischen Spekulationen nicht dazu verleiten, die Musik zu überschätzen, sie fallen aber auch nicht in übertriebene Skepsis. So heißt es 1706 in der Dissertation des Wittenberger Anatomieprofessors Adam Brendel (gest. 1719) über die Behandlung von Krankheiten mit Zaubersprüchen und Musik, die Menschen würden „tagtäglich von den verschiedensten Krankheiten geplagt, bei denen

---

[89] G. Ph. Harsdörffer (Q 1641–49), Teil 6, 1646, S. 159.
[90] J. Chr. Frommann (Q 1675), S. 238.
[91] Ebd. S. 239.

von der Musik nur wenig Hilfe und Linderung zu erwarten ist", doch könne Musik die Patienten aufheitern und dadurch zur Heilung geistiger wie körperlicher Leiden einen wichtigen Teil beitragen.[92] In diesen Grenzen war die Musik, wie Michael Ernst Ettmüller erläuterte, ein wertvolles Hilfsmittel für den Arzt:

> „Wie der kluge Arzt versucht, die Kranken von Sorgen abzulenken und die Körpersäfte zu guter Ausgeglichenheit zurückzuführen, so ist es nicht zweifelhaft, daß man die Affekte, die einen großen Einfluß auf die Gesundheit und auf die Veränderung des Körpers haben und sich nur durch angenehme, Freude weckende Dinge mildern und beruhigen lassen, mit Hilfe der Musik soweit reduzieren und den Patienten dadurch in einen Zustand bringen kann, daß er die Beschwerden der Krankheit mit gesunder Seele und leichter erträgt und voller Vertrauen die Vorschriften des Arztes befolgt."[93]

Nach Meinung des Musikers Christoph Raupach war das die allgemeine Auffassung und Praxis der Ärzte:

> „Alle wohlerfahrne Medici bejahen es noch heut zu Tage, daß die leibliche Kranckheiten am ehist und leichtesten curirt werden, wenn das Gemüth oder die Seele des Patienten in guter Ordnung und Ruhe sich befinde, als wozu die Music ein großes contribuiren kan."[94]
> „Wenn nun die Music nach dem Temperament eines Krancken klüglich eingerichtet und angebracht wird, kan sie sich sehr kräftig in Beförderung der Gesundheit erweisen." Vor allem geistliche Musik bringt „so kräfftige Erquickung mit sich, daß ein Patiente nach deren Anhörung die Erleichterung oder Linderung der Schmertzen, Besänfftigung seines sonst unruhigen Gemüthes würcklich empfinden wird. Dannenhero auch andere zu gebrauchende Medicamente leichter als sonst ihre Würckung bewerckstelligen können."[95]

Im Laufe des 18. Jahrhunderts verschwinden die Ideen von einer universalen Heilmusik im Sinne della Portas oder Kirchers, es verschwinden damit auch die betonten Hinweise darauf, daß die Musik weder direkt auf Krankheitsursachen einwirken noch sie allein beseitigen könne. Die Epoche barocker Naturspekulation geht zu Ende. Die

---

[92] A. Brendel (Q 1706), fol. B 1 v.
[93] M. E. Ettmüller (Q 1714), S. 29.
[94] [Chr. Raupach] (Q 1847), S. 133.
[95] Ebd. S. 137.

eine zeitlang recht kontroverse Diskussion über die Heilkräfte der Musik weicht einem bemerkenswert einheitlichen, durchweg positiven Urteil, das ganz mit der herkömmlichen Stellung der Musik in der Diätetik übereinstimmt. Ausgehend von der nun nicht mehr strittigen Ansicht, daß die Musik nur indirekt, auf dem Wege über die Affekte einen heilsamen Einfluß ausüben könne, bleiben viele Ärzte bis in das frühe 19. Jahrhundert überzeugt, daß Musik am Krankenbett eine wesentliche Hilfe leisten könne. Manchmal empfiehlt man sie sogar mit einem gewissen missionarischen Eifer.[96] Dabei spielt nicht selten ein Widerwille gegen „starke" Medikamente und Behandlungsmethoden mit, die man allzu häufig und voreilig angewendet und denen gegenüber man die Mittel der Diätetik vernachlässigt sieht. In diesem Sinne äußert sich schon Giorgio Baglivi im Jahre 1700.[97] Man vergesse zu oft, „wie viel die Affekte vermögen, um Krankheiten zu erzeugen und aufrechtzuerhalten", daß z. B. „Traurigkeit und andere ähnliche Gemütsbewegungen unmittelbar bösartige Fieber hervorrufen können".[98] Es geschehe jedoch täglich, „daß bestimmte Krankheiten des Kopfes durch Musik, andere Leiden durch einen Landaufenthalt, durch eine Seefahrt oder eine Jagd" besser würden. Baglivi fordert, solche Erfahrungen systematisch in die ärztliche Therapie einzufügen:

„Da wir in der Praxis sehr häufig beobachten, daß Krankheiten nach einer Reise, einer Seefahrt, einer Jagd sowie nach Musik, die der Kranke gehört oder selbst gemacht hat, geheilt sind, was zuvor durch langen Medikamentengebrauch auf keine Weise möglich war, darf der Arzt das nicht geringschätzen, sondern er muß untersuchen, warum diese Arten von Beschäftigung Krankheiten heilen konnten. Und was sich durch Zufall ergab, soll man dann aufgrund von weiteren Beobachtungen in Regeln bringen und dementsprechend in die Praxis umsetzen."[99]

An solchen Erfahrungen und Ratschlägen fehlt es im 18. und frühen 19. Jahrhundert nicht; dabei wechseln zwar die Schwerpunkte und Erklärungsversuche, aber eine optimistische Grundhaltung ist

---

[96] Vgl. z. B. [R. Brocklesby] (Q 1749), S. 63; S.-A. Tissot (Q 1778–80), Bd. 4, 1780, S. 417 und 442; E. Sainte-Marie in J. L. Roger (Q 1803), S. XXXII. Weitere Beispiele im folgenden Text.
[97] G. Baglivi (Q 1734/b), S. 390.
[98] Ders. (a), S. 155 und 150.
[99] Ders. (b), S. 390.

allen Autoren gemeinsam. Für den Halleschen Medizinprofessor Ernst Anton Nicolai ist es 1745 selbstverständlich, daß die Musik imstande sei,

> „diejenigen Kranckheiten, wo nicht zu heben, doch zu lindern, welche aus einer langsamen Bewegung der Säfte ihren Ursprung nehmen, vornehmlich wenn selbige von einem unangenehmen Affecte herrühren. Denn sie ist vermögend eine angenehme Gemüthsbewegung als Freude zu erregen, so muß sich das Geblüt geschwinder, freyer und stärker bewegen, als vorher, und das macht eben, daß die Kranckheit nachlassen muß."[100]

Nach Meinung des französischen Arztes Joseph Louis Roger (1758) wirkt der Klang der Musik auf die „Nervenflüssigkeit" – jenes Fluidum, das seit dem 17. Jahrhundert als Vermittler zwischen Seele und Körper neben die spiritus animales getreten war:

> „Zuerst kann er [der musikalische Klang] die heftigen Schmerzen beruhigen, die oft mit einem veränderten Zustand der Nervenflüssigkeit verbunden sind; danach kann er aber auch die Krankheit selbst völlig zerstreuen."[101]

In der großen französischen „Encyclopédie" werden 1765 diejenigen Symptome und Krankheiten aufgezählt, bei denen Musik mit guten Erfolgsaussichten anwendbar scheint: krankhafte Ängste, das Toben Geisteskranker, Gichtschmerzen, Melancholie. Musik könne aber auch Anfällen von Epilepsie, von intermittierenden Fiebern, von Hysterie und sogar von Pest vorbeugen, da sie die Kraft habe,

> „die Furcht zu vertreiben, die oft Krankheiten beschleunigt, für Krankheit anfällig macht, sie begünstigt und sie schwieriger heilbar macht ... Jedermann weiß, wie sehr Angst die Ausbreitung der Pest fördert."[102]

Joseph Lieutaud (1703–1780), zuletzt Leibarzt Ludwigs XV. und Ludwigs XVI. von Frankreich, sieht den Hauptnutzen der Musik in ihrer beruhigenden Wirkung. Sie könne die Bewegung der spiritus vermindern, Erregung dämpfen, Schmerzen lindern und den Schlaf

---

[100] E. A. Nicolai (Q 1745), S. 40 f.
[101] J. L. Roger (Q 1803), S. 207 f.
[102] [H. Maret] (Q 1765/a), S. 908. Der Verfasser des Artikels ist nach H. Zeiler (L 1934), S. 37 Hugues Maret.

herbeiholen. Lietaud beruft sich dabei auf mehrere Patienten, die dies bezeugen könnten, und fügt hinzu, auch er selbst habe,

„als er an einer schweren Krankheit darniederlag, die vorzüglichen Wirkungen musikalischer Melodien drei Tage lang nicht ohne Staunen seiner Umgebung erfahren. Daraus folgt, daß die Musik mit Recht nicht den letzten Platz unter den Beruhigungsmitteln beanspruchen kann."[103]

Auf Lietauds Ausführungen bezog sich 1774 der Brief eines Ungenannten aus Versailles an die „Gazette de Santé": „Da man die Musik als nützlich erkannt hat für die Heilung bestimmter Krankheiten, sollten die Ärzte sie nicht häufiger anwenden?" Der Hinweis auf die Erfahrungen der Antike, verbunden mit Zweifeln an dem stetigen Fortschritt der Wissenschaft, führt zu der kritischen Frage: „Sind wir weiter fortgeschritten als die Alten, wir mit unseren systematischen Erklärungen?" Der Appell des Einsenders, die Ärzte sollten ein so angenehmes Mittel wie die Musik mehr gebrauchen, gründet auf der festen Überzeugung, daß „die Musik ihren Platz in der Medizin einnehmen und als Heilmittel dienen kann, um die Gesundheit zu erhalten oder um sie wiederherzustellen".[104]

Christian Ludwig Bachmann zeichnet 1792 in seiner Erlanger Dissertation ein vielfältiges, sehr positives Bild von den therapeutischen Möglichkeiten der Musik. Da Geistesstörungen, Traurigkeit, Unruhe und dergleichen Gemütszustände „die Ausdünstung der Haut hindern und die Geschwindigkeit der Blutbewegung in den äußersten Gefäßen herabsetzen",[105] Musik aber durch die fröhliche Stimmung, die sie erzeugt, alle Körperfunktionen anregen und steigern kann, hilft sie in jedem Fall. In besonderem Maße hilft sie bei Krankheiten, die aus zu langsamem Säfteumlauf entstehen, sowie bei Leiden, bei denen schädliche Stoffe durch die Haut ausgeschieden werden müssen, da Krankheitsstoffe mit Hilfe der Musik schneller und leichter ausgeschieden werden. Bei Erkrankungen, die mit geistigen Störungen und Angstzuständen verbunden sind, wie z. B. bei Typhus, bösartigen, schleichenden und fauligen Fiebern, kann die Musik dadurch

---

[103] J. Lietaud (Q 1765), S. 754 f.
[104] Anonymus (Q 1774), S. 126.
[105] Chr. L. Bachmann (Q 1792), S. 39. Vgl. hierzu und zum folgenden auch G. F. Zulatti (Q 1787), S. 31 ff.

günstig wirken, daß sie entgegengesetzte Affekte erregt. Kraft ihrer Fähigkeit, abzulenken und heiter zu stimmen, läßt sich die Musik ferner bei Kopf- und Zahnschmerzen, arthritischen Leiden, Gicht, Epilepsie, Spasmen usw. erfolgreich anwenden, außerdem auch bei Krankheiten wie Manie, Hysterie, Hypochondrie, Delirien usw., bei denen die Patienten häufig auf bestimmte Gedanken fixiert sind.[106] Der französische Arzt François Fournier-Pescay (1771–1833), der 1819 in dem 60bändigen „Dictionnaire des sciences médicales" einen ausführlichen Artikel über die Musik schrieb, kam ebenfalls zu einem sehr optimistischen Gesamturteil:

„Die Musik kann wahre Wunder vollbringen, wenn man sie bei kranken Menschen angemessen anwendet. Ihre Wirkung ist bei allen Krankheiten bemerkenswert, vor allem bei den Nervenleiden."
„Wenn auch ihre Wirkungen nicht immer spezifisch sind, so sind sie doch zumindest vortreffliche Hilfsmittel, die man heute in der Medizin zu sehr vernachlässigt."[107]

Lassen wir es mit diesen Belegen bewenden. In einigen der angeführten Texte tritt zweierlei mehr oder weniger deutlich hervor: einmal eine hohe Meinung von den therapeutischen Fähigkeiten der Musik, die allerdings auch im Zusammenhang mit der Romantik zu sehen ist, in der Musik den höchsten Rang unter den Künsten einnahm, ja sogar der Inbegriff von Kunst überhaupt war; zum andern ein Unterton der Verteidigung, das Bemühen, eine früher selbstverständliche Praxis, die nun in Vergessenheit zu geraten beginnt, aufrechtzuerhalten, zu rechtfertigen oder sie sogar noch auszubauen und zu erweitern. In der Tat bahnt sich gegen Ende des 18. Jahrhunderts ein entscheidender Wandel an. Bei Friedrich August Weber kommt er 1802 bereits klar zum Ausdruck: „Nur in Übeln aus der Klasse der Nervenkrankheiten läßt sich von der Anwendung der Musik etwas Gedeihliches hoffen."[108] Ähnlich äußert sich ein Jahr danach der französische Psychiater Philippe Pinel (1745–1826): „Alle aufmerksamen Ärzte räumen der Musik einen vorzüglichen Platz unter den

---

[106] Chr. L. Bachmann (Q 1792), S. 40–42; vgl. auch P. Lichtenthal (Q 1807), S. 162.
[107] Fr. Fournier-Pescay (Q 1819), S. 75 und 80.
[108] Fr. A. Weber (Q 1801/02), Sp. 567.

Heilmitteln ein, die für die Behandlung der meisten Nervenkrankheiten geeignet sind."[109] In derselben Zeit, in der manche Ärzte noch voller Überzeugung und Begeisterung den Nutzen der Musik bei Krankheiten aller Art empfehlen, beginnt das Fundament dieser Funktion der Musik, die alte Diätetik der Humoralmedizin, unaufhaltsam abzubröckeln. Bis zur Mitte des 19. Jahrhunderts hat sie dann ihre einstige Geltung in der Medizin weitgehend verloren – ein Prozeß, der in engstem Zusammenhang mit dem Aufstieg der naturwissenschaftlich-experimentellen Medizin stand. Dadurch wurde der jahrhundertelangen diätetisch-therapeutischen Funktion der Musik der Boden entzogen. Doch verschwand die Musik damit keineswegs völlig aus der Medizin. Sie behielt einen Platz in demjenigen Bereich, mit dem sie von Anfang an besonders eng verbunden war: im Bereich der Geisteskrankheiten. Auf diesem Felde sollte sie auch in der neuen Ära der Medizin weiterhin eine Aufgabe haben. Friedrich August Weber meinte, gerade dieses Gebiet sei „in den abgewichenen Jahrhunderten noch nicht so bearbeitet worden, wie es verdient".[110] Er bezeichnete damit genau die Entwicklung der kommenden Jahrzehnte: In weit stärkerem Maße, als man bisher vermutet und behauptet hat, haben im 19. Jahrhundert vor allem Psychiater versucht, die Musik für die Therapie nutzbar zu machen. Doch überschreitet das den Rahmen dieser Untersuchung; es sei nur darauf hingewiesen.[111]

Wie sehr sich schon um die Mitte des 19. Jahrhunderts die Situation grundsätzlich gewandelt hatte, zeigt die berühmte musikästhetische Programmschrift EDUARD HANSLICKS (1825–1904) „Vom Musikalisch-Schönen" aus dem Jahre 1854. Die Voraussetzungen, auf denen die diätetisch-therapeutische Funktion der Musik bis zum Beginn des 19. Jahrhunderts beruht hatte, sind nun nicht mehr gültig, neue Maß-

---

[109] Ph. Pinel (Q 1803), Bd. 3, S. 183 f.
[110] Fr. A. Weber (Q 1801/02), Sp. 566.
[111] Die folgende Behauptung von H. Steffen (L 1966), S. 7, trifft daher in dieser Form nicht zu: „Die naturwissenschaftliche Medizin verdrängt nun (d. h. nach 1830/40) für lange Zeit die Musik aus dem medizinisch-therapeutischen Bereich. Demnach fehlen auch Veröffentlichungen über dieses Gebiet . . . Erst seit den dreißiger Jahren dieses Jahrhunderts erscheinen wieder zahlreiche Schriften über Musik als Therapeutikum . . ." Solche Veröffentlichungen fehlen keineswegs, nur sind sie Steffen nicht bekannt geworden. – Über die Musik in der Medizin des 19. Jahrhunderts vgl. J. Ziemann (L 1970). Das Thema bedarf jedoch, vor allem was die Psychiatrie angeht, noch weiterer Untersuchungen.

stäbe sind an ihre Stelle getreten. Erst recht hat die alte Lehre vom „Ethos" der Musik, auf der noch die barocke Affektenlehre aufgebaut gewesen war, längst ihre Geltung eingebüßt.

„Es ist *möglich*", sagt Hanslick, „daß bestimmte Gemüthsaffecte eine glückliche Krisis in leiblichen Krankheiten herbeiführen, – allein es ist nicht möglich, durch Musik beliebige Gemüthsaffecte hervorzubringen."[112]

Die naturwissenschaftliche Medizin der zweiten Jahrhunderthälfte stellte neue, höhere Anforderungen an die medizinische Wissenschaft und die ärztliche Therapie. Sie bestimmten auch das Denken eines medizinischen Laien wie Hanslick. Es gebe, bemerkt er,

„eine ganze Literatur über die körperlichen Wirkungen der Musik und deren Anwendung zu Heilzwecken... An interessanten Curiositäten reich, doch in der Beobachtung unzuverlässig, in der Erklärung unwissenschaftlich, suchen die meisten dieser Musico-Mediziner eine sehr zusammengesetzte und beiläufige Eigenschaft der Tonkunst zu selbständiger Wirksamkeit aufzustelzen."[113]

Hanslicks abschließendes Urteil macht deutlich, daß die Musik nun zumindest in der allgemeinen Therapie keinen Platz mehr haben konnte:

„Die körperliche Wirkung der Musik ist weder an sich so stark, noch so sicher, noch von psychischen und ästhetischen Voraussetzungen so unabhängig, noch endlich so willkürlich behandelbar, daß sie als wirkliches Heilmittel in Betracht kommen könnte."[114]

Dagegen war es für Hanslick selbstverständlich, „daß die einzige Anwendung von Musik, welche wirklich in der Medicin vorkommt, ... in der Behandlung von Irrsinnigen" bestehe. „Die moderne Psychiatrie verwendet bekanntlich Musik in vielen Fällen und mit glücklichem Erfolge."[115]

---

[112] E. Hanslick (Q 1854), S. 63.
[113] Ebd. S. 61.
[114] Ebd.
[115] Ebd.

b. Musik und Bad

> „Curae vacuus hunc adeas locum, ut morborum vacuus abire queas. Non enim hic curatur, qui curat."[116]

Unter den universalen Mitteln für die Erhaltung der Gesundheit und die Heilung von Krankheiten spielte in der alten Medizin das Bad eine bedeutende Rolle.[117] Zahlreiche überaus differenzierte und doch auf wenigen Grundgedanken beruhende Vorschriften galten dem Baden in kaltem oder warmem Wasser, vor allem in Heilquellen, und später in wachsendem Maße auch dem Trinken heilkräftiger Wässer. Ob es um vorbeugende Gesundheitsmaßnahmen oder um die Behandlung einer Krankheit ging, immer war es wichtig, daß man sich nicht allein an die ärztlichen Baderegeln im engeren Sinne hielt, sondern daß auch die allgemeinen Voraussetzungen für die rechte Wirkung des Bades möglichst günstig waren. Mit anderen Worten: Keine schädlichen inneren oder äußeren Einflüsse durften den Erfolg des Badens einschränken oder gar verhindern. Daher mußten die verschiedenen Vorschriften der Diätetik genau beachtet werden. Dazu gehörte nicht zuletzt, wie die Ärzte immer wieder betonten, eine möglichst ausgeglichene, heitere Gemütsverfassung der Badenden. Im Jahre 1606 belehrt eines der zahlreichen Badebücher den Leser über das rechte Baden:

> „Mit schweren gedancken / wichtigen geschäfften / soll man sich zu dieser zeit gar nicht beladen / sondern das Gemüth frey und sorgloß erhalten / alle trawrigkeit auß dem Sinn schlagen / als dardurch die Leibskräfften mercklichen geschwächt / und deß Bades würckungen verhindert werden."[118]

Anderthalb Jahrhunderte später, 1768, knüpft der Berliner Arzt

---

[116] Diese Sätze sollen nach J. Fr. Zückert (Q 1768), S. 100 an den „antoninianischen" Thermen (d. h. wohl an den Caracalla-Thermen in Rom) gestanden haben. Doch ließ sich ein moderner Beleg dafür bisher nicht finden.

[117] Über das Badewesen im deutschsprachigen Kulturbereich vgl. A. Martin (L 1906); zum arabischen Mittelalter vgl. H. Grotzfeld (L 1970) sowie H. Schipperges (L 1957).

[118] J. M. Hessus (Q 1606), S. 106; ähnlich etwa auch L. von Hörnigk (Q 1637), S. 64.

und medizinische Schriftsteller Johann Friedrich Zückert (1737–1778) in seinem großen balneologischen Werk eine ähnliche Mahnung an das Stichwort „Gemüthsbewegungen":

„Jeder Affect schadet. Vornehmlich sind anhaltende Sorgen, Gram, Liebe, Zorn, Schreck, Betrübniß so sehr schädlich bey der Wassercur, daß sie tödtliche Krankheiten erregen. Hat sich ein Affect, ohne daß wir es haben hindern können, unser zu stark bemeistert, so müssen wir den Brunnen lieber aussetzen."[119]

Melchior Sebiz hat recht, daß er sich nur „aller Medicorum rath und Meinung" anschließt, wenn er 1647 darauf dringt,

„daß man in wärenten Trinck- Und Baden Cur alle trawrigkeit / bekümmernuß / sorg und angst beyseite setzen solle / und sich mit gutem Gespräche / und conversation, Item mit allerhand kurtzweilen / Spielen / und wo es die gelegenheit gibt / mit der Musica vocali & instrumentali erlustigen und erfrewen. Dann solche frewde erquicket Leib und Seele / ermundert die spiritus, wecket die natürliche wärme auff / eröffnet die innerliche meatus, und macht die humores dünn und flüssig / daß sie nachmaln desto leichter durch die Schweißlöchlin / Harn- und Stulgang können außgeführt werden."[120]

Andrea Baccio (1524–1600), zeitweise Leibarzt von Papst Sixtus V., rät in seinem Buch über die Bäder (1571) allen Badenden, auf ihre Stimmungen und Affekte sorgfältig zu achten, „da die Körper den Seelen nachfolgen und, wie der Steuermann das Schiff, so die Seelen den Körper lenken". Alle ungünstigen Gemütsbewegungen solle man meiden:

„Man soll sich mit fester Hoffnung und festem Vertrauen in die Wirkung des Bades alle Annehmlichkeit verschaffen, die aus äußeren Dingen gewonnen werden kann."

Dazu gehören auch schöne musikalische Klänge und Gesänge.[121]
Die Wirklichkeit des Badelebens entsprach diesen ärztlichen Ratschlägen. Man bemühte sich um eine ununterbrochen fröhliche Stimmung und vergnügte sich nicht nur außerhalb des Bades mit Musik;

---

[119] J. Fr. Zückert (Q 1768), S. 100.
[120] M. Sebiz (Q 1647), S. 106 f.
[121] A. Baccio (Q 1622), S. 86.

vielmehr wurde auch während des Badens für die Badenden musiziert, ja oft waren es sogar die Badenden selbst, die im Wasser sangen und auf Instrumenten spielten. Bildliche Darstellungen und Beschreibungen von Badeszenen zeigen dies anschaulich (s. Abb. 18 und 19).[122] Zugleich wird dabei deutlich, daß die Musik auch hier – wie in anderen Zusammenhängen – neben manchen anderen „Laetificantia" stand. Dazu zählten Spiele verschiedener Art, ausgiebiges Tafeln, improvisierte Tänze, erotische Vergnügungen – alles im Wasser bei oft stundenlangen Badezeiten. Der italienische Humanist Gian Francesco Poggio di Guccio Bracciolini (1380–1459), der 1417 vom Konstanzer Konzil aus Baden im Aargau besuchte, gewann von dem dortigen Badeleben folgenden Eindruck:

„Alle haben nur eines im Sinn: der Traurigkeit zu entgehen, Fröhlichkeit zu suchen, nichts zu denken, außer daran, auf welche Weise sie lustig leben und Freuden auskosten können."[123] „Sie gehen am Tage drei oder vier Mal baden und verbringen dort den größeren Teil des Tages, singend, trinkend und tanzend. Ja sie spielen sogar auf Instrumenten, wenn sie nur ein wenig im Wasser sitzen."

Zum Lesen oder Studieren fand der Gelehrte „inmitten der Musik, der Flöten, Harfen und Lieder", die ihn „überall umtönten", keine Zeit.[124] Hans Folz (um 1450 bis vor 1515), Barbier und Meister-

---

[122] Weitere Bildzeugnisse, welche die Musik beim Baden zeigen, sind wiedergegeben bei A. Martin (L 1906), Abb. 84 (S. 173), Abb. 95 (S. 233), Abb. 101 (S. 242), Abb. 104 (S. 250), Abb. 111 (S. 262). Die in diesem Zusammenhang öfters abgebildeten Darstellungen aus Zyklen der „Planetenkinder" sind nicht unbedingt beweiskräftig, da in ihnen bestimmte Eigenschaften von Menschentypen zu einer Szene zusammengefügt sind, ohne daß damit eine tatsächliche Badeszene gemeint sein muß. Dieser Vorbehalt gilt für einen Teil der Abbildungen bei A. Martin sowie für einige der von W. Salmen (L 1960), S. 120, Anm. 389 angeführten Bildzeugnisse. Salmen übersieht außerdem, daß sich das von Musik begleitete mittelalterliche Badeleben nicht nur in den Badestuben, sondern auch in den großen Mineralbädern im Freien abspielte. Auf ein solches Bad (und nicht auf eine städtische Badestube!) beziehen sich die von Salmen zitierten Verse von Hans Folz (s. unten S. 248). – Auf die Wiedergabe des oft abgebildeten „Männerbades" von Albrecht Dürer habe ich verzichtet, da der Holzschnitt wahrscheinlich die Wirkung der Musik auf die Temperamente zum Thema hat, also wohl nicht unmittelbar eine Badeszene darstellt. Vgl. dazu E. Wind (L 1938/39).
[123] Poggius Florentinus (Q 1538), S. 300.
[124] Ebd. S. 299. Für das 16. Jahrhundert vgl. H. Pantaleon (Q 1578), S. LXXVII f. und LXXXVI.

Abb. 18: Lorenz Fries: Tractat der Wildbeder. Straßburg 1519, Titelholz-schnitt.

singer in Nürnberg, erwähnt in seinem Bäderbüchlein um 1480 ein
Bad in Süddeutschland, dem er folgende Verse widmet:

> „do macht sich mancherley geschick
> von essen trincken tantzen springen
> setin stossen lauffen fechten ringen
> seiten spil pfeiffen singen sagen
> lib kosen halsen und sust schimpfen . . .“[125]

Von dem im 16. Jahrhundert stark besuchten lothringischen Bad
Plombières (Plummers) erzählt ein damals dort wirkender Badearzt,
Männer und Frauen badeten zusammen,

---

[125] [H. Folz] (Q 1480), unpaginiert (S. 11 des bedruckten Textes).

248

„alle miteinander fröhlich und vergnügt. Die einen singen, andere spielen auf Instrumenten, andere essen dabei, andere schlafen, andere tanzen, so daß man sich nicht im geringsten langweilt."[126]

Über das Bad Burtscheid bei Aachen schreibt Andrea Baccio, daß auch dort Männer und Frauen gemeinsam ins Bad stiegen und zusammen sängen und tanzten; das sei fast überall in Deutschland üblich.[127]

So sehr die langen Badezeiten und die übrigen Mußestunden den Badegästen solche Vergnügungen auch nahelegten und die Musik dabei ein selbstverständlicher Zeitvertreib war, der gelegentlich rücksichtslose Gäste sogar dazu verleitete, zum Ärger der anderen „wol die gantze durchgehende Nacht biß an den hellen liechten Morgen Spiel-Leuth bey sich" zu haben:[128] Unverkennbar ist, daß medizinische Motive und ärztliche Ratschläge dem planmäßigen Streben der Badenden nach stets heiterer Stimmung und dem unablässigen Singen, Musizieren und Tanzen immer mit zugrundelagen. Das tritt anschaulich bei einem Krankheitsfall zutage, den der französische Arzt François Valleriola (1504–1580) zu behandeln hatte und den er ausführlich geschildert hat. Ein reicher Kaufmann ist aus unerwiderter Liebe geisteskrank geworden. Valleriola schickt ihn zuerst auf ein schönes Landgut mit grünen Wiesen, hübschen Gärten, mit Brunnen, guter Luft und duftenden Blumen; dort sind viele Frauen und Mädchen, außerdem Musikinstrumente, deren Klänge den Liebeskranken ablenken sollen. Als trotzdem die Erinnerung immer wieder aufsteigt, beginnt Valleriola nach der bloß diätetischen Kur eine medizinische Behandlung im engeren Sinne. Er verordnet Aderlässe, Purgieren, Waschungen, Sirupe zum Einnehmen und schließlich acht Tage lang morgens ein warmes Bad mit bestimmten Essenzen, das anderthalb Stunden dauern soll.

„Während dieser Zeit ließ ich mit Hilfe von Musikinstrumenten und anwesenden Freunden den Geist des Kranken durch heilsame Linderung umstimmen, d. h. durch Gesänge, lustige Geschichten und dergleichen

---

[126] Aus einem Buch des Arztes Jean Le Bon zitiert bei Fr. Batisse (L 1962), S. 228.
[127] A. Baccio (Q 1622), S. 213.
[128] M. Sebiz (Q 1647), S. 85.

Vergnügungen, die den Patienten von finsterer Trauer wegführen konnten."[129]

Die Therapie war schließlich erfolgreich.

Den günstigen Einfluß der Musik sahen die Ärzte nicht allein in der Aufheiterung, sondern auch darin, daß dadurch körperliche Reaktionen ausgelöst wurden, die ihrerseits die heilende Wirkung des Bades steigern konnten. Es überrascht daher nicht, wenn im Jahre 1700 ein französischer Autor von Ländern erzählt,

> „in denen die Bader im Bad nach bestimmter Musik frottieren und die Barbiere die Haare kämmen, nicht nur, um Vergnügen zu bereiten, sondern auch, um die Säfte durch solche einschmeichelnden Bewegungen leichter austreten zu lassen."[130]

Ob sich dieser Bericht auf europäische oder, was wahrscheinlicher ist, auf orientalische Länder bezieht, ist kaum zu entscheiden, da der Brauch auf der Humoralmedizin beruhte, die im Vorderen Orient und in Europa gleichermaßen gültig war.

Was für das Baden und für die Pausen zwischen den einzelnen Bädern galt, traf auch für *Trinkkuren* zu. In einer Badeschrift über Pyrmont heißt es 1682, es sei „in währender Trinck-Kur" wichtig, daß keine „Traurigkeit / Bekümmernüß und Sorge erreget werden".

> „Insonderheit ist der Zorn sehr schädlich / ... dann durch solchen nicht allein das gantze Geblüt zur Ebullition bewogen / sondern auch die Lebens-Geister geschwächet werden ... Hergegen soll man alle Sorgen zu Hause lassen / und bey dem Brunnen mit guten Conversationen / Spatzieren-gehen / und andern lustigen Exercitiis und Spielen / ... auch mit einer guten Music sich ergötzen ..."[131]

Heiter stimmende Unterhaltung und Beschäftigung einschließlich Instrumentalmusik und fröhlicher Lieder empfahlen die Ärzte bei Trink- und Badekuren aber auch, um den tagsüber als sehr schädlich geltenden Schlaf fernzuhalten, um „den Geist munter zu machen"[132]

---

[129] Fr. Valleriola (Q 1588), S. 210–219, das Zitat S. 217.
[130] De Vigneul-Marville (Q 1700–02), Bd. 1, 1700, S. 160. Über den Autor vgl. oben S. 83, Anm. 80.
[131] G. Bolmann (Q 1682), S. 54 f.
[132] N. Massa (Q 1557), S. 301, Z. 74 ff. in einer Anweisung zur Trinkkur.

und die beim Baden im Körper aufsteigenden Dämpfe vom Kopf zurückzuhalten.[133] Bisweilen sangen die Badegäste so viel, daß es den Ärzten schon wieder gefährlich erschien. Die Badenden, so schreibt 1647 Melchior Sebiz,

„verursachen dadurch hitze / dörre deß Munds / durst / und mattigkeit / und beschwären daß Haupt sehr / welches ohne das von der hitze deß bades und dessen dämpffe zimlich turbirt und beschwärt würdt."[134]

Da nicht nur weltliche Lieder gesungen wurden, sondern auch geistliche oder sogar eigens für eine Badekur geschriebene geistliche Gesänge,[135] konnte es nicht ausbleiben, daß die Lieder in die konfessionellen Auseinandersetzungen des 16. und 17. Jahrhunderts hineingerieten. Bereits um die Mitte des 16. Jahrhunderts heißt es in der Bade-Ordnung von Glotterthal: „Es soll kein Gesang wider die Catholische Religion gestattet, auch sunsten nichts Schandtliches gesungen werden."[136] In Pfäfers verbot die Bade-Ordnung von 1619 das Singen deutscher Psalmen,

„insonderheit, wann man söllich ungestum singen, den Catholischen zu einem trutz anheben solte, darauff dann baldt ein zwyspalt und uneinigkeit entstehn möchte, da aber einer je großen lust zu singen hette, der kan andere Geystliche, oder sonsten erbare Lieder (doch alles mit bescheydenheit) singen, und darumb das Bad mit keinem ungehewren geschrey fullen..."[137]

Nach der 1679 für Baden bei Wien erlassenen Ordnung durften geistliche und christliche Gesänge sowie andere ehrbare und fröhliche Lieder gesungen werden, doch wurden „Buhllieder" und „unschambare" Worte mit einer Strafe belegt.[138] Im 18. Jahrhundert empfand man geistliche Lieder im Bad schon wieder als deplaziert. So heißt es 1758 über das württembergische Wildbad:

---

[133] A. Baccio (Q 1622), S. 135.
[134] M. Sebiz (Q 1647), S. 81 f.; ähnlich Fr. Blondel (Q 1688), S. 102.
[135] Vgl. das bei A. Martin (L 1906), S. 339, Abb. 146 wiedergegebene geistliche Badelied von 1617.
[136] Bader (L 1868), S. 249.
[137] Zitiert bei A. Martin (L 1906), S. 350.
[138] Zitiert ebd. S. 339.

„So löblich auch sonst und an und für sich das Singen geistlicher Lieder ist; so muß man sich doch dessen enthalten, wann es nicht allen anständig ist ...“[139]

Überhaupt kam im 18. Jahrhundert das einstmals so beliebte Singen im Bad aus der Mode.[140] Auch während des Badens wurde nun kaum noch musiziert, und erst recht musizierten die Badegäste nicht mehr selbst beim Baden. Das hängt wohl damit zusammen, daß mit den früheren übermäßig langen Badezeiten auch die dazugehörigen Gebräuche und Belustigungen verschwanden; außerdem wurden viel mehr als zuvor Trinkkuren üblich.[141]

Verdrängen ließ sich die Musik freilich nicht. Man ließ sich nun hauptsächlich zwischen den Bädern, beim Essen und während des Trinkens am Brunnen von ihr unterhalten. Daß die Musik während der Trinkzeiten nicht bloß zum Zeitvertreib gedacht, sondern auch medizinisch motiviert war, geht aus einem französischen Bericht von 1739 über Bad Schwalbach hervor:

„Auf einem Erker bey dem Brunnen hält sich ein Trupp von Juden-Musicanten auf, die ohne Aufhören allerhand Tänze aufspielen ... Diese musicalische Zusammenstimmung ist sehr lustig und abwechselnd. Man giebt sogar vor, daß sie vieles beytrage, das Wasser mit leichterer Mühe hinunter zu bringen; denn weil die Geister in Bewegung sind, und durch die Music auf eine angenehme Art gerühret werden, so verrichten auch die cörperlichen Gliedmaßen ihre Schuldigkeit mit weniger Mühe.“[142]

„Brunnenmusik“ und Musik zur Tafel blieben aber auch dann noch eine feste Einrichtung in den Bädern, als die medizinische Motivation in den Hintergrund trat. Im ausgehenden 18. Jahrhundert spiegeln die Badeordnungen diesen Brauch wieder. So steht z. B. in der ersten Badeordnung von Wilhelmsbad bei Hanau von 1779, daß „täglich bei der Tafel Musick“ sei,[143] und das Bade-Reglement für Bad Mein-

---

[139] Zitiert ebd. S. 355.
[140] Nach J. Fr. Zückert (Q 1768), S. 98 sollten allerdings körperlich Behinderte während einer Bade- oder Trinkkur „viel reden, singen, aufgeweckte Sachen laut lesen, sich in einem Wagen fahren lassen“ usw., um dadurch die für den Erfolg der Kur nötige körperliche Bewegung einigermaßen zu ersetzen.
[141] A. Martin (L 1906), S. 359.
[142] [D. Fr. Merveilleux] (Q 1739), S. 23 f.
[143] Verordnung und Preise des Wilhelmsbads. I. Ordnung (Q 1969), § 4, nach S. 26.

berg von 1796 nennt den Betrag, den jeder Badegast wöchentlich dafür entrichten mußte, daß die Musiker neben der ' täglichen Tischmusik auch „des Morgens während des Brunnentrinkens und des Abends von 6 bis 8 Uhr auf dem Brunnenplatz oder im Ballsaal, wenn es etwa schlechtes Wetter ist, Musik machen . . ."[144] „Musik findet sich den ganzen Sommer über am Brunnen", heißt es 1819 in einem Bäderhandbuch über Hofgeismar. „Böhmische Musiker", hören wir über Bad Driburg, „ergötzen früh und nachmittags die lustwandelnden Brunnengäste, auch erheitern sie das Mittagsmahl". Ebenso war in Aachen „des Morgens immer Musik, bei deren heitern Tönen die Trinker . . . lustwandeln", und für das schlesische Flinsberg war als wichtigste Vergnügung die Musik zu nennen, „welche nicht nur den Genuß des Brunnens am Morgen verschönt, sondern auch bei Tische und des Abends oft die Gesellschaft unterhält".[145] Ludwig Ganghofer (1855–1920) entdeckte sogar tiefere Zusammenhänge zwischen der Karlsbader Brunnenmusik und den drängenden täglichen Problemen der Badegäste:

„Während der Brunnenpromenade spielte eine fein geschulte Kapelle sehr sinnvoll gewählte Weisen: zu meinem ersten Becher das ‚Gebet vor der Schlacht‘, zum zweiten das Lied ‚In einem kühlen Grunde‘, zum dritten die Marsch-Variationen ‚Frisch voran!‘ und zum vierten eine temperamentvolle Schnellpolka. Nun suchte ich die berühmten Karlsbader Wälder auf."[146]

Das Musikleben in den Bädern des 18. und frühen 19. Jahrhunderts war, wie es scheint, sehr vielfältig. Es wechselte je nach den Umständen von Ort zu Ort und von Jahr zu Jahr. Ein genaueres Bild läßt sich nicht nur für frühere Jahrhunderte, sondern auch für das 18. und beginnende 19. Jahrhundert vorerst kaum gewinnen, da bisher noch nicht einmal für einzelne Badeorte genügend Untersuchungen vorliegen, die verläßliche Rückschlüsse erlaubten.[147] Bevor das „Kurkonzert" zu festen Zeiten und mit einer mehr oder weniger stehenden Kapelle zur regelmäßigen Einrichtung wurde, bestritten teils ansäs-

---

[144] Zitiert bei W. Schramm (L 1949), S. 142.
[145] Vgl. die betreffenden (unpaginierten) Artikel bei C. Fr. Mosch (Q 1819).
[146] Zitiert bei H. Biehn und J. Baronin Herzogenberg (L 1960), S. 235 f.
[147] Eine der vorerst noch seltenen Untersuchungen dieser Art ist der Aufsatz von W. Schramm (L 1949) über Bad Meinberg und Bad Salzuflen.

sige Musikanten, teils durchreisende Musikergruppen, teils saison-
weise von auswärts engagierte „Hoboisten", aber auch Mitglieder
fürstlicher Kapellen, die ihre Herren in die Bäder begleiteten, die
Musik. So nahm etwa Fürst Leopold von Anhalt-Köthen im Mai 1718
sechs Musiker seiner Kapelle, darunter Johann Sebastian Bach, sowie
ein Cembalo unter der Obhut von drei Bedienten mit nach Karlsbad,
und zwei Jahre später hatte Bach seinem Herrn erneut für zwei
Monate dorthin zu folgen.[148] Es war daher kein bloß in barocker
Manier fingierter Titel, wenn GEORG PHILIPP TELEMANN
(1681–1767) 1734 eine Sammlung von „Scherzi melodichi" für Violine, Viola und Generalbaß im Druck erscheinen ließ, die bestimmt
waren „zum Vergnügen derer, welche die Mineralquellen in Pyrmont
gebrauchen" (s. Abb. 20).[149] Die Sammlung ist Carl August Friedrich
von Waldeck gewidmet, war also wohl für dessen Musiker geschrieben, die ihren Fürsten öfters zur Kur nach Pyrmont begleiteten.[150]
Telemanns Stücke sind für die „erste Woche" des Kuraufenthaltes
gedacht – nach einem längeren Einleitungssatz für jeden Wochentag
sechs kurze Sätze von wechselndem Tempo und Charakter. In der
Widmungsvorrede äußert sich Telemann nicht nur über die Pyrmonter Quellen, sondern auch – ein interessanter Hinweis – über den
absichtlich einfachen, leichten Stil seiner Kurmusik:

„In Pyrmont hat Gott seinen Mineralquellen so viel Segen verliehen,
daß die Wunder, die sie Jahr für Jahr vollbringen, indem sie die Kranken
gesund machen, die Glaubwürdigkeit übersteigen. Ich selbst bin drei Jahre
lang voll ungläubigen Staunens Zeuge gewesen, wenn ich sah, was die
Quellen bei anderen und bei mir selbst bewirkten. Da die Musik ein Teil der
unschuldigen Vergnügungen ist, habe ich geglaubt, daß diese Kompositionen wegen ihrer Einfachheit und ihres Stiles vielleicht die hier versammelten Kurgäste mehr erfreuen könnten als eine andere höchst kunstvolle
Musik."[151]

---

[148] Ch. S. Terry (L 1950), S. 113 und 116.
[149] G. Ph. Telemann (Q 1734), Titelblatt der Violin-Stimme. Herrn Prof. Dr.
M. Ruhnke (Erlangen) danke ich dafür, daß er mir einen Mikrofilm des Telemann-
Drucks zur Verfügung stellte.
[150] D. Rouvel (L 1962), S. 71.
[151] G. Ph. Telemann (Q 1734), Widmungsvorrede in der Violin-Stimme.

SCHERZI MELODICHI,

per divertimento di coloro,

che prendonơ le Acque minerali

in Pirmonte,

Con Ariette femplici e facili,

a Violino, Viola e Fondamento,

compofti da GIORGIO FILIPPO

TELEMANN,

Dedicati à Sua Altezza Serenifs.^ma

CARLO AUGUSTO FREDERICO,

Prencipe Regnante di Waldeck &c.

Settimana prima.

Abb. 20: Georg Philipp Telemann: Scherzi Melodichi, per divertimento
die coloro, che prendono le Acque minerali in Pirmonte. (Hamburg) 1734.
Titelblatt der Violinstimme.

In welcher Weise die Musik in den Bädern durch fürstliche Gäste
bereichert werden konnte, schildert anschaulich der bereits genannte
französische Bericht über Bad Schwalbach aus dem Jahre 1739:

„Wenn der Fürst von Thurn und Taxis zu Schwalbach ist, hat er immer
eine kleine Oper bey sich, die ihm überall nachfolget, welches für die Was-
sertrinker eine große Ergötzlichkeit ist . . . Alle zwey Tage ist Concert, Ball
und Opera. Das Concert und der Ball kostet den Wassergästen nichts; der

255

Herr Fürst von Nassau-Weilburg nimmt sie ganz allein auf seine Rechnung."[152]

Da aber nicht nur die Fürsten, sondern auch manche Adlige Musiker unterhielten und mit in das Bad brachten, gab es in Schwalbach „sehr gute Concerte",

„weil die vornehmen Herren, die allda zugegen sind, die Musicanten von ihrem Gefolge zusammen geben, und solchergestalt ein Orchester ausmachen, das sich unterweilen über sechzig Personen erstreckt."[153]

Schlichter ging es in den kleinen Bädern zu, die von der großen Welt nicht besucht wurden. In Bad Brückenau musizierte zu Beginn des 19. Jahrhunderts Jahr für Jahr eine „Bande böhmischer Musiker". Im schlesischen Altwasser wurden „Freunde der Musik . . . durch die vielen durchreisenden, oder in der Nähe seßhaften Musiker zerstreut", während in Franzensbrunn zweimal in der Woche die Regiments-Hoboisten aus dem benachbarten Eger für die Badegäste musizierten.[154] In Bad Bocklet gaben zwar „durchreisende Künstler . . . bisweilen Konzerts", aber es war doch ratsam, das zur Unterhaltung Nötige, darunter auch „leicht zu transportierende musikalische Instrumente", selbst mitzubringen; in Alexandersbad im Fichtelgebirge stand immerhin „zur Unterhaltung der Gäste . . . ein Pianoforte" bereit, während „andere musikalische Instrumente . . . auf Verlangen der Stadt-Musikus Heinel in Wunsiedel" zur Verfügung stellte.[155]

Daß im frühen 19. Jahrhundert die Gäste in kleinen Bädern zuweilen noch selbst musizierten, um die Musik nicht entbehren zu müssen, ist ein letzter Ausläufer des alten, von den Ärzten unterstützten Brauchs, während eines Badeaufenthaltes für eine stets heitere Stimmung zu sorgen und damit zum Gelingen der Kur beizutragen. Demgegenüber bildete sich in den großen vornehmen Badeorten im Laufe des 19. Jahrhunderts nicht nur das „Kurkonzert" mit einem ganzen Orchester als feste Einrichtung konzertähnlichen Charakters heraus, sondern es kamen auch anspruchsvolle Konzerte berühmter reisen-

---

[152] [D. Fr. Merveilleux] (Q 1739), S. 5.
[153] Ebd. S. 7.
[154] C. Fr. Mosch (Q 1819), s. v.
[155] Ebd. s. v.

der Virtuosen hinzu. Ohne die einstige medizinische Motivation nahm die Musik in den großen Bädern immer mehr Züge großstädtischen Konzertlebens an. In Baden-Baden, wo es 1819 zwar schon „dann und wann" Konzerte gegeben hatte, im übrigen aber „schlechte Fiedler ... die Fremden auf allen Wegen" verfolgten,[156] ließ sich bereits um die Jahrhundertmitte, als der Ort zum Weltbad aufgestiegen war, vor einem aus „kaum hundert Personen, meistens Damen" bestehenden vornehmen Publikum Franz Liszt hören und bewundern, desgleichen traten Rubinstein, Thalberg, de Bériot und andere auf, und Hector Berlioz veranstaltete von 1853 bis 1863 in Baden-Baden eine Reihe von Musikfesten.[157]

c. Musik im Hospital

Seit dem ausgehenden Altertum entstand eine Institution, die in dieser Form – trotz gewisser Vorläufer – der Antike noch unbekannt gewesen war: das Hospital. Es erwuchs im christlichen und islamischen Raum aus dem religiösen Gebot der Fürsorge für die Hilfsbedürftigen. Bis weit in die Neuzeit war das Hospital im allgemeinen aber kein Krankenhaus im modernen Sinne. Aufnahme fanden nicht allein Kranke, sondern auch Arme, Alte, Obdachlose, Behinderte, Pilger usw.; vielen Hospitälern waren außerdem Findel- und Waisenhäuser angeschlossen. Die ärztliche Behandlung Kranker, die behandlungsfähig erschienen, spielte in den Hospitälern lange Zeit, wenn überhaupt, nur eine geringe Rolle – von einzelnen großen, berühmten Häusern abgesehen. Weithin beschränkten sich die Hospitäler auf die Sorge für das leibliche und geistliche Wohl ihrer Pflegebefohlenen.[158]

Doch wurden in diesem Rahmen zumindest Grundvorstellungen der medizinischen Diätetik zuweilen berücksichtigt. Die arabischen Ärzte des Mittelalters maßen einer guten seelischen Verfassung der Kranken größte Bedeutung bei. Sie kannten eine ganze Reihe von ästhetisch-affektiv wirkenden Mitteln – darunter die Musik –, die in wohldotierten Hospitälern planmäßig eingesetzt wurden. Der Musik

---

[156] Ebd. s. v.
[157] H. Biehn und J. Baronin Herzogenberg (L 1960), S. 110 f.
[158] Zur Entstehung und Geschichte des Hospitals vgl. den Überblick von D. Jetter (L 1973).

wies man dabei auf der Grundlage der Lehre vom „Ethos" verschiedene Aufgaben zu. Die „Lauteren Brüder" verwendeten im 10. Jahrhundert, wie bereits erwähnt, bei bestimmten Anlässen entsprechende musikalische Weisen.[159] Eine davon

> „brauchten sie in den Krankenhäusern zur Morgenzeit, den Schmerz der Krankheiten bei den Leidenden zu lindern, ihre Gewalt zu brechen und sie von vielen Übeln zu heilen."[160]

Ein weiteres Beispiel für die Anwendung der Musik im Hospital betrifft das vom Sultan Qalā'ūn gestiftete, 1284 vollendete und reich ausgestattete Hospital in Kairo. Dort waren eigens Musiker angestellt, um den Kranken die schlaflosen Stunden der Nacht zu erleichtern,[161] das heißt wohl vor allem, um ihnen durch eine bestimmte Musik den Schlaf zu bringen. So nennen al-Kindi und Avicenna eine besondere musikalische Weise für die Zeit des Schlafengehens.[162]

In dem 1486 erbauten, ebenfalls prächtig eingerichteten Hospital in Adrianopel (Edirne), das der Sultan Bāyezīd II. gestiftet hatte, waren sogar zehn Musiker tätig. Der türkische Reisende EVLIYĀ ÇELEBI (1611–1682), dem wir eine ausführliche Beschreibung des Hospitals aus dem Jahre 1653 verdanken, gibt ein anschauliches Bild von dem Gebäude, in dem „arm und reich, jung und alt mit den verschiedensten Krankheiten" liegen. Je nach der Krankheit – im Frühjahr kommen jeweils noch die „Liebestollen" hinzu – wird eine sorgfältige Diät gereicht, wird z. B. im Winter geheizt oder nicht. Nach dem Willen des Stifters soll neben schönen Dingen für das Auge (Rosengärten, Wasserspiele) und neben den Düften verschiedenster Blumen auch die Musik heilend auf die Kranken einwirken:

> „Seine Majestät, der selige Sultan Bāyezīd . . . hat in seiner Stiftungsurkunde bestimmt, daß als Heilmittel für die Kranken, zur Genesung der Schmerzleidenden, um die Seele der [durch Liebeskummer] Wahnsinnigen zu nähren und ihr Liebesleid zu vertreiben, zehn Musiker angestellt

---

[159] Siehe oben S. 221.
[160] Fr. Dieterici (L 1865), S. 102 f. Auf demselben Gedanken scheint eine ähnliche Äußerung eines jüdischen Gelehrten in Spanien im 13. Jahrhundert zu beruhen; vgl. E. Werner und I. Sonne (L 1942/43), S. 549.
[161] St. Lane Poole (L 1936), S. 284.
[162] H. G. Farmer (L 1926), S. 102 und 109; vgl. auch die unten S. 365 zitierte Anekdote über al-Farabi.

werden: drei Sänger, ein Spieler der Rohrflöte (nāyzen), ein Fidelspieler (kemānī), ein Panflötenspieler (mūsīqārī), ein Hackbrettspieler (ṣantūrī), ein Harfenist (čengī), ein . . . (čengī ṣantūrī)[163] und ein Lautenist ('ūdī). Sie kommen dreimal in der Woche und spielen für die Kranken und Wahnsinnigen. Nach dem Willen des Allmächtigen findet ein beträchtlicher Teil von ihnen durch die Töne Beruhigung. Tatsächlich sind nach der Wissenschaft von der Musik die Makamen nevā, rāst, dügāh, segāh, čārgāh und sūzināk für diese [d. h. für Kranke und Wahnsinnige] bestimmt. Werden jedoch die Makamen zengūle und būselik [gespielt und] mit dem Makam rāst abgeschlossen, so ist es, als ob sie neues Leben brächten. In allen Instrumenten und Makamen liegt Nahrung für die Seele."[164]

Dieser Bericht zeigt deutlich, in welcher Weise die Lehre vom „Ethos" der Musik unmittelbar in die medizinische Praxis umgesetzt wurde, wie bestimmte Melodietypen und Instrumente in bestimmter Reihenfolge bestimmte Wirkungen auf Geist und Seele hatten, die zumindest für Europäer heute kaum mehr nachvollziehbar sind. Daß die Musik in den Hospitälern der islamischen Welt offenbar einen festen Platz hatte, geht auch aus einer bisher unbeachteten Beschreibung hervor, die 1675 der französische Reisende Jean Baptiste Tavernier (1605–1689) von dem „Siech- oder Krancken-Haus" gab, das sich innerhalb des „Serrails" in Konstantinopel befand.

„Zur Rechten dieses ersten Hofs ligt ein langes Gebäue / das viel Gemächer hat / und dient dem gantzen Serrail zum Krancken-Haus oder Lazareth . . . Es bleiben nicht viel Zimmer allda leer / massen der eine kaum heraus ist / so kommt ein anderer hinein / und wiewohl der Ort bloß vor die Krancken bestimmt ist / so lassen sich doch manche hinein bringen / denen nicht das geringste mangelt / und suchen also unter einer erdichteten Kranckheit entweder faule und gute Tage zu genießen / oder sonst ihr unlustig Gemüth zu erfrischen. Sie bleiben so dann 10. biß 12. Tag darinnen / und finden allda Gelegenheit / wie sie sich / ihrer Manier nach / mit einer schlechten Vocal- und Instrumental-Music erlustiren / die sich morgens anfängt / und biß in die Nacht hinein wäh-

---

[163] Spieler einer sonst unbekannten „Hackbrettharfe", wenn nicht ein Druckfehler vorliegt.
[164] Übersetzung aufgrund von Evliyâ Çelebi (Q 1969–71), Bd. 6, 1970, S. 22 und C. Erkılıç (L 1954), S. 54 f. Die Übersetzung verdanke ich Herrn Dr. E. Neubauer, Frankfurt a. M., der die frühere Übersetzung von G. Jacob (Q 1912), S. 367 teilweise übernahm. Zu den von Evliyâ Çelebi erwähnten Musikinstrumenten vgl. H. G. Farmer (L 1936); zu den Makamen in der türkischen Musik vgl. G. Oransay (L 1962/1966).

ret. Die Erlaubniß Wein zu trincken / so sie allda und sonst an keinem Ort haben / lockt sie vielmehr dahin als die Music."[165]

Eine solche musikalische Dauerbehandlung dürfte allerdings in den Hospitälern eine Ausnahme gewesen sein, obwohl ihr derselbe Gedanke zugrundelag, der in den Bädern Westeuropas zu ähnlichen Erscheinungen führte.

In den Hospitälern des lateinischen Westens hat die Musik offenbar keine so wesentliche Rolle gespielt wie in den Bädern. Nur für das 16.–18. Jahrhundert gibt es ein Beispiel, das sich aufgrund bisher übersehener Quellen über mehrere Jahrzehnte des 17. Jahrhunderts sogar genau belegen läßt. Das Ospedale di Santo Spirito in Rom,[166] 1198 von Papst Innozenz III. gestiftet und im Laufe der Zeit durch päpstliche Schenkungen mit beträchtlichen Mitteln ausgestattet, war schon früh weithin bekannt. Vor allem der unter Sixtus IV. im späteren 15. Jahrhundert errichtete, noch heute bestehende prächtige Bau, seine reiche künstlerische Ausgestaltung, die ungewöhnlich gute und aufwendige Pflege der Kranken, darüber hinaus die enge Verbindung des Hospitals mit dem päpstlichen Hof hatten diesen Ruf begründet, den Rompilger und Italienreisende seit dem 15. Jahrhundert über ganz Europa verbreiteten. Im Ospedale di Santo Spirito lagen die Kranken unter einem Baldachin, dem Zeichen der Vornehmheit und Symbol dafür, daß die Kranken als die Herren des Hospitals gelten sollten.[167] Daß es von Anfang an in der zum Hospital gehörenden Kirche und im Krankensaal während der Messe liturgische Musik gab, war so selbstverständlich wie in anderen Hospitälern. Außerdem kann – trotz fehlender Belege – als sicher gelten, daß musikbegabten Kindern des dem Hospital angegliederten Waisenhauses Musikunterricht erteilt wurde, wie das in anderen großen Hospitälern Italiens auch üblich war.[168] Spuren der Musikpflege in S. Spirito finden wir schon im 15. Jahrhundert.[169] Wir hören von einem aus Toul stam-

---

[165] J. B. Tavernier (Q 1681), Teil 3, S. 150 f.
[166] Siehe oben S. 198.
[167] P. De Angelis (L 1961), S. 64.
[168] So geht der Name „Konservatorium" auf die italienischen Waisenhäuser („Bewahranstalten") des 16.–18. Jahrhunderts zurück, in denen die Zöglinge im Gesang ausgebildet wurden, um später in einen Kapell- oder Opernchor eintreten zu können.
[169] Zur Musikpflege im Ospedale di S. Spirito vgl. A. Allegra (L 1940) und

menden „großen Sänger",[170] und 1473 von einem anderen „cantante e rettore dell'ospedale di S. Spirito a Roma".[171] Von der Mitte des 16. Jahrhunderts an sind zahlreiche Sänger und Organisten sowie Musiklehrer für die Waisenzöglinge bezeugt. Darunter befinden sich mehrere bekannte Namen.[172] Das alles war nichts Besonderes. Neu und durchaus ungewöhnlich war jedoch, daß um 1550 im Krankensaal des Hospitals, der bis zu tausend Patienten aufnehmen konnte, eine große Orgel eingebaut wurde (s. Abb. 21).[173] Diese Orgel erklang nicht nur zu den Gottesdiensten, vielmehr wurden, wie Petrus Saulnier, der Historiker des Ordens vom Heiligen Geist 1649 ausdrücklich bemerkt, durch ihren „ausgewogenen Klang die Kranken erquickt, während sie das Essen einnehmen".[174] Pompilio Totti sagt in einer Beschreibung von Rom (1638), daß man „von Zeit zu Zeit die Orgeln spielt, um die Kranken zu erfreuen".[175] Der englische Reisende John Evelyn (1620–1699) schreibt am 25. Januar 1645 nach einem Besuch des Hospitals in sein Tagebuch, die Orgel im Krankensaal werde „oft gespielt, um die Menschen in ihrer Krankheit zu erquicken".[176] Johann Limberg schildert in einer Reisebeschreibung aus dem Jahre 1690 die Szene besonders anschaulich:

„Nach der Meß werden den Krancken ihre Speisen vorgetragen / welche medice und modice beschaffen / wie es den Krancken zugehöret / weil [= während] sie essen so ist ein Theil von den päbstlichen Musicanten / die müssen eine gantze Stunde musiciren / und mit einer herrlichen Music den Krancken einen appetit machen."[177]

Die Tafelmusik für die Kranken bestand also nicht nur aus Orgel-

---

P. De Angelis (L 1950). Da De Angelis die Untersuchung von Allegra nicht benutzt hat und beide Autoren nur teilweise dasselbe Archivmaterial ausgewertet zu haben scheinen, sind beide Darstellungen unbefriedigend; diejenige von De Angelis ist überdies unkritisch und unsorgfältig.

[170] P. De Angelis (L 1950), S. 49.

[171] Aus einem Brief des Bischofs von Novara an den Herzog von Mailand zitiert bei E. Motta (L 1887), S. 311. Dieser Beleg fehlt bei Allegra und De Angelis.

[172] Vgl. A. Allegra (L 1940), S. 28–38 und P. De Angelis (L 1950), S. 49–53.

[173] P. De Angelis (L 1950), S. 24; vgl. P. Saulnier (Q 1649), S. 77.

[174] P. Saulnier (Q 1649), S. 128 f.

[175] P. Totti (Q 1638), S. 41.

[176] J. Evelyn (Q 1955), Bd. 2, S. 311.

[177] J. Limberg (Q 1690), S. 238. Auf diese Beschreibung machte seinerzeit I. Bloch (L 1913) aufmerksam.

musik, vielmehr beteiligten sich daran – neben den an der Kirche von S. Spirito tätigen Sängern – auch Mitglieder der päpstlichen Kapelle, die zugleich der Bruderschaft vom Heiligen Geist angehörten.[178] Belege aus der Zeit zwischen 1664 und 1728 zeigen im übrigen, daß es neben dem Organisten an der Kirche von S. Spirito auch eigene Organisten für den Krankensaal gab. Sie stehen in den Rechnungsbüchern unter dem Pflegepersonal und waren manchmal zugleich Mitglieder der Kapelle an der Kirche.[179] Aus anderen, von 1649–1733 reichenden Belegen über Reparaturen an der Orgel des Krankensaals[180] läßt sich ablesen, daß die Orgel zumindest bis 1733 tatsächlich gespielt wurde. Im Jahr 1737 jedoch hob der apostolische Visitator aus Gründen der Sparsamkeit die Kapelle an S. Spirito auf. Damit endete eine lange Periode der Musikpflege in der Kirche und im Krankensaal des Hospitals von Santo Spirito, das für eine kurze Zeit sogar einen Musikdrucker in seinen Mauern gehabt hatte.[181] Auch die Orgel im Krankensaal ist damals wohl verstummt. Sie wurde gegen Ende des 19. Jahrhunderts entfernt, weil sie, wie man nun in völliger Unkenntnis ihrer einstigen Aufgabe sagte, zu sehr den Eindruck von Kirche vermittle.[182] Zwar behauptete 1883 der französische Mediziner Hyacinthe Soula, der alte Brauch, während des Essens zu musizieren, scheine bis in die Gegenwart fortbestanden zu haben,

> „vor allem in Italien und in einigen römischen Hospitälern, namentlich im Hospital vom Heiligen Geist . . . Man hat in diesem Hospital die Tradition bewahrt, die Orgel zu spielen, während die Kranken beim Essen sind."[183]

Doch ließ sich dafür bisher ebensowenig ein Beleg finden wie für die Äußerung des italienischen Arztes Luigi Desbout aus dem Jahre 1784, daß der im Ospedale di Santo Spirito in Rom geübte Brauch, „zwei-

---

[178] Vgl. P. De Angelis (L 1961), S. 61.
[179] Vgl. A. Allegra (L 1940), S. 36.
[180] P. De Angelis (L 1950), S. 52.
[181] Ebd. S. 27 f.
[182] Ebd. S. 28.
[183] H. Soula (L 1883), S. 16. Der deutsche Arzt Wilhelm Horn, der von 1828 bis 1830 neben anderen europäischen Ländern auch Italien bereiste und einen ausführlichen Bericht über die besuchten Hospitäler gab (Q 1831–33), sagt dagegen nichts davon, daß im Ospedale di S. Spirito in Rom für die Kranken musiziert wurde.

mal am Tag eine zeitlang auf der Orgel zu spielen, um die Kranken zu erfreuen", auch auf die Heilig-Geist-Hospitäler in Bologna und Ancona übergegangen sei.[184]

Obwohl das römische Hospital vom Heiligen Geist in mancher Hinsicht wohl eine Ausnahme darstellt,[185] die es vor allem seinem Reichtum verdankt haben dürfte – ein „Pionier der Musiktherapie", wie man gemeint hat,[186] war es in der Geschichte der Medizin nicht. Ob das Musizieren im Krankensaal eine Tafelmusik war oder zu anderer Zeit die Patienten erfreuen sollte – beides beruhte auf medizinischen Überlegungen, die Ärzten, Gesunden und Kranken seit langem geläufig waren. Abgesehen vom Ospedale di Santo Spirito in Rom hat die Musik aber in den abendländischen Hospitälern, wie es scheint, keine so wesentliche Rolle gespielt wie in den Hospitälern der islamischen Welt.[187]

In den angeführten Fällen hatte die Musik im Hospital entweder die allgemeine Aufgabe, die Krankheit zu lindern und die Patienten zu erfreuen, oder aber sie diente dazu, den Schlaf zu bringen, den Appetit und die Verdauung zu fördern und Wahnsinnige zu beruhigen. Damit deutet sich in Umrissen schon die vielfältige, im Grunde universale Funktion der Musik im Rahmen der Diätetik an, die im folgenden näher betrachtet werden wird. Als die jahrhundertelange Tradition dieser Diätetik in der ersten Hälfte des 19. Jahrhunderts aufhörte, endete auch die universale Funktion der Musik in der Medizin. Man beschränkte sie nun mehr und mehr auf den Bereich der Geisteskrankheiten.[188] Das zeigt sich auch in den Krankenhäusern. In einigen Irrenanstalten gewann die Musik im 19. Jahrhundert, jedenfalls zeitweise, erhebliche Bedeutung. Mehrere öffentliche und private Anstalten in Italien setzten die Musik bei ihren Patienten ein.[189] Auch vereinzelte deutsche Beispiele sind zu nennen, vor allem aber viele

---

[184] L. Desbout (Q 1784), S. 19.

[185] Siehe oben S. 260.

[186] P. De Angelis (L 1950), S. 33–36.

[187] Bemerkenswert ist jedoch, daß im 18. Jahrhundert der englische Musiker Charles Burney (Q 1772), S. XI f. auf das „Concert für das Lockhospital" in London hinweist, um folgende Aussage über die Musik zu begründen: „Sie trägt das ihrige bey, wo möglich der verwüstenden Seuche Einhalt zu thun, welche selbst die Quelle des Lebens antastet." Näheres ließ sich aber hierüber noch nicht ermitteln.

[188] Siehe dazu oben S. 242–244.

[189] Vgl. W. Horn (Q 1831–33), Bd. 2, 1831, S. 57, 294, 326.

psychiatrische Anstalten in Frankreich.[190] Besondere Erwähnung verdienen die Versuche Etienne Esquirols aus der ersten Jahrhunderthälfte, doch sind seine recht skeptischen Urteile nicht repräsentativ.[191] Insgesamt bietet sich ein buntes Bild, das wir bisher erst in großen Zügen kennen, das aber hier nicht im einzelnen dargestellt werden kann.[192] Nur ein für die Entwicklung im 19. Jahrhundert charakteristischer Zug sei noch berührt. Während die Ärzte früher, soweit die oft sehr allgemeinen und knappen Formulierungen darüber Aufschluß geben, meist an die heilsame Wirkung der Musik beim Zuhören gedacht hatten, entdeckten Psychiater des 19. Jahrhunderts in Irrenanstalten den Nutzen des aktiven Musizierens für die Kranken.[193] Die Vorzüge und Nachteile „passiver" und „aktiver" Musiktherapie sind bis heute ein wichtiges Thema in der musiktherapeutischen Diskussion.

3. Die Ambivalenz der Musik

a. Musik als Stimulans und Sedativum

aa. Musik bei Geisteskrankheiten

α) allgemein

Der byzantinische Kaiser Justinus II., der von 565 bis 578 regierte, war zeitweise geisteskrank. Johannes von Ephesus, ein Zeitgenosse, erzählt in seiner syrischen Kirchengeschichte von Versuchen, den Zustand des Herrschers zu bessern:

> „Zuletzt aber machte man, um den Kaiser zu erheitern, seinen Verstand zu sammeln und ihn wieder zu sich zu bringen, ein kleines Wägelchen zum Draufsitzen und setzte einen Thronsessel darauf. Dann setzten ihn die Kammerdiener darauf und zogen und fuhren ihn lange Zeit bald dahin,

---

[190] Zahlreiche Hinweise bei H. Soula (L 1883), S. 58–68; L.-C. Colomb (L 1886), S. 272–275; H. C. Burdett (L 1891–93), Bd. 1, 1891, S. 349; F. Garofalo (L 1957), S. 10.
[191] Siehe unten S. 276 f. und 408 f.
[192] Vgl. hierzu vorerst die Übersicht bei J. Ziemann (L 1970), S. 107–120.
[193] So richtig H. Steffen (L 1966), S. 82 und 86 sowie J. Ziemann (L 1970), S. 120 und 125.

bald dorthin. Und so wunderte er sich und staunte über die Schnelligkeit des Laufes und unterließ viele Torheiten. – Ferner brachten sie ihn auch durch den Ton der Orgel zum Staunen, indem sie in einem benachbarten Gemach Tag und Nacht beinahe ununterbrochen Orgelspiel erklingen ließen. Solange er dem Orgelklang und den Musikstücken zuhörte, pflegte er ruhig zu sein, außer daß er sich vielleicht ab und zu plötzlich erhob, laut aufschrie und unflätiges Zeug vorbrachte."[194]

Diese Episode ist in einem allgemeineren Zusammenhang zu sehen. Zu Beginn des 6. Jahrhunderts umschrieb Boethius im Vorwort zu seinem Werk über die Musik in Sätzen, die jahrhundertelang viel zitiert wurden, die Eigenart und Sonderstellung der Musik unter den Wissenschaften, insbesondere unter den vier Fächern des Quadriviums. Er erblickte sie darin, daß sich die Musik nicht nur an den Verstand wende, sondern auch eine unmittelbare Wirkung auf den ganzen Menschen habe. „Nichts ist nämlich dem menschlichen Wesen so eigentümlich, als sich durch sanfte Melodien zu entspannen, durch Melodien entgegengesetzten Charakters sich anzuspannen."[195] Damit bekannte sich Boethius zur antiken Lehre vom „Ethos" der Musik, ebenso wie es auch Martianus Capella, Cassiodor und andere spätantike Autoren taten, die zusammen mit Boethius das Musikverständnis des Abendlandes weit über das Mittelalter hinaus maßgeblich prägten. In dieser Stellungnahme drückte sich eine Entscheidung aus, die für unser Thema von größter Bedeutung ist: Auf dem Boden der neuplatonisch-neupythagoreischen Strömungen des ausgehenden Altertums gewann von den beiden Hauptrichtungen der antiken Musikanschauung unbestritten diejenige die Oberhand, die mit den Namen Pythagoras und Platon verknüpft war; die andere, deren Vertreter die Ethos-Lehre ablehnten, schied für lange Zeit aus der Tradition aus. Dieselbe Entscheidung fiel auch im arabischen Kulturbereich, wenngleich auf anderen Überlieferungswegen.[196]

Damit stand für das lateinische wie für das arabische Mittelalter fest, daß die Musik die Fähigkeit und die Aufgabe hatte, auf die Gemütsbewegungen, auf sittliche Haltung und Charakter regulierend einzuwirken. Auf dieser Grundlage erhielt sie, zuerst nachweisbar bei

---

[194] Johannes Ephesinus (Q 1952), S. 91, Z. 3–14; die Übersetzung nach Fr. Jakob (L 1974), S. 7.
[195] Boethius (Q 1867), S. 179 f.; die ganze Textstelle ist oben S. 144 f. angeführt.
[196] Vgl. dazu oben S. 144 f.

arabischen Gelehrten und Ärzten des 9. Jahrhunderts, einen festen Platz in der Medizin. Ihre affektausgleichende Kraft galt für die Erhaltung der Gesundheit wie für die Krankenbehandlung gleichermaßen als nützlich. Geradezu unentbehrlich war sie aber bei den Geisteskrankheiten, da die Affektregungen dieser Kranken bis zum Extrem gesteigert schienen. Hier genügte es nicht, wie bei körperlichen Leiden auch auf dem Wege über die Seele den Körper zu beeinflussen oder zu verhindern, daß körperliche Störungen auf die Seele übergriffen, sondern man mußte unmittelbar auf die in Unordnung geratene Seele, auf die übermäßigen Affekte und den verwirrten Geist einzuwirken versuchen. Vergegenwärtigen wir uns dies zuerst anhand einiger nichtmedizinischer Zeugnisse aus dem lateinischen Mittelalter.

Durch Martianus Capella und Cassiodor kannte man das vielgenannte Beispiel des antiken Arztes Asklepiades, der einen (oder mehrere) „Phrenetiker", d. h. tobende Geisteskranke durch Musik geheilt hatte.[197] Der Musiker Damon behob nach Boethius die Verwirrtheit trunkener Jünglinge mit Flötenspiel; ähnliches war von Pythagoras und Empedokles überliefert.[198] Nach Martianus Capella soll auch Theophrast Geisteskranke mit Flötenmusik behandelt, und der Arzt Xenokrates soll Tollwütige durch Instrumentalmusik wieder gesund gemacht haben.[199] Diese Exempla, die von Musikautoren bis in das 18. Jahrhundert und seit dem Humanismus auch von Ärzten zitiert wurden, galten als Belege für die Affektwirkungen der Musik. Demgegenüber entstammt das einzige biblische Beispiel, das stets zusammen mit den antiken Exempla genannt und oft sogar besonders herausgehoben wird, der magischen Vorstellungswelt. Die Erzählung von dem unreinen, bösen Geist, der den König Saul quälte, aber von ihm abließ, wenn David Saul auf der Harfe vorspielte (1. Sam. 16, 14–23), beschreibt die Wirkung von Klängen auf böse Geister. Der Glaube, daß böse Geister, „Dämonen", zahlreiche Krankheiten verursachten, vor allem Geisteskrankheiten und Anfallsleiden wie z. B. Epilepsie, ist uralt und lebt zum Teil noch bis in die Gegenwart fort. Zu den Mitteln, mit denen man Krankheitsdämonen auszutreiben oder fernzuhalten versuchte, gehörten neben Zauberformeln und

---

[197] Martianus Capella (Q 1925), S. 492 (lib. 9, § 926); Cassiodor (Q 1963), S. 149.
[198] Boethius (Q 1867), S. 185.
[199] Martianus Capella (Q 1925), S. 493.

Zaubersprüchen, Amuletten und vielen anderen magischen Praktiken auch Gesang und Klang, wobei die Zauberkraft ebenso in furchterregendem Lärm wie in harmonischer Musik liegen konnte.

Es ist nicht erstaunlich, daß man das Beispiel von Saul und David jahrhundertelang neben die genannten antiken Exempla stellte, um die Wirkung der Musik bei Geisteskrankheiten zu beweisen. Lange Zeit ließen die Ärzte trotz ihres humoralmedizinischen Denkens auch das volkstümliche dämonologische Verständnis der Geisteskrankheiten gelten. Sie lehnten es zumindest nicht in jedem Fall ab, obwohl sie die Anwendung der Musik bei Geisteskranken im allgemeinen als Wirkung auf die Affekte verstanden. Seit dem Ende des Mittelalters deutete man allerdings den „bösen Geist" Sauls in wachsendem Maße als Melancholie, also als eine „natürliche" Geisteskrankheit.[200] Damit wurde auch die Geschichte von Saul und David zu einem Zeugnis für die Affektwirkungen der Musik.

In den antiken Exempla und in der vorherrschenden Interpretation der Saul-David-Episode tritt einseitig die beruhigende Kraft der Musik hervor. Aber die katalogartigen Aufzählungen der vielfältigen Affektwirkungen der Musik, die schon früh in der musiktheoretischen Literatur des Mittelalters auftauchen, zeigen deutlich, daß man sich der Ambivalenz der Musik, ihrer sedierenden und ihrer stimulierenden Wirkung voll bewußt war. Gesang bringt Schlaf und nimmt ihn, schreibt schon um 900 Regino von Prüm (wohl in Anspielung auf das überlieferte Beispiel der Pythagoreer), Musik flößt Sorgen und Ängste ein und beschwichtigt sie, sie erregt Zorn und dämpft ihn auch wieder. Aus der Tatsache, daß die Soldaten im Kampf durch Trompetenschall angefeuert werden, gewinnt Regino die Überzeugung, es sei „nicht zweifelhaft, daß gemäßigtere, sanftere Weisen die Verwirrung des Geistes mildern können".[201] Zu Beginn des 12. Jahrhunderts stellt Johannes von Affligem (Johannes Cottonius) eine ganze Reihe gegensätzlicher Wirkungen der Musik zusammen:

„Musik schmeichelt dem Ohr, sie richtet den Geist auf, treibt die Soldaten zum Kampf an, ermutigt die Niedergedrückten und Verzweifelnden, stärkt die Wanderer, entwaffnet die Räuber, besänftigt die Zornigen, macht die Traurigen und Angstvollen fröhlich, versöhnt die Streitenden,

---

[200] Vgl. dazu im einzelnen W. F. Kümmel (L 1969).
[201] Regino von Prüm (Q 1784), S. 235 f.

beseitigt grundlose Gedanken und mäßigt die Wut von Geisteskranken (Phrenetikern)."

Als Hauptzeugen nennt Johannes – wie viele andere – Saul, Asklepiades und Pythagoras.[202] Andere Autoren betonen demgegenüber nur eine Seite dieser Doppelwirkung. Der Verfasser der dem Johannes de Muris zugeschriebenen „Summa musicae" spricht von der Fähigkeit der Musik, Krankheiten zu heilen,

„besonders diejenigen, die durch die schwarze Galle oder aus Traurigkeit entstanden sind; mit Hilfe der Musik läßt sich verhindern, daß jemand in Verzweiflung und in Traurigkeit gerät."[203]

Johann Knapp, Verfasser einer kleinen Einführungsschrift in die Mensuralmusik, beschreibt 1513 die beruhigende Wirkung der Musik auf Geisteskranke und führt sie auf die musica-humana-Idee zurück:

„Um Verwirrten und Wahnsinnigen die heftigen und wilden Gemütsbewegungen zu nehmen, ist nichts wirksamer und mächtiger als musikalische Zusammenklänge. Sie vermögen dasselbe auch bei Krankheiten des Körpers, weil entweder Körper und Geist demselben Gesetz unterliegen, so daß sie alles Gute und Schlechte, ob sie wollen oder nicht, gemeinsam haben, oder aber – was wohl richtiger ist –, weil wir selbst in einer der Musik entsprechenden Weise strukturiert sind."[204]

Diese Gedanken beschäftigten arabische Gelehrte schon früh. Bei ihnen läßt sich auch deutlich erkennen, daß die musica-Vorstellung unmittelbar dazu anregte, Musik therapeutisch anzuwenden, um mit ihrer Hilfe vor allem geistig-seelische, aber auch körperliche Störungen auszugleichen. So schreibt zu Beginn des 9. Jahrhunderts Yūhannā ibn al-Biṭrīq, die Musik werde benützt zur Heilung von Geisteskrankheiten, und Musikinstrumente dienten dazu, „um der Seele die harmonischen Klänge zu vermitteln, die von den Himmelssphären bei ihren natürlichen Bewegungen hervorgebracht werden".[205] In einem Textteil des arabischen „Secretum Secretorum",[206] der in keiner latei-

---

[202] Johannes Cotto(nius) (Q 1784), S. 252.
[203] Johannes de Muris (Q 1784/a), S. 195.
[204] [J. Knapp] (Q 1513), fol. A II.
[205] Zitiert bei H. G. Farmer (L 1943), S. 6.
[206] Siehe oben S. 97.

nischen Fassung mitübersetzt wurde, geht der unbekannte Verfasser nach der Beschreibung der physischen Heilmittel zu den „geistigen" Heilmitteln über:

„Wisse, daß Geisteskrankheiten auch der Behandlung zugänglich sind. Ihre Behandlung wird durchgeführt mit Hilfe von Musikinstrumenten, die der Seele durch das Gehör die harmonischen Klänge vermitteln, die von den Bewegungen und Berührungen der Himmelssphären bei ihrem natürlichen Lauf erzeugt werden ... Wenn diese Harmonien in menschliche Sprache umgesetzt werden, entsteht Musik, die der menschlichen Seele gefällt, weil sich die Harmonie der Himmelssphären im Menschen in der Harmonie seiner eigenen Elemente ausdrückt, worin das Prinzip des Lebens liegt. Wenn daher die Harmonie irdischer Musik vollkommen ist oder wenigstens der Harmonie der Sphären möglichst nahekommt, wird die Seele des Menschen aufgemuntert, fröhlich gestimmt und gestärkt."[207]

Eine andere Handschrift desselben Werkes wandelt den Gedankengang etwas ab:

„Du, der du von Geisteskrankheiten betroffen bist, mußt sie heilen. Und ihr Heilmittel kommt nur durch Musikinstrumente zustande, die auf das Gehör einwirken. Die gegenseitige Reibung der Himmelssphären und ihre Kreisbewegungen erzeugen harmonische Klänge, und die harmonischen Weisen der Natur wirken auf die Quellen der Gesundheit ein. Da die menschliche Natur mit der gesamten Natur übereinstimmt und sie nachahmt, ist es dem Menschen angemessen, sich seiner eigenen Natur und Komplexion zuzuwenden. Und wenn sich dann Eintracht und Übereinstimmung zwischen den beiden Naturen ergibt, wird die menschliche Natur emporgehoben, ihre Lebenssubstanz wird aktiv und nimmt zu, sie dehnt sich aus, und in sie fließt die Substanz ein, die sie fröhlich stimmt."[208]

Das „Tacuinum sanitatis" des Ibn Buṭlān, bis in das 16. Jahrhundert weit verbreitet, brachte diese Auffassung auf die kurze Formel, daß Arzneien Heilmittel für die „schwachen Leiber", Töne aber Heilmittel für die „schwachen Gemüter" seien.[209]

In der Nachfolge arabischer Gelehrter wiesen auch Ärzte des lateinischen Westens der Musik ihren Platz in der Behandlung von Geisteskranken zu. Vitalis de Furno nennt in seiner Gesundheitsschrift aus dem frühen 14. Jahrhundert neben Pflanzen, Gewürzen, Drogen

---

[207] Zitiert von R. Steele in R. Bacon (Q 1920), S. 217 f.
[208] Ebd. S. 218.
[209] Siehe oben S. 158 f.

und anderen heilkräftigen Dingen auch „harmonischen Gesang" als Heilmittel für die Seele:

> „Süße harmonische Stimmen und Musikinstrumente bringen Kranke, Manische und Phrenetiker zur Vernunft und öfters zur Gesundheit zurück. Harmonische Zusammenklänge führen auch oft vom Zorn zur Sanftheit, von der Traurigkeit zur Fröhlichkeit . . ."[210]

Am Ende des 16. Jahrhunderts bemerkt der holländische Arzt Pieter van Foreest (1522–1597) zu dem Fall eines vom „Wahnsinn" glücklich geheilten Mönches, traurige Patienten sollten aufgeheitert und „durch Gesang und Musik erquickt werden; denn die Harmonie von Klängen bringt diesen Kranken viel Hilfe".[211] Jedermann sei klar, sagt am Ende des 17. Jahrhunderts Giorgio Baglivi, „daß unter den Linderungsmitteln für Geisteskranke die Musik eine große Wirkkraft hat".[212] Musik, Bäder, Wanderungen, Jagden, Reiten, schöne Landschaften und was alles sonst den Geist angenehm berührt und erfreut, „stellen auch einen krankhaften Zustand des Körpers allmählich wieder her und führen die verwirrten Bewegungen der Einbildungskraft zu ihrem gesunden Zustand zurück".[213] Der spätere kurfürstlich-braunschweigische Hof-Medicus Conrad Barthold Behrens (1660–1736) macht 1710 sogar schon darauf aufmerksam, daß Musik bei seelischen Leiden „vielleicht größere Hilfe denjenigen bringen wird, die selbst musizieren können"[214] – ein Gesichtspunkt, der erst vom 19. Jahrhundert an Bedeutung gewinnen sollte.

Daß die Musik je nach dem Affektzustand und der beabsichtigten Wirkung einen verschiedenen Charakter haben müsse, war schon der Grundgedanke der antiken Lehre vom „Ethos" der Musik und wurde später von Musikern und Ärzten immer wieder betont. Im 17. Jahrhundert entstand, wie erwähnt,[215] mit der musikalischen Affektenlehre sogar ein differenziertes System, um Affekte musikalisch darzustellen und hervorzurufen. Man war sich aber nur selten bewußt, daß ein gesetzmäßiger Zusammenhang zwischen bestimmten

---

[210] Vitalis de Furno (Q 1531), S. 99.
[211] P. van Foreest (Q 1590–1606), Bd. 6, 1590, S. 188.
[212] G. Baglivi (Q 1734/a), S. 155.
[213] Ebd. S. 151.
[214] C. B. Behrens (Q 1710), S. 439.
[215] Siehe oben S. 155.

musikalischen Eigenschaften und einzelnen Affekten nicht in jedem Falle möglich war. Eine frühe und bemerkenswerte Ausnahme ist der Musiktheoretiker Engelbert von Admont, der um 1300 sagt, daß zwar den einzelnen musikalischen Modi (den mittelalterlichen „Kirchentonarten") herkömmlicherweise bestimmte Affekte und Affektwirkungen zugeordnet seien, daß aber dennoch derselbe Modus den einen Menschen fröhlich, den anderen hingegen traurig stimmen könne.[216] Meist verlor man jedoch über diese Frage kein Wort und gab sich einem ungetrübten Optimismus hin, der besonders im späten 18. und frühen 19. Jahrhundert auffällig hervortritt. Das erstaunt um so mehr, als es zu dieser Zeit mit der barocken musikalischen Affektenlehre und der antik-mittelalterlichen Musikanschauung unwiderruflich zu Ende war. Im Banne romantischer Zeitströmungen und im Bemühen um eine „moralische", „psychische" Behandlung der Geisteskranken setzte man nun oft übertriebene Hoffnung in die Musik. Ihre medizinische Anwendung wurde zwar mehr und mehr auf die Geisteskrankheiten eingeschränkt,[217] ihre Bedeutung für diesen Bereich aber noch stärker als früher hervorgehoben.

Bei Johann August Unzer heißt es bereits 1769,

„daß die Musik in allen eigentlich sogenannten Gemüthskrankheiten ein wahres Arzneymittel sey, welches unmittelbar in die Nerven, und hierdurch in die Seele und in den Körper zugleich wirkt. Daher finde ich den Gedanken eines gewissen englischen Schriftstellers gar nicht übertrieben, daß die Ärzte, die über Tollhäuser gesetzt sind, den Gebrauch der Musik mehr, als bisher gebräuchlich gewesen, mit ihren Arzeneyen verbinden sollten."[218]

Der Schweizer Arzt Simon-André Tissot (1728–1797) schreibt 1780 in seinem Werk über die Nerven und deren Krankheiten,

„daß die Einwirkungen der Musik auf das Nervensystem zu deutlich sind, als daß man daran zweifeln könnte, daß die Musik einen großen Einfluß auf die Gesundheit hat und nachhaltig zu Heilungen beitragen kann, vor allem bei den Nervenkrankheiten. Und es wäre zu wünschen, daß man sie häufiger benützte bei der Hypochondrie und bei den verschiedenen Formen von Wahnsinn; man könnte sich davon ohne Zweifel unendlich

---

[216] Engelbert von Admont (Q 1784), S. 340.
[217] Siehe oben S. 242–244.
[218] J. A. Unzer (Q 1769), S. 468.

viel größere Wirkungen versprechen als von unangenehmen und ermüdenden Arzneien."[219]

In seinen berühmten „Rhapsodieen" (1803) bestimmt Johann Christian Reil (1759–1813), Medizinprofessor in Halle und Freund Goethes, die doppelte Wirkkraft der Musik näher:

„Die Musik beruhigt den Sturm der Seele, verjagt die Nebel des Trübsinns, und dämpft zuweilen den regellosen Tumult in der Tobsucht mit dem besten Erfolg. Daher ist sie in der Raserei oft, und fast immer in solchen Geisteszerrüttungen heilsam, die mit Schwermuth verbunden sind. Bei Starrsuchten des Vorstellungsvermögens und Ideenjagden kann sie aus diesem gefährlichen Spiele retten, die Seele beweglich machen, oder auf der Flucht ihr einen Ankerplatz anweisen, wo sie sich anhalten kann. Sie ist endlich für Liebhaber in der Reconvalescenz ein Mittel, das sie beschäftigt, ableitet, zerstreut und stärkt. Übrigens fehlt es auch hier an Beobachtungen und Resultaten über diesen Gegenstand. In welchen Fällen, und zu welcher Zeit soll die Musik angewandt werden? Welche Art für jeden Fall, und auf was für Instrumenten? Denn es kann kaum bezweifelt werden, daß sie fürs Tollhaus, nach der Stimmung des Kranken zur Starrsucht oder zur Flatterhaftigkeit, nach der Art seines Wahnsinns, nach der eigenen Modifikation seiner Gefühle, und nach der Mensur der Thätigkeit seiner Seele, einer besondern Composition bedürfe, und auf eigenen Instrumenten ausgeführt werden müsse."[220]

Mit diesen Fragen berührte Reil ein zentrales Problem, das die Ärzte vor allem seit der Mitte des 18. Jahrhunderts in wachsendem Maße beschäftigte.[221] Der Arzt, der die Musik in die psychiatrische Therapie einbeziehen wollte, mußte, wie schon Johann August Unzer forderte, „selbst Kenner der Tonkunst seyn". Er mußte

„aus dem Zustände eines jeden Kranken zu urtheilen vermögend seyn . . ., welche Art der Leidenschaften in ihnen besänftigt oder erregt und unterhalten werden, und welche Arten der Musik hierzu erwählt werden müssen. Wer sich ohne diesen Unterschied die Regel machen wollte, die Gemüthskrankheiten mit Musik zu curiren, der würde eben so ungereimt handeln, als wenn er sich vorsetzte, alle Fieber mit Pulver zu heilen."[222]

---

[219] S.-A. Tissot (Q 1778–1780), Bd. 2, Teil 2, 1780, S. 442.
[220] J. Chr. Reil (Q 1818), S. 207 f.; zu diesem Werk Reils vgl. M. Schrenk (L 1973).
[221] Siehe unten S. 399–405.
[222] J. A. Unzer (Q 1769), S. 468.

Der englische Psychiater William Pargeter schreibt 1792, wer bei Geisteskranken Musik anwende und dabei etwas von Musik verstehe, werde eher Erfolg haben, als wenn er die Musik unüberlegt und planlos einsetze. Es sei eine beträchtliche Musikkenntnis erforderlich,

> „um diejenigen Kompositionen und Instrumente und diejenige Anordnung der instrumentalen Partien auszuwählen, die in genauer Übereinstimmung mit dem Gemütszustand des Patienten dessen Aufmerksamkeit auf sich lenken und fesseln und die animalischen spiritus beeinflussen können."[223]

Dabei war es, wie der Arzt Andrew Harper (gest. 1790) zu bedenken gab, nicht in jedem Fall zweckmäßig, die Lieblingsmusik des Patienten erklingen zu lassen.

> „Musik, vornähmlich diejenige Art, welche der Kranke am meisten liebt, ist ein gutes Mittel, welches die Absonderungen befördert, die Bewegungen der Seele harmonisch macht, und die freye Bewegung der Nervenkraft unterstützt. Ist aber der Kranke ein außerordentlicher Liebhaber der Musik, so kann dies Mittel für ihn schädlich seyn, indem es mit dem widernatürlichen Gange seiner Ideen oder dem hervorstechenden Seeleneindrucke zu sehr übereinstimmt."[224]

Oft ging man allerdings ohne solche Überlegungen zu Werke; man bedachte zu wenig, wie vielfältig das Problem war, wie sehr jeder Geisteskranke ein individueller Fall war, dem man kaum auf schematische Weise beikommen konnte. Es genügte sicherlich nicht, einfach einen Geiger anzustellen, der für die Kranken zu spielen hatte – wie es 1823 der englische Arzt Paul Slade Knight (1785–1846) tat–, obwohl das Ergebnis nicht ungünstig gewesen zu sein scheint: Die meisten Patienten waren durch die Musik eine Zeit lang lebhafter und fröhlicher gestimmt als sonst.[225] Besonders optimistisch und ohne allzu tief in die Problematik einzudringen, erörtert zu Beginn des 19. Jahrhunderts der englische Psychiater Joseph Mason Cox (1762–1822) das Thema ausführlich. Ausgehend von der „sympathetisch übereinstim-

---

[223] Aus W. Pargeter (Q 1792) zitiert bei R. Hunter und I. Macalpine (Q 1963), S. 376.
[224] A. Harper (Q 1792), S. 48 f.
[225] Aus P. S. Knight (Q 1827) zitiert bei R. Hunter und I. Macalpine (Q 1963), S. 377.

menden Thätigkeit . . . zwischen der Seele und dem Körper, gleichmäßig im gesunden wie im kranken Zustande", erblickt Cox eine erfolgversprechende Anwendung der Musik in solchen Fällen von Geisteskrankheit,

„wo die Sensibilität krankhaft erhöht ist, und wo der geringste Eindruck auf das lebhafteste wahrgenommen wird. Es finden sich oft Kranke von so leiser Empfindlichkeit, daß die meisten gewöhnlicheren moralischen und arzneilichen Mittel contraindicirt sind."[226]

Unter dieser Voraussetzung können „die Harmonien süßer Töne . . . bei der Behandlung Verrückter oft mit großem Vortheil angewandt werden", da die Musik „streitende Leidenschaften zu besänftigen, starke Erregungen zu schwächen, die herumstreifenden Gedanken zu sammeln und den Schlaf herbeizuführen" oder aber „aus einem sehr lethargischen Zustande" aufzuwecken und „das Gemüth von den tiefsten Betrachtungen" wegzuführen vermag.[227]
Für Cox hatte die Musik aber noch eine Aufgabe ganz anderer Art, die in den Zusammenhang der Schocktherapie gehört. Diese Behandlung bestand darin, durch Drohungen, Schrecken, Lärm, Angst usw. entweder unruhige, gewalttätige Patienten einzuschüchtern und zu beruhigen oder aber apathische Kranke zu aktivieren.[228] Schon Celsus erwähnt im ersten Jahrhundert n. Chr. dergleichen Methoden.[229] In einer Straßburger Dissertation von 1740 über Geistesstörungen wird empfohlen, bei tobenden Patienten „Musik, Angst und Schrekken" als Beruhigungsmittel einzusetzen; Personen, die den Kranken unbekannt seien, sollten ihnen mit unangenehmen Dingen drohen, z. B. damit, sie ins Wasser zu tauchen. Man glaubte, dadurch das Denken der Geisteskranken verändern zu können.[230] Auch Cox war überzeugt, daß „schreiende Mißklänge, widrige, rauhe, zerreißende Töne" eine heilsame „große Erschütterung" bei bestimmten Patienten hervorrufen könnten. „Der verrückte Kranke, wie erstarrt er auch

[226] J. M. Cox (Q 1811), S. 99 f.
[227] Ebd. S. 90 f. und 89.
[228] Vgl. dazu M. Foucault (L 1969), S. 329–332.
[229] Celsus (Q 1915), S. 124 (lib. 3, cap. 18, 10) und S. 126 f. (lib. 3, cap. 18, 21/22).
[230] Chr. Trotz (Q 1740), S. 9 und 12. Das Untertauchen sowie die Anwendung von Wasser läßt sich in der Behandlung der Geisteskranken weit zurückverfolgen; vgl. dazu M. Foucault (L 1969), S. 315–321, ferner M. Schrenk (L 1973), S. 39, 68, 108 f.

sein möge, muß dadurch erwecket werden."[231] Man versuchte auch, mehrere schockierende Mittel miteinander zu verbinden, um so den Effekt zu steigern. Besonders anschaulich ist der Bericht, den der deutsche Arzt Wilhelm Horn (1803–1871) 1831 vom Besuch der Privatirrenanstalt des französischen Arztes Mercurin in St. Remy gibt:

> „Auf die Sinne angenehm und stark zu wirken, ist eine seiner [Mercurins] Hauptprincipe, . . . und er meint durch einen musikalischen Ton oft Rückerinnerungen in dem Gemüthe des Kranken hervorzubringen, welche zuerst seine Aufmerksamkeit fesseln, dann aber auch eine Sammlung und wohl gar Heilung bewirken können . . . In dem schönen Badesaale nämlich, der acht steinerne Wannen enthält . . ., ist eine sehr laute Orgel, die man ungesehen spielt, und dicht dabei eine große Pauke und Becken. Befindet sich nun ein Kranker im Bad, auf den gewirkt werden soll, so geht mit einem Male der ungeheure Spektakel unverhofft vor sich, und ich, der ich auf den Lärm vorbereitet war, habe doch dabei einen Schrecken bekommen."[232]

„Die Macht der Töne über gewisse Personen", so schien es sogar dem optimistischen Cox, „ist nicht leicht zu beschreiben oder zu begreifen."[233] Diese Einsicht hinderte aber nicht, daß im frühen 19. Jahrhundert neben Cox auch andere Ärzte, so z. B. Christian Friedrich Nasse (1778–1851), der die deutsche Übersetzung des Werkes von Cox kommentierte, von der Musik sehr viel, ja allzuviel für die psychiatrische Therapie erwarteten:

> „Fast kein psychisches Mittel verspricht in Seelenkrankheiten, besonders in einzelnen Arten derselben, z. B. in dem so schwer heilbaren religiösen Wahnsinne, so viel Hülfe, als die Musik; keines ist einer so mannigfaltigen Anwendung fähig; keines läßt sich den verschiedenen Stimmungen des Gemüths so anpassen; leider fehlt uns aber noch eine hinreichende Zahl solcher Beobachtungen, auf welche man eine ins Einzelne gehende Anleitung über die Art und Weise, die Musik bei Seelenkrankheiten zu gebrauchen, bauen muß."[234]

Von solcher Zuversicht unterscheidet sich eindrucksvoll die abgewogene, wohlbegründete Skepsis von ETIENNE ESQUIROL. Die Erörte-

---

[231] J. M. Cox (Q 1811), S. 100 f.
[232] W. Horn (Q 1831–33), Bd. 2, 1831, S. 373; vgl. dazu auch M. Foucault (L 1969), S. 321 sowie M. Schrenk (L 1973), S. 70 und 114.
[233] J. M. Cox (Q 1811), S. 89.
[234] Ebd. S. 102, Anm.

rung, die er dem Problem in seinem großen Werk über die Geisteskrankheiten (1838) widmet, ist eine der eindringlichsten in dieser Zeit. Obwohl Esquirol sich zur „moralischen Therapie" bekennt, die ihm „von den Modernen so vernachlässigt" scheint,[235] kritisiert er die früher üblichen Aufführungen von Komödien, Opern und Schauspielen in Charenton, weil dabei allen Kranken unterschiedslos dasselbe Stück vorgeführt wurde, ohne den individuellen Fall zu berücksichtigen.[236] Demgegenüber hatte Esquirol in den Jahren 1824/25 zahlreiche Versuche mit Musik unternommen, an Einzelpatienten und an ausgewählten Gruppen, mit verschiedenen Instrumenten, Ensembles und Kompositionen – Versuche „aller Art und unter den für einen Erfolg günstigsten Umständen". Die Musik war, wie Esquirol berichtet, auch „nicht ohne Einfluß, aber wir erreichten keine Heilung, nicht einmal eine Verbesserung im geistigen Zustand". Die Musik beruhigte wohl und lenkte ab, aber ihre Wirkung „war vorübergehend und wich, sobald die Musik nicht mehr zu hören war". Auch bei Patienten, die selbst musizierten oder gar Musiker waren, war das Ergebnis nicht besser.[237] Dagegen gab es Kranke, die durch die Musik wütend wurden; den einen erschienen alle Töne falsch, andere hielten es für unerhört, daß man sich mit Musik vergnüge, während sie sich in einem so unglücklichen Zustand befänden.[238] Dennoch zog Esquirol aus seinen Versuchen nicht den Schluß,

„daß es unnütz sei, den Geisteskranken Musik vorzuführen oder sie anzuregen, selbst zu musizieren; wenn die Musik auch nicht heilen kann, so zerstreut sie doch und bringt dadurch Erleichterung; sie schafft eine gewisse Linderung des physischen und des seelischen Schmerzes; sie ist eindeutig von Nutzen für die Genesenden."[239] „Sie darf nicht vernachlässigt werden, so unbestimmt die Prinzipien ihrer Anwendung sind und so ungewiß ihre Wirksamkeit ist."[240]

Im ganzen gesehen gestand Esquirol – wie schon Reil[241] – der sti-

---

[235] E. Esquirol (Q 1838), Bd. 1, S. 68.
[236] Ebd. Bd. 2, S. 221–223.
[237] Ebd. S. 224.
[238] Ebd. Bd. 1, S. 69 und 300.
[239] Ebd. Bd. 2, S. 225.
[240] Ebd. Bd. 1, S. 69.
[241] Siehe oben S. 272.

mulierenden Kraft der Musik die größere Bedeutung für die psychiatrische Therapie zu und urteilte abschließend, die Wirkungen der Musik seien „bei der Melancholie nützlicher als bei den übrigen Arten seelischer Leiden".[242]

Damit ist einer der zentralen Begriffe der alten Medizin für Geisteskrankheiten genannt. „Phrenitis", „Mania" und „Melancholia" – dies waren die wichtigsten Bezeichnungen für Gemütskrankheiten, die trotz schwankender Terminologie lange Zeit einigermaßen deutlich umschrieben blieben. Zugleich waren es diejenigen Leiden, bei denen die Ärzte am häufigsten die Musik zu Hilfe nahmen.

β) Phrenitis – Mania – Melancholia

Der niederländische Maler HUGO VAN DER GOES (um 1440–1482), der 1475 auf der Höhe seines Ruhmes überraschend als Konverse in ein kleines Kloster bei Brüssel eintrat, wurde einige Jahre später auf der Rückkehr von einer Reise nachts plötzlich von einer Geisteskrankheit befallen. Ein Klosterbruder, der darüber in seiner Chronik des Klosters ausführlich berichtet,[243] spricht von einem „mirabilis fantasialis morbus". Hugo glaubte sich zur ewigen Verdammnis verurteilt und wollte sich Gewalt antun, wurde jedoch daran gehindert. Schließlich gelangten die Reisenden mit ihm nach Brüssel. Der herbeigerufene Prior des Klosters kam, als er

„alles sah und hörte, zu der Vermutung, daß Hugo von derselben Krankheit heimgesucht wurde, die auch König Saul geplagt hatte. Daher dachte er daran, wie es Saul besser ging, wenn David auf der Harfe spielte, und er erlaubte, daß an Ort und Stelle vor Bruder Hugo nicht nur eine maßvolle Musik, sondern auch andere ergötzliche Vorführungen stattfanden, um dadurch die geistige Verwirrung zurückzudrängen."[244]

Allerdings nicht durch diese Maßnahmen, so lautet der Bericht, sondern erst durch die geduldige Pflege der Klosterbrüder wurde Hugo wieder gesund. Besonders bemerkenswert ist, daß nach Aussage

---

[242] E. Esquirol (Q 1838), Bd. 1, S. 235.
[243] Die Chronik hat H. G. Sander (L 1912) ausgewertet; der lateinische Text ist abgedruckt S. 534–538, eine deutsche Übersetzung S. 521–525.
[244] Ebd. S. 535 und 521 f.

des Chronisten sich die Beteiligten im Urteil über Hugos Zustand keineswegs einig waren. Die einen meinten, Hugo sei von einem bösen Dämon besessen, sie sprachen von einer Strafe, die Gott verhängt habe, um Hugo zu demütigen. Die anderen nahmen dagegen eine „frenesis magna" an, also eine „natürliche" Geisteskrankheit, als deren Ursachen schwarze Galle erzeugende Speisen, starke Weine, heftige Gemütsbewegungen wie Trauer, übermäßiger Eifer usw. in Frage kamen.[245] Vielleicht dachte der Prior, der sich an Saul erinnert fühlte, auch an „Melancholie"; denn seit dem 15. Jahrhundert wendete man diese Krankheitsbezeichnung in wachsendem Maße auf den Fall des Königs Saul an, obwohl die biblische Erzählung nur von einem „bösen Geist" sprach. Aber man wußte, wie bereits erwähnt,[246] lange Zeit die beiden gegensätzlichen Auffassungen miteinander zu vereinen.[247]

Wie das Urteil über Hugo van der Goes auch lauten mochte – es schien in jedem Fall erfolgversprechend, die Musik zu Hilfe zu nehmen. Wer Besessenheit annahm, folgte der Überzeugung, daß harmonische musikalische Klänge dem Teufel und den Dämonen zuwider seien und daher die Kraft hätten, den Versucher und seine Helfer auszutreiben; die Musiktheoretiker faßten diese Auffassung jahrhundertelang in der Formel „musica fugat diabolum" zusammen. Wer hingegen bei Hugo eine natürliche Geisteskrankheit feststellte, wußte, daß gerade dann die Musik wegen ihrer Affektwirkungen ein wichtiges, ja unentbehrliches Hilfsmittel der Ärzte war. Daß die Musik bei Hugo – trotz der unterschiedlichen Meinungen über die Krankheitsursache – in diesem letztgenannten Sinne angewendet wurde, zeigt der Bericht des Chronisten deutlich.

Phrenitis

Was verstand man unter der Krankheit, die einige der Beteiligten bei Hugo van der Goes vermuteten? Für die Medizin des Mittelalters und darüber hinaus war „Phrenitis" (oder „Phrenesis") eine unmittelbare Erkrankung des Gehirns, genauer: eine Entzündung der Hirnhäute mit Fieber und mit anhaltenden Delirien – im Gegensatz zu anderen,

---

[245] Ebd. S. 536 und 522 f.
[246] Siehe oben S. 266 f.
[247] Vgl. dazu im einzelnen W. F. Kümmel (L 1969).

vorübergehenden Delirien, die lediglich als Begleiterscheinung von Fieber galten.[248]

Isaac Judaeus gibt in der ersten Hälfte des 10. Jahrhunderts für die Behandlung der „kalten phrenesis" den Rat, man solle die Kranken an helle Plätze bringen, „zu ihnen sollen alle Arten von Musikern gebracht werden, und ihr Name soll oft gerufen werden".[249] Hier scheint die Musik wie die anderen Maßnahmen dazu bestimmt, apathische Patienten aufzumuntern und wachzuhalten. In späterer Zeit bezeichnet jedoch „Phrenitis" ein Krankheitsbild anderer Art, bei dem es darum geht, unruhige, tobende, gewalttätige Patienten mit Hilfe der Musik und anderer Mittel zu beruhigen. Der portugiesische Arzt Abraham Zacutus (1575–1642) meint, wenn die von ihm angegebenen Behandlungsmethoden gegen Phrenitis nicht ausreichen sollten, „und wenn auch Gesang, musikalische Harmonie, Melodien und das sanfte Plätschern laufenden Wassers nicht helfen, dann muß man zu Narkotika greifen".[250] Daniel Sennert empfiehlt für phrenitische Patienten einen dunklen Raum, jedenfalls ein Zimmer ohne Bilder und farbige Gegenstände, damit die Kranken nicht noch mehr erregt werden; außerdem soll der Patient „ab und zu mit einer lieblichen Musik besänftigt werden", damit er dadurch womöglich einschläft.[251] Auch Pieter van Foreest betont, daß bei Phrenitis nichts besser sei als Schlaf, weil Schlaf sehr dazu beitragen könne, dem Körper die nötige Feuchtigkeit wiederzugeben. Van Foreest denkt dabei in erster Linie an sanfte Gesänge und liebliche Klänge – keinesfalls dürften Musikinstrumente verwendet werden, die laut und heftig klängen![252] Werner Rolfink nennt 1669 einem jungen Mann, der durch zu vieles Studieren „phrenitisch" geworden war, unter den Beruhigungsmitteln auch die Musik.[253] Ebenso ist Joseph-Louis Roger in der Mitte des 18. Jahrhunderts überzeugt, daß Musik für „Phrenitiker" nützlich sei.[254] Ihre Wirkung erläutert Adam Brendel 1706 folgendermaßen: Durch

---

[248] Zur Herausbildung des nachantiken Wortgebrauchs vgl. W. Leibbrand und A. Wettley (L 1961), S. 35–37, 108, 115, 119–121, 135 f., 138; ferner E. H. Ackerknecht (L 1967), S. 12–15. Vgl. auch B. Castelli (Q 1682), S. 698.
[249] Isaac Judaeus (Q 1515/b), fol. 98 r.
[250] A. Zacutus (Q 1649), S. 164.
[251] D. Sennert (Q 1676/c), Bd. 3, S. 89.
[252] P. van Foreest (Q 1590–1606), Bd. 6, 1590, S. 53 f.
[253] W. Rolfink (Q 1669), S. 83.
[254] J. L. Roger (Q 1803), S. 243.

bestimmte, genau passende Töne werden die tobenden spiritus beruhigt; die von der Musik ausgelösten harmonischen Luftschwingungen teilen sich der Körperflüssigkeit mit, beeinflussen je nach der Verschiedenheit des Tons die Oberfläche der Körpersäfte und verändern damit auch die festen Bestandteile des Körpers. Oder aber die beruhigende Wirkung der Musik, so überlegt Brendel weiter, beruht darauf, daß die harmonischen Luftschwingungen im Ohr ähnliche Bewegungen hervorrufen, die über die Nervenflüssigkeit zum Gehirn geleitet werden und dort den Geist von den bisherigen Gedanken wegführen. Sobald die Mischung der Säfte und die natürliche Bewegung im Körper wieder normalisiert ist, verschwinden die Wahnvorstellungen, und das gesunde Wechselverhältnis zwischen Körper und Geist kehrt wieder.[255]

Im Gegensatz zur „Phrenitis" galten, wenn auch nicht von Anfang an, „Mania" und „Melancholia" als Geisteskrankheiten ohne Fieber.[256] Die Ursachen, Symptome, Abgrenzungen und Definitionen der mit diesen Begriffen benannten Krankheiten waren – wie übrigens auch bei der „Phrenitis" – schon in der antiken Medizin umstritten und blieben es auch später. Allerdings zeigt sich im Mittelalter vorübergehend eine normierende Tendenz. Sie geht wohl zurück auf den griechischen Arzt ARETAIOS VON KAPPADOKIEN (1. Jahrhundert n. Chr.). Er verlieh den beiden Begriffen eine speziellere Bedeutung als zuvor und brachte sie erstmals in einen inneren Zusammenhang. Für Aretaios war das Hauptmerkmal der Melancholie die Depression, das Hauptmerkmal der Manie die Erregung und Überheiterung.[257] Er sah in Melancholie und Manie aber keine selbständigen Krankheiten, sondern nur verschiedene Äußerungsformen desselben Leidens. Doch sollte man mit modernen Zuordnungen vorsichtig sein:

„Weder Manie noch Melancholie können mit irgendeinem unserer heutigen Krankheitsbilder identifiziert werden. Manie bedeutet einfach die aufgeregteren Formen der Verrücktheit, Melancholie die ruhigen. Man kann darum die Auffassung des Aretäus, daß Melancholie von Manie abgelöst werden könne, nur sehr bedingt als Vorahnung des manisch-depressiven Irreseins ansehen."[258]

---

[255] A. Brendel (Q 1706), fol. G 4 r/v.
[256] Vgl. W. Leibbrand und A. Wettley (L 1961), S. 45 f., 111–115, 122 f., 126.
[257] Ebd. S. 111–114, bes. S. 112.
[258] E. H. Ackerknecht (L 1967), S. 15 f.

„Manie und Melancholie"

Im Mittelalter sind Manie und Melancholie oft zu einem festen
Begriffspaar verbunden, das allgemein eine Geisteskrankheit ohne
Fieber bezeichnet. Die beiden Begriffe sind keine Synonyme, sondern
bedeuten – wie schon bei Aretaios – zwei Erscheinungsformen des Leidens, die man daher auch an verschiedenen Stellen des Gehirns lokali-
sierte: Manie galt als eine Beeinträchtigung der „imaginatio", Melancholie als eine solche der „ratio".

Die Krankheit „Manie und Melancholie" konnte nach Auffassung
der mittelalterlichen Medizin aus den verschiedensten Ursachen entstehen: aus Speisen oder Weinen, die zuviel schwarze Galle oder ver-
brannte Säfte erzeugten, aus heftigen Affekten wie Zorn, Furcht,
Traurigkeit usw., aus übermäßiger geistiger Anstrengung, aus dem
Biß tollwütiger oder giftiger Tiere, aus verdorbener Luft usw. Ging
die Krankheit auf übermäßige Gemütsbewegungen zurück, war es vor
allem notwendig, den entgegengesetzten Affekt hervorzurufen, also
Traurigkeit durch Freude, Furcht durch Zuversicht zu ersetzen.
Dafür empfahl im frühen 12. Jahrhundert der salernitanische Arzt
Johannes Platearius „Klänge und angenehme Melodien von Musikinstrumenten"; doch schien ihm dies nur dann erfolgversprechend,
„wenn die Kranken auch schon als Gesunde gewohnt waren, sich
daran zu erfreuen"[259] – Arnald von Villanova zog aus dem Argument
der „Gewohnheit" gerade den umgekehrten Schluß.[260] Die Musik
erschien aber ebenfalls als nützlich, wenn Manie und Melancholie
nicht aus übermäßigen Affekten, sondern aus anderen Ursachen, z. B.
aus einer Säftestörung entstanden war. Gilbertus Anglicus erläutert
das im 13. Jahrhundert näher. Normalerweise, so sagt er, gilt für die
ärztliche Therapie der Grundsatz, zuerst den krankmachenden Stoff
aus dem Körper zu entfernen, aber bei gefährlichen und beschwerli-
chen Symptomen ist es ratsam, zuerst diese zu beheben und erst dann
die Krankheitsmaterie zu beseitigen. Da bei Manie und Melancholie
gefährliche Symptome vorliegen, muß man zuerst versuchen, sie zum
Verschwinden zu bringen, was mit Musikinstrumenten und wohlrie-
chendem, klarem Wein geschehen soll.[261] Ein anderer Autor des

---

[259] J. Platearius (Q 1525), fol. 108 r.
[260] Siehe unten S. 312.
[261] Gilbertus Anglicus (Q 1510), fol. 104 r.

13. Jahrhunderts – vermutlich Petrus Hispanus, der spätere Papst Johannes XXI. – formuliert diese Therapievorschriften mit folgenden Worten:

„Der Patient soll . . . sich fröhliche Stimmung und Freude verschaffen durch einen vorzüglichen, wohltemperierten Wein, er soll mit Genuß wohlklingende Musikinstrumente hören und soll mit hübschen Mädchen, an denen er Gefallen findet, durch grüne Gefilde spazieren."[262]

Arnald von Villanova ist überzeugt, daß es allen, die an Manie und Melancholie leiden, in erstaunlichem Maße hilft, wenn sie mit schönen Frauen zusammen sind, „tröstende Worte, Musikinstrumente und liebliche Singstimmen hören, oder wenn sie selbst dazu ein Instrument spielen". Das sei besonders gut für Menschen, „die krank wurden wegen übertriebener Enthaltsamkeit, wie z. B. Mönche, Witwen und Menschen in ähnlicher Lage", es sei aber ebenso gut für diejenigen, „die zu intensiv studieren und wegen ihrer geistigen Arbeit, ihren Gemütsbewegungen und ihrer Enthaltsamkeit manisch und melancholisch werden".[263]

Manie und Melancholie sind allerdings nicht immer zu einem festen Begriffspaar verbunden, sondern kommen auch einzeln vor, Manie nur selten, Melancholie dagegen häufig. Nach dem Mittelalter verschwindet das Begriffspaar ganz. Die beiden Bezeichnungen lösen sich voneinander, erhalten eine speziellere Bedeutung und werden zu Namen für selbständige Geisteskrankheiten: Wie schon bei Aretaios bezeichnet nun Manie eine Krankheit, die hauptsächlich von Überheiterung und Erregungszuständen geprägt ist, Melancholie ein Leiden, bei dem depressive Züge vorherrschen. Doch werden vom 17. Jahrhundert an Manie und Melancholie zuweilen auch wieder in einen gewissen inneren Zusammenhang gebracht und schließlich sogar als einander abwechselnde Erscheinungsformen *einer* Krankheit verstanden,[264] ohne daß aber die beiden Begriffe wieder zu einem festen Begriffspaar vereinigt worden wären.

---

[262] Zitiert bei K. Sudhoff (L 1914–18), Bd. 2, 1918, S. 398, Z. 108–111; vgl. ferner Bernard de Gordon (Q 1496), fol. 69 v und Bartholomaeus Anglicus (Q 1601), S. 283.
[263] Arnald von Villanova (Q 1585/i), Sp. 1096 f.
[264] Vgl. dazu W. Leibbrand und A. Wettley (L 1961), S. 255 und 332 sowie M. Foucault (L 1969), S. 275–285.

Manie

Bei Vitalis de Furno ist mit Manie noch Geisteskrankheit schlechthin gemeint. Sein Rat, die Kranken von aller Furcht zu befreien und „mit Liedern und Musikinstrumenten fröhlich zu stimmen",[265] dürfte gerade nicht auf „manische", sondern auf depressive Äußerungsformen gemünzt sein. Anders versteht jedoch Lorenz Fries (um 1491–1550) den Begriff Manie. „Der unsinnig", so schreibt er 1518 in einem Kapitel „Von der taubsucht [= Tobsucht] mania genant", „redt stäts, tantzt / springt / singt und ist fröhlich / und begert stäts seiten speil [sic] zu hören".[266] „Gesang und einschmeichelnd klingende Melodien", so urteilt im 16. Jahrhundert Jason Pratensis, helfen Manie-Kranken sehr.

„Es ist in der Tat eine erstaunliche Sache und der Überlegung wert, wie die Übereinstimmung von Klängen Gefallen hervorruft, den Sturm des Geistes besänftigt und mildert und seine wilden Regungen zum Stillstand bringt."

Zum Beweis folgen antike Beispiele und das Beispiel von Saul und David, und schließlich fügt der gelehrte Arzt ein eigenes Gedicht über die vielfältigen Wirkungen der Musik hinzu.[267] Auch Daniel Sennert beruft sich bei seinem Ratschlag, daß „liebliche Musik manische Kranke sehr oft beruhigt", auf Saul und David.[268] Dieses Beispiel führte man allerdings häufig auch an, um die Musik bei Melancholie zu empfehlen – je nachdem, ob man Sauls Wutausbrüche oder seine depressiven Phasen im Auge hatte. Werner Rolfink verordnete zwei jungen Männern, die aus verschiedenen Gründen manische Anfälle hatten, unter anderem auch Musik, um die spiritus der Kranken in Bewegung zu bringen. Die durch die Bewegung erwärmten spiritus sollten die schädlichen, krankmachenden Dämpfe verdünnen, zerstreuen und schließlich aus dem Gehirn vertreiben; die Musik mußte allerdings langsam und gemessen sein, damit sich die aus dem Zwerchfell aufsteigenden beißenden Dämpfe beruhigen

---

[265] Vitalis de Furno (Q 1531), S. 78 f.
[266] L. Fries (Q 1518), fol. 106 r.
[267] J. Pratensis (Q 1549), S. 235.
[268] D. Sennert (Q 1676/c), Bd. 3, S. 112.

konnten.[269] In diesen beiden Fällen hat die Musik zugleich stimulierend (auf die spiritus) und sedierend (auf die Dämpfe) zu wirken. Anschaulich schildert Alphonsus de Santa Cruce, Leibarzt Philipps II. von Spanien, einen Fall von Manie: Ein junger Mann beginnt plötzlich zu toben, er leidet an Schlaflosigkeit und an Delirien; de Santa Cruce stellt eine Manie fest, die er auf die zu stark erhitzte gelbe Galle zurückführt, und verordnet Aderlässe und Bäder.

„Während der Behandlung", so berichtet er weiter, „ließ ich mit sanftem Gesang und mit harmonischen Klängen den Geist des Kranken erfrischen; denn Musik mildert die Unruhe des Geistes und bringt seine stürmischen Regungen zum Stillstand."

Mehrere Arzneien tun das ihrige, um den Mann in drei Monaten wieder völlig gesund werden zu lassen.[270]

Auch Ärzte des 18. Jahrhunderts waren überzeugt, daß Musik, wie Anne-Charles Lorry (1726–1783) sagt, ihre Kraft „in Anfällen des Wahnwitzes, in Rasereyen, beweise, und denselben Einhalt thue".[271] David Campbell schreibt, bei Phrenitis und Manie sei Musik angebracht, weil sie für eine gleichmäßige und ungehinderte Blutzirkulation sorgen könne und das zusammengeballte Blut dann vom Gehirn abgeleitet werde. Da die Patienten bei diesen Krankheiten jedoch übermäßig empfindlich seien, „sind langsame und einschmeichelnde Klänge vorsichtig und sachkundig anzuwenden".[272] Auch Richard Brocklesby empfiehlt manischen Kranken Musik, zumal die Medizin nach wie vor nur recht unwirksame Mittel gegen Manie habe. Er denkt vor allem daran, zuerst „durch die Kraft der Musik die Einheit von Körper und Geist wiederherzustellen". Erst wenn der Körper wieder in einem normaleren Zustand sei, könne er auf die üblichen Heilmittel angemessen reagieren.

---

[269] W. Rolfink (Q 1669), S. 153 und 144; ebenso G. Franck von Franckenau (Q 1680), S. 16.

[270] A. de Santa Cruce (Q 1622), S. 29 f. E. G. Happel (Q 1683–90), Bd. 4, 1689, S. 51 schildert den Fall einer Frau, deren „Raserey" auf Anregung eines Mönchs dadurch geheilt wurde, daß drei Monate lang ein Lautenspieler „stets umb und bey ihr" war, der „in der Nacht auch einige Lieder vor ihrem Bette" sang.

[271] A. C. Lorry (Q 1770), Bd. 2, S. 169. Vgl. ferner P. J. Burette (Q 1748), S. 12; J. L. Roger (Q 1803), S. 243; Chr. L. Bachmann (Q 1792), S. 42.

[272] D. Campbell (Q 1777), S. 28 und 35.

„Dann lassen sich mit größerem Erfolg spezifische Heilmittel anwenden, durch welche die schädlichen Stoffe ausgeschieden werden können, was niemals möglich wäre, solange der Geist so stark von den Organen des Körpers isoliert ist."[273]

Die Musik bewirke entweder Ruhe oder Bewegung – in ähnlicher Weise, wie es die Medikamente auf dem Wege über die Säfte erreichten.

„Aber in der Musik scheint uns ein viel angenehmeres Heilmittel für den Geist selbst geschenkt zu sein, ein überaus kostbares Stärkungsmittel gegen die Unruhe und das Versagen, denen der Geist unterworfen ist, weil er in den Körper eingeschlossen ist."[274]

Nach diesen Beispielen kann es nicht überraschen, daß man gelegentlich auch bei der durch Tierbiß übertragenen Tollwut Musik zu Hilfe nahm. So schreibt 1733 der französische Arzt Pierre Desault (1675–1737):

„Die Musik ist nicht nutzlos in diesem Fall, denn sie behebt nicht nur die Langeweile und die Angst, sondern übt darüber hinaus auch eine tatsächliche Heilwirkung aus."[275]

Desault verpflichtete seine Tollwut-Patienten, so viel wie möglich unter Menschen zu bleiben.

„Ich habe die Kranken sogar gezwungen, das vorzügliche Konzert dieser Stadt [Bordeaux] zu besuchen, und sie haben mir versichert, daß die Musik, zumindest solange sie andauerte, Angst und Traurigkeit wegnahm."[276]

Melancholie

Diente die Musik bei Manie und ähnlichen Erregungszuständen im allgemeinen zur Beruhigung, so setzte man sie bei der Melancholie ein,

---

273 [R. Brocklesby] (Q 1749), S. 62–64, das Zitat S. 64.
274 Ebd. S. 65.
275 P. Desault (Q 1733), S. 314.
276 Ebd. S. 306; vgl. auch S. 310 f., wo der Fall einer Patientin geschildert wird, die durch das Konzert „von ihren Ängsten befreit und allen Leidens enthoben wurde". Vgl. zu diesem Zusammenhang ferner A. J. Testa (Q 1781), S. 205–209.

um die Patienten aufzuheitern und zu aktivieren. Bei keiner Krankheit und Krankheitsbezeichnung begegnet die Musik häufiger als bei der Melancholie.

In dem Zeitraum, mit dem sich diese Arbeit beschäftigt, verstand man unter Melancholie – meist im Anschluß an Galen – eine krankhafte Vermehrung und Veränderung der schwarzen Galle, die mit einer Gemütserkrankung einherging. Die Krankheit konnte sowohl vom Körper als auch von der Seele ausgehen. Im ersten Fall verursachten z. B. Klima, Witterung, Jahreszeit, falsche Ernährung, körperliche Überanstrengung und dergleichen äußerlich-materielle Faktoren eine übermäßige Zunahme der schwarzen Galle im Körper. Sie wurde zu heiß oder zu kalt, verdarb und überschwemmte auch den Kopf; dann führte die Säftestörung zu einem seelischen Leiden. Im zweiten Fall entstand die Krankheit im geistig-seelischen Bezirk: Geistige Überanstrengung, übermäßige Gemütsbewegungen, vor allem Furcht und Traurigkeit steigerten sich schließlich zu einer Geisteskrankheit und lösten dadurch auch eine schwarzgallige Säftestörung aus.

Melancholie bezeichnete aber nicht nur eine *Krankheit*, sondern auch eine *Komplexion*, nämlich dasjenige von den vier Temperamenten, das von einer gewissen, jedoch noch nicht krankhaften Vorherrschaft der schwarzen Galle unter den vier Körpersäften geprägt war. Obwohl man Melancholie als Krankheit von der Komplexion des Melancholikers unterschied, konnte es scharfe Grenzen nicht geben: Ein melancholisches Temperament konnte leicht – naturgemäß viel leichter als jedes andere Temperament – in die Krankheit Melancholie übergehen, wenn die schwarze Galle sich noch weiter vermehrte, ihre Qualität veränderte, den Körper überflutete und einen übermäßigen, krankmachenden Einfluß auf Körper und Geist gewann. Wenn auch dem Begriff Melancholie, als Komplexion oder als Krankheit verstanden, eine an sich einfache humoralmedizinische Vorstellung zugrundelag, so gab es doch schon früh verschiedene Erklärungen und Theorien.[277] Zwar brachte die bis in das 18. Jahrhundert einflußreiche galenische Lehre von der Melancholie eine gewisse Vereinheitlichung, doch stieß Jakob Pankraz Bruno am Ende des 17. Jahrhunderts bei

---

[277] Zu Vorstellung und Begriff der Melancholie vgl. für das Altertum H. Flashar (L 1966), Fr. Kudlien (L 1967), S. 77–88, R. F. Timken-Zinkann (L 1968) und

dem Versuch zu bestimmen, was Melancholie sei, auf „sehr erhebliche Unklarheiten und Schwierigkeiten wegen der unterschiedlichen Auffassungen und Meinungen".[278]

Die melancholische Komplexion

Für die antik-mittelalterliche Medizin war die schwarze Galle der schlechteste von allen Körpersäften. Daher galt auch die melancholische Komplexion – teilweise noch weit über das Mittelalter hinaus – als das ungünstigste, ungesündeste, für Krankheit anfälligste Temperament. Es war dem unheilbringenden Saturn zugeordnet, und vielfach sah man im schwarzgalligen Saft auch das „Bad des Teufels", der sich dieses Elements bediente, wenn er die Menschen mit seinen Anfechtungen verwirren und bedrängen wollte.

Obwohl die antik-mittelalterliche Medizin die melancholische Komplexion eindeutig negativ bewertete, hatte man doch bereits im Altertum auch einen positiven Zug an ihr entdeckt. Der Verfasser der pseudoaristotelischen „Problemata" hatte eine originelle Verbindung hergestellt, die er in die Frage kleidete:

„Warum erweisen sich alle außergewöhnlichen Männer in Philosophie oder Politik oder Dichtung oder in den Künsten als Melancholiker; und zwar ein Teil von ihnen so stark, daß sie sogar von krankhaften Erscheinungen, die von der schwarzen Galle ausgehen, ergriffen werden . . .?"[279]

Diesen Gedanken, der im Mittelalter weitgehend in Vergessenheit

---

R. E. Siegel (L 1971); zur schwarzen Farbe im frühgriechischen Denken vgl. Fr. Kudlien (L 1973). Eine vorzügliche Darstellung der Melancholie als Komplexion und als Krankheit in der Antike sowie bei einigen wichtigen Autoren des Mittelalters gaben R. Klibansky, E. Panofsky und Fr. Saxl (L 1964), S. 3–123; zum Krankheitsbegriff Melancholie im Mittelalter vgl. ferner H. Schipperges (L 1967). Einen Überblick über die Geschichte der Melancholiebehandlung versuchte J. Starobinski (L 1960), in dessen Abschnitt über die Musik (S. 81–92) aber das Mittelalter völlig übergangen wird. Vgl. ferner I. Veith (L 1965), M. Foucault (L 1969), S. 268–285 und W. F. Kümmel (L 1969); J. F. Sena (N 1970), S. 13–19 verzeichnet für den Zeitraum von 1660 bis 1800 über 100 medizinische Schriften, die den Begriff Melancholie im Titel führen. Das wohl berühmteste Werk ist Robert Burtons „Anatomy of Melancholy" (Q 1621), das hier wenigstens erwähnt sei, obwohl es die Musik nur kurz berührt; vgl. dazu die ausführliche Untersuchung von J. R. Simon (L 1964).
[278] B. Castelli (Q 1682), S. 585.
[279] Aristoteles (Q 1962), S. 250.

geraten war, nahm MARSILIO FICINO 1489 in seiner Schrift „Über das dreifache Leben" wieder auf.[280] Durch Ficino gelangte die pseudoaristotelische Melancholie-Konzeption in der Folgezeit zu einer höchst fruchtbaren Entfaltung. Das melancholische Temperament hatte nun nicht mehr bloß die negative Eigenschaft, besonders ungünstig und ungesund zu sein, vielmehr schien es trotz dieses Mangels, ja gerade durch diese Eigenart über die anderen Komplexionen hinausgehoben, weil es mit seinen Beschwernissen und Gefährdungen die „physiologische" Voraussetzung war für die Begabung des schöpferischen Dichters und Künstlers, des forschenden Gelehrten, des philosophierenden Denkers, kurz: für alle großen geistigen und künstlerischen Leistungen. Der Künstler und der Gelehrte waren entweder schon von Natur aus Melancholiker oder wurden es zwangsläufig durch ihre Lebensweise. Die Melancholie als eine besondere geistig-seelische Disposition spielte seit Ficino eine bedeutende Rolle in der bildenden Kunst und Literatur – ein vielschichtiges Thema, das hier nur insoweit gestreift werden kann, als es für unseren Zusammenhang wichtig ist.[281] Denn Musik wurde nicht nur besonders häufig gegen die Krankheit Melancholie eingesetzt, vielmehr schrieb man ihr einen günstigen Einfluß schon auf die melancholische Komplexion zu.[282] Innerhalb einer wohlüberlegten Lebensführung und zusammen mit anderen Maßnahmen galt sie als erholsamer Ausgleich bei „sitzender Lebensweise" (vita sedentaria), bei einseitig geistiger Arbeit und mangelnder körperlicher Bewegung, und damit als wirksames Prophylaktikum gegen die Krankheit Melancholie.

---

[280] M. Ficino (Q 1576/a), S. 495–509, bes. 496–499.

[281] Die Literatur hierzu von literatur- und kunstgeschichtlicher Seite ist zahlreich; vgl. außer dem Werk von Klibansky, Panofsky und Saxl (L 1964) auch G. Bandmann (L 1960) sowie die Literatur-Liste bei J. F. Sena (N 1970), S. 61–63.

[282] Zwei unbeachtet gebliebene Beispiele aus dem 17. Jahrhundert mögen das illustrieren. Der italienische Reisende Pietro Della Valle, der 1618 vom persischen König empfangen wurde, wobei unablässig leise Musik erklang, zog daraus folgenden Schluß: „Aus dieser stillen Music / daran der König große Beliebung trug / . . . nahme ich ab / daß der König eines Melancholischen Humors seyn müsse." P. Della Valle (Q 1674), Teil 2, S. 122. – In einer 1630 in Oxford erstmals aufgeführten Komödie „Texnotamia" von Barton Holyday, welche die Hochzeit der Künste und Wissenschaften zum Inhalt hat, stimmt nach mancherlei Verwicklungen zwischen den allegorischen Personen schließlich Melancholico zu, mit Musica verheiratet zu werden; ihr gemeinsamer Diener wird Phantastes. Vgl. I. D'Israeli (L 1835), Bd. 2, S. 38–40.

288

Medizinische Folgerungen aus der pseudoaristotelischen Melancholie-Konzeption zog bereits Ficino. In seinem Werk über das dreifache Leben widmete er das erste Buch der Frage, wie die Gesundheit der Gelehrten zu erhalten sei,[283] und gab damit für Jahrhunderte den Anstoß zu einer reichhaltigen medizinischen Literatur dieses Themas.[284] In solchen Schriften – wie schon bei Ficino – erscheint die Musik als besonders geeignetes Mittel, um die Gesundheit des Melancholicus zu schützen.[285] Der Holzschnitt, den der Wundarzt Hieronymus Brunschwig (1450–1512) seiner deutschen Bearbeitung von Ficinos „Dreifachem Leben" (1508) beifügte, illustriert diese Auffassung: Ein Alchimist sitzt mit aufgestütztem Kopf müde und verstimmt am Tisch seines Laboratoriums und lauscht den Harfenklängen eines jungen Musikers (Abb. 22).[286] Albrecht Dürer (1471–1528) weist in dem Entwurf zu einem geplanten Lehrbuch der Malerei die Lehrlinge auf den Nutzen der Musik hin, wenn sie sich durch übermäßige Arbeit eine Melancholie zugezogen haben:

---

[283] M. Ficino (Q 1576/a), S. 495–509; vgl. dazu W. Kahl (L 1906).

[284] Diese Schriften sind bisher noch nicht näher untersucht worden; einige Hinweise gibt E. Lesky (L 1973), die auch eine Reihe von Titeln aus dem 18. Jahrhundert zusammenstellt (S. 190). Eine entsprechende Liste ließe sich aber auch schon für das 16. und 17. Jahrhundert anlegen.

[285] In derselben Weise steht, wie H.-G. Schmitz (L 1969) gezeigt hat, auch die „barocke Dichtung im Dienste der Diätetik".

[286] Daß Brunschwig in sein Destillierbuch eine auszugsweise deutsche Bearbeitung von Ficinos „Dreifachem Leben" aufnahm, geschah wohl in der Absicht, „um auch für mögliche psychische Schwierigkeiten der Benutzer Ratschläge zu geben" (G. Bandmann [L 1960], S. 31). Das 18. Kapitel, zu dem der Holzschnitt gehört, handelt „von der rechten hilff und grüntlichen vertreibung atre bilis der melancolyen und wie du dich halten solt ee [= ehe] du dich artzneiest". Derselbe Holzschnitt findet sich auch in dem medizinischen Synonymenverzeichnis, das Lorenz Fries 1519 herausbrachte, zum Stichwort „Gold"; vgl. L. Fries (Q 1519/a), fol. II v. Zu diesem Holzschnitt sowie zu einer anderen späteren Alchimistendarstellung, bei der die Musik eine Rolle spielt, vgl. G. Bandmann (L 1960), S. 31–44. – Nur am Rande sei darauf hingewiesen, daß in den meist noch ganz der mittelalterlichen Tradition folgenden Darstellungen der vier Temperamente und der „Planetenkinder" im 15./16. Jahrhundert das melancholische Temperament nicht mit der Musik verbunden erscheint. Vielmehr sind es die sanguinische und die phlegmatische Komplexion, die öfters mit Musikinstrumenten dargestellt werden. Die melancholische Komplexion wird in diesem ikonographischen Zusammenhang also noch nicht so bewertet, wie es nach Ficino üblich wurde. Zur spätmittelalterlichen Temperamentenlehre vgl. K. Schönfeldt (L 1962).

„Daz sext, ob sich der jung zw [zu] fill übte, do fan [davon] jm dy Mele-
coley über hant mocht nemen, daz er durch kurtzwelich seiten spill zw leren
do von gezogen werd zw ergetzlikeit seins geplütz [Geblüts].“[287]

Abb. 22: Hieronymus Brunschwig: Liber de arte distulandi simplicia et
composita. Straßburg 1508, fol. z IIII r.

Die Krankheit Melancholie

Wenden wir uns nun der Funktion der Musik in der Behandlung der
Krankheit Melancholie zu. Der römische Schriftsteller Celsus betonte,
man müsse Geisteskranke „je nach dem Verhalten des Einzelnen“
behandeln. Bei dem einen zeige sich eingebildete Furcht, bei einem
anderen Größenwahn, bei dritten sinnloses Lachen. „Andere wiederum muß man von ihren traurigen Grübeleien abzubringen versuchen, wofür sich Musikstücke, das Getön von Becken und Lärm als
nützlich erweisen.“[288] Celsus spricht allerdings noch nicht ausdrücklich von Melancholie, und in der Verbindung der Musik mit Lärm

---

[287] A. Dürer (Q 1966), S. 92; wahrscheinlich sind Dürers Ratschläge zur gesunden
Lebensweise des angehenden Malers von Ficino beeinflußt (vgl. den Kommentar ebd.
S. 93).
[288] Celsus (Q 1915), S. 124 (lib. 3, cap. 18, 10).

könnte noch die magische Dämonenaustreibung stecken. Bei arabischen Ärzten des Mittelalters, für die Melancholie bereits ein fester Begriff war, ist dagegen von Lärm nirgends mehr die Rede, um so eindeutiger dafür von der aufmunternden Kraft der Musik. „Wenn einen Menschen ohne Grund Traurigkeit, Grübeln und Verwirrung befallen, so zeigt das Melancholie an", heißt es bei Haly Abbas. Er empfiehlt zur Therapie unter anderem Speisen, die „warm" und „feucht" machen, Aderlässe und bestimmte Medikamente; außerdem sollen sich die Patienten viel freuen, fröhlich sein und „den Klang von Musikinstrumenten mit lieblichem Gesang" genießen.[289] Neben „lieblichen und angenehmen Harmonien" seien auch der Umgang mit geschätzten Menschen, grüne Gefilde und ein guter Wein geeignet, die Melancholie zu verdrängen und die „heitere Gesundheit" zurückkehren zu lassen.[290] Auch Rhazes rät Melancholie-Kranken, „Gesänge zu hören, sich zu freuen, kostbare Dinge vor sich zu haben und viel zu schlafen".[291] „Nichts", sagt Avicenna, „ist für diese Kranken schädlicher als Furcht und Angst"; daher sollten sie „mit Gesängen und heiter stimmenden Mitteln unterhalten werden".[292]

Der Arzt und Philosoph Ibn Hindū, der im 10. Jahrhundert ein „Schlüssel der Medizin" betiteltes Werk schrieb, bestätigt diese Praxis und knüpft daran eine wichtige allgemeine Aussage, die zeigt, daß die Musiker nach Auffassung arabischer Ärzte zu den medizinischen Hilfsberufen zählten:

„Wir verordnen bei der Therapie von Melancholikern häufig die ihnen entsprechenden und für sie nützlichen Tonarten (tarā'iq). Das heißt jedoch nicht, daß der Arzt selber trommeln, blasen, springen und tanzen müsse, vielmehr hat die Heilkunst viele Helfer, wie den Apotheker, den Aderlasser, den Schröpfer, und sie bedient sich ihrer und betraut sie mit allen diesen Arbeiten, und ebenso (bedient sie sich) des Musikers für die diesbezüglichen Zwecke."[293]

---

[289] Haly Abbas (Q 1523), fol. 158 r/v.
[290] Ebd. fol. 218 v.
[291] Rhazes (Q 1497), fol. 42 r.
[292] Avicenna (Q 1507), fol. 190 r, vgl. auch fol. 190 v; ferner z. B. Alsaharavius (Q 1519), fol. 32 v.
[293] Zitiert bei J. Chr. Bürgel (L 1972), S. 244; vgl. auch A. Shiloah (L 1972), S. 460.

Die Musik sollte aber Melancholie-Kranke nicht nur aufmuntern, vielmehr wies man ihr in bestimmter Hinsicht gelegentlich auch eine mäßigende, zügelnde Aufgabe zu. Auf den Nutzen eines guten Weines weisen die Ärzte sehr oft hin, aber, so mahnt ein arabischer Arzt des 10. Jahrhunderts, zugleich solle man „verschiedene Arten von Musikern hinzuziehen, damit Trunkenheit vermieden werde".[294]

Vom 11. Jahrhundert an gewann die Musik im Zuge der Übernahme der arabischen Medizin auch im lateinischen Westen einen festen Platz in der Melancholiebehandlung.[295] Arnald von Villanova rät, man solle bei Melancholie-Kranken

„Freude und Zuversicht wecken mit Hilfe von geliebten Personen, angenehmen Gesprächen, lieblichen Gesängen und sanften Melodien von allen möglichen Instrumenten, um dadurch die Furchtsamkeit und Angst zu vertreiben, die diesen Patienten am meisten schadet."[296]

Die Vorschriften der Lehrbücher werden vom späten Mittelalter an ergänzt von Beschreibungen einzelner Krankheitsfälle. Für einen jungen Mann, der seit zwei Jahren „ohne Ursache traurig war", ordnete Hugo von Siena an, man solle ihn auf jede Weise heiter und zuversichtlich stimmen und seine Gedanken immer auf erfreuliche Dinge lenken; er solle schöne oder lustige Dinge betrachten, Gesänge und Klänge hören, außerdem hätten auch leichte Lektüre, Wohlgerüche, kostbare Gewänder, grüne Wiesen usw. eine günstige Wirkung.[297] Einem jungen Mann, der sich einbildete, ein hoher Prälat der Kirche zu sein, empfahl Bartolomeo Montagnana, es sollten „bei ihm Sänger und Musiker sein, die unablässig auf verschiedenen Instrumenten spielen".[298] Einem anderen Melancholie-Patienten riet er von allgemeinen körperlichen Übungen, wie sie die Ärzte sonst empfahlen, ab. An deren Stelle sollten speziellere Übungen treten, z. B. solle er mit erhobener Stimme singen oder seine Seele mit den Klängen von

---

[294] Constantinus Africanus (Q 1536/b), S. 296.
[295] Vgl. z. B. Constantinus Africanus (Q 1536/b), S. 290 und W. Agilon (Q 1911), S. 108. Der von Constantinus bearbeitete Melancholie-Text stammt von Isḥāq b. ʿImrān (10. Jahrhundert); vgl. F. Sezgin (L 1970), S. 65 und 266.
[296] Arnald von Villanova (Q 1585/b), Sp. 284.
[297] Hugo von Siena (Q 1518), fol. 13 r.
[298] B. Montagnana (Q 1565), fol. 71 C.

Musikinstrumenten beschäftigen, weil dies allen Melancholie-Kranken sehr gut tue.[299]

Neben den schriftlichen Quellen lassen sich vom 15. Jahrhundert an auch Bildzeugnisse anführen. In einer illustrierten Handschrift von Boccaccios „Filostrato" aus dem 15. Jahrhundert sehen wir einen Ritter mit aufgestütztem Kopf auf dem Bett liegen, während mehrere Damen sich bemühen, ihn mit Musikinstrumenten und Gesang – wie der vorangehende Text sagt – „von der Melancholie zu befreien, in der er sich befand" (Abb. 23). Eine Darstellung des vor König Saul musizierenden David in der Bibel des Herzogs Borso d'Este aus der Mitte des 15. Jahrhunderts läßt sich ebenso interpretieren.[300] War bis dahin diese Szene so dargestellt worden, daß Saul als thronender König von einem leibhaftigen Dämon – dem „bösen Geist" der biblischen Erzählung – gequält wurde,[301] so setzt sich der Illustrator der Este-Bibel über die ikonographische Tradition und über den Wortlaut der Bibel mit erstaunlicher Freiheit hinweg. Saul sitzt nicht mehr auf dem Thron, sondern liegt als Kranker im Bett, er wird nicht mehr von einem Dämon bedrängt,[302] sondern leidet offensichtlich an einer natürlichen Krankheit. Vermutlich ist die Melancholie gemeint; denn im 15. Jahrhundert beginnt man, über den biblischen Text hinausgehend, Saul als Melancholie-Kranken anzusehen.[303] Eine Initiale in der Dresdner Galen-Handschrift aus der zweiten Hälfte des 15. Jahrhunderts gehört wahrscheinlich in denselben Zusammenhang, obwohl der Begriff Melancholie auch hier nicht direkt genannt wird (Abb. 24). Die Initiale steht am Anfang von Galens „Megategni", seinem großen Werk über die Therapie, in dessen erstem Kapitel er unter anderen Fächern auch die Musik als Bestandteil ärztlicher Allgemeinbildung aufführt.[304] Die um den dozierenden Galen versammelten Personen

---

[299] Ebd. fol. 61 G.

[300] Vgl. die Abbildung bei W. F. Kümmel (L 1969), S. 195.

[301] Vgl. z. B. die Darstellung im Psalter der Queen Mary aus dem frühen 14. Jahrhundert, abgebildet bei W. F. Kümmel (L 1969), S. 195 (dazu die Erläuterungen S. 196); einige Hinweise zur Ikonographie dieses Themas ebd. S. 189, Anm. 3. Eine größere Zahl von Darstellungen aus der Zeit vom 16. bis 20. Jahrhundert bietet I. Smidt-Dörrenberg (L 1969).

[302] Der dunkle Fleck rechts über Sauls Haupt ist eine Beschädigung der Miniatur und kein „Dämon".

[303] Vgl. W. F. Kümmel (L 1969), S. 192 f.

[304] Galen (Q 1821–33/k), Bd. 10, S. 2 f. und 5 K.; vgl. dazu oben S. 65 f.

der Miniatur sind offensichtlich keine Allegorien einiger der genannten Disziplinen, obgleich das vom Text her nahe läge. (Die Flöte als Attribut der Musik wäre ganz ungewöhnlich, und den übrigen Figuren fehlen entsprechende Attribute ganz.) Vielmehr dürfte die (im galenischen Text gar nicht erwähnte) therapeutische Anwendung der Musik bei Melancholie dargestellt sein.[305] Dafür spricht, daß Galen auf das Geschehen am rechten Bildrand weist: auf den Flötenspieler, vor dem eine Person mit aufgestütztem Kopf sitzt (die beiden anderen Figuren sind wohl als Schüler Galens zu verstehen, die ihm zuhören). Für diese Deutung spricht vor allem die Person, die den Kopf auf die Hand stützt. Die Bedeutung dieser Gebärde ist durch die Überlieferung in hohem Maße festgelegt: Nach einer literarischen und ikonographischen Tradition, die sich bis in die Antike zurückverfolgen läßt, bezeichnet sie Traurigkeit und Verzweiflung, auch angestrengtes Nachdenken und Grübeln.[306] Sie wurde charakteristisch für die Melancholia-Darstellungen seit dem späten Mittelalter[307] und findet sich auch in der erwähnten Szene der Boccaccio-Handschrift (Abb. 23), dort sogar ausdrücklich in Verbindung mit dem Begriff Melancholie.

Doch kehren wir zu den schriftlichen Quellen zurück. Es sei erstaunlich, äußert 1643 der italienische Arzt und Theologe Hieronymus Bardus (1600–1667), welche Hilfe ihm die Musik für sein seelisches Gleichgewicht leisten könne, besonders dann, wenn nach dem Mittagessen die schwarze Galle beruhigt werden müsse, die sonst den Geist vernebele und verwirre.[308] Bardus war also – getreu der herkömmlichen medizinischen Lehre – überzeugt, daß eine melancholische Verstimmung von den Körpersäften ausgehen könne. Nur selten regten sich in diesem Punkt Zweifel. Dem im 16. Jahrhundert in Italien lehrenden spanischen Arzt Leonardo Jacchino etwa schien es schwer verständlich, wie aus Übermaß oder Veränderung der schwar-

---

[305] Daß eine Initiale ein Thema darstellt, das im zugehörigen Text gar nicht berührt wird, ist nicht erstaunlich und läßt sich im Mittelalter vielfach nachweisen. Vgl. z. B. Abb. 15 und 26 und dazu oben S. 161 und unten S. 368. K. Sudhoff (L 1916), S. 298 deutete die Dresdner Initiale so: „Ein Trübsinniger scheint durch Flötenspiel unter Anweisung des Arztes erfreut und zerstreut werden zu sollen. Er sitzt betrübt und wie abwehrend den Kopf in die Linke stützend am Boden."

[306] Vgl. z. B. die Belege bei G. L. Hamilton (L 1921); weitere Literatur bei G. Bandmann (L 1960), S. 28, Anm. 36.

[307] Vgl. dazu R. Klibansky et al. (L 1964).

[308] H. Bardus (Q 1643), S. 154 f.

zen Galle unmittelbar Traurigkeit, Furcht, Grübelei usw. entstehen könnten.[309] Eine geläufige Erklärung lautete so: Wie äußere Dunkelheit dem Menschen Angst einflöße, so versetze die Farbe der schwarzen Galle auch den Sitz des menschlichen Geistes in Angst und Traurigkeit.[310] Aber wie man diesen Zusammenhang auch erklären mochte – daß er bestand, daran zweifelte man ebensowenig, wie sich die Erfahrung immer wieder bestätigte, daß melancholische Traurigkeit, selbst wenn sie auf eine Säftestörung zurückging, durch den Umgang mit schönen, angenehmen und erfreulichen Dingen zu mildern war, wobei Gesang und Musik besonders nützlich erschienen.[311] Von der heilsamen Wirkung der Musik war übrigens auch Jacchino überzeugt:

„Die Musik hat nämlich eine große Wirkkraft in doppelter Richtung, einerseits, um die Menschen ernst und traurig zu machen . . ., andererseits, um sie ausgelassen und heiter zu stimmen."[312]

Meinungsverschiedenheiten gab es jedoch in der Frage, ob man die Melancholiebehandlung in jedem Falle mit Musik beginnen sollte oder nicht. Philip Barrough, Arzt in Cambridge, meinte 1583, es sei zwar grundsätzlich richtig, bei einer schwarzgalligen Erkrankung den Patienten Musikinstrumente und Gesang hören zu lassen, um die Traurigkeit zu vertreiben; wenn aber bereits der ganze Körper von schwarzgalligem Blut erfüllt sei, fange man besser mit Aderlässen an. Sei jedoch nur der Kopf betroffen, so könne die Behandlung mit leichteren Mitteln wie Bädern, „feucht" machender Diät und den Erfrischungen des Geistes beginnen, wozu die Musik gehörte.[313] Demgegenüber glaubte der holländische Arzt Balduin Ronsse (1525–1597), es sei völlig zwecklos, Melancholie-Kranken Medikamente zu verabreichen, bevor man nicht ihren verwirrten, ungezügelten Geist durch sanften Flötenklang wieder in Ordnung gebracht habe.[314] Wenn Musik schon bei Melancholie, die aus einer Säftestörung her-

---

[309] L. Jacchino (Q 1622), S. 127.
[310] D. Fontanonus (Q 1550), S. 58; Fontanonus war in der ersten Hälfte des 16. Jahrhunderts Professor in Montpellier.
[311] Ebd. S. 59.
[312] L. Jacchino (Q 1622), S. 129.
[313] Aus Ph. Barrough (Q 1583) zitiert bei R. Hunter und I. Macalpine (Q 1963), S. 28.
[314] B. Ronsse (Q 1590), S. 48.

rührte, gute Dienste leisten konnte, war sie erst recht unentbehrlich, wenn die Krankheit ihre Ursache in geistiger Überanstrengung, seelischer Überforderung, unmäßigen Affekten usw. hatte.

„Viele Krankheiten", so schreibt 1615 Martin Pansa, „werden nicht durch die Säfte, sondern durch eine geistige Störung hervorgerufen. Auch Affekte, die längere Zeit und intensiv anhalten, beeinflussen die Säfte und wirken in einem solchen Ausmaß auf sie ein, daß die daraus entstehenden körperlichen Leiden nur mit großen Schwierigkeiten behoben werden können ... Traurigkeit ist eine gefährliche Ursache großer Krankheiten, weil sie die eingepflanzte Körperwärme, die spiritus und das Blut nach innen zieht, das Herz angreift und schädigt, die Patienten matt und schwach macht, den Körper abkühlt und durch verminderte Ernährung austrocknet und verschiedene Krankheiten zur Folge hat ..."[315]

Unter den zwölf Ratschlägen gegen die Traurigkeit nennt Pansa auch Musikinstrumente, weil sie „die Ohren, den Geist und die spiritus durch die liebliche Harmonie der Zusammenklänge ... erquicken und so die Traurigkeit lindern".[316] Gerade in Fällen, in denen die Traurigkeit nicht lediglich Symptom, sondern die eigentliche Krankheitsursache sei, solle man, wie Luiz de Mercado betont, nicht vergessen, daß „die Musik große Kraft hat, Traurigkeit zu überwinden und Fröhlichkeit zu wecken".[317] Dies stärke die spiritus und damit zugleich Kopf und Herz des Kranken.[318] Reiner Solenander (1524–1601), lange Jahre Leibarzt am Düsseldorfer Hof, empfahl einem dreißigjährigen Mann, den große Traurigkeit und grundlose Furcht vor Vergiftung plagte und dem daher eine schwarzgallige Krankheit drohte, er solle sich möglichst oft in Gesellschaft von Musikern aufhalten und in schöner Gegend spazierengehen.[319] Ein Schotte, der 1715 an einem erfolglosen Aufstand teilgenommen und dabei zwei Söhne verloren hatte, fiel danach in ein „Nervenfieber" mit tiefer Depression, die allen gewohnten Heilmitteln widerstand, bis der Arzt, der die musikalischen Neigungen des Patienten kannte, den Rat gab, ihm auf der Harfe vorzuspielen. Der Kranke kam durch die

---

[315] M. Pansa (Q 1615/a), Bd. 1, fol. 163 r.
[316] Ebd.
[317] L. de Mercado (Q 1619–29/d), Bd. 3, 1620, S. 102 b.
[318] Ebd. S. 100; vgl. z. B. auch D. Sennert (Q 1676/c), Bd. 3, S. 39.
[319] R. Solenander (Q 1596), S. 120; vgl. auch den bereits erwähnten Fall, den François Valleriola schildert (s. oben S. 249 f.).

Musik in heftige seelische und körperliche Bewegung, erhob zuerst den Vorwurf, man störe ihn in seinen Gedanken, begann jedoch nach fortgesetztem Musizieren wieder zu sprechen, zu essen und Arzneien zu sich zu nehmen und wurde schließlich wieder ganz gesund.[320]

Bei einem Goldschmied aus dem 17. Jahrhundert ließ eine schwere Melancholie trotz starker Medikamente nur wenig nach. Daher, so berichtet der behandelnde Arzt,

> „nahm ich die Harmonie von Musikinstrumenten zu Hilfe, an der, wie ich wußte, der Kranke große Freude hatte, und in wenigen Tagen brachte ich ihn wieder zur geistigen Gesundheit zurück. Dieses Mittel pflege ich auch selbst gern anzuwenden, um mich zu erfrischen, wenn ich durch anstrengende Studien oder berufliche Überlastung niedergedrückt bin."[321]

Als eine besondere Art der Melancholie galt die schon von Galen so bezeichnete *„hypochondrische Melancholie"*. Sie hieß so, weil man annahm, daß sie „unter den Rippenknorpeln", d. h. im Bereich des Magens entstehe. In Molieres Komödie „Monsieur de Pourceaugnac" (1669) glauben die Ärzte, diese Krankheit bei ihrem vermeintlichen Patienten, der Titelfigur, feststellen zu können. Unter Hinweis auf Galen erläutert der „Premier Médecin", wie aus dem Bauchraum dicke, schwarze, bösartige Dämpfe zum Kopf aufsteigen und im Gehirn Verwirrung stiften. Zur Behandlung verschreibt er nicht nur Aderlässe und Bäder, um den zähen schwarzgalligen Saft zu verdünnen und aufzuhellen, sondern fügt noch hinzu:

> „Vor allem aber finde ich es gut, den Patienten durch angenehme Gespräche, durch Gesänge und Musikinstrumente zu erfreuen, und Tänzerinnen hinzuzunehmen ist nicht unpassend, damit ihre Bewegungen, ihre Erscheinung und Lebhaftigkeit die Trägheit der erstarrten spiritus anregen und aufwecken, die für die Dicke des Blutes und die Krankheit verantwortlich sind."[322]

Auf dieses Stichwort hin treten zwei italienische Musiker als groteske Ärzte auf, mit ihnen acht Tänzer, und sie singen zur Begleitung mehrerer Instrumente:

---

[320] [R. Brocklesby] (Q 1749), S. 34 f.
[321] Zitiert bei J. Schenck von Grafenberg (Q 1665), S. 136.
[322] Molière (Q 1971), S. 609.

„Laßt euch nicht töten von dem melancholischen Schmerz,
Wir werden euch zum Lachen bringen mit unserem harmonischen Gesang,
Allein um euch zu heilen,
Sind wir hierher gekommen.
. . .
Anderes ist der Wahnsinn nicht als Melancholie,
Der Kranke ist nicht verloren,
Wenn er ein wenig Heiterkeit annehmen will . . ."[323]

Schließlich ergreift Monsieur de Pourceaugnac die Flucht, gefolgt von den Musikern und Tänzern, die alle – eine Klistierspritze in der Hand halten.[324]

Die Therapie, die der Arzt dem Herrn von Pourceaugnac verordnet und die die Musik einschließt, entspricht, ins Komische gewendet, der medizinischen Praxis der Zeit. Malachias Geiger, der 1652 der „Melancholia hypochondriaca" ein umfangreiches Buch widmete, zählte die Musik zu den leichteren Beschäftigungen, die bei diesem Leiden sehr nützlich seien.[325] In einer Rostocker Dissertation von 1665 über die „hypochondrische" Krankheit heißt es, Musik sei ein sehr geeignetes Gegenmittel; sie beeinflusse mit ihren Luftschwingungen die Nerven, lockere und rege die spiritus an und gleiche so die Affektzustände aus, die auf einer Erstarrung oder auf anderen Fehlhaltungen der spiritus beruhten.[326]

Die „hypochondrische Melancholie", die man im 17. und 18. Jahrhundert zunehmend auch einfach „Hypochondrie" nannte, galt damals hauptsächlich als Krankheit der Gelehrten, ja sie wurde im 18. Jahrhundert zur Modekrankheit der Geistesarbeiter, die sich schon seit Ficinos Erneuerung der pseudoaristotelischen Melancholie-Konzeption von der schwarzen Galle bedroht wußten.[327] Einen Fall, der in diesen Zusammenhang gehört, obwohl das Stichwort „hypochondrische Melancholie" nicht ausdrücklich genannt wird, schildert der protestantische Theologe, Liederdichter und Schriftsteller Mi-

---

[323] Ebd. S. 612.
[324] Ebd. S. 613.
[325] M. Geiger (Q 1652), S. 190; einen Beleg aus dem 16. Jahrhundert bietet G. B. Montano (Q 1565), Sp. 582.
[326] J. C. March (Q 1665), Thesis 27, Nr. 6.
[327] Zur Geschichte des Hypochondrie-Begriffs vgl. die Darstellung von E. Fischer-Homberger (L 1970); ferner M. Foucault (L 1969), S. 285–307 und E. Lesky (L 1973).

chael Wiedemann (1660–1719) in der Geschichte „Theophorus, Der Schwermüthige und bekümmerte Student", dem fünften Stück seiner „Historisch-Poetischen Gefangenschafften" (1690). Theophorus hat sich durch übertriebenes nächtliches Studieren eine „Schwermüthigkeit" zugezogen und konsultiert den berühmten Arzt Thomas Bartholinus, der ihm nicht nur eine „Geblüts-Kur" zur Vertreibung der schädlichen Säfte, sondern auch eine Gemütsbehandlung verordnet. Der Patient solle

„das faule Geblüt der bösen Gedancken durch eine anständige Frölichkeit abzapffen / welches in einer traurig = und frölich = vermengten Music / lustigem Gespräch / possirlicher Kurtzweil und andern solchen Gemüths = Artzneyen geschehen kan."

Daher solle der Studiosus

„einen feinen lustigen Stubengesellen zu sich nehmen / der ihn nebst dem Gebet und geistlichen Liedern auch manchmal mit einer lustigen Music ergötzte / mit einem frölichen Gespräch unterhielte / oder auch mit einer angenehmen Kurtzweil frölich machte und unterweilen zum Lachen bewegte."[328]

Die „Hypochondrie" oder „hypochondrische Melancholie" war, wie es schon der pseudoaristotelische Text über die Melancholie vorgezeichnet hatte,

„von der Aura des Außergewöhnlichen, Genialischen, des über die Masse anderer Krankheiten Hinausgehobenen und Vornehmen umgeben. Wer von ihr, dem flagellum eruditorum, befallen war, erwies sich gleichsam als zugehörig zu dieser gehobenen Standes- und Gesellschaftsklasse."[329]

Daher erschien geradezu „die gehabte, überstandene Hypochondrie . . . im 18. Jahrhundert als Zeichen eines gehobenen geistigen Status".[330] Ein besonders gewichtiges Beispiel für die Anwendung der Musik bei dieser Gelehrtenkrankheit bieten der bedeutende Leidener

---

[328] M. Wiedemann (Q 1690), S. 6 f. und 12; Thomas Bartholinus (1616–1680) war Anatomieprofessor in Kopenhagen.
[329] E. Lesky (L 1973), S. 180.
[330] E. Fischer-Homberger (L 1970), S. 41.

Kliniker Herman Boerhaave (1668–1738) und sein Schüler Gerard van Swieten (1700–1772), der 1745 Leibarzt der Kaiserin Maria Theresia wurde und das österreichische Medizinalwesen grundlegend reformierte. In einem Brief an den russischen Leibarzt Antonio Ribeiro Sanches, der von seiner hypochondrischen Erkrankung berichtet hatte, schrieb van Swieten 1739, auch er habe während seiner Studienzeit darunter gelitten, sei aber durch die Ratschläge seines Lehrers Boerhaave völlig geheilt worden. Boerhaave hatte ihm seinerzeit empfohlen, seine Lebensweise zu ändern, hatte ihm verschiedene Medikamente verordnet und zuletzt folgendes bemerkt:

„Es ziemt sich, daß der Gelehrte eine Lyra besitze. Er (Boerhaave) wollte, daß ich durch die liebliche Verführung der Musik die strengeren Musen besänftige, indem er versicherte, daß er, von ebenderselben Krankheit befallen, von dorther den größten Trost gehabt habe. Auch fügte er hinzu, wie er mit seinem Witz alles zu würzen pflegte, daß diese Krankheit eine Zierde für die Gebildeten bedeute wie für die Soldaten die Narbe."[331]

Der Mannheimer Arzt Franz Anton Mai (1742–1814) weist in seinen bekannten „Medicinischen Fastenpredigten" (1793) nachdrücklich auf die wohltätigen Wirkungen der Musik gegen die „Schwermuth" der Geistesarbeiter hin und rühmt dabei besonders einige tüchtige Musiker, die damals in Mannheim tätig waren:

„Eine sehr angenehme für Studierende nützliche Zerstreuung ist die Tonkunst, welche den Nerven des Gehörs angenehme Schwingungen beibringt, die Krämpfe des Unterleibs auflöset, und die schwarzen menschenhassenden Grillen aus der Einbildung hinweg zaubert. Ich will hier der Gewalt der Tonkunst auf unser Herz und auf die Schwermuth der Gelehrten keine Lobrede halten; aber sie machen gewiß keinen geringen Theil des von der Vorsicht unserem Geschlecht geliehenen Balsams wider die Krankheiten unserer Seele aus.
Die himmlischen Töne unsers meisterlichen Fränzl, und seines unnachahmlichen Sohnes. – Die Zauberflöte eines Wendling und seines würdigen Schülers Appold, die schmelzende Oboe eines Nicola, und alle übrigen vortrefflichen Künstler unsers Orchesters würken besser auf die Schwermuth unserer unermüdeten Kopfarbeiter, als ein ganzes Malter grundgelehrter Deobstructions-Pillen."[332]

---

[331] Zitiert bei E. Lesky (L 1973), S. 172.
[332] F. A. Mai (Q 1793), Teil 1, S. 297.

Vom 16. Jahrhundert an erörterte man ausführlich die Frage, wie die Wirkung der Musik bei Melancholie zu erklären sei und wo die Grenzen ihrer Wirksamkeit lägen. Eine wichtige Rolle spielte dabei die Diskussion über König Saul, an der sich Theologen, Ärzte, Musiktheoretiker und Philosophen beteiligten. Es ist bemerkenswert, daß man einerseits seit dem 15. Jahrhundert auf den Fall Saul in wachsendem Maße den Begriff Melancholie anwendete, andererseits bis in das 18. Jahrhundert mehr auf ärztlicher als auf theologischer Seite am Wortlaut des biblischen Berichts festhielt, d. h. aus Respekt vor der Autorität der Bibel nicht in Zweifel zog, daß ein „böser Geist" der Urheber von Sauls Zustand oder doch zumindest daran mitbeteiligt gewesen sei. Dennoch wurde häufig betont, daß die Musik keine Dämonen vertreiben könne und auch keine direkte „natürliche" Wirkkraft besitze. Sie könne den Melancholiekranken nur auf dem Wege über die Affekte beeinflussen, ihn aufheitern und ablenken, die Krankheitsempfindung lindern, auf die spiritus, Säfte und Fasern beruhigend und ausgleichend einwirken und dadurch dem Dämon, den man nicht grundsätzlich leugnete, oder der humoralen Krankheitsursache den Boden entziehen. Die Heilwirkung der Musik war also immer nur mittelbar und begrenzt.[333]

Je nach Lage des Falles schien sie sogar ganz in Frage gestellt. Rodericus a Castro machte eine wesentliche Einschränkung: Die Wirkung der Musik könne sich, wie auch in der Diskussion über Saul öfters betont wurde,[334] nur dann erfolgreich entfalten, „wenn die melancholische Krankheit noch nicht sehr alt und der schwarzgallige Saft noch nicht im Übermaß vorhanden ist". War es noch nicht soweit, so genügte

„allein schon eine angenehme Lebensweise, um die Gesundheit wiederzugewinnen, und aus diesem Grunde ist es ohne Zweifel nützlich und steht völlig im Einklang mit den Lehren der Medizin, wenn man Musiker herbeiholt, die durch gutes Instrumentenspiel oder anmutigen Gesang Ohr und Geist erfreuen."[335]

Bei den Versuchen, die Wirkung der Musik bei Melancholie zu erklären und ihre Anwendung zu begründen, steht anfangs noch der

---

[333] Vgl. dazu im einzelnen W. F. Kümmel (L 1969).
[334] Vgl. ebd. S. 204; ferner z. B. A. Deusing (Q 1660), S. 24–27.
[335] R. a Castro (Q 1662/b), S. 271.

musica-humana-Gedanke im Vordergrund. So preist etwa Joseph Du Chesne den Nutzen der Musik bei Melancholie, nicht allein, wenn sie aus Affekten entstanden, sondern auch, wenn die schwarze Galle die Ursache ist.[336] Du Chesne argumentiert so: Gesang und Instrumentenklang mit ihrer zahlenmäßigen Ordnung und doch Verschiedenheit der Rhythmen erfrischen den menschlichen Geist außerordentlich, erfüllen ihn und die spiritus mit Freude und richten sie wieder auf.

„Da nämlich das Gleiche vom Gleichen am meisten ergriffen wird und unser Geist nach einem Satz des Pythagoras gleichsam aus Harmonie und Zahlen besteht, so wird er in seiner Verwirrung gewiß von den musikalischen Klängen nicht wenig gekräftigt und erleichtert. Denn in der vokalen und instrumentalen Musik ist eine so genaue Übereinstimmung der Zahlen, Rhythmen und Proportionen . . ., daß es nichts gibt, das die Seele mehr bewegt und stärkt, nichts, das sie . . . stärker ergreift und erfreut als Zusammenklänge und genaue Proportionen, die sie mit größter Lust aufnimmt."[337]

Neben solchen platonisierenden Anschauungen tritt im 17. Jahrhundert eine physikalisch-mechanistische Betrachtung stärker hervor. Davon zeugen die Ausführungen Athanasius Kirchers und anderer,[338] aber auch etwa die Behandlungsvorschriften des englischen Arztes THOMAS WILLIS (1621–1675). Nach seiner Ansicht müssen bei Melancholie die starren und niedergedrückten spiritus animales wiederaufgerichtet, beweglich gemacht und gekräftigt werden, damit sie sich freier im Körper ausbreiten, das ganze Gehirn uneingeschränkt erhellen und das Zwerchfell so lebhaft durchdringen und in Bewegung bringen, daß sich das übermäßig erhitzte Blut auf den ganzen Körper verteilt. Zu diesem Zweck ist es nach Willis vor allem notwendig, die Seele mit Hilfe von Gesang, Musik und anderen angenehmen Dingen von allen belastenden Affekten wegzuführen und in eine heitere Stimmung zu versetzen.[339] An anderer Stelle wirft Willis die Frage auf,

„warum Musik nicht nur die Phantasie mit einer bestimmten Freude erfüllt, sondern darüber hinaus auch der Bedrückung und Traurigkeit des

---

[336] J. Du Chesne (Q 1607), S. 128.
[337] Ebd. S. 125 f.
[338] Vgl. W. F. Kümmel (L 1969), S. 202.
[339] Th. Willis (Q 1676/a), S. 274.

Herzens aufhilft und geradezu alle starken Affekte, die von übermäßiger Erhitzung und Bewegung des Blutes in der Brust erregt werden, zu beruhigen vermag."[340]

Willis sieht das Entscheidende darin, daß die spiritus animales, die an der Erregung des Zwerchfells beteiligt sind, durch die das Ohr treffende Musik vom Gehirn abgezogen werden. Wie die im Gehirn entstehenden wirren Gedanken die spiritus direkt in Bewegung versetzen, die dann diese Impulse zur Brust weiterleiten, so wirkt die durch das Ohr eindringende Melodie auch auf die spiritus im Brustraum beruhigend ein, versetzt sie sozusagen in eine zahlenmäßig geordnete Bewegung wie beim Tanz und verringert dadurch die Unruhe und Verwirrung des betreffenden Menschen.[341] Dann werden, so heißt es bei Michael Ernst Ettmüller, auch die Säfte wieder flüssiger und bewegen sich lebhafter.[342] In der Wittenberger Dissertation Theodor Kirchmajers (1645–1715) von 1672 wird der Vorgang so dargestellt: Die Seele überträgt den Affekt, den die Musik in ihr erregt, auf das verlangsamte Blut; dieses gerät dadurch wieder in stärkere Bewegung, räumt Hindernisse und Verstopfungen, wenn sie nicht zu groß sind, beiseite und verschafft sich leicht wieder freien Lauf, womit die Hauptursache der Krankheit behoben ist.[343] Adam Brendel gründet seine Erklärung (1706) auf die Lehre von der Faser und vom Nervensaft: Musik wirkt durch ihre Vibration stark auf die Nervenfasern des Gehirns und gibt gleichzeitig dem Nervensaft einen Impuls; dadurch werden die Nervenfasern in eine lebhafte, jedoch zahlenmäßig geordnete, regelmäßige Bewegung versetzt, sie löschen zusammen mit dem völlig veränderten Strom der Nervenflüssigkeit die bisherigen Gedanken des Melancholie-Kranken aus, locken andere Gedanken in der Seele hervor und führen sie so von der falschen Denkweise, die sie zu ihrem Unglück für die richtige hielt, hinweg.[344]

Im 18. Jahrhundert nahm das Interesse an dergleichen physikalisch-mechanistischen Erklärungen spürbar ab, nicht jedoch die Bedeutung, die man weiterhin der Musik gegen Melancholie beimaß.

---

[340] Ders. (Q 1676/b), S. 85.
[341] Ebd.
[342] M. E. Ettmüller (Q 1714), S. 30.
[343] Th. Kirchmajer (Q 1672), S. 23.
[344] A. Brendel (Q 1706), fol. G 4 v.

Im Gegenteil, mit einem deutlichen Mißtrauen gegenüber den herkömmlichen „starken" Mitteln, den kräftigen Aderlässen, Klistieren, Arzneien, den massiven Wasserkuren, Schockverfahren und Zwangsmaßnahmen verbanden sich öfters übersteigerte Hoffnungen auf die Wirkkraft der Musik. Doch lassen sich neben sehr optimistischen auch skeptischere Stimmen hören, die mahnen, die Musik nicht unüberlegt einzusetzen. Richard Brocklesby schreibt, Musik sei bei Melancholie

> „von allen anderen Mitteln das günstigste, um den Kranken Linderung zu verschaffen . . .; denn sie weckt seine Aufmerksamkeit in der wohltätigsten Weise, und erleichtert die bedrückte Seele, indem sie eine angenehmere Reihe von Bildern hervorruft, dadurch den fast unüberwindlich gewordenen Zustand verändert und schrittweise die geistigen Funktionen wieder auf das rechte Maß zurückführt."[345]

In der deutschen Übersetzung des zweibändigen Werkes von Anne-Charles Lorry über die Melancholie (1770) heißt es demgegenüber einschränkend, durch Musik könnten

> „die Affecten der Seele . . . allesamt rege gemacht, beruhiget, die Gemüther besänftiget, und durch Töne wieder empört werden, woraus dann zur Genüge erhellt, wie viel dieselbe zur Heilung der Melancholie, und vielleicht auch so gar zu Erregung derselben, wenn sie unrecht gebraucht wird, beytragen könne."[346]

David Campbell empfiehlt bei melancholischen und hypochondrischen Krankheiten Musik, rät aber, dabei mit sanfter Musik zu beginnen und erst allmählich zu fröhlicher, ausgelassener Musik überzugehen, weil der Geist im depressiven Zustand plötzliche Fröhlichkeit nicht ertragen könne.[347] Nach Meinung von Etienne Sainte-Marie ist Musik besonders für selbstmordgefährdete Personen nützlich.[348] Für den französischen Arzt Pierre-Joseph Buchoz (1731–1807) schließlich ist die Musik geradezu das Allheilmittel gegen Melancholie. Er erklärt 1806, es sei völlig aussichtslos, bei den beiden Formen von Melancholie, die er unterscheidet, Medikamente anzuwenden. Stattdessen biete die Musik zahlreiche Möglichkeiten, um die Kranken von

---

[345] [R. Brocklesby] (Q 1749), S. 48 f.
[346] A. C. Lorry (Q 1770), Bd. 2, S. 152; vgl. ferner G.-A. Garnier (Q 1737).
[347] D. Campbell (Q 1777), S. 35.
[348] E. Sainte-Marie in J. L. Roger (Q 1803), S. XXVII f.

Traurigkeit zu Fröhlichkeit, von Furcht zu Zuversicht, von Wildheit zu Sanftmut, von Verzweiflung zu Hoffnung zu führen und auf die Fasern und Säfte in der gewünschten Weise einzuwirken. Je nach der Art der Melancholie müsse allerdings die Musik verschieden sein.[349]

Das berühmteste und denkwürdigste Beispiel in diesem Zusammenhang bietet der Fall des gemütskranken spanischen Königs Philipp V. Seit 1730 wurde er immer schwermütiger und apathischer, sprach und aß kaum, ließ Haare und Nägel wachsen und stand nur nachts für kurze Zeit auf. Er ließ sich weder dazu bringen, wenigstens anwesend zu sein, wenn seine Gemahlin Audienz erteilte, noch seinen Namenszug unter Urkunden zu setzen. Da nur schöner Gesang ihn bewegen konnte, das Bett zu verlassen, sich anzukleiden und sich kurze Zeit den Regierungsgeschäften zu widmen, berief seine Gemahlin 1737 den gefeierten Kastraten CARLO FARINELLI (eigentlich Carlo Broschi, 1705–1782) an den Hof von Madrid, damit er mit seinem Gesang einen günstigen Einfluß auf den König ausübe.[350] Der Hamburger Musiker Johann Mattheson erfuhr davon im Sommer 1737 durch einen Brief:

„Den 20. Julii 1737. erhielt ich einen Brief von besonders guter Hand, mit der Nachricht, daß die Königin von Spanien ihrem Gemahl einen Geschmack an der Music beigebracht, und ihm dadurch alle schwartze Melancholie, darein er sonst unfehlbar wieder gefallen seyn würde, gäntzlich aus dem Geblüte und Gemüthe vertrieben hätte: also daß alle Abend um zehn Uhr bey Hofe Concert gehalten würde, ehe man zur Tafel ginge. Ja, die Königin soll es so weit gebracht haben, daß der König selbst Hand anleget und die Music lernet.“[351]

Das merkwürdige Konzert wiederholte sich Nacht für Nacht: Zehn Jahre lang, bis zum Tode Philipps im Jahre 1746, sang Farinelli jede Nacht dem kranken Monarchen vier Stücke vor – immer dieselben vier Arien, die der König besonders liebte. Zwei davon stammten aus Johann Adolf Hasses Oper „Artaserse", die dritte war ein Einlagestück für diese Oper aus der Feder Attilio Ariostis, und die vierte Arie, das Lieblingsstück des spanischen Königs, war eine von Farinelli bear-

---

[349] P.-J. Buchoz (Q 1806), S. 189–200; vgl. dazu unten S. 399.
[350] Fr. Haböck (L 1923), S. XLI ff.
[351] J. Mattheson (Q 1739), S. 14, § 45.

beitete Arie aus Geminiano Giacomellis Oper „Merope".[352] Mehr als 3600 Mal muß der kranke König im Laufe der Jahre diese vier Arien von Farinelli gehört haben. Von Anfang an war die Wirkung seines Gesanges ganz erstaunlich,

„ein Einfluß, der wohl kaum Heilung genannt werden konnte, den Künstler aber hinfort ganz unentbehrlich machte. Ihm allein gelang es, den König manchmal zu zerstreuen und zu erheitern und ihn zur zeitweisen Ausübung seiner Regierungspflichten und zum Erscheinen im Staatsrat zu bewegen . . ."[353]

Dieselbe Hilfe leistete Farinelli nach Philipps Tode noch ein weiteres Jahrzehnt dem Sohn und Nachfolger Ferdinand VI. sowie dessen Gemahlin, die beide dasselbe Gemütsleiden hatten. Bis zum Tode der Königin im Jahre 1758 hat Farinelli, fürstlich belohnt, im Dienste des spanischen Hofes gestanden, ohne verhindern zu können, daß Ferdinand nach dem Tode seiner Gemahlin in völlige geistige Zerrüttung verfiel.[354] Als 1759 auch der König starb und der Nachfolger den Sänger entließ, stand Farinelli selbst an der Schwelle des Alters und kehrte nicht mehr auf die Bühne zurück.

bb. Musik und Eros

> „Cantica gignit amor et amorem cantica gignunt,
> Cantandum est, ut ametur, et ut cantetur, amandum."[355]

Was ein unbekannter spätrömischer Dichter in einem kunstvollen Zweizeiler zum Ausdruck brachte, kleidete Michael Wiedemann 1690 in eine Reihe von ausgeklügelten Metaphern:

„Liebe und Music sind gemeiniglich nicht weit von einander / denn wo die Liebe herrschet / da wartet Gesang und Saitenspiel auff. Ist aber die Music Königin / so ist die Liebe Zofe und Kammer = Jungfrau. Solte die Liebe einem guten Weine gleichen / würde die Sing = und Spiel = Kunst gewiß der Trichter seyn / dadurch man so süßen Nectar einflößte; wäre

---

[352] Die genannten vier Arien sind abgedruckt bei Fr. Haböck (L 1923), Nr. 5 (S. 33 ff.), Nr. 14 (S. 95 ff.), Nr. 20 (S. 132 ff.), Nr. 21 (S. 140 ff).
[353] Fr. Haböck (L 1927), S. 475.
[354] Ders. (L 1923), S. XLVII und L f.
[355] Anthologia Latina (Q 1894), S. 218, Nr. 277.

aber die Music ein süßer Quell / so könte der Liebes = Safft darinnen nicht verstopffet werden / viel weniger eintrocknen ...".[356]

An der Wechselbeziehung von Musik und Liebe zweifelte niemand. Musiktheoretiker des ausgehenden Mittelalters und weit darüber hinaus nennen unter den verschiedenen Wirkungen der Musik auch diejenige, „Liebe anzulocken",[357] „Liebe zu nähren",[358] „zur Lust und fleischlichen Begehrlichkeit" anzustacheln.[359] Der Arzt und Humanist Philippus Beroaldus (1453–1505) schreibt im 15. Jahrhundert der Musik die Kraft zu, den Liebhaber noch hitziger zu machen,[360] und Oliva Sabuco sagt 1587, daß „die Musik im Menschen stark die Liebe erwecken" könne.[361] Die Dichter variieren das Thema in vielfältiger Weise, in der bildenden Kunst wird es seit dem späten Mittelalter öfters dargestellt, und im Anschluß an Ovid gab man jungen Damen gern den halb scherzhaften, halb ernsthaften Rat, singen und musizieren zu lernen.[362]

Auch die Medizin kannte diesen Zusammenhang und machte sich die erotisierende Wirkung von Musik therapeutisch zunutze. So empfiehlt der in Cordoba tätige arabische Arzt Abulkasim (auch Alsaharavius genannt) in der zweiten Hälfte des 10. Jahrhunderts, wenn man den Coitus befördern wolle, sei es gut, durch Gesang, lustige Geschichten und andere Mittel Freude zu wecken.[363] Um sexuelle Schwäche oder Versagen beim Geschlechtsverkehr zu beheben, ist es nach Meinung Michaele Savonarolas ratsam, „Geschichten und Lieder zu hören und Ähnliches, was zur Liebe hinlenkt".[364] Jason Pratensis mißt in seinem Buch über die Vermeidung der Unfruchtbarkeit und die Zeugung von Kindern (1531) der Musik große Bedeutung für einen erfolgreichen Geschlechtsverkehr bei, weil sie die natürliche Wärme des Körpers steigern, den Geist anregen und halbtote Körper wieder zum Leben erwecken könne – und das sind nur einige wenige

---

[356] M. Wiedemann (Q 1690), 6. Geschichte, S. 5.
[357] Johannes Tinctoris (Q 1864), S. 199, Nr. 17.
[358] Johannes de Muris (Q 1784/d), S. 285.
[359] Adam von Fulda (Q 1784), S. 336.
[360] Ph. Beroaldus (Q 1509), fol. 14 r.
[361] O. Sabuco (Q 1587), fol. 66 v.
[362] P. Ovidius Naso (Q 1929), lib. 3, V. 315–320; vgl. ferner G. Paris (L 1885), Bd. 1, S. 199.
[363] Alsaharavius (Q 1519), fol. 97 r.
[364] M. Savonarola (Q 1559), fol. 251 r.

von den vielen Fähigkeiten der Musik, die der humanistisch gebildete Autor in einem längeren Gedicht darstellt.[365]

Ebenso soll Musik die Körperfunktionen anregen helfen, wenn die Menstruation ausbleibt. Gilbertus Anglicus nennt im 13. Jahrhundert einige Mittel, die in solchen Fällen den Körper „wärmer" machen: Die Frauen sollen sich der Musik widmen, sie sollen scherzen, sich freuen, häufig Geschlechtsverkehr haben und ruhig auch einmal zornig sein, was sonst als schädlich galt.[366] Girolamo Cardano ermahnt eine junge Frau, deren Menstruation ausgesetzt hat, sie solle Furcht, Trauer und Sorgen von sich fernhalten, Gewänder und Ringe von schöner Farbe anlegen, erfreuliche und lustige Dinge betrachten sowie Gesänge und Musikinstrumente hören, die Freude bereiten.[367] Hermann Grube (1637–1698), Stadtarzt von Hadersleben, meinte 1679, nicht jede Musik könne Liebende in gleicher Weise erregen, vielmehr müsse man auf das Temperament achten. Aber daß es zwischen Musik und Liebe eine Wechselwirkung gebe, bezweifelte er nicht im geringsten und berichtete zum Beweis von einem Mann sanguinischen Temperamentes, bei dem der Anblick eines hübschen Mädchens und eine gleichzeitig erklingende schöne Musik heftiges Nasenbluten ausgelöst hätten.[368]

Noch um 1800 sind Ärzte davon überzeugt, daß Musik sexuell anregend wirken könne. So sagt Etienne Sainte-Marie 1803:

> „Man hat die Musik gegen die männliche Impotenz empfohlen. Sie ist ein einfaches und angenehmes Mittel, das man nicht vernachlässigen darf bei Impotenz, die auf Furcht oder Angst beruht. Die Musik erregt zwar durch sich selbst nicht zur Liebe, aber sie bringt den Geist und den Körper in eine Disposition, die für die Entfaltung dieses Affekts günstig ist. Sie läßt Fröhlichkeit und Zutrauen aufkommen, weckt die Empfänglichkeit und weitet alle Organe."[369]

Nur wenig vorsichtiger äußert sich der schwäbische Arzt Friedrich August Weber:

---

[365] J. Pratensis (Q 1531), 6. Blatt vor dem Textende (unpaginiert).
[366] Gilbertus Anglicus (Q 1510), fol. 293 r.
[367] G. Cardano (Q 1663/d), Bd. 9, S. 195.
[368] H. Grube (Q 1679), S. 71 f.
[369] E. Sainte-Marie in J. L. Roger (Q 1803), S. 342.

„Vollständige Impotenz ist wohl durch Musik nicht heilbar ... Auch hilft die Musik nichts gegen temporäre Impotenz, wenn die Ursache derselben ein um Liebe werbendes altes, häßliches und ekelhaftes Frauenzimmer ist. Allein als Erwärmungsmittel erkaltender ehelicher Zärtlichkeit mag Musik in Konkurrenz mit andern anlockenden Umständen immer vieles leisten."[370]

Musik im Übermaß führt allerdings zum Überdruß, so daß der Liebeskranke in einer Art „Katharsis" von seinem Verlangen befreit wird. Der unglücklich verliebte Herzog Orsino in Shakespeares „Was ihr wollt" wünscht diese Wirkung herbei:

> „Wenn die Musik der Liebe Nahrung ist,
> spielt weiter, gebt mir volles Maß! Daß so
> die übersatte Lust erkrank' und sterbe." (I, 1)

Die Musik kam aber nicht nur in Betracht, um erotisches Begehren zu wecken und zu steigern. Vielmehr konnte sie aufgrund ihrer Ambivalenz auch umgekehrt wirken. Ein Beispiel dafür, daß Musik „die Zügellosen zur Keuschheit" und „verwirrte Gedanken zu ruhiger Ausgeglichenheit und Überlegung zurückführt", wie es 1490 der Musiktheoretiker Adam von Fulda formulierte,[371] lieferte der Musikanschauung bis in das 18. Jahrhundert die von Boethius und Martianus Capella tradierte Geschichte vom liebestollen, rasenden Jüngling, den man auf den Rat des Pythagoras (nach anderer Version durch den Musiker Damon) mit Hilfe von „spondeischen", d. h. langsamen und ruhigen Melodien gebändigt hatte.[372] Seit dem Humanismus berief man sich außerdem auch auf das Beispiel der Klytaimnestra, deren Schutz der vor Troja weilende Agamemnon einem Sänger anvertraut hatte; ihn mußte Aigisthos erst beseitigen, um die Frau für sich gewinnen zu können.[373] Diese Erzählung Homers galt allgemein als Beweis dafür, daß Musik die eheliche Treue erhalten und die Keuschheit festigen könne,[374] obwohl die homerischen Verse davon direkt nichts sagen.

---

[370] Fr. A. Weber (Q 1801/02), Sp. 593.
[371] Adam von Fulda (Q 1784), S. 335.
[372] Boethius (Q 1867), S. 185; Martianus Capella (Q 1925), S. 492.
[373] Homer (Q 1950), Dritter Gesang, V. 262–272.
[374] Vgl. z. B. M. Praetorius (Q 1614–15), S. 222.

Die Überzeugung, daß Musik fähig sei, erotisches Verlangen zu zügeln, fand vor allem in der Therapie der „heroischen Liebe" ihren Niederschlag. Der Begriff bezeichnete ein überstarkes Begehren, das sich hauptsächlich auf den erotischen Bereich oder auf andere zwischenmenschliche Bindungen bezog, sich aber auch auf Tiere und Gegenstände richten konnte. Meistens rückte man diese Krankheit der Seele in die Nähe der Melancholie. Die Musik sollte mithelfen, den übermäßigen, krankhaft gesteigerten Liebesdrang zu vermindern und von ihm abzulenken. So rät Haly Abbas zu Maßnahmen, die den Körper „feucht" machen, und fügt hinzu, der Kranke solle außerdem schöne Gärten, Wiesen und Blumen betrachten und vor allen Dingen langsame, sanfte Musik von Harfe und Fiedel hören.[375] Ähnliche Anweisungen finden sich vielfach.[376] In seiner Übersetzung und Bearbeitung des großen Werkes von Haly Abbas sagt Constantinus Africanus (gest. 1087), man müsse denen, die an unmäßiger Liebe litten, helfen; sonst führe die affektive Überanstrengung der Seele zu Melancholie, und da der Körper der Seele „nachfolge", werde er durch die schwarzgallige Säftestörung in Mitleidenschaft gezogen. In solchen Fällen könne Musik dazu beitragen, die unablässig quälenden Gedanken zu beruhigen und von ihnen abzulenken.[377] Wenn der Kranke aber bereits in Melancholie versunken war, so sollte die Musik nicht mehr beruhigend, sondern vielmehr aufmunternd wirken und die Depression überwinden helfen. Anschaulich beschreibt eine deutsche Krankheits- und Arzneimittellehre aus dem 14. Jahrhundert die Liebeskrankheit und die geeignete Therapie:

„Ein sichtum heizit minne. der ist des swerer denne ein ander sichtum. daz he ist an deme gedanken. Swer den sichtum hat. deme gelugent di ougin nimmer. vnde unstete sint si uon deme unsteten gedanken. Ir bran sint swere. di uarwe ist bleich. si wachint uil. Swenne he sich uortufet mit gedanken. so uortribet he beide des libes werc vnde der sele. wande der lip uolget der sele in ir getat. vnde di sele deme libe an siner leidunge . . . Zu deme sichtum is gut daz man trinke wol gemachtin win. vnde hore seitinspil. daz benimet im di truricheit."[378]

---

[375] Haly Abbas (Q 1523), fol. 218 v.
[376] Vgl. Isaac Judaeus (Q 1515/b), fol. 99 v und dens. (c), fol. 147 r (letztere Stelle stammt aus dem von ibn abī Ḫālid al-Ġazzār, einem Schüler Isaacs, verfaßten „Viaticum"); Alsaharavius (Q 1519), fol. 31 r; Bernard de Gordon (Q 1496), fol. 71 v.
[377] Constantinus Africanus (Q 1536/a), S. 18.
[378] C. Külz und E. Külz-Trosse (Q 1908), S. 33 f.

François Valleriola schildert im 16. Jahrhundert den Fall eines Mannes, der aus unerwiderter Liebe geisteskrank und melancholisch wurde und dem er in den beiden Abschnitten der Behandlung auch Musik verordnete.[379] Luiz de Mercado empfahl unter den Mitteln gegen die aus übermäßiger Liebe entstandene Melancholie einfach „Musik aller Art".[380] Athanasius Kircher spielte mit dem Gedanken, die Musik den jeweiligen Säfteverhältnissen so genau anzupassen, daß ihr eine vollständige Heilung der Liebeskrankheit gelingen konnte. Die erträumte Perfektion war utopisch, der Ausgangspunkt beruhte aber auf Erfahrung und Tradition.

„Um sie [die Liebeskranken] zur Ausgeglichenheit zurückzuführen, gibt es kein wirksameres Mittel als verschiedene musikalische Melodien; wer sie entsprechend der Bewegung der Säfte und der spiritus anzuwenden wüßte, würde ohne Zweifel den Liebeswahn vollständig heilen."[381]

Da die Liebestollen nach Ansicht Kirchers meistens melancholisch werden und sich dadurch bestimmte Krankheiten zuziehen, wäre derjenige,

„der durch eine wohlproportionierte [musikalische] Harmonie jene dicke Masse des schwarzgalligen Blutes auflösen könnte, in der Lage, den Liebeskranken zu seiner früheren Harmonie und Stabilität zurückzubringen."[382]

Was die Anwendung von Musik bei der Liebeskrankheit angeht, so bietet auch ARNALD VON VILLANOVA zunächst das gewohnte Bild. Er mahnt, man solle bei „heroischer Liebe" rechtzeitig eingreifen, weil sonst schnell eine Melancholie und aus ihr oft sogar eine Manie entstehe. Aber selbst wenn es bereits so weit gekommen ist, können nach Meinung Arnalds neben anderen Mitteln auch „Gesang und Instrumentalmusik" gute Dienste leisten. Dann komme es darauf an, den Kranken zu beruhigen und ihn von den fixen Gedanken, die das Toben verursacht hätten, abzulenken und fröhlich zu stimmen.[383] Darüber hinaus gelangte Arnald zu einer bedeutenden Einsicht. Er

---

[379] Ausführlicher darüber oben S. 249 f.
[380] L. de Mercado (Q 1619–29/d), Bd. 3, 1620, S. 103.
[381] A. Kircher (Q 1650), Bd. 2, S. 426.
[382] Ebd. S. 429.
[383] Arnald von Villanova (Q 1585/m), Sp. 1530.

erkannte, daß die therapeutische Wirksamkeit von Musik wesentlich von der „Gewöhnung" abhängt, d. h. von der kulturellen und sozialen Umgebung des Patienten. Arnald weist darauf hin, daß angenehme, Freude bereitende Dinge und Beschäftigungen nicht in jedem Falle von dem heftigen Begehren abzulenken vermögen. Denn wer, wie etwa Fürsten und Regenten, durch den alltäglichen Überfluß an diese schönen Dinge gewöhnt sei, den würden Wohlgerüche, Musiker und prächtige Gärten nicht ablenken, sondern sein übermäßiges Verlangen sogar noch von neuem entzünden und steigern. Anders gehe es dagegen jenen, die solche Eindrücke und Genüsse nicht gewohnt seien. „Daher muß man jedem eine Beschäftigung verordnen, die seiner Gewohnheit entgegengesetzt ist, wenn nicht ein größerer Schaden zu befürchten ist."[384] Der Gesichtspunkt der „Gewöhnung" taucht bei Arnald auch in anderem Zusammenhang auf. Im allgemeinen scheint man sich aber, wie die Quellen zeigen, mit der Auffassung begnügt zu haben, daß Musik ganz von selbst wirkte und grundsätzlich von Nutzen sei oder allenfalls auf die Komplexion des betreffenden Menschen abgestimmt werden müsse.

cc. Musik bei Fieber

Fieber ist ein sehr eindrucksvolles Krankheitszeichen; so versteht man, daß in der vorbakteriologischen Ära die verschiedenen Fieber, die unterschieden wurden, als selbständige Krankheiten, nicht als Symptome galten. Zwar lassen sich einige Fieber aufgrund der klar geschilderten Symptome eindeutig bestimmen – vor allem die drei- und viertägigen Fieber als Malaria –, aber oft erlauben die ungenauen Krankheitsbilder sowie die schwankende Terminologie und Klassifikation der Fieberarten keine zuverlässige moderne Zuordnung. Von wenigen Ausnahmen abgesehen, gelang es erst im Verlauf der sich entwickelnden Bakteriologie seit dem letzten Viertel des 19. Jahrhunderts, die Infektionskrankheiten genau gegeneinander abzugrenzen. So ist es berechtigt, in Anlehnung an die medizinischen Quellen des behandelten Zeitraumes in diesem Abschnitt jene Vielfalt von Krankheiten zusammenzufassen, „von der wir in den alten Autoren so viel

---

[384] Ders. (b), Sp. 285. Vgl. dagegen J. Platearius (oben S. 281).

unter dem Namen ‚Fieber' lesen, eine Mischung, deren Spektrum von der Malaria über den Typhus zur Pest geht".[385] Dabei muß und kann die Frage zumeist offen bleiben, um welche Krankheit es sich nach heutiger Auffassung jeweils gehandelt haben könnte.

Neben den Geisteskrankheiten war es vor allem das Fieber, als dessen Ursache man von den frühesten Zeiten an Dämonen annahm. Zwar lehnte die antik-mittelalterliche Humoralmedizin eine solche Krankheitsätiologie im allgemeinen ab, aber sie blieb bis in die Neuzeit weit verbreitet. So kannte man jahrhundertelang neben anderen magischen Praktiken auch Zaubergesänge, um das Fieber zu vertreiben. Gelegentliche Kritik, wie sie z. B. Quintus Serenus im 4. Jahrhundert n. Chr. übte, der es als grundlosen Irrtum verurteilte, wenn man meine, Fieber mit Zauberliedern heilen zu können,[386] vermochte diesen Glauben nicht zu erschüttern. Jedenfalls schreibt noch um 1500 Philippus Beroaldus, daß „bei Fieber und Wunden Tag für Tag Zaubergesänge angewendet" würden.[387]

Vom frühen 10. Jahrhundert an begegnet uns bei arabischen Ärzten aber auch schon ein nicht magischer, sondern auf der Affektwirkung beruhender Gebrauch der Musik gegen Fieber. Bei Fieber, das aus Fäulnis des Blutes entsteht, im Gegensatz zu anderen, periodisch verlaufenden Fiebern ununterbrochen anhält und mit einer Schädigung der „virtus" verbunden ist, gibt z. B. Isaac Judaeus folgenden Rat: Der Kranke solle angenehme musikalische Klänge hören, die in ihm Freude weckten, damit seine Seele gestärkt und die Natur zur Auflösung der schädlichen Stoffe angeregt werde. Aber, so fährt Isaac fort,

„einige glauben, daß die Natur dadurch [durch die Musik] so gefesselt werde, daß sie keine Materie, wie z. B. Nahrung und Medikamente, verarbeiten könne. Das ist jedoch falsch. Die Natur wird nämlich nur von denjenigen Dingen in Anspruch genommen, die zu verarbeiten und zu reinigen sind. Dinge also, die sie nicht direkt beanspruchen, kräftigen sie. So verstehe ich es, wenn die Seele des Kranken durch jene Dinge [die musikalischen Klänge] erfreut wird."[388]

---

[385] E. H. Ackerknecht (L 1963), S. 29.
[386] Q. Serenus (Q 1916), S. 44 (cap. 50, V. 930 f.).
[387] Ph. Beroaldus (Q 1509), fol. 14 r; wörtlich übernommen von B. Cassaneus (Q 1579), fol. 248 r.
[388] Isaac Judaeus (Q 1515/a), fol. 221 r; vgl. auch dens. (b), fol. 90 v.

Aus dem Text geht hervor, daß der therapeutische Nutzen der Musik damals offenbar umstritten war; doch läßt sich über diese Diskussion bisher noch nichts Näheres sagen.

Dem „viertägigen Fieber" widmete Arnald von Villanova eine eigene Schrift. Mittelalterliche Ärzte führten das Quartanfieber – eine der selteneren Malariaformen – auf eine krankhafte Veränderung allein oder doch hauptsächlich der schwarzen Galle zurück. Da wegen dieser Krankheitsursache Zorn und Traurigkeit als besonders schädlich galten, war es nach Meinung Arnalds unerläßlich, die Patienten heiter und fröhlich zu stimmen. Dazu eigneten sich vor allem „musikalische Weisen, lustige Erzählungen, der Anblick der Gestirne und geliebter Dinge sowie die Gesellschaft geliebter Menschen".[389] Bei diesem Text Arnalds läßt sich nachweisen, daß man dem berühmten Arzt noch nach Jahrhunderten folgte. Der französische Rechtsgelehrte Andreas Tiraquellus nämlich beruft sich 1549 auf Arnalds Hinweis, daß bei Quartanfieber Musik sehr hilfreich sei, und fügt hinzu: „Das haben auch wir einmal erfahren, als wir sehr heftig von dieser Krankheit heimgesucht wurden."[390] Der Rat Arnalds und die Bestätigung durch Tiraquellus fanden wiederum Eingang in die Vorrede des Podagra-Büchleins von Johann Fischart (1546–1590), das zwischen 1577 und 1623 viermal gedruckt wurde.[391] Giovanni Battista Montano empfahl einem jungen Quartana-Patienten – allerdings ohne sich auf Arnald zu beziehen –, er solle stets fröhlich und zuversichtlich sein, an nichts Trauriges denken und sich an Musikern erfreuen.[392] Reiner Solenander schärfte einem an derselben Krankheit leidenden Rechtsgelehrten ein, alle Sorgen und anstrengenden Studien zu meiden und sich stattdessen der Musik und anderen schönen Dingen zu widmen.[393] Genauso verhielt sich zu Anfang des 17. Jahrhunderts der Medizinprofessor Matthieu Cordouan in Douai. Das ergibt sich aus der Widmungsvorrede, die der damals in Douai tätige Musik-

---

[389] Arnald von Villanova (Q 1585/k), Sp. 1496. Vielleicht folgt Arnald hier der hippokratischen Schrift über die Siebenzahl (s. oben S. 142).

[390] A. Tiraquellus (Q 1549), fol. 137 v, § 289.

[391] J. Fischart (Q 1894), S. 6. Auch B. Alvarez Miraval (Q 1597), fol. 163 v führt diese Stelle aus Arnald an, und noch Fr. A. Weber (Q 1801/02), Sp. 580 zitiert sie, fügt aber einschränkend hinzu, die Musik sei hier „vermutlich nur als Beyhülfe, nicht als Hauptmittel zu verstehen".

[392] G. B. Montano (Q 1565), Sp. 616.

[393] R. Solenander (Q 1596), S. 95.

drucker und -verleger Jean Bogart einer Sammlung vier- bis achtstimmiger, von Piat Maugred komponierter „Airs et Chansons" voranstellte. Als Cordouan einmal an einem schweren Anfall von viertägigem Fieber litt, wurde das Fieber „gemildert und gebannt durch die süße Harmonie der Musik jenes Autors und anderer Komponisten", vorgetragen von zwei Kantoren der beiden Kollegialkirchen der Stadt und von anderen Musikern, die man eigens zum Zwecke „dieser erhofften Wirkung" in das Haus des Kranken gerufen hatte.[394] Noch 1792 stimmt Christian Ludwig Bachmann dem Rat Arnalds zu, daß Musik bei intermittierenden Fiebern sehr empfehlenswert sei.[395] Bachmann hatte vor einem drohenden Anfall von Tertianfieber mit einem Opernbesuch die besten Erfahrungen gemacht; die angenehmen Melodien erfüllten ihn mit so viel Freude und Vergnügen, daß er die Krankheit völlig vergaß, sich ganz der Musik hingab, weder das Fieber noch andere Beschwerden bemerkte und nahezu gesund, zumindest von diesem Anfall befreit, das Theater verließ.[396]

Als Ursache für das häufige „Eintagsfieber", das nach Auffassung der mittelalterlichen Medizin von den luftartigen spiritus ausging, nahm man oft ein Übermaß von Affekten an. Schon Haly Abbas spricht von Fieber, „das aus Traurigkeit entsteht", und nennt als erste Gegenmaßnahme die „Aufheiterung": Der Kranke „höre abwechslungsreiche, Freude weckende Melodien von Harfe und Leier mit ihren sanften und lindernden Tönen". Dazu kommen natürlich noch weitere Mittel.[397] Meist ist jedoch ausdrücklich vom Eintagsfieber die Rede, wenn man kurzes Fieber auf heftige Gemütsbewegungen zurückführte. In einem solchen Fall, so rät der arabische Verfasser des im Mittelalter weit verbreiteten „Viaticum", solle man die Seele beruhigen und erfrischen mit angemessenen Worten, mit Hilfe verschiedener Musiker, durch Dinge von schöner Gestalt usw.[398] Nach Arnald von Villanova kamen für das eintägige Fieber viele Ursachen in Fra-

---

[394] P. Maugred (Q 1616), Tenor-Stimme, S. 4. Ein Exemplar dieses sehr seltenen Drucks (vermutlich Unicum) befindet sich in der Bibliothèque Nationale, Paris (Signatur: Rés. Vm.⁷ 246).

[395] Chr. L. Bachmann (Q 1792), S. 11.

[396] Ebd. S. 10. Über eine entsprechende Erfahrung bei Tertianfieber berichtet G. F. Zulatti (Q 1787), S. 35 f.; über die günstige Wirkung von Musik bei Scharlachfieber äußert sich K. F. Uden (Q 1785–86), Teil 4, 1786, S. 67.

[397] Haly Abbas (Q 1523), fol. 185 r.

[398] Isaac Judaeus (Q 1515/c), fol. 166 v (zum Verfasser vgl. oben Anm. 376).

ge, nicht zuletzt Zorn oder Traurigkeit. Für beide Fälle gab Arnald neben mancherlei anderen Vorschriften den Rat, man solle bei dem Patienten „für Fröhlichkeit sorgen, Sänger herbeiholen und Instrumente vor dem Kranken spielen lassen".[399] Deutlich zeigt sich hier, wo Zorn oder Traurigkeit als Fieberursache angenommen wurden, die Ambivalenz der Musik, ihre ausgleichende Fähigkeit, je nach der Situation zu beruhigen oder aufzuheitern und dadurch die überschießenden Affekte auf jenes mittlere Maß zurückzuführen, das durch eine beherrschte Fröhlichkeit charakterisiert und für Genesung und Gesundheit unerläßlich war.

Das aus Zorn entstandene Eintagsfieber erforderte nach Meinung des Franciscus de Pedemontium (um 1300) Maßnahmen, welche die Bewegung der spiritus zügeln und sie ins Körperinnere zurückdrängen konnten. Dazu gehörten vernünftige Ermahnungen, vor allem aber die Beschäftigung mit Dingen, die fröhlich stimmten, also mit Geschichten, angenehmen Melodien von Gesang und von Musikinstrumenten, mit staunenerregenden Spielen usw. Das brachte die spiritus wieder zur Ruhe und besänftigte das zornige Gemüt.[400]

Wesentlich häufiger als der Zorn schienen jedoch Angst und Traurigkeit eintägige Fieber hervorzurufen. Da die vollkommene Medizin, sagt Isaac Judaeus, diejenige sei, welche die Krankheitsursachen aufhebe, komme es bei diesen Fiebern in erster Linie darauf an, den Kranken „das Grübeln und Mißtrauen mit Hilfe verschiedener Musiker" zu nehmen, mit weiteren Mitteln, die Freude weckten, die Traurigkeit vergessen und die Seele von Arbeit ruhen zu lassen. „Die Seele ist nämlich durch zu viel Nachdenken geschwächt und krank, und dementsprechend ist wegen der Seele auch der Körper krank."[401] In einer 1184 verfaßten Schrift des armenischen Arztes Mechithar über die Fieberbehandlung heißt es in dem Kapitel „Über das Eintagsfieber, welches durch Sorgen und Kummer entsteht":

„Die Behandlung bestehe darin, daß man mittels Spiel und Scherz und allerlei Kurzweil Heiterkeit hervorrufe und zerstreue. Und soviel wie

---

[399] Arnald von Villanova (Q 1585/i), Sp. 1371.
[400] Franciscus de Pedemontium (Q 1525), fol. 209 r; ähnlich U. Binder (Q 1506), fol. 121 r.
[401] Isaac Judaeus (Q 1515/a), fol. 207 v; ders. (b), fol. 88 r; vgl. ferner Alsaharavius (Q 1519), fol. 146 v.

möglich soll [der] Patient des Sängers und des Saitenspiels und süßer Weisen Klängen lauschen und sich mit allen solchen Dingen beschäftigen, die innerliche Fröhlichkeit herbeischaffen."[402]

Ganz ähnliche Vorschriften für die Behandlung des eintägigen Fiebers, das aus Traurigkeit oder aus Angst entsteht, finden sich vom 13. Jahrhundert an auch im lateinischen Westen.[403] Im frühen 15. Jahrhundert beruft sich Niccolò Falcucci (Nicolaus Nicolus) dabei ausdrücklich auf Isaac Judaeus und Haly Abbas.[404]

Arnald von Villanova macht auch für das „hektische", „verzehrende" Fieber, als dessen Ursprungsort die festen Körperbestandteile galten (es dürfte sich meist um Lungentuberkulose gehandelt haben), neben anderen Ursachen übermäßige Affekte verantwortlich. Unabhängig von der Ursache ermahnt Arnald alle, die am „hektischen" Fieber leiden, sie sollten sich vor Zorn und Traurigkeit hüten und sich auf jede Weise bemühen, immer heiter und fröhlich zu sein, Musikinstrumente zu hören und täglich Tänze und Spiele zu sehen, die ihnen Freude machten.[405] Pieter van Foreest berichtet im 16. Jahrhundert von einem jungen Mann, der am „hektischen" Fieber schwer erkrankt war. Ihm schrieb er einen genauen Tagesablauf vor. Der Patient sollte sich nach dem Aufstehen aller Arbeit und Anstrengung enthalten. Aber, so fährt van Foreest fort,

„falls er gerne Musikinstrumente hörte, ließ ich angenehme Melodien durchaus zu, und zwar deshalb, weil dies von schweren Gedanken abhalten kann. Der Geist muß ganz in fröhliche Stimmung gebracht und von aller endlosen Grübelei abgelenkt werden ... Gesänge und Klänge, die Freude hervorrufen, sind nützlich; denn die Musik hat in zweifacher Richtung eine große Kraft."[406]

Einem Kleriker schließlich, der an „Faulfieber" litt, riet im 16. Jahrhundert Nicolaus Massa, er solle sich Vergnügen bereiten und

---

402 Mechithar (Q 1908), S. 19.
403 Gilbertus Anglicus (Q 1510), fol. 65 v; M. Savonarola (Q 1487), fol. 18 r.
404 N. Nicolus (Q 1533), Bd. 1, sermo 2, fol. 77 r/v; allerdings betont der Verfasser, daß Freude erregende Maßnahmen die spiritus der Kranken nicht allzu stark erhitzen dürften.
405 Arnald von Villanova (Q 1585/i), Sp. 1377.
406 P. van Foreest (Q 1590–1606), Bd. 2, 1591, S. 208; vgl. ferner Fr. Joël (Q 1663/b), Bd. 2, S. 37.

alles herbeiholen, „was den Geist fröhlich stimmen kann, wie z. B. Musikinstrumente, Gesang, lustige Geschichten" usw.[407]

Im 18. Jahrhundert nahm man hauptsächlich bei sehr schweren Fieberzuständen, die sich auf keine Weise bessern ließen, öfters die Musik zu Hilfe. Allerdings tritt sie hierbei – wie auch in anderem Zusammenhang zu beobachten ist – mehr oder weniger selbständig in Aktion, nicht mehr als Teil jenes vielfältigen Komplexes ästhetisch-affektiv wirkender Mittel, der für die alte Diätetik so charakteristisch war. Musik wurde vor allem dann angewendet – und zwar meist als der letzte Versuch, der die kaum noch erhoffte Wendung zum Besseren brachte –, wenn mit dem Fieber Delir, Krämpfe und Furor auftraten und eine Beruhigung dringend notwendig schien. So war es z. B. bei einem französischen Musiker um 1700, dem man zuerst Kantaten seines Zeitgenossen Nicolas Bernier vorsang und danach zehn Tage lang Musik aller Art vorspielte, bis er wieder gesund war.[408] Bei einem anderen Fieberpatienten taten Violinstücke dieselbe beruhigende Wirkung.[409] Von dem folgenden Fall berichtet Etienne Tourtelle 1797 aus eigenem Erleben. Ein Organist in Besançon war

„von einem Faulfieber mit Delir und Furor befallen; nichts konnte ihn beruhigen außer einem Konzert, das seine Freunde während eines großen Teils des Tages in seinem Zimmer veranstalteten."[410]

Bei einem sehr musikliebenden Priester in Venedig, der an einem hitzigen Fieber mit Delir und Furor litt, hatte Violinspiel eine so günstige Wirkung, daß der Patient nach drei Stunden in einen ruhigen Schlaf fiel, aus dem er heiter und mit klarem Kopf erwachte.[411] Besonders anschaulich ist eine Begebenheit, die der Mannheimer Flötist und Komponist Johann Baptist Wendling (1723–1797) 1792 erzählte. Seine Tochter Elisabeth Augusta, die später als Sängerin bekannt wurde, erkrankte 1772 mit 20 Jahren an einem bösartigen Faulfieber mit heftigen Krämpfen und Delirien. Als alle Mittel versagten, empfahl der Mannheimer Arzt Franz Anton Mai dem Vater zuletzt, „eine

---

[407] N. Massa (Q 1557), S. 278.
[408] Anonymus (Q 1707/1730), S. 7 f.; vgl. auch P. G. Sperling (Q 1696), vorletzte Seite (unpaginiert).
[409] Anonymus (Q 1708/1730), S. 22 f.
[410] E. Tourtelle (Q 1797), Bd. 2, S. 281 f.
[411] G. F. Bianchini (Q 1769), S. 125.

Sonate auf dem Pianoforte im Nebenzimmer zu spielen". Obgleich Wendling skeptischer war als der Arzt, folgte er dem Rat, die Kranke beruhigte sich tatsächlich, und die Krämpfe und Delirien ließen nach. Ein Stück, gespielt von Cembalo und Violine, wirkte ebenfalls günstig, und „die Musik wurde mit immer mehr Instrumenten fortgesetzt", bis die volle Genesung erreicht war.[412] Von einer Erfahrung ähnlicher Art berichtet Mai selbst in seinen bekannten „Medicinischen Fastenpredigten" (1793):

> „Ich hatte das Glück, ein schönes liebes, artiges Frauenzimmer hier in Mannheim, welches durch die zurückgetretene Schärfe eines Scharlachfiebers, wie eine Medea rasete, und schon sechs Tage weder Tränke noch Arzeneien zu sich nahm, durch die bezaubernde Geige unseres pfälzischen Orpheus, Herrn Fränzl, von dieser schauerlichen Raserei zu heilen. Die Kranke fieng an, bitterlich zu weinen, verfiel in einen häufigen Schweiß, und sie erwachte wie aus einem Traum aus ihrer Tollheit."[413]

Musik konnte aber auch Hilfe leisten, wenn der Fieberkranke aus einem todesähnlichen Zustand geweckt werden sollte und man dafür ein den Körper schonendes und doch kräftiges Stimulans benötigte. So war es z. B. zu Beginn des 18. Jahrhunderts bei einer jungen Frau, vor deren Bett man einen ganzen Chor aufstellte, „der mit verschiedenen Musikstücken den Archaeus so ermunterte", daß die Patientin zu einem normalen Schlaf überging und nahezu gesund erwachte.[414] Ähnlich, wenn auch weniger bedrohlich war ein Fall aus dem Jahre 1788:

> „Vom hitzigen Fieber waren einer jungen Person Verirrungen nachgeblieben, die durch keine Artzney weggebannt werden konnten, die Kranke war gesund, nur war sie nicht bey sich. Sie träumte in ihrer Welt fort. Da nichts helfen wollte, schlug der verständige Arzt vor, der verwirrten Tochter die Lieder vor zusingen, die sie in ihrer Kindheit am meisten geliebt hatte. Die Mutter that's. Die Tochter ward aufmerksam und zuletzt gerührt. Jetzt kam man auf den Gedanken, durch einen sanften Tonkünstler dieselben Gänge der Musik, die Lieblingsaccente dieser Seele, simpel zu verändern und so rührend als möglich zu machen. Das Mittel gelang. Die

---

[412] G. Frank (Q 1792).
[413] F. A. Mai (Q 1793), S. 424 f. Weitere Beispiele ähnlicher Art: L. Schröder (Q 1639), S. 180; Freiherr von Holberg (Q 1769); L. Desbout (Q 1784), S. 22 f.; H. Vogel (Q 1797), Bd. 2, S. 160 f.
[414] J. B. Werloschnigg (Q 1706).

Kranke brach in Thränen aus und fragte, wo sie so lange gewesen? Sie wußte nichts von ihrem bisherigen Zustande."[415]

Aus den Krankheitsbeschreibungen ist allerdings nicht immer klar zu erkennen, ob die Musik den Fieberkranken ermuntern oder beruhigen sollte. Das gilt etwa für die oft erzählte Episode von einer neapolitanischen Prinzessin, die an Fieber litt und durch eine Arie von Hasse, die der aus der Biographie Johann Christian Bachs und Mozarts bekannte Sänger Anton Raaf an ihrem Bett sang, plötzlich das Fieber verloren haben soll.[416]

Wie die angeführten Beispiele gezeigt haben, waren zumindest bis zur Wende des 18. zum 19. Jahrhundert viele Ärzte von der therapeutischen Kraft der Musik gegen Fieber überzeugt. Christian Ludwig Bachmann hielt sie für ein wirksames Mittel nicht nur bei Tertianfieber, sondern auch bei Typhus, bei bösartigen Fiebern, Nervenfiebern, Faulfiebern usw., die mit Depressionen und Angstzuständen verbunden waren. Bei heiterer, ausgeglichener Gemütslage seien nämlich die körperlichen Funktionen gesteigert, so daß schädliche Stoffe leichter und schneller durch die Haut ausgeschieden würden.[417] Etienne Sainte-Marie meinte, Musik fördere das heilsame Kribbeln auf der Haut bei Hautausschlägen, die mit Fieber verbunden seien und könne außerdem die bei Fieber häufigen Kopfschmerzen vertreiben.[418]

Mit der Frage, wie die heilsame Wirkung der Musik bei Fieber physiologisch zu verstehen sei, scheint man sich verhältnismäßig wenig beschäftigt zu haben. Erwähnenswert ist jedoch die ausführliche Erklärung, die Michael Ernst Ettmüller 1714 versuchte; er dachte dabei hauptsächlich an die sedierende Funktion der Musik.

„Bei Fiebern und Delirien wogt die ganze Masse der Körpersäfte erhitzt durcheinander, die spiritus animales sind in ungewohnter Unordnung, laufen hierhin und dorthin auseinander, geben der Einbildungskraft verschiedene häßliche Gedanken ein und verwirren den Geist; aber sanfte Klänge beruhigen auf wunderbare Weise solche ungeordneten und wilden Bewegungen und lindern sie wie Balsam . . ., indem die zum Ohr getragenen harmonischen Luftschwingungen dort entsprechende Bewegungen auslö-

[415] Anonymus (Q 1788), S. 64.
[416] Anonymus (Q 1776/b).
[417] Chr. L. Bachmann (Q 1792), S. 40.
[418] E. Sainte-Marie in J. L. Roger (Q 1803), S. XXXIV f.; vgl. auch S. XXIX.

sen, diese greifen auf die Nervenflüssigkeit über und werden von ihr zum Gehirn weitergeleitet, ziehen den Geist von den bisherigen wirren Gedanken ab und bringen – wenn die Schwingungen lange anhalten – sogar diese Gedanken ganz in Vergessenheit. Auf diese Weise geben sie den Säften die rechte Mischung und die normale Bewegung wieder, beseitigen die Gedanken des Deliriums und stellen die gestörte Wechselbeziehung zwischen dem Geist und den Zuständen des Körpers wieder her."[419]

Wie man im einzelnen auch die Wirkung der Musik bei Fieber erklären mochte, die Ärzte begingen nicht den Fehler, sie zu überschätzen. Der französische Medizinprofessor Pierre Jean Burette (1663–1747) meinte, manche Fieber seien sehr schwer zu heilen, andere hingegen recht leicht, und daß dabei die Musik mithelfen könne, schien ihm nicht erstaunlich.[420] François Fournier-Pescay wies 1819 ausdrücklich darauf hin, daß der Musik bei Fieber nur die Rolle eines Hilfsmittels zukomme, das die Kranken beruhigen und dadurch die Gesundung beschleunigen könne.[421] Wie bei anderen Krankheiten galt die Musik auch bei Fieber nicht als das allein in Betracht kommende oder gar wundertätige Heilmittel – selbst dann nicht, wenn man mit ihr einen letzten Versuch unternahm, dem Kranken zu helfen. Stets war die Musik für die Ärzte nicht mehr, aber auch nicht weniger als ein wertvolles Hilfsmittel, das man wegen seiner Fähigkeit, die Affekte auszugleichen und dadurch auch den Körper zu beeinflussen, in die Therapie einbezog.

dd. Musik nach dem Aderlaß

Eine der wichtigsten prophylaktischen und therapeutischen Maßnahmen, welche die Humoralmedizin kannte, war der Aderlaß. Nach genauen Regeln zu bestimmten Jahreszeiten unter bestimmten Gestirnkonstellationen an bestimmten Körperstellen vorgenommen, diente er einmal dazu, die Gesundheit zu schützen. Zum anderen war er aber auch ein universales Mittel bei den verschiedensten Krankheiten, das nicht selten in gefährlichem Ausmaß angewendet wurde. Daß während eines Aderlasses und vor allem in der Zeit danach Vorsicht

---

[419] M. E. Ettmüller (Q 1714), S. 33.
[420] P. J. Burette (Q 1748), S. 12.
[421] Fr. Fournier-Pescay (Q 1819), S. 71.

geboten war, wußten die Ärzte sehr wohl; sie gaben daher detaillierte Vorschriften für die Prozedur selbst sowie für das richtige Verhalten danach. So rät Henri de Mondeville zu Beginn des 14. Jahrhunderts, man solle für den Aderlaß einen Tag wählen, an dem man von Gemütsbewegungen frei sei, und der Bader solle „mit heiterer und fröhlicher Miene" zu Werke gehen. Nach dem Aderlaß solle man in reiner, trockener, wohltemperierter Luft mindestens eine Stunde liegen bleiben, drei Tage lang das Haus nicht verlassen und eine sorgfältige Diät einhalten.[422] Den physiologischen Grund dafür, daß man sich nach einem Aderlaß schonen sollte, nennt der italienische Arzt Orazio Augenio (1527–1603) in seinem Buch über den Aderlaß:

> „Alles Bemühen muß dahin gehen, die durch den Aderlaß in heftige Bewegung versetzten spiritus zu beruhigen und zu mäßigen; deshalb dürfen auch Gesunde nach einem Aderlaß nicht sogleich wieder ihren gewohnten Beschäftigungen nachgehen."[423]

Da jedoch die spiritus nicht zu schnell und nicht zu stark beruhigt werden durften, solle der zur Ader Gelassene erst nach einer längeren Ruhepause schlafen; sonst leide die „angeborene" Wärme Schaden, wenn die spiritus allzu schnell ins Körperinnere gezogen würden.[424]

Besonders wichtig nach einem Aderlaß war die richtige Gemütsverfassung. Arnald von Villanova betont, Affekte wie Zorn, Traurigkeit und Niedergeschlagenheit, die den Körper schwächten, seien nach dem Aderlaß unbedingt zu vermeiden; stattdessen solle man für Freude und Heiterkeit sorgen, die das Herz und die Körperkräfte stärkten. Das rechte Maß lasse sich dabei nur nach persönlicher „Gewohnheit", nicht aber einheitlich für alle festlegen: Wer abgeschieden und schweigsam lebe, habe nach der Prozedur weniger Freude und Heiterkeit nötig als derjenige, der sein Leben in Fröhlichkeit führe.[425] Auch nach Ansicht von Henri de Mondeville ist es für den Erfolg eines Aderlasses notwendig, die Zeit danach ununterbrochen in heiterer, lustiger Stimmung zu verbringen, Freunde bei sich zu haben, Spiele zu machen und weder Zorn noch Unlust aufkommen zu lassen. Weiter sagt er:

---

[422] Henri de Mondeville (Q 1892), S. 373 f.
[423] O. Augenio (Q 1598), S. 294.
[424] Ebd.
[425] Arnald von Villanova (Q 1585/g), Sp. 911.

„Man soll einen Spielmann seines Geschlechts haben mit vielen Instrumenten, d. h. der Mann einen männlichen und die Frau einen weiblichen, und man soll sich vor Aufregungen und schädlichem Lärm möglichst hüten."[426]

Eine aus verschiedenen Schriften Arnalds von Villanova kompilierte und in zahlreichen deutschen Handschriften überlieferte „Regel der Gesundheit", „eines der weitverbreiteten medizinischen Bücher des 15. und 16. Jahrhunderts",[427] macht Vorschriften für das rechte Verhalten nach einem Aderlaß und rühmt dabei den Nutzen der Musik:

„Man sol auch nicht truren noch arbeiten noch sorgsam seyn. Man sol freude und trost suchen, so wirt die natur starck. Also Avicenna sprichet: freud und frolichkeit sterket alle lebendigen geyst, dye wir haben yn unserm blute und macht dem [sic] leyp starck. Man sol auch gen [= gehen] tzu den besten fruden [= Freunden] und do seytenspyl sey und da man wol singe, wen [= weil] seytenspyl brenget dye freud wyder [denen], dye tzu swerem gemute und tzu doben [= toben] bereyt sind, alz Macrobius der meister spricht. Seytenspyl stillet zorn und retet dugent [= Tugend] und furkoment [= verhindert] anefalln suchte ... Wir vinden auch, daz dye bosen geyst mußen flyhen von seytenspyl als wir lesen von David und von Saul; und darumb ist ez gut, daz man alle kurtzweil suchet so man geleßet."[428]

Beim Aderlaß tritt die doppelte Funktion der Musik in der alten Medizin deutlich zutage: Nach vollzogener Prozedur sollte sie einerseits beruhigen, Aufregung und Zorn verhüten, andererseits Traurigkeit und Sorgen vertreiben und den zur Ader Gelassenen wach halten,

---

[426] Henri de Mondeville (Q 1892), S. 374. – Ein Pariser Holzschnitt aus dem 16. Jahrhundert mit einem satirischen Bilderbogen (abgebildet bei J. Adhémar [L 1968], Abb. XV, S. 51) zeigt einen Aderlaß: Der Bader hat die Ader „geschlagen", das Blut strömt in die Schale, der Helfer gibt dem zur Ader Gelassenen zu trinken, und ein Musikant spielt auf einer Laute. Doch läßt sich kaum entscheiden, ob die Anwesenheit eines Musikers im Sinne der zitierten ärztlichen Ratschläge zu verstehen ist, oder ob sie nicht vielmehr zum marktschreierischen Auftreten eines umherziehenden Baders gehört. Auf die zuletzt genannte Deutung weisen mehrere Details der Darstellung, die offensichtlich als Karikatur gemeint ist. Vgl. dazu auch die unten S. 349, Anm. 522 angeführten Darstellungen von Zahnbrechern.

[427] P. Strauß (Q 1963), S. 15 und 46.

[428] Zitiert ebd. S. 152. Eine ähnliche Stelle findet sich in einer St. Georgener Handschrift aus dem späten 14. Jahrhundert; vgl. G. Eis (Q 1961), S. 477.

damit er nicht zu früh einschlief. Diese Ambivalenz der Musik regte im 17. Jahrhundert Hermann Grube zu der Überlegung an, ob man nicht Blutungen mit Hilfe von Musik stillen könne. Er hatte beobachtet, daß Musik eine solche Erregung hervorrufen konnte, daß Blut aus der Nase austrat,[429] weil sich die Blutgefäße infolge der „Erhitzung" der spiritus zu weit öffneten. Grube erwog nun ernstlich, ob man mit Musik von bestimmten Charakter nicht auch Blutungen zum Stehen bringen könne. Er meinte,

> „daß es auch ruhige musikalische Weisen geben könnte, mit denen sich die allzu wilden spiritus bändigen und das ausströmende Blut wenn nicht anhalten, so doch allmählich verlangsamen ließen."

Grube verwarf den Gedanken aber wieder, weil er fürchtete, daß die Musik zu langsam und auch nicht zuverlässig genug wirke.[430]

b. Musik als Stimulans

aa. Musik im Kampf gegen ansteckende Krankheiten: Pest – „Englischer Schweiß" – Syphilis

Das Mittelalter kannte aus der spätantiken Enzyklopädie des Martianus Capella den Thaletas aus Kreta, der einst mit seinem Kithara-Spiel Krankheiten und sogar eine „Seuche" vertrieben haben soll.[431] Nachdem im 16. Jahrhundert die dem Plutarch zugeschriebene Abhandlung „Über die Musik" allgemeiner bekannt geworden war, die dieses Exemplum etwas ausführlicher darstellte,[432] begegnen wir ihm nicht mehr nur bei den Musikschriftstellern und in enzyklopädischen Werken, sondern auch bei Ärzten, wenn es darum geht, den Nutzen der Musik während einer Seuche zu belegen. Inzwischen hatte die „Pest" oder auch der „schwarze Tod" seit der verheerenden Epidemie von 1348 eine in alle Lebensverhältnisse tief eingreifende Bedeutung erlangt. Die schwierige Frage, ob der „schwarze Tod" die Pest im modernen Sinne, d. h. die Beulen- oder die Lungenpest oder aber eine

---

429 Siehe oben S. 308.
430 H. Grube (Q 1679), S. 72 f.
431 Martianus Capella (Q 1925), S. 492.
432 Plutarch (Q 1900), S. 158.

andere Infektionskrankheit war oder ob die Beulen- und Lungenpest zusammen mit anderen Infektionskrankheiten auftrat, kann hier nicht erörtert werden. Die Krankheitsbilder, die in den Quellen mit „pestis", „pestilentia" und ähnlichen Begriffen bezeichnet werden, lassen sich zumindest in der Anfangszeit nicht immer eindeutig auf die Beulen- oder die Lungenpest beziehen. Für unseren Zusammenhang genügt die Feststellung, daß Europa bis in das 18. Jahrhundert von schweren „Pest"-Epidemien heimgesucht wurde, wobei es sich nicht immer nur um die Pest im eigentlichen Wortsinne gehandelt haben dürfte.[433]

Die Schulmedizin stand hier vor einer besonders schweren Aufgabe, boten doch die antiken und mittelalterlichen Autoritäten kaum Auskünfte, wie sich die Seuche bekämpfen und vermeiden ließ; um so näher lag es, das Beispiel des Thaletas zu akzeptieren und zu rechtfertigen. Man brauchte nicht einmal, wie es der deutsche Arzt August Etzler tat, zu der spekulativen astrologischen Deutung zu greifen, daß die Musik der Venus unterstehe, die Pest aber dem der Venus feindlichen Saturn, und daß Thaletas darum mit seinem Spiel die Seuche habe besiegen können.[434] Vielmehr gab es eine viel einfachere und einleuchtendere Erklärung. Für Girolamo Mercuriale war 1580 „die Musik des Thaletas nichts anderes ... als Zuversicht, Freude und Heiterkeit, wodurch man erreicht, daß Geist und Körper kräftiger gegen die Krankheit der Pest ankämpfen." Die Erfahrung zeige, daß diejenigen, die in Pestzeiten guten Mutes seien, weniger leicht krank würden.[435] Manche Ärzte, wie etwa Isbrand von Diemerbroeck (1609–1674), schrieben der Angst und Traurigkeit sogar einen so entscheidenden Einfluß zu, daß sie glaubten, allein wegen der Furcht vor der Pest nähmen die Epidemien so stark zu. Isbrand von Diemerbroeck hielt daher Fröhlichkeit und Heiterkeit für die Hauptfeinde der Pest, weshalb ihm das Kithara-Spiel des Thaletas als sehr sinnvoll und nützlich erschien.[436] Noch in der ersten Hälfte des 18. Jahrhunderts,

---

[433] Eine ausführliche Geschichte der Pest bietet G. Sticker (L 1908–10); vgl. ferner E. H. Ackerknecht (L 1963), S. 6–19, F. Henschen (L 1966), S. 80–83 und J. Nohl (L 1924).
[434] A. Etzler (Q 1631), S. 124.
[435] G. Mercuriale (Q 1580), fol. 46 r/v; vgl. auch J. von Beverwyck (Q 1637), S. 219.
[436] I. von Diemerbroeck (Q 1646), S. 120.

als die Pest in Mitteleuropa bereits viel weniger auftrat als in den Jahrhunderten zuvor, erklärte der Erfurter Medizinprofessor Johann Wilhelm Albrecht, was aus dem Altertum über die Wirkung der Musik gegen die Pest überliefert sei, dürfe man nicht als bloße Legende verstehen. Er billigte es ausdrücklich,

> „daß auch in neuerer Zeit die Menschen in Pestgegenden, dem Rat der Ärzte folgend, . . . vor allem mit Musik und Tanz sich in maßvoller Weise von dem schrecklichen Anblick des vielfachen Todes und von der Angst vor dem Sterben ablenkten und sich dadurch sicherer der Ansteckung entzogen."[437]

Das Beispiel des Thaletas, das sicherlich einen ursprünglich magischen Gebrauch der Musik bezeugt, verstehen die Ärzte, die sich darauf berufen, stillschweigend im Sinne der Funktion, welche die Musik als affektwirksames Mittel seit langem in der Medizin hatte. Dieser Deutung entsprechen die Ratschläge, die vom 14. Jahrhundert an in zahllosen großen und kleinen, gelehrten und populären Pestschriften die Gesunden aufklärten, wie sie sich vor der Seuche schützen sollten, und die schon Kranken, wie sie wieder gesund werden könnten. Für beide Gruppen galten im wesentlichen dieselben Regeln. Besonders eindringlich warnen die Ärzte vor allen schädlichen Gemütsbewegungen, weil sie die Ausbreitung der Pest begünstigten. Siegmund Albich (um 1347–1427), Leibarzt des böhmischen Königs Wenzel und Lehrer an der Prager Universität, mahnt in seinem Pest-Regimen,

> „von der Pest weder zu sprechen noch an sie zu denken, da allein schon die Angst vor der Seuche, die Einbildung und das Reden von ihr den Menschen ohne Zweifel pestkrank machen."[438]

Ein dem Albertus Magnus zugeschriebener, in zahlreichen Bearbeitungen und Übersetzungen im späteren Mittelalter weit verbreiteter Pest-Traktat schärft den Lesern ein, sie sollten in der Pestzeit Zorn, Furcht und Angst vor dem Tod vermeiden, sollten weder von der Pest reden noch an sie denken, sondern „leben in freuden bey guten freunden / . . . / unnd besonder soll man Seytenspiel unnd ander zimli-

---

[437] J. W. Albrecht (Q 1734), S. 135 f.
[438] K. Sudhoff (Q 1913), S. 92.

che freude brauchen / mehr denn sonst zu andern zeiten".[439] „seiten spil / singen und schön frölich historien lesen / ist alles loblich", sagt auch Heinrich Steinhöwel in seinem Pest-Büchlein von 1473.[440] In einer Wiener Pestschrift von 1510 heißt es, um der Pest widerstehen zu können, solle man sich aller heftigen Affekte wie Zorn, Traurigkeit, Furcht, aber auch aller anstrengenden Gedanken, besonders über Pest, Krankheit und Tod gänzlich enthalten, weil alles dies den Körper unmittelbar schwäche. Vielmehr solle man auf Gottes Hilfe und auf die Medikamente hoffen und sich eine „maßvolle Freude" zur Regel machen, d. h. mit Freunden zusammensein, sich angenehmer Unterhaltung, lustigen Geschichten und Scherzen widmen; außerdem sollten „Harfe, Laute, Schalmeien und andere Musikinstrumente gespielt und wohlklingende Lieder gesungen werden".[441] Daß die Musik „wohlklingend" sein müsse, um recht wirken zu können, wird öfters betont. So soll man sich einem italienischen Pest-Traktat von 1382 zufolge in der Zeit einer Pestepidemie am Klang von Musikinstrumenten und an Sängern mit sanfter Stimme erfreuen,[442] und Benedikt von Nursia sagt in seiner 1477 gedruckten Pestschrift, man solle sich mit Maßen ergötzen an Tänzen, Liedern, schönen Gewändern und „am Anhören und am Anblick von Musikinstrumenten, die einen guten und angenehmen Klang haben, und dies für den, der darum bittet, an jedem Tag und zu jeder Stunde".[443]

Mit ähnlichen Worten formuliert 1607 der Hallische Arzt Matthias Untzer (gest. 1624) in einem populären Pestbüchlein seine Ratschläge:

„Endlich und zum 6. soll man sich hüten für Zorn und Rachgierigkeit / meyden tieffe und schwere gedancken / große Bekümmerniß / Trawrigkeit / und unmäßige Sorgen / insonderheit aber / soll man sich aller Furcht entschlahen / und dargegen einen frewdigen Muth fassen / frölich sich erzeigen / luste [sic] Historien und kurtzweilige Geschicht lesen / mit allerley lieblichen und wolklingenden musicalische

---

[439] Albertus Magnus (Q 1581), fol. 44 r.
[440] H. Steinhöwel (Q 1473), unpaginiert.
[441] J. Salius (Q 1510), fol. B 3. Vgl. ferner P. Tausignano (Q 1493), fol. e IV v; M. Savonarola (Q 1487), fol. 50 r; H. Folz (Q 1879), S. 8 f., Z. 132–134; N. Nicolus (Q 1533), Bd. 1, sermo 2, fol. 178 r; Th. Jordanus (Q 1576), S. 441.
[442] K. Sudhoff (Q 1912), S. 356, Z. 81–83.
[443] Benedictus de Nursia (Q 1477), fol. 24 v.

Instrumenten sich recreiren und ergetzen / und also in Schutz und Schirm Gottes deß Allmächtigen zu Tag und Nacht sich befehlen."[444]

Die medizinische Begründung gibt Untzer in einer anderen, gelehrteren Pestschrift: Traurigkeit drückt das Herz, die ihm eingepflanzte Wärme und den spiritus nieder, Zorn erhitzt dagegen die Säfte und den spiritus, bringt sie in Erregung und Verwirrung und macht sie dadurch anfällig für die schnellere Aufnahme des Peststoffes. Maßvolle Heiterkeit aber belebt alle spiritus, stellt die eingepflanzte Wärme wieder her und zerstreut die dunklen Dämpfe des Herzens.[445]

Warum ängstliche Menschen von der Pest viel öfter angesteckt werden als fröhliche, versucht 1626 der Danziger Arzt Joachim Olhafius (1570–1630) noch genauer zu erklären. Er argumentiert so: Angst drängt die spiritus von der Oberfläche und Peripherie des Körpers zum Herzen hin und bringt dadurch den Peststoff in entsprechender Konzentration dorthin; umgekehrt bleiben bei heiterer, ausgeglichener Stimmung die spiritus unverändert über den ganzen Körper verteilt, und der Peststoff gelangt nur teilweise und vorübergehend zum Herzen, weil er zum größeren Teil inzwischen von den anderen Organen und Körperteilen gezähmt und entschärft wird, so daß die Gefahr einer Pesterkrankung gebannt ist oder sie höchstens einen langsamen, leichten Verlauf nimmt. Olhafius weist aus diesen Gründen der Musik eine wichtige Aufgabe bei der Vorbeugung und Behandlung der Pest zu. Die Musik solle dafür sorgen,

„daß die spiritus in Umlauf gesetzt und richtig über den ganzen Körper verteilt werden, damit sie nicht in großer Menge in Erregung gebracht werden und den ansteckenden Peststoff zum Herzen mitnehmen."[446]

Nur am Rande sei erwähnt, daß Olhafius sich hierbei auch auf Thaletas beruft und die Interpretation, die Mercuriale gegeben hatte,[447] ausdrücklich billigt.[448]

---

[444] M. Untzer (Q 1607), cap. 5 (unpaginiert). Vgl. ferner z. B. P. Salius (Q 1656), S. 138 f.; P. Zacchia (Q 1701), Bd. 1, S. 274.
[445] M. Untzer (Q 1621), S. 92.
[446] J. Olhafius (Q 1626), S. 38 f.
[447] Siehe oben S. 325.
[448] Auf Thaletas berufen sich z. B. auch R. Minderer (Q 1619/a), S. 360 und J. G. de Bötticher (Q 1736), S. 160, um den Nutzen der Musik bei Pest zu begründen. Eine Pestschrift der Stadt Frankfurt am Main von 1665 (Anonymus [Q 1665], S. 12) verweist demgegenüber nur auf das Vorbild der „Alten".

Galten schon Angst und Einbildung als hinreichende Disposition für die Ansteckung, so erschienen Furcht und Verzweiflung erst recht lebensgefährlich für die bereits Kranken. Unermüdlich wiesen die Ärzte daher auf das reiche Repertoire an „Laetificantia" hin, das die arabische Medizin des Mittelalters ausgebildet hatte, um mit der Seele des Kranken auch seine körperlichen Abwehrkräfte zu stärken. So rät z. B. Nicolaus Massa 1556, der Pestkranke solle sich an schönen Orten aufhalten, in einem hellen Haus, das mit Teppichen und anderem Schmuck ausgestattet sei und in dem mit Wohlgerüchen geräuchert werde; er solle durch grüne Wiesen und andere liebliche Gefilde spazieren, mit guten Freunden zusammensein und über Dinge sprechen, die Freude bereiteten und zum Lachen anregten. „Es hilft auch sehr viel, Lieder und ergötzliche Musikinstrumente zu hören, sie zuweilen selbst zu spielen und mit nicht zu lauter Stimme zu singen." Rauhe Klänge, Stimmen und Gesänge, die das Ohr beleidigten, seien jedoch zu meiden; nur sanfte und liebliche Musik, wie das Spiel der Harfe und ähnlicher Instrumente, kräftige die Seele, „aber unmäßige und laute Klänge beeinträchtigen die Seele und erhitzen den Körper mit schädlicher Wärme". Ferner sei es für den Pestkranken gut, wenn er Gemälde betrachte, die das Auge erfreuten, wie z. B. die Bilder schöner Frauen, wenn er Gewänder aus Seide oder mit angenehmen Farben anlege, wenn er die Hand mit Ringen und Edelsteinen schmükke, Goldstücke ansehe oder zähle usw. Allerdings war sich Massa darüber im klaren, daß einiges davon nur in Frage kam, wenn der Patient „reich, Adliger oder Fürst" war.[449] Die Musik war davon jedoch weniger betroffen; sie konnte man auch mit bescheidenen Mitteln genießen, und wenn man nur selbst ein Lied sang, an dem man sich erfreute. Der Erfurter Arzt Johannes Hebenstreidt (gest. 1569), der 1562 ein Büchlein mit Ratschlägen gegen die plötzlich ausgebrochene Pest drucken ließ, wandte sich nicht nur auch, sondern hauptsächlich an den „gemeinen Mann". Er warnte Gesunde wie Kranke, sich nach dem Essen zu viel zu bewegen und zu sehr anzustrengen.

„Ich ließe mir solche Zeit mehr gefallen / daß man nach ergetzung in der Biblia / Musicam / mit Lauten / Geygen / Harffen / Singen / oder dergleichen Saitenspielen exercierte / Denn solchs erquickt die lebendige Geister / so man spiritus nennt / sterckt das Hertze / und macht den men-

---

[449] N. Massa (Q 1556), fol. 41 r und 38 v–39 r.

schen freudig / welchs sonderlich in solcher zeit nützlich / denn es der bösen feuchtigkeit widerstehet."[450]

Nach Meinung des Coburger Arztes Johannes Popp war es vor allem wichtig, die Pestkranken nicht

> „allein zu lassen / sondern umb dero Melancoley und furcht willen / ist es besser daß man solche besucht mit jnen rede oder ein Liebliche Music habe / damit nicht allein das Gemüth / sondern auch das Geblüt erfrischet werde / dann gleich wie durch schrecken das Geblüt verändert wirdt / also wirdt es auch verändert durch ein lustig Gespräch unnd anmuthige Harmoni der Music."[451]

Näher wird diese Wirkung erläutert in dem dickleibigen Werk des Frankfurter Arztes und nachmaligen Mainzer Professors Ludwig von Hörnigk (1600–1667) über die Pest aus dem Jahre 1644. Die 357. Frage des Buches gilt dem Problem, „ob sich die Pest durch die liebliche Music vertreiben und gleichsamb einschlaffen lasse?" Hörnigk bejaht die Frage und begründet seine Antwort damit,

> „daß wann ein liebliche Music den Menschen frölich und folgends hertzhafft / deroselben Treibung der Lebens Geister ad circumferentiam corporis macht / die Natur gestärcket unnd dannenhero das Gifft durch Ermunterung und Schweißes Verursachung desto besser were von Hertzen abgehalten worden."[452]

In seinem abschließenden Urteil faßt Hörnigk treffend zusammen, wie die Medizin seit langem die therapeutische (und auch die prophylaktische) Funktion der Musik verstand:

> „daß sie zwar kein Specificum remedium darwider / aber gleichwol per accidens oder zufälliger Weise bey manchen Pestsüchtigen nicht weniger als bey andern Patienten nutz und dienlich sey / in dem sie ... aller Trawrigkeit deß Gemüths widerstehet / den Krancken muthiger und getroster macht / dardurch dann das Hertz / gleich einem als mit einem Krafftwasser und frischen Entsatz wider den Feind und dessen Anfäll gestärcket / sich mit Hilff der Natur viel besser wehret / und die gefährliche Stürm abschlägt."[453]

---

[450] J. Hebenstreidt (Q 1562), fol. H III v–IV r.
[451] J. Popp (Q 1625), S. 30 f.
[452] L. v. Hörnigk (Q 1644), S. 672.
[453] Ebd. S. 673.

Einwände, wie sie der Magister der Wittenberger Philosophischen Fakultät Theodor Kirchmajer 1672 vorbrachte, waren sehr selten. Kirchmajer meinte, Musik wirke zwar wie Weingenuß der Furcht vor der Pest entgegen, es sei jedoch nur möglich, sich durch Musik vor der Pest zu schützen, aber unmöglich, bereits Pestkranke von der Seuche zu heilen.[454] Offenkundig verkannte Kirchmajer als medizinischer Laie, daß die Musik aus ärztlicher Sicht zur Prophylaxe und zur Therapie gleichermaßen beitragen konnte, freilich nicht als ein Allheilmittel, sondern stets in Gemeinschaft mit anderen Maßnahmen.

Daß die Menschen sich während einer Pestepidemie zumindest teilweise so verhielten, wie die Ärzte es ihnen vorschrieben, zeigt die Schilderung der Pest in Florenz vom Jahre 1348, die Giovanni Boccaccio aus eigenem Erleben in der Einleitung seines „Decameron" gegeben hat: Zwar glaubten einige, der Seuche am besten zu begegnen, wenn sie allen Genüssen nachgingen, singend umherzogen, Tag und Nacht in den Wirtshäusern saßen, unmäßig aßen und tranken, scherzten und lachten; andere aber lebten doch bewußt mäßig und zurückgezogen, schlossen sich in ihre Häuser ein, um keine Berührung mit Kranken zu haben, nahmen nur die besten Speisen und Weine zu sich und auch dies nicht im Übermaß, ließen sich von niemandem sprechen, wollten auch von draußen, von Tod und von Kranken nichts hören, sondern „verbrachten die Zeit mit Musik und jenen Vergnügungen, die sie sich selbst bereiten konnten".[455]

Der „englische Schweiß"

Hatte man sich seit der Mitte des 14. Jahrhunderts daran gewöhnt, mit der immer wieder ausbrechenden Pest leben zu müssen, so erschien im Frühsommer 1529 überraschend in Deutschland und in einigen Nachbarländern, nicht aber in Frankreich und in den südlichen Gebieten Europas, eine neue gefährliche Seuche, die man bis dahin nicht kannte: der „englische Schweiß". Von England aus, wo der „englische Schweiß" seit 1483 aufgetreten war, hatte er auf das Festland übergegriffen, erregte überall Furcht und Schrecken und stellte die Ärzte wieder vor eine schwierige Aufgabe, zumal sie – wie im Falle

---

454 Th. Kirchmajer (Q 1672), S. 28.
455 G. Boccaccio (Q 1951–52), Bd. 1, 1951, S. 16 f., § 20–21.

der Pest – bei den alten medizinischen Autoritäten über die neue Seuche keinen Rat finden konnten.[456] Die Krankheit, die sich aus moderner Sicht nicht eindeutig bestimmen läßt, begann mit Schüttelfrost und rasch steigendem Fieber, quälendem Herzklopfen, starken Kopfschmerzen, denen übelriechende Schweißausbrüche folgten, nicht selten auch Delirien, Krämpfe und Bewußtseinsverlust. Der vielfach heftige Verlauf der Krankheit und die in manchen Gegenden sehr hohe Sterblichkeit ließen eine Flut von eilig verfaßten, meist für den örtlichen Gebrauch bestimmten Broschüren entstehen, in denen die Ärzte Gesunden und Kranken Anweisungen für das richtige Verhalten gaben.[457] Da die Seuche neu zu sein schien, war die Furcht vor der Ansteckung besonders groß. Am 27. August 1529 schreibt Martin Luther an Nikolaus Hansmann in Zwickau:

„Nicht daß man diese Krankheit geringschätzen müßte, sondern daß man unterscheiden muß, wenn wir sehen, daß recht viele Menschen aus Einbildung und Furcht, nicht aber tatsächlich und durch Ansteckung krank werden. Die bloße Einbildung bringt sie zu Fall, und ihr Gemütszustand greift dann auf den Körper über."[458]

Um so wichtiger war es, den Gesunden wie den Kranken einzuschärfen, wie viel von der rechten Gemütsverfassung abhing. So heißt es in einer der Schriften über den „englischen Schweiß":

„In diser erschrecklichen plage, sol menigklich [= jeder] eyn freymütig frölich wesen füren, durch manigfaltige zimliche kurtzweyl, keines dottfalls [= Todesfalles] gedencken, grosse hoffnung des lebens haben, so er gleich mit der kranckheit beladen ist, wan besünder [= besondere] forcht [vor] dieser kranckheit, traurigkeit, schwergemüt und zuvor aus erschrecknis verursacht über alle mas zu döttlichen [= tödlichen] fal diser Kranckheit."[459]

Ein süddeutscher Traktat gibt ausführliche Ratschläge, wie man sich vor der Seuche schützen könne; darin wird nahezu alles aufgezählt, was schon die arabischen Ärzte des Mittelalters an freudespendenden Dingen zusammengestellt hatten:

---

[456] Vgl. dazu F. Henschen (L 1966), S. 53 (Literatur S. 64) sowie G. Mann im Nachwort zum Nachdruck von E. Cordus (Q 1529).
[457] Diese Schriften sind herausgegeben worden von Chr. G. Gruner (Q 1847).
[458] M. Luther (Q 1930–70), Bd. 5, 1934, S. 139, Nr. 1468.
[459] S. Kröll (Q 1847), S. 221.

„Bey allen Arzten ist nit der minst [= mindeste] artickel, do mit fürkommen [= vorgebeugt] und abgewendt werde dise grausam Engelisch schweysssucht, dass ein ieder in allen fröden und wollust lebe ... als mit fröwd, wolleben, lüstigen woningen, wolriechenden habitation, mit schönen kleidern, edlem gestein, güldin ring, kleinod von perlin und perlin, rot schon corallen etc. Mit allerley saiten spyl, harpfen, lauten, gigen, pfeyffen, mit frölichem gesang unnd lieplicher melodey, das über dise alle ist, domit soll sich der mensch erholen unnd erquicken, dan von disen stücken werden die leblichenn krefft und edlen geyst des hertzens der massen erfröwet und gesterckt, das dise vergifftige sucht dester minder an eynen kumpt ..."[460]

Das galt natürlich ebenso für diejenigen, die schon krank waren. Die Verfasser einer Basler und einer Straßburger Schrift über den „englischen Schweiß" sagen, durch Heiterkeit komme der von Unruhe, Angst und Verzweiflung ergriffene Geist wieder ins Gleichgewicht, mochte die gute Laune von äsopischen Fabeln, von Musikinstrumenten oder von hübschen Mädchen herrühren.[461]

Syphilis

Anderthalb Jahrhunderte nach dem Beginn der Pestepidemien trat eine andere ansteckende Krankheit auf, die – zumindest in Europa – unbekannt schien: die „französische" Krankheit, die Syphilis.[462] Eine wirklich neue Krankheit war sie, entgegen der Meinung der gelehrten Ärzte jener Zeit, wohl nicht, auch wenn ihre Herkunft sich nicht klären läßt. Seit dem Ende des 15. Jahrhunderts breitete sich die Syphilis schnell in Europa aus. Zwar forderte sie weniger Todesopfer als die Pest und breitete sich auch nicht in dem Maße epidemisch aus wie der „englische Schweiß", aber ihre Spätfolgen machten sie gefährlich und gefürchtet. Da die Krankheit sich über Jahre hinzog, war es besonders wichtig, aber auch besonders schwierig, die Hoffnung und den Mut nicht zu verlieren. Daß dabei auch die Musik mithelfen sollte, erläutert Gabriele Falloppio (1523–1562), Medizinprofessor in Padua, in seinem Traktat über die „gallische" Krankheit:

---

[460] A. Klump (Q 1847), S. 204.
[461] Vgl. J. Schiller (Q 1847), S. 295 sowie J. Nidepontanus und L. Fries (Q 1847), S. 172 f.
[462] Einen knappen Überblick über die Geschichte der Syphilis geben E. H. Ackerknecht (L 1963), S. 106–115 und F. Henschen (L 1966), S. 142–147.

„Kranke, die fröhlich sind und die Krankheit geringachten, mögen sie
auch den Bart und die Haare verlieren, lassen sich niemals erschüttern und
werden doppelt so schnell wieder gesund, weil dann die natürliche Wärme
[des Körpers] nicht beeinträchtigt ist. Dagegen schwächen Traurigkeit,
Verzweiflung und Furcht den Menschen und behindern die Wirkung der
Medikamente. Wenn ich daher zornige, verzweifelte Kranke sehe, spreche
ich immer ein ungünstiges Urteil über sie, weil bei ihnen die Krankheit
erheblich länger dauert. Aber Zusammensein mit Freunden, Sang und
Klang und Gelassenheit tragen sehr dazu bei, die Gesundheit wiederzugewinnen."[463]

Tanus Pratensis rät am Anfang des 16. Jahrhunderts in seiner
Syphilis-Schrift den Kranken, viel zu singen und öfters auch Gesang
zu hören, weil dies die Funktionen des Körpers stärke, ihn feucht
mache und die Schmerzen erheblich lindere.[464] Auch andere Ärzte
legen den Syphilitikern nahe, sich mit Musik und anderen angenehmen Dingen von den heftigen Gliederschmerzen abzulenken.[465] Der
kaiserliche Leibarzt Nicolaus Poll (1470–1527) verfaßte 1517 einen
kurzen Traktat über die Behandlung der Syphilis mit dem Guajakholz. Auf dieses seit 1514 in Europa bekannte Mittel setzte man
damals große Hoffnungen. Poll schärft dem Syphiliskranken ein, er
solle sich während der Zeit, in der er Abkochungen des Holzes einneh-
me, vielerlei Genüsse verschaffen und Zorn, Traurigkeit, Sorgen und
dergleichen meiden.

„Daher wird es gut sein, wenn er ständig einen Vertrauten, wie z. B. Kinder, Verwandte, Musiker bei sich hat . . . In diesen Stunden soll er auf keinen Fall schlafen; deshalb muß er versuchen, immer Menschen um sich zu
haben, wie es die Deutschen während der Zeit der Aderlasses tun."[466]

1519 ließ Ulrich von Hutten (1488–1523), selbst von der Syphilis
befallen, an der er dann auch starb, ein Büchlein über die Heilung der
„gallischen" Krankheit durch das Guajakholz erscheinen. Er empfiehlt den Patienten, sie sollten während der Behandlung alle schweren Gedanken, Sorgen, Zorn und Traurigkeit von sich fernhalten,
stattdessen „Sänger und Instrumentalisten hören, sich den Musikern

---

[463] G. Falloppio (Q 1584), S. 796.
[464] S. J. Tanus Pratensis (Q 1793), S. 137.
[465] Vgl. dazu auch unten S. 348.
[466] N. Poll (Q 1536), S. 221.

widmen oder sich an lustigen Geschichten erfreuen".[467] Solche Ratschläge kehren vielfach wieder.[468]

Da die Musik bei Krankheiten aller Art und erst recht bei Seuchen als wertvolles Hilfsmittel galt, überrascht es, daß man in ihr gelegentlich auch eine mögliche Krankheitsursache erblickte. Zu dieser Vermutung kamen Gelehrte des 16. und 17. Jahrhunderts, die auf der Grundlage eines rein formalen spekulativen Denkens Analogieschlüssen folgten und dabei Ursache und Wirkung umkehrten. So argumentiert Joseph Du Chesne 1609 folgendermaßen:

„Daß das Gift des dünnen Ansteckungsstoffes auch durch alle Sinnesorgane in den Körper eindringen kann, d. h. durch das Gehör, das Gesicht, den Geschmack und erst recht durch die Atmung, ergibt sich ganz offenkundig aus dem Prinzip der Gegensätze. Wenn nämlich ... auf den genannten Wegen ... ein Medikament in den Körper eindringen kann, um die innerlich verborgene Krankheit zu bekämpfen oder wenigstens ihre Symptome zu lindern, warum dann nicht auch die Krankheitsursache?"

Auf die Heilwirkung der Musik bezogen lautete die Frage so: „Wenn die Heilung auf dem Wege über das Gehör geschehen kann, weshalb kann dann nicht auch die Krankheit auf dem Wege über das Gehör hervorgerufen werden?"[469] Der spanische Arzt Johannes Lazarus Gutierrez führt 1668 diesen Gedanken weiter aus:

„Wenn Musik ... auf dem Wege über das Gehör, das den Zusammenklang von Stimmen aufnimmt, Krankheiten vertreibt, so können durch dissonante oder auf andere Weise entgegengesetzte Stimmen Menschen auch angesteckt und vergiftet werden ... Warum würde der Löwe, unter allen Tieren das wildeste Tier, bei einem Hahnenschrei erzittern ..., wenn nicht dem Löwen die ihm unangenehme Stimme dieses Tieres durch das Ohr eindränge? Der Mensch kann also auch durch das Gehör Gift in sich aufnehmen, und daher muß musikalischer Klang zu den Ursachen der Pest gezählt werden."[470]

Solche Spekulationen blieben aber ohne praktische Folgen. Die Musik war zu fest in der Medizin verankert, als daß man sie aus

---

[467] U. von Hutten (Q 1728), Sp. 286.
[468] Vgl. z. B. N. Massa (Q 1536), S. 129; D. Leonus (Q 1728), Sp. 905; J. Palmarius (Q 1601), S. 96.
[469] J. Du Chesne (Q 1609/a), S. 39 f.
[470] J. L. Gutierrez (Q 1668), S. 164.

Furcht vor „Ansteckung" durch unharmonische, krankmachende Töne gemieden hätte.

bb. Ohnmacht, Stupor mentis, Litargia – Apoplexie – Katalepsie – Schwindsucht

Besonders eindrucksvoll trat die stimulierende Kraft der Musik bei Ohnmachten, apathischen Zuständen, Lähmungen usw. zutage. Um welche Krankheiten es sich bei den folgenden Beispielen nach heutiger Auffassung gehandelt haben mag, ist schwer zu entscheiden und kann unberücksichtigt bleiben. Es genügt für unseren Zusammenhang, die in den Quellen beschriebenen Symptome genau wiederzugeben.

Arabische Ärzte des Mittelalters verstanden *Ohnmacht* meist als eine Herzkrankheit oder sahen sie zumindest in enger Verbindung mit Erkrankungen des Herzens. Sie waren davon überzeugt, daß auch starke Gemütsbewegungen, wie z. B. ein erschreckender Anblick, heftige Angst usw. eine Ohnmacht auslösen konnten. Da es in solchen Fällen darauf ankam, den lähmenden Affekt durch einen entgegengesetzten zu überwinden und die Aufmerksamkeit des Patienten auf angenehm-belebende Dinge zu lenken, empfahl man neben Düften, Bädern, Wein usw. auch das Anhören von Klängen und Gesängen, die Freude weckten.[471] Arnald von Villanova riet, bei Ohnmachten, die aus Traurigkeit oder aus Furcht entstünden, sollten „Freude und Heiterkeit erregt und Musikinstrumente vor den Patienten gespielt werden."[472]

Dasselbe galt für einen krankhaften Zustand der Schläfrigkeit und völligen Apathie, den die mittelalterlichen Ärzte *„stupor mentis"* nannten. Für diese Krankheit nahmen sie verschiedene Ursachen an. Lag eine allgemeine Schwächung und Auflösung der „virtus" zugrunde, so waren nach Ansicht von Isaac Judaeus nicht nur Einreibungen, Düfte und andere anregende Dinge nützlich, sondern es sollte auch

„vor dem Kranken liebliche Musik erklingen, z. B. mit der Fiedel, der Harfe, der Drehleier, dem Psalterium und ähnlichen Instrumenten; das erfreut die Seele und regt die virtus naturalis an."[473]

---

[471] Alsaharavius (Q 1519), fol. 62 v; Constantinus Africanus (Q 1536/a), S. 65.
[472] Arnald von Villanova (Q 1585/i), Sp. 1379.
[473] Isaac Judaeus (Q 1515/b), Bd. 2, fol. 98 r.

prospectus mediæ partis maior aulæ Nosocomij

Abb. 21: Petrus Saulnier: De capite sacri ordinis Sancti Spiritus dissertatio. Lyon 1649, zweite Tafel zwischen S. 128/129.

Abb. 23: Bibliothèque Nationale, Paris. Ms. fr. 25528, fol. 85v. 15. Jahrhundert.
(Giovanni Boccaccio: Filostrato.)

Der Verfasser des „Viaticum" empfahl bei „stupor mentis" als geeignete Instrumente das Glockenspiel, die Fiedel, die „Rotte" und die Geige.[474] Im lateinischen Westen übernahm man diese Auffassung: Walter Agilon, ein französischer oder spanischer Arzt des 13. Jahrhunderts, hielt angenehme, sanfte musikalische Klänge für sehr hilfreich, wenn ein Patient an „stupor mentis" litt und die Augen nicht mehr öffnen konnte.[475]

Während es beim „stupor mentis", wie die genannten leisen Instrumente und die Formulierungen zeigen, mehr darum ging, den Kranken zu erfrischen und zu stärken, kam es den mittelalterlichen Ärzten bei der *„litargia"*, einem apathischen Zustand, der mit anhaltendem Fieber, intensivem Schlafbedürfnis und geistiger Verwirrung verbunden war, hauptsächlich darauf an, den Kranken nicht in einen allzu tiefen, gefährlichen Schlaf versinken zu lassen, aus dem er vielleicht nicht mehr erwachte. Er mußte daher, wie Gilbertus Anglicus im 13. Jahrhundert betonte, „mit Lärm", „mit Pauken und Trompeten" oder dadurch immer wieder geweckt und wach gehalten werden, daß man Schweine an das Bett brachte.[476] Bernard de Gordon (gest. um 1310/20), Medizinprofessor in Montpellier, beschreibt solche Maßnahmen näher:

„Neben dem Kopf des Patienten sollen Schweine mit Ferkeln sein, und sie sollen gezwungen werden, kräftig zu quieken; und es sollen Trompeten, große Glocken, eine Pauke und große Metallstücke vorhanden sein, auf die man mit einem Hammer schlägt, und eherne Gefäße, die schreckenerregend klingen, und es soll größter Lärm herrschen, sonst sterben die Kranken im Schlaf."[477]

In anderen Fällen schien es nicht notwendig, die Musik zum bloßen Lärm zu steigern. Der französische Arzt Petrus Borellus (1620–1689) berichtet 1670 von einer Krankheit, die in einem Ort nahe bei Castres-sur-l'agout im südfranzösischen Languedoc häufig auftrat und die dort „Malvat" genannt wurde. Sie befiel vor allem Menschen, die mit

---

[474] Ders. (c), Bd. 2, fol. 146 v (zum Verfasser s. oben Anm. 376); Constantinus Africanus (Q 1536/a), S. 14; ohne Angabe bestimmter Musikinstrumente auch Gilbertus Anglicus (Q 1510), fol. 107 r.
[475] W. Agilon (Q 1911), S. 135.
[476] Gilbertus Anglicus (Q 1510), fol. 108 v.
[477] Bernard de Gordon (Q 1496), fol. 62 r.

der Verarbeitung von Wolle beschäftigt waren, weshalb Borellus einen giftigen Ansteckungsstoff in der Wolle toter Schafe vermutete. Die Karbunkel im Gesicht und an den Händen, von denen Borellus spricht, lassen den Schluß zu, daß es sich um Milzbrand der Haut gehandelt haben dürfte. Borellus erwähnt auch ein ungewöhnlich starkes Schlafbedürfnis, das als lebensgefährlich galt, weil man annahm, daß sich das Gift während des Schlafes im Herzen konzentriere. Man glaubte, die Kranken würden sterben, wenn man sie nicht neun Tage lang wach halte. Aus diesem Grunde, so schreibt Borellus,

> „kommen Freunde und Angehörige zu ihnen, sie lassen es sich dort wohl sein, singen, tanzen, trinken und essen und feiern gleichsam Orgien, um den Patienten schlaflos und gesund zu machen . . . Sie spielen auch Musikinstrumente und sind davon überzeugt, daß dies zur Heilung des Kranken beitrage."[478]

Für die Anwendung der Musik bei *Apoplexie* bringt Ibn al-Qīftī, ein Autor des 13. Jahrhunderts, ein überaus anschauliches Beispiel. Die Geschichte soll das große Können des Philosophen, Arztes und Musikers al-Kindi aus dem 9. Jahrhundert vor Augen führen. Der Sohn eines Kaufmanns in Bagdad hatte plötzlich einen Schlaganfall erlitten; der Vater bat al-Kindi um ärztliche Behandlung:

> „Nachdem er [al-Kindi] den Sohn gesehen und seinen Puls gefühlt hatte, ließ er vier von seinen Musikschülern kommen, die sehr geschickt waren im Lautenspiel und Weisen kannten, die traurig oder fröhlich machen und das Herz und die Seele stärken konnten. Er befahl ihnen, zum Kopf des Kranken zu kommen, bestimmte Weisen ohne Unterbrechung zu spielen und dabei nicht schwach zu spielen. Al-Kindi ergriff den Puls des Patienten, und während dieser Zeit [des Musizierens] wurde der Atemzug des Kranken regelmäßig und der Puls stärker, und sein Geist kehrte nach und nach zurück, bis er sich bewegte. Dann setzte er sich auf und begann zu sprechen, und die Musiker spielten weiter nach dieser Weise, ohne schwächer zu schlagen. Nun sagte al-Kindi zu dem Vater: ,Frage deinen Sohn.' Und er fragte ihn und schrieb sich alles nacheinander auf. Nachdem er alles erfahren hatte, was er wollte, vernachlässigten die Musiker die Weise, die sie dauernd gespielt hatten und wurden müde. Da fiel der Kranke in seinen anfänglichen Zustand zurück und bekam wieder einen Schlag. Da sagte der Vater zu al-Kindi, er solle befehlen, daß seinem Sohn wieder durch Spielen

---

[478] P. Borellus (Q 1670), S. 119.

geholfen werde. ‚Es ist leider nicht möglich‘, sagte al-Kindī; ‚es gibt nur noch einen Rest von seinem Leben, und man kann das nicht wiederholen, denn weder ich noch ein anderer Mensch kann verlängern, was zu Ende ist, und nur Gott ist allmächtig‘.“[479]

Ob die Begebenheit wirklich historisch ist, läßt sich kaum entscheiden und ist auch nicht wichtig; sie wäre, was die zugrundeliegende Musikanschauung und die therapeutische Anwendung der Musik angeht, immerhin sehr zutreffend erfunden. Die Erzählung zeigt deutlich, daß der Arzt bei der Musik wie bei jedem anderen Medikament oder Therapieverfahren darauf achtete, daß Mittel und Arzt nicht durch Versagen bei einem hoffnungslosen Krankheitsfall in Mißkredit gerieten.

Der Freund des französischen Philosophen Pierre Gassendi (1592–1655), der Gelehrte de Peiresc (1580–1637), wurde 1631 von einem Schlaganfall halbseitig gelähmt. Nach einer Woche gewann er plötzlich die Beweglichkeit seiner Glieder und die Sprache wieder. Gassendi wunderte das nicht, denn de Peiresc hatte sich über einen Brief sehr gefreut,

„und als gleichzeitig ein Lied auf die Liebe der Lilie und der Rose kunstvoll gesungen wurde, da wurde er von dem lieblichen Gesang und der Anmut einer Strophe so ergriffen, daß er wie der Sohn des Krösus in irgendwelche Worte, vor allem in diese: ‚Wie schön ist das!‘ ausbrechen wollte und auch tatsächlich diese Worte hervorbrachte, und im gleichen Augenblick kam an allen Gliedern die Beweglichkeit wieder.“[480]

Gassendis Bericht läßt zwar nicht erkennen, ob die Musik mit Vorbedacht zu Hilfe geholt wurde oder nur zufällig so günstig wirkte. Bedenkt man jedoch, daß er nichts Ungewöhnliches oder Erstaunliches an dem Vorgang fand, so scheint eine gezielte Anwendung der Musik gut möglich, zumal es andere Belege dafür gibt, daß die Musik bei der Behandlung von Apoplektikern zu dem üblichen diätetischen Programm gehörte. So rät z. B. Nicolaus Massa einem 38jährigen, halbseitig gelähmten Mann, nach dem Essen auf keinen Fall gleich zu schlafen, sondern sich mit angenehmen Spielen, mit Freunden und Gesprächen zu erfreuen, „die den Geist heiter stimmen können; oder

---

[479] Ibn al-Qīftī (Q 1903), S. 376 f.
[480] P. Gassendi (Q 1706–08), S. 261.

er soll Musikinstrumente und liebliche Gesänge hören".[481] Oliva Sabuco nennt 1587 unter den Krankheiten, die mit Musik behandelt und geheilt werden können, auch die Apoplexie.[482] Zu Beginn des 18. Jahrhunderts heißt es in einer Königsberger Dissertation über den Schlaganfall, der Patient solle durch „angenehme Musik oder Unterhaltung mit Freunden aufgeheitert" werden.[483]

Wenden wir uns nun noch einigen im 18. Jahrhundert beschriebenen Fällen von *„Katalepsie"* zu. So nannte man Zustände von anfallsweiser Starre der Extremitäten und von Bewußtlosigkeit, die man nicht immer klar von der Apoplexie abgrenzte. Verschiedentlich nahmen die Ärzte bei solchen Patienten Musik zu Hilfe. Wie in einzelnen Fällen schweren Fiebers im 18. Jahrhundert,[484] steht die Musik nicht mehr neben anderen ästhetisch-affektiv wirkenden Mitteln, sondern sie wird, wenn alle übrigen Bemühungen erfolglos geblieben sind, als letzter Versuch allein angewendet. Als beispielsweise 1775 ein junger Mann in Laon plötzlich in einen kataleptischen Zustand fiel und kein Mittel half, konnte schließlich ein herbeigeholter Flötist durch sein Spiel den Patienten wieder zur Besinnung und Bewegungsfähigkeit bringen.[485] Oft brachten die musikalischen Neigungen der Patienten die Ärzte auf den Gedanken, es auch einmal mit Musik zu versuchen. So ging es einem jungen Engländer in Douai, der einen kataleptischen Anfall erlitten hatte. Nachdem „die schicklichsten Mittel nichts geholfen hatten", spielte der zu Rate gezogene Arzt

„auf einigen Instrumenten, weil er erfuhr, daß der Kranke ein Liebhaber der Musik war . . .: er hoffte, daß die Musik bey dem Kranken mehrere Wirkung als alle andere Mittel verursachen sollte; er brachte eine Nachtmusik in Vorschlag, die man sogleich anstellte, und vermittelst derselben einen so geschwinden und nachdrücklichen Erfolg zuwege brachte, daß der junge Mensch, da er sie kaum zwey Minuten lang gehöret hatte, schon anfienge seine Beine und Augenlider zu bewegen . . .; von dieser Stund an erhielt er seine Genesung."[486]

---

[481] N. Massa (Q 1557), S. 283 b.
[482] O. Sabuco (Q 1587), fol. 66 r.
[483] Chr. L. Charisius (Q 1713), S. 16.
[484] Siehe oben S. 318–320.
[485] Anonymus (Q 1776/a), S. 340.
[486] Th. Goulard (Q 1781), Bd. 1, S. 81.

Der Gießener Medizinprofessor Georg Thom (1757–1808) berichtet von einer Frau, die 1789 durch den Tod ihrer Schwester in „Starrsucht" gefallen war; alle üblichen Mittel brachten ihr keine Besserung.

„Ein im Zimmer stehender Flügel gab mir Veranlassung, zu fragen, ob die Kranke Musik liebe? Man sagte mir, sie sei eine ihrer Leidenschaften. Mir kam der Gedanke, ob ich dadurch vielleicht sie zum Weinen bringen könnte. Der Musikmeister ward gerufen. Ich bitte ihn zuerst rauschende Stücke aus Durtönen zu spielen, dann ins Adagio im Moll überzugehen. Ich gab genau auf jede Mine der Patientin während dem Spielen acht. Beim Dur blieb sie unbewegt, kein Blick im Auge veränderte sich. Aber welche Veränderung, als die ersten Molltöne kamen, die erschütterten ihr ganzes Innere. Das Blut stieg ins Gesicht, es wurde roth, die Stirnadern schwollen auf, die Augen wurden wild, die Brust und der Busen wölbte sich, der Körper sträubte sich so nach vorn, daß sie blos mit den Fersen und dem Hinterhaupt das Bett berührte. Die Arme rollte und dehnte sich krampfhaft. Fürchterlich wie ihre Bewegungen war ihre Stimme, die mehr einer brüllenden, als jeder andern ähnlich wurde. Der Zustand dauerte so einige Minuten; dann stürzten die Thränen ihr aus den Augen, und in dem Augenblick sank sie zusammen, weg war jeder Krampf, sie wurde ihrer wieder mächtig, rufte mit dem Blick eines ängstlich Erwachenden: Was ist? Was ist? Ach gebt mir Wasser! Sie trank viel, legte sich wieder nieder, weinte schluchzend und laut . . ."

Nach einigen Stunden kehrte der gefährliche Anfall wieder:

„Der Musikmeister wurde aufs neue gerufen. Ich sage ganz kurz, daß alles noch einmal gerade so schrecklich, und dann so gut gieng, wie ich eben erzählte. Die Gesundheit war wiederhergestellt, und die Arzneien wurden bei Seite gesezt."[487]

Der Fall eines Mönches in Châteaudun schließlich, der 1786 an einer „spasmodisch-nervösen" Krankheit darniederlag, zeigt die stimulierende Anwendung der Musik besonders anschaulich. Auch wenn nicht ausdrücklich von Katalepsie gesprochen wird, scheint es sich doch um einen vergleichbaren Fall gehandelt zu haben. Als der Patient trotz der energischen Therapie des Arztes plötzlich tot scheint und bereits im Chor der Klosterkirche aufgebahrt worden ist, holt der

---

[487] G. Thom (Q 1799), S. 73–75.

Arzt, vom Tode des Kranken noch nicht überzeugt, ein gutes Dutzend Militärmusiker herbei, um den „Toten" wieder aufzuwecken. Die Musik beginnt mit sanften Melodien, geht dann zu schnelleren Weisen über und bringt beim vierten Stück wieder Leben in den scheinbar toten Körper. Im Hospital wird die Musik mit immer schwungvolleren Tänzen, die zwei Geiger spielen, fortgesetzt, und zusammen mit anderen kräftigenden Maßnahmen führt sie den Kranken wieder zum Bewußtsein und zur Gesundheit zurück.[488]

Der französische Arzt Pierre Pomme (1735–1812) versuchte in seinem mehrfach aufgelegten und übersetzten Buch über die „Affections vaporeuses" – er verstand darunter eine allgemeine Erkrankung der Nerven – eine Erklärung für die günstige Wirkung der Musik bei Katalepsie zu geben. Er berichtet von einem 19jährigen Mädchen, das nach heftigen Krämpfen halbseitig gelähmt war, acht Jahre lang schwere Krisen mit bedrohlichen Symptomen erlebte, trotz aller Therapieversuche keine Besserung fand und schließlich in eine Katalepsie fiel.[489] Die daraufhin von Pomme verordneten Bäder von zehn- bis zwölfstündiger Dauer führten nach zehn Monaten zu einer langsamen Besserung, und „die machtvolle Harmonie der Violine stellte schließlich die Funktionen des Gehirns, des Auges, des Kiefers, des Ohres und der Nase wieder her durch mehrere kleine Durchbrüche".[490] Mit den „Durchbrüchen" meinte Pomme, daß sich das Blut plötzlich wieder freie Bahn durch zuvor verstopfte Gefäße und Organe verschaffte. Die Anwendung der Musik erschien Pomme völlig selbstverständlich, wie er es auch nicht für schwierig hielt, ihre Wirkung zu erklären. Der Klang der Geige, so argumentiert er, wirkt über die Gehörnerven auf die Fasern des Gehirns, die dort ausgelösten Schwingungen erfassen das Blut und die spiritus, weil alle dem Gehirn nahen Partien dieselben Impulse empfangen wie das Gehirn selbst, und dadurch kommt es dann zu den genannten „Durchbrüchen".[491]

---

[488] Nach zeitgenössischen Berichten, die auf der Aussage des Mönches selbst beruhen, geschildert bei A. Lecocq (L 1867), S. 87–101, bes. 91–97; eine Zusammenfassung bei R. Vaultier (L 1954).
[489] P. Pomme (Q 1763), S. 51 ff.
[490] Ebd. S. 61.
[491] Ebd. S. 61 f., Anm.

Pomme nahm Musik aber nicht nur bei einem so schweren Krankheitsfall zu Hilfe, der bis zur Katalepsie führte, sondern empfahl sie auch für normale „vaporöse" Leiden. Mit diesem Begriff bezeichnete er Nervenleiden, die oft mit Depressionen, Angstzuständen usw. verbunden seien und hauptsächlich bei Stadtbewohnern und Geistesarbeitern aufträten. Eine „vaporöse" Erkrankung entsteht nach Pommes Ansicht dadurch, daß zu heftige Gemütsbewegungen die Fasern übermäßig anspannen, den Blutumlauf zu sehr beschleunigen und die spiritus in Unordnung bringen, wie auch allzu intensive geistige Arbeit das Blut austrocknet und die Säfte aufzehrt. Um solche Patienten abzulenken und zu beschäftigen und so ihre Gemütsbewegungen auszugleichen, rät ihnen Pomme, sich mit Freunden zu vergnügen, zu reiten und spazierenzufahren, den Aufenthaltsort zu wechseln und „möglichst oft Konzerte zu besuchen".[492]

In der Zeit, in der Pommes Buch über die „vaporösen" Leiden Erfolg hatte, begann sich die Musik aus dem Komplex der alten Diätetik, in den sie bei Pomme noch fest eingebettet war, langsam zu lösen und in ihrer medizinischen Funktion mehr und mehr auf den Bereich der „Nervenkrankheiten" zu beschränken.[493] Doch gab es um 1800 noch Ärzte, die der Musik eine so universale Geltung in der Medizin zuwiesen, wie sie auf dem Boden der alten Diätetik bestanden hatte. So meinte Etienne Sainte-Marie, Musik sei in besonderem Maße für suizidgefährdete Menschen von Nutzen, aber er nannte noch zahlreiche andere Krankheiten, bei denen sie helfen könne; dazu zählte er „Katalepsie, hysterische oder hypochondrische Leiden, bösartige Fieber, humorale und nervöse Melancholien, Epilepsie", schließlich auch Rheumatismus und Migräne. Sainte-Marie sah die günstige Wirkung der Musik in einer angenehmen, heilsamen „Erweiterung" des Körpers, ähnlich wie bei Bädern.[494]

Der Ermunterung und Kräftigung diente die Musik gelegentlich auch bei *Schwindsucht*. Werner Rolfink empfahl 1669 einem 30jährigen Mann, der an Schwindsucht litt, er solle sich nach dem Blutspuk-

---

[492] Ebd. S. 35 und 437.
[493] Siehe oben S. 242–244.
[494] E. Sainte-Marie in J. L. Roger (Q 1803), S. XXVII–XXX.

ken jeweils „mit Gesängen purgieren und mit lieblicher Musik reinigen und wiederherstellen", da die Wirkung der Arzneien vom seelischen Zustand des Kranken abhänge.[495] Pierre Desault verordnete 1733 den Lungenschwindsüchtigen längere Reisen, zumindest aber viel Bewegung, weil dadurch die Körperoberfläche angeregt und die Zirkulation gesteigert werde. In diesen Zusammenhang gehörte für Desault auch die Musik, der er eine Art Massagewirkung zuschrieb.

„Man wird keinen Augenblick an den günstigen Wirkungen zweifeln, die wechselnde Erschütterungen der Luft hervorbringen können, wenn man an den großen Einfluß denkt, den die Musik ausübt. Es ist nicht zu leugnen, daß ihre Wirkung auf Erschütterungen der Luft und deren lebhaften Schwingungen beruht."[496]

Desault erwähnt einen schwindsüchtigen Patienten,

„dem es sehr gut geht, weil ich ihm geraten habe, das berühmte Konzert dieser Stadt [Bordeaux] zu besuchen, sooft es stattfindet ... Die Erfahrung zeigt jeden Tag, daß sich die Depression durch die Musik beheben läßt."[497]

Auch Sainte-Marie war überzeugt, daß Musik, vor allem eigenes Musizieren, Schwindsüchtigen sehr gut tue: „Niemals machen die Kranken Musik, ohne sich danach besser zu fühlen."[498]

c. Musik als Sedativum

aa. Musik bei Schmerzen

Unter denjenigen Krankheitssymptomen, bei welchen man durch Musik Linderung und Ablenkung suchte, standen Schmerzen aller Art an erster Stelle. Während die betreffenden Exempla aus der Antike, die bis in das 18. Jahrhundert oft zitiert wurden, nicht immer deutlich genug erkennen lassen, ob nicht eine magische Anwendung der Musik vorliegt,[499] erscheint die Musik bei arabischen Ärzten des Mittelalters in Zusammenhängen, in denen unzweifelhaft nicht magischer

---

[495] W. Rolfink (Q 1669), S. 597.
[496] P. Desault (Q 1733), S. 408.
[497] Ebd. S. 409.
[498] E. Sainte-Marie in J. L. Roger (Q 1803), S. XXXII f.
[499] Siehe oben S. 212 f.

Gebrauch, sondern die affektive Wirkkraft der Musik gemeint ist. Der Verfasser des bereits mehrfach angeführten „Tacuinum Sanitatis", Ibn Buṭlān (11. Jahrhundert), sieht die medizinische Bedeutung der Musik ganz in ihrem Einfluß auf das „Gemüt". In der deutschen Ausgabe des Werkes von Michael Herr (1533) heißt es von der Musik: „So brauchen sein die ärtzt / schmertzen damit zu lynderen."[500] Auch Avicenna weist der Musik in einem langen Kapitel über die Schmerzlinderung einen Platz zu:

> „Schließlich läßt sich Schmerz auch stillen durch ruhiges, langdauerndes Spazierengehen, weil es den Körper lockert und entspannt; ebenso auch durch dünnes Fett und die oben genannten Öle; außerdem durch sanften Gesang, besonders solchen, der den Schlaf herbeiführt; alles, was Freude macht und den Geist mit Lust erfüllt, kann wirksam Schmerzen beheben."[501]

Diese Praxis läßt sich bis in das 19. Jahrhundert verfolgen.[502] Joseph Lieutaud weist 1765 nicht nur – wie viele andere – auf die antiken Exempla hin, sondern betont auch, mehrere seiner Patienten seien durch Musik von ihren Schmerzen befreit worden.[503] 1809 spricht sich Johann Ludwig Chemnitz in seiner Dissertation „Über die Heilwirkung der Musik" dafür aus, man solle sich die Fähigkeit der Musik, Schmerzen zu lindern, in Krankenhäusern und zu Hause zunutze machen, vor allem bei chirurgischen Eingriffen; eine einfache Musik könne Schmerzen verdrängen und andere, angenehmere Gedanken und Empfindungen an die Stelle setzen.[504] Eine Rostocker Dissertation von 1722 über die Behandlung schmerzhafter Krankheiten hebt besonders hervor, daß bei der Anwendung von Musik und anderer Dinge, welche die Sinne in willkommener Weise fesseln und dadurch vom Schmerz ablenken könnten, die Komplexion und die Neigungen des Patienten berücksichtigt werden müßten.[505]

---

[500] Schachtafelen der Gesuntheyt (Q 1533), S. CXCV; fast wörtlich auch N. Nicolus (Q 1533), Bd. 1, sermo 1, fol. 59 r.

[501] Avicenna (Q 1658), Bd. 1, S. 432 (richtig: 232). Diese Stelle wird auch von Musiktheoretikern zitiert, um die Wirkungen der Musik zu erläutern; vgl. z. B. J. Bermudo (Q 1555), fol. 7 r.

[502] Vgl. z. B. O. Sabuco (Q 1587), fol. 66 v; Ph. Harduin de S. Jacques (Q 1624); I. Brown (Q 1751), S. 47; P. van Swieten (Q 1773), S. 27.

[503] J. Lieutaud (Q 1765), S. 754 f.; vgl. ferner E. Tourtelle (Q 1797), Bd. 2, S. 278.

[504] J. L. Chemnitz (Q 1809), S. 44.

[505] G. Detharding (Q 1722), fol. I 4 r.

Unvermeidlich waren Schmerzen bei der *Geburt*. Die Hebammen kannten neben zahlreichen Drogen und magischen Praktiken auch Zaubersprüche und Zaubergesänge, mit deren Hilfe sie versuchten, die Wehen einzuleiten, die Schmerzen zu lindern und bei Schwergebärenden die Geburt zu beschleunigen.[506] Dagegen stützten sich die Ärzte – wie auch sonst bei ihren allgemeinen Verhaltensmaßregeln für Gesunde und Kranke – weitgehend auf die Grundgedanken der Humoralmedizin und deren Diätetik (obwohl sie, was die Therapie im einzelnen betraf, bis weit in die Neuzeit daneben nicht selten auch magischen Vorstellungen anhingen). Sie waren sich darin einig, daß man sorgfältig auf den Affektzustand der Gebärenden achten müsse. So schreibt Alexander Massaria (um 1510–1598), der Medizinprofessor in Venedig und Padua war:

„Eine Frau, die kurz vor der Geburt steht, soll sich vor Aufregung, Furcht, Traurigkeit, Zorn und Sorgen hüten; vielmehr sei alles um sie fröhlich, sie selbst guten Mutes und voller Zuversicht, weil die Erfahrung deutlich zeigt, daß dies wesentlich zur Erleichterung der Geburt beiträgt."[507]

Johann Bicker nennt 1612 unter verschiedenen Maßnahmen bei schwierigen Geburten ausdrücklich auch „sanfte und liebliche Musik, die den Geist gleichsam emporhebt".[508] Von einer vornehmen französischen Dame wird im 17. Jahrhundert sogar berichtet,

„daß sie in allen ihren Kranckheiten / Wunden / Geburths Stunden / etc. keine eintzige Medicin gebrauchte / sondern an statt derselben behalff sie sich mit dem Klang der Flöten / Trommeln und Schalmeyen / welche Instrumente sie ihre Medicin nennete."[509]

Der englische Musiker Charles Burney (1726–1814) schreibt 1772 in der Einleitung zu seinem „Tagebuch einer Musikalischen Reise" über die Musik, daß „die Schmerzen der Gebährerinnen ... durch die Wirkung ihrer Macht gemildert, und weniger gefährlich und fürchter-

---

[506] Vgl. z. B. Platon (Q 1900–07), Theaitetos 149 d; Oddruns Klage (Q 1963), S. 110, Str. 6; ein christlicher Bittgesang spielte eine Rolle bei der Geburt des späteren Königs Heinrich IV. von Frankreich, vgl. dazu J. Combarieu (L 1909), S. 51 f.
[507] A. Massaria (Q 1601), S. 591.
[508] J. Bicker (Q 1612), S. 382.
[509] Siehe oben S. 227, Anm. 61.

lich gemacht" würden, und nennt als Beispiel das jährliche Konzert für das „Spital der armen Wöchnerinnen" in der Londoner Brownlow Street.[510] So scheint denn auch die folgende Begebenheit, über die der seit 1689 als Stadtphysicus in Eisenach tätige Christian Franz Paullini (1643–1712) 1692 berichtet, nicht unglaubwürdig:

> „Eines Dorff-Predigers Weib hatte geraume Zeit / eben ums neue Jahr / in Kindesnöten gezappelt / und erschien nirgendwo Hülff oder Erleichterung. Da kam der Schulmeister mit seinen Buben / Landesmanier nach / vors Haus / und sung zum neuen Jahr / auch / in Respect seines Pfarrherrn / mehr als ein Lied. Darüber erfreute sich die Kreisende hertzinniglich / daß sie noch unter währendem musiciren glücklich gebahr."[511]

Auch die drei Musiker, die im Jahre 1464 am Hofe der burgundischen Herzöge dafür entlohnt wurden, daß sie „vor der Herzogin während ihres Wochenbetts gespielt" hatten,[512] dürften nicht zuletzt deshalb musiziert haben, um gemäß ärztlichem Rat die Schmerzen zu lindern und die Erholung befördern zu helfen. Noch um 1800 empfahlen zwei deutsche Ärzte Musik, um Geburten, vornehmlich schwere, zu erleichtern.[513] Nur war man sich jetzt nicht mehr sicher, ob die günstige Wirkung der Musik auf der Beeinflussung der Affekte oder auf dem Andrang der den Nerven und Muskeln übermittelten Schallwellen beruhe.[514]

Schon Musiktheoretiker des ausgehenden Mittelalters sprechen davon, daß man Musik bei *Kopfschmerzen* zu Hilfe nahm.[515] Mehrere Ärzte des 17. und 18. Jahrhunderts geben diesen Rat. So sagt Werner Rolfink, Musik ziehe wie reiner Lufthauch den Geist von der bedrückenden Wahrnehmung des Schmerzes ab, stimme ihn fröhlich und bringe die einzelnen Teile der spiritus und der innersten Hirnkammer sowie die in Unordnung geratenen Fäserchen der Hirnhäute wieder in den rechten Zustand zurück. Schon mancher Bauer habe sich durch

---

510 Ch. Burney (Q 1772–73), Bd. 1, 1772, S. XI.
511 Chr. Fr. Paullini (Q 1692), S. 203.
512 [L. E. S. J.] de Laborde (L 1849–52), Bd. 3, 1852, S. 396, Nr. 7032.
513 Chr. L. Bachmann (Q 1792), S. 27; J. L. Chemnitz (Q 1809), S. 44.
514 Chr. L. Bachmann (Q 1792), S. 27.
515 Vgl. [Ps.-]Aristoteles (Q 1864), S. 253; ebenso S. Tunstede (Q 1864), S. 206 und nahezu wörtlich auch noch R. Fludd (Q 1624), Bd. 1, S. 167.

den Klang des Dudelsacks von seinen Kopfschmerzen befreit.[516] David Campbell schreibt 1777, Musik helfe besonders bei jenen Kopfschmerzen, die auf übermäßige Blutansammlung im Gehirn oder auf Krämpfe zurückgingen.[517] Nach Ansicht von Etienne Sainte-Marie vermag Musik die heftigen Kopfschmerzen zu vertreiben, die bei Fieber auftreten.[518] Christian Ludwig Bachmann erklärt es 1792 für unbestreitbar, daß Musik bei Kopf- und Zahnschmerzen ablenken und aufheitern könne.[519]

Nach dem Urteil des italienischen Arztes Gaspar Torella (um 1500) hilft sie auch gegen die heftigen Schmerzen der Syphilis:

„Quälender Schmerz wird durch sanfte Stimmen, einschmeichelnde Gesänge, Melodien und Musikinstrumente gemildert, weil dies den Schlaf herbeiholt und in mäßiger Weise [den Körper] warm macht."[520]

Der französische Arzt Jean François Seneaux (fils) empfiehlt 1798 in seiner Dissertation über den Krebs Musik sogar für unheilbar Krebskranke. Man müsse ihnen auf alle Weise ihr Leiden erleichtern, nicht nur mit Hilfe innerer und äußerer Narkotika.

„Man muß alles zu Hilfe nehmen, was den Kranken Vergnügen bereitet, indem man sich aller Mittel der seelischen Unterstützung bedient. Da sich die seelischen Ursachen mit den körperlichen verbinden, um den Krebs zu erzeugen und zu fördern, muß man, um diese Krankheit zu beseitigen oder zu mildern, ... auf diese Weise einige Blumen auf den Weg streuen, der sie [die Kranken] zum Grabe führt. Man darf dabei die Musik nicht vergessen. ‚Die Musik ist eine der mächtigsten Triebkräfte des Organismus, weil sie den stärksten Einfluß auf die Gemütsbewegungen ausübt; sie erregt sie, beruhigt sie und verändert sie nach ihrem Willen ...' Muß man sich wundern, daß sie Kranke getröstet und geheilt hat und daß sie in gewisser Weise die schrecklichen Qualen, die der Krebs verursacht, erträglicher machen kann?"[521]

Gelegentlich scheint man in der Musik sogar das einzig wirksame Mittel gegen Zahnschmerzen gesehen zu haben:

---

[516] W. Rolfink (Q 1671), S. 190 f.
[517] D. Campbell (Q 1777), S. 28.
[518] E. Sainte-Marie in J. L. Roger (Q 1803), S. XXXIV f.
[519] Chr. L. Bachmann (Q 1792), S. 41 f.
[520] G. Torella (Q 1728), Bd. 1, Sp. 512.
[521] J. Fr. Seneaux (Q 1798), S. 59.

348

„D. Weißbrod ... erzehlte mir zu Utrecht / wie eine Frau in seiner Heymat nicht besser die offtmalige Zahnschmertzen besänfftiget hätte / als durchs Geigen. Drum wenn die Quaal angieng / ließ sie die Musicanten (so immer bey der Hand seyn musten) eiligst holen. Je stärcker und anmuthiger die geigten / je weniger sie das Zahnweh fühlte."[522]

Ein hoher französischer Beamter kannte, wie 1758 Joseph Louis Roger berichtet, gegen die starken Schmerzen eines Geschwürs am Bein kein besseres Mittel als die Musik.[523] Eine ähnliche Erfahrung machte Friedrich August Weber an sich selbst. Als 1782 „ein durch unvermeidlichen und schnellen Wechsel zwischen heißer und kalter Luft versezter Schnupfen ... eine acute Ophthalmie" bei ihm ausgelöst hatte, besuchte er das Konzert eines Fagottvirtuosen. Solange das Konzert dauerte, verspürte er

„die bedeutendsten Gefühle von Erleichterung der Schmerzen ... Mein Klavier war dazumal mein bester Trost, bis sich die acute Augenentzündung in eine chronische, minder schmerzhafte verwandelte. Als ich mich, um ebenderselben willen, mit Blasenpflastern quälen mußte, war ebenfalls Klaviermusik mein vornehmstes Anodynum."[524]

Den Brauch italienischer Bergbewohner, gegen den Vipernbiß viel Wein zu trinken, lange Wanderungen zu unternehmen, rauhe Abreibungen vorzunehmen und außerdem eine lärmende Musik ertönen zu lassen, konnte sich Giovanni Fortunato Bianchini (1720–1779), Stadtarzt von Udine, 1769 nur damit erklären, daß die Musik entweder den Kranken wachhalten oder aber die brennenden Wundschmerzen lindern sollte.[525] Die Anwendung der Musik als affektwirksames Mittel gegen Schmerzen war für Bianchini offenbar so selbstverständ-

---

[522] Chr. Fr. Paullini (Q 1692), S. 204. – Es gibt aus der Zeit vom 17. bis zum 19. Jahrhundert einige Darstellungen von Zahnbrechern, bei deren Tätigkeit auf offener Straße auch ein Musiker anwesend ist (vgl. die Abbildungen bei C. Proskauer [Q 1967], Abb. VIII, 108 und 139). Doch darf man wohl den Musiker nicht ohne weiteres im Sinne ärztlicher Empfehlung der Musik gegen Schmerzen interpretieren; vielmehr weist die ganze Szenerie darauf hin, daß der Musikant zum marktschreierischen Auftreten wandernder Zahnbrecher, Starstecher, Steinschneider usw. gehört, das die Menschen und naturgemäß auch Musikanten und andere Unterhaltungskünstler anzog. Vgl. auch die oben Anm. 426 genannte Darstellung eines Aderlasses.
[523] J. L. Roger (Q 1803), S. 243 f.
[524] Fr. A. Weber (Q 1801/02), Sp. 585 f., Anm. 31.
[525] G. F. Bianchini (Q 1769), S. 125.

lich, daß er gar nicht daran dachte, daß die laute Musik der Bergbewohner wohl magisch gemeint war oder – wie beim Tarantelstich – zum Tanzen anregen sollte, um dadurch das Gift auszuschwitzen.

Vom 16. Jahrhundert an versuchte man, die schmerzlindernde Wirkung der Musik physiologisch näher zu erklären. Daß sich heftige Schmerzen, auch wenn sie eine weit vom Kopf als dem Wahrnehmungszentrum entferntliegende Körperpartie plagten, durch Gesang mildern ließen, glaubte Henri de Monantheuil nicht nur mit der Erfahrung, sondern auch mit den rationalen Argumenten der Medizin begründen zu können.

„Gesang ruft den spiritus animalis, den Übermittler der Sinneswahrnehmungen, von denjenigen Teilen des Körpers, die den Schmerz empfinden, wieder zurück, oder er läßt nicht zu, daß der spiritus animalis überhaupt dorthin strömt. Denn die Natur schickt die Säfte und den spiritus zu demjenigen Körperteil oder hält sie in demjenigen Körperteil fest, der gerade in Anspruch genommen wird; auf diese Weise [d. h. wegen der Beanspruchung der spiritus und Säfte durch die Musik] wird den vom Schmerz betroffenen Körperpartien die Wahrnehmung genommen, somit auch der Schmerz aufgehoben.“[526]

Einfacher sagt dasselbe Georg Philipp Harsdörffer in den „Gesprechspielen“:

„Die Music heilet für sich keine Krankheit, aber durch die sondere Aufmerkung / so sie verursachet / hindert sie / die sonst von dem Haubt abtrieffende Feuchtigkeiten / und mindert also etlichermaßen das Schmertzen.“[527]

Andere interpretierten den Vorgang mehr psychologisch als physiologisch. So meinte Daniel Sennert, die Aufmerksamkeit der Seele werde behindert, wenn sie zu anderen Objekten hingelenkt werde.

„Angenehme Gespräche mit Freunden, fröhliche Musik und der Anblick erfreulicher Dinge können den Schmerz mildern; ebenso verdunkelt ein stärkerer Schmerz den schwächeren.“[528]

Der englische Arzt Isaac Brown erklärt 1751, Musik könne zur Schmerzlinderung insofern nützlich sein, als sie den Geist erfreue und

---

[526] H. de Monantheuil (Q 1597), S. 55.
[527] G. Ph. Harsdörffer (Q 1641–49), Teil 6, 1646, S. 159.
[528] D. Sennert (Q 1676/b), S. 733 a.

ihm angenehme Dinge vorführe, welche die mit der Schmerzempfindung beschäftigte Seele besänftigten und von dem Angstgefühl wegführten.[529]

Man übersah allerdings nicht, daß je nach der Intensität des Schmerzes der Musik Grenzen gesetzt waren. Nach Johann Christian Frommanns Einschätzung widerstanden heftige Gichtschmerzen aller Musik. Bei leichteren Schmerzen könne Musik hingegen durchaus eine Besserung bewirken.[530] Für Johann Nikolaus Pechlin (1644–1706), den Leibarzt eines holsteinischen Herzogs, hing die schmerzlindernde Wirkung der Musik hauptsächlich davon ab, in welchem Maße sich die Patienten von der Vielfalt und Harmonie der Musik einnehmen und ablenken ließen. Dies war erfahrungsgemäß oft, jedoch nicht immer möglich. Angenehme Klänge und Rhythmen verminderten die Stärke von Schmerzen, da sich die spiritus dem vom Wohlklang ergriffenen Gehör in einem solchen Ausmaß zuwandten, daß sie an anderen Wahrnehmungen kaum noch teilhaben konnten. Vielleicht, so überlegte Pechlin weiter, gaben die spiritus die Musik, die sie als gleichmäßige Bewegung aufnahmen, nicht nur an die festen, sondern auch an die flüssigen Bestandteile des Körpers weiter und beeinflußten dadurch die Krankheitsstoffe und Krankheitsursachen in günstiger Weise.[531] Etwas anders lautet der Erklärungsversuch in Adam Brendels Wittenberger Dissertation aus dem Jahre 1706. Hier wird Schmerz auf ein ungewohntes Zittern in den empfindlichen Nervenhärchen zurückgeführt, das im Geist ein bedrückendes Gefühl des Schmerzes auslöst; angenehme musikalische Klänge überspielen diese Schmerzempfindung und nehmen das Gehör gefangen, die harmonischen Luftbewegungen überwinden jene den Schmerz erzeugende zitternde Bewegung oder bringen sie sogar ganz zum Stillstand, der Geist paßt daraufhin seine Gedanken der neuen Nervenbewegung an und hält an ihnen solange fest, als keine andere Bewegung eintritt; dadurch werden alle Schmerzen aus der Erinnerung getilgt und geraten in Vergessenheit.[532]

Im 18. Jahrhundert gewann für die Frage, wie die Schmerzlinderung durch Musik zu verstehen sei, die Lehre von der gespannten

---

[529] I. Brown (Q 1751), S. 47; vgl. auch P. van Swieten (Q 1773), S. 28.
[530] J. Chr. Frommann (Q 1675), S. 239.
[531] J. N. Pechlin (Q 1691), S. 471 f.
[532] A. Brendel (Q 1706), fol. H r.

Faser Bedeutung. Ist ein Körperglied von Schmerz betroffen, heißt es 1714 in Michael Ernst Ettmüllers Leipziger Dissertation, so werden die Fasern angerissen, in Erregung und Schwingung versetzt und gereizt; dadurch fließen die spiritus animales und die Säfte in größerem Ausmaß an die betreffende Stelle, die spiritus werden durch alle Nervenbahnen in verschiedene Bewegung gebracht und prägen im Gehirn der Seele die Vorstellung des Schmerzes ein. Im übrigen begründet Ettmüller die sedierende Wirkung der Musik genauso wie zuvor Brendel.[533] Johann Wilhelm Albrecht glaubte 1734 sogar, Musik könne in vierfacher Weise Schmerzen lindern: Erstens, indem sie die schmerzhafte Lage der betroffenen Nervenfaser in eine andere, freiere Lage bringt, wobei die Ursache des Schmerzes unberührt bleiben oder schon behoben sein kann. Zweitens, indem die Musik den Nerv durch vibrierende Bewegung in Erregung versetzt, so daß er dadurch die schädliche Materie leichter ausscheiden kann. Drittens, indem die Musik andere, neue und lebhaftere Gedanken im Gehirn weckt, die den Gedanken des Schmerzes gleichsam verdunkeln oder aufheben, da mehrere gleichzeitig vorhandene Gedanken nicht alle auf einmal, sondern nur einzeln aufgenommen werden können. Und viertens: Die den Schmerz im Gehirn fixierende Faser wird durch Musik so verändert und in ihren normalen Zustand zurückgebracht, daß trotz fortbestehender Schmerzursache und unangenehmer Einwirkung auf den Nerv dessen veränderter Zustand nicht zum Gehirn weitergeleitet, also kein Schmerz wahrgenommen wird.[534]

Bei der Suche nach den physiologischen Gründen der Wirkung des „unschuldigen schmertzstillenden Mittels" Musik[535] spielte im 18. Jahrhundert auch die Vorstellung von der „Nervenflüssigkeit" eine Rolle. Joseph Louis Roger erklärt, Klänge seien imstande, „diejenigen heftigen Schmerzen zu lindern, die oft mit einem veränderten Zustand der Nervenflüssigkeit verbunden sind".[536] Musik könne wie ein warmes Fußbad (!)

---

[533] M. E. Ettmüller (Q 1714), S. 32.
[534] J. W. Albrecht (Q 1734), S. 127; die dritte der vier Erklärungen vertritt auch P. van Swieten (Q 1773), S. 28.
[535] E. A. Nicolai (Q 1745), S. 48 f.; vgl. auch I. Brown (Q 1751), S. 47 und P. van Swieten (Q 1773), S. 28.
[536] J. L. Roger (Q 1803), S. 207 f.

Abb. 24: Sächsische Landesbibliothek, Dresden. Ms. Db 93, fol. 467r. Zweite Hälfte des 15. Jahrhunderts. („Galeni opera varia".)

SOLATIVM PODAGRICORVM.

Hic Rhodus, hic salta.

Melchior Küsell sc.

Expellam: si quis vexat te spiritus ater.
Humores, Curæq͗ solent mitescere cantu.

Abb. 25: Jacob Balde: Solatium podagricorum. München 1661, Titelkupfer.

Abb. 26: Stadtbibliothek Nürnberg. Cod. Cent. V 59, fol. 231r. 13. Jahrhundert. (Aristoteles: De somno et vigilia.)

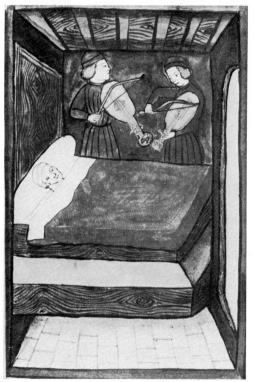

Abb. 27: Österreichische Nationalbibliothek, Wien. Cod. Vindobon. 5264, fol. 105r. 15. Jahrhundert. (Tacuinum Sanitatis.)

„die Seele von der Schmerzempfindung durch eine mechanische Distanzierung abziehen, indem sie an den von der Stelle des Übels entfernten Partien eine angenehme Reizung verursacht, welche die Konzentration der Nervenflüssigkeit an der betroffenen Stelle verhindert und sie zu jenen anderen Körperpartien hinlenkt, was dem Patienten große Erleichterung bringt."[537]

Die lösende und lockernde, „antispasmodische" Kraft der Musik, so fügt Etienne Sainte-Marie hinzu, erweise sich nirgends besser als gegenüber dem Schmerz.[538] Simon-André Tissot betont 1780, Musik könne zwar die Schmerzempfindung aufheben, nicht aber die Ursache des Schmerzes beseitigen. Indem sie jedoch den vom Schmerz verursachten Zustand mildere, trage sie immerhin indirekt auch zur Heilung bei.

„Ohne Zweifel handelt es sich um eine Art Schmerzlinderungsmittel, das zugleich die Transpiration fördert, wenn die Musik bei bestimmten Gichtschmerzen helfen konnte."[539]

Damit ist derjenige Schmerz genannt, gegen den man die Musik besonders oft zu Hilfe nahm – vielleicht deshalb, weil es für ihre Wirkung gegen *Ischias-* und *Gichtschmerzen* einige Exempla gab, die jahrhundertelang viel zitiert wurden. Zugleich entzündete sich gerade in diesem Punkt am häufigsten grundsätzliche Kritik an der schmerzlindernden Kraft der Musik, wie sich schon bei Johann Christian Frommann gezeigt hat.[540]

Der nachantiken Zeit war bis in das 18. Jahrhundert das durch Boethius überlieferte Beispiel des Thebaners Ismenias geläufig, der Ischiasschmerzen durch musikalische Weisen völlig vertrieben haben soll.[541] Der aus Martianus Capella in die Tradition übernommene Satz, „daß Ischiasschmerzen durch liebliches Aulos-Spiel beseitigt werden",[542] diente den Musikautoren und seit dem Humanismus auch vielen Ärzten ebenfalls als Beweis für die Heilwirkung der Musik. Dabei beachtete man wenig, daß in beiden Traditionsstücken wohl eine ursprünglich magisch verstandene Anwendung der Musik

---

[537] Ebd. S. 243.
[538] E. Sainte-Marie, ebd. S. XXXI.
[539] S.-A. Tissot (Q 1778–80), Bd. 2, Teil 2 (= Bd. 4), 1780, S. 419 f.
[540] Siehe oben S. 351.
[541] Boethius (Q 1867), S. 185.
[542] Martianus Capella (Q 1925), S. 493.

beschrieben wurde. Zu diesen beiden Texten trat seit dem 15. Jahrhundert die durch Gellius überlieferte Bemerkung Theophrasts, die meisten Menschen seien überzeugt, daß Ischiasschmerzen nachließen, wenn ein Flötenbläser sanfte Melodien spiele.[543] Während Gellius an die Affektwirkung der Musik zu denken scheint, da sie den Schmerz nur vermindert, nicht aber völlig beseitigt, erscheint dieselbe Tradition bei Plinius in einem offensichtlich magischen Verständnis: Nach Theophrast würden am Ischiasschmerz Leidende durch ein „carmen" „geheilt", nach Cato helfe ein „carmen" verrenkten Gliedern, nach Varro Podagra-Kranken.[544] Ein neueres Beispiel, das ebenfalls oft angeführt und zur Nachahmung empfohlen wurde, betraf den bayrischen Herzog Albert IV. im 15. Jahrhundert. Hier hat die Musik nun eindeutig eine rein affektive Wirkung. Der Herzog litt an Fußgicht (Podagra), „setzte aber alle übrigen Sorgen beiseite", so berichtet ein berühmter Zeitgenosse, „gab sich der Musik hin und erfreute seine Seele unablässig mit Liedern und Musik; außerdem widmete er sich der Jagd".[545] In dem Bericht von Epifanio Ferdinandi (1621) über die Hüftgicht einer 45jährigen Frau tritt anschaulich das Nebeneinander der volkstümlich-magischen und ärztlich-diätetischen Funktion der Musik hervor. Heftige Schmerzen veranlaßten die Patientin, neben der ärztlichen Behandlung bei Ferdinandi einen Mann aufzusuchen, der in dem Ruf stand, „Hüftschmerzen mit Gesängen und Sprüchen", d. h. mit Zaubergesängen und -sprüchen heilen zu können; der Erfolg war jedoch nur vorübergehend. Ferdinandi gab dagegen der Frau genaue Anweisungen für die rechte Lebensweise hinsichtlich Luft, Ernährung, Gebrauch von Klistieren usw. und empfahl außerdem unter Hinweis auf Theophrast und Gellius ausdrücklich „musikalische Instrumente", weil „Musik bei jeder Art von Hüftgicht die Schmerzen erheblich lindern kann".[546] Die im Sinne damaliger Medizin wissenschaftliche Begründung dafür gibt Ferdinandi in seinen ausführlichen Bemerkungen über den „Tarantismus"; sie zeigen, daß er die günstige Wirkung der Musik gegen Schmerzen rein affektiv verstand.[547]

[543] A. Gellius (Q 1903), Bd. 1, S. 199 (lib. 4, cap. 13).
[544] Plinius (Q 1892–1909), Bd. 4, 1897, S. 282 (lib. 28, cap. 2, 21). Vgl. zu diesen beiden Überlieferungen auch oben S. 212 f.
[545] A. S. Piccolomini (Q 1571), S. 438.
[546] E. Ferdinandi (Q 1621), S. 317 und 321.
[547] Ebd. S. 266–268.

Ferdinandis diätetische Therapievorschriften für die Gicht decken sich mit den Anweisungen vieler anderer Ärzte. In einem Büchlein von Elias Anhart über die Behandlung der Gicht heißt es 1581, Gichtkranke sollten sich „vor allerley Kümmernuß und Hertzenleyd / hefftigen Sorgen / etc. als viel immer menschlich / möglich ... fleißig verhüten". Zu diesem Zwecke sei Musik sehr geeignet, weil sie durch angenehme Ablenkung die Schmerzempfindung verringern könne.[548] Deshalb, so schreibt 1577 Johann Fischart in seiner Schrift über die Podagra,

> „hat man dem ersten Artzneyerfinder Apollini zugleich die Music und Musas zugeben, anzuzaigen, daß die Medicina baides zu leichterung des leibs schmerzen, und minderung des gemüts Anfechtung gegeben seie."[549]

Martin Pansa machte sich 1623 diese Worte Fischarts zu eigen und fuhr fort:

> „Ja daß in der Cur / der Podagra / auff beydes solte gesehen werden / auff das gemüt so wol als auff den leib / so man anders gewünschte Linderung unnd nachlassung der Schmertzen empfinden wil ... wan ein Patient mit lieblichen Reden / künstlichen Gedichten / und holdseliger Musica umbgehet / das ist / ihm eine Medicina zu erquickung / labung und linderung angefochtenes Leibes unnd Hertzens."[550]

Fischarts Schrift gehört zu den Podagra-Enkomien, die auf Lukians „Lob der Podagra" zurückgehen. Pirckheimer, Cornarius, Cardano und andere griffen das Thema auf. Bis in das 17. Jahrhundert war es ein beliebter Gegenstand von Satire und Lehrgedicht; in moralisierender und scherzhafter Weise legte man gegenüber den Qualen und Nachteilen des schmerzhaften Leidens die Vorzüge und Annehmlichkeiten der Podagra dar. Aus diesen Traktaten, aber auch aus anderen, nicht nur medizinischen Quellen geht die Bedeutung der Musik für die „Podagristen" anschaulich hervor. „Die Musica oder Singekunst", sagt Hans Michael Moscherosch (1601–1669), „wird von ihnen geliebet und hochgehalten." Sie hätten, an den Lehnstuhl

---

[548] E. Anhart (Q 1581), S. 51 ; vgl. ferner J. Loselius (Q 1639), S. 339 und W. Rolfink (Q 1665), S. 936.
[549] J. Fischart (Q 1894), S. 6.
[550] M. Pansa (Q 1615–23/b), Bd. 3, 1623, S. 26 f.

gefesselt, allerdings auch die nötige Muße, um es in der Musik weit zu bringen.[551] Auch in Jakob Baldes (1604–1668) „Trost der Podagra-Kranken" (1661), dem letzten Werk in der Reihe der Podagra-Enkomien, das bis zur Mitte des 18. Jahrhunderts mehrfach gedruckt und übersetzt wurde, kehrt das Motiv der Musik wieder (vgl. dazu Abb. 25):

„Spielst du", fragt der Verteidiger der Podagra, „nicht auch zuweilen ... auf der Flöte, Violine oder Gitarre? Ein gewisser Harphius that es immer, sooft und sobald er die feurigen Stacheln gefühlt. Er stimmte ein Freudenlied an, und linderte so die Schmerzen."[552]

An Beispielen dafür, daß Gichtkranke tatsächlich bei der Musik Hilfe suchten, mangelt es nicht. Nach einem Bericht von Johann Nikolaus Pechlin (1691) verschaffte sich ein an Podagra leidender Professor bei heftigen Anfällen nicht durch Medikamente oder Umschläge, sondern durch Musik eine vorübergehende Besserung seiner Schmerzen.[553] Ein ebenfalls von der Fußgicht geplagter Baron in Cleve gestand dem aus Ungarn stammenden Arzt Michael Aloysius Sinapius (geb. 1602), der ein guter Lautenspieler war und ihn oft besuchte, durch sein (des Arztes) Musizieren hätten die Schmerzen jeweils erheblich nachgelassen.[554] Von einer bereits erwähnten französischen Dame wird im 17. Jahrhundert folgendes berichtet:

„Als sie einsmahls in ihrem hohen Alter von der Gicht hart angegriffen ward / und absonderlich in dem einen Knie große Schmertzen empfand / da befahl sie ihrem Spielmann einen Couranten zu spielen / welcher darauff sein bestes thate..."[555]

Herman Boerhaave schrieb 1736 an den kaiserlichen Leibarzt Johann Baptist Bassand in Wien, der ihm vom abendlichen Gesang seiner Tochter zum Cembalo erzählt hatte, diese Musik möge ihm auch die Qualen der Fußgicht mildern.[556] Friedrich August Weber

---

[551] H. M. Moscherosch (Q 1644–46), Teil 3–4, 1645, S. 508.
[552] J. Balde (Q 1661), S. 107; die Übersetzung nach J. Balde (Q 1833), S. 56.
[553] J. N. Pechlin (Q 1691), S. 472.
[554] M. A. Sinapius (Q 1699), S. 55.
[555] Siehe oben S. 227, Anm. 61.
[556] H. Boerhaave (Q 1962–64), Bd. 2, 1964, S. 358.

schließlich, der als Student im Jahre 1771/72 „bey dem berühmten Geschichtslehrer und Publicisten Joachim Erdmann Schmidt in Jena" wohnte, leistete diesem „als Solospieler auf der Violin öfters bey heftigen Anfällen von Podagra" gleiche Dienste.[557]

Einen besonderen Nutzen für Gichtkranke sah Giorgio Baglivi im Gesang: Er sei eine gute körperliche „Übung", da sich die Gichtkranken auf andere Weise kaum die nötige körperliche Bewegung verschaffen könnten.[558] Dieser originelle Gesichtspunkt blieb jedoch vereinzelt. Ein Einzelfall war wohl auch der Versuch des Zürcher Arztes Conrad Gesner (1516–1565), einen Ischiaspatienten, dem keine Medikamente halfen, durch massive Anwendung von Musik zu heilen. Er brachte ihn, wie er 1557 an seinen in Feldkirchen bei Augsburg wirkenden Kollegen Achill Pirmin Gasser (1505–1577) schreibt, mehrere Tage lang durch Musik zum Tanzen und löste dadurch starke Schweißausbrüche aus, die den Krankheitsstoff aus dem Körper entfernen sollten. Johann Ulrich Rumler, Arzt in Augsburg, wies allerdings später mit Recht darauf hin, daß in diesem Falle weniger die Musik selbst als die heftige Körperbewegung günstig gewirkt haben dürfte.[559] Gesners Bericht veranlaßte jedoch noch 1734 Johann Wilhelm Albrecht zu der Frage, ob wirklich, wie die meisten glaubten, der Erfolg derselbe gewesen wäre, wenn der Kranke ohne Musik getanzt oder wenn der Schweißausbruch durch Medikamente hervorgerufen worden wäre. Er sah einen wichtigen und grundsätzlichen Unterschied zwischen normalen Körperbewegungen und solchen, „zu denen wir durch angenehme Klänge angeregt werden". Denn im letzteren Falle komme zu den guten Wirkungen körperlicher Bewegung noch „eine spezifische Reizung der Nervenfasern" hinzu; dadurch würden die in ihnen enthaltenen Flüssigkeiten lebhafter bewegt, alle Funktionen des Körpers gesteigert und selbst die festen Fasern gestärkt, indem eine Kraft hinzutrete, durch welche die den Schmerz verursachende Materie leichter ausgeschieden werden könne.[560] Nach der Überzeugung Petrus van Swietens (1773) bestand die beste Behandlung von Ischiasschmerzen darin, Schweißausbrüche hervor-

---

[557] Fr. A. Weber (Q 1801/02), Sp. 585 f., Anm. 27.
[558] G. Baglivi (Q 1734/a), S. 117 und ders. (c), S. 637.
[559] Gesners Brief mit Rumlers Bemerkungen ist abgedruckt bei J. U. Rumler (Q 1668), S. 59.
[560] J. W. Albrecht (Q 1734), S. 130 f.

zurufen, wozu sich die Musik vorzüglich eigne; mit der gesteigerten körperlichen und seelischen Bewegung befördere sie die Ausdünstung, vermehre die Zirkulation und die Körperwärme und führe so zum Schwitzen. Aber van Swieten betonte ausdrücklich, daß sich die Ursache des Leidens durch Musik nicht beheben lasse, da die Krankheit entweder schon zu weit fortgeschritten oder unter Umständen auch erblich bedingt sei. Doch sei die Musik wenigstens imstande, die Schmerzen zu lindern und erträglicher zu machen.[561]

Johann Georg Friedrich Franz hatte 1770 eine andere Erklärung dafür, daß sich „Hüft- und Lendenweh" mit Musik vertreiben lasse: Gicht rühre meist von einer Verstopfung der Eingeweide her, die nicht selten aus Traurigkeit entstehe; dieser könne die Musik entgegenwirken, dadurch die Schmerzen verringern und auch die anderen Heilmittel zu besserer Wirkung bringen.[562] Demgegenüber argumentierte Isaac Brown 1751 physikalischer: Wenn, wie bei Arthritis, feinere Gefäße verstopft seien, ließen sich Hindernisse und damit der Schmerz durch häufiges Eindringen von Klängen beseitigen; Musik könne daher auch bei Ischiasschmerzen helfen. Wenn der Schmerz allerdings auf einer Entzündung der Nervenhäute beruhe, müsse man mit Aderlässen und entzündungshemmender Therapie vorgehen.[563]

Pierre Jean Burette, dessen gelehrte Forschungen über die antike Musik im 18. Jahrhundert Ansehen genossen, unterzog die aus dem Altertum überlieferten Heilwirkungen der Musik einer abgewogenen, wenn auch rationalistischen Kritik.[564] Hinsichtlich der Fähigkeit der Musik, Ischiasschmerzen zu lindern, hatte er aber aus ärztlicher Sicht keine Bedenken. Er hielt die Berichte dieser – im Gegensatz zu anderen – Exempla für glaubwürdig, weil ihm der Vorgang gut erklärbar schien. Nur meinte er, daß es sehr auf die Fähigkeiten des jeweiligen Musikers ankomme. Zweierlei war nach Meinung von Burette für einen Erfolg der Musik notwendig:

„Entweder erfreut man in angenehmer Weise die Ohren des Kranken und erreicht dadurch eine Ablenkung im Umlauf der ‚animalischen spiri-

---

[561] P. van Swieten (Q 1773), S. 29.
[562] [J. G. Fr. Franz] (Q 1770), S. 25; vgl. auch Chr. L. Bachmann (Q 1792), S. 42.
[563] I. Brown (Q 1751), S. 47.
[564] P. J. Burette (Q 1748).

tus', oder man trifft zufällig, indem man verschiedene Musikstücke ausprobiert, genau jenen einheitlichen Zustand (unissono) der Fasern, deren extreme Spannung den Schmerz verursacht oder aufrechterhält. Von einer solchen Übereinstimmung können nämlich verschiedene Anstöße, Vibrationen und Schwingungen ausgehen, welche die Körperflüssigkeiten, die im Gewebe der schmerzenden Stelle konzentriert sind, wieder in Bewegung bringen und dadurch der betreffenden Partie Erleichterung verschaffen können."[565]

Weit über alle diese Erklärungsversuche hinaus ging 1730 Jean-Charles de Folard in seinem Polybios-Kommentar. Er zweifelte an der Wahrheit aller antiken Zeugnisse über Heilwirkungen der Musik nicht im mindesten und träumte von einer zukünftigen „vollkommenen" Musik als Teil der Medizin. Sie sollte „eine völlig musikalische Medizin" sein, die für jedes Leiden und für jeden Patienten bestimmte Melodien und Instrumente zur Heilung hatte und den Apotheker überflüssig machte. Diese an Athanasius Kircher anknüpfende Vision von einem universalen „Arzt-Musiker" erschien allerdings selbst de Folard als ferne Utopie, wenn er an die Berufsinteressen der Ärzte dachte. Immerhin meinte er, „diese Herren sollten die Musik wenigstens bei der Gicht anwenden, da es gegen dieses Leiden gar kein Mittel gibt".[566]

Im Gegensatz zu solchen Zukunftsträumen haben die Ärzte, wenn sie gegen Ischias- und Gichtschmerzen Musik empfahlen, deren Möglichkeiten als Hilfsmittel durchaus realistisch eingeschätzt. Dennoch wurde an dieser Anwendung der Musik vom 16. Jahrhundert an grundsätzliche Kritik geübt. Sie ging meist von einer Interpretation der antiken Zeugnisse aus, wurde anfangs nur von Philologen vorgetragen und krankte daran, daß das Problem von den antiken Exempla her stillschweigend auf die Frage eingeengt und zugespitzt wurde, ob Musik Gichtschmerzen „heilen" – gemeint war: als alleiniges Mittel vollständig heilen könne. Da man diese Frage bestenfalls dann bejahen konnte, wenn man die Musik magisch verstand, gingen die Kritiker an der Stellung der Musik in der Diätetik der Medizin völlig vorbei. Sie verkannten, daß sich die Ärzte und wohl auch die meisten Patienten, die ärztlichen Ratschlägen folgten, über die lediglich affek-

---

[565] Ebd. S. 11.
[566] Histoire de Polybe (Q 1729–30), Bd. 5, 1730, S. 44.

tive, mittelbare und beschränkte Wirkung der Musik durchaus im klaren waren.

Betrachten wir diese Diskussion näher. Der Philologe Jean Brodeau (1500–1563) erklärte es 1555 für einleuchtend, daß alle den Geist und die Seele betreffenden Krankheiten durch Musik günstig beeinflußt werden könnten. „Da jedoch Hüftleiden nicht dazu zu zählen sind, sehe ich nicht, wie Ischias-Patienten auf Musik Hoffnung setzen sollten." Der Versuch erschien Brodeau zwar unschädlich, versprach aber kaum Besserung, „da bei dieser Krankheit keine Organe und Körperteile leiden, welche die Musik wieder in Ordnung bringen könnte".[567] Mit anderen Argumenten übte 1557 der Philologe Julius Scaliger (1484–1558) Kritik an Girolamo Cardano. Für die von Theophrast übernommene Auffassung Cardanos, daß sich Ischiasschmerzen durch Musik heilen ließen, habe er nur ein Lächeln übrig.

„Wenn der Hüftschmerz nur aus spiritus bestünde, ließe sich durch deren Entfernung [von der schmerzenden Stelle] der Schmerz tatsächlich beseitigen. Wenn aber die Materie im Körper dick, kalt und zäh ist, ist von Heilung umsoweniger zu reden, als durch eine Umleitung der spiritus die Materie sogar noch dicker wird. Aber wir lernten von den Philosophen und Ärzten, daß Schmerz auf dreifache Weise behoben werden könne: 1) indem der Schmerz selbst durch betäubende, schmerzstillende Mittel ausgeschaltet wird; 2) indem die Ursache [des Schmerzes] durch Mittel beseitigt wird, die den Körper reinigen oder die Verdauung befördern; 3) indem das betreffende Glied gefühllos gemacht wird, d. h. indem die spiritus zurückgedrängt werden ... Daher läßt sich Gichtschmerz weder häufig, wie Du [Cardano] sagst, noch überhaupt heilen."[568]

Beiden Kritikern ist gemeinsam, daß sie zwar im einzelnen humoralmedizinisch argumentierten, aber einen Grundgedanken der Humoralmedizin, nämlich den engen Zusammenhang zwischen Seele und Körper außer acht ließen, auf dem nach der Überzeugung der Ärzte die therapeutische Wirkung der Musik beruhte.

Athanasius Kircher traf 1650 eine der Sache angemessenere Abgrenzung. Mit Hilfe der Musik ließen sich nach seiner Ansicht nur Krankheiten heilen, „die unmittelbar von der schwarzen und gelben Galle herrühren", d. h. also im wesentlichen Geisteskrankheiten.

---

[567] J. Brodeau (Q 1604), S. 529.
[568] J. C. Scaliger (Q 1592), S. 1084.

Dazu gehörte aber die Podagra nicht, ebensowenig wie Schwindsucht oder Epilepsie.[569]

Von der zweiten Hälfte des 17. Jahrhunderts an meldeten sich auch ärztliche Stimmen kritisch zu Wort. Johannes Dolaeus (1651–1707), Leibarzt des Landgrafen von Hessen-Kassel, ermahnte 1684 die Podagra-Patienten, stets ruhig und heiter zu sein und alle starken Affekte zu vermeiden, da Zorn, Traurigkeit, Furcht und Sorgen leicht einen Gichtanfall auslösen könnten. Zu diesem Zwecke empfahl er neben Scherzen auch musikalische Gesänge. Aber das antike Beispiel des Ismenias, das viele zur Rechtfertigung und Begründung ihres Ratschlages anführten, veranlaßte Dolaeus zu dem skeptischen Zusatz, Musik werde heute kaum noch so viel ausrichten können wie einst.[570] Daß sich Podagra- und Ischiasschmerzen, wenn sie einmal tief eingewurzelt seien, durch Musik beheben ließen, schien auch Michael Ernst Ettmüller kaum möglich,[571] und als 1779 ein nicht näher bekannter italienischer Autor, vom Tarantismusproblem ausgehend, auf de Folards schwärmerische Ideen von einer universalen Heilmusik zu sprechen kam, warf er dem Franzosen vor, in seinem Glauben an die Heilkraft der Musik tue er diesem Mittel zu viel Ehre an, wenn er es auch auf die Podagra angewendet wissen wollte.[572]

Noch skeptischer urteilte 1664 der Wittenberger Medizinprofessor Conrad Victor Schneider (1614–1680). Seine Kritik richtete sich hauptsächlich gegen den holländischen Arzt Balduin Ronsse, der 1590 zu der vielzitierten Gellius-Stelle[573] erklärt hatte, er verstehe nicht, warum Ischiasschmerzen eher als andere Schmerzen durch Flötenspiel zu heilen seien – es sei denn, man nehme eine „gewisse Analogie zwischen den Flöten und dem Hüftknochen an, aufgrund deren die schädlichen Säfte mit Hilfe des Flötenspiels aus der Tiefe des Körpers hervorgelockt werden . . .“[574] Einen solchen „verborgenen" Wirkungszusammenhang, wie ihn die Verfechter der „natürlichen Magie" zwischen den verschiedensten Dingen wegen deren ähnlicher Form oder anderer Beziehungen annahmen,[575] lehnte Schneider

---

[569] A. Kircher (Q 1650), Bd. 2, S. 214; vgl. dazu oben S. 236.
[570] J. Dolaeus (Q 1684), S. 637.
[571] M. E. Ettmüller (Q 1714), S. 32.
[572] A. Pigonati (Q 1779), S. 309.
[573] Siehe oben S. 212 f.
[574] B. Ronsse (Q 1590), S. 49.
[575] Siehe oben S. 231–235.

rundweg ab, da bei Ischiasschmerz gar nicht die Knochen, sondern die Muskeln, Bänder und andere verbindende Teile betroffen seien. Nur das Urteil des Soran von Ephesus[576] schien ihm richtig, daß nämlich diejenigen, die glaubten, durch musikalische Weisen und Gesänge die Kraft der Krankheit bezwingen zu können, einem leeren Wahn anhingen. Er bedachte dabei allerdings nicht, daß Soran sicherlich magische Anschauungen und Praktiken gemeint hatte. Schließlich übernahm Schneider nicht nur die Kritik Scaligers an Cardano,[577] sondern beendete seine Attacke gegen „dieses zweifelhafte Heilmittel" mit dem Hinweis, daß Musik nach seiner eigenen Erfahrung keineswegs allen Ischias-Patienten angenehm und willkommen, vielmehr oft lästig und sogar zuwider sei.[578]

Einen Satz in den Ausführungen des holländischen Kollegen, den er so heftig kritisierte, überging Schneider. Für Ronsse war nämlich die „Analogie" der „Magia naturalis" nur eine von zwei möglichen Erklärungen für die Wirkkraft der Musik. Die andere hatte er darin erblickt, „daß der Kranke durch die Musik so erfreut wird, daß er den Schmerz geradezu vergißt".[579] Diese Auffassung und Anwendung der Musik war, wie unser Abschnitt gezeigt hat, unter Ärzten weithin vorherrschend. Petrus van Swieten äußerte sich 1773 in seiner Dissertation sehr eindeutig:

„Musik hilft bei Schmerzen außerordentlich, indem sie sie lindert und herabsetzt oder gelegentlich ganz aufhebt ... Manchmal sind die Ursachen des Schmerzes unklar, oder sie können überhaupt nicht beseitigt werden; dann läßt sich auch der Schmerz in keiner Weise beheben. Dennoch kann selbst in diesem Fall die wohltätige Musik Erleichterung bringen."[580]

---

[576] Siehe oben S. 215.
[577] Siehe oben S. 360.
[578] C. V. Schneider (Q 1664), S. 923.
[579] B. Ronsse (Q 1590), S. 49.
[580] P. van Swieten (Q 1773), S. 27 f.

bb. Musik gegen Schlaflosigkeit

> „Music, ho! music such as charmeth
> sleep!"
> (Shakespeare, Ein Sommernachts-
> traum, 4. Akt, 1. Szene)

Die 30. Aventiure des Nibelungenliedes schildert die von der Ahnung kommenden Unheils erfüllte Nacht, in der Hagen und Volker gemeinsam Wache halten, weil sie einen Überfall ihrer hunnischen Gastgeber befürchten. Volker „der videlaere" lehnt den Schild an die Wand, ergreift sein Instrument und beginnt zu spielen:

> „Dô klungen sîne seiten daz al daz hûs erdôz [= erscholl].
> sîn ellen [= Tapferkeit] zuo der fuoge [= Kunstfertigkeit] diu beidiu
> wâren grôz.
> süezer unde senfter videlen er began:
> do entswêbte [= einschläferte] er án den betten vil manegen sórgénden
> man."[581]

Diese Verse beschreiben nichts Ungewöhnliches. Es war an den Höfen Sitte, daß abends Spielleute musizierten – und zwar wie Volker zuerst laut und dann immer leiser[582] –, bis der Schlaf gekommen war.[583] Die Herzöge der Bretagne hatten im 15. Jahrhundert unter ihren Höflingen und Musikern stets einen „nächtlichen Sänger".[584] Der französische König Karl IX., dem nach der blutigen Bartholomäusnacht von 1572 nächtliche Angstträume den Schlaf raubten, ließ sich von Musikern in den Schlaf spielen,[585] und der schottische Humanist George Buchanan (1506–1582) bemerkt in der „Geschichte Schottlands", an der Ermordung zweier schottischer Könige seien Spielleute beteiligt gewesen, was mit ihrer Vertrauensstellung und besonderen Aufgabe zusammenhing:

> „Diese Menschen schliefen nämlich in den Schlafgemächern der Adligen, um ihnen den Schlaf zu bringen und sie während des Wachens zu

---

[581] Das Nibelungenlied (Q 1967), S. 289, Str. 1835.
[582] Siehe unten S. 366.
[583] Vgl. z. B. Huon de Mery (Q 1888), S. 45, V. 494 f.; zwei weitere Belege bei P. Zeller (L 1885), S. 6, Anm. 6.
[584] L. de La Laurencie (L 1933), S. 4 f.
[585] J. A. Thuanus (Q 1625), Bd. 2, S. 67.

erfreuen – ein Sitte, die sich auch heute noch auf allen britischen Inseln bei den alteingesessenen Schotten erhalten hat."[586]

Dieser Brauch reicht weit zurück.[587] Vornehme Römer ließen sich gern von Vogelgesang, vom Klang der Kithara oder von Schlafliedern den Schlaf bringen.[588] Maecenas, der jahrelang an Schlaflosigkeit litt, suchte mit Hilfe von Instrumentalmusik, die in einiger Entfernung gespielt wurde und daher gedämpft klang, Schlaf zu gewinnen[589] – ein Beispiel, das seit der Zeit des Humanismus oft zitiert und zur Nachahmung empfohlen wurde. Boethius und Quintilian überlieferten die auch anderweitig bezeugte Sitte der alten Pythagoreer, abends mit Musik und Gesang die Gedanken und Sorgen des Tages abzuschütteln und einzuschlafen.[590] Die Musiktheoretiker hielten die Erinnerung an dieses Beispiel bis in das 18. Jahrhundert wach, und seit dem Humanismus verwiesen auch Ärzte auf die Pythagoreer, wenn sie bei Schlaflosigkeit Musik empfahlen, so z. B. im 16. Jahrhundert Jason Pratensis.[591] Manche Ärzte beriefen sich auch auf den Arzt Paulus von Ägina, der im 7. Jahrhundert über psychisch bedingte Schlaflosigkeit folgendes geschrieben hatte:

„Wenn Jemand durch Betrübniss, Sorge oder ein seelisches Leiden schlaflose Nächte hat, müssen wir zunächst das Kränkende, was es auch immer sei, beseitigen. Dann werden wir den Geist durch Anhören von angenehmen Tönen (von den trüben Gedanken) ablenken; Einige benutzen dazu das Geräusch des leise murmelnden Wassers."[592]

Wie geläufig die Funktion der Musik als Schlafmittel im Mittelalter war, zeigen zahlreiche Kataloge von den Wirkungen der Musik, welche die Musiktheoretiker bis in das 18. Jahrhundert tradierten. Darin

---

[586] G. Buchanan (Q 1584), S. 112 und 122. Ähnlich hielt es der englische Theologe und Philosoph Robert Grosseteste: Direkt neben seinem Studierzimmer lag das Zimmer seines Harfenspielers, und „oftmals, bei Nacht und bei Tage", suchte der Bischof Erquickung durch die Musik. Vgl. F. Wolf (L 1841), S. 64.

[587] Er findet sich z. B. auch in einer Geschichte, die bei dem neuseeländischen Stamm der Maori bekannt ist; vgl. W. Laade (L 1975), Nr. 218, S. 239 f.

[588] Vgl. die Belege bei G. Wille (L 1967), S. 445; über römische Schlaflieder ebd. S. 147–149.

[589] L. A. Seneca (Q 1905), S. 9 (cap. 3, 10).

[590] Die antiken Stellen verzeichnet G. Wille (L 1967), S. 148, Anm. 484.

[591] J. Pratensis (Q 1549), S. 199.

[592] Paulus von Aegina (Q 1921–24), Bd. 1, 1921, S. 67 f.; die Übersetzung von J. Berendes (Paulus von Aegina [Q 1914]), S. 82.

364

finden sich Sätze des Inhalts, daß Gesang den Schlaf herbeiführe,[593] daß Musik Schlaflose in den Schlaf versetze,[594] oder genauer: daß eine bestimmte Art von Musik dies vermöge.[595]

Einen festen Platz in der Medizin erhielt die Musik als Schlafmittel aber erst innerhalb der arabischen Kultur. Das hängt, wie bereits an anderer Stelle ausgeführt, damit zusammen, daß arabische Gelehrte, an neupythagoreisch-neuplatonische Strömungen der Spätantike anknüpfend, die antike Lehre vom „Ethos" der Musik nachhaltig erneuerten und ausbauten und sie in überaus differenzierter Weise auch praktisch anwendeten. Davon zeugt z. B. eine Anekdote, die man über al-Farabi erzählte. Al-Farabi spielte einmal mehrere Musikstücke mit ganz verschiedenem Affektgehalt und brachte dadurch seine Zuhörer nacheinander zum Weinen und zum Lachen, zur Melancholie und zur Heiterkeit. „Schließlich endete er mit einem Stück, das alle auf der Stelle in Schlaf versetzte und sie in diesem Zustand ließ, als ob sie tot wären."[596]

Bereits bei al-Kindi im 9. Jahrhundert ist die Ethos-Lehre zu einem regelrechten musiktherapeutischen System ausgestaltet. Daß es sich hierbei weder um bloße Theorie noch um bloße literarische Tradition handelt, sagt al-Kindi selbst, wenn er hervorhebt, er schreibe über die Auffassungen und die Praxis seiner Zeit, nicht über die der „Alten".[597] Er ordnet den Tageszeiten bestimmte musikalische Rhythmen zu, unter denen es auch einen speziellen Rhythmus für die Zeit des Einschlafens gibt.[598] Auch Avicenna verknüpft die Tageszeiten mit musikalischen Modi und kennt einen besonderen Modus für die Zeit des Einschlafens.[599] Von den „Lauteren Brüdern" im 10. Jahrhundert ist überliefert, daß die Frauen bestimmte Weisen für die Kinder hatten, „um sie beim Weinen zu beruhigen und zum Schlafen zu bringen".[600] Als Maimonides um 1200 dem an Verstopfung und

---

[593] Zum Beispiel Regino von Prüm (Q 1784), S. 235.

[594] Zum Beispiel Johannes de Muris (Q 1784/d), S. 285.

[595] Ders. (a), S. 195.

[596] R. D'Erlanger (L 1930–49), Bd. 3, 1938, S. 548.

[597] Siehe oben S. 221.

[598] H. G. Farmer (L 1926), S. 102 und 104; vgl. auch J. Chr. Bürgel (L 1972), S. 244.

[599] H. G. Farmer (L 1926), S. 109.

[600] F. Dieterici (L 1865), S. 103; über Ammenlieder im römischen Altertum vgl. G. Wille (L 1967), S. 148 f.

Depressionen leidenden ägyptischen Sultan in einem Brief ärztliche Ratschläge erteilte, schrieb er ihm genau vor, wie er den Tag in einer der Gesundheit möglichst förderlichen Weise verbringen solle. Nach dem morgendlichen Ritt und der Gymnastik sollte eine Ruhepause und danach das Mittagessen folgen.

„Danach lehne er sich zum Schlaf hin, der Sänger singe zum Klang der Saiten, er beginne mit erhobener Stimme, er singe seine Lieder bis zu einer Stunde lang, lasse aber allmählich seine Stimme leiser werden, sein Saitenspiel abschwächend, langsam verstumme seine Melodie, bis [Hoheit] in Schlaf sinken, dann breche er [der Sänger] das Spiel ab. Ärzte und Philosophen berichten, daß der so eingeleitete Schlaf – bei langsam gedämpftem Saitenspiel – ein erholsamer [erfrischender] Schlaf ist, der auf die Seelenkräfte günstigen Einfluß hat, indem er die Charaktereigenschaften verbessert und [über die Seele] eine bessere Beherrschung der körperlichen Funktionen erwirkt."[601]

Ähnlich lautete die Vorschrift für die Zeit nach dem Abendessen:

„Dann lade man den Sänger ein, der ihn mit Liedern bis zu zwei Stunden nach dem Essen unterhalte. Dann lege sich [Hoheit] zur Ruhe, indem man dem Sänger [vorher] die Anweisung gegeben hat, sein Spiel und seinen Vortrag allmählich zu dämpfen, bis [Hoheit] fest eingeschlafen sind."[602]

Dieser Brauch bestand im Orient noch jahrhundertelang weiter. Als um 1800, heißt es in einer Beschreibung der europäischen Türkei,

„ein persischer Gesandter durch Wien reis'te, ließ er sich jeden Abend von seinem Kammersänger in den Schlaf singen, und vergönnte, daß die neugierigen Fremden in einem Nebenzimmer den Gesang mit anhören durften."[603]

Natürlich war die Musik nicht immer imstande, den Schlaf herbeizuführen. Dann konnte sie aber, wie auch der eingangs zitierte George Buchanan sagt, wenigstens die Schlaflosigkeit erträglicher machen und die Zeit vertreiben helfen, bis der Schlaf vielleicht doch noch kam. In dem berühmten, 1284 vollendeten Hospital des Sultans

---

[601] M. Maimonides (Q 1966), S. 152, ebenso ders. (Q 1974), S. 133.
[602] Ders. (Q 1966), S. 153; ders. (Q 1974), S. 135.
[603] F. L. Lindner (Q 1812), S. 306.

Qalā'ūn in Kairo, das wegen seiner aufwendigen Fürsorge für die Kranken bekannt war, waren nach einem Bericht des 14. Jahrhunderts stets Musiker vorhanden, die nachts „die wachen Stunden der Patienten erleichtern" sollten.[604]

Für die Ärzte des lateinischen Mittelalters wird es vom 13. Jahrhundert an selbstverständlich, bei Schlaflosigkeit Musik zu empfehlen. Sie folgen damit den Autoritäten der arabischen Medizin, knüpfen aber wohl auch an eine im Westen bekannte Tradition an. Arnald von Villanova rät in seiner Gesundheitsregel für den aragonesischen König, nach mäßiger Mahlzeit solle man sitzen bleiben, geistig und körperlich ruhen und „nichts Unangenehmes und Kompliziertes, sondern angenehme und leicht verständliche Dinge hören, wie z. B. die Geschichten von Königen und Heiligen oder musikalische Melodien".[605] Arnald führt an anderer Stelle weiter aus, es komme bei anhaltender Schlaflosigkeit einerseits darauf an, mit einer „feucht" machenden Diät die Hauptursachen des Leidens zu beheben, andererseits seine Begleitursachen auszuschalten, d. h. die spiritus und Dämpfe vom Gehirn abzuziehen. Das gelinge

„besonders durch die sanfte, angenehme Melodie von Gesang oder von Musikinstrumenten, oder aber durch Wassertropfen, die auf einen Resonanzkörper fallen (z. B. Muscheln) oder durch ein angenehmes Gespräch anwesender Personen, die dann plötzlich schweigen, oder durch sanfte Einreibungen der Extremitäten."[606]

Auch der wie Arnald in Montpellier lehrende Bernard de Gordon sagt um 1300 in seinem weit verbreiteten Hauptwerk „Lilium medicinae", sofern Schlaflosigkeit von Affekten herrühre, seien zuerst Musikinstrumente und Gesang von Nutzen, ferner das Rauschen des Wassers oder der Blätter von Bäumen, schließlich – in dieser Reihenfolge – weiche Klänge, großer Lärm, helles Licht und danach plötzliche Stille und Dunkelheit. „Und wenn alles nicht hilft, beginne man die Horen des Sonntags aufzusagen, und man wird sofort einschlafen."[607] Ganz ähnlich lauten im 15. Jahrhundert die Vorschriften des

---

[604] St. Lane Poole (L 1936), S. 284.
[605] Arnald von Villanova (Q 1585/f), Sp. 793.
[606] Ders. (b), Sp. 268.
[607] Bernard de Gordon (Q 1496), fol. 67 r/v.

Leipziger Medizinprofessors Johannes Meurer für den sächsischen Kurfürsten Friedrich den Sanftmütigen.[608]

Sogar bildliche Darstellungen des Mittelalters zeigen die Musik als Schlafmittel. Schon im 13. Jahrhundert erscheint sie geradezu als Symbol des Schlafes, ohne daß die dazugehörigen Texte überhaupt von der Musik sprechen. In einer Handschrift des 13. Jahrhunderts, die den aristotelischen Traktat „Über Schlafen und Wachen" enthält und die sich heute in Nürnberg befindet, sehen wir in der Initiale einen Fiedelspieler, der einen im Bett liegenden Mann zum Einschlafen bringen soll (Abb. 26; man beachte die offenen Augen des Musikanten und die geschlossenen Augen der einschlafenden Person!). Der Text des Aristoteles berührt jedoch die Musik mit keinem Wort; er nennt lediglich einige als Schlafmittel geeignete Arzneien.[609] Auch in mehreren illustrierten Handschriften des „Tacuinum Sanitatis" aus dem 15. Jahrhundert, die den ursprünglichen Text der arabischen Vorlage in stark verkürzter und umgestellter Fassung bieten, wird die Musik bei der Erörterung des Stichworts „Schlaf" nicht erwähnt, während dazugehörende bildliche Darstellungen eine im Bett liegende Person zeigen, vor der ein Fiedelspieler musiziert.[610] In einer Wiener Handschrift sind es sogar zwei Musikanten, die den Schlaflosen in den Schlaf geigen (Abb. 27).

Musik als Mittel bei Schlafstörungen blieb den Ärzten bis zum frühen 19. Jahrhundert geläufig.[611] Die folgenden Sätze des holländischen Arztes Johann von Beverwyck (1594—1647) sind besonders anschaulich. Zum Einschlafen, so sagt er, sei es vor allem notwendig, alle Gemütsbewegungen zu beruhigen und alle

„gedanken von den andern sinnen auf einen zu ziehen / dadurch die Geister zugleich mit abgezogen werden / und algemach in stille kommen. Solches geschiehet durch ein süßes Liedlein / durch anmuthiges seiten-

---

[608] J. Meurer (Q 1909), S. 202.

[609] Aristoteles (Q 1898), S. 58 (cap. 3, 456 b 29 f.).

[610] Vgl. die Wiedergabe in: Theatrum Sanitatis (Q 1940), Bd. 1, S. CXCIV; Tacuinum Sanitatis in Medicina (Q 1967), Bd. 1, fol. 100 r. Ganz von dem Wiener Codex abhängig – auch in der Darstellung des Stichworts „Schlaf" – ist die Handschrift Ms. lat. 9333 der Bibliothèque Nationale, Paris.

[611] Vgl. H. de Monteux (Q 1557), S. 168; T. Bright (Q 1588), S. 53; D. Erasmus (Q 1704), Sp. 419 F; W. Rolfink (Q 1669), S. 74; M. E. Ettmüller (Q 1705), S. 34; Th. Zwinger (Q 1724), Bd. 1, S. 111; J. Lieutaud (Q 1765), S. 754 f.

spiel ..., durch ein sanftes gereusche des gewässers / durch das trüpfen und rieseln vieler springbrunnen in unterschiedliche bekken. Dieses ist in Deutschland / an etlichen örtern / sehr gebreuchlich ..."[612]

Daß der Schlaflose „durch Musikinstrumente oder durch die Harmonie menschlicher Stimmen zu einer bestimmten harmonischen Verfassung des Geistes und der spiritus gebracht wird", fand im 17. Jahrhundert der Arzt Balthasar Brauch an sich selbst bestätigt, indem er mit Hilfe der Musik wider Erwarten den Schlaf zurückgewann. Der Freiburger Stadtarzt Johannes Schenck von Grafenberg (1530–1598), der diesen Fall mitteilt, legt die Musik vor allem den Studierenden und Gelehrten ans Herz, weil ihnen die Schlaflosigkeit nicht nur beschwerlich sei, sondern auch Gefährdungen der Gesundheit bringe wie z. B. Magenverstimmung, Kopfschmerz, Schwindel, Fieber, Melancholie, Schwindsucht usw.[613]

Natürlich verordnete man Musik nicht nur, wenn man Schlaflosigkeit als selbständige Krankheit auffaßte, sondern auch, wenn sie als Symptom anderer Leiden auftrat. Gegen die von bösartigen Fiebern herrührende Schlaflosigkeit und das aus einer Hirnhautentzündung entstandene Irresein empfiehlt Luiz de Mercado unter anderem sanftes Wasserrauschen oder liebliche Instrumental- und Vokalmusik.[614] Pieter van Foreest erläutert an einem Fall, daß solche Kranken vor allem mit „feucht" machenden Mitteln geheilt werden könnten; daher sei Schlaf sehr wichtig. Ebenso wichtig sei es aber, alle Affekte zu vermeiden, insbesondere Zorn und Wut. Für beide Zwecke eigneten sich liebliche Melodien und sanfte Klänge sehr; keinesfalls dürfe man laute Instrumente mit erschreckendem Ton, wie z. B. Trompeten, verwenden.[615]

Auch gegen die Schlaflosigkeit im höheren Alter galt sanfte, leise Musik als nützlich.[616] Girolamo Cardano empfahl vor allem klagende Melodien, traurige Weisen, sanfte und leise Stimmen, die zu tiefen Tönen hinabstiegen, klangvoll und eindringlich, doch nicht heftig

[612] J. von Beverwyck (Q 1674), Teil 2, S. 157.
[613] J. Schenck von Grafenberg (Q 1665), S. 71.
[614] L. de Mercado (Q 1619–29/b), Bd. 2, 1619, S. 485 und ders. (d), Bd. 3, 1620, S. 37.
[615] P. van Foreest (Q 1590–1606), Bd. 6, 1590, S. 53 f.
[616] A. Anselmus (Q 1606), S. 221.

seien, wobei er unter den Instrumenten der „Lyra", also wohl der Lira da braccio, den ersten Platz einräumte.[617] Im allgemeinen, so erklärt Cardano an anderer Stelle, seien Sologesang oder Gesang zur Lira da braccio, der zuerst laut sei und dann plötzlich leise ende, besonders geeignet.[618] Daniel Sennert riet zu sanftem Gesang und eintöniger Musik, auch zu Vogelgesang, leise murmelnder Unterhaltung usw.,[619] während Luiz de Mercado dem Schlaflosen nahelegte, an erfreuliche Dinge zu denken, wie z. B. an Wälder, Flüsse, Wiesen, Berge, Reisen oder an Musik[620] – also auch die bloße Imagination sollte helfen können.

Schon früh verknüpfte man, wie einige der angeführten Beispiele gezeigt haben, die schlafbringende Wirkung der Musik mit bestimmten musikalischen Eigenschaften wie etwa geringer Lautstärke, „Decrescendo", Eintönigkeit, weicher Klangfarbe der Instrumente, sanfter Stimmgebung usw. Als der Graf Promnitz 1663 – nach dem Bericht des Musikers Wolfgang Caspar Printz –

„in dem Keyserlichen Feld-Läger bey Ungarisch Altenburg / wegen einiger Unpäßlichkeit nicht wohl schlaffen kunde; mußten Ihn seine Musicanten fast alle Abend / durch eine linde und liebliche Music in einen angenehmen Schlaff bringen."[621]

Hermann Carl Reichsgraf von Keyserlingk (1696–1764), seit 1733 russischer Gesandter in Dresden, war oft krank; er litt an anhaltender Schlaflosigkeit und ließ sich nachts von seinem Adlatus Johann Gottlieb Goldberg auf dem Cembalo vorspielen. Um 1740 bestellte er bei Johann Sebastian Bach, wie Bachs erster Biograph Johann Nikolaus Forkel (1749–1818) 1802 mitteilt, „einige Clavierstücke für seinen Goldberg . . ., die so sanften und etwas muntern Charakters wären, daß er dadurch in seinen schlaflosen Nächten ein wenig aufgeheitert werden könnte". Bach entschied sich wohl mit Absicht für Variationen, „die er bisher, der stets gleichen Grundharmonie wegen, für eine undankbare Arbeit gehalten hatte".[622] Eine gewisse Eintönigkeit

---

[617] G. Cardano (Q 1663/c), Bd. 6, S. 261.
[618] Ebd. S. 230.
[619] D. Sennert (Q 1676/c), Bd. 3, S. 63.
[620] L. de Mercado (Q 1619–29/a), Bd. 1, 1620, S. 558.
[621] W. C. Printz (Q 1690), S. 193 f.
[622] J. N. Forkel (Q 1802), S. 51 f.

schien aber gerade den Wünschen des Auftraggebers am besten zu entsprechen. Denn, so betonte 1678 der französische Arzt François Bayle (1622–1709), „nicht alle Klänge sind geeignet, den Schlaf herbeizuführen, sondern nur eintönige oder der Eintönigkeit ähnliche Klänge, die nicht sehr laut und nicht rauh sind".[623] Graf von Keyserlingk, der sich an Bachs „Goldberg-Variationen" „nicht satt . . . hören" konnte,[624] dürfte im übrigen durch die Musik nicht nur Unterhaltung und „Aufheiterung" während schlafloser Stunden, sondern auch den ersehnten Schlaf selbst gesucht haben, der sich nach Ansicht der Ärzte erst einstellen konnte, wenn die traurige, zornige oder von einem anderen Affekt beherrschte Stimmung des Patienten zuvor durch sanfte, angenehme Musik in ausgeglichene Fröhlichkeit verwandelt worden war.[625]

Wie für andere Wirkungen der Musik begann man vom 16. Jahrhundert an auch für ihre Fähigkeit, den Schlaf zu bringen, physiologische Erklärungen zu suchen. Sanfte Musik, so sagt beispielsweise 1556 der italienische Arzt Giovanni Argenterio (1513–1572),

„lenkt den Geist vom Nachdenken ab und beschäftigt keinen der Sinne intensiv, besonders dann, wenn die Musik längere Zeit andauert; dadurch zieht sich die eingepflanzte Wärme ins Körperinnere zurück, weil sie keine äußere Aufgabe mehr hat."[626]

Jason Pratensis, der bei Schlaflosigkeit neben anderen akustischen Mitteln auch den leisen Gesang einer einschmeichelnden Stimme oder den zarten Klang eines Instruments empfahl, glaubte an eine „Verwandtschaft zwischen dem menschlichen Geist und den musikalischen Weisen". Deren schlafbringende Wirkung verstand er so,

„daß sich der Geist des Zuhörers in sich selbst sammelt, sich im Saft des Herzens konzentriert und dort eine feine Ausdünstung verursacht, die dann aufsteigt und das Gehirn feucht macht."[627]

Diese Sätze zitierte Pieter van Foreest, als er die Behandlung eines

---

[623] Fr. Bayle (Q 1678), S. 197.
[624] J. N. Forkel (Q 1802), S. 52.
[625] Vgl. z. B. G. Baglivi (Q 1734/c), S. 638.
[626] G. Argenterio (Q 1556), S. 97.
[627] J. Pratensis (Q 1549), S. 199.

Delfter Kaufmanns beschrieb, der wegen geschäftlicher Sorgen unter Schlaflosigkeit litt und deshalb u. a. Musik verordnet erhielt.[628] Wolff Helmhard von Hohberg gab 1687 für die Erfahrung, daß „eine liebliche Musica, wann sie stille ist / eine gute Beförderung zum Schlaff geben" konnte, gleich drei Erklärungen. Erstens kann die „Süße" der Musik wirken, wenn nämlich Klänge zueinander passen und harmonisch sind und dadurch die Seele so erfreuen, daß die Konzentration der spiritus auf die Musik den Menschen schläfrig macht. Oder aber – zweitens – die zahlenmäßig geordnete Seele wird von zahlenmäßig geordnetem Klang aufgrund gemeinsamer innerer Wesensverwandtschaft beeinflußt. Oder drittens: Die Klänge beschäftigen mit ihren harmonischen Proportionen die Seele so, daß die spiritus daran gehindert werden auszuschwärmen; so genießt die Seele ruhig und entspannt das angenehme Objekt – die Musik – und versinkt dabei in sanften Schlaf.[629]

Während diese Überlegungen noch von der alten musica-humana-Vorstellung und der spiritus-Lehre ausgehen, behandelt der oben erwähnte François Bayle 1678 die Frage, „warum Musik Schlaf bringt", bereits auf der Grundlage des neuen physikalisch-mechanistischen Denkens. Bayle versteht Schlafen und Wachen als Entspannung bzw. mittlere Anspannung der Fasern, Nerven und Hirnhäute. Diese Spannung, durch die jede Reizung der Sinnesorgane zum Ursprungsort der Nerven gelangt und die spiritus veranlaßt, die entsprechende Körperbewegung auszulösen, besteht in einem Einfließen der spiritus animales in die Nervenfasern. Ist das Einfließen behindert, lockern die Nervenfasern sich und geben Impulse nicht mehr weiter. Voraussetzung für den Schlaf ist der Abzug der spiritus animales aus den Nervenfasern. Durch sanfte Klänge werden nun zuerst die spiritus animales von den übrigen Sinnesorganen weg zum Ohr hingezogen, und

„wenn die Klänge immer wieder die gleichen und leise sind, werden sie schließlich gar nicht mehr wahrgenommen, weil dasjenige, woran man sich gewöhnt hat, keinen Affekt erregen kann."[630]

---

[628] P. van Foreest (Q 1590–1606), Bd. 6, 1590, S. 280.
[629] W. H. von Hohberg (Q 1687–1715), Bd. 1, 1687, S. 245.
[630] Fr. Bayle (Q 1678), S. 196 f.

Der Wittenberger Medizinprofessor Christian Gottfried Stentzel (1698–1748) urteilt 1725 in seinem Buch über den Schlaf folgendermaßen: Durch sanfte Musik werden die Gehörsnerven besänftigt, bei den anderen Sinnen kehrt Ruhe ein, und dadurch entspannen sich die Fasern des Gehirns. Diese Erklärung des Vorgangs steht nach Stentzel mit Vernunft und Erfahrung in Einklang. Dagegen kritisiert er eine ältere Auffassung, wonach die spiritus und die Wärme, die wegen der Musik in das Gehör strömen, dort Flüssigkeit in Dämpfe auflösen, die den Gehörgang versperren und damit den Schlaf herbeiführen. Denn wer, fragt Stentzel ironisch, wird annehmen, daß die Nervenflüssigkeit mit soviel Kraft und Wärme versehen sei, daß sie Säfte in Dämpfe auflösen könnte, und woher sollte soviel Flüssigkeit in den Ohren kommen?[631]

Ein besonderes Problem sah man in der Wirkung von Gesang auf kleine Kinder, weil der Effekt hier viel schneller und sicherer eintrat als bei Erwachsenen. Jason Pratensis erklärte 1549 den Zusammenhang so: Einschmeichelnder Gesang ist für das kleine Kind ungewohnt und neu, es konzentriert sich darauf und wundert sich, dadurch entsteht Wärme im Körper, Wärme in Verbindung mit Feuchtigkeit führt aber zu Verdampfung, und diese leitet schließlich den Schlaf ein.[632] Der Philosoph und Arzt Joachim Curaeus (1532–1573) gab 1572 eine andere Antwort. Er meinte, die Seele des Kindes sei so sehr auf das Ohr und den Gesang gerichtet, daß es die Augen und die übrigen Sinnesorgane vergesse; dadurch würden die spiritus nach innen gezogen, und da sie in diesem jungen Alter noch sehr feucht seien, begännen sie nun die Seele schwer zu machen und zur Ruhe zu drängen.[633] Bei Michael Ernst Ettmüller heißt es zu derselben Frage, die schlafbringende Wirkung der Musik beruhe darauf, daß die Körpersäfte und spiritus durch Klänge in Bewegung versetzt und aus dem Zustand der Verwirrung wieder in eine bessere Verfassung zurückgeführt und erquickt würden. Im Körper des Kindes seien außerdem mehr Säfte und Schleim vorhanden als im späteren Alter, so daß die Musik intensiver wirke, die feineren spiritus leicht von den dickeren Säften geschieden würden und dann zur Ruhe kämen, womit der

---

[631] Chr. G. Stentzel (Q 1725), S. 17 f.
[632] J. Pratensis (Q 1549), S. 373.
[633] J. R. Camerarius (Q 1624), S. 118.

Schlaf beginnen könne.[634] Andere Erklärungen gaben sich bescheidener. Wolfgang Caspar Printz, der es 1690 ausdrücklich als eine der Aufgaben der Musik bezeichnete, „die kleinen Kinder damit einzuwiegen / und in süßen Schlaf zu bringen", begnügte sich damit, auf die alte musica-humana-Vorstellung und auf Platon hinzuweisen:

> „Denn es ist die Music dem Menschen so eigen / und unsern Sinnen dermaßen zugethan / daß auch Plato ... dafür hält / es spiele sich nichts leichter ein in die Gemüther der jungen Kinder und Knaben / als die unterschiedlichen Weisen zu singen."[635]

cc. Herzstörungen – Epilepsie und Krampfanfälle

Bei *Herzstörungen* empfahlen mittelalterliche Ärzte zur Beruhigung gelegentlich auch Musik. Arnald von Villanova nennt in seinem Traktat „Über die Dinge, die den wichtigsten Organen unseres Körpers nützen und schaden" unter den nützlichen Dingen für das Herz „maßvolle Freude, Fröhlichkeit ..., erquickenden Gesang und Liebe". Gut ist, so faßt Arnald zusammen, grundsätzlich alles, was „den Magen stärkt und das Gehirn reinigt, gut sind auch Melodien von Musikinstrumenten, mäßig und zu rechter Zeit angewendet".[636] An anderer Stelle sagt Arnald, nichts kräftige das Herz und die Wärme des Körpers so sehr wie ein guter, alter Wein. Das Herz habe aber zwei gefährliche Feinde: die Verzweiflung und die Traurigkeit. Aus der Verzweiflung entstehen Stumpfheit und Passivität, während Traurigkeit die natürliche Wärme des Körpers auslöscht, den spiritus aufzehrt, das Herz zugrunderichtet und schließlich zum Tode führt. Daher gibt Arnald folgenden Rat:

> „Wenn man den Weingenuß mit dem erfrischenden Klang der Saite eines Musikinstruments verbindet, werden alle guten Kräfte im spiritus des Herzens vereinigt. Die Anwesenheit eines guten Freundes kann allerdings die Melodie der Musikinstrumente ersetzen."[637]

Arnald folgt hier vermutlich arabischen Ärzten. Z. B. empfiehlt

---

[634] M. E. Ettmüller (Q 1714), S. 32.
[635] W. C. Printz (Q 1690), S. 192.
[636] Arnald von Villanova (Q 1585/d), Sp. 616.
[637] Ders. (e), Sp. 682; vgl. auch Magninus Mediolanensis (Q 1503), fol. 17 v.

Abulkasim (Alsaharavius) im 10. Jahrhundert bei „Herzschwäche", als deren Hauptsymptom er „unablässiges Herzklopfen" bezeichnet, man solle „fleißig Klänge und Gesänge hören und dabei schlafen".[638] Arnald von Villanova führt in seinen Anweisungen, wie man dem „Zittern des Herzens" vorbeugen könne, das ganze ästhetisch-affektive Repertoire der arabischen Medizin ins Feld, also alles, was auf dem Wege über die Sinne Freude hervorrufen kann und keine Traurigkeit aufkommen läßt. Für das Ohr nennt er

„die Harmonie von Klängen, d. h. Musikinstrumente, sanfte Singstimmen und liebliche Melodien, Erzählungen von lobenswerten Dingen und angenehme Lesungen: kurz, alles, was dem Ohr schmeichelt."[639]

Franciscus de Pedemontium sagt, man solle Patienten, die aus Furcht oder Schrecken herzkrank geworden seien, viel Freude und Zuversicht verschaffen „mit hellem Licht, dem Anblick grüner Dinge und schöner Bilder, mit Erzählungen, angenehmen und sanften Gesängen, fröhlicher Gesellschaft" usw.[640]

Nach dem Mittelalter finden sich jedoch, wie es scheint, dergleichen Vorschriften bei Herzleiden oder solchen Leiden, die man dafür hielt, nicht mehr.

Genau umgekehrt ist es bei *epileptischen* und *anderen Krampfanfällen*. Daß man in solchen Fällen die Musik zu Hilfe genommen haben könnte, um den Patienten zu beruhigen und zu entspannen, erscheint naheliegend. Doch gibt es dafür bisher keine eindeutigen Belege aus der Zeit vor dem 18. Jahrhundert. Hinweise aus dem 16. Jahrhundert beziehen sich vermutlich auf einen magischen Gebrauch der Musik. Erasmus von Rotterdam führt 1532 unter den vorwiegend der antiken Tradition entnommenen Beispielen für die Macht der Musik die in Italien übliche Anwendung der Musik gegen den Tarantelstich an, „so wie man bei den Deutschen die Epileptiker durch Gesang behandelt und heilt".[641] Daß Erasmus Zaubergesänge meint, ist aufgrund der Formulierung und des Kontextes wahrscheinlich und bei dieser so sehr von Religion, Aberglauben und Magie

---

[638] Alsaharavius (Q 1519), fol. 62 v.
[639] Arnald von Villanova (Q 1585/n), Sp. 1602.
[640] Franciscus de Pedemontium (Q 1525), fol. 129 r.
[641] D. Erasmus (Q 1704), Sp. 419 F.

umgebenen Krankheit auch nicht erstaunlich. Die Erwähnung der Epilepsie in einem ähnlichen Zusammenhang bei Oliva Sabuco (1587) legt dieselbe Vermutung nahe.[642] Wenig später schreibt Joseph Du Chesne, es gebe Leute, die zu versprechen wagten, epileptische Anfälle und andere, sehr schwer oder gar nicht heilbare Krankheiten durch Zauberworte, Amulette, Wahrsager und Zaubergesänge heilen zu können. Derartige Heilmethoden verurteilt Du Chesne mit aller Schärfe.[643]

Erst im 18. Jahrhundert ergibt sich für unsere Frage ein klareres Bild. Nun ist nicht mehr zweifelhaft, daß Ärzte die Musik als affektwirksames Mittel bei *Epilepsie* zu Hilfe nahmen. Pierre Jean Burette schließt an seine Erklärung für die Wirkung der Musik bei Ischiasschmerzen[644] die Bemerkung an, daß

„der Einfluß harmonischer Klänge auf die Fasern des Gehirns und auf die spiritus animales die heftigen Anfälle von Epileptikern, Manischen und Rasenden zuweilen mildern oder sogar ganz beseitigen kann."

Burette verschweigt allerdings nicht, daß in einigen Fällen die beste Musik keinen Erfolg hatte.[645] Daraus geht hervor, daß er sich auf konkrete Erfahrungen stützt. Isaac Brown schreibt 1751, daß Musik „bei der Behandlung der Epilepsie mit günstigem Erfolg eingesetzt wurde". Browns anschließende Überlegungen zeigen, daß er zwar keine eigenen Erfahrungen hatte, aber nicht grundsätzlich skeptisch war:

„Wenn plötzlicher Schrecken diese Krankheit verursacht, dann könnten unablässige Schwingungen von Luftstößen, die das Gehirn treffen, dessen Zustand in gewisser Weise verändern, und es gibt dafür kein passenderes Mittel als eine volltönende, kräftige Musik mit Instrumenten und Singstimmen, die überraschend das Ohr des Kranken erschüttern könnte: Wenigstens ist dies keine abwegige Vermutung."[646]

Anne-Charles Lorry ist demgegenüber ohne Einschränkung überzeugt, daß die Musik

---

[642] O. Sabuco (Q 1587), fol. 66 r.
[643] Siehe oben S. 210.
[644] Siehe oben S. 358 f.
[645] P. J. Burette (Q 1748), S. 12.
[646] I. Brown (Q 1751), S. 46.

„ihre Kraft bei Epilepsien, bei Anfällen des Wahnwitzes, in Rasereyen, beweise, und denselben Einhalt thue; mit einem Wort, daß sie den Körper in einen organischen Gleichlaut oder in Homotonie zu bringen vermögend sey."[647]

Der französische Arzt Thomas Goulard (1697–1784) glaubt ebenfalls, daß Musik bei Epilepsie helfen könne,[648] wie überhaupt französische Ärzte in dieser Frage auffällig hervortreten. Jean Louis Roger hält Musik bei Epilepsie zwar für nützlich, meint aber aufgrund von Beobachtungen, daß sie nur imstande sei, Anfällen vorzubeugen. Ihre Wirkung erklärt er so: Eine ungleiche, unregelmäßige Verteilung der Nervenflüssigkeit erzeuge Krämpfe, Musik könne das Nervenfluidum in einen gleichmäßigeren Umlauf bringen; wenn aber der epileptische Anfall bereits begonnen habe, werde die Nervenflüssigkeit, die normalerweise in den Hörnerven vorhanden sei und die Musik zur Seele weiterleite, an anderer Stelle festgehalten, falle somit für das Ohr und andere Sinnesorgane als Übermittlerin aus und mache die Wahrnehmung der Musik unmöglich.[649] Der Fall eines epileptischen Mädchens, von dem der kaiserliche Leibarzt Joseph Quarin (1733–1814) 1786 berichtete, schien diese Erfahrung zu bestätigen; die Fähigkeit der Musik, bei drohenden Anfällen die Bewegung der spiritus zu beruhigen und zum Stillstand zu bringen, verfehlte ihre Wirkung nie.[650] Noch 1819 erklärt François Fournier-Pescay, zahlreiche Beispiele bewiesen die erfolgreiche Anwendung der Musik bei Epilepsie, „wenn auch nicht, um diese grausame Krankheit zu heilen, so doch, um die Anfälle aufzuschieben und ihre Wiederkehr hinauszuzögern".[651] Nur am Rande sei noch erwähnt, daß man in früheren Zeiten auch von musikogener Epilepsie bereits etwas wußte. Pieter van Foreest hielt es am Ende des 16. Jahrhunderts für möglich, daß laute, erschreckende Töne, wie z. B. Trompetenschall, einen epileptischen Anfall auslösen könnten.[652]

Nicht nur bei Epilepsie, sondern auch bei *Krampfanfällen* anderer

---

[647] A. C. Lorry (Q 1770), Bd. 2, S. 169.
[648] Th. Goulard (Q 1781), Bd. 1, S. 83.
[649] J. L. Roger (Q 1803), S. 245 f.; vgl. E. Sainte-Marie, ebd. S. XXIX.
[650] J. Quarin (Q 1786), S. 28 f.
[651] Fr. Fournier-Pescay (Q 1819), S. 71; vgl. auch [J. G. Fr. Franz] (Q 1770), S. 26 f. und Chr. L. Bachmann (Q 1792), S. 42.
[652] P. van Foreest (Q 1590–1606), Bd. 6, 1590, S. 395.

Art nahm man die Musik zu Hilfe, um die Kranken zu beruhigen und zu entspannen. Allerdings konzentrieren sich diese Fälle mehr noch als bei der Epilepsie auf das ausgehende 18. Jahrhundert und auf weibliche Patienten. Auch hier sind die beteiligten Ärzte vorwiegend Italiener und Franzosen.

Ein ungenanntes Mitglied der Pariser medizinischen Fakultät zählt 1732 zu den Ursachen von Krampfanfällen

> „Zorn, hefftige Liebe, Schwehrmüthigkeit etc., wieder welche letztere offt die Musick ein vortreffliches Mittel ist, wodurch des Autoris Vater einem Patienten geholffen, bey dem sonst alles vergebens war versuchet worden."[653]

Der italienische Arzt Antonio Galletti verordnete zwei Patientinnen, die an starken Krämpfen litten, Musik, um drohende Anfälle zu verhindern. Bei einem Mädchen von dreieinhalb Jahren, über das 1763 berichtet wird, vermochten heitere Stücke, die man rechtzeitig auf der Violine und Mandoline zu spielen begann, jedesmal die Attacke abzuwenden.[654] Eine Dame, die sich von Galletti dazu überreden ließ, schweren Krampfanfällen mit Musik zuvorzukommen, gab darüber 1779 einen ausführlichen Bericht: Das Violinspiel, das sie für sich wählte, mußte jeweils eine halbe Stunde vor einem bevorstehenden Anfall einsetzen; es bewirkte eine ungewohnte Beruhigung und Entspannung, führte zu angenehm empfundenen Schweißausbrüchen und befreite die Kranke nach wenigen Tagen von ihrem Leiden.[655] Philippe Pinel schildert 1803 den Fall eines jungen Mädchens, das unter Anfällen von „Manie", Apathie und Krämpfen litt:

> „Ein tüchtiger Musiker spielte bei der Kranken während ihrer Anfälle auf der Geige, und obwohl sie dabei für die Reize der Musik nicht empfänglich schien, wurde sie von ihr doch so lebhaft ergriffen, daß sie, nachdem sie wieder zu sich gekommen war, bekannte, die Musik habe sie in eine Art von Entzücken, vermischt mit Lustgefühlen, versetzt."[656]

---

[653] Anonymus (Q 1733), S. 627. Das rezensierte Werk selbst war mir nicht erreichbar.

[654] J. A. Facchinetti (Q 1763).

[655] Anonymus (Q 1779). Diesem Bericht ähnelt der kurze anonyme Bericht aus dem folgenden Jahr (Q 1780), so sehr, daß es sich hierbei um denselben Fall handeln dürfte.

[656] Ph. Pinel (Q 1803), Bd. 3, S. 101, Anm. 1.

Auffällig ist der Vorzug, den in diesen Fällen Saiteninstrumente, vor allem die Violine, genossen. Wichtig war aber auch der Charakter der Musik. So probierte man unter Umständen verschiedene Stücke nacheinander auf ihren Erfolg aus. Ein junges Mädchen, von dem der französische Arzt Paret 1780 berichtete, hatte so starke Krampfanfälle, daß zwei Männer die Kranke im Bett festhalten mußten. Paret ließ schließlich zwei Geiger kommen, die sofort zu spielen begannen.

„Die Krämpfe hörten zuerst auf, kamen aber bald wieder; man wechselte das Musikstück, die Krämpfe ließen nach, fingen aber bald von neuem an, und beim dritten Musikstück, das ohne Zweifel den Geschmack der Patientin am besten traf, verlangte sie eine Geige. Man gab sie ihr, und obwohl sie bis dahin nie versucht hatte, Geige zu spielen, waren ihre Aufmerksamkeit so groß und ihre Bewegungen so schnell, daß sie, mit angestrengtem Blick auf die beiden Musikanten, mit diesen spielte, ohne einen falschen Ton hervorzubringen."

Angeblich geigte das Mädchen dreißig Stunden lang; in den kurzen Pausen kehrten die Krämpfe wieder, wurden aber immer seltener. Schließlich fiel die Kranke in einen längeren Schlaf, und nach zwei Tagen waren die Krampfanfälle völlig verschwunden.[657]
In diesem Bericht wie auch in dem eigenen Bericht der Patientin Gallettis von 1779 heißt es ausdrücklich, daß während der Anfälle eine übermäßige Empfindlichkeit gegenüber den geringsten musikalischen Fehlern, Abweichungen und Ungenauigkeiten geherrscht habe.[658] Bei einer Frau, gegen deren Krampfanfälle der Arzt Gaspare Sella 1780 nach vergeblichen Kuren die Musik zu Hilfe nahm,[659] stellte sich heraus – es erklangen Stücke von Paesiello –, daß Puls und Atem der Musik genau folgten und daß die Patientin schnellere Musik lieber hörte als langsame.[660] Dies erklärte man sich so, daß schnellere Musik mehr Luftschwingungen auslöste und daß die Krampflösung von der Zahl der Vibrationen abhing, welche die Nervenspitzen trafen; diese Impulse beseitigten Verstopfungen in den Nervenbahnen und machten dadurch die Bahnen für die Nervensäfte wieder frei.[661]

---

[657] Paret (Q 1780), S. 133 f.; das fehlerfreie Geigenspiel erscheint allerdings kaum glaubhaft.
[658] Anonymus (Q 1779), S. 224; Paret (Q 1780), S. 134.
[659] Der Fall wird ausführlich geschildert von L. Desbout (Q 1784), S. 24 ff.
[660] Ebd. S. 30 und 67 f.
[661] Ebd. S. 68.

In ähnlicher Weise urteilte der italienische Arzt Jacopo Antonio Facchinetti: Bei Krämpfen übermittle Musik den festen und flüssigen Bestandteilen des Körpers leichte, angemessene Impulse, dadurch werde der Umlauf des Blutes und der Säfte wieder freier, was insgesamt beruhigend wirke.[662] Galletti sah dagegen bei einer seiner Patientinnen die Ursache der Krämpfe nicht in mechanischen Hemmnissen des Säftekreislaufs, sondern nahm einfach eine Unordnung und Verwirrung der spiritus an, die sich durch harmonische Musik wieder in den Normalzustand zurückversetzen ließen.[663]

Die Frage, welche Krankheiten man in den angeführten Fällen nach heutiger Auffassung erkennen könnte, braucht hier – wie in anderen entsprechenden Zusammenhängen – nicht erörtert zu werden, zumal die Schilderungen dafür meist nicht präzis genug sind. Die Feststellung genügt, daß Ärzte des 18. Jahrhunderts bei Epilepsie und anderen Leiden, die mit Krämpfen verbunden waren, zur Beruhigung und Lockerung oder zur Vorbeugung Musik einsetzten.[664] Dabei tritt die Musik – wie in derselben Zeit auch bei der Behandlung schweren Fiebers[665] – oft mehr oder weniger selbständig auf; sie ist nicht mehr fest in den Komplex ästhetisch-affektiv wirkender Mittel eingefügt, der für die alte Diätetik so charakteristisch war.

4. Beispiele für die umfassende Geltung der Musik am Krankenbett

Es versteht sich von selbst, daß die Musik bei bestimmten Krankheiten und Symptomen, etwa bei Geisteskrankheiten oder bei Schlaflosigkeit, wie auch für einzelne Aspekte der Gesundheitsfürsorge in einem höheren Maße erfolgreich angewendet werden konnte als in anderen Bereichen. Nützlich und wichtig war sie jedoch – wie die Mittel der Diätetik insgesamt – in jedem Fall. Das lag in der Konsequenz der Diätetik, welche die Grundlage aller Prophylaxe und Therapie bildete. Diese umfassende Geltung der Musik in der Medizin ist in allgemeiner Form schon in den Abschnitten „Musik als seelisch-körperliches Regulativ" und „Musik als Hilfe für den Kranken" zum Ausdruck gekom-

---

[662] J. A. Facchinetti (Q 1763), S. 107.
[663] Anonymus (Q 1779), S. 223.
[664] Vgl. z. B. auch J. L. Roger (Q 1803), S. 245; Chr. L. Bachmann (Q 1792), S. 42; E. Tourtelle (Q 1797), Bd. 2, S. 278.
[665] Siehe oben S. 318–320.

men.[666] Sie läßt sich aber erst voll ermessen, wenn wir abschließend noch eine Reihe ganz verschiedener Krankheitsfälle betrachten, die den bisher behandelten Zusammenhängen nicht eindeutig zugeordnet werden können.

Einen besonders anschaulichen Einblick in ärztliches Denken und Handeln sowie in das Leben der Patienten vermittelt die „Consilien-Literatur" – im 13. Jahrhundert einsetzende Sammlungen von Krankheitsfällen und deren Behandlung, die oft sehr genau beschrieben und gründlich diskutiert werden. Unter den ärztlichen Vorschriften findet sich meist auch die Mahnung an die Patienten, sich vor allen heftigen Affekten zu hüten, besonders vor Traurigkeit und Zorn, und stattdessen für Freude, Heiterkeit und Zuversicht zu sorgen, die höchstens im Übermaß schaden könnten.

Beginnen wir mit einigen Beispielen, die Johannes Matthaeus de Gradi, im 15. Jahrhundert Medizinprofessor in Pavia und Leibarzt am Hofe des Francesco Sforza, in einer mehrfach gedruckten Sammlung von Krankheitsfällen aufgezeichnet hat. Einer Dame aus Burgund mit einer „Geschwulst" am Gebärmutterhals rät er, sie solle sich von Zeit zu Zeit eine Freude bereiten, sich mit Freunden unterhalten „und wohlklingende Instrumente und liebliche Gesänge oder Melodien hören".[667] Bei einem Patienten, der an einem „Lungengeschwür" leidet, scheint es vor allem wichtig, dem verzehrenden Fieber vorzubeugen; zu diesem Zwecke ist es

„außerordentlich hilfreich, guter Dinge zu sein, sich zu freuen, sympathische Menschen um sich zu haben, angenehme Gespräche, hübsche Geschichten, liebliche Klänge und Gesänge zu hören, durch anmutige Gegenden zu spazieren und schöne Gewänder anzulegen."[668]

Fast gleich lautet der Rat für einen Offizier, dem eine „Schwächung" der Nierenfunktion zu schaffen macht.[669] Bei einem venetianischen Adligen mit einer Unterleibsgeschwulst hatten, so schreibt Johannes Matthaeus, freudige Gemütsbewegungen, darunter das Anhören heiterer und angenehmer Klänge und Gesänge, sogar einen „einzigartigen Nutzen": Sie konnten den spiritus zusammen mit den

---

[666] Siehe oben S. 157–173 und 220–244.
[667] J. M. de Gradi (Q 1535), fol. 59 v.
[668] Ebd. fol. 33 r.
[669] Ebd. fol. 45 r.

auszuscheidenden Stoffen nach außen treiben, während Traurigkeit, Furcht usw. diese Stoffe zusammen mit dem spiritus und der „eingepflanzten" Wärme ins Körperinnere gedrängt und dadurch die Krankheit verschlimmert hätten.[670] Hugo von Siena berichtet in der ersten Hälfte des 15. Jahrhunderts in seiner Consilien-Sammlung von einer 33jährigen Frau, bei der er eine zu „kalte" Säftemischung im Magen und im Kopf sowie übermäßige Schleimflüsse aus dem Uterus festgestellt hatte; unter seinen Behandlungsvorschriften ist auch der Rat, sich mit Dingen zu beschäftigen, die heiter stimmen (dazu gehören auch Gesang und Musik), weil dies den spiritus lebendig mache und die Seele im Körper „ausdehne", während entgegengesetzte Affekte alle Körperfunktionen schwächen würden.[671] Einem 60jährigen Mann, den Hitzewallungen und Verstopfung plagen, verordnet Hugo unter anderem „maßvolle Freude durch Unterhaltung mit geliebten Menschen an schönen und anmutigen Plätzen, dazu angenehme und liebliche musikalische Klänge".[672] Der um die Mitte des 15. Jahrhunderts an der Universität Padua wirkende Bartolomeo Montagnana, dessen „Consilia" bis in das 17. Jahrhundert öfters gedruckt wurden, schildert den Fall eines Jungen, der an einem Leistenbruch und an einer Hodenerkrankung litt; er rät ihm, sich viel an harmonischer Vokal- und Instrumentalmusik zu erfreuen und fügt hinzu: „Freude und Fröhlichkeit haben mit größerer Wahrscheinlichkeit und häufiger zahlreiche Krankheiten geheilt als die Anwendung vieler Medikamente."[673] Auch bei „Lepra jeder Art" seien heftige Gemütsbewegungen gefährlich, weil sie die Organe des Körpers zu stark erregten und den Körper dadurch schwächten; um so nützlicher seien Affekte, die Körper und Seele sanft anregten. Dafür eigneten sich der Anblick von schönen Farben, Blumen, Bildern und Gestalten sowie „die beruhigende Harmonie von allen möglichen Singstimmen und Instrumentenklängen".[674]

Nikolaus Massa weist im 16. Jahrhundert einen an einer Mastdarmgeschwulst leidenden Patienten auf den Nutzen der Musik hin.[675] Im 17. Jahrhundert empfiehlt Werner Rolfink einer Frau, die

---

[670] Ebd. fol. 38 v.
[671] Hugo von Siena (Q 1518), fol. 43 v.
[672] Ebd. fol. 4 v.
[673] B. Montagnana (Q 1565), fol. 248 A/B.
[674] Ebd. fol. 341 H.

eine Molenschwangerschaft hat, sie solle Zorn, Traurigkeit und Melancholie mit Musik begegnen.[676] Simon-André Tissot schreibt 1780, Musik wirke sehr günstig, wenn bei Kindern, während die Windpokken austrockneten, eine Art Nervenfieber auftrete und die Kinder bedrückt seien.[677] Der österreichische Arzt Peter Lichtenthal schließlich nennt es 1807 „eine allgemein anerkannte Wahrheit, daß Musik in der Bleichsucht vieles zu dem übrigen stärkenden Heilplane beyträgt".[678]

Diese Beispiele betreffen alle die aufmunternde Wirkung der Musik. Sie diente aber ebenso auch zur Beruhigung. Wenn z. B. ein Purgativum zu heftig wirkte, war es nach der Meinung eines wohl im 11. Jahrhundert entstandenen arabischen Lehrbuchs der Pharmazie notwendig, die Erregung und Unruhe des Körpers durch Schlaf und Ruhe zu vermindern. Dafür seien einschläfernde Lieder und Melodien sowie Instrumentenspiel aller Art sehr geeignet, weil es darauf ankomme, die Seele zu „erweitern" und das Herz zu stärken.[679] Diesen Rat übernahm noch 1628 eine Basler Dissertation über die „Hypercatharsis", womit nicht nur das einzelne Symptom, sondern offensichtlich die Ruhr gemeint war. Der Verfasser rät bei dieser Krankheit vom Geschlechtsverkehr ab, da man die Absicht, den Geist durch maßvolle Freude zu erquicken und den Schlaf herbeizuführen, zuverlässiger mit angenehmen Erzählungen, leiser Musik usw. erreichen könne.[680] Beruhigend sollte die Musik auch wirken, wenn man sie gegen Trunkenheit zu Hilfe nahm. Werner Rolfink berichtet von zwei Fällen, in denen das mit Erfolg geschah, und erklärt den Vorgang so: Wohlproportionierte musikalische Klänge sind imstande, die Atome der spiritus und des innersten Gehirnteils sowie die von Bier oder Wein zerstreuten Fäserchen der Hirnhäute wieder in ihre normale Verfassung zurückzuversetzen.[681] Ausführlicher ist die Erläuterung Michael Ernst Ettmüllers:

---

[675] N. Massa (Q 1557), S. 297.
[676] W. Rolfink (Q 1669), S. 909.
[677] S.-A. Tissot (Q 1778–80), Bd. 2, Teil 2, 1780, S. 443. Auf diese Ansicht beziehen sich vermutlich die etwas skeptischen Bemerkungen von E. Sainte-Marie in J. L. Roger (Q 1803), S. 315.
[678] P. Lichtenthal (Q 1807), S. 163.
[679] J. Mesuë (Q 1511), intentio 3, cap. 3, can. 4/5 (unpaginiert).
[680] J. Melder (Q 1628), Thesis 121/122 (unpaginiert).
[681] W. Rolfink (Q 1671), S. 190 f.

„Es ist nicht schwierig zu verstehen, auf welche Weise Musik Trunkenheit fernhalten und vertreiben kann. Bei Trunkenheit bindet nämlich der in den berauschenden Getränken enthaltene Schwefel die spiritus animales an sich und bringt sie zu Ruhe und Schlaf. Bevor er jedoch diese letzte Wirkung erreicht, dringt er in die spiritus animales ein, versetzt sie in Bewegung und treibt dadurch die Menschen zu Handlungen, zu denen ihr Temperament ihnen Gelegenheit gibt. Daher kommt es, daß Choleriker nach übermäßigem Weingenuß wie Wilde hin- und herlaufen und mit Tod und Feuer drohen, aber beim Hören wohlklingender Musikinstrumente eine andere Bewegung der spiritus verspüren, so daß sie von ihren Absichten ablassen und friedlicher werden. Die Musik muß allerdings sanft sein . . .“[682]

Wie vielfältig die diätetisch-therapeutische Funktion der Musik war, ist auch daraus zu ersehen, daß man die Musik nicht allein wegen ihrer Wirkung auf die Affekte in die Behandlung einbezog. Sie gehörte schon in der arabischen Medizin zu den Mitteln, die auch auf die Sinnesorgane als solche einwirkten, und galt deshalb als „Übung“ für das Gehör.[683] So stellte man sie in eine Reihe mit körperlichen „Übungen“. Bartolomeo Montagnana verordnete einer vornehmen Persönlichkeit, deren Komplexion zu „kalt“ und zu „feucht“ war, körperliche Betätigung wie Reiten, Spazierengehen, Abreibungen, Massagen des Kopfes usw., um dadurch die Säftestörung zu beheben. Auch für die einzelnen Sinnesorgane schrieb er spezielle „Übungen“ vor:

„Die Ohren sollen geübt werden, indem der Patient Geschichten von großen Dingen und melodische Singstimmen mit harmonischen [Instrumenten-] Klängen anhört, die unablässig die Luft sanft anstoßen, wie z. B. Klänge der Harfe, der Orgel und ähnlicher Instrumente.“[684]

Es liegt nahe, daß die Musik auch dann helfen konnte, wenn die Krankheit bereits überwunden und der Patient auf dem Wege der Besserung war. In den bekannten „Parabeln der Heilkunst“ des Arnald von Villanova, deren siebte „Lehre“ Anweisungen für die Rekonvaleszenten enthält, heißt es im achten Aphorismus: „Durch süße Melo-

---

[682] M. E. Ettmüller (Q 1714), S. 34.
[683] Vgl. J. Chr. Bürgel (L 1967), S. 98.
[684] B. Montagnana (Q 1565), fol. 299 F.

dien und anmutige Eindrücke des Auges blüht der Geist Genesender wieder auf." Die Begründung dazu lautet:

Dies „stärkt die Seelenkräfte, durch deren Kräftigung die natürlichen und dadurch notwendigerweise die vitalen Kräfte gestärkt werden; wenn daher der Geist wieder auflebt, gewinnt der Körper insgesamt seine Kräfte wieder."[685]

Niccolò Falcucci (Nicolaus Nicolus) empfiehlt um 1400 dem Rekonvaleszenten gute, ruhige Luft, auch solle er sich „lieblichen Gesängen und den Melodien von Musikinstrumenten widmen, schöne Dinge betrachten wie den heiteren Himmel, den Glanz von Edelsteinen und von Gold", und nun folgt wieder das ganze Spektrum Freude spendender Dinge von grünen Pflanzen und plätscherndem Wasser bis zu hübschen, geschmückten Frauen.[686] 1569 wurde der französische Wundarzt und Chirurg Ambroise Paré zu dem Marquis d'Auret gerufen, der infolge einer eiternden Schußverletzung am Knie mit schwerem Wundfieber darniederlag und dem Tode nahe schien; durch zahlreiche wohlüberlegte Maßnahmen gelang es Paré, Eiter und Entzündung, Fieber und Schmerzen zu beseitigen und eine allgemeine Besserung einzuleiten.

„Als ich sah", berichtet Paré, „daß er anfing sich gut zu fühlen, sagte ich ihm, er brauche jetzt Violen und Violinen und einen Possenreißer, um ihn aufzuheitern. Das besorgte er sich dann auch. Nach einem Monat waren wir so weit, daß er auf einem Stuhl sitzen konnte, und er ließ sich in seinem Garten herumtragen und vor dem Tor seines Schlosses . . ."[687]

In einer Leipziger Dissertation von 1732 über die Rekonvaleszenz wird ausführlich dargelegt, daß heftige Gemütsbewegungen wie Traurigkeit, Furcht, Zorn, unmäßiges Begehren usw. für Genesende sehr gefährlich seien, weil dadurch Krämpfe ausgelöst, der Geist verwirrt, der Magen gestört, die Säfte in Aufruhr gebracht und „ausgetrocknet" werden könnten. Diese Gefahren ließen sich vermeiden mit Hilfe von angenehmen Dingen, die Freude und Heiterkeit hervorrie-

---

[685] Arnald von Villanova (Q 1585/h), Sp. 1035.
[686] N. Nicolus (Q 1533), Bd. 1, sermo 2, fol. 211 r.
[687] A. Paré (Q 1585/b), S. MCCXLIII B/C; die Übersetzung von E. H. Ackerknecht in A. Paré (Q 1963), S. 118 f.

fen, z. B. durch „Vokal- und Instrumentalmusik, welche die leichte Bewegung des Blutes und der spiritus animales wiederherstellt und aufrechterhält". Körper und Seele würden dadurch wunderbar erfrischt; eine heitere Miene, leuchtende Augen, ein lachender Mund und ein schnellerer Schlag des Herzens und der Adern zeugten davon.[688] Ein Jahrhundert später meint Etienne Esquirol, man dürfe bei Geisteskranken keine zu große Hoffnungen auf die Heilkraft der Musik setzen, doch sei sie zweifellos „besonders wertvoll in der Rekonvaleszenz, sie darf nicht vernachlässigt werden, so unbestimmt die Prinzipien ihrer Anwendung sind und so ungewiß ihre Wirksamkeit ist".[689]

5. Die Praxis diätetisch-therapeutischer Musik: Richtlinien und Ausführung

„... wie früher und später, so (gehörten) das ganze Mittelalter hindurch Anmut, Lieblichkeit, Schönheit zu konstanten Ur- und Vorbildern aller Musik . . .: zu Frauengestalten, wie der heiligen Caecilia, zu dem in der Lyrik gepriesenen Gesang der Nachtigall und insonderheit zur Musik der Engel und Musica coelestis, deren dolcezza Maler und Dichter gerühmt haben."[690]

Walter Wiora beschreibt mit diesen Sätzen die eine Komponente einer jahrhundertelang gültigen Auffassung von Kunstmusik; die andere Komponente ist die des Kunstvoll-Artifiziellen. Beide zusammen prägten das Wesen der Ars musica als „lex" und „gratia". So heißt es im 15. Jahrhundert bei Johannes Tinctoris, Musik solle „kunstvoll und süß" sein, bei Michael Praetorius ist vom „lieblichen und kunstreichen Contrapunkt" die Rede, und Heinrich Schütz wünscht sich die Musik „nicht alleine nach den Regulis und modis Musicis kunstmäßig, sondern auch . . . anmuthig".[691]

Die Ärzte, die Musik als diätetisch-therapeutisches Mittel eingesetzt haben, forderten von Anfang an für ihre Zwecke nur die Erfül-

---

[688] Chr. M. Adolphi (Q 1732), S. 53 f. Vgl. ferner J. Chr. Reil (oben S. 272) sowie die Einschränkung P. Lichtenthals (unten S. 400).
[689] E. Esquirol (Q 1838), Bd. 1, S. 69; vgl. auch Bd. 2, S. 225.
[690] W. Wiora (L 1973), S. 18.
[691] Vgl. ebd. S. 17.

lung eines dieser beiden Kriterien: Musik sollte „süß", „anmutig", „lieblich", „sanft" sein. Nicht an anspruchsvolle Kunstmusik war gedacht, zumindest nicht in erster Linie, sondern an „das ganze große Gebiet des ... Gesangs und Instrumentalspiels, das nicht zur Ars musica gehörte",[692] vor allem an leicht eingängige Stücke, Lieder und Tänze, mit denen die Spielleute und „Bierfiedler" aufwarteten und die auch musikalische Laien vortragen konnten. Damit wurde einer natürlichen Veranlagung des Menschen Rechnung getragen, die von musikalischer Bildung unabhängig ist.[693] Diese Feststellung ist wichtig, denn viele der ärztlichen Anweisungen, die in diesem Buch zitiert werden, gelten zwar hochgestellten Persönlichkeiten des Adels und des wohlhabenden Bürgertums oder beziehen sich doch, nach dem Kontext zu urteilen, auf deren Lebensform. Doch darf daraus nicht gefolgert werden, daß Musik nur in solchen Kreisen diätetisch-therapeutisch angewendet wurde, wo Bildung und Geschmack nach Kunstmusik verlangten und wo man eigene Musiker hatte oder von Fall zu Fall verpflichten konnte. Daß am Krankenbett Kunstmusik *und* volkstümlich-einfache Musik erklingen konnte, darf als sicher gelten, auch wenn wir über die Sphäre der alltäglichen Gebrauchsmusik – zumindest der weiter zurückliegenden Jahrhunderte – recht wenig wissen. Nachteile für den Patienten ergaben sich erst, wenn seine musikalischen Ansprüche mit der dargebotenen Musik nicht übereinstimmten. So warnte Friedrich August Weber: Wenn der Arzt mit Patienten zu tun hat,

„die selbst Künstler oder Dilettanten sind, so bleibe er ja mit seiner musikalischen Kurmethode weg, wenn sie nicht im Stande ist, die selekteste Arzney in ihrer Art aufzutischen. Ein Dilettant oder Künstler wird auf eine schlechte Musik, statt besser zu werden, kränker."[694]

Hier kommt nun die Frage auf, ob denn nicht Musik eigens für die therapeutische Anwendung geschrieben wurde. Eine solche Musik hat es jedoch – nach allem, was wir bisher wissen – nicht gegeben, weder einzelne Musikstücke, die ausdrücklich für diesen Zweck komponiert worden wären, noch erst recht jene universale „Heilmusik", die Athanasius Kircher und einigen anderen Autoren des 17. und

---

[692] Ebd. S. 18.
[693] Vgl. ebd. und S. 19.
[694] Fr. A. Weber (Q 1801/02), Sp. 612.

18. Jahrhunderts als Wunschtraum vorschwebte.[695] Nicht einmal diese Autoren haben im übrigen den Versuch unternommen, über grundsätzliche Überlegungen und allgemeine Regeln hinauszugehen und auch nur ein einziges Beispiel spezifisch „therapeutischer" Musik anzuführen. In der Wirklichkeit bediente man sich im Krankheitsfall, wie verschiedene Belege zeigen werden, derselben Musik, an der man sich je nach Gewohnheit, Bildung und Neigung und den gegebenen Möglichkeiten auch bei anderen Anlässen erfreute. Dabei nahm man unter Umständen auf bestimmte Neigungen des Patienten Rücksicht, die man entweder kannte oder durch Probieren herauszufinden versuchte. Daß es nicht einmal in der Epoche der musikalischen Affektenlehre auch nur Ansätze für eine spezifische „Heilmusik" gab, dürfte in immanent-musikalischen Gegebenheiten begründet sein, die nicht nur für das 17./18. Jahrhundert, sondern im wesentlichen für die europäische Musik des Mittelalters und der Neuzeit insgesamt gelten. Werner Braun hat sie am Beispiel von Oper und Konzert folgendermaßen umschrieben:

„Gattungen haben vielfach innermusikalischen, mit den Erfordernissen des jeweiligen ,Bereichs' nur mittelbar zusammenhängende Ursachen. Die Geschichte der komponierten Vorspiele beweist das. ,Bereich' oder ,Vorstellung' waren demnach gewissermaßen Gelegenheit zur Konkretisierung des abstrakten, sozial weitgehend indifferenten oder unkenntlichen musikalischen Gebildes. Eine Sonate zum Beispiel mit ihren nicht definierten einkomponierten wechselnden Spannungsverhältnissen wird in der Kirche religiös-theologisch aufgefaßt, an der Tafel als Kunstwerk gehört, in der Oper als Signal der Pause oder der Erwartung verstanden. Musizier-,Bereich' und musikalische ,Gattung' verhalten sich ergänzend zueinander wie gesellschaftliche Wirklichkeit und gesellschaftliche Möglichkeit."[696]

Daß Telemann Instrumentalstücke schrieb, die für die Pyrmonter Badegäste, insbesondere für den fürstlichen Widmungsträger be-

---

[695] Siehe oben S. 233 f. – Eine gewisse Ausnahme sind allenfalls Schlaflieder. Einen Komplex für sich stellen demgegenüber die schriftlich ebenfalls nicht fixierten Weisen der arabischen Musik dar, die, ausgehend von bestimmten rhythmisch-melodischen Modellen (Maqām), in jeweils spezifischer Weise den Gemütszustand beeinflussen sollten (vgl. oben S. 151 und 259). Zwar übernahm der lateinische Westen auch auf musikalischem Gebiet manches aus der arabischen Welt, das für die arabische Musik sehr wichtige Maqām-Phänomen gehörte jedoch nicht dazu und konnte nicht dazu gehören, da die Grundlagen der arabischen und der abendländisch-lateinischen Musikkultur zu verschieden waren.
[696] W. Braun (L 1973), S. 221.

stimmt waren, widerspricht dem ebensowenig wie die Tatsache, daß im 17. und 18. Jahrhundert zahlreiche Kompositionen als Tafelmusik bezeichnet waren.[697] Diese Musik unterscheidet sich nur durch ihre Bestimmung auf dem Titelblatt von anderer Musik „leichterer Schreibart", die meist für keinen speziellen Zweck, sondern nur allgemein für den Zeitvertreib und die „Rekreation des Gemüts" gedacht war. „Stets entsprach das Repertoire der Tafelmusik den jeweils herrschenden und vornehmlich zur Unterhaltung und Ergötzung geeigneten Gattungen und Formen."[698] Das gilt uneingeschränkt auch für alle Musik, die man zur Erhaltung der Gesundheit oder bei Krankheiten zu Hilfe nahm.

Die eigentliche Frage dieses Kapitels nach den Richtlinien für die Musik am Krankenbett ist in den vorangegangenen Kapiteln natürlich stets schon mit behandelt worden. Hier geht es darum, das Problem anhand ausgewählter Beispiele noch einmal im Zusammenhang darzustellen. Es gibt in den Quellen auf der einen Seite direkte Vorschriften von Ärzten, worauf bei der therapeutischen Anwendung der Musik jeweils zu achten sei; daneben stehen allgemeinere Überlegungen, die auch von Musikern und anderen medizinischen Laien stammen und nicht selten im Bereich bloßer Hypothesen bleiben. Auf der anderen Seite gibt es Berichte über einzelne Krankheitsfälle und die Musik, die dabei tatsächlich erklang.

Vorweg ist festzuhalten, daß in den ärztlichen Anweisungen jahrhundertelang fast immer Gesang und Instrumentalmusik zusammen genannt werden. Das bedeutet, daß beide Musizierweisen gleichrangig waren und sich wohl oft zum instrumental begleiteten Gesang verbanden. Arabische Ärzte sprechen immer wieder von „Musikern verschiedener Art", „Musikern aller Art" usw., woraus hervorgeht, daß sie auf klangliche Vielfalt, auf Abwechslung und Variationsmöglichkeiten Wert legten. Die diätetisch-therapeutischen Zwecken dienende Musik sollte stets „angenehm", „süß", „sanft", „lieblich", „anmutig" usw. sein. Diese klanglichen Ansprüche erfüllten neben dem Gesang am besten gezupfte und gestrichene Saiteninstrumente wie Harfe, Psalterium, Laute, Fiedel, Drehleier, aber auch Flöte und Krummhorn – Instrumente, die nach der mittelalterlichen Einteilung des

---

[697] Vgl. die Beispiele bei E. Reimer (L 1971), S. 3–6.
[698] H. H. Eggebrecht (L 1967), S. 932.

Musikinstrumentariums in „laute" und „leise" Instrumente zu der Gruppe der „leisen" gezählt wurden.[699] Im Mittelalter wird vor allem der „süße", „liebliche" Klang der Fiedelinstrumente gerühmt,[700] wobei man bedenken muß, daß die mittelalterliche Fiedel und andere gestrichene oder gezupfte Saiteninstrumente überhaupt bis zum frühen 19. Jahrhundert wesentlich schwächer, dünner, gedeckter geklungen haben als unsere heutigen Saiteninstrumente.[701] Was für das musikalische Repertoire galt, gilt auch für die am Krankenbett gespielten Instrumente: Sie entsprachen durchweg der Musikpraxis ihrer Zeit. Das ist schon aus den bisher angeführten Beispielen deutlich geworden und wird sich auch im Folgenden bestätigen.

Richtlinien

Von früher Zeit an gibt es besonders genaue Vorschriften für die Art von Musik, die sich eignete, den Schlaf zu bringen. Man hielt vor allem „liebliche Musik mit leiser Stimme"[702] für zweckmäßig. Daß die Ärzte hierbei an einen sicher sehr alten, in Erfahrung wurzelnden Brauch anknüpfen, zeigt z. B. die bereits erwähnte Szene aus dem Nibelungenlied: Volker spielt auf seiner Fiedel zuerst laut und kräftig, dann aber immer „süezer unde senfter", bis die Nibelungen eingeschlafen sind.[703] Maimonides gibt in seinen Ratschlägen für den kranken ägyptischen Sultan detaillierte Anweisungen, wie der Musiker den Herrscher nach dem Essen zum Schlafen veranlassen kann: Er soll mit lautem Gesang und Instrumentenspiel beginnen, allmählich aber beide abschwächen, bis der Schlaf gekommen ist.[704] In dieser Weise sind wohl auch die auf den Abbildungen 26 und 27 dargestellten Szenen zu verstehen, bei denen es sich nicht zufällig um Fiedelspiel handelt. Nach Ansicht Girolamo Cardanos sind zum Einschlafen besonders nützlich „klagende Melodien, traurige Weisen, sanfte und leise Stimmen, die zu tiefen Tönen hinabsteigen, klangvoll und eindringlich, doch nicht heftig sind". Dabei räumt Cardano der „Lyra", also

---

[699] Vgl. dazu E. A. Bowles (L 1954), bes. S. 121 und 125–129; zur Klassifikation der Musikinstrumente im Mittelalter vgl. ferner E Hickmann (L 1971).
[700] Vgl. die Belege bei W. Bachmann (L 1964), S. 153 f.
[701] Ebd. S. 101, 106, 154.
[702] A. Anselmus (Q 1606), S. 221.
[703] Siehe oben S. 363.
[704] Siehe oben S. 365 f.

wohl der damals sehr beliebten Lira da braccio den ersten Platz ein. An anderer Stelle empfiehlt er „Sologesang oder Gesang zur Lira da braccio, der zuerst laut ist und dann plötzlich ganz leise endet".[705] Daniel Sennert schlägt „sanften Gesang und eintönige Musik" zum Einschlafen vor,[706] und auch François Bayle betont, „nur eintönige oder der Eintönigkeit ähnliche Klänge, die nicht sehr laut und nicht rauh sind", eigneten sich als Schlafmittel.[707]

Leise Instrumente werden auch bei verschiedenen Krankheiten vorgeschrieben. Isaac Judaeus empfiehlt zur Behandlung von „stupor mentis" neben anderen Maßnahmen „süße" Klänge, als passende Instrumente nennt er die Fiedel (viella), die Leier (lyra), die Drehleier (simphonia) und das Psalterium.[708] Ein Schüler Isaacs, der Verfasser des „Viaticum", führt das Glockenspiel (campanula), die „Rotte" (rota) und die „Geige" (giga) an.[709] Haly Abbas rät, Kranke mit eintägigem Fieber, das aus Traurigkeit entstanden sei, mit lieblichen Weisen von Harfe (cithara) und Leier (lyra) aufzuheitern.[710] Henri de Mondeville fordert die Chirurgen auf, Patienten von einem Spielmann mit der Fiedel und dem „zehnsaitigen Psalterium" unterhalten zu lassen.[711] Bartolomeo Montagnana verordnet einem Mann, der an zu „kalter" und zu „feuchter" Komplexion leidet, er solle im Rahmen verschiedener gesundheitsfördernder Übungen auch die Ohren „üben" und zu diesem Zweck melodische Singstimmen mit harmonischen Instrumentenklängen hören – etwa von der Harfe, der Orgel oder ähnlichen Instrumenten, welche die Luft und dadurch das Ohr unablässig sanft anstoßen.[712] Werner Rolfink schließlich fordert bei Manie zurückhaltende Musik, um die aufgewühlte Seele zu beruhigen. Es sei wichtig,

„daß die Vokal- und Instrumentalklänge leise sind, damit die spiritus nicht durch den Impuls der Luft zu sehr in Bewegung gebracht werden. Die

---

[705] Siehe oben S. 370.
[706] D. Sennert (Q 1676/c), Bd. 3, S. 63.
[707] Siehe oben S. 371.
[708] Siehe oben S. 336. Die Frage, welche Instrumente im arabischen Text genannt werden und wie sich die Bezeichnungen der lateinischen Übersetzung dazu verhalten, kann hier wie in entsprechenden anderen Fällen nicht erörtert werden.
[709] Siehe oben S. 337.
[710] Siehe oben S. 315.
[711] Siehe oben S. 225.
[712] Siehe oben S. 384.

Musik muß getragen, langsam und durch lange Pausen getrennt sein, damit die spiritus, die beißenden Dämpfe, die feinen Stoffe und die Atome, die sich zum Gehirn hin bewegen und durch dessen Poren dringen, mit Hilfe dieser langsamen Bewegungen [der Musik] selbst langsamer werden und den Menschen ruhig machen."[713]

Genauso lauteten Rolfinks Ratschläge für einen jungen Mann, der aus übermäßiger, unerfüllter Liebe „manisch" geworden war. Dabei empfahl Rolfink nach dem biblischen Vorbild eine zehnsaitige Harfe, wie David sie gespielt haben soll.[714]

Manche Leiden erforderten das gerade Gegenteil von leiser, gedämpfter Musik. Bei der als Gehirnkrankheit geltenden „litargia" mußten die apathischen Patienten immer wieder aus todesähnlichem Schlaf herausgerissen werden; das geschah am besten „mit Pauken und Trompeten", mit großen Glocken und Metallstücken, die man mit dem Hammer schlug, oder sogar durch das Grunzen und Quieken von Schweinen, die ans Bett gebracht wurden.[715] Pierre Jean Burette vertrat noch zu Anfang des 18. Jahrhunderts die Ansicht, je lauter und lärmender die Musik bei Ohnmachten sei, desto besser könne sie „die zusammengepreßten Fasern wieder kräftigen und die übermäßig erlahmten und unbeweglichen spiritus animales wieder aufwekken".[716]

Eine gewisse Rolle spielte bei der therapeutischen Anwendung der Musik auch der Glaube an den Einfluß *astrologischer Konstellationen.* Im 11. Jahrhundert stellte Ibn Buṭlān in seinem „Tacuinum sanitatis" folgende Regel auf, hier in der deutschen Übersetzung von Michael Herr (1533):

„Im Gesang / orglen / und allen instrumenten / soll der Mon erstlich sein in lüfftigen zeychen / und folgends in feürinen / dazu Veneri und Mercurio vereynt."[717]

600 Jahre später wies Werner Rolfink auf solche Zusammenhänge hin. Er war davon überzeugt, daß hauptsächlich diejenigen für musi-

---

713 W. Rolfink (Q 1666), cap. 43 (unpaginiert).
714 Ders. (Q 1669), S. 153.
715 Siehe oben S. 337.
716 P. J. Burette (Q 1748), S. 12.
717 Schachtafelen der Gesuntheyt (Q 1533), S. LXIX.

kalische Therapie bei geistigen und körperlichen Erkrankungen empfänglich waren, die aufgrund der Gestirnskonstellationen in der
Stunde ihrer Geburt die Musik besonders liebten. Am erfolgreichsten
war die Musik angeblich, wenn man sie bei einem bestimmten Mond-
stand einsetzte,[718] da ihre Wirkung dann durch Einflüsse des Himmels potenziert wurde. In diesem Sinne beschied Rolfink z. B. einen
„hypochondrischen Melancholiker".[719] „Denn das Gestirne", so
schreibt der Musiker Agostino Steffani, „regiret den Menschen / der
Mensch aber muß des Gestirnes Würckung auch durch die Music, wieder an den Tag bringen".[720]

Wichtiger als solche nicht unumstrittenen astrologischen Rücksich-
ten war jedoch das allgemein anerkannte Prinzip, die *„Komplexion"*
des Kranken zu beachten und den Charakter der Musik darauf abzu-
stimmen, da, wie Lorenz Fries 1518 sagte, „mancherley complexion
mancherley melodey begerent".[721] Arnald von Villanova erläuterte
diesen Gesichtspunkt näher:

> „Die Verschiedenheit der Klänge . . . entspricht der Verschiedenheit der
> Komplexion. Melodien, die aus unterschiedlichen Tönen bestehen, gefal-
> len daher unterschiedlichen Hörern. Es ist nämlich nicht derselbe Klang
> dem Choleriker und dem Phlegmatiker angenehm. Deshalb heilt derjenige
> Klang, der dem Hörer angemessen ist, seinen Geist, wie das seinem Körper
> angemessene Medikament diesen heilt. Denn das Medikament, dessen
> Geschmack dem Magen angenehmer ist, hilft ihm eben dadurch wirksa-
> mer . . ."[722]

Darüber hinaus kam es aber, wie Arnald an anderer Stelle hervorhob, auch darauf an, ob der Patient an Musik gewöhnt war.[723]

Besonders häufig ist im 17. und 18. Jahrhundert davon die Rede,
daß am Krankenbett angewendete Musik zur Komplexion des Patienten passen müsse. So schreibt z. B. der Musiker Christoph Raupach:

> „Wenn nun die Music nach dem Temperament eines Krancken klüglich
> eingerichtet und angebracht wird, kan sie sich sehr kräftig in Beförderung

---

[718] W. Rolfink (Q 1666), cap. 43 (unpaginiert); vgl. ferner M. E. Ettmüller
(Q 1714), S. 29.
[719] W. Rolfink (Q 1669), S. 118.
[720] A. Steffani (Q 1700), S. 52.
[721] L. Fries (Q 1518), fol. 52 v.
[722] Arnald von Villanova (Q 1585/a), Sp. 158.
[723] Siehe oben S. 312.

der Gesundheit erweisen; worüber man sich so viel weniger wundern darff, weil die Kranckheiten nichts anders als eine Verstimmung des Menschlichen Leibes sind."[724]

In der Abhandlung von Ansgar Anchersen über Behandlung mit Musik heißt es 1722,

> „daß die Musik je nach dem verschiedenen Temperament des Kranken modifiziert und ebenso die Art der Krankheit wie die Art der Musik berücksichtigt werden muß, wenn auf diesem Wege die Krankheit in der erhofften Weise wirklich vertrieben werden soll."[725]

In derselben Zeit bemühten sich Musiker und andere Gelehrte jedoch auch, auf dem Boden der musikalischen Affektenlehre genauere praktische Regeln aufzustellen und feste Beziehungen zwischen Komplexionen und *Affekten* einerseits, musikalischen Elementen, vor allem den Intervallen, andererseits zu finden. Bei RENÉ DESCARTES zeigen sich erste Ansätze dazu, zugleich aber auch Vorsicht und Skepsis. In seinem frühen Kompendium der Musik von 1618 verzichtete Descartes nur, um den Rahmen des Werkes nicht zu sprengen, darauf,

> „die verschiedenen Affekte, welche die Musik erregen kann, im einzelnen zu behandeln und zu zeigen, durch welche Intervalle, Akkorde, Zeitmaße und ähnliche Mittel sie hervorgerufen werden können."

Später erkannte er, daß allgemeingültige Zusammenhänge zwischen der Musik und ihrer Wirkung nicht bestünden. 1630 schrieb er an Mersenne:

> „Um festzulegen, was jeweils angenehmer ist, muß man die Aufnahme durch den Hörer voraussetzen, die wie der Geschmack von Person zu Person wechselt."
> „Dieselbe Sache, welche die einen Menschen zum Tanzen anregt, kann die anderen zum Weinen veranlassen. Denn das hängt nur von den Gedanken ab, die in unserem Gedächtnis geweckt werden."[726]

---

[724] [Chr. Raupach] (Q 1847), S. 137.
[725] A. Anchersen (Q 1722), S. 21 (richtig: S. 19); vgl. auch G. Detharding (Q 1722), S. I 4 r.
[726] Zitiert bei A. Pirro (L 1907), S. 96. Vgl. dazu auch schon Engelbert von Admont, oben S. 271.

394

Selbst dem Rhythmus wollte Descartes nur in sehr allgemeiner Weise eine bei allen Menschen gleiche Wirkung zugestehen: Langsamere Rhythmen erregen langsamere Gemütsbewegungen wie Traurigkeit, Furcht, Abspannung usw., schnellere hingegen schnellere Affekte wie Freude und Heiterkeit.[727] Weil nämlich „die Urteile der Menschen so verschieden sind, kann man nicht sagen, daß das Schöne oder das Angenehme irgendein festes Maß hätte".[728]

Andere wagten sich weiter vor als Descartes und zögerten nicht, für die Affektwirkungen der Musik je nach Komplexion feste Regeln anzugeben. Besonders eingehend befaßte sich ATHANASIUS KIRCHER mit diesem Problem. Nach seiner Ansicht beruhen die verschiedenen musikalischen Nationalstile auf den unterschiedlichen Komplexionen der Völker, die ihrerseits von den unterschiedlichen Gegenden und Klimaverhältnissen abhängen.[729] Aber auch innerhalb eines Volkes, so bemerkt Kircher ausdrücklich, werden die Menschen verschiedenen Temperaments von verschiedenen musikalischen Stilen und jeder Einzelne von dem Stil am meisten angesprochen, der seiner natürlichen Neigung am nächsten kommt. Nicht alle Menschen erfreuen sich also gleichermaßen an derselben Musik.

„Die Melancholiker lieben tiefe, schwere, trauervolle Musik. Die Sanguiniker werden infolge der leichten Bewegung und des Drängens ihrer spiritus stets von Tanzmusik ergriffen. Die Choleriker tendieren wegen der Heftigkeit ihrer hitzigen Galle zu ähnlichen harmonischen Bewegungen. Daher scheinen an Trompeten und Pauken gewöhnte Kriegsleute alle feinere Musik zu verachten. Die Phlegmatiker schließlich schätzen den Klang hoher Frauenstimmen, weil ein hoher Ton den Schleim-Saft angenehm trifft."[730]

Außerdem spielt aber stets auch die „Gewohnheit" eine Rolle und muß mit berücksichtigt werden.[731] Wenn die Musik ihre Kräfte voll entfalten soll, so muß nach Kircher nicht nur die Melodie der Komplexion des Hörers, der Bewegung seiner Säfte und spiritus genau angemessen sein – wobei in antikisierender Weise der Tonleiterausschnitt

[727] Zitiert bei A. Pirro (L 1907), S. 97.
[728] Zitiert ebd.
[729] A. Kircher (Q 1650), Bd. 1, S. 543.
[730] Ebd. S. 544.
[731] Ebd.

und besonders die Lage des Halbtons als wichtig gilt –, sondern auch Rhythmus und Tempo müssen passen, weil sonst Widerwillen und Unbehagen ausgelöst werden.[732] Wird die erforderliche Übereinstimmung genau getroffen, so gibt es für Kircher keinen Zweifel, daß die beabsichtigte Wirkung eintritt.[733] Der Musiker, der einem Kranken mit Musik helfen will, muß demnach den Patienten gründlich kennen,[734] er muß aber, wie Caspar Schott später präzisiert, auch Zeit, Ort und andere Gegebenheiten beachten, weil weder jede beliebige Musik, noch jede beliebige Tonart oder jedes beliebige Instrument zu jeder Krankheit paßt.[735] Alle diese Voraussetzungen waren nach Meinung Kirchers erfüllt bei Davids Spiel vor Saul, das sonst keinen solchen Erfolg hätte haben können: David stand Saul so nahe, daß ihm seine Eigenarten, Leidenschaften, Neigungen und seine Anfälle wohl vertraut waren; er wußte daher sein Spiel genau dem Säftezustand des Königs anzupassen und kannte vielleicht sogar bestimmte Lieblingsrhythmen, die Saul in der gewünschten Weise beeinflussen und seinen Geist „wie aus einem dunklen Verließ zur hohen Region des Lichts emporheben" konnten.[736]

Das Beispiel von Saul und David führte 1652 auch den holländischen Arzt und Theologen JOHANNES DE MEY zu grundsätzlichen Überlegungen darüber, welche Musik sich bei Krankheiten am besten eigne. De Mey war überzeugt, daß „Musik der Gesundheit sehr zuträglich ist, weil sie unsere spiritus verdünnt, in Bewegung bringt, kräftigt und reinigt". Außerdem stand für ihn fest, daß zwischen dem Charakter der Musik und ihrer Wirkung ein enger Zusammenhang bestehe. Daraus leitete er die Forderung ab, daß der Arzt Bescheid wissen müsse, „welche Töne welche Bewegungen in den spiritus erregen und zu welchen Handlungen sie anregen, damit die Musik medizinisch wirksam sein kann". Um das zu verdeutlichen, führte de Mey aber nicht, wie es vom 16. bis 18. Jahrhundert viele Musiktheoretiker und zuweilen auch Ärzte taten, die längst untergegangenen antiken griechischen Tongeschlechter oder die mittelalterlichen Kirchentonarten an, mit denen die Zeitgenossen in der Praxis wenig anfangen

---

[732] Ebd. S. 550; vgl. auch S. 553 f.
[733] Ebd. S. 552.
[734] Ebd. Bd. 2, S. 214.
[735] C. Schott (Q 1677), Bd. 2, S. 228.
[736] A. Kircher (Q 1650), Bd. 2, S. 215.

konnten.[737] Vielmehr wies er auf drei musikalische Stile seiner Zeit hin. An erster Stelle nennt er die „römische Musik", eine „weiche" Musik, die aus hohen und tiefen Tönen besteht und Frömmigkeit weckt (es ist damit wohl der „Palestrina-Stil" gemeint); sodann die „sizilische Musik", die nur hohe Töne kennt und zur Ausschweifung anregt; schließlich die „neapolitanische Musik", die einen einschmeichelnden Charakter hat.[738] Obwohl nicht ganz klar ist, was man unter diesen Stilbegriffen im einzelnen zu verstehen hat[739] – bemerkenswert ist doch, daß de Mey für die Musik am Krankenbett bestimmte Musiktypen seiner Zeit zur Auswahl stellt.

Im allgemeinen galten in der musikalischen Affektenlehre die Intervalle als besonders wichtiger Faktor für die Wirkung der Musik. Zwar ging dieser Gedanke letztlich auf die antike griechische Musik und die Lehre vom „Ethos" zurück, doch ließ er sich insofern ohne weiteres auf die Musik der eigenen Zeit übertragen, als man ihn nicht mehr, wie im Altertum oder Mittelalter, auf die feste Intervallanordnung bestimmter Tongeschlechter bezog, sondern auf die einzelnen Intervalle und deren beliebige Verbindung. So bemerkt CHRISTOPH RAUPACH, „daß die Musicalischen Intervallen durch ihre verschiedene Vermischungen viel zu den unterschiedlichen Würckungen in denen Gemüthern contribuiren können".[740] Nach Raupach verursachen die Oktave und Quint „eine gewisse Erweiterung der Lebensgeister", und zwar erweitert die Oktave die Lebensgeister mehr als die Quint, „weil die Helffte größer ist, als das Drittel eines Ganzen. Je kleiner aber die Proportiones werden, je mehr mangelt an der Erweiterung". Während die große Terz „was erweitrendes und freudiges mit sich führet", hat die kleine Terz „was trauriges", und die noch kleineren Intervalle „machen, daß das Gehör darob einen Eckel empfindet und die Lebensgeister sich auch mehr zusammen ziehen". Neben den Intervallen waren aber noch weitere Faktoren für die Wirkung der Musik wichtig:

„die geschickte Melodie und Modulation; das Tempus; Metrum; die à propos kommende Repetitiones et Repercussiones; ein hohes, mittleres

---

[737] Vgl. z. B. A. Anchersen (Q 1722), S. 21 (richtig: 19).
[738] J. de Mey (Q 1652), S. 24 f.
[739] Vgl. dazu E. Katz (L 1926), S. 24.
[740] [Chr. Raupach] (Q 1847), S. 111.

oder niedriges Systema; die Langsam- und Geschwindigkeit der Noten oder des Tacts; viele, zur Allusion und schönen Expression Anlaß gebende Worte, aus der Redekunst; die Observirung des Decori, Honesti und Utilis aus der Ethica; eine bedächtige Consideration der Zeit, des Orts, der Umstände und Personen; wie auch eine gute Wahl, bald dieser, bald anderer menschlichen Stimmen und Instrumente."[741]

„Daher es auch kommt, daß, zum Exempel, eines traurigen Melancholici träggehendes Geblüte durch eine aus muntren metris bestehende Music in geschwinde Bewegung und darauf zu einem aufgeräumten Wesen gebracht wird. Hingegen ein lustig sanguinischer Mensch lässet sich zur mittelmäßigen Ernsthafft- und Traurigkeit, durch eine kläglich lautende und mit langsamer Gravität eingerichtete Harmonie bringen."[742]

Der Gesang genoß im allgemeinen am Krankenbett keinen Vorzug vor der Instrumentalmusik. Eine Ausnahme machten allerdings die, die geistlicher Musik, unabhängig von Komplexion oder Krankheit, einen besonderen Nutzen zuschrieben, weil zur Wirkung der Musik noch der Trost des geistlichen Texts hinzukam. Werner Rolfink meint, geistliche Musik sei in besonderem Maße fähig, die Seele und über sie auch den Körper zu beeinflussen.[743] Christoph Raupach erläutert das ausführlich:

„Wann Gottsfürchtige Seelen die mit dem seligmachenden Wort Gottes wohlverbundene Music in ihren mit den geistlichen Anfechtungen behafteten Leibeskranckheiten, hören, wird die Empfindung ihres Hertzens noch mächtiger gemacht und ihre heiligen Affecten mit größerer Zärtlichkeit moviret; darauff denn auch die Gesundheit ihres Leibes so viel leichter erfolgen kan. Denn solche Music ist einem an Leib und Seele geplagten Menschen das beste Labsal, dadurch das Hertz wieder zufrieden gestellet, kräfftig erquicket und erfrischet wird. Unsere schöne Choral-Gesänge, wie auch die auserlesensten, so weißlich als kräftig eingerichtete Kunstreiche Figural-Kirchenstücke derer heutigen tüchtigen Compositeurs und rechtschaffenen Virtuosen, führen, beydes dem Texte und der Music nach, so kräfftige Erquickung mit sich, daß ein Patiente nach deren Anhörung die Erleichter- oder Linderung der Schmertzen und Besänfftigung seines sonst unruhigen Gemüthes würcklich empfinden wird. Dannenhero auch andere zu gebrauchende Medicamenta leichter als sonst ihre Würckung bewerckstelligen können."[744]

---

[741] Ebd. S. 114 f.; vgl. z. B. auch J. Mattheson (Q 1739), S. 16, § 56–59.
[742] [Chr. Raupach] (Q 1847), S. 113.
[743] W. Rolfink (Q 1669), S. 153.
[744] [Chr. Raupach] (Q 1847), S. 137 f.; vgl. auch A. Kircher (Q 1650), Bd. 1, S. 550.

Das Interesse an der Musik als „Arzneimittel" nahm in der zweiten Hälfte des 18. Jahrhunderts noch zu. Die *ärztlichen* Richtlinien sind nun ausführlicher und in Einzelheiten konkreter als früher. Teils konzentrieren sie sich auf die Art der Musik, teils auf die Instrumente, teils auf die Krankheiten, die sich mit Musik günstig beeinflussen ließen (wobei die Geisteskrankheiten zunehmend Aufmerksamkeit erregen), oder man versucht, das Problem der therapeutischen Anwendung der Musik im Ganzen darzustellen, wenn nicht gar in einige allgemeine Regeln zu fassen.

Isaac Brown erläuterte den Nutzen von Musik bei melancholischen und hypochondrischen Leiden. Zuerst solle man sanfte, süße, einschmeichelnde, ein wenig traurige Weisen spielen, die sich dem Schmerz anzupassen schienen und ihn besänftigten, damit dadurch die Aufmerksamkeit des Patienten geweckt werde. Dann solle man langsam und unmerklich zu Musik übergehen, die leichter, heiterer, ausgelassener und fröhlicher sei.[745] Pierre Joseph Buchoz meinte, bei Melancholie müsse die Musik je nach der Art der Krankheit verschieden sein. Bei „trockenen" melancholischen Temperamenten beginne man am besten mit den tiefsten Tönen und steige danach allmählich zu höheren Tonlagen auf, da die langsame Aufwärtsbewegung die steifen, an andere Grade von Vibration gewöhnten Fasern biegsam mache. Bei „feuchter" Melancholie sei dagegen eine fröhliche, laute, lebhafte und abwechslungsreiche Musik nötig, welche die lockeren Fasern festige. Wenn die Nerven geschwächt und schlaff, die Säfte dick und zu keiner Bewegung fähig und Seele wie Körper stark mitgenommen seien, müsse die Musik einfach, abwechslungsreich, vollklingend und angenehm sein. Dann sei sie imstande, über den Gehörsnerv auf Nerven und Säfte stimulierend einzuwirken, die Säfte wieder flüssiger und beweglicher zu machen, das Herz zu kräftigen und die Ausscheidungen zu erleichtern; dadurch entstünden dann wieder angenehmere Gedanken und eine heitere Stimmung.[746] Wer bei Krankheiten Musik zu Hilfe nahm, durfte nach Ansicht von Petrus van Swieten nicht nur auf die Art der Krankheit und auf das Temperament des Patienten achten, sondern mußte auch die verschiedenen oder gar gegensätzlichen Symptome berücksichtigen, die oft bei ein und dersel-

---

[745] I. Brown (Q 1751), S. 42.
[746] P. J. Buchoz in F. N. Marquet (Q 1769), S. 198–200.

ben Krankheit auftraten (z. B. bei hysterischen Anfällen einmal Traurigkeit, dann wieder Zorn und Wut). Es kam aber auch auf das Musikinstrument an: Wen sanfter Flötenklang kaum bewegte, ließ sich vielleicht von Laute oder Cembalo stärker beeinflussen. Außerdem waren Melodik und Harmonik wichtig: Bei Erregungszuständen eignete sich Chromatik sehr, bei Traurigkeit, verminderter Zirkulation, zähflüssigen Säften oder körperlicher Schwäche waren dagegen diatonische Weisen zweckmäßiger.[747]

Peter Lichtenthal hielt laute Musik z. B. bei Schwächezuständen, Melancholie, langsamem Puls für angebracht, ebenso wie auch „geräuschvolle Musik jene zu stärken vermag, die durch einen Blutverlust ... geschwächt wurden". Hingegen müsse man „in jenen Krankheiten, die von Erschöpfung der Lebenskraft entstanden sind, mit einer sanften Musik anfangen, und so nach und nach zu einer stärkern steigern".[748] Vor allem bei Depressionen rät Lichtenthal – wie auch Isaac Brown und andere –, man solle „aus psychologischen Gründen, eine Zeit lang in traurig-tönenden Akkorden moduliren, und dann allmählig in die Freude sich hinein spielen".[749] Bei Ohrenentzündung und bei Raserei sei Musik allerdings schädlich, da sie eine zusätzliche Reizung bedeuten würde (an die beruhigende Wirkung von Musik scheint Lichtenthal hier nicht zu denken). Außerdem meint er,

„Menschen, die eben sich von einer großen Krankheit erholen, können das mindeste Geräusch nicht ohne merkliche Empfindlichkeit ertragen. Nach großen Blutflüssen, überstandenen Geburtsarbeiten, u. dgl. empfehlen die Ärzte die größte Stille ..."[750]

In der von d'Alembert und Diderot herausgegebenen „Encyclopédie" erschienen die verschiedenen Gesichtspunkte in fünf Punkten zusammengefaßt. Besonders zu beachten waren

1. die Natur der Krankheit;
2. der Geschmack des Patienten und sein Verhältnis zur Musik;
3. die Wirkung bestimmter Töne auf den Kranken, woraus zu ersehen

---

[747] P. van Swieten (Q 1773), S. 22.
[748] P. Lichtenthal (Q 1807), S. 168–170.
[749] Ebd. S. 174.
[750] Ebd. S. 161.

ist, ob man von der Fortsetzung der Musik einen Erfolg erwarten kann;

4. auch aus der Unwirksamkeit bereits ausprobierter Medikamente lassen sich Hinweise für die Anwendung der Musik gewinnen;
5. bei Krankheiten des Kopfes und besonders der Ohren ist Musik nicht angebracht, da sie nur unangenehm wäre.[751]

Besonders eingehend beschäftigte sich DAVID CAMPBELL mit praktischen Fragen der therapeutischen Anwendung von Musik. Da seine Edinburgher Dissertation von 1777 „Über die Wirkung der Musik zur Linderung oder Beseitigung von Schmerzen" schwer zugänglich und bisher völlig unbeachtet geblieben ist, seien seine Überlegungen im folgenden ausführlich wiedergegeben.

Zuerst, so rät Campbell, solle der Arzt feststellen, ob der Kranke an Musik gewöhnt ist oder sogar ein für sie besonders geschultes Ohr hat. Dann soll man dem Patienten viele verschiedene Stücke vorspielen, um die Musik zu finden, die ihm besonders angenehm ist. Ist sie gefunden, so soll man nicht, wie es im gesunden Zustand erwünscht wäre, schnell wieder wechseln. Denn, so bemerkt Campbell,

„ich habe selbst erfahren, daß ein einziges Stück, das einem delirierenden Patienten sehr gut gefiel, ohne Unterbrechung zehn Stunden lang mit dem größten Erfolg vorgespielt wurde."[752]

In den meisten Fällen ist nach Campbell sanfte, leise, einschmeichelnde Musik angemessen; Sprünge und Übergänge sollen klein und leicht sein, vor allem dann, wenn der Kranke sehr erregt ist. Bei Geisteskrankheiten empfiehlt Campbell muntere, schnelle Musik, die den Patienten in Spannung und Erwartung hält und ihn unablässig in Anspruch nimmt. Diese Musik soll, um das Herz zu rühren, einfach sein. In jedem Falle muß der Musiker aber vorsichtig und überlegt zu Werke gehen, d. h. nur selten die volltönendsten und lieblichsten Saiten anschlagen, um keinen Überdruß zu erregen.[753] Da bei vielen Krankheitszuständen das Ohr empfindlicher ist als sonst, sollte der Musiker möglichst feinfühlig und ausdrucksvoll spielen – „wer nicht

---

[751] [H. Maret] (Q 1765/a), S. 909.
[752] D. Campbell (Q 1777), S. 31 f.
[753] Ebd. S. 32 f.

selbst gerührt wird, kann andere nicht rühren", sagt Campbell ganz im Sinne der Musikauffassung seiner Zeit. Zuweilen muß man die Musik auch länger ausdehnen, bis sich ein Erfolg zeigt. Bei manchen Patienten genügt eine einfache Melodie; wenn die Kranken musikverständig sind, sollte jedoch eine Begleitung hinzugenommen werden.[754]

„Von der Wahl der Instrumente hängt je nach der Art der Krankheit und dem Zustand des Patienten viel ab." Bei Krankheiten mit Erregungszuständen und gesteigerter Empfindlichkeit des Gehörs, also bei Manie, Phrenitis und Delirium, müssen vorsichtig sanfte, liebliche Klänge angewendet werden. Bei melancholischen Leiden muß man den Patienten langsam von seiner übermäßigen Traurigkeit wegführen; dabei soll man zunächst zu leichteren, danach zu eher heiteren und schließlich zu ziemlich ausgelassenen Weisen übergehen. „Der Geist kann nämlich einen plötzlichen Übergang von einer niedergedrückten Verfassung zur Heiterkeit nicht ertragen."[755] Der menschlichen Stimme gibt Campbell wegen ihrer großen Modulationsfähigkeit den Vorzug vor allen Instrumenten. Am nächsten kommt ihr die Glasharmonika, weil ihre schwebenden und sanften Klangfolgen selbst dem empfindlichsten Ohr nicht weh tun und den Geist des Kranken manchmal geradezu zu Begeisterung hinreißen. Der Ton des Spinetts ist zumindest für reizbare Ohren weniger günstig. Dagegen eignet sich das Fortepiano „in wunderbarer Weise zur Einleitung des Schlafs", weil es lautes und leises Spiel ermöglicht. Auch die Flöte (Querflöte) ist empfehlenswert, sollte jedoch wegen ihres oft recht scharfen Klanges von einem Nebenraum aus gespielt werden. Wenn die genannten Instrumente nicht zur Verfügung stehen, kann man nach Campbell auch Saiteninstrumente verwenden, am besten zusammen mit Gesang, so z. B. die Gitarre oder die Äolsharfe, die „bei Schmerzen oft als Heilmittel dient". Bei Krankheiten mit schweren Ausfallserscheinungen, wie etwa bei der „Typhomania", worunter man ein „lethargisches Delirium" verstand, oder bei depressiven Leiden rät Campbell zu Instrumenten, auf denen man schnelle, muntere Stücke spielen konnte, also z. B. Streichinstrumente, Oboe oder Dudelsack.[756]

---

[754] Ebd. S. 34.
[755] Ebd. S. 35.
[756] Ebd. S. 35–37.

In der ersten Hälfte des 19. Jahrhunderts setzt ein für das musikalische Repertoire entscheidender Wandel ein, der auch die Musik am Krankenbett erfaßt: Der Kreis der Musik, die man kennt, schätzt und spielt, beginnt sich nach rückwärts zu erweitern. Bis dahin bestand umgangsmäßiges Musizieren im wesentlichen aus Musik, die selten älter als ein bis zwei Generationen war; ältere Musik wurde bald unmodern und geriet in Vergessenheit. So hatte Johann Georg Friedrich Franz 1770 polyphone Musik für Kranke verworfen und ganz im Sinne der Zeit „die ungekünstelte, natürlichste und simpelste Musik" gefordert, die allein „rühren" könne.[757] Und noch zu Beginn des 19. Jahrhunderts empfahl Friedrich August Weber zwar, die „aus der Mode gekommenen Instrumente aus der Klasse der besänftigenden wieder in die Mode" zu bringen – also Laute, Harfe, Viola d'amore, Gambe, Baryton, Oboe d'amore und Blockflöte. Er meinte, es bedürfe „bey allen diesen Instrumenten noch lange nicht der Stärke eines Virtuosen, um angenehm darauf zu spielen und medicinische Dienste damit zu leisten".[758] Anders verstand er demgegenüber den Nutzen älterer Musik; sie erschien ihm kurios und komisch.

„Auch alte aus der Mode gekommene Musik ist zu medicinischem Gebrauch nichts weniger, als zu verachten; besonders, wo es nötig ist, mehr auf das Zwerchfell, als irgend ein andres Organ zu würken, und durch heilsame Erschütterungen desselben Anfänge von Verstopfungen in den Eingeweiden zu zertheilen."[759]

Schon in der zweiten Hälfte des 18. Jahrhunderts aber bildete sich, zuerst hauptsächlich im Bereich geistlicher Musik, ein neues Verhältnis zu derjenigen Musik, die bereits einer vergangenen Stilrichtung angehörte: Man pflegte sie im Gegensatz zu früher weiter, man studierte und verehrte sie, es entstand eine in der Geschichte der abendländischen Kunstmusik neuartige Kontinuität. Im 19. Jahrhundert vereinigten sich dann ästhetische, religiöse, romantische und historisierende Motive in dem Bemühen, die Musik älterer Zeiten, geistliche wie weltliche, wiederzuentdecken und neu zu beleben. „Die Ausbreitung des Historismus über die Musik"[760] begann, die seitdem das Musikleben entscheidend mit bestimmte.

---

[757] [J. G. Fr. Franz] (Q 1770), S. 22 und 48 f.
[758] Fr. A. Weber (Q 1801/02), Sp. 613 f.
[759] Ebd. Sp. 615 f.
[760] So der Titel eines von W. Wiora herausgegebenen Sammelbandes (L 1969).

Die Erweiterung des musikalischen Repertoires, die daraus erwuchs, läßt sich auch in Vorschlägen für die therapeutische Anwendung von Musik erkennen, so z. B. in den teilweise allerdings recht naiven Richtlinien, die FRANÇOIS FOURNIER-PESCAY 1819 gab. Er empfahl Melancholie-Kranken nicht nur Kirchenmusik von Joseph Haydn (1732–1809) und Ferdinando Paer (1771–1839), sondern auch Werke von Giovanni Battista Pergolesi (1710–1736) und die Psalmen von Benedetto Marcello (1686–1739). Für Patienten, die Schweres durchgemacht haben, sind nach Fournier-Pescay tragische Opern Glucks wie „Alceste" oder „Iphigenie in Aulis", ferner Spontinis „Vestalin" geeignet. Einem Mann, der seine Frau verloren hat, rät er zu Glucks „Orpheus und Eurydike" – aus der richtigen Erkenntnis, daß das Prinzip, mit dem „Entgegengesetzten" zu heilen, bei Gemütsleiden nicht ohne weiteres angemessen sei. Vor allem Melancholie-Kranke dürfe man in ihren Gedanken nicht abrupt durch lustige Musik unterbrechen, weil dies nachteilig wirken könne. Vielmehr solle man mit Stücken beginnen, die den Gedanken und Gefühlen des Patienten entsprächen, und erst allmählich zu heiteren, brillanten Stücken übergehen. Daher ist nach der Ansicht Fournier-Pescays „die Moll-Tonart lange Zeit die einzige, auf die eine melancholische Seele sich einstellen will". Bei allen Gemütsleiden habe sich Musik mit ihrer Fähigkeit aufzulockern und zu „rühren" als nützlich und wirksam erwiesen. Besonders günstig wirke dramatische Musik, verbunden mit einer Bühnenhandlung.[761] Bei anderen Krankheiten, so meint Fournier-Pescay, genüge Musik, die gefalle und die Aufmerksamkeit stark in Anspruch nehme. Musik, in der die Melodie dominiere und die Harmonik einfach sei, könne die meisten Menschen ansprechen, während Musik, „in der die Harmonik dominiert, nur von wenigen musikalischen Laien verstanden und aufgenommen werden kann, die überwiegende Mehrzahl der Menschen aber unweigerlich langweilt".[762] Das abschließende Urteil Fournier-Pescays lautet, die Musik sei, auch wenn sie nicht immer spezifisch wirke, zumindest ein

---

[761] Fr. Fournier-Pescay (Q 1819), S. 78 f.
[762] Ebd. S. 45. Friedrich August Weber (Q 1801/02), Sp. 615 sah eine Schwierigkeit „in dem noch ziemlichen Mangel an Musikstücken, die auch dem gefallen und interessant seyn könnten, der nicht gerade zum Kenner oder Meister in diesem Fache gebohren ist. Die allermeiste Musik ist zu gelehrt für Ohren, die mit den Geheimnissen der Kunst nicht durch Unterricht und Übung selbst bekannt sind."

vorzügliches Hilfsmittel, das die Medizin seiner Zeit zu sehr vernachlässige.[763]

Ausführung

Die zitierten Texte lassen verschiedentlich erkennen, daß viele Autoren, vor allem die medizinischen, keine bloß theoretischen Programme entwarfen, sondern sich auch auf Erfahrungen stützen konnten. Wie sah der konkrete Einzelfall nun tatsächlich aus? Was für Musik und welche Instrumente erklangen am Krankenbett?

Die Quellen, die von der Anwendung der Musik in bestimmten Krankheitsfällen zeugen, sprechen bis zum 17. Jahrhundert, wenn sie überhaupt Näheres sagen, bestenfalls von den Instrumenten, erst danach gelegentlich auch von der Musik selbst. Dabei bestätigt sich noch einmal, daß man bei Krankheiten dieselbe Musik hörte, an der man sich auch in gesunden Tagen erfreute. Das kommt sicherlich auch daher, daß man oft auf die Wünsche und Neigungen des Patienten, auf seine Vorliebe für bestimmte Instrumente und Musikstücke Rücksicht nahm oder aber ausprobierte, welche Art von Musik auf den Kranken günstig wirkte.

In einem mittelalterlichen Krankenzimmer bei Hofe waren wohl hauptsächlich die Lieder und Tänze zu hören, die das Repertoire der Spielleute und fahrenden Musiker bildeten.[764] Vor einer kranken burgundischen Grafentochter musizierte im Jahre 1304 eine Woche lang ein Menestrel auf der Harfe; am burgundischen Hofe spielte im Jahre 1494 ein Musikant vor dem kranken Herzog auf Trommel und Einhandflöte.[765] Der Marquis d'Auret ließ 1569 auf Anweisung von Ambroise Paré Geiger, Violaspieler und einen Possenreißer kommen, die ihn während der Genesung von schwerer Krankheit aufheitern sollten.[766]

Später erfahren wir in einigen Fällen auch genau, welche Musik erklang. Der Theologe und Musiktheoretiker Lodovico Casali erzählt 1629 von einem schwerkranken Kavalier in Modena, den die Ärzte bereits aufgegeben hatten; aber die mehrstimmigen Stücke aus Orazio

---

[763] Fr. Fournier-Pescay (Q 1819), S. 80.
[764] Vgl. dazu W. Salmen (L 1960), S. 117, 125–132, 184–233.
[765] Siehe oben S. 220.
[766] Siehe oben S. 385.

Vecchis (1550–1605), seines Landsmannes, Sammlung „Le Veglie di Siena" (1604),[767] die man an seinem Krankenlager musizierte, erfüllten ihn mit solcher Freude, daß seine Lebenskraft wiederkehrte und er in kurzer Zeit gesund wurde.[768] Ein Medizinprofessor an der Universität Douai, der zu Beginn des 17. Jahrhunderts bei einem heftigen Malaria-Anfall, dem Rat Arnalds von Villanova folgend, Musik zu Hilfe nahm, ließ sich Kompositionen des Zeitgenossen Piat Maugred vorspielen.[769] Ein französischer Musiker, der am Anfang des 18. Jahrhunderts an Fieber mit schweren Delierien litt, erfuhr durch die Kantaten von Nicolas Bernier (1664–1734), die er zu hören gewünscht hatte, eine entscheidende Besserung.[770] Einer fieberkranken Prinzessin brachte in der zweiten Hälfte des 18. Jahrhunderts eine Arie von Johann Adolf Hasse (1699–1783) wirksame Hilfe.[771] An den Namen Hasses knüpft sich auch der berühmteste Fall dieser Art: Arien aus Opern Hasses und zweier anderer Komponisten waren das einzige Mittel, das den gemütskranken spanischen König Philipp V. Nacht für Nacht vorübergehend aufzumuntern vermochte.[772] Fournier-Pescay erwähnt 1819 einen Mann, den der Tod seines Sohnes schwer krank gemacht hatte; aber ein Stück aus einer Passionsvertonung Giovanni Paesiellos (1740–1816) brachte ihn wieder zu Kräften.[773]

Die meisten Berichte aus dem 17. und 18. Jahrhundert sprechen nur von den verwendeten Instrumenten oder geben höchstens eine allgemeine Charakterisierung der Musik. So heißt es im 17. Jahrhundert von einer Frau, daß sie bei Zahnschmerzen einen Fiedelspieler kommen ließ,[774] von einem Baron, daß er durch Lautenspiel eine spürbare Verminderung seiner Podagraschmerzen erreichte,[775] und von einer Dame, daß sie sich „in allen ihren Kranckheiten" nur „mit dem Klang der Flöthen / Trommeln und Schalmeyen" behalf und bei heftigen Gichtschmerzen den Musiker eine Courante spielen ließ.[776] Zu

---

[767] O. Vecchi (Q 1958).
[768] L. Casali (Q 1629), S. 141.
[769] Siehe oben S. 314 f.
[770] Siehe oben S. 318.
[771] Siehe oben S. 320.
[772] Siehe oben S. 305 f.
[773] Fr. Fournier-Pescay (Q 1819), S. 71 f.
[774] Siehe oben S. 349.
[775] Siehe oben S. 356.
[776] Siehe oben S. 227.

Beginn des 18. Jahrhunderts hören wir von einer Frau, die am „bösartigen Fieber" litt, der keine Medikamente halfen und die schon dem Ende nahe schien; aber der Gesang eines ganzen Chores half ihr wieder auf.[777] Einem Tanzmeister, bei dem ein schweres Fieber Delirien und Erregungszustände auslöste, brachte ein Geiger, der ihm seine Lieblingsstücke vorspielte, die Wendung zur Gesundheit.[778]

Wie die Überlegungen zur therapeutischen Anwendung der Musik in der zweiten Hälfte des 18. Jahrhunderts ausführlicher werden und mehr ins Einzelne gehen, so häufen sich in dieser Zeit auch die Berichte über Krankheitsfälle, bei denen man Musik einsetzte. Sie betreffen hauptsächlich Erregungszustände, Krämpfe und Delirien, die meist mit Fieber verbunden waren, daneben auch Lähmungen und „kataleptische" Anfälle. Auffällig ist dabei der Vorzug, den die Violine in vielen Fällen genoß.

Franz Anton Mai verordnete 1772 der Tochter des Musikers Wendling, die an einem heftigen Faulfieber mit Krämpfen und Delirien erkrankt war, Musik; man ließ ihr zunächst ein besonders geliebtes Stück auf dem Pianoforte vorspielen, dann folgten Stücke für Cembalo und Violine, und danach nahm man immer mehr Instrumente hinzu, bis die Patientin wieder völlig gesund war.[779] Mai erzählt selbst von einer Frau, deren „schauerliche Raserei", die Folge eines „Scharlachfiebers", sich durch Violinspiel beheben ließ.[780] In einem Fall von geistiger Verwirrung nach einem „hitzigen Fieber" halfen dagegen Lieder, welche die Kranke als Kind besonders geschätzt hatte.[781] Bei einem Priester in Venedig, den ein „hitziges Fieber" mit Delir und Furor quälte, hatte Violinmusik eine so günstige Wirkung, daß er in einen befreienden Schlaf fiel.[782] Der Jenaer Professor Schmidt ließ sich 1772/73 bei Anfällen von Podagra auf der Violine vorspielen.[783] Bei zwei Patientinnen, gegen deren Krampfanfälle der Arzt Antonio Galletti Musik verordnete, gelang es mit Hilfe von Mandolinen- und Violinspiel, die Anfälle zu verhindern und schließ-

---

[777] Siehe oben S. 319.
[778] Anonymus (Q 1708/1730), S. 22 f.; vgl. oben S. 318.
[779] Siehe oben S. 318 f.
[780] Siehe oben S. 319.
[781] Siehe oben S. 319 f.
[782] Siehe oben S. 318.
[783] Siehe oben S. 357.

lich ganz zum Verschwinden zu bringen.[784] Den französischen Arzt Paret veranlaßten schwere Krämpfe bei einem jungen Mädchen, zwei Geiger kommen zu lassen, durch deren Musizieren die Anfälle nachließen und bald ganz aufhörten.[785] Einem Mädchen, das nach heftigen Krämpfen halbseitig gelähmt war und schließlich in eine Katalepsie fiel, empfahl der Arzt Pierre Pomme Musik, die sich in Gestalt von Violinstücken als sehr wirksam erwies.[786] Philippe Pinel berichtet von einem jungen Mädchen mit Anfällen von Manie, Apathie und Krämpfen, dem ebenfalls Violinmusik sehr gut tat.[787]

Bei einem jungen Mann, der sich in einem kataleptischen Zustand befand, half dagegen Flötenspiel.[788] Gegen die „Starrsucht" einer Frau riet der Gießener Medizinprofessor Georg Thom zu Klaviermusik: Auf seine Anweisung spielte der Musiker zuerst „rauschende Stücke aus Durtönen", dann ging er „ins Adagio im Moll" über; durch diesen mehrmals wiederholten Wechsel ließ sich der Krankheitszustand völlig beseitigen.[789] Im Falle eines Mönchs, der an einer „spasmodisch-nervösen" Krankheit litt und bereits gestorben schien, holte der Arzt ein gutes Dutzend Militärmusiker herbei; sie begannen mit sanften Melodien, spielten dann schnellere Weisen und konnten den Mönch schließlich wieder aufwecken; im Hospital wurde die Musik mit immer schwungvolleren Tänzen, die zwei Geiger spielten, fortgesetzt, bis der Kranke wieder gesund war.[790]

Etienne Esquirol stellte besonders gründliche Versuche mit Musik bei Geisteskranken an, über die er 1838 berichtete. Seine Experimente mit Harfe, Klavier und Violine, mit Bläsern und Sängern, mit Stücken in allen Tonarten, Rhythmen und Zeitmaßen, bewiesen zwar, daß die Aufmerksamkeit der Hörer groß und die zweistündigen Konzerte nicht ohne Wirkung waren; „aber wir erreichten keine Heilung, nicht einmal eine Verbesserung im geistigen Zustand". Auch die von Blasmusikern gespielten populären Melodien wirkten nur vor-

---

[784] Siehe oben S. 378.
[785] Siehe oben S. 379.
[786] Siehe oben S. 342 f.
[787] Siehe oben S. 378.
[788] Siehe oben S. 340.
[789] Siehe oben S. 341.
[790] Siehe oben S. 341 f.

übergehend. Dennoch wollte Esquirol daraus nicht den Schluß ziehen,

> „daß es unnütz sei, den Geisteskranken Musik vorzuführen oder sie anzuregen, selbst zu musizieren; wenn die Musik auch nicht heilen kann, so zerstreut sie doch und bringt dadurch Erleichterung; sie schafft eine gewisse Linderung des physischen und des seelischen Schmerzes; sie ist eindeutig von Nutzen für die Genesenden."[791]
> „Sie darf nicht vernachlässigt werden, so unbestimmt die Prinzipien ihrer Anwendung sind und so ungewiß ihre Wirksamkeit ist."[792]

Esquirol formulierte für Musik bei Geisteskranken folgende Richtlinien: Man solle eine kleine Zahl von Instrumenten nehmen, die Musiker für den Patienten unsichtbar aufstellen, keine Fremden dabei zulassen und die Musik sorgfältig auswählen, d. h. Stücke spielen lassen, die dem Kranken von Kindheit an vertraut oder schon während seiner Krankheit angenehm waren und seinem Zustand angemessen schienen.[793] Im übrigen war Esquirol überzeugt, daß Musik bei Melancholie wirksamer sei als bei anderen Gemütserkrankungen.[794]

Mit Esquirol kündigt sich etwas Neues an. Seine ausgedehnten Versuche mit Musik bei Geisteskranken waren ungewöhnlich sorgfältig und planvoll, sie zeugen in der Anlage und im abgewogenen Gesamturteil von einem wissenschaftlich-kritischen Vorgehen, das es bis dahin, soweit wir wissen, auf diesem Felde noch nicht gegeben hatte. Der Weg zur Musiktherapie im modernen Sinne zeichnet sich ab.

---

[791] E. Esquirol (Q 1838), Bd. 2, S. 225.
[792] Ebd. Bd. 1, S. 69.
[793] Ebd. und S. 235; vgl. auch Bd. 2, S. 224.
[794] Ebd. Bd. 1, S. 235.

VII. Schluß

In einem mittelalterlichen Musiktraktat steht der Satz, der die Summe dieser Arbeit zieht: „Musica itaque medicinalis est", „die Musik gehört zur Medizin".[1] Er ist das letzte der vier Motti, die den Umkreis des Themas „Musik und Medizin von 800 bis 1800" abstecken. Am Schluß des Buches wieder aufgenommen, mögen sie noch einmal die Grundgedanken und Erscheinungsformen einer Jahrhunderte währenden Wechselbeziehung zwischen beiden Disziplinen in Theorie und Praxis zusammenfassend vor Augen führen.

Die pythagoreisch-platonische Konzeption, nach der die Musik hörbarer Ausdruck und klingende Vermittlerin der zahlenmäßigen Ordnung aller Dinge ist („Musica . . . ad omnia se extendit . . ."),[2] erstreckte sich selbstverständlich auch auf den Menschen. Sie regte immer wieder zu vielfältiger, bildkräftiger Ausdeutung an, vor allem aber bot sie für das Verständnis der leib-seelischen Natur des Menschen und für die Auffassung von Gesundheit und Krankheit ein Denkmodell, auf das sich Musiktheorie, Medizin und Philosophie gleichermaßen bezogen. Als Beleg für die „musica humana" gehörte seit der Spätantike die Vorstellung von der „Musik" im Puls zum Komplex des musica-Begriffes; in der Diskussion über die Frage, in welcher Weise die Musik zur ärztlichen Bildung zu rechnen sei, wurde die „Musik" im Puls im Laufe des Mittelalters zum gewichtigsten Argument dafür, daß der Arzt die Proportionenlehre der quadrivialen Musiktheorie kennen müsse. Darüber hinaus erlebte die Verbindung von Puls und Musik vor allem vom 15. bis 18. Jahrhundert eine wechselvolle Entwicklung, die auf dem Felde der Medizin und der Musik verschieden verlief und bis zu unmittelbar praktischen Konsequenzen führte: zu musikalischen Darstellungen des Pulses auf der

---

[1] Johannes de Muris (Q 1784/a), S. 195.
[2] Ders. (Q 1924), S. 58 (lib. 1, cap. 1). Zur Verfasserfrage vgl. oben S. 72, Anm. 47.

einen, zum Puls als praktischem Richtmaß für den Ablauf der Musik auf der anderen Seite.

Seit der Antike stellte sich die Medizin eine doppelte Aufgabe: zum einen, die Gesundheit zu bewahren und Krankheiten zu heilen, zum andern, dabei für Körper *und* Seele zu sorgen, deren enge Wechselwirkung man erkannt hatte. (Über den hohen Rang, den diese beiden Wesenszüge der Humoralmedizin schon früh besaßen, bestand in der bisherigen Forschung nicht immer genügend Klarheit.) Die Diätetik, Grundlage aller Prophylaxe und Therapie, trug der zweifachen Aufgabe Rechnung unter anderem mit ihren Vorschriften zur rechten Gemütsverfassung: Übermäßige Affekte galten als schädlich für Seele und Körper. Obgleich nach der antiken Lehre vom „Ethos" die Musik das berufene Mittel war, um heftige Gemütsbewegungen zu verhindern oder wieder zum gesunden Gleichmaß zurückzuführen, haben die Ärzte jener Epoche die Musik nur vereinzelt als ein solches Regulativ eingesetzt. Erst bei arabischen Gelehrten und Ärzten des 9. Jahrhunderts, welche die antike Ethos-Lehre aufnahmen und erweiterten, erscheint die Musik als fester Bestandteil der praktischen Medizin. Sie gehörte von da an zu den diätetischen Mitteln, die bei Krankheiten aller Art und zur Erhaltung der Gesundheit empfohlen wurden. Vom 11./12. Jahrhundert an übernahm das lateinische Mittelalter mit der arabischen Medizin auch diesen medizinischen Gebrauch der Musik. Das zweite und das dritte Motto spiegeln die beiden erwähnten Aufgabenbereiche der Medizin genau wieder. Ibn Buṭlān sieht den Nutzen der Musik für die Medizin darin, daß sie helfe, „die gesuntheit erhalten / und die verloren wider zubringen"; was die Töne für die Seele, das seien die Arzneien für den Körper.[3] Während hier nur von der unmittelbaren Wirkung der Musik auf die Seele und der Arzneien auf den Körper die Rede ist, beschreibt Giovanni Pico della Mirandola deren mittelbare Wirkung, die sich aus der engen Beziehung von Körper und Seele ergab: „Die Medizin heilt die Seele auf dem Wege über den Körper, die Musik aber den Körper auf dem Wege über die Seele."[4]

Der Satz Picos, eines florentinischen Platonikers im ausgehenden 15. Jahrhundert, ist das späteste der vier Motti, die dieser Arbeit vor-

---

[3] Schachtafelen der Gesuntheyt (Q 1533), S. CXCV.
[4] G. Pico della Mirandola (Q 1557), S. 101.

angestellt sind. Nicht zufällig stammen die drei übrigen aus dem Mittelalter. Im Gegensatz zu bisherigen Annahmen, wonach die Musik im Mittelalter keine oder nur eine geringe Rolle in der Medizin spielte, hat die vorliegende Untersuchung gezeigt, daß die Musik gerade im Mittelalter schon einen festen Platz in der praktischen Medizin erhielt, den sie bis zum Beginn des 19. Jahrhunderts innehatte. Die verschiedentlich als charakteristische Erscheinung der Barockzeit bezeichnete „Iatromusik" verliert damit viel von der ihr zugeschriebenen Besonderheit. Neu ist in dieser Epoche nicht, daß die Medizin die Musik für sich entdeckte – das war schon lange zuvor geschehen –, oder daß sie sie wiederentdeckte, neu ist allenfalls, daß man sich nun viel mehr als früher für „physiologische" Erklärungen der Wirkung von Musik interessierte, dabei von zeitgemäßem physikalisch-mechanistischem Denken ausging und von daher gelegentlich utopische Pläne einer universalen Heilmusik entwarf, die es in Wirklichkeit nie geben konnte. Eines besonderen Begriffes für die Beziehung von Musik und Medizin in der Zeit des Barock bedarf es also kaum, und um die Funktion der Musik in der Medizin früherer Jahrhunderte im ganzen zu benennen, wäre gerade das Wort „Iatromusik" wenig geeignet, da es analog zu den Begriffen „Iatrophysik" und „Iatrochemie" gebildet und dadurch zu sehr auf das 17. Jahrhundert festgelegt ist. Aus anderen Gründen gilt dasselbe, wie der Leser vor allem aus den Kapiteln V und VI ersehen haben wird, auch für den Begriff „Musiktherapie". Versucht man sich Rechenschaft zu geben über einige wesentliche Unterschiede zwischen der medizinischen Anwendung von Musik in der Zeit von 800 bis 1800 und moderner Musiktherapie, so läßt sich etwa folgendes sagen:

1) Musik wurde früher nicht nur bei Krankheiten, sondern genauso zur Bewahrung der Gesundheit eingesetzt.

2) Sie war nicht auf den Indikationsbereich heutiger Musiktherapie (etwa der Nerven- und Gemütsleiden, Verhaltensstörungen, Rehabilitationsmaßnahmen) beschränkt, sondern galt bei Krankheiten aller Art als nützlich.

3) Die Musik gehörte früher zu einer ganzen Reihe von ästhetisch-affektiv wirkenden Mitteln; das schloß allerdings zuweilen eine gezielte Anwendung allein der Musik nicht aus.

4) Von systematisch-experimentellem Umgang mit Musik bei Kranken, wie er sich im 19. Jahrhundert, etwa bei Esquirol, ankün-

412

digt, war man früher weit entfernt, ungeachtet gelegentlichen Experimentierens im Einzelfall.

5) Den diätetisch-therapeutischen Nutzen von Musik sah man lange Zeit fast ausschließlich darin, Musik durch passives Zuhören auf sich wirken zu lassen; an die Vorzüge aktiven Musizierens dachte man nur selten, häufiger erst vom 19. Jahrhundert an (abgesehen freilich vom Gesang als Gesundheitsübung).

Musik, die eigens für den medizinischen Gebrauch geschrieben und dabei noch in kompositorisch besonderer Weise gestaltet worden wäre, gab es nicht. Eine gewisse Ausnahme, aber nur, was ihre Bestimmung angeht, sind allenfalls die ausdrücklich als „Tafelmusik" bezeichneten Kompositionen des 17./18. Jahrhunderts oder Telemanns Musikstücke für die fürstlichen Badegäste in Pyrmont, vielleicht auch noch Bachs „Goldberg-Variationen".[4a] Grundsätzlich wurde aber mit dem diätetisch-therapeutischen Zweck jede Musik jeweils zur „musica medicinalis". Die näher geschilderten Fälle lassen den Schluß zu, daß für diesen Zweck genau dieselbe Musik erklang, an der man sich auch sonst bei den verschiedensten Anlässen zu erfreuen pflegte. Damit eröffnet sich der Forschung ein Stück „funktionaler" Musik, ein Bereich weltlicher Gebrauchsmusik, der bisher kaum bekannt war.

Al-Kindi ruft im 9. Jahrhundert einen vom Schlag getroffenen Mann mit Lautenspiel zum Bewußtsein zurück, freilich kann ihn die Musik nicht endgültig vom Tode retten.[5] Siebenhundert Jahre später behandelt Ambroise Paré eine schwere Schußverletzung des Marquis d'Auret. Als es dem Patienten endlich besser geht, läßt Paré Geigen- und Violaspieler und einen Possenreißer kommen, um d'Auret aufzuheitern und dadurch die Genesung zu befördern.[6] 1793 berichtet Franz Anton Mai von den Folgen eines „Scharlachfiebers" bei einem „Frauenzimmer" in Mannheim; es gelang ihm, die Kranke, die „wie eine Medea rasete, und schon sechs Tage weder Tränke noch Arzeneien zu sich nahm, durch die bezaubernde Geige unseres pfälzischen Orpheus, Herrn Fränzl, von dieser schauerlichen Raserei zu heilen".[7]

[4a] Vgl. dazu auch oben S. 388, Anm. 695.
[5] Siehe oben S. 338 f.
[6] Siehe oben S. 385.
[7] Siehe oben S. 319.

Musik bei Apoplexie, in der Rekonvaleszenz, bei Fieberdelirien –
als Hilfsmittel der Medizin im empfindsamen Zeitalter, im Frankreich Katharinas von Medici, im arabischen Mittelalter: die Quellen
setzen Bruchstücke der Vergangenheit frei – medizinische Wissenschaft und Praxis, Musikanschauung und Musikausübung, Kultur-
und Lebensformen treten in Ausschnitten ans Licht. Historische Neu-
gier möchte sie zu einem lückenlosen, bis ins Einzelne bekannten und
vertrauten Bild zusammenfügen. Doch werden die Grenzen historischen Forschens und Verstehens, die Grenzen der Vergegenwärtigung
von Geschichte stets darin liegen, „daß die durch die Forschung
gewonnenen Vorstellungen bei weitem nicht sich decken mit der sach-
lichen Fülle von Inhalt, den die Dinge einst hatten, als sie Gegenwart
waren".[8]

---

[8] J. G. Droysen (L 1958), S. 271.

Abkürzungen

Arch. Gesch. Med.	= Archiv für Geschichte der Medizin
Bull. Hist. Med.	= Bulletin of the history of medicine
CS	= Coussemaker, Charles-Edmond-Henri de (Hrsg.): Scriptorum de musica medii aevi nova series a Gerbertina altera. Bd. 1–4. Paris 1864–67.
GS	= Gerbert, Martin (Hrsg.): Scriptores ecclesiastici de musica sacra potissimum. Bd. 1–3. St. Blasien 1784.
L	= Literaturverzeichnis
Med. hist. J.	= Medizinhistorisches Journal
Med. Mschr.	= Medizinische Monatsschrift
MGG	= Die Musik in Geschichte und Gegenwart. Hrsg. von Friedrich Blume. Bd. 1–15. Kassel, Basel usw. 1949 bis 1973.
N	= Verzeichnis der Nachschlagewerke (Bibliographien, Lexika usw.)
PL	= Migne, J.-P. (Hrsg.): Patrologia. Series latina. Bd. 1–217. Paris 1844–55.
Q	= Quellenverzeichnis
Sudh. Arch. Gesch. Med. (Naturw.)	= Sudhoffs Archiv für Geschichte der Medizin (und der Naturwissenschaften)
Sudh. Arch.	= Sudhoffs Archiv. Vierteljahrsschrift für Geschichte der Medizin und der Naturwissenschaften, der Pharmazie und der Mathematik. Ab 53 (1969): Sudhoffs Archiv. Zeitschrift für Wissenschaftsgeschichte.

Quellen

Adam von Fulda: Musica. In: GS, Bd. 3, 1784, S. 329–381.

Adelard von Bath: De eodem et diverso. Hrsg. von Hans Willner. Münster/W. 1903. (= Beiträge zur Geschichte der Philosophie des Mittelalters. Bd. 4. Heft 1.)

Adlung, Jacob: Anleitung zu der musikalischen Gelahrtheit. Erfurt 1758. Nachdruck Kassel, Basel 1953. (= Documenta musicologica. 1. Reihe. Bd. 4.)

Adolphi, Christian Michael (Praeses): De statu convalescentiae. Med. Diss. Leipzig 1732. (Respondent: Johann Gottlieb Heyler.)

–: Dissertatio medica sistens aegrotantibus conclave. In: Chr. M. Adolphi: Dissertationes physico-medicae quaedam selectae . . . Leipzig 1747, S. 630–734.

Aegidius Corboliensis: Liber de pulsibus metrice compositus. In: Aegidius Corboliensis: Carmina medica. Hrsg. von Ludwig Choulant. Leipzig 1826, S. 21–43.

Aegidius Zamorensis: Ars musica. In: GS, Bd. 2, 1784, S. 370–393.

Agilon, Walter: Summa medicinalis. Nach dem Münchener cod. lat. No. 325 und 13124 erstmalig ediert mit einer vergleichenden Betrachtung älterer medizinischer Kompendien des Mittelalters von Paul Diepgen. Leipzig 1911.

Agrippa von Nettesheim, Heinrich Cornelius: De occulta philosophia. O. O. 1533. Nachdruck, hrsg. von Karl Anton Nowotny. Graz 1967.

Alberti, Michael: Introductio in medicinam . . . Semiologia, hygiene, materia medica et chirurgica . . . Halle/S. 1719.

Albertus Magnus: Daraus man alle Heimligkeit deß Weiblichen geschlechts erkennen kan . . . mit sampt einem bewehrten Regiment für das böse ding. Frankfurt am Main 1581. Nachdruck, hrsg. von Peter Amelung. Stuttgart 1966.

Albrecht, Johann Wilhelm: Tractatus physicus de effectibus musices in corpus animatum. Leipzig 1734.

Alexandrinus, Julius: De medicina et medico dialogus. Zürich 1557.

Alexius, Alexander: Consilia medica, et epitome pulsuum. Padua 1627.

Alfarabi: Über den Ursprung der Wissenschaften (de ortu scientiarum). Eine mittelalterliche Einleitungsschrift in die philosophischen Wissenschaften. Hrsg. von Clemens Baeumker. Münster/W. 1916. (= Beiträge zur Geschichte der Philosophie des Mittelalters. Bd. 19. Heft 3.)

Alkindus, Jacobus: De rerum gradibus. In: Tacuini sanitatis Elluchasem Elimithar . . . Straßburg 1531, S. 140–163.

Alsaharavius: Liber theoricae necnon practicae. Augsburg 1519.

Alvarez Miraval, Blas: Libro intitulado la conservacion de la salud del cuerpo y del alma, para el buen regimiento de la salud, y mas larga vida de la Alteza del serenissimo Principe dõ Philippo nuestro Señor. Medina del Campo 1597.

Anchersen, Ansgar: De medicatione per musicam. Kopenhagen 1722.

Anhart, Elias: Consilium podagricum. Ingolstadt 1581.

Anonymus: Des H. Reichs Statt Franckfurt am Mayn Prophylaxis oder Schutz-Sorge vor Seuchen . . . Frankfurt a. M. 1665.

–: Diverses observations de physique générale. I. In: Histoire de l'Académie royale des sciences. Jg. 1707, Paris 1730, S. 7 f.

–: Diverses observations de physique générale. Ebd. Jg. 1708, Paris 1730, S. 20–23.

–: Besprechung von: Observations de médecine sur la maladie appellée convulsions, par un médecin de la Faculté de Paris. Paris 1732. In: Neue Zeitungen von Gelehrten Sachen. Jg. 1733, Teil 1, S. 626 f.

–: Quanto alla salute contribuisce la musica. In: Giornale di medicina. Bd. 1, Venedig 1763, S. 105 f.

– : [Brief vom 21. 1. 1774 aus Versailles.] In: Gazette de santé. Hrsg. von J. J. Gardane. Jg. 1774, Paris 1774, Nr. 4 vom 27. 1. 1774, S. 126 f.

– : (a) [Aus den „Affiches de Grenoble".] In: Journal encyclopédique ou universel. Jg. 1776, Bd. 1, Teil 1, S. 340.

–: (b) Anecdote musicale, tirée d'un ouvrage nouveau. Ebd. Jg. 1776, Bd. 6, Teil 1, S. 155.

– : Lettera riguardante la guarigione di furiosissimi attacchi convulsivi prodotta dall'armonia. In: Opuscoli scelti sulle scienze e sulle arti. Bd. 2. Mailand 1779, S. 222–224.

– : [Brief aus Siena.] In: Journal encyclopédique ou universel. Jg. 1780, Bd. 2, Teil 1, S. 509 f.

–: Ein Vorschlag. In: Neues Magazin für Ärzte. Hrsg. von Ernst Gottfried Baldinger. Bd. 3, Leipzig 1781, S. 25 f.

– : Anekdote. In: Musikalische Real-Zeitung für das Jahr 1788. Hrsg. von Heinrich Philipp Bossler. Speyer 1788, Sp. 64.

Anselmus, Aurelius: Gerocomica, sive de senum regimine. Venedig 1606.

Anthologia Latina. Hrsg. von Franz Buecheler u. Alexander Riese. Teil 1, Heft 1. Hrsg. von Alexander Riese. Leipzig 1894.

Die Apokalypse des Golias. Hrsg. von Karl Strecker. Rom 1928. (= Texte zur Kulturgeschichte des Mittelalters. Hrsg. von Fedor Schneider. Heft 5.)

Argenterio, Giovanni: De somno et vigilia libri II. Florenz 1556.

Aribo: De musica. Hrsg. von Joseph Smits van Waesberghe. Rom 1951. (= Corpus scriptorum de musica. Heft 2.)

Aristeides Quintilianus: Von der Musik. Eingeleitet, übersetzt und erläutert von Rudolf Schäfke. Berlin 1937.

– : De musica. Hrsg. von R. P. Winnington-Ingram. Leipzig 1963.

Aristoteles: De somno et vigilia. In: Aristoteles: Parva naturalia. Hrsg. von Wilhelm Biehl. Leipzig 1898.

– : Problemata physica. Übersetzt von Helmut Flashar. Darmstadt 1962. (= Aristoteles: Werke in deutscher Übersetzung. Hrsg. von Ernst Grumach. Bd. 19.)

– : Politik. Übersetzt und hrsg. von Olof Gigon. München 1973. (dtv text-bibliothek.)

[Ps.–] Aristoteles: Tractatus de musica. In: CS, Bd. 1, 1864, S. 251–281.

Arnald von Villanova: Opera omnia. Cum Nicolai Taurelli medici et philosophi in quosdam libros annotationibus. Basel 1585.

– : (a) Speculum introductionum medicinalium. Ebd. Sp. 1–238.

– : (b) De parte operativa. Ebd. Sp. 251–294.

– : (c) De simplicibus. Ebd. Sp. 323–386.

– : (d) De conferentibus, et nocentibus principalibus membris nostri corporis. Ebd. Sp. 613–620.

– : (e) De regimine sanitatis liber . . . Ebd. Sp. 657–788.

– : (f) Regimen sanitatis ad inclytum regem Aragonum. Ebd. Sp. 787–812.

– : (g) De considerationibus operis medicinae. Ebd. Sp. 847–912.

– : (h) Medicationis parabolae, secundum instinctum veritatis aeternae, quae dicuntur a medicis regulae generales curationis morborum. Ebd. Sp. 913–1038.

– : (i) Breviarium practicae, a capite usque ad plantam pedis. Ebd. Sp. 1049–1438.

– : (k) Regimen, sive consilium Quartanae. Ebd. Sp. 1491–1498.

– : (l) De sterilitate, tam ex parte viri, quam ex parte mulieris. Ebd. Sp. 1505–1522.

– : (m) De amore heroico. Ebd. Sp. 1523–1530.

– : (n) De tremore cordis. Ebd. Sp. 1589–1602.

Aron, Pietro: Toscanello in musica. Venedig 1539.

Aubrey, John: Brief lives. Hrsg. von Oliver Lawson Dick. Ann Arbor/Mich. 1957.

Augenio, Orazio: De ratione curandi per sanguinis missionem libri XVII. Frankfurt a. M. 1598.

Augustin: De diversis quaestionibus LXXXIII liber unus. In: PL, Bd. 40, 1841, Sp. 11–100.

Aurelian von Réomé: Musica disciplina. In: GS, Bd. 1, 1784, S. 27–63.

Averroës: Collectaneorum de re medica sectiones tres. In: Averroës: Colliget libri VII. Venedig 1562. Nachdruck Frankfurt a. M. 1962. (= Aristoteles: Omnia… opera. Bd. 10.)

Avicenna: Liber canonis. Venedig 1507. Nachdruck Hildesheim 1964.

–: Canon medicinae. Übersetzt von Vopiscus Fortunatus Plempius. Bd. 1–3. Löwen 1658.

–: Ibn Sīnā: al-Qānūn fi ṭ-ṭibb. Kairo 1294/1877.

Baccio, Andrea: De thermis… libri septem. Rom 1622.

Bachmann, Christian Ludwig: De effectibus musicae in hominem. Med. Diss. Erlangen 1792.

Bacon, Franz: Über die Würde und den Fortgang der Wissenschafften. Übersetzt von Johann Hermann Pfingsten. Pest 1783. Nachdruck Darmstadt 1966.

Bacon, Roger: Opus tertium. In: R. Bacon: Opera quaedam hactenus inedita. Bd. 1. Hrsg. von J. S. Brewer. London 1859, S. 3–310. (= Rerum Britannicarum medii aevi scriptores. 15. 1.) Nachdruck London 1965.

–: Secretum secretorum. Hrsg. von Robert Steele. Oxford 1920. (= Opera hactenus inedita Rogeri Baconi. Fasc. 5.)

–: (a) Liber (epistola) de retardatione accidentium senectutis. Hrsg. von A. G. Little u. E. Withington. Oxford 1928, S. 1–83. (= Opera hactenus inedita Rogeri Baconi. Fasc. 9.)

–: (b) Liber de conservatione juventutis. Ebd. S. 120–149.

Bagellardus, Paulus: Libellus de aegritudinibus infantium. Padua 1472. Nachdruck in: K. Sudhoff (Q 1925).

Baglivi, Giorgio: Opera omnia medico-practica, et anatomica. 10. Aufl. Antwerpen 1734.

–: (a) De praxi medica. Ebd. S. 1–236.

–: (b) Specimen quattuor librorum de fibra motrice, et morbosa. Ebd. S. 237–394.

–: (c) De anatome, morsu et effectibus tarantulae. Ebd. S. 599–640.

Balde, Jacob: Solatium podagricorum. München 1661.

–: Trost für Podagristen, deutsch dargeboten von Johannes Neubig. München 1833.

Barchusen, Johann Conrad: De medicinae origine et progressu dissertationes. Utrecht 1723.

Bardus, Hieronymus: Medicus politico-catholicus. Genua 1643.

Barrough, Philip: The methode of phisicke, conteyning the causes, signes, and cures of inward diseases in mans body from the head to the foote. London 1583.

Bartholomaeus Anglicus: De genuinis rerum coelestium, terrestrium et inferarum proprietatibus. Frankfurt a. M. 1601. Nachdruck ebd. 1964.

Bayle, François: Problemata physica et medica… Den Haag 1678.

Beer, Georg Alexander: s. Kirchmayer, Theodor (Praeses)

Beethoven, Ludwig van: Sämtliche Briefe. Kritische Ausgabe von A. Chr. Kalischer. Bd. 1–5. Berlin, Leipzig 1906–08.

Behrens, Conrad Barthold: Selecta Diaetetica, seu de recta ac conveniente ad sanitatem vivendi ratione tractatus. Frankfurt a. M., Leipzig 1710.

Benedictus de Nursia: Tractatus de preservatione a pestilentia. Lyon 1477.

Benivieni, Antonio: De abditis nonnullis ac mirandis morborum et sanationum causis liber. Abgedruckt in: Largus Scribonius: De compositione medicamentorum liber. Basel 1529, S. 193–309.

Berardi, Angelo; Ragionamenti musicali. Bologna 1681.

–: Miscellanea musicale. Bologna 1689.

Bermudo, Juan: Declaración de instrumentos musicales. Ossuna 1555. Nachdruck Kassel, Basel 1957. (= Documenta musicologica. 1. Reihe. Bd. 11.)

Bernard de Gordon: Practica Gordonij dicta Lilium medicinae. Venedig 1496.

Beroaldus, Philippus: Oratio habita in enarratione quaestionum Tusculanarum et Horatii Flacci continens laudem musices. In: Ph. Beroaldus: Varia opuscula. Basel 1509, fol. 13r–14v.

Beverwyck, Johannes von: Idea medicinae veterum. Leiden 1637.

–: Allgemeine Artzney . . . Teil 1–3. Frankfurt a. M. 1674.

Bianchini, Giovanni Fortunato: La medicina d'Asclepiade per ben curare le malattie acute raccolta da varii frammenti greci, e latini. Venedig 1769.

Bicker, Johannes: Hermes redivivus, declarans hygieinam, de sanitate vel bona valetudine hominis conservanda. Gießen 1612.

Binder, Ulrich: Epiphaniae medicorum. O. O. 1506.

Bix, Johann Ulrich: Σφυγμογραφία sive dissertatio de pulsu inauguralis. Med. Diss. Straßburg 1677.

Blankaart, Stephan: Neuscheinende Praxis der Medicinae, worinn angewiesen wird / daß alle Krankheiten eine Verdikkung des Bluts und der Säfte sind / und bloß von Sauer und Schleim entstehen . . . Frankfurt a. M., Leipzig 1690.

Blondel, Franciscus: Außführliche Erklärung und Augenscheinliche Wunderwirckung Deren Heylsamen Badt- und Trinckwässer zu Aach . . . Aachen 1688.

Boccaccio, Giovanni: Decameron. Hrsg. von Vittore Branca. Bd. 1–2. Florenz 1951–52.

Boerhaave (Herman): Correspondence. Hrsg. von G. A. Lindeboom. Bd. 1–2. Leiden 1962–64.

Boethius: De institutione musicae libri V. Hrsg. von Gottfried Friedlein. Leipzig 1867.

Bolmann, Georg: Kurtze Beschreibung deß Pyrmontischen Sauer-Brunnens . . . Kassel 1682.

Bordeu, Théophile de: Recherches sur le pouls, par rapport aux crises. 2. Aufl. Bd. 1–3. Paris 1768–72.

Borellus, Petrus: Historiarum et observationum medicophysicarum centuriae IV. Frankfurt a. M. 1670.

Börner, Nicolaus: Medicus sui ipsius, oder sein selbst Artzt. Bd. 1–2. Frankfurt a. M., Leipzig 1744–48.

Borrichius, Olaus: De cabala characterali dissertatio. Kopenhagen 1649.

Bötticher, Johann Gottlieb de: Morborum malignorum imprimis pestis et pestilentiae . . . descriptio. Kopenhagen 1736.

Bourdelot, Pierre-Michon u. Pierre Bonnet: Histoire de la musique et de ses effets. Amsterdam 1725. Nachdruck, hrsg. von O. Wessely. Bd. 1–4. Graz 1966.

Brasavolus, Antonius Musa: Index refertissimus in omnes Galeni libros. Venedig 1625. Nachdruck Hildesheim, New York 1975.

Brendel, Adam (Praeses): De curatione morborum per carmina et cantus musicos. Med. Diss. Wittenberg 1706. (Respondent: Martin Adolf Pohle.)

Bright, Timothy: Hygieina: id est, de sanitate tuenda, medicinae pars prima. Frankfurt a. M. 1588.

[Brocklesby, Richard:] Reflections on antient and modern musick with the application to the cure of diseases . . . London 1749.

Brodeau, Jean: Miscellaneorum libri VI. Basel 1555. In: Janus Gruterus: Lampas, sive fax artium liberalium . . . Bd. 2. Frankfurt a. M. 1604, S. 452–570.

Brown, Isaac: Disquisitio medica inauguralis de sonorum modulatorum vi in corpora humana. Med. Diss. Edinburgh 1751.

Browne, Richard: Medicina Musica: or, a mechanical essay on the effects of singing, musick, and dancing, on human bodies. Revis'd and corrected. London 1729.

Brunschwig, Hieronymus: Liber de arte distulandi simplicia et composita . . . Ouch von Marsilio Ficino und anderen hochberömpten Ertzte natürliche und gůte kunst zu behalten den gesunden leib und zu vertreiben die kranckheiten mit erlengerung des lebens. Straßburg 1508.

Buchan, William: Domestic medicine: or, a treatise on the prevention and cure of diseases by a regimen and simple medicines. 8. Aufl. London 1784.

Buchanan, George: Rerum Scoticarum historia . . . Frankfurt a. M. 1584.

Buchoz, Pierre Joseph: Médecine pratique et moderne. . . . Recueillie d'après les ouvrages de feu M. Marquet . . ., et de plusieurs autres médecins célebres. Bd. 1–3. Paris 1782–85.

–: L'art de connoitre et de désigner le pouls par les notes de la musique, de guérir par son moyen la mélancolie . . . Paris 1806.

Burette, Pierre Jean: Paragone dell'antica colla moderna musica. Dissertazione . . ., in cui si dimostra, che i maravigliosi effetti attributi alla musica degli Antichi non provano in niun modo, ch'essa fosse più perfetta della nostra. Venedig 1748.

Burney, Carl: Tagebuch einer Musikalischen Reise durch Frankreich und Italien . . . Hamburg 1772. Nachdruck Kassel, Basel 1959. (= Documenta musicologica. 1. Reihe. Bd. 19.)

Burtius, Nicolaus: Musices opusculum. Bologna 1487.

Burton, Robert: The anatomy of melancholy. What it is, with all the kinds, causes, symptoms, prognostics and severall cures of it. Oxford 1621.

Butler, Charles: The principles of musick. London 1636.

Byrd, William: Psalmes, sonets, and songs of sadnes and pietie. London 1948. (= The collected works of William Byrd. Hrsg. von Edmund H. Fellowes. Bd. 12.)

Caelius Aurelianus: On acute diseases and on chronic diseases. Hrsg. und übersetzt von I. E. Drabkin. Chicago 1950.

Calanius, Prosper: Traicté excellent de l'entretenement de santé. Paris 1550.

Camerarius, Johann Rudolf: Sylloges memorabilium medicinae et mirabilium arcanorum centuriae IV. Straßburg 1624.

Campbell, David: Disquisitio inauguralis de musices effectu in doloribus leniendis aut fugandis. Edinburgh 1777.

Campion, Thomas: (a) A new way of making fowre parts in counterpoint . . . London um 1618. In: Campion's works. Hrsg. von Percival Vivian. Oxford 1909, S. 189–226.

–: (b) A dialogue sung the first night, the king being at supper. Ebd. S. 229.

Carbonelli, Giovanni: Il „De sanitatis custodia“ di maestro Giacomo Albini di Moncalieri. Pinerolo 1906. (= Biblioteca della società storica subalpina. Bd. 35.)

Cardano, Girolamo: Opera omnia. Bd. 1–10. Lyon 1663. Nachdruck Stuttgart 1966.

–: (a) Encomium podagrae. Ebd. Bd. 1, S. 221–225.

–: (b) De sapientia. Ebd. Bd. 1, S. 490–582.

–: (c) De sanitate tuenda. Ebd. Bd. 6, S. 8–294.

–: (d) Consilia medica ad varios partium morbos spectantia. Ebd. Bd. 9, S. 47–246.

Casali, Lodovico: Generale invito alle grandezze, e maraviglie della musica. Modena 1629.

Case, John: Apologia musices. Oxford 1588.

—: Sphaera civitatis; hoc est: reipublicae recte ac pie secundum leges administrandae ratio ... Frankfurt a. M. 1593.

Cassaneus, Bartholomaeus: Catalogus gloriae mundi. Frankfurt a. M. 1579.

Cassiodor: Institutiones. Hrsg. von R. A. B. Mynors. Oxford 1963.

Castelli, Bartolomeo: Castellus renovatus: hoc est, Lexicon medicum quondam a Barth. Castello Messanensi inchoatum, ... nunc vero ... correctum, et ... amplificatum cura et studio Jacobi Pancratii Brunonis.Nürnberg 1682.

Castelli, Pietro: Optimus medicus. Messina 1637. In: Hermann Conring (Q 1726), Teil 2, S. 17–68.

Castro, Rodericus a: (a) De universa muliebrium morborum medicina. Bd. 1–2. Hamburg 1662.

—: (b) Medicus politicus: sive de officiis medico-politicis tractatus. Hamburg 1662.

Celsus, Aulus Cornelius: De medicina libri VIII. Hrsg. von Friedrich Marx. Leipzig 1915. (= Corpus medicorum latinorum. Bd. 1.)

Censorinus: De die natali liber. Hrsg. von Fr. Hultsch. Leipzig 1867.

Charisius, Christian Ludwig: Dissertatio medica de paralysi. Med. Diss. Königsberg 1713.

Chemnitz, Johann Ludwig: De musices vi medica. Med. Diss. Göttingen 1809.

Cheyne, George: Hygiene. Das ist: Gründlicher Unterricht zur Gesundheit und zu einem langen Leben. Frankfurt a. M. 1744.

Cicero, Marcus Tullius: De legibus. Hrsg. von Konrat Ziegler. Heidelberg 1950. (= Heidelberger Texte. Lateinische Reihe. Bd. 20.)

Cogan, Thomas: The haven of health: chiefely gathered for the comfort of students ... London 1584.

Comenius, Johannes Amos: Pampaedia. Hrsg. von Dmitrj Tschizewskij. Heidelberg 1960. (= Pädagogische Forschungen. Veröffentlichungen des Comenius-Instituts. Bd. 5.)

Compan, Charles: Dictionnaire de danse, contenant l'histoire, les règles et les principes de cet art ... Paris 1787.

Conring, Hermann: Introductio in universam artem medicam ... Halle/S., Leipzig 1726.

Constantinus Africanus: Opera. Bd. 1–2. Basel 1536–39.

—: (a) De omnium morborum, qui homini accidere possunt, cognitione et curatione. Ebd. Bd. 1, 1536, S. 1–167.

—: (b) De melancholia libri duo. Ebd. Bd. 1, 1536, S. 280–298.

Cordus, Euricius: Ein Regimennt wie man sich vor der Newen Plage / der Englische Schweis genant / bewaren / und so man damit ergrieffen wird / darynn halten soll ... Marburg 1529. Nachdruck, hrsg. und mit einem Nachwort versehen von Gunter Mann. Marburg 1967.

Coussemaker, Charles-Edmond-Henri de (Hrsg.): Scriptorum de musica medii aevi nova series a Gerbertina altera. Bd. 1–4. Paris 1864–67.

Cox, Joseph Mason: Praktische Bemerkungen über Geisteszerrüttungen. Halle/S. 1811.

Della Valle, Pietro: Reiß-Beschreibung in unterschiedliche Theile der Welt. Teil 1–4. Genf 1674.

Desault, Pierre: Dissertation sur les maladies vénériennes ... Avec deux dissertations, l'une sur la rage, l'autre sur la phthisie, et la manière de les guérir radicalement. Bordeaux 1733.

Desbout, Louis: Dissertation sur l'effet de la musique dans les maladies nerveuses. Petersburg 1784.

Descartes, René: Discours de la méthode. Von der Methode des richtigen Vernunftgebrauchs und der wissenschaftlichen Forschung. Übersetzt und hrsg. von Lüder Gäbe. Hamburg 1960. (= Philosophische Bibliothek. Bd. 261.)

–: Über den Menschen (1632) sowie Beschreibung des menschlichen Körpers (1648). Nach der ersten französischen Ausgabe von 1664 übersetzt und mit einer historischen Einleitung und Anmerkungen versehen von Karl E. Rothschuh. Heidelberg 1969.

Deschamps, Eustache: L'art de dictier et de fere chançons, balades, virelais et rondeaulx, et comment anciennement nul se osoit apprandre les .VII. ars liberaulx ci après declarez, se il n'estoit noble. In: E. Deschamps: Oeuvres complètes. Hrsg. von Marquis de Queux de St.-Hilaire u. G. Raynaud. Bd. 1–11. Paris 1878–1903. Hier: Bd. 7, 1891, S. 266–292.

Désessartz, Jean-Charles: Réflexions sur la musique, considérée comme moyen curatif. Paris 1802.

Detharding, Georg (Praeses): Disputatio medica inauguralis quae ethicam dolentium, Wie ein Mensch in schmertzhafften Kranckheiten der Cur halber sich zu verhalten habe . . . Med. Diss. Rostock 1722. (Respondent: Augustin Puchner.)

Deusing, Anton: Dissertatio de morborum quorundam superstitiosa origine et curatione. In: A. Deusing: Fasciculus dissertationum selectarum, ab auctore collectarum et recognitarum. Groningen 1660.

Diels, Hermann: Die Fragmente der Vorsokratiker. 9. Aufl. Hrsg. von Walther Kranz. Bd. 1–3. Berlin 1959.

Diemerbroeck, Isbrand von: De peste libri IV. Arnheim 1646.

Dogiel, Johannes: Über den Einfluß der Musik auf den Blutkreislauf. In: Archiv für Anatomie und Physiologie, Physiologische Abteilung, Jg. 1880, S. 416–428.

Dolaeus, Johannes: Encyclopaedia medicinae theoretico-practicae . . . Frankfurt a. M. 1684.

Dominicus Gundissalinus: De divisione philosophiae. Hrsg. von Ludwig Baur. Münster/W. 1903. (= Beiträge zur Geschichte der Philosophie des Mittelalters. Bd. 4. Heft 2/3.)

Du Chesne (Quercetanus), Joseph: Diaeteticon polyhistoricum. Leipzig 1607.

–: (a) Pestis alexicacus, sive luis pestiferae fuga. Leipzig 1609.

–: (b) Tetras gravissimorum totius capitis affectuum. 2. Aufl. Marburg 1609.

Dürer, Albrecht: Schriftlicher Nachlaß. Hrsg. von Hans Rupprich. Bd. 2. Berlin 1966.

Durante von Gualdo, Castor: Thesaurus sanitatis. Das ist: Bewerter Schatz und güldenes Kleinodt der Gesundheit . . . Frankfurt a. M. 1623.

Ebersbach, David Lorenz: s. Ettmüller, Michael Ernst (Praeses)

Eis, Gerhard: Münsingers „Regimen sanitatis in fluxu catarrhali ad pectus". In: Med. Mschr. 14 (1960), S. 603–608.

–: Nachricht über eine altdeutsche Sammelhandschrift aus Villingen. Ebd. 15 (1961), S. 474–478.

Eis, Gerhard u. Wolfram Schmitt: Das Asanger Aderlaß- und Rezeptbüchlein. Stuttgart 1967. (= Veröffentlichungen der Internationalen Gesellschaft für Geschichte der Pharmazie. Bd. 31.)

Elgood, Cyril: Tibb-ul-Nabbi or medicine of the Prophet. Being a translation of two works of the same name. I. The Ṭibb-ul-Nabbi of Al-Suyúṭi. II. The Ṭibb-ul-Nabbi of Mahmud bin Mohamed al-Chaghayni, together with introduction, notes and glossary. In: Osiris 14 (1962), S. 33–192.

Engelbert von Admont: De musica. In: GS, Bd. 2, 1784, S. 287–369.

Erasmus, Desiderius: Encomium matrimonii ... Encomium artis medicae. Basel 1518. Nachdruck, hrsg. von Fritz Ebner und übersetzt von Eduard Bornemann. (Darmstadt 1960.)

– : Enarratio psalmi XXXVIII ... In: D. Erasmus: Opera omnia. Hrsg. von Johannes Clericus. Bd. 1–10. Leiden 1703–06. Hier: Bd. 5, 1704, Sp. 417–468.

Esquirol, Etienne: Des maladies mentales considérées sous les rapports médical, hygiénique et médico-légal. Bd. 1–2. Brüssel 1838.

Ettmüller, Michael Ernst (Praeses): De vigiliis involuntariis. Med. Diss. Leipzig 1705. (Respondent: David Lorenz Ebersbach.)

– : Disputatio effectus musicae in hominem ... Med. Diss. Leipzig 1714. (Respondent: Christian Gottlieb Jöcher.)

Etzler, August: Isagoge physico-magico-medica. Straßburg 1631.

Eusebe, Jean: La science du poulx ... Lyon 1568.

Evelyn, John: The diary. Hrsg. von E. S. de Beer. Bd. 1–6. Oxford 1955.

Evliyâ Çelebi: Seyâhatnâmesi. Hrsg. von Zuhuri Damşman. Bd. 1–12. Istanbul 1969–71.

Faber, Hugo: Eine Diätetik aus Montpellier („Sanitatis conservator"), dem Ende des 14. Jahrhunderts entstammend und „Tractatus medicus de comestione et digestione vel regimen sanitatis" benannt. Med. Diss. Leipzig 1921.

Facchinetti, Jacopo Antonio: Efficacia del suono, e del moto nella maravigliosa convulsione già descritta nelle Gazzette N. VII. ed VIII. In: Giornale di medicina, Bd. 1, Venedig 1763, S. 106–108.

Falloppio, Gabriele: Tractatus de morbo Gallico. In: G. Falloppio: Opera quae adhuc extant omnia. Frankfurt a. M. 1584, S. 770–848.

Ferdinandi, Epifanio: Centum historiae, seu observationes et casus medici ... Venedig 1621.

Ferrier, Auger: Vera medendi methodus. Lyon 1574.

Ficino, Marsilio: Opera, et quae hactenus extitere, et quae in lucem nunc primum prodiere omnia. Bd. 1–2. Basel 1576.

– : (a) De vita libri tres. Ebd. Bd. 1, S. 493–572.

– : (b) Epistolarum libri XII. Ebd. Bd. 1, S. 607–964.

– : (c) In Timaeum commentarius. Ebd. Bd. 2, S. 1438–1466.

Fischart, Johann: Podagramisch Trostbüchlein. Straßburg 1577. Neudruck in: Johann Fischarts Werke. 3. Teil. Hrsg. von Adolf Hauffen. Stuttgart 1894. (= Deutsche National-Litteratur. Hrsg. von Joseph Kürschner. Bd. 18, Abteilung 3.)

Floyer, John: The physician's pulse-watch; or, an essay to explain the old art of feeling the pulse, and to improve it by the help of a pulse-watch. Bd. 1–2. London 1707–10.

Fludd, Robert: Utriusque cosmi... metaphysica, physica atque technica historia. 2. Aufl. Bd. 1–2. Frankfurt a. M. 1624.

– : Pulsus seu nova et arcana pulsuum historia. Frankfurt a. M. 1629.

– : Schutzschrift für die Aechtheit der Rosenkreutzgesellschaft. Leipzig 1782.

Follinus, Johannes: Synopsis tuendae et conservandae bonae valetudinis. 2. Aufl. Köln 1648.

[Folz, Hans:] Dises puchlein saget uns von allen paden die von natur heiß sein. Nürnberg um 1480. Nachdruck Straßburg 1896.

Folz, Hans: Spruch von der Pest (1482). Hrsg. von Ernst Martin. Straßburg 1879.

Fontanonus, Dionysius: De morborum internorum curatione libri IV. Lyon 1550.

423

Foreest, Pieter van: Observationum et curationum medicinalium libri XXXII. Bd. 1–17. Leiden 1590–1606.

Forkel, Johann Nikolaus: Über Johann Sebastian Bachs Leben, Kunst und Kunstwerke. Leipzig 1802.

Fouquet, Henri: Essai sur le pouls . . . Montpellier 1767.

Fournier-Pescay, François: Artikel „Musique". In: Dictionnaire des sciences médicales. Bd. 35, Paris 1819, S. 42–80.

Francisci, Erasmus: Die lustige Schau-Bühne von allerhand Curiositäten. Bd. 1–3. Nürnberg 1663–73.

Franciscus de Pedemontium: [Supplement zu Johannes Mesue.] In: Johannes Mesue: [Opera.] . . . Additiones Petri Apponi. Additiones Francisci de Pedemontium . . . Lyon 1525, fol. 125v–243r.

Franck von Franckenau, Georg (Praeses): Disputatio medica ordinaria de musica. Med. Diss. Heidelberg 1672. (Respondent: Benedikt Hermann.)

– (Praeses): Demens idea seu disputatio inauguralis medica de mania . . . Med. Diss. Heidelberg 1680. (Respondent: Johann Bernhard Matthaeus.)

– : Dissertatio medica de musica. In: G. Franck von Franckenau: Satyrae medicae XX. Quibus accedunt dissertationes VI . . . Hrsg. von Georg Friedrich Franck von Franckenau. Leipzig 1722, S. 464–499.

Frank, Giuseppe: Effetti della musica sulle malattie. In: Novelle letterarie pubblicate in Firenze. Bd. 23 (1792), Nr. 42 vom 19. Oktober, Sp. 661–663.

Frank, Johann Peter: System einer vollständigen medicinischen Policey. Bd. 1–4. Mannheim 1779–88.

[Franz, Johann Georg Friedrich:] Abhandlung von dem Einfluß der Musik in die Gesundheit der Menschen. Leipzig 1770.

Franz, Johann Georg Friedrich: Prolusio de medicorum legibus metricis. Leipzig 1782.

Fries, Lorenz: Spiegel der Artzny desgeleichen vormals nie von keinem doctor in tütsch ußgangen . . . Straßburg 1518.

– : (a) Synonima und gerecht ußlegung der wörter . . . Straßburg 1519.

– : (b) Tractat der Wildbeder . . . Straßburg 1519.

Frommann, Johann Christian: Tractatus de fascinatione novus et singularis . . . Nürnberg 1675.

Gafurius, Franchinus: Theorica musicae. Mailand 1492. Nachdruck ebd. 1934.

– (Gafforius): Practica musicae utriusque cantus. Venedig 1512.

– (Gaffurius): De harmonia musicorum instrumentorum opus. Mailand 1518.

Galen: Opera omnia. Hrsg. von Carl Gottlob Kühn. Bd. 1–20. Leipzig 1821–33. Nachdruck Hildesheim 1964–65.

– : (a) Προτρεπτικὸς λόγος ἐπὶ τὰς τέχνας. (Adhortatio ad artes addiscendas.) Ebd. Bd. 1, 1821, S. 1–39.

– : (b) Ὅτι ἄριστος ἰατρὸς καὶ φιλόσοφος. (Quod optimus medicus sit quoque philosophus.) Ebd. Bd. 1, 1821, S. 53–63.

– : (c) Τέχνη ἰατρική. (Ars medica.) Ebd. Bd. 1, 1821, S. 305–412.

– : (d) Περὶ τῶν Ἱπποκράτους καὶ Πλάτωνος δογμάτων βιβλία ἐννέα. (De placitis Hippocratis et Platonis libri novem.) Ebd. Bd. 5, 1823, S. 181–805.

– : (e) Ὑγιεινά. (De sanitate tuenda.) Ebd. Bd. 6, 1823, S. 1–452.

– : (f) Περὶ διαφορᾶς σφυγμῶν. (De pulsuum differentiis.) Ebd. Bd. 8, 1824, S. 493 bis 765.

– : (g) Περὶ διαγνώσεως σφυγμῶν. (De dignoscendis pulsibus.) Ebd. Bd. 8, 1824, S. 766–961.

−: (h) Περὶ προγνώσεως σφυγμῶν. (De praesagitione ex pulsibus.) Ebd. Bd. 9, 1825, S. 205−430.
−: (i) Σύνοψις περὶ σφυγμῶν ἰδίας πραγματείας. (Synopsis librorum suorum de pulsibus.) Ebd. Bd. 9, 1825, S. 431−549.
−: (k) Θεραπευτικῆς μέθοδος. (De methodo medendi.) Ebd. Bd. 10, 1825, S. 1 bis 1021.
−: (l) Περὶ τῶν ἰδίων βιβλίων γραφή. (De libris propriis.) Ebd. Bd. 19, 1830, S. 8 bis 48.
Gallego de la Serna, Johannes: Optimi regis educandi ratio. In: J. Gallego de la Serna: Opera physica. Bd. 1−2. Lyon 1634. Hier: Bd. 2, S. 82−136.
Gandini, Carlo: Gli elementi dell'arte sfygmica, ossia la dottrina del polso . . . Genua 1769.
Garnier, Guido-Andreas: Quaestio medica . . . An melancholicis musica? Paris 1737.
Gassendi, Pierre: Viri illustris Nicolai Claudii Fabricii de Peiresc . . . vita. Bd. 1−2. Quedlinburg 1706−08.
Gaub, Hieronymus David: Sermo academicus de regimine mentis quod medicorum est. Leiden 1747.
−: Sermo academicus alter de regimine mentis quod medicorum est. Leiden 1763.
−: De regimine mentis, orationes duae. Über die heilkundliche Wirkung der Seele, zwei akademische Reden. Deutsche Übersetzung von L. Hellmann nach dem holländischen Text vom Jahre 1775. In: Uit de geschiedenis van het Vitalisme. Van Helmont − Gaubius − Schroeder van der Kolk. Amsterdam 1932, S. 89−281. (= Opuscula selecta Neerlandicorum de arte medica. Bd. 11.)
Geiger, Malachias: Microcosmus hypochondriacus, sive de melancholia hypochondriaca tractatus. München 1652.
Gellius, Aulus: Noctes Atticae. Hrsg. von Carl Hosius. Bd. 1−2. Leipzig 1903.
Gerbert, Martin (Hrsg.): Scriptores ecclesiastici de musica sacra potissimum. Bd. 1 bis 3. St. Blasien 1784.
Gilbertus Anglicus: Compendium medicinae . . . Lyon 1510.
Goulard, Thomas: Sammlung merkwürdiger Fälle, welche in die Anatomie, Pharmaceutik, Naturgeschichte etc. einschlagen. Bd. 1−2. Frankfurt a. M., Leipzig 1781.
Gracchus, Sempronius: Medicus hujus seculi. Bd. 1−2. Dresden 1693.
Gradi, Johannes Matthaeus de: Consilia secundum viam Avicennae ordinata. Lyon 1535.
Gregorio Medicofisico, Maestro: Fiori di medicina. Hrsg. von Francesco Zambrini. Bologna 1865. (= Scelta di curiosità letterarie inedite o rare dal secolo XIII al XVI. Dispensa 59.)
Grétry, André-Ernest-Modeste: Mémoires, ou essais sur la musique. 2. Aufl. Bd. 1 bis 3. Paris 1797.
Grosseteste, Robert: De artibus liberalibus. In: R. Grosseteste: Die philosophischen Werke. Hrsg. von Ludwig Baur. Münster/W. 1912. (= Beiträge zur Geschichte der Philosophie des Mittelalters. Bd. 9.)
Grube, Hermann: De ictu tarantulae, et vi musices in ejus curatione, conjecturae physico-medicae. Frankfurt a. M. 1679.
Gruner, Christian Gottfried (Hrsg.): De morbo Gallico scriptores medici et historici. Jena 1793.
−: Physiologische und pathologische Zeichenlehre. 3. Aufl. Jena 1801.
− (Hrsg.): Scriptores de sudore Anglico superstites. Collegit Chr. Gottfr. Gruner.

425

Post mortem auctoris adornavit et edidit Henricus Haeser. Jena 1847.

Gutierrez, Johannes Lazarus: Febrilogiae lectiones Pincianae. Lyon 1668.

Gutkind, Curt Sigmar (Hrsg.): Das Buch der Tafelfreuden. Leipzig 1929.

Guy de Chauliac: La grande chirurgie, composée en l'an 1363. Hrsg. von E. Nicaise. Paris 1890.

Hafenreffer, Samuel: Monochordon symbolico-biomanticum. Abstrusissimam pulsuum doctrinam, ex harmoniis musicis dilucide, figurisque oculariter demonstrans .. Ulm 1640.

Hahnemann, Samuel: Organon der Heilkunst. Stuttgart 1955.

Haly Abbas: Liber totius medicinae necessaria continens . . . Lyon 1523.

Hanslick, Eduard: Vom Musikalisch-Schönen. Ein Beitrag zur Revision der Ästhetik der Tonkunst. Leipzig 1854. Nachdruck Darmstadt 1965.

Happel, E. G.: Größeste Denkwürdigkeiten der Welt oder so genandte Relationes curiosae . . . Bd. 1–5. Hamburg 1683–90.

Harduin de S. Jacques, Philippe: Quaestio medica . . . An musica in morbis efficax? Paris 1624 (Einblattdruck).

Harper, Andreas: Abhandlung über die wahre Ursache und Heilung des Wahnsinns. Aus dem Englischen übersetzt von G. W. Consbruch. In: Archiv für den praktischen Arzt. 1. Stück. Marburg 1792, Nr. 2.

Harsdörffer, Georg Philipp: Gesprechspiele. Teil 1–8. Nürnberg 1641–49.

Hebenstreidt, Johannes: Regiment Pestilentzischer gifftiger Fieber / so jetzundt in Düringen . . . die Menschen plötzlich uberfallen . . . Erfurt 1562.

Hecker, August Friedrich (Hrsg.): Lexicon medicum theoretico-practicum reale oder allgemeines Wörterbuch der gesamten theoretischen und praktischen Heilkunde. Bd. 1–5. Wien 1816–30.

Helmont, Johann Baptista van: Ortus medicinae . . . Lyon 1667.

Henri de Mondeville: Die Chirurgie des Heinrich von Mondeville (Hermondaville) nach Berliner, Erfurter und Pariser Codices zum ersten Mal hrsg. von Julius Leopold Pagel. Berlin 1892. (= J. L. Pagel: Leben, Lehre und Leistungen des Heinrich von Mondeville (Hermondaville). Ein Beitrag zur Geschichte der Anatomie und Chirurgie. Teil 1.)

Heresbach, Conrad: De educandis erudiendisque principum liberis, reipublicae gubernandae destinatis. Frankfurt a. M. 1592.

Hermann, Benedikt: s. Franck von Franckenau, Georg (Praeses).

Hessus, Eobanus: De tuenda bona valetudine libellus. Frankfurt a. M. 1564.

Hessus, Johannes Matthaeus: Natürliche wolerfarne Beschreibung deß Marggräffischen Bades . . . Speyer 1606.

Heurne, Jan von: Praxis medicinae nova ratio . . . Hrsg. von Otto van Heurne. [Leiden] 1609.

–: Modus ratioque studendi eorum qui medicinae operam suam dicarunt. In: J. van Heurne: Institutiones medicinae. 2. Aufl. Hrsg. von Otto van Heurne. Leiden 1627, S. 517–571.

Heusinger, Johann Michael: Opuscula minora varii argumenti. Hrsg. von Friedrich August Toepfer. Nördlingen 1773.

Heyler, Johann Gottlieb: s. Adolphi, Christian Michael (Praeses)

Hiller, Johann Adam: Anweisung zum musikalisch-richtigen Gesange. Leipzig 1774.

Hiltgart von Hürnheim: Mittelhochdeutsche Prosaübersetzung des „Secretum secretorum". Hrsg. von Reinhold Möller. Berlin 1963. (= Deutsche Texte des Mittelalters. Bd. 56.)

Hippokrates: Oeuvres complètes. Hrsg. von E. Littré. Bd. 1–10. Paris 1839–61.
–: (a) Περὶ ἀρχαίης ἰητρικῆς. (De l'ancienne médecine.) Ebd. Bd. 1, 1839, S. 570 bis 637.
–: (b) Περὶ ἀέρων, ὑδάτων, τόπων. (Des airs, des eaux et des lieux.) Ebd. Bd. 2, 1840, S. 12–93.
–: (c) Ἐπιδημιῶν τὸ ἕκτόν. (Sixième livre des épidémies.) Ebd. Bd. 5, 1846, S. 266 bis 357.
–: (d) Περὶ χυμῶν. (Des humeurs.) Ebd. Bd. 5, 1846, S. 476–503.
–: (e) Περὶ φυσῶν. (Des vents.) Ebd. Bd. 6, 1849, S. 90–115.
–: (f) Περὶ ἱερῆς νούσου. (De la maladie sacrée.) Ebd. Bd. 6, 1849, S. 352–397.
–: (g) Περὶ διαίτης. (Du régime.) Ebd. Bd. 6, 1849, S. 466–663.
–: Die hippokratische Schrift von der Siebenzahl in ihrer vierfachen Überlieferung zum erstenmal herausgegeben und erläutert von W. H. Roscher. Paderborn 1913. (= Studien zur Geschichte und Kultur des Altertums. Bd. 6, Heft 3/4.)
–: Schriften. Die Anfänge der abendländischen Medizin. Übersetzt und hrsg. von Hans Diller. Hamburg 1962.
–: Über Achtmonatskinder. Über das Siebenmonatskind (unecht). Hrsg., übersetzt und erläutert von Hermann Grensemann. Berlin 1968. (= Corpus medicorum Graecorum. I, 2, 1.)
Hirschfeld, Ernst: Deontologische Texte des frühen Mittelalters. In: Arch. Gesch. Med. 20 (1928), S. 353–371.
Histoire de Polybe, nouvellement traduit ... par Dom Vincent Thuillier ... Avec un commentaire ... par M. de Folard. Bd. 1–6. Amsterdam 1729–30.
Hoffmann, Friedrich: De animo sanitatis et morborum fabro. In: Fr. Hoffmann: Dissertationes physico-medicae curiosae selectiores, ad sanitatem tuendam maxime pertinentes. Leiden 1708, S. 102–139.
–: Gründliche Anweisung wie ein Mensch vor dem frühzeitigen Tod und allerhand Kranckheiten durch ordentliche Lebens-Art sich verwahren könne. Teil 1–9. Bd. 1–3. Halle/S. 1715–28.
–: Medicina rationalis systematica. 2. Aufl. Bd. 1–8. Halle/S. 1727–40.
–: Medicinae rationalis systematicae supplementum de praecipuis infantium morbis. Halle/S. 1740.
Hofmann, Julius Albert: Encyclopädie der Diätetik oder allgemeines Gesundheits-Lexicon ... Leipzig 1842.
Hohberg, Wolff Helmhard von: Georgica curiosa aucta. Bd. 1–3. Nürnberg 1687 bis 1715.
Holberg, Freiherr von: Aus des Freyherrn von Holberg eigner Lebensbeschreibung. In: Der Arzt. Eine medicinische Wochenschrift von Johann August Unzer. 2. Aufl. Bd. 3. Hamburg, Lüneburg, Leipzig 1769, S. 533–538.
Holl, Johann Sebald: s. Stahl, Georg Ernst (Praeses)
Homer: Odyssee. Hrsg. von Thomas W. Allen. 2. Aufl. Bd. 1–2. Oxford 1950.
Honorius Augustodunensis: (a) De imagine mundi libri tres. In: PL, Bd. 172, Paris 1854, Sp. 115–188.
–: (b) De animae exsilio et patria, alias, de artibus. Ebd. Sp. 1241–1246.
Horn, Wilhelm: Reise durch Deutschland, Ungarn, Holland, Italien, Frankreich, Großbritannien und Irland; in Rücksicht auf medicinische und naturwissenschaftliche Institute, Armenpflege u.s.w. Bd. 1–4. Berlin 1831–33.
Hörnigk, Ludwig von: Wißbades beschreibung. Frankfurt a. M. 1637.
–: Würg-Engel: Von der Pestilentz Namen / Eygenschafft / Ursachen / Zeichen / Praeservation / Zufällen / Curation / etc. ... In 500. Fragen ... Frankfurt a. M. 1644.

427

Horst, Gregor: Opera medica. Bd. 1–3. Nürnberg 1660.

Horst, Johann Daniel (Praeses): Exercitationum gerocomicarum prima ... Med. Diss. Marburg 1637. (Respondent: Johann Georg Horst.)

–: Manuductio ad medicinam. 4. Aufl. Ulm 1660.

Horst, Johann Georg: s. Horst, Johann Daniel (Praeses)

Hufeland, Christoph Wilhelm: Die Kunst das menschliche Leben zu verlängern. 2. Aufl. Bd. 1–2. Jena 1798.

Hugo von Siena: Consilia saluberrima ad omnes ergritudines noviter correcta ... Venedig 1518.

Hugo von St. Victor: Eruditionis didascaliae libri septem. In: PL, Bd. 176, 1854, Sp. 759–838.

Hunter, Richard u. Ida Macalpine (Hrsg.): Three hundred years of psychiatry, 1535–1860. A history presented in selected English texts. London 1963.

Huon de Mery: Li Tornoiemenz Antecrit. Hrsg. von Georg Wimmer. Marburg 1888. (= Ausgaben und Abhandlungen aus dem Gebiete der romanischen Philologie. Bd. 76.)

Hutten, Ulrich von: De morbi Gallici curatione per administrationem ligni Guajaci, liber unus. Mainz 1519. Abgedruckt in: A. Luisinus (Q 1728), Bd. 1, Sp. 275 bis 310.

Ibn al-Qifṭī's Ta'rīḫ al-ḥukamā'. Auf Grund der Vorarbeiten August Müllers hrsg. von Julius Lippert. Leipzig 1903.

Isaac Judaeus: Omnia opera Ysaac. Bd. 1–2. Lyon 1515.

–: (a) Liber febrium. Ebd. Bd. 1, fol. 203 v–226 v.

–: (b) Liber Pantegni. Ebd. Bd. 2, fol. 1 r–144 r.

–: (c) Viaticum. Ebd. Bd. 2, fol. 144 r–171 r.

Isidor von Sevilla: Etymologiarum sive originum libri XX. Hrsg. von W. M. Lindsay. Bd. 1–2. Oxford 1911.

Jacchino, Leonardo: In nonum librum Rasis ... ad Almansorem regem de partium morbis eruditissima commentaria. Lyon 1622.

Jacob, Georg: Quellenbeiträge zur Geschichte islamischer Bauwerke. II: Evlija's Beschreibung des Krankenhauses Bajezids II. zu Adrianopel. In: Der Islam 3 (1912), S. 365–368.

Jamblichos: Pythagoras. Legende – Lehre – Lebensgestaltung. Hrsg., übersetzt und eingeleitet von Michael von Albrecht. Zürich, Stuttgart 1963. (= Bibliothek der Alten Welt. Hrsg. von Walter Rüegg.)

Jöcher, Christian Gottlieb: s. Ettmüller, Michael Ernst (Praeses)

Joël, Franciscus: Opera medica. Bd. 1–2. Amsterdam 1663.

–: (a) Compendium artis medicae. Ebd. Bd. 1, S. 1–140.

–: (b) Libri duo de febribus et venenis. Ebd. Bd. 2, S. 1–152.

Johannes Cotto(nius) (= Johannes von Affligem): Musica. In: GS, Bd. 2, 1784, S. 230–265.

Johannes Ephesinus: Historiae ecclesiasticae pars tertia. Übersetzt von E. W. Brooks. Löwen 1952. (= Corpus scriptorum christianorum orientalium. Bd. 106 = Scriptores syri. Bd. 55.)

Johannes de Muris: (a) Summa musicae. In: GS, Bd. 3, 1784, S. 190–248.

–: (b) Tractatus de musica. Ebd. S. 249–255.

–: (c) Musica speculativa. Ebd. S. 255–283.

–: (d) De numeris, qui musicas retinent consonantias. Ebd. S. 284–286.

–: Speculum musicae. In: Walter Großmann: Die einleitenden Kapitel des Speculum Musicae von Johannes de Muris. Ein Beitrag zur Musikanschauung des Mittelalters. Leipzig 1924. (= Sammlung musikwissenschaftlicher Einzeldarstellungen. Heft 3.)

Johannes Tinctoris: Complexus viginti effectuum nobilis artis musices. In: CS, Bd. 4, 1864, S. 195–200.

Jordanus, Thomas: Pestis phaenomena. Frankfurt a. M. 1576.

Katzschius, Johannes: De gubernanda sanitate, secundum sex res non naturales. Frankfurt a. M. 1570.

Kausch, Johann Joseph: Psychologische Abhandlung über den Einfluß der Töne und ins besondere der Musik auf die Seele. Breslau 1782.

Kepler, Johannes: Epitome astronomiae Copernicanae. München 1953. (= J. Kepler: Gesammelte Werke. Hrsg. von Walther von Dyck u. Max Caspar. Bd. 7.)

Kircher, Athanasius: Musurgia universalis, sive ars magna consoni et dissoni. Bd. 1 bis 2. Rom 1650.

Kirchmajer, Theodor (Praeses): Schediasma physicum de viribus mirandis toni consoni. Wittenberg 1672. (Respondent: Georg Alexander Beer.)

Klebs, Arnold C.: Die ersten gedruckten Pestschriften. München 1926.

Klump, Anton: Ein kurtz Regiment und Consilium für die erschrockenlichen schnellenn kranckheyt, der Englisch schweiss genannt . . . Freiburg/Br. 1529. Abgedruckt in: Chr. G. Gruner (Q 1847), S. 193–216.

[Knapp, Johann:] Institutio in musicen mensuralem . . . Erfurt 1513.

Knight, Paul Slade: Observations on the causes, symptoms and treatment of derangement of the mind . . . London 1827.

Köpke, Ernst: Jacobus de Cessolis. Brandenburg a. d. Havel 1879. (= Mittheilungen aus den Handschriften der Ritter-Akademie zur Brandenburg a. H. II. Beigegeben dem XXIII. Jahresbericht über die Ritter-Akademie.)

Kornmesser, Jacob: s. March, Johann Caspar (Praeses)

Krapff, Johann Wolfgang: De vita producenda, et reparanda iuventute . . . Med. Diss. Basel 1607.

Kröll, Sigismund: Regiment wider die schwere, Erschreckliche, . . . Döttliche Epidamia, welche man itzund bey uns die Engelischen Schweyßsucht nent. Meydenburgk 1529. Abgedruckt in: Chr. G. Gruner (Q 1847), S. 219–224.

Krüger, Johann Gottlob: Gedanken von der Bildung der Kinder. Halle/S. 1751.

Külz, Carl u. E. Külz-Trosse (Hrsg.): Das Breslauer Arzneibuch R. 291 der Stadtbibliothek. Dresden 1908.

Kunrat von Ammenhausen: Das Schachzabelbuch. Hrsg. von Ferdinand Vetter. Frauenfeld 1892. (= Bibliothek älterer Schriftsteller der deutschen Schweiz. Erg. Bd.)

Künzel, Anton: s. Sprengel, Curt (Praeses)

Laennec, René-Théophile-Hyacinthe: Traité de l'auscultation médiate et des maladies des poumons et du coeur. 2. Aufl. Bd. 1–2. Paris 1826.

Landi, Costanzo: Methodus de bona valetudine tuenda. Lyon 1557.

Landouzy, Louis u. Roger Pépin: Le régime du corps de Maître Aldebrandin de Sienne. Paris 1911.

Lanfranco, Giovan Maria: Scintille di musica. Brescia 1533.

Lange, Johann: Epistolarum medicinalium volumen tripartitum. Hanau 1605.

Laurens, André du: Discours de la conservation de la veue, des maladies melancholiques, des catarrhes, et de la vieillesse. Rouen 1630.

Laux, Rudolf: Ars medicinae. Ein frühmittelalterliches Kompendium der Medizin. In: Kyklos. Jahrbuch für Geschichte und Philosophie der Medizin 3 (1930), S. 417–434.

Lehmann, Christophorus: Florilegium politicum: Politischer Blumengarten ...
Lübeck 1639.

Leidenfrost, [Johann] Gottlob: De motibus corporis humani qui fiunt in propor-
tione harmonica, praesertim crisibus et febribus. Med. Diss. Halle/S. 1741.

Lemnius, Levinus: De habitu et constitutione corporis ... libri II. Jena 1587.

Lentilius, Rosinus: Eteodromus medico-practicus anni MDCCIX. Stuttgart 1711.

Leonardo da Vinci: Quaderni d'Anatomia. Hrsg. von Ove C. L. Vangensten, A.
Fonahn, H. Hopstock. Bd. 1–6. Christiana 1911–1916.

Leonus, Dominicus: Methodus curandi febres, tumoresque praeter naturam ex-
cerptum. Bologna 1562. Das Syphilis-Kapitel daraus ist abgedruckt in: A. Luisinus (Q 1728), Bd. 2, Sp. 903–906.

Lichtenthal, Peter: Der musikalische Arzt, oder: Abhandlung von dem Einflusse
der Musik auf den Körper, und von ihrer Anwendung in gewissen Krankheiten.
Wien 1807.

Liebaut, Jean: Trois livres des maladies et infirmitez des femmes. Rouen 1649.

Lieutaud, Joseph: Synopsis universae praxeos medicae. Amsterdam 1765.

Limberg, Johann: Denckwürdige Reisebeschreibung durch Teutschland, Italien,
Spanien, Portugall, Engeland, Franckreich und Schweitz etc. Leipzig 1690.

Lindner, Friedrich Ludwig (Hrsg.): Die europäische Türkei. Weimar 1812.
(= Neueste Länder- und Völkerkunde. Ein geographisches Lesebuch. Bd. 14.)

Lohenstein, Daniel Caspar von: Großmüthiger Feldherr / Arminius oder Hermann ... Nebst seiner / Durchlauchtigen Thußnelda / In einer sinnreichen
Staats- Liebes- und Helden-Geschichte ... Bd. 1–2. Leipzig 1689–90.

Lorry, Annäus Carl: Von der Melancholie und den melancholischen Krankheiten.
Bd. 1–2. Frankfurt a. M., Leipzig 1770.

Loselius, Johannes: De podagra tractatus. 2. Aufl. Leiden 1639.

Luisinus, Aloysius (Hrsg.): Aphrodisiacus, sive de lue venerea ... Bd. 1–2. Leiden 1728.

Luther, Martin: Werke. Kritische Gesamtausgabe. Abt. 4: Briefwechsel. Bd. 1 bis
14. Weimar 1930–70.

Madeira Arrais, Edoardo: Novae philosophiae, et medicinae de qualitatibus occultis a nemine unquam excultae pars prima ... Interseritur etiam inaudita philosophia ... De viribus musicae, de tarantula ... Lissabon 1650.

Maggi, Girolamo: De tintinnabulis liber postumus. Amsterdam 1664.

Magninus Mediolanensis: Regimen sanitatis. Straßburg 1503.

Mai, Franz Anton: Medicinische Fastenpredigten, oder Vorlesungen über Körper-
und Seelen-Diätetik, zur Verbesserung der Gesundheit und Sitten. Teil 1. Mannheim 1793.

Maimonides, [Moses]: Regimen sanitatis. Florenz um 1477. Nachdruck, hrsg. von
A. Freimann. Heidelberg 1931.

–: Regimen Sanitatis oder Diätetik für die Seele und den Körper, mit Anhang der
Medizinischen Responsen und Ethik des Maimonides. Deutsche Übersetzung
und Einleitung von Süssmann Muntner. Frankfurt a. M. 1966.

–: On the causes of symptoms. Hrsg. von J. O. Leibowitz u. S. Marcus. Berkeley,
Los Angeles, London 1974.

Manente, Giovanni: Il segreto dei segreti ... Venedig 1538.

March, Johann Caspar (Praeses): De affectione hypochondriaca. Med. Diss. Rostock 1665. (Respondent: Jacob Kornmesser.)

Marchettus von Padua: Musica seu lucidarium in arte musicae planae. In: GS, Bd. 3,
1784, S. 64–121.

430

[Maret, Hugues:] (a) Artikel „Musique, effets de la". In: Encyclopédie, ou Dictionnaire raisonné des sciences, des arts et des métiers ... Bd. 1–35. Paris 1751 bis 80. Hier: Bd. 10, 1765, S. 903–909.

–: (b) Artikel „Pouls". Ebd. Bd. 13, 1765, S. 205–240.

Marpurg, Friedrich Wilhelm: Anleitung zur Musik überhaupt, und zur Singkunst besonders. Berlin 1763.

Marquet, François Nicolas: Nouvelle Méthode facile et curieuse, pour apprendre par les notes de musique à connoître le pouls de l'homme ... Nancy 1747.

–: Nouvelle Méthode facile et curieuse, pour connoître le pouls par les notes de la musique. Seconde édition, augmentée de plusieurs observations et réflexions critiques, et d'une dissertation en forme de thèse sur cette méthode; d'un mémoire sur la manière de guérir la mélancolie par la musique ... par Pierre- Joseph Buchoz. Amsterdam 1769.

Marteau, Louis René: Quaestio medica, an ad sanitatem musice? Paris 1743. Abgedruckt in: Quaestiones medicae Parisinae, ex bibliotheca Georgii Friderici Sigwart. Heft 2. Tübingen 1760, S. 106–119.

Martianus Capella: De nuptiis Philologiae et Mercurii. Hrsg. von Adolf Dick. Leipzig 1925.

Massa, Nicolaus: Liber de febre pestilentiali. Venedig 1556.

–: Epistolae medicinales et philosophicae. In: Epistolae medicinales diversorum authorum. Lyon 1557, S. 233–320.

–: De morbo Neapolitano. Venedig 1532. Abgedruckt in: J. Tectander (Q 1536), S. 103–217.

Massaria, Alexander: Practica medica. Frankfurt a. M. 1601.

Matthaeus, Johann Bernhard: s. Franck von Franckenau, Georg (Praeses)

Mattheson, Johann: Der vollkommene Capellmeister. Hamburg 1739. Nachdruck Kassel, Basel 1954. (= Documenta musicologica. 1. Reihe. Bd. 5.)

Maugred, Piat: Airs, et chansons à IIII. V. VI. et VIII. parties, accomodees tant a la voix, qu'aux instrumens. Douai 1616.

Mechithar's des Meisterarztes aus Her „Trost bei Fiebern". Nach dem Venediger Drucke vom Jahre 1832 zum ersten Mal aus dem Mittelarmenischen übersetzt und erläutert von Ernst Seidel. Leipzig 1908.

Melder, Johannes: De hypercatharsi sive superpurgatione. Med. Diss. Basel 1628.

Menuret, [Jean-Jacques]: Nouveau traité du pouls. Amsterdam, Paris 1768.

Mercado, Luiz de: Opera omnia, medica et chirurgica. Bd. 1–5. Frankfurt a. M. 1619–29.

–: (a) De sanitate et de arte ipsam conservandi ac praecavendi, iuxta varietatem temporum et aetatum. Ebd. Bd. 1, 1620, S. 506–602.

–: (b) De febrium essentia, causis, differentiis, dignotione et curatione. Ebd. Bd. 2, 1619, S. 276–491.

–: (c) De pulsu harmonia et arte. Ebd. Bd. 2, 1619, S. 492–629.

–: (d) De internorum morborum curatione libri IV. Ebd. Bd. 3, 1620, S. 1–449.

–: (e) De mulierum affectionibus libri IV. Ebd. Bd. 3, 1620, S. 450–754.

Mercuriale, Girolamo: De pestilentia ... lectiones habitae Patavii MDLXXVII mense Januarii. Padua 1580.

–: De arte gymnastica libri VI. Amsterdam 1672.

Mercurin, Louis-Stephan: Tentamen physico-medicum de musice seu de influxu musices in corpus humanum. Med. Diss. Montpellier 1782.

Mersenne, Marin: Questions harmoniques. Paris 1634.

–: Traitez des consonances, des dissonances, des genres, des modes, et de la composition. In: M. Mersenne: Harmonie universelle contenant la théorie et la pratique de la musique. Bd. 1–3. Paris 1636. Nachdruck, hrsg. von Fr. Lesure. Paris 1965. Hier: Bd. 2.

[Merveilleux, Daniel François:] Amusemens des Eaux de Schwalbach, Oder Zeitvertreibe bey den Wassern zu Schwalbach, denen Bädern zu Wisbaden, und dem Schlangenbade ... Lüttich 1739.

Messisburgo, Cristoforo di: Libro novo nel qual s'insegna a far ogni sorti di vivanda ... Venedig 1556.

Mesuë, Johannes: Canones universales divi Mesue de consolatione medicinarum et correctione operationum earundem. Lyon 1511.

Meurer, Johannes: Gesundheitsregiment für Kurfürst Friedrich den Sanftmütigen von Sachsen, 1428–64. In: K. Sudhoff (L 1909), S. 200–203.

Mey, Johannes de: Commentariorum physicorum pars 2. 3. et quarta. Sive expositio aliquot locorum selectorum ex libris veteris et novi testamenti, in quibus agitur de rebus naturalibus. Middelburg 1652.

Milton, John: Von der Erziehung. Brief an Samuel Hartlib 1644. Hrsg. und übersetzt von Käte Meinecke. Hamburg 1946.

Minderer, Raymund: (a) De pestilentia liber unus, veterum et neotericorum observatione constans. Augsburg 1619.

–: (b) Threnodia medica seu planctus medicinae lugentis. Augsburg 1619.

Molière: Monsieur de Pourceaugnac. In: Molière: Oeuvres complètes. Hrsg. von Georges Couton. Bd. 1–2. (Paris) 1971. Hier: Bd. 2, S. 593–638.

Monantheuil, Henri de: Ludus iatromathematicus, musis factus. Paris 1597.

Montagnana, Bartolomeo: Consilia CCCV. Venedig 1565.

Montaigne, Michel de: Essais. Hrsg. von Albert Thibaudet. Paris 1950.

Montano, Giovanni Battista: Consultationum medicarum opus absolutissimum. Basel 1565.

Monteux, Hieronyme de: De his quae ad rationalis medici disciplinam, munus, laudes, consilia, et praemia pertinent libellus. In: H. de Monteux: Opuscula iuvenilia. Lyon 1556.

–: De activa medicinae scientia commentarii duo. Lyon 1557.

–: Conservation de santé, et prolongation de vie ... Paris 1572.

Morley, Thomas: A plaine and easie introduction to practicall musicke ... London 1597. Neu hrsg. von Alec Harman. London 1952.

Mosch, Carl Friedrich: Die Bäder und Heilbrunnen Deutschlands und der Schweiz. Ein Taschenbuch für Brunnen- und Bade-Reisende. 1. Teil. Leipzig 1819.

Moscherosch, Hans Michael: Visiones de Don de Quevedo. Das ist: Wunderliche Satyrische und Warhafftige Gesichte Philanders von Sittewalt ... Teil 1–6. Frankfurt a. M. 1644–46.

Mozart, Leopold: Gründliche Violinschule. 3. Aufl. Augsburg 1787. Nachdruck, hrsg. von Hans Rudolf Jung. Leipzig 1968.

Das Nibelungenlied. Nach der Ausgabe von Karl Bartsch hrsg. von Helmut de Boor. 19. Aufl. Wiesbaden 1967.

Nicolai, Ernst Anton: Die Verbindung der Musik mit der Artzneygelahrtheit. Halle/S. 1745.

Nicolaus de Cusa: Idiota de staticis experimentis. In: Nicolai de Cusa Opera omnia. Hrsg. von der Heidelberger Akademie der Wissenschaften. Bd. 5. Hrsg. von Ludwig Baur. Leipzig 1937, S. 119–139.

Nicolus, Nicolaus (Niccolò Falcucci): De medica materia septem sermonum liber ... Bd. 1–2. Venedig 1533.

Nidepontanus, Johannes u. Lorenz Fries: Sudoris anglici exitialis, pestiferique morbi ratio, praeservatio, et cura ... Straßburg 1529. Abgedruckt in: Chr. G. Gruner (Q 1847), S. 159–183.

Niger, Antonius: Consilium de tuenda valetudine. Wittenberg 1581.

Novalis: Fragmente. Erste vollständige geordnete Ausgabe. Hrsg. von Ernst Kamnitzer. Dresden 1929.

Oddruns Klage. In: Edda. Übertragen von Felix Genzmer. Düsseldorf, Köln 1963, S. 109–114. (= Thule. Altnordische Dichtung und Prosa. Hrsg. von Felix Niedner u. Gustav Neckel. Bd. 1: Heldendichtung.)

Oderico da Genova: De regenda sanitate consilium (sec. XV). Hrsg. von Fortunato Cirenei. Genua 1961. (= Scientia veterum. Heft 25.)

Odington, Walter: De speculatione musicae. In: CS, Bd. 1, 1864, S. 182–250.

Olhafius, Joachim: De seminario pestilenti intra corpus vivum latitante disquisitio physica et medica. Danzig 1626.

Ovidius Naso, Publius: Ars amatoria. Hrsg. von H. Bornecque. 2. Aufl. Paris 1929.

Palmarius, Julius: De morbis contagiosis libri VII. Frankfurt a. M. 1601.

Pansa, Martin: (a) Aureus libellus de proroganda vita. Bd. 1–2. Leipzig 1615.

–: (b) Consilium antipodagricum. Bd. 1–3. Leipzig 1615–23.

Pantaleon, Heinrich: Warhafftige und fleißige beschreibung der Uralten Statt und Graveschafft Baden / sampt ihrer heilsamen warmen Wildbedern ... Basel 1578.

Paré, Ambroise: Les oeuvres. 4. Aufl. Paris 1585. Nachdruck Lyon 1964.

–: (a) Les oeuvres, divisées en vingt huict livres. Ebd. S. I–MCCVI.

–: (b) Apologie, et Traicté contenant les voyages faicts en divers lieux. Ebd. S. MCCVII–MCCXLV.

–: Rechtfertigung und Bericht über meine Reisen in verschiedene Orte. Übersetzt und eingeleitet von Erwin H. Ackerknecht. Bern, Stuttgart 1963. (= Hubers Klassiker der Medizin und der Naturwissenschaften. Bd. 2.)

Paret, ?: Nouvelle preuve de l'efficacité de la musique contre les convulsions. In: Journal Encyclopédique ou Universal. Jg. 1780. Bd. 7, Teil 1, S. 132–135.

Pargeter, William: Observations on maniacal disorders. Reading 1792.

Paullini, Christian Franz: Zeit-kürtzende Erbauliche Lust ... Frankfurt a. M. 1692.

Paulus von Aegina: Paulos' von Aegina des besten Arztes sieben Bücher. Übersetzt und mit Erläuterungen versehen von J. Berendes. Leiden 1914.

–: [Werke.] Hrsg. von J. L. Heiberg. Bd. 1–2. Leipzig 1921–24. (= Corpus medicorum Graecorum. IX. 1.)

Pechlin, Johann Nikolaus: Observationum physico-medicarum libri III. Hamburg 1691.

Pellegrinus, Carolus: Museum historico-legale bipartitum. In cuius primo libro sub praestantiae musices involucro diversae disciplinae prelibantur ... Rom 1665.

Petrarca, Francesco: Invective contra medicum. Hrsg. von P. G. Ricci. Rom 1950. (= Storia e Letteratura. Bd. 32.)

Petrus de Abano: Conciliator controversiarum, quae inter philosophos et medicos versantur. Venedig 1565.

Petrus de Canuntiis: Regule florum musices. Florenz 1510.

Piccolomini, Enea Silvio: Europa, in qua sui temporis varias historias complectitur. In: E. S. Piccolomini: Opera quae extant omnia. Basel 1571, S. 387–471.

Picerli, Silverio: Specchio primo di musica. Neapel 1630.

433

Pico della Mirandola, Giovanni: Conclusiones DCCCC, quas olim Romae disputandas exhibuit. In: G. Pico della Mirandola: Opera omnia . . . Bd. 1–2. Basel 1557–73. Hier: Bd. 1, 1557, S. 63–113.

Pictorius, Grégoire: Les sept dialogues . . ., traictans la maniere de contregarder la santé par le moyen des six choses . . . non-naturelles. Paris 1557.

Pigonati, Andrea: Lettera . . . al Sig. Abate Angelo Vecchi sul tarantismo. In: Opuscoli scelti sulle scienze e sulle arti. Bd. 2. Mailand 1779, S. 306–310.

Pinel, Philippe: Nosographie philosophique, ou la méthode de l'analyse appliquée à la médecine. 2. Aufl. Bd. 1–3. Paris 1803.

Platearius, Johannes: Practica brevis. In: Johannes Serapion: Practica. Lyon 1525, fol. 203r–222v.

Platon: Opera. Hrsg. von John Brunet. Bd. 1–5. Oyford 1900–07.

Playford, John. An introduction to the skill of musick. 14. Aufl. London 1700.

Plinius Secundus, Gaius: Naturalis historiae libri XXXVII. Hrsg. von L. Jan u. C. Mayhoff, Bd. 1–6. Leipzig 1892–1909.

Plutarch: De la musique. Hrsg. von Henri Weil u. Theodor Reinach. Paris 1900.

Poggius Florentinus: Opera. Basel 1538.

Pohle, Martin Adolf: s. Brendel, Adam (Praeses)

Poll, Nicolaus: De cura morbi Gallici per lignum Guaycanum libellus. Abgedruckt in: J. Tectander (Q 1536), S. 217–226.

Pomme, Pierre: Traité des affections vaporeuses des deux sexes . . . Lyon 1763.

Pontio, Pietro: Dialogo . . . ove si tratta della teorica o prattica di musica. Parma 1595.

Popp, Johannes: De pestilitate: Das ist / von dem Ursprung der Pestilentz und derselben eigentlichen Cur . . . Frankfurt a. M. 1625.

Porta, Giambattista della: Magiae naturalis libri XX. Frankfurt a. M. 1607.

Praetorius, Michael: Syntagma musicum. Bd. 1: Musicae artis analecta. Wittenberg 1614–15. Nachdruck Kassel, Basel 1959. (= Documenta musicologica. 1. Reihe. Bd. 21.)

Pratensis, Jason: Liber de arcenda sterilitate et progignendis liberis. Antwerpen 1531.

–: De tuenda sanitate libri IV. Antwerpen 1538.

–: De cerebri morbis. Basel 1549.

Printz, Wolfgang Caspar: Historische Beschreibung der Edelen Sing- und Klingkunst. Dresden 1690. Nachdruck, hrsg. von Othmar Wessely. Graz 1964.

Prior, Oliver Herbert: L'image du monde du maître Gossouin. Rédaction en prose. Thèse Lettres Lausanne 1913.

Proskauer, Curt: Iconographia odontologica. 2. Aufl. Hildesheim 1967. (= Kulturgeschichte der Zahnheilkunde in Einzeldarstellungen. Bd. 4.)

Puchner, Augustin: s. Detharding, Georg (Praeses)

Quantz, Johann Joachim: Versuch einer Anweisung die Flöte traversiere zu spielen. Berlin 1752. 3. Aufl. ebd. 1789. Nachdruck Kassel, Basel 1953. (= Documenta musicologica. 1. Reihe, Bd. 2.)

Quarin, Joseph: Animadversiones practicae in diversos morbos. Wien 1786.

Quincy, John: Lexicon physico-medicum: or, a new medical dictionary . . . 5. Aufl. London 1736.

Rabanus Maurus: De universo libri XXII. In: PL, Bd. 111, 1852, Sp. 9–614.

Rabelais, [François]: Oeuvres complètes. Texte établi et annoté par Jacques Boulenger. Revue et complété par Lucien Scheler. Paris 1955.

Ramis de Pareia, Bartholomaeus: Musica practica. Bologna 1482. Neuausgabe, hrsg. von Johannes Wolf. Leipzig 1901. (= Publikationen der Internationalen Musikgesellschaft. Beiheft 2.)

Ranchinus, Franciscus: Gerocomia, seu tractatus de morbis senum. In: Fr. Ranchinus: Opuscula medica. Lyon 1627, S. 456–592.

[Raupach, Christoph:] Veritophili Deutliche Beweis-Gründe, worauf der rechte Gebrauch der Musik, beydes in den Kirchen und außer derselben beruhet... In: Friedrich Eberhardt Niedt: Musicalischer Handleitung dritter und letzter Theil... Hamburg 1717, S. 19–40. Abgedruckt in: J. Scheible: Der Schatzgräber in den literarischen und bildlichen Seltenheiten, Sonderbarkeiten etc. hauptsächlich des deutschen Mittelalters. 2. Teil. Stuttgart 1847, S. 109–138.

[Regimen Salernitanum:] De conservanda bona valetudine opusculum scholae Salernitanae, ad regem Angliae. Cum Arnoldi Novicomensis... enarrationibus utilissimis, de nuo recognitis et auctis, per Joannem Curionem, et Jacobum Crellium. Frankfurt a. M. 1545.

Regino von Prüm: De harmonica institutione. In: GS, Bd. 1, 1784, S. 230–247.

Regulus, Johann Friedrich: s. Sebiz, Melchior (Praeses)

Reich, Johann Jakob: s. Stahl, Georg Ernst (Praeses)

Reil, Johann Christian: Rhapsodieen über die Anwendung der psychischen Kurmethode auf Geisteszerrüttungen. 2. Aufl. Halle/S. 1818.

Remigius Altissiodorensis: De musica. In: GS, Bd. 1, 1784, S. 63–94.

Rhazes: Liber ad Almansorem. O.O. 1497.

Riedlin, Veit: Lineae medicae singulos per menses quotidie ductae... Jg. 1696 bis 1700. Bd. 1–8. Augsburg 1697–1701.

Riemann, Hugo: System der musikalischen Rhythmik und Metrik. Leipzig 1903.

Riolan, Jean: Quaestio medica..., an propter motum sanguinis in corde circulatorium, mutanda Galeni methodus medendi? In: J. Riolan: Opuscula anatomica nova. London 1649, S. 1–19.

Rösslin, Eucharius: Der Swangeren Frauwen und hebamen Rosegarten. Straßburg 1513. Nachdruck, hrsg. von Gustav Klein. München 1910. (= Alte Meister der Medizin und Naturkunde in Facsimile-Ausgaben und Neudrucken nach Werken des 15.–18. Jahrhunderts. Bd. 2.)

Roger, Joseph Louis: Tentamen de vi soni et musices in corpus humanum. Avignon 1758.

–: Traité des effets de la musique sur le corps humain. Traduit du latin, et augmenté de notes, par Etienne Sainte-Marie. Paris, Lyon 1803.

Rohloff, Ernst: Der Musiktraktat des Johannes de Grocheo. Leipzig 1943.

Rolfink, Werner: Ordo et methodus medicinae specialis commentatoriae, ὡς ἐν γένει, ad normam veterum et novorum dogmatum proposita. Jena 1665.

– (Praeses): Ordo et methodus cognoscendi et curandi maniam. Med. Diss. Jena 1666. (Respondent: Johann Wilhelm Faust.)

–: Ordo et methodus medicinae specialis consultatoriae, ὡς ἐν ἀτόμῳ, continens consilia medica ad normam veterum et novorum dogmatum adornata. Jena 1669.

–: Ordo et methodus medicinae specialis commentatoriae, ὡς ἐν εἴδει cognoscendi et curandi dolorem capitis... Jena 1671.

Ronsse, Balduin: Miscellanea seu epistolae medicinales. Leiden 1590.

Rosenberg, Johann Karl: Rosa nobilis iatrica. Seu animadversiones et exercitationes medicae, Hippocraticae et Hermeticae, novae ac notatu dignae. Straßburg 1624.

Rossettus, Blasius: Libellus de rudimentis musices. Verona 1529.

Rottenberger, Johannes: s. Wedel, Georg Wolfgang (Praeses)

Rufus von Ephesus: Σύνοψις περὶ σφυγμῶν. In: Oeuvres de Rufus d'Ephèse. Hrsg. von Charles-Victor Daremberg u. Charles-Emile Ruelle. Paris 1879, S. 219–232.

Ruland, Martin: Medicina practica recens et nova, continens omnes totius humani corporis morbos . . . (Straßburg) 1564.

Rumler, Johann Ulrich: Observationes medicae. In: Georg Hieronymus Welsch: Sylloge curationum et observationum medicinalium . . . Augsburg 1668.

Sabuco, Oliva: Nueva filosofia de la naturaleza del hombre. Madrid 1587.

Salinas, Franciscus: De musica libri VII. Salamanca 1577. 2. Aufl. ebd. 1592. Nachdruck Kassel, Basel 1958. (= Documenta musicologica. 1. Reihe: Bd. 13.)

Salius, Johannes: De praeservatione a pestilentia . . . Wien 1510.

Salius, Petrus: De febre pestilenti tractatus. 3. Aufl. Harderwijk 1656.

Salmon, Thomas: An essay to the advancement of musick . . . London 1672.

Santa Cruce, Alphonsus de: Dignotio et cura affectuum melancholicorum. Madrid 1622.

Sartorius, Erasmus: Institutionum musicarum tractatio nova et brevis . . . Hamburg 1635.

Saulnier, Petrus: De capite sacri ordinis Sancti Spiritus dissertatio. Lyon 1649.

Savonarola, Michaele: Canonica de febribus, summa de pulsibus, summa de urinis, editio de egestionibus. Bologna 1487.

–: De febribus, de pulsibus, de urinis. Venedig 1498.

–: Practica major. Venedig 1559.

Scaliger, Julius Caesar: Exotericarum exercitationum libri XV de subtilitate ad Hieronymum Cardanum. Frankfurt a. M. 1592.

Schachtafelen der Gesuntheyt . . . Vormals nye gesehen dem Gemeynen nutz / zu verstand newlich ußgangen / unnd verteutscht / Durch D. Michael Hero . . . Straßburg 1533. Nachdruck, hrsg. von Waldemar Weigand. (Darmstadt 1965.)

Scharandaeus, Johann Jacob: Modus et ratio visendi aegros. Erfurt 1749.

Schelhammer, Günther Christoph: De humani animi affectibus, eorum ortu, causis, et inde expectandis in corpore bonis malisque disquisitio. Kiel 1713.

Schenck von Grafenberg, Johann: Observationum medicarum rariorum libri VII. Frankfurt a. M. 1665.

Schiller, Joachim: De peste Britannica commentariolus vere aureus. Basel 1531. Abgedruckt in: Chr. G. Gruner (Q 1847), S. 275–310.

Schmidt, Gerard F. (Hrsg.): Das Schachzabelbuch des Jacobus de Cessolis O.P. in mittelhochdeutscher Prosa-Übersetzung. Berlin 1961. (= Texte des späten Mittelalters. Heft 13.)

Schmitt, Wolfram: Bartholomäus Scherrenmüllers Gesundheitsregimen (1493) für Graf Eberhard im Bart. Med. Diss. Heidelberg 1970.

Schneider, Conrad Victor: Libellus de ischiagra. In: C. V. Schneider: Liber de Catarrhis specialissimus . . . Wittenberg 1664, S. 905–933.

Schöne, Hermann: Markellinos' Pulslehre. Ein griechisches Anekdoton. In: Festschrift zur 49. Versammlung Deutscher Philologen und Schulmänner in Basel im Jahre 1907. Basel 1907, S. 448–472.

Schott, Caspar: Magia universalis naturae et artis . . . Bd. 1–2. Bamberg 1677.

Schröder, Laurentz: Ein nützliches Tractätlein vom Lobe Gottes / oder der Hertzerfrewenden Musica. Kopenhagen 1639.

[Schulz, Johann Abraham Peter:] Artikel „Musik". In: Johann Georg Sulzer: Allgemeine Theorie der schönen Künste. Neue vermehrte Auflage. Bd. 1–4. Leipzig 1786–87. Hier: Bd. 3, 1787, S. 347–384.

Sebiz, Melchior (Praeses): Disputatio de purgatione undecima... Med. Diss. Straßburg 1621. (Respondent: Johann Friedrich Regulus.) In: M. Sebiz: Disputationes de recta ratione purgandi... Straßburg 1621.

–:Beschreibung und Widerlegung / Etlicher Mißbräuche und Irrthumb / so biß anhero in dem Gebrauch der Saurbrunnen / und andern warmen und kalten Bädern bey uns fürgangen. Straßburg 1647.

Seneaux, Jean François (fils): Dissertation sur le cancer. Montpellier 1798.

Seneca, Lucius Annaeus: De providentia. Hrsg. von Emil Hermes. Leipzig 1905.

Sennert, Daniel: Opera. Bd. 1–6. Lyon 1676.

–:(a) Methodus discendi medicinam. Ebd. Bd. 1, S. 173–176.

–:(b) Institutionum medicinae libri V. Ebd. Bd. 2, S. 409–808.

–:(c) Practica. Ebd. Bd. 3–4 sowie Bd. 5, S. 1–160.

Serenus, Quintus: Liber medicinalis. Hrsg. von Friedrich Vollmer. Leipzig 1916. (= Corpus medicorum latinorum. Bd. 2. Heft 3.)

Siccus, Johannes Antonius: De optimo medico. Venedig 1551. Abgedruckt in: J. J. Scharandaeus (Q 1749), S. 279–356.

Sievers, E.: Mitteldeutsches Schachbuch. In: Zeitschrift für deutsches Altertum 17 (1874). S. 161–389.

Simpson, Christopher: A compendium of practical music. 3. Aufl. London 1678.

Sinapius, Michael Aloysius: Tractatus de remedio doloris, sive materia anodynorum, nec non opii. Amsterdam 1699.

Solenander, Reiner: Consiliorum medicinalium... sectiones quinque. Frankfurt a. M. 1596.

Soranus: Quaestiones medicinales. In: Valentin Rose: Anecdota Graeca et Graecolatina. Bd. 2. Berlin 1870, S. 243–274.

Spataro, Giovanni: Tractato di musica. Venedig 1531.

Spenser, Edmund: The faerie Queene. Book one. Hrsg. von Frederick Morgan Padelford. Baltimore 1932. (= The works of Edmund Spenser. Hrsg. von E. Greenlaw, Ch. G. Osgood, F. M. Padelford. Baltimore 1932–58. [Bd. 1.])

Sperling, Paul Gottfried (Praeses): Disputatio inauguralis medica de deliriis febrium continuarum. Med. Diss. Wittenberg 1696. (Respondent: Heinrich Sigismund Weitz.)

Spieß, Meinrad: Tractatus musicus compositorio-practicus. Augsburg 1745.

Sprengel, Curt (Praeses): De musicae artis cum medicina connubio. Med. Diss. Halle/S. 1800. (Respondent: Anton Künzel.)

Stahl, Georg Ernst (Praeses): Disputatio inauguralis de passionibus animi corpus humanum varie alterantibus. Med. Diss. Halle/S. 1695. (Respondent: Johann Jakob Reich.)

– (Praeses): De requisitis bonae nutricis. Med. Diss. Halle/S. 1698. (Respondent: Johann Sebald Holl.)

–:Über den mannigfaltigen Einfluß von Gemütsbewegungen auf den menschlichen Körper (Halle 1695). – Über die Bedeutung des synergischen Prinzips für die Heilkunde (Halle 1695). – Über den Unterschied zwischen Organismus und Mechanismus (1714). – Überlegungen zum ärztlichen Hausbesuch (Halle 1703). Eingeleitet, ins Deutsche übertragen und erläutert von Bernward Josef Gottlieb. Leipzig 1961. (= Sudhoffs Klassiker der Medizin. Bd. 36.)

–:Praxis Stahliana, das ist Herrn Georg Ernst Stahls... Collegium practicum... Hrsg. von Johann Storch. Leipzig 1732.

Stainer, Bernhard: Gerocomicon, sive diaeteticum regimen, de conservanda senum sanitate... Hrsg. von Johann Neydecker. Würzburg 1631.

437

Steffani, Agostino: Quanta certezza habbia da suoi principii la musica . . . Amsterdam 1695.

Steinhöwel, Heinrich: Büchlin der ordnung, wie sich der mensch halten sol, zu den zyten diser grusenlichen kranckheit. Ulm 1473. Nachdruck in: A. C. Klebs (Q 1926).

Stentzel, Christian Gottfried: De somno praestantissimo sanitatis et morborum praesidio . . . Frankfurt a. M., Leipzig 1725.

Strauß, Peter: Arnald von Villanova deutsch unter besonderer Berücksichtigung der „Regel der Gesundheit". Phil. Diss. Heidelberg 1963.

Struthius, Josephus: Sphygmicae artis iam mille ducentos annos perditae et desideratae libri V. Basel 1555.

–: Dell'arte sfigmica libri V. Hrsg. von Giorgio Invernizzi u. Carlo Castellani. (Mailand) 1961.

Sudhoff, Karl: Pestschriften aus den ersten 150 Jahren nach der Epidemie des „schwarzen Todes" 1348. In: Arch. Gesch. Med. 5 (1912), S. 332–396.

–: Pestschriften aus den ersten 150 Jahren nach der Epidemie des „schwarzen Todes" 1348. VI: Prager Pesttraktate aus dem 14. und dem Anfange des 15. Jahrhunderts. Ebd. 7 (1914), S. 57–114.

–: Eine Verteidigung der Heilkunde aus den Zeiten der „Mönchsmedizin". Ebd. S. 223–237.

– (Hrsg.): Erstlinge der pädiatrischen Literatur. Drei Wiegendrucke über Heilung und Pflege des Kindes. München 1925.

Swieten, Petrus van: Specimen philosophico-medicum inaugurale sistens musicae in medicinam influxum atque utilitatem. Med. Diss. Leiden 1773.

Tacuinum Sanitatis in Medicina. Codex Vindobonensis series nova 2644 der österreichischen Nationalbibliothek. Hrsg. von Franz Unterkircher. Bd. 1–2. Graz 1967. (= Codices selecti phototypice impressi. Hrsg. von Franz Sauer u. Joseph Stummvoll. Bd. VI/VI*.)

Tanus Pratensis, Saphatus Julianus: [Über die Syphilis.] In: Chr. G. Gruner (Q 1793), S. 4–232.

Taschkandi, Schah Ekram: Übersetzung und Bearbeitung des Kitāb at-Tašwīq aṭ-Ṭibbī des Ṣā'id ibn al-Ḥasan. Ein medizinisches Adabwerk aus dem 11. Jahrhundert. Bonn 1968. (= Bonner Orientalische Studien. Bd. 17.)

Tausignano, Piero: Consiglio per la peste. In: [Johannes de Ketham:] Fasciculo de Medicina in Volgare. Venedig 1493, fol. e IIv–f IIr. Nachdruck, hrsg. von Charles Singer. Teil 1–2. Florenz 1925. (= Monumenta medica. Hrsg. von Henry E. Sigerist. Bd. 2.)

Tavernier, Johann Baptist: Vierzig-Jährige Reisebeschreibung . . . Hrsg. von J. Menudier. Teil 1–3. Nürnberg 1681.

Tectander, Joseph (Hrsg.): Morbi Gallici curandi ratio exquisitissima, a varijs, ijsdemque peritissimis medicis conscripta . . . Basel 1536.

Telemann, Georg Philipp: Scherzi Melodichi, per divertimento di coloro, che prendono le Acque minerali in Pirmonte, con Ariette semplici e facili, a Violino, Viola e Fondamento . . . Settimana prima. (Hamburg) 1734.

–: Pyrmonter Kurwoche. Scherzi melodichi für Violine, Viola und Basso continuo. In: G. Ph. Telemann: Musikalische Werke. Bd. XXIV. Hrsg. von Adolf Hoffmann. Kassel, Basel usw. 1974, S. 3–62.

Testa, Anton Joseph: De re medica et chirurgica epistolae VII. Ferrara 1781.

Theatrum Sanitatis. Codice 4182 della R. Biblioteca Casanatense. Bd. 1–2. Rom 1940.

Theodoricus Cerviensis: Chirurgia. In: Ars chirurgica. Venedig 1546, fol. 134v bis 184r.

Thom, Georg: Erfahrungen und Bemerkungen aus der Arznei-, Wundarznei- und Entbindungswissenschaft. Frankfurt a. M. 1799.

Thorndike, Lynn: Advice from a physician to his sons. In: Speculum 6 (1931), S. 110–114.

Thuanus, Jacobus Augustus: Historiarum sui temporis ab anno domini 1543 usque ad annum 1607 libri CXXXVIII. Bd. 1–3. Frankfurt a. M. 1625.

Tiraquellus, Andreas: Commentarij de nobilitate, et jure primigeniorum. Paris 1549.

Tissot, [Simon-André]: Traité des nerfs et de leurs maladies. Bd. 1–5. Paris 1778–80.

Torella, Gaspar: De dolore in pudendagra dialogus. In: A. Luisinus (Q 1728), Bd. 1, Sp. 501–528.

Tosi, Pier Francesco: Anleitung zur Singkunst. Aus dem Italiänischen ... mit Erläuterungen und Zusätzen von Johann Friedrich Agricola. Berlin 1757. Nachdruck, hrsg. von Kurt Wichmann. Leipzig 1966.

Totti, Pompilio: Ritratto di Roma moderna. Rom 1638.

Tourtelle, Étienne: Elémens d'hygiène ... Bd. 1–2. Straßburg 1797.

The Treasurie of auncient and moderne times. Bd. 1–2. London 1613–19.

Trotula: Erotis medici liberti iuliae, quem aliqui Trotula inepte nominant, muliebrium liber. In: Gynaeciorum, hoc est, de mulierum tum aliis, tum gravidarum, parientium et puerperarum affectibus et morbis, libri... (Hrsg. von Caspar Wolf.) Basel 1566, Sp. 215–310.

Trotz, Christian: De deliriis. Med. Diss. Straßburg 1740.

Trunconius, Jacobus: De custodienda puerorum sanitate. Ante partum, in partu, et post partum. Florenz 1593.

Tunstede, Simon: Quatuor principalia musicae. In: CS, Bd. 4, 1864, S. 200–298.

Uden, Konrad Friedrich: Vorlesungen für die mittlere Jugend, über den menschlichen Körper, und die Mittel, sich gesund zu erhalten. Teil 1–4. Lübeck 1785–86.

Ulmus, Johannes Franciscus: De occultis in re medica proprietatibus libri IV. Brescia 1597.

Untzer, Matthias: Kurtzer und einfältiger doch nützlicher und nothwendiger Bericht von der Pestilentz... Halle/S. 1607.

–: Antidotarium pestilentiale. Halle/S. 1621.

Unzer, Johann August: Von der Musik. In: Der Arzt. Eine medicinische Wochenschrift von Johann August Unzer. 2. Ausgabe. Bd. 3. Hamburg, Lüneburg, Leipzig 1769, S. 457–471.

Valentinus, Michaelis Bernhardus: Medicina nov-antiqua tradens universae medicinae cursum... Accedunt miscellanea curiosa et fructifera..., dissertatio melico-medica de pulsu... 2. Aufl. Frankfurt a. M. 1713.

Vallambert, Simon de: Cinq livres, de la maniere de nourrir et gouverner les enfans des leur naissance. Poitiers 1565.

Valleriola, François: Observationum medicinalium libri VI. Lyon 1588.

Vecchi, Orazio: Le Veglie di Siena overo i varii humori della musica moderna... a tre à 4. à 5. e à 6. voci composte e divise in due parti piacevole e grave. Venedig 1604. Neuausgabe, hrsg. von Bonaventura Somma. Rom 1958. (= Capolavori polifonici del secolo XVI. Bd. 2.)

Velsius, Justus: Utrum in medico variarum artium ac scientiarum cognitio requiratur. Basel 1543.

439

Verordnung und Preise des Wilhelmsbades. I. Ordnung. In: Wilhelmsbad und sein Theater. Hrsg. vom Comoedienhaus Wilhelmsbad. (Hanau 1969.)

Vierordt, Karl: Die Lehre vom Arterienpuls in gesunden und kranken Zuständen. Braunschweig 1855.

de Vigneul-Marville: Mélanges d'histoire et de littérature. 2. Aufl. Bd. 1–3. Rotterdam 1700–02.

Vinzenz von Beauvais: Speculum doctrinale. Douai 1624. Nachdruck Graz 1965. (= Speculum quadruplex sive speculum maius. Bd. 2.)

Vitalis de Furno: Pro conservanda sanitate, tuendaque prospera valetudine, ad totius humani corporis morbos et aegritudines, salutarium remediorum, curationumque liber utilissimus. Mainz 1531.

Vitruvius Pollio: De architectura libri X. Hrsg. von C. Fensterbusch. Darmstadt 1964.

Vogel, Heinrich: Beschreibung seiner dreyßigjährigen, zum Theil glücklichen, zum Theil unglücklichen Seereisen nebst der Geschichte seines Lebens. Bd. 1–3. Leipzig 1797.

Vormbaum, Reinhold (Hrsg.): Evangelische Schulordnungen. Bd. 1–3. Gütersloh 1860–64.

Vossius, Isaac: De poematum cantu et viribus rythmi. Oxford 1673.

Walther, Johann Gottfried: Musikalisches Lexikon. Leipzig 1732. Nachdruck Kassel, Basel 1953. (= Documenta musicologica. 1. Reihe. Bd. 3.)

Weber, Friedrich August: Von dem Einflusse der Musik auf den menschlichen Körper und ihrer medicinischen Anwendung. In: Allgemeine Musikalische Zeitung 4 (1801/02), Sp. 561–569, 577–589, 593–599, 609–617.

–: Über den Einfluß des Singens auf die Gesundheit. Ebd. 6 (1803/04), Sp. 813 bis 822.

Wedel, Georg Wolfgang (Praeses): Diaeta literatorum. Med. Diss. Erfurt 1674. 4. Aufl. 1704. (Respondent: Johannes Rottenberger.)

Weitz, Heinrich Sigismund: s. Sperling, Paul Gottfried (Praeses)

Welsch, Georg Hieronymus: Curationum propriarum, et consiliorum medicorum decades X. Augsburg 1681.

Werckmeister, Andreas: Der edlen Music-Kunst Würde, Gebrauch und Mißbrauch... Frankfurt a. M., Leipzig 1691.

Werloschnigg, Johann Baptist: De febre maligna musica curata. In: Miscellanea curiosa sive Ephemeridum medico-physicarum Germanicarum Academiae Caesareo-Leopoldinae naturae curiosorum. Decuria III, Jg. 9/10 für 1701 bis 1705. Nürnberg, Frankfurt a. M., Leipzig 1706, S. 41.

Wiedemann, Michael: Historisch-poetische Gefangenschafften... Leipzig 1690.

Wilhelm von Saint-Thierry: Sancto Bernardi... vita et res gestae. In: PL, Bd. 185, 1855, Sp. 225–268.

Wilhelm von Saliceto: Summa conservationis et curationis. Venedig 1490.

Willis, Thomas: Opera omnia. Genf 1676.

–:(a) De anima brutorum, quae hominis vitalis ac sensitiva est, exercitationes duae. Ebd. (gesondert paginiert).

–:(b) Cerebri anatome nervorumque descriptio et usus. Ebd. (gesondert paginiert).

Wirdig, Sebastian: Medicina spirituum... Bd. 1–2. Hamburg 1673.

Wittich, Johannes: Praeservator sanitatis. Leipzig 1606.

Zacchia, Paolo: Quaestiones medico-legales. Bd. 1–3. Lyon 1701.

Zacconi, Lodovico: Prattica di musica... Venedig 1596.

Zacutus Lusitanus, [Abraham]: Praxis historiarum. Lyon 1649. (= A. Zacutus Lusitanus: Opera. Bd. 1–2. Lyon 1649. Hier: Bd. 2.)

Zarlino, Gioseffo: L'Istitutioni harmoniche. Venedig 1589. (= G. Zarlino: Tutte l'Opere. Bd. 1–4. Venedig 1588–89. Hier: Bd. 1.)

Zerbi, Gabriele: Gerentocomia. Rom 1489.

Zückert, Johann Friedrich: Systematische Beschreibung aller Gesundbrunnen und Bäder Deutschlands. Berlin, Leipzig 1768.

Zulatti, Giovanni Francesco: Della forza della musica nelle passioni, nei costumi, e nelle malattie, e dell'uso medico del ballo. Venedig 1787.

Zwinger, Theodor: Compendium medicinae universae. Bd. 1–2. Basel 1724.

Literatur

Abert, Hermann: Die Lehre vom Ethos in der griechischen Musik. Leipzig 1899. Nachdruck Tutzing 1968.

–: Die Musikanschauung des Mittelalters und ihre Grundlagen. Halle/S. 1905. Nachdruck Tutzing 1964.

Ackerknecht, Erwin H.: Geschichte und Geographie der wichtigsten Krankheiten. Stuttgart 1963.

–: Kurze Geschichte der Psychiatrie. 2. Aufl. Stuttgart 1967.

–: Das Märchen vom verlorenen Psychosomatismus. In: Gesnerus 25 (1968), S. 113–115.

Adhémar, Jean: Populäre Druckgraphik Europas vom 15. bis zum 20. Jahrhundert. Bd. 2: Frankreich. München 1968.

Albarel, P.: Rabelais et la thérapeutique musicale. In: Chronique médicale 36 (1929), S. 36–40.

Alewyn, Richard: Die Lust an der Angst oder die Unfähigkeit, überhaupt noch Angst zu haben. I: Der Schrecken in der Literatur. In: Musik + Medizin 1 (1975), Heft 8, S. 18–31.

Allegra, Antonio: La cappella musicale di S. Spirito in Saxia di Roma. Appunti storici (1551–1737). In: Note d'archivio per la storia musicale 17 (1940), S. 26–38.

Allers, Rudolf: Microcosmus from Anaximandros to Paracelsus. In: Traditio 2 (1944), S. 319–407.

Amirkhalili, Seyed-Hossein: Die Pulsschrift des Ali Ibn Sina (Avicenna). Med. Diss. Köln 1958.

Anderson, Warren D.: Ethos and education in Greek music. Cambridge, London 1967.

Angrisani, Vincenzo: Il trattato spurio Galenico „Compendium pulsuum". In: Medicina nei secoli 5 (1968), Heft 3, S. 17–35.

Apel, Willi: Die Notation der polyphonen Musik 900–1600. Leipzig 1962.

Appel, Margarete: Terminologie in den mittelalterlichen Musiktraktaten. Phil. Diss. Berlin 1935.

Artelt, Walter: Arzt und Leibesübungen in Mittelalter und Renaissance. In: Klinische Wochenschrift 10 (1931), S. 846–849. Neudruck in: Med. hist. J. 3 (1968), S. 222–242.

–: Costanzo Landi und seine „Methodus de bona valetudine tuenda". In: Sudh. Arch. Gesch. Med. 25 (1932), S. 315–329.

–: Leibesübungen und Medizin in der Antike: In: Sportmedizin und olympische Spiele 1936, S. 6–8. (= Sonderausgabe der Deutschen Medizinischen Wochenschrift 62 [1936].)

–: Einführung in die Medizinhistorik. Ihr Wesen, ihre Arbeitsweise und ihre Hilfsmittel. Stuttgart 1949.

Arzt und Musik. Ciba-Zeitschrift, Nr. 4, Jg. 1. Basel 1933, S. 105–144.

Bachmann, Peter: Galens Abhandlung darüber, daß der vorzügliche Arzt Philosoph sein muß. In: Nachrichten der Akademie der Wissenschaften in Göttingen. Philologisch-historische Klasse, Jg. 1965. Nr. 1.

Bachmann, Werner: Die Anfänge des Streichinstrumentenspiels. Leipzig 1964. (= Musikwissenschaftliche Einzeldarstellungen. Bd. 3.)

Bader, ?: Nachrichten über das Gloterbad. Bad-Ordnung in dem Glotterthal. In: Zeitschrift für die Geschichte des Oberrheins 21 (1868), S. 245–251.

Bandmann, Günter: Melancholie und Musik. Ikonographische Studien. Köln, Opladen 1960. (= Wissenschaftliche Abhandlungen der Arbeitsgemeinschaft für Forschung des Landes Nordrhein-Westfalen. Bd. 12.)

Bank, Joannes Antonius: Tactus, tempo and notation in mensural music from the 13th to the 17th century. Amsterdam 1972.

de Bary, August: Johann Christian Senckenberg (1707–1772). Sein Leben auf Grund der Quellen des Archivs der Dr. Senckenbergischen Stiftung. Frankfurt a. M. 1947.

Batisse, François: Montaigne et la médecine. Paris 1962.

Beck, Hermann: Die Proportionen der Beethovenschen Tempi. In: Festschrift Walter Gerstenberg zum 60. Geburtstag. Wolfenbüttel, Zürich 1964, S. 6–16.

Bedford, Evan: The ancient art of feeling the pulse. In: British Heart Journal 13 (1951), S. 423–437.

Berendes, Julius: Musik und Medizin. In: CIBA-Zeitschrift Bd. 9, Nr. 100, Wehr/ Baden 1961, S. 3314–3344.

Berg, Alexander: Die Lehre von der Faser als Form- und Funktionselement des Organismus. In: Virchows Archiv für Pathologische Anatomie und Physiologie und für Klinische Medizin 309 (1942), S. 333–460.

Berg, Fredrik: Hygienens omfattning i äldre tider. Sex res non naturales. In: Lychnos, Jg. 1962, S. 91–127.

Besseler, Heinrich: Studien zur Musik des Mittelalters. I: Neue Quellen des 14. und beginnenden 15. Jahrhunderts. In: Archiv für Musikwissenschaft 7 (1925), S. 167–252.

–: Artikel „Johannes de Muris". In: MGG, Bd. 7 (1958), Sp. 105–115.

Biehn, Heinz u. Johanna Baronin Herzogenberg: Große Welt reist ins Bad. München 1960.

Bloch, Iwan: Johann Limbergs Beschreibung des römischen Hospitals Santo Spirito. Ein Beitrag zur Geschichte der Krankenpflege und des klinischen Unterrichts im 17. Jahrhundert. In: Medizinische Klinik 9 (1913), Bd. 1, S. 197 u. 237 f.

Bock, August Wilhelm: Diätetische Wundbehandlung im Mittelalter. In: Kyklos. Jahrbuch für Geschichte und Philosophie der Medizin 2 (1929), S. 258–271.

Boehm, Beat: Heilende Musik im griechischen Altertum. In: Zeitschrift für Psychotherapie und medizinische Psychologie 8 (1958), S. 132–151.

Bosshard, Jürg A.: Psychosomatik in der Chirurgie des Mittelalters, besonders bei Henri de Mondeville. Zürich 1963. (= Zürcher medizingeschichtliche Abhandlungen. Neue Reihe. Nr. 11.)

Bowles, Edmund A.: Haut and bas: the grouping of musical instruments in the middle ages. In: Musica Disciplina 8 (1954), S. 115–140.

–: Musical instruments at the medieval banquet. In: Revue Belge de Musicologie 12 (1958), S. 41–51.

Braams, Wilhelm: Zur Geschichte des Ammenwesens im klassischen Altertum. Jena 1913. (= Jenaer medizin-historische Beiträge. Heft 5.)

Braun, Werner: Oper und Konzert – Gegensatz und Ergänzung. In: Bericht über den Internationalen Musikwissenschaftlichen Kongreß Bonn 1970. Hrsg. von Carl Dahlhaus, Hans Joachim Marx, Magda Marx-Weber und Günther Massenkeil. Kassel, Basel usw. o. J. (1973), S. 220–225.

Braunfels, Sigrid: Vom Mikrokosmos zum Meter. In: Der „vermessene" Mensch. Anthropometrie in Kunst und Wissenschaft. München 1973, S. 43–73.

Brinkmann, Johannes: Die apokryphen Gesundheitsregeln des Aristoteles für Alexander den Großen in der Übersetzung des Johannes von Toledo. Med. Diss. Leipzig 1914.

Bryk, Siegfried: Medizinischer Gebrauch der Musik in alter und neuer Zeit. In: Neue Zeitschrift für Musik, Jg. 61, Bd. 90 (1894), S. 521–523.

Buess, Heinrich: Notizen zur Geschichte der Sphygmographie. In: Experientia (Basel) 3 (1947), S. 165–167, 250–253, 334–338.

Bullough, Vern L.: The development of medicine as a profession. The contribution of the medieval university to modern medicine. Basel, New Jork 1966.

Bumm, A.: P. Vattier's lateinische Übersetzung des Abschnitts über Geisteskrankheiten in Avicenna's canon medicinae. In: Münchener Medizinische Wochenschrift 45 (1898), S. 632–634.

Burdett, Henry Charles: Hospitals and asylums of the world: their origin, history, construction, administration, management, and legislation. Bd. 1–4. London 1891–93.

Bürgel, Johann Christoph: Adab und i'tidāl in ar-Ruhāwīs Adab aṭ-Ṭabīb. In: Zeitschrift der Deutschen Morgenländischen Gesellschaft 117 (1967), S. 90–102.

—: Zur Musiktherapie im Arabischen Mittelalter. In: Festschrift Arnold Geering zum 70. Geburtstag. Hrsg. von Victor Ravizza. Bern, Stuttgart 1972, S. 241 bis 245.

Burkert, Walter: Weisheit und Wissenschaft. Studien zu Pythagoras, Philolaos und Platon. Nürnberg 1962. (= Erlanger Beiträge zur Sprach- und Kunstwissenschaft. Bd. 10.)

Bylebyl, Jerome J.: Galen on the non-natural causes of variation in the pulse. In: Bull. Hist. Med. 45 (1971), S. 482–485.

Cabanès, Augustin: Comme se soignaient nos pères. Remèdes d'autrefois. Deuxième série. Paris 1913. (S. 75–118: La musique dans les maladies.)

Campbell, Donald: Arabian medicine and its influence on the middle ages. Bd. 1–2. London 1926. Nachdruck Amsterdam 1974.

Carapetyan, Armen: Music and medicine in the Renaissance and in the 17th and 18th centuries. In: Music and medicine (L 1948), S. 117–157.

Carpenter, Nan Cooke: Rabelais and music. Chapel Hill 1954. (= University of North Carolina. Studies in Comparative Literature. Bd. 8.)

—: Music in the Medieval and Renaissance universities. Norman/Oklahoma 1958. Nachdruck New York 1972.

Chomet, Antoine-Joseph: Effets et influence de la musique sur la santé et sur la maladie. Paris 1874.

Colomb, Louis-Casimir: La musique. 3. Aufl. Paris 1886.

Combarieu, Jules: La musique et la magie. Étude sur les origines populaires de l'art musical, son influence et sa fonction dans les sociétés. Paris 1909. (= Études de philologie musicale. Bd. 3.)

Crombie, Alistair Cameron: Mathematics, music and medical science. In: Organon (Warschau) 6 (1969), S. 21–36.

Dahnk, Emilie: Musikausübung an den Höfen von Burgund und Orléans während des 15. Jahrhunderts. In: Archiv für Kulturgeschichte 25 (1935), S. 184–215.

Dammann, Rolf: Der Musikbegriff im deutschen Barock. Köln 1967.

David-Peyre, Yvonne: Le Medicus Politicus de Rodrigo de Castro et la musicothérapie. In: Revue d'histoire de la médecine hébraïque 26 (1973), S. 69–74, 133–137.

Davidson, William D.: A brief history of infant feeding. In: Journal of Pediatrics 43 (1953), S. 74–87.

De Angelis, Pietro: Musica e musicisti nell'Arcispedale di Santo Spirito in Saxia dal Quattrocento all'Ottocento. Rom 1950. (= Collana di studi storici sull'Ospedale di S. Spirito in Saxia e sugli ospedali romani. Heft 6.)

–: L'architetto e gli affreschi di Santo Spirito in Saxia. Rom 1961. (= Ebd. Heft 21.)

Deichgräber, Karl: Hippokrates über Entstehung und Aufbau des menschlichen Körpers (περὶ σαρκῶν). Berlin, Leipzig 1935.

Delatte, Armand: Les harmonies dans l'embryologie hippocratique. In: Mélanges Paul Thomas. Recueil de mémoires concernant la philologie classique dedié à Paul Thomas. Brügge 1930, S. 160–171.

De Martino, Ernesto: La terra del rimorso. Contributo a una storia religiosa del Sud. Mailand 1961. (= La Cultura. Bd. 42.)

Densmore, Frances: The use of music in the treatment of the sick by American indians. In: Music and medicine (L 1948), S. 25–46.

D'Erlanger, Rodolphe: La musique arabe. Bd. 1–5. Paris 1930–49.

Diepgen, Paul: Studien zu Arnald von Villanova. In: Arch. Gesch. Med. 3 (1910), S. 115–130, 188–196; 5 (1912), S. 88–120.

–: Die Frauenheilkunde der Alten Welt. München 1937. (= Handbuch der Gynäkologie. 3. Aufl. Hrsg. von W. Stoeckel. Bd. 12, Teil 1: Geschichte der Frauenheilkunde. 1.)

–: Geschichte der Medizin. Die historische Entwicklung der Heilkunde und des ärztlichen Lebens. Bd. 1. Berlin 1949; Bd. 2, 1–2. 2. Aufl. 1959–65.

Dieterici, Friedrich: Die Propädeutik der Araber im zehnten Jahrhundert. Berlin 1865.

Dinaux, Arthur: Les trouvères brabançons, hainuyers, liégeois, et namurois. Paris, Brüssel 1863. (= A. Dinaux: Trouvères, jongleurs et menestrels. Bd. 4.)

D'Israeli, Isaac: Curiosities of literature. Bd. 1–3. Paris 1835.

Donà, Mariangela: „Affetti musicali" nel seicento: In: Studi secenteschi 8 (1967), S. 75–94. (= Biblioteca dell' „Archivum Romanicum". Ser. 1, Bd. 92. Florenz 1968.)

Drabkin, J. E.: On medical education in Greece and Rome. In: Bull. Hist. Med. 15 (1944), S. 333–351.

Droysen, Johann Gustav: Historik. Vorlesungen über Enzyklopädie und Methodologie der Geschichte. Hrsg. von Rudolf Hübner. 3. Aufl. München 1958.

Durling, R. J.: A chronological census of Renaissance editions and translations of Galen. In: Journal of the Warburg and Courtauld Institutes 24 (1961), S. 230–305.

Edelstein, Ludwig: Antike Diätetik. In: Die Antike 7 (1931), S. 255–270. Neudruck in: Med. hist. J. 1 (1966), S. 162–174.

–: Greek medicine in its relation to religion and magic. In: Bull. Hist Med. 5 (1937), S. 201–246.

Eggebrecht, Hans Heinrich: Ars musica. Musikanschauung des Mittelalters und ihre Nachwirkungen. In: Die Sammlung 12 (1957), S. 306–322.

–: Artikel „Tafelmusik". In: Riemann Musik Lexikon (N 1959–75), Sachteil, 1967, S. 932 f.

Eis, Gerhard: Mittelalterliche Fachliteratur. 2. Aufl. Stuttgart 1967.

–: Spielmann und Buch als Helfer in schweren Stunden. In: G. Eis: Vom Werden altdeutscher Dichtung. Literarhistorische Proportionen. Berlin 1962, S. 76–93.

Elgood, Cyril: A medical history of Persia and the Eastern Caliphate. From the earliest times until the year a. d. 1932. Cambridge 1951.

Engel, Carl: Musical myths and facts. Bd. 1–2. London 1876. (Bd. 2, S. 84–113: Music and medicine.)

Erkılıç, Cafer (Hrsg.): Evliya Çelebi, hayatı, sanatı, eserleri. [Evliya Çelebi, sein Leben, sein Wirken und sein Werk.] Istanbul 1954. (= Türk klâsikleri. Bd. 34.)

445

Farmer, Henry George: The influence of music, from arabian sources. In: Proceedings of the Musical Association. 52th session 1925–26. London 1926, S. 89–124.

–: Turkish instruments of music in the seventeenth century. In: The Journal of the Royal Asiatic Society of Great Britain and Ireland for 1936, S. 1–43.

–: Sa'adyah Gaon on the influence of music. London 1943.

Fellerer, Karl Gustav: Musik und Medizin im 16.–18. Jahrhundert. In: Die Musik 31 (1938/39), S. 670–672.

–: (a) Agrippa von Nettesheim und die Musik. In: Archiv für Musikwissenschaft 16 (1959), S. 77–86.

–: (b) Die Musica in den Artes Liberales. In: Joseph Koch (L 1959), S. 33–49.

Finney, Gretchen L.: Music, mirth and Galenic tradition in England. In: Reason and the imagination: Studies in the history of ideas. 1600–1800. Hrsg. von J. A. Mazzo. New York 1962, S. 143–154.

–: Medical theories of vocal exercise and health. In: Bull. Hist. Med. 40 (1966), S. 395–406.

–: Vocal exercise in the sixteenth century related to theories of physiology and diseases. Ebd. 42 (1968), S. 422–449.

Fischer, Alfons: Geschichte des deutschen Gesundheitswesens. Bd. 1–2. Berlin 1933.

Fischer-Homberger, Esther: Hypochondrie. Melancholie bis Neurose: Krankheiten und Zustandsbilder. Bern, Stuttgart, Wien 1970.

Flashar, Helmut: Melancholie und Melancholiker in den medizinischen Theorien der Antike. Berlin 1966.

– (Hrsg.): Antike Medizin. Darmstadt 1971. (= Wege der Forschung. Bd. CCXXI.)

Foucault, Michel: Wahnsinn und Gesellschaft. Eine Geschichte des Wahns im Zeitalter der Vernunft. Frankfurt a. M. 1969.

Gallo, F. Alberto: La teoria della notazione in Italia dalla fine del XIII all'inizio del XV secolo. Bologna 1966.

Garcia Ballester, Luis: Diseases of the soul (nosēmata tēs psychēs) in Galen: the impossibility of a Galenic psychotherapy. In: Clio medica 9 (1974), S. 35–43.

Garofalo, F.: Cenni di storia della meloterapia. In: Pagine di storia della medicina 1 (1957), Heft 4, S. 8–11.

Gautier, Léon: Les épopées françaises. 2. Aufl. Bd. 1–4. Paris 1878–94.

Gossen, Johannes: De Galeni libro qui σύνοψις περὶ σφυγμῶν inscribitur. Phil. Diss. Berlin 1907.

Gotfredsen, Edvard: Oldtidens Laere om Hjerte, Kar og Puls. Kopenhagen 1942. (= Acta Historica Scientiarum Naturalium et Medicinalium. Bd. 1.)

Grmek, Mirko Drazen: Les reflets de la sphygmologie chinoise dans la médecine occidentale. In: Biologie médicale (Paris), Jg. 60, Bd. 51 (1962), Sonderheft.

–: La notion de fibre vivante chez les médecins de l'École iatrophysique. In: Clio medica 5 (1970), S. 297–318.

Großmann, Wilhelm: Frühmittelalterliche Zeugnisse über Minstrels (circa 1100 bis circa 1400). Phil. Diss. Berlin 1906.

Grotzfeld, H.: Das Bad im arabisch-islamischen Mittelalter. Eine kulturgeschichtliche Studie. Wiesbaden 1970.

Gruman, Gerald J.: A history of ideas about the prolongation of life: the evolution of prolongevity hypotheses to 1800. In: Transactions of the American Philosophical Society 56 (1966), Teil 9.

Gruner, Oskar Cameron: A treatise on the Canon of medicine of Avicenna, incorporating a translation of the first book. London 1930.

Güdemann, M.: Das jüdische Unterrichtswesen während der spanisch-arabischen Periode. Wien 1873.

Gysin, Hans Peter: Studien zum Vokabular der Musiktheorie im Mittelalter. Eine linguistische Analyse. Phil. Diss. Basel 1959.

Haase, Rudolf: Geschichte des harmonikalen Pythagoreismus. Wien 1969. (= Publikationen der Wiener Musikakademie. Bd. 3.)

Haböck, Franz: Die Gesangskunst der Kastraten. Erster Notenband: A. Die Kunst des Cavaliere Carlo Broschi Farinelli. B. Farinellis berühmte Arien. Wien 1923.

–: Die Kastraten und ihre Gesangskunst. Stuttgart, Berlin, Leipzig 1927.

Hagenmeyer, Christa: Die „Ordnung der Gesundheit" für Rudolf von Hohenberg, Untersuchungen zur diätetischen Fachprosa des Spätmittelalters mit kritischer Textausgabe. Phil. Diss. Heidelberg 1972.

Hamarneh, Sami: Medical education and practice in medieval Islam. In: C. D. O'Malley (L 1970), S. 39–71.

Hamilton, George L.: The pedigree of a phrase in Dante (Purg. VII, 107–8). In: The Romanic Review 12 (1921), S. 84–89.

Hammerstein, Reinhold: Die Musik der Engel. Untersuchungen zur Musikanschauung des Mittelalters. Bern, München 1962.

Hampp, Irmgard: Beschwörung, Segen, Gebet. Untersuchungen zum Zauberspruch aus dem Bereich der Volksheilkunde. Stuttgart 1961.

Hänel, Herbert: Deutsche Ärzte des 18. Jahrhunderts über Leibesübungen. Frankfurt a. M. 1972. (= Studientexte zur Leibeserziehung. Hrsg. von Friedrich Fetz. Bd. 9.)

Harig, Georg u. Jutta Kollesch: Gesellschaftliche Aspekte der antiken Diätetik. In.: NTM, Schriftenreihe für Geschichte der Naturwissenschaften, Technik und Medizin 8 (1971), Heft 2, S. 14–23.

Harris, C. R. S.: The heart and the vascular system in ancient Greek medicine. From Alcmaeon to Galen. Oxford 1973.

Heck, Jürgen Peter: Die Leidenschaften als ärztliches Problem im Aufklärungszeitalter. Med. Diss. Münster/W. 1962.

Heinimann, Felix: Nomos und Physis. Herkunft und Bedeutung einer Antithese im griechischen Denken des 5. Jahrhunderts. Basel 1945. Nachdruck Darmstadt 1965. (= Schweizerische Beiträge zur Altertumswissenschaft. Heft 1.)

Henschen, Folke: Grundzüge einer historischen und geographischen Pathologie. In: Spezielle pathologische Anatomie. Hrsg. von Wilhelm Doerr u. Erwin Uehlinger. Bd. 5. Berlin, Heidelberg, New York 1966, S. 1–378.

Hickmann, Ellen: Musica instrumentalis. Studien zur Klassifikation des Musikinstrumentariums im Mittelalter. Baden-Baden 1971. (= Sammlung musikwissenschaftlicher Abhandlungen. Bd. 55.)

Hickmann, Hans: Die Musik des arabisch-islamischen Bereichs. In: Orientalische Musik. Mit Beiträgen von Hans Hickmann u. Wilhelm Stauder. Leiden, Köln 1970, S. 1–134. (= Handbuch der Orientalistik. Hrsg. von B. Spuler. Erste Abteilung. Ergänzungsband IV.)

Hirth, Wolfgang: Studien zu den Gesundheitslehren des sogenannten „Secretum secretorum" unter besonderer Berücksichtigung der Prosaüberlieferungen. Phil. Diss. Heidelberg 1969.

Hofmeier, H. K.: Stephan Blancaards Ansichten über Ernährung und Aufziehen der kleinen Kinder. In: Med. Mschr. 20 (1966), S. 356–359.

Horine, Emmet Field: An epitome of ancient pulse lore. In: Bull. Hist. Med. 10 (1941), S. 209–249.

Hospital, Pierre: Histoire médicale de la musique et de la danse. Clermont-Ferrand 1897.

Huard, Léon: Aperçu historique sur la sphygmographie. Thèse méd. Paris 1892.

Huchzermeyer, Helmut u. Hans Huchzermeyer: Die Bedeutung des Rhythmus in der Musiktherapie der Griechen von der Frühzeit bis zum Beginn des Hellenismus. In: Sudh. Arch. 58 (1974), S. 113–148.

Hüschen, Heinrich: Untersuchungen zu den Textkonkordanzen im Musikschrifttum des Mittelalters. Phil. Habil.-Schrift Köln 1955, masch. schr.

–: Artikel „Harmonie". In: MGG, Bd. 5 (1956), Sp. 1588–1614.

–: Die Musik im Kreise der artes liberales. In: Bericht über den Internationalen Musikwissenschaftlichen Kongreß Hamburg 1956. Kassel, Basel 1957, S. 117 bis 123.

–: Antike Einflüsse in der mittelalterlichen Musikanschauung. In: Antike und Orient im Mittelalter. Hrsg. von Paul Wilpert. Berlin 1962, S. 80–93. (= Miscellanea Mediaevalia. Bd. 1.)

Hutton, James: Some English poems in praise of music. In: English Miscellany 2 (1951), S. 1–63.

Jakob, Friedrich: Die Orgel als Gift und Heilmittel. Neujahrsblatt der Orgelbau Th. Kuhn AG in Männedorf (Schweiz) auf das Jahr 1974. (Winterthur) 1974.

Jarcho, Saul: Galen's six non-naturals: a bibliographic note and translation. In: Bull. Hist. Med. 44 (1970), S. 372–377.

Jetter, Dieter: Grundzüge der Hospitalgeschichte. Darmstadt 1973. (= Grundzüge. Bd. 22.)

Kahl, W.: Die älteste Hygiene der geistigen Arbeit, die Schrift des Marsilius Ficinus, „De vita sana sive de cura valetudinis eorum, qui incumbunt studio litterarum" (1482). In: Neue Jahrbücher für das klassische Altertum, Geschichte und deutsche Literatur und für Pädagogik, 2. Abt., Bd. 18 (1906), S. 482–496, 525–546, 599–619.

Katner, Wilhelm: Musik und Medizin im Zeitalter des Barock. In: Wissenschaftliche Zeitschrift der Karl-Marx-Universität Leipzig 2 (1952/53), mathematisch-naturwissenschaftliche Reihe, S. 477–508.

Katz, Erich: Die musikalischen Stilbegriffe des 17. Jahrhunderts. Phil. Diss. Freiburg/Br. 1926.

Kaufmann, Georg: Geschichte der deutschen Universitäten. Bd. 1–2. Straßburg 1896. Nachdruck Graz 1958.

Kerkmann, Manfred: Der Einfluß der Leidenschaften auf Krankheit und Gesundheit aus der Sicht des 18. Jahrhunderts. Med. Diss. Münster/W. 1965, masch. schr.

Klibansky, Raymond; Erwin Panofsky u. Fritz Saxl: Saturn and Melancholy. Studies in the history of natural philosophy, religion and art. London 1964.

Kliewer, Heinz-Jürgen: Die mittelalterliche Schachallegorie und die deutschen Schachzabelbücher in der Nachfolge des Jacobus de Cessolis. Phil. Diss. Heidelberg 1966.

Klinkenberg, Hans Martin: Der Verfall des Quadriviums im frühen Mittelalter. In: J. Koch (L 1959), S. 1–32.

Koch, Joseph (Hrsg.): Von der antiken Bildung zur Wissenschaft des Mittelalters. Leiden, Köln 1959.

Körbler, Juraj: Geschichte der Krebskrankheit. Schicksale der Kranken, der Ärzte und der Forscher. Der Werdegang einer Wissenschaft. Wien 1973.

Kudlien, Fridolf: Stimmübungen als Therapeutikum in der antiken Medizin. In:

Ärztliche Mitteilungen (Deutsches Ärzteblatt) 60 (1963), S. 2257 f.

–: Der Beginn des medizinischen Denkens bei den Griechen. Zürich, Stuttgart 1967.

–: Der Arzt des Körpers und der Arzt der Seele. In: Clio medica 3 (1968), S. 1–20.

–: Medical education in classical antiquity. In: C. D. O'Malley (L 1970), S. 3–37.

–: „Schwärzliche" Organe im frühgriechischen Denken. In: Med. hist. J. 8 (1973), S. 53–58.

Kühnert, Friedmar: Allgemeinbildung und Fachbildung in der Antike. Berlin 1961. (= Deutsche Akademie der Wissenschaften zu Berlin. Schriften der Sektion für Altertumswissenschaft. Bd. 30.)

Kümmel, Werner Friedrich: Die Anfänge der Musikgeschichte an den deutschsprachigen Universitäten. Ein Beitrag zur Geschichte der Musikwissenschaft als Hochschuldisziplin. In: Die Musikforschung 20 (1967), S. 262–280.

–: Puls und Musik (16.–18. Jahrhundert). In: Med. hist. J. 3 (1968), S. 269–293.

–: Melancholie und die Macht der Musik. Die Krankheit König Sauls in der historischen Diskussion. Ebd. 4 (1969), S. 189–209.

–: Zum Tempo in der italienischen Mensuralmusik des 15. Jahrhunderts. In: Acta Musicologica 42 (1970), S. 150–163.

–: Musik und Musikgeschichte in biologistischer Interpretation. In: Biologismus im 19. Jahrhundert. Hrsg. von Gunter Mann. Stuttgart 1973, S. 108–146. (= Studien zur Medizingeschichte des 19. Jahrhunderts. Bd. 5.)

–: Der Puls und das Problem der Zeitmessung in der Geschichte der Medizin. In: Med. hist. J. 9 (1974), S. 1–22.

–: Tafelmusik aus medizin- und musikhistorischer Sicht. In: Ernährung und Ernährungslehre im 19. Jahrhundert. Hrsg. von Edith Heischkel-Artelt. Göttingen 1975, S. 386–407. (= Studien zur Medizingeschichte im 19. Jahrhundert. Bd. 6.)

Kunze, Lydia: „Die physische Erziehung der Kinder". Populäre Schriften zur Gesundheitserziehung in der Medizin der Aufklärung. Med. Diss. Marburg 1971.

Laade, Wolfgang: Musik der Götter, Geister und Menschen. Die Musik in der mythischen, fabulierenden und historischen Überlieferung der Völker Afrikas, Nordasiens, Amerikas und Ozeaniens. Baden-Baden 1975. (= Sammlung musikwissenschaftlicher Abhandlungen. Bd. 58.)

Laborde, [Léon Emmanuel Simon Joseph] de: Les ducs de Bourgogne. Etudes sur les lettres, les arts et l'industrie pendant le XVe siècle . . . Seconde Partie: Preuves. Bd. 1–3. Paris 1849–52.

La Cava, Francesco: Liber regulae S. Spiritus. Mailand 1947. (= Studi di storia della medicina. Bd. 6.)

Lain Entralgo, Pedro: Heilkunde in geschichtlicher Entscheidung. Einführung in die psychosomatische Pathologie. Salzburg (1950).

–: Platonische Rationalisierung der Besprechung (ἐπῳδή) und die Erfindung der Psychotherapie durch das Wort. In: Hermes 86 (1958), S. 298–323.

–: The therapy of the word in classical antiquity. New Haven, London 1970.

La Laurencie, Lionel de: La musique à la cour des ducs de Bretagne aux XIVe et XVe siècles. In: Revue de Musicologie, Bd. 14, Jg. 17 (1933), S. 1–15.

Lane Poole, Stanley: A history of Egypt in the middle ages. 5. Aufl. London 1936.

Langlois, Ch.-V.: La vie en France au moyen âge de la fin du XIIe au milieu du XIVe siècle. Bd. 1–4. Paris 1926–28.

Lauer, Hans H.: Zahl und Medizin. In: Janus 53 (1966), S. 161–193.

Lawrence, Robert Means: The healing influence of music. In: R. M. Lawrence: Primitive psycho-therapy and quackery. London, Boston, New York 1910, S. 172–200.

Leclerc, Lucien: Histoire de la médecine arabe. Bd. 1–2. Paris 1876. Nachdruck 1960.

Lecocq, Adolphe: Chroniques, légendes, curiosités et biographies beauceronnes. Chartres 1867.

Leibbrand, Werner: Romantische Medizin. 2. Aufl. Hamburg, Leipzig 1937.

–: Die spekulative Medizin der Romantik. Hamburg 1956.

Leibbrand, Werner u. Annemarie Wettley: Der Wahnsinn. Geschichte der abendländischen Psychopathologie. Freiburg/Br., München 1961. (= Orbis academicus II/12.)

Leonhardt, Kurt: Eine Abhandlung des Gentile de' Gentili da Foligno über die Schwangerschaft (De tempore partus) und ihre historischen Zusammenhänge (ca. 1300). Med. Diss. Leipzig 1917.

Lesky, Erna: Artikel „Embryologie". In: Reallexikon für Antike und Christentum. Bd. 4 (1959), Sp. 1228–1241.

–: Van Swietens Hypochondrie. Zur Berufskrankheit der Gelehrten und zur Musiktherapie. In: Clio medica 8 (1973), S. 171–190.

Lesure, François: Musik und Gesellschaft im Bild. Zeugnisse der Malerei aus sechs Jahrhunderten. Kassel, Basel usw. 1966.

Levri, Mario: La Cappella musicale del Madruzzo e i cantori del concilio. In: Il concilio di Trento. Rivista commemorativa del IV centenario 1 (1942/43), S. 393–405.

Lichtenthaeler, Charles: Le logos mathématique de la première clinique Hippocratique. Genf 1963. (= Etudes Hippocratiques. Sér. 4, 9.)

–: Geschichte der Medizin. Die Reihenfolge ihrer Epochen-Bilder und die treibenden Kräfte ihrer Entwicklung. Bd. 1–2. (Köln-Lövenich) 1974 (1975).

Lippman, Edward A.: The place of music in the system of liberal arts. In: Aspects of Medieval and Renaissance music. A birthday offering to Gustav Reese. London 1967, S. 545–559.

Machabey, Armand: La musique et la médecine. Paris 1952.

Machatius, Franz-Jochen: Die Tempo-Charaktere. In: Bericht über den Siebenten Internationalen Musikwissenschaftlichen Kongreß Köln 1958. Kassel, Basel 1959, S. 185–187.

MacKinney, Loren: Early medieval medicine with special reference to France and Chartres. Baltimore 1937.

–: Medical ethics and etiquette in the early middle ages. In: Bull. Hist. Med. 26 (1952), S. 1–31.

–: Medical education in the middle ages. In: Cahiers d'histoire mondiale 2 (1954/55), S. 835–861.

–: The concept of Isonomia in Greek medicine. In: Isonomia. Studien zur Gleichheitsvorstellung im griechischen Denken. Hrsg. von Jürgen Mau u. E. G. Schmidt. Amsterdam 1971, S. 79–88. (= Institut für griechisch-römische Altertumskunde. Veröffentlichung Nr. 9.)

Mann, Gunter: Medizin der Aufklärung: Begriff und Abgrenzung. In: Med. hist. J. 1 (1966), S. 63–74.

Maragi, Mario: I fondamenti pedagogici e didattici dell' insegnamento medico nell'età carolingia. In: Pagine di storia della medicina 10 (1966), Heft 3, S. 75–90.

Marix, Jeanne: Histoire de la musique et des musiciens de la cour de Bourgogne sous le règne de Philippe le Bon (1420–1467). Straßburg 1939. (= Sammlung musikwissenschaftlicher Abhandlungen. Bd. 28.)

Marrou, Henri-Irénée: Geschichte der Erziehung im klassischen Altertum. Hrsg. von Richard Harder. Freiburg/Br., München 1957.

—: Saint-Augustin et la fin de la culture antique. 4. Aufl. Paris 1958.

Martin, Alfred: Deutsches Badewesen in vergangenen Tagen. Jena 1906.

Meinecke, Bruno: Music and medicine in classical antiquity. In: Music and medicine (L 1948), S. 47–95.

Mendelsohn, Everett: Heat and life. The development of the theory of animal heat. Cambridge (Mass.) 1964.

Menini, Carlo: La conoscenza del polso mediante la musica in un breve trattato del XVIII secolo. In: Arcispedale di S. Anna Ferrara 15 (1962), S. 919–927.

Meyer-Steineg, Theodor: Studien zur Physiologie des Galenos. In: Arch. Gesch. Med. 5 (1912), S. 172–224; 6 (1913), S. 417–448.

Meyer-Steineg, Theodor u. Karl Sudhoff: Illustrierte Geschichte der Medizin. 5. Aufl. Hrsg. von Robert Herrlinger u. Fridolf Kudlien. Stuttgart 1965.

Meyerhof, Max: Science and medicine. In: The legacy of Islam. Hrsg. von Thomas Arnold u. Alfred Guillaume. Oxford 1931, S. 311–355.

Miller, Clement A.: Erasmus on music. In: Musical Quarterly 52 (1966), S. 332 bis 349.

Millingen, John Gideon: Curiosities of medical experience. 2. Aufl. London 1839. (S. 88–95: Medical powers of music.)

Möller, Hans-Jürgen: (a) Musik gegen „Wahnsinn". Geschichte und Gegenwart musiktherapeutischer Vorstellungen. Stuttgart 1971.

—: (b) Aufklärerische Traktate über die „heilenden Wirkungen" der Musik. Eine Untersuchung über die Beziehungen zwischen Musiktheorie und medizinischen Vorstellungen zur Zeit der Aufklärung. In: Neue Zeitschrift für Musik 132 (1971), S. 472–477.

—: Psychotherapeutische Aspekte in der Musikanschauung der Jahrtausende. In: Neue Wege der Musiktherapie. Grundzüge einer alten und neuen Heilmethode. Hrsg. von W. J. Revers, G. Harrer u. W. C. M. Simon. Düsseldorf, Wien 1974, S. 53–160.

Moos, Paul: Die Philosophie der Musik von Kant bis Eduard von Hartmann. 2. Aufl. Stuttgart, Berlin, Leipzig 1922.

Morpurgo, Edgardo: Lo studio di Padova, le epidemie e i contagi durante il governo della Repubblica Veneta (1405–1797). In: Memorie e documenti per la storia della Università di Padova. Bd. 1. Padua 1922, S. 105–240.

Motta, Emilio: Musici alla corte degli Sforza. In: Archivio storico Lombardo 14 (1887), S. 29–64, 278–340, 514–561.

Müller, Otto: Die täglichen Lebensgewohnheiten in den altfranzösischen Artusromanen. Phil. Diss. Marburg 1889.

Müller-Heuser, Franz: Vox humana. Ein Beitrag zur Untersuchung der Stimmästhetik des Mittelalters. Regensburg 1963. (= Kölner Beiträge zur Musikforschung. Bd. 26.)

Müller-Jahncke, Wolf-Dieter: Magie als Wissenschaft im frühen 16. Jahrhundert. Die Beziehungen zwischen Magie, Medizin und Pharmazie im Werk des Agrippa von Nettesheim (1486–1535). Naturwiss. Diss. Marburg 1973.

Muntner, S.: Die Psychosomatologie in der Medizin des Maimonides. In: Medizinische Klinik 59 (1964), S. 1482–1485.

Müri, Walter: Der Maßgedanke bei griechischen Ärzten. In: Gymnasium 57 (1950), S. 183–201.

Music and medicine. Hrsg. von Dorothy M. Schullian u. Max Schoen. New York 1948.

Neuburger, Max: Geschichte der Medizin. Bd. 1–2. Stuttgart 1906–11.

–: Die Lehre von der Heilkraft der Natur im Wandel der Zeiten. Stuttgart 1926.

Niebyl, Peter H.: The non-naturals. In: Bull. Hist. Med. 45 (1971), S. 486–492.

Niemann-Charles, J.: Herzschlag und Rhythmus. Ein Versuch, dem Verständnis von Beethovens Werken durch das Studium seiner Ohr- und Herzkrankheit näherzukommen. In: Die Musik 27 (1907/08 = Jg. 7, 3. Quartalsband), S. 20–26.

Nohl, Johannes: Der schwarze Tod. Eine Chronik der Pest 1348 bis 1720. Potsdam 1924. (= Der Kulturspiegel. Hrsg. von Emil Szittya. Bd. 2.)

O'Leary, De Lacy Evans: How Greek science passed to the Arabs. 3. Aufl. London 1957.

–: Arabic thought and its place in history. 7. Aufl. London 1963.

O'Malley, Charles D. (Hrsg.): The history of medical education. Berkeley, Los Angeles, London 1970 (= Ucla Forum for medical sciences. Nr. 12.)

Oransay, Gültekin: Die melodische Linie und der Begriff Makam der traditionellen türkischen Kunstmusik vom 15. bis zum 19. Jahrhundert. Phil. Diss. München 1962. Zugleich Ankara 1966 (= Küğ Yayınları. Bd. 7.)

Orth, Hermann: Δίαιτα γερόντων: Die Geriatrie der griechischen Antike. In: Centaurus 8 (1963), S. 19–47.

Otto, Irmgard: Deutsche Musikanschauung im 17. Jahrhundert. Phil. Diss. Berlin 1937.

Paris, Gaston: La poésie du moyen âge. Bd. 1–2. Paris 1885.

Peiper, Albrecht: Chronik der Kinderheilkunde. 4. Aufl. Leipzig 1965.

Peuckert, Will-Erich: Gabalia. Ein Versuch zur Geschichte der magia naturalis im 16. bis 18. Jahrhundert. Berlin 1967 (= Pansophie. Zweiter Teil.)

Pfaffenberg, Rudolf: Beitrag zur Geschichte der Psychotherapie bis zum Ausgang der Antike. Med. Diss. Freiburg/Br. 1930.

Pfister, [Friedrich]: Artikel „Epode". In: Pauly-Wissowa: Realencyclopädie der classischen Altertumswissenschaft. Suppl. Bd. 4. Stuttgart 1924, Sp. 323–344.

Pfrogner, Hermann: Musik. Geschichte ihrer Deutung. Freiburg/Br., München 1954. (= Orbis academicus I/4.)

Pietzsch, Gerhard: Die Klassifikation der Musik von Boetius bis Ugolino von Orvieto. Halle/S. 1929. Nachdruck Darmstadt 1968.

–: Die Musik im Erziehungs- und Bildungsideal des ausgehenden Altertums und frühen Mittelalters. Halle/S. 1932. Nachdruck Darmstadt 1969.

–: Zur Pflege der Musik an den deutschen Universitäten bis zur Mitte des 16. Jahrhunderts. In: Archiv für Musikforschung 6 (1941), S. 23–56.

Pirro, André: Descartes et la musique. Thèse Lettres Paris 1907.

Pöhlmann, Egert: Griechische Musikfragmente. Nürnberg 1960. (= Erlanger Beiträge zur Sprach- und Kunstwissenschaft. Bd. 8.)

Polter, Karl-Heinz: Musik als Heilmittel. Med. Diss. Münster-Düsseldorf 1934.

Puhlmann, Walter: Die lateinische medizinische Literatur des frühen Mittelalters. Ein bibliographischer Versuch. In: Kyklos. Jahrbuch für Geschichte und Philosophie der Medizin 3 (1930), S. 395–416.

Puschmann, Theodor: Geschichte des medicinischen Unterrichts von den ältesten Zeiten bis zur Gegenwart. Leipzig 1889.

Putscher, Marielene: Pneuma, Spiritus, Geist. Vorstellungen vom Lebensantrieb in ihren geschichtlichen Wandlungen. Wiesbaden 1973.

Quertant, Georges: Musique et médecine. „La mélothérapie". Sa synthèse – Ses propriétés – Sa thérapeutique – Sa posologie. Cannes 1933. (= Extrait des Annales de la Société scientifique et littéraire de Cannes et de l'arrondissement de Grasse. Nouvelle série. Tome V.)

Radin, Paul: Music and medicine among primitive peoples. In: Music and medicine (L 1948), S. 3–24.

Rashdall, Hastings: The universities of Europe in the middle ages. Hrsg. von F. M. Powicke u. A. B. Emden. Bd. 1–3. Oxford 1936.

Rath, Gernot: Unbekannte medizinische Vorschläge aus dem Leibnizarchiv. In: Deutsche medizinische Wochenschrift 76 (1951), S. 745–747.

Rather, L. J.: Mind and body in eighteenth century medicine. A study based upon Jerome Gaub's De regimine mentis. London 1965.

–: The „six things non-naturals": a note on the origin and fate of a doctrine and phrase. In: Clio medica 3 (1968), S. 337–347.

Reimer, Erich: Artikel „Tafelmusik" (1971). In: Handwörterbuch der musikalischen Terminologie (N 1972 ff.).

Richard, Jules-Marie: Une petite-nièce de Saint Louis. Mahaut, Comtesse d'Artois et de Bourgogne (1302–1329). Paris 1887.

Rothschuh, Karl E.: Geschichte der Physiologie. Berlin, Göttingen, Heidelberg 1953.

–: Vom Spiritus animalis zum Nervenaktionsstrom. In: CIBA-Zeitschrift Bd. 8, Nr. 89, Wehr/Baden 1958, S. 2950–2978.

–: Physiologie. Der Wandel ihrer Konzepte und Methoden vom 16. bis 19. Jahrhundert. Freiburg/Br., München 1968. (= Orbis academicus. II/15.)

Rouvel, Diether: Zur Geschichte der Musik am Fürstlich Waldeckschen Hofe zu Arolsen. Regensburg 1962. (= Kölner Beiträge zur Musikforschung. Bd. 22.)

Ruhnke, Martin: Beiträge zu einer Geschichte der deutschen Hofmusikkollegien im 16. Jahrhundert. Berlin 1963.

Sachs, Curt: Rhythm and tempo. A study in music history. New York 1953.

Salmen, Walter: Zur Verbreitung von Einhandflöte und Trommel im europäischen Mittelalter. In: Jahrbuch des österreichischen Volksliedwerkes 6 (1957), S. 154–161.

–: Tischmusik im Mittelalter: In: Neue Zeitschrift für Musik 120 (1959), S. 323–326.

–: Der fahrende Musiker im europäischen Mittelalter. Kassel 1960. (= Die Musik im alten und neuen Europa. Bd. 4.)

Sander, Hjalmar G.: Beiträge zur Biographie Hugos van der Goes und zur Chronologie seiner Werke. In: Repertorium für Kunstwissenschaft 35 (1912), S. 519–545.

Sarton, George: Introduction to the history of science. Bd. 1–3. Baltimore 1927–48.

–: The appreciation of ancient and medieval science during the Renaissance (1450–1600). Philadelphia 1955.

Schadewaldt, Otto: Sphygmologiae historia inde ab antiquissimis temporibus usque ad aetatem Paracelsi. Med. Diss. Berlin 1866.

Schäfke, Rudolf: Geschichte der Musikästhetik in Umrissen. Berlin 1934. Nachdruck Tutzing 1964.

Scharfbillig, Christian: Irrte Äskulap? Geschichten aus der Medizin. Ulm 1962.

Schaul, Alexander: Sphygmologiae Avicennae conspectus. Med. Diss. Berlin 1828.

Schelenz, Hermann: Geschichte der Pharmazie. Berlin 1904. Nachdruck Hildesheim 1962.

Schiedlausky, Günther: Essen und Trinken. Tafelsitten bis zum Ausgang des Mittelalters. München 1959.

Schipperges, Heinrich: Arabische Einflüsse in der mittelalterlichen Badehygiene. In: Zeitschrift für angewandte Bäder- und Klimaheilkunde 4 (1957), S. 200–210.
–: Honorius und die Naturkunde des 12. Jahrhunderts. In: Sudh. Arch. Gesch. Med. Naturw. 42 (1958), S. 71–82.
–: Die arabische Medizin als Praxis und als Theorie. Ebd. 43 (1959), S. 317–328.
–: (a) Einflüsse arabischer Medizin auf die Mikrokosmosliteratur des 12. Jahrhunderts. In: Antike und Orient im Mittelalter. Hrsg. von Paul Wilpert. Berlin 1962, S. 129–153. (= Miscellanea Mediaevalia. Bd. 1.)
–: (b) Lebendige Heilkunde. Von großen Ärzten und Philosophen aus drei Jahrtausenden. Olten, Freiburg/Br. 1962.
–: Ärztliche Bemühungen um die Gesunderhaltung seit der Antike. In: Heidelberger Jahrbücher 7 (1963), S. 121–136.
–: Die Assimilation der arabischen Medizin durch das lateinische Mittelalter. Wiesbaden 1964. (= Sudh. Arch. Gesch. Med. Naturw. Beiheft 3.)
–: Eine späte Verteidigungsschrift der „Artes liberales" für den praktischen Arzt. In: Asclepio. Archivo ibéroamericano de historia de la medicina y de antropología médica 18/19 (1966/67), S. 303–311.
–: Melancolia als ein mittelalterlicher Sammelbegriff für Wahnvorstellungen. In: Studium Generale 20 (1967), S. 723–736.
–: Das Ideal der feinen Lebensart im arabischen Mittelalter. In: Med. Mschr. 22 (1968), S. 258–263.
–: Moderne Medizin im Spiegel der Geschichte. Stuttgart 1970.
Schmid, Ernst Fritz: Musik an den schwäbischen Zollernhöfen der Renaissance. Beiträge zur Kulturgeschichte des deutschen Südwestens. Kassel, Basel 1962.
Schmitt, Wolfram: Die Leibesübungen in der Sicht der mittelalterlichen Medizin. In: Med. Mschr. 26 (1972), S. 384–388.
–: Theorie der Gesundheit und „Regimen sanitatis" im Mittelalter. Med. Habil.-Schr. Heidelberg 1973. (masch.schr.)
Schmitz, Heinz-Günter: Phantasie und Melancholie. Barocke Dichtung im Dienst der Diätetik. In: Med. hist. J. 4 (1969), S. 210–230.
–: Physiologie des Scherzes. Bedeutung und Rechtfertigung der Ars iocandi im 16. Jahrhundert. Hildesheim, New York 1972. (= Deutsche Volksbücher in Faksimiledrucken. Reihe B. Bd. 2.)
Schöne, Hermann: Περὶ ὑγιείνης ἀναφωνήσεως bei Oribasius Coll. med. VI 10. In: Hermes 65 (1930), S. 92–105.
Schöner, Erich: Das Viererschema in der antiken Humoralpathologie. Wiesbaden 1964. (= Sudh. Arch. Gesch. Med. Naturw. Beiheft 4.)
Schönfeldt, Klaus: Die Temperamentenlehre in deutschsprachigen Handschriften des 15. Jahrhunderts. Phil. Diss. Heidelberg 1962.
Schramm, Willi: Die Geschichte der Kurmusik in Bad Meinberg und Bad Salzuflen. In: Mitteilungen aus der lippischen Geschichte und Landeskunde 18 (1949), S. 140–158.
Schrenk, Martin: Über den Umgang mit Geisteskranken. Die Entwicklung der psychiatrischen Therapie vom „moralischen Regime" in England und Frankreich zu den „psychischen Curmethoden" in Deutschland. Heidelberg, New York 1973. (= Monographien aus dem Gesamtgebiet der Psychiatrie. Bd. 10.)
Schumacher, Joseph: Musik als Heilfaktor bei den Pythagoreern im Licht ihrer naturphilosophischen Anschauungen. In: Musik in der Medizin. Beiträge zur Musiktherapie. Hrsg. von H. R. Teirich. Stuttgart 1958, S. 1–16.
–: Antike Medizin. Die naturphilosophischen Grundlagen der Medizin in der griechischen Antike. 2. Aufl. Berlin 1963.

454

Schünemann, Georg: Geschichte der deutschen Schulmusik. 2. Aufl. Bd. 1–2. Leipzig 1931. Nachdruck Köln 1958.

Seidler, Eduard: Die Heilkunde des ausgehenden Mittelalters in Paris. Studien zur Struktur der spätscholastischen Medizin. Wiesbaden 1967. (= Sudh. Arch. Beiheft 8.)

–:Pariser Medizin im 15. Jahrhundert. In: Fachliteratur des Mittelalters. Festschrift Georg Eis. Stuttgart 1968, S. 319–332.

Sezgin, Fuat: Geschichte des arabischen Schrifttums. Bd. 3: Medizin – Pharmazie – Zoologie – Tierheilkunde bis ca. 430 H. Leiden 1970.

Shiloah, Amnon: Ibn Hindū, le médecin et la musique. In: Israel Oriental Studies 2 (1972), S. 447–462.

Siegel, R. E.: Melancholy and black bile in Galen and later writers. In: The Bulletin of the Cleveland medical library 18 (1) (1971), S. 10–20.

Sigerist, Henry E.: Krankheit und Zivilisation. Frankfurt am Main, Berlin 1952. (S. 218–232: Krankheit und Musik.)

Siggel, Alfred: Al-Kindi's Schrift über die zusammengesetzten Heilmittel. In: Sudh. Arch. Gesch. Med. Naturw. 37 (1953), S. 389–393.

Simon, Jean Robert: Robert Burton (1577–1640) et l'Anatomie de la Mélancholie. Paris 1964. (= Etudes Anglaises. Bd. 19.)

Simon, Walther C.: Musik und Heilkunst. In: Musiktherapie. Hrsg. von Kurt Pahlen. München 1973, S. 81–92.

Singer, Charles u. E. Ashworth Underwood: A short history of medicine. 2. Aufl. Oxford 1962.

Smidt-Dörrenberg, Irmgard: David und Saul. Variationen über ein Thema von Rembrandt. Wien 1969.

Smits van Waesberghe, Joseph: Musikerziehung. Lehre und Theorie der Musik im Mittelalter. Leipzig 1969. (= Musikgeschichte in Bildern. Hrsg. von Heinrich Besseler u. Werner Bachmann. Bd. 3. Lieferung 3.)

Sohler, Heinrich: Beiträge zur Geschichte der Heilmusik. Phil. Diss. Berlin 1934.

Soula, Hyacinthe: Essai sur l'influence de la musique et son histoire en médecine. Thèse méd. Paris 1883.

Specht, Rainer: Commercium mentis et corporis. Über Kausalvorstellungen im Cartesianismus. Stuttgart-Bad Canstatt 1966.

Starobinski, Jean: Geschichte der Melancholiebehandlung von den Anfängen bis 1900. Basel 1960. (= Documenta Geigy. Acta psychosomatica. Nr. 4.)

Stauder, Wilhelm: Artikel „Trommeln und Pauken". C. Mittelalter. In: MGG, Bd. 13 (1966), Sp. 740–752.

Steffen, Hartmut: Zur Theorie und Praxis der Iatromusik zwischen 1770 und 1830. Med. Diss. Heidelberg 1966, masch.schr.

–:Zur Theorie und Praxis der Musiktherapie zwischen 1770 und 1830. In: Med. Mschr. 23 (1969), S. 21–30.

Stettler-Schär, Antoinette: Zur Psychosomatik im Mittelalter. In: Gesnerus 31 (1974), S. 99–106.

Steudel, Johannes: Zur Geschichte der Lehre von den Greisenkrankheiten. In: Sudh. Arch. Gesch. Med. Naturw. 35 (1942), S. 1–27.

Sticker, Georg: Die Pest. Bd. 1–2. Gießen 1908–10. (= Abhandlungen aus der Seuchengeschichte und Seuchenlehre. 1.)

Storck, Karl: Musik und Musiker in Karikatur und Satire. Eine Kulturgeschichte der Musik aus dem Zerrspiegel. 2. Aufl. Oldenburg 1913.

Stosch, Johannes: Der Hofdienst der Spielleute im deutschen Mittelalter. Phil. Diss. Berlin 1881.

Sudhoff, Karl: Die medizinische Fakultät zu Leipzig im ersten Jahrhundert der Universität. Leipzig 1909. (= Studien zur Geschichte der Medizin. Heft 8.)

–: Beiträge zur Geschichte der Chirurgie im Mittelalter. Graphische und textliche Untersuchungen in mittelalterlichen Handschriften. Bd. 1–2. Leipzig 1914–18. (= Studien zur Geschichte der Medizin. Heft 11/12.)

–: Szenen aus der Sprechstunde und bei Krankenbesuchen des Arztes in mittelalterlichen Handschriften. II. In: Arch. Gesch. Med. 9 (1916). S. 293–306.

–: Zur Geschichte der Lehre von den kritischen Tagen im Krankheitsverlaufe. In: K. Sudhoff: Ausgewählte Abhandlungen. Hrsg. von Henry E. Sigerist. Leipzig 1929, S. 1–22. (= Sudh. Arch. Gesch. Med. 21, 1929.)

Talbot, Charles H.: Medical education in the middle ages. In: Ch. D. O'Malley (L 1970), S. 73–87.

Tatarkiewicz, W.: Classification of arts in antiquity. In: Journal of the history of ideas 24 (1963), S. 231–240.

Temkin, Owsei: Medical education in the middle ages. In: Journal of medical education 31 (1956), S. 383–392.

–: Galenism. Rise and decline of a medical philosophy. Ithaca, London 1973.

Terry, Charles Sanford: Johann Sebastian Bach. [Leipzig] 1950.

Thorndike, Lynn: A history of magic and experimental science. Bd. 1–8. New York 1929–58.

Timken-Zinkann, R. F.: Black bile. A review of recent attempts to trace the origin of the teachings on melancholia to medical observations. In: Medical History 12 (1968), S. 288–292.

Touma, Habib Hassan: Die Musik der Araber. Wilhelmshaven 1975. (= Taschenbücher zur Musikwissenschaft. 37.)

Ullersperger, Johann Baptist: Die Geschichte der Psychologie und der Psychiatrik in Spanien von den ältesten Zeiten bis zur Gegenwart. Würzburg 1871.

Ullmann, Manfred: Die Medizin im Islam. Leiden, Köln 1970. (= Handbuch der Orientalistik. Hrsg. von B. Spuler. Erste Abteilung. Erg. Bd. 6.)

Ulsamer, Josef u. Klaus Stahmer: Musikalisches Tafelkonfekt. Würzburg 1973.

Underwood, E. Ashworth: Apollo and Terpsichore: music and the healing art. In: Bull. Hist. Med. 21 (1947), S. 639–673.

Vaultier, Roger: La musique et la médecine: la mélothérapie. In: Presse médicale 62 (1954), S. 1187.

Vecchi, Giuseppe: Medicina e musica, voci e strumenti nel „Conciliator" (1303) di Pietro da Abano. Bologna 1967. (= Biblioteca di „Quadrivium". Serie scientifica. Heft 2.)

Veith, Ilza: Hysteria: the history of a disease. Chicago 1965.

Vogel, Cornelia Johanna: Pythagoras and early Pythagoreanism. An interpretation of neglected evidence on the philosopher Pythagoras. Assen 1966. (= Philosophical texts and studies. Bd. 12.)

Walker, Daniel Pickering: Der musikalische Humanismus im 16. und frühen 17. Jahrhundert. Kassel, Basel 1947. (= Musikwissenschaftliche Arbeiten. Heft 5.)

–: Ficino's spiritus and music. In: Annales Musicologiques 1 (1953), S. 131–150.

–: Spiritual and demonic magic from Ficino to Campanella. London 1958. (= Studies of the Warburg Institute. 22.)

Wehrli, Fritz: Ethik und Medizin. Zur Vorgeschichte der aristotelischen Mesonlehre. In: Museum Helveticum 8 (1951), S. 36–62.

Wellmann, Max: Die pneumatische Schule bis auf Archigenes in ihrer Entwicklung dargestellt. Berlin 1895. (= Philologische Untersuchungen. Heft 14.)

Werner, Eric: Greek ideas on music in Judaeo-Arabic literature. In: The commonwealth of music. In Honor of Curt Sachs. Hrsg. von Gustave Reese u. Rose Brandel. New York, London 1965, S. 71–96.

Werner, Eric u. Isaiah Sonne: The philosophy and theory of music in Judaeo-Arabic literature. In: Hebrew Union College Annual 16 (1941), S. 251–319; 17 (1942/43), S. 511–572.

Wickersheimer, Ernest: La médecine et les médecins en France à l'époque de la Renaissance. Thèse méd. Paris 1905.

–: Les Tacuini sanitatis et leur traduction allemande par Michael Herr. In: Bibliothèque d'Humanisme et Renaissance 12 (1950), S. 85–97.

Wiedemann, Eilhard: Aufsätze zur arabischen Wissenschaftsgeschichte. Bd. 1–2. Hildesheim, New York 1970.

Wille, Günther: Rhythmisch-musikalische Heilpädagogik in der Antike. In: Jahrbuch des Orff-Instituts 1 (1962), S. 41–52.

–: Musica Romana. Die Bedeutung der Musik im Leben der Römer. Amsterdam 1967.

Wind, Edgar: Dürers „Männerbad": a Dionysian mystery. In: Journal of the Warburg Institute 2 (1938/39), S. 269–271.

Wiora, Walter (Hrsg.): Die Ausbreitung des Historismus über die Musik. Aufsätze und Diskussionen. Regensburg 1969. (= Studien zur Musikgeschichte des 19. Jahrhunderts. Bd. 14.)

–: Methodik der Musikwissenschaft. In: Methoden der Kunst- und Musikwissenschaft. Dargestellt von Martin Gosebruch, Christian Wolters, Walter Wiora. München, Wien 1970, S. 93–139. (= Enzyklopädie der geisteswissenschaftlichen Arbeitsmethoden. Hrsg. von Manfred Thiel. 6. Lieferung.)

–: Zeitgeist und Gedankenfreiheit. Zur Geschichte der Musikanschauung. In: Die Musikforschung 26 (1973), S. 4–22.

Wolf, Ferdinand: Über die Lais, Sequenzen und Leiche. Heidelberg 1841.

Wolf, Johannes: Geschichte der Mensuralnotation von 1250 bis 1460. Leipzig 1904. Nachdruck Hildesheim 1965.

–: Die Tänze des Mittelalters. Eine Untersuchung des Wesens der ältesten Instrumentalmusik. In: Archiv für Musikwissenschaft 1 (1918/19), S. 10–42.

Woodward, William Harrison: Studies in education during the age of the Renaissance 1400–1600. Cambridge 1906.

Wurms, Friedrich: Studien zu den deutschen und lateinischen Prosafassungen des pseudoaristotelischen „Secretum secretorum". Phil. Diss. Hamburg 1970.

Yaşargil, M. G.: Über die Musiktherapie im Orient und Okzident. In: Schweizer Archiv für Neurologie, Neurochirurgie und Psychiatrie 90 (1962), S. 301–326.

Yearsley, Macleod: Music as a treatment in Elizabethan medicine. In: The Lancet, Jg. 113, Bd. 228 (1935), S. 415–416.

Zeiler, Henri: Les collaborateurs médicaux de l'Encyclopédie de Diderot et d'Alembert. Paris 1934.

Zeller, Paulus: Die täglichen Lebensgewohnheiten im altfranzösischen Karls-Epos. Marburg 1885. (= Ausgaben und Abhandlungen aus dem Gebiete der romanischen Philologie. Heft 42.)

Zenck, Hermann: Musikgeschichtliche Wirklichkeit. In: H. Zenck: Numerus und Affectus. Studien zur Musikgeschichte. Hrsg. von Walter Gerstenberg. Kassel, Basel 1959, S. 9–18. (= Musikwissenschaftliche Arbeiten. Nr. 16.)

Ziemann, Johannes: Die Musik in der medizinischen Theorie und Praxis des 19. Jahrhunderts. Med. Diss. Frankfurt am Main 1970.

Nachschlagewerke (Bibliographien, Lexika usw.)

Aber, Adolf: Handbuch der Musikliteratur in systematisch-chronologischer Anordnung. Leipzig 1922. Nachdruck Hildesheim 1967. (= Kleine Handbücher der Musikgeschichte nach Gattungen. Hrsg. von Hermann Kretzschmar. Bd. 13.)

Becker, Carl Ferdinand: Systematisch-chronologische Darstellung der musikalischen Literatur von der frühesten bis auf die neueste Zeit. Leipzig 1836. Nachtrag ebd. 1839. Nachdruck Amsterdam 1964.

Bibliography of the history of medicine. Bethesda/Maryland. Heft 1 (1964) ff.

Taut. Leipzig 1936–41. Jg. 5 ff. für 1950 ff. Hrsg. von Wolfgang Schmieder. Jg. 15 (1960) ff. Hrsg. vom Staatlichen Institut für Musikforschung Preußischer Kulturbesitz. Frankfurt a. M. (später Mainz) 1953 ff.

Bibliography of the history of medicine. Bethesda/Maryland. Heft 1 (1964) ff.

Bibliotheca Osleriana. A catalogue of books illustrating the history of medicine and science collected, arranged, and annotated by Sir William Osler. Montreal, London 1969.

Bibliotheca Walleriana. A catalogue compiled by Hans Sallander. Bd. 1–2. Stockholm 1955.

Biographisches Lexikon der hervorragenden Ärzte aller Zeiten und Völker. Hrsg. von A. Hirsch. 2. Aufl. Bearb. von W. Haberling, F. Hübotter und H. Vierordt. Bd. 1–5. Erg.-Bd. Berlin, Wien 1929–35.

Current work in the history of medicine. An international bibliography. Hrsg. von der Wellcome Historical Medical Library, London. Heft 1 (1954) ff.

Dictionaire des sciences médicales. Biographie médicale. Bd. 1–7. Paris 1820–27.

Diels, Hermann Alexander: Die Handschriften der antiken Ärzte. Nachdruck aus den Abhandlungen der Preußischen Akademie der Wissenschaften, Jg. 1905–07. Leipzig, Amsterdam 1970.

Diethelm, Oskar: Medical dissertations of psychiatric interest. Printed before 1750. Basel, München, Paris usw. 1971.

Ebied, R. Y.: Bibliography of mediaeval Arabic and Jewish medicine and allied sciences. London 1971. (= Publications of the Wellcome Institute of the History of Medicine. Occasional series. 2.)

Erman, W. u. E. Horn: Bibliographie der deutschen Universitäten. Teil 1–3. Leipzig, Berlin 1904–05. Nachdruck Hildesheim 1965.

Farmer, Henry George: The sources of arabian music. An annotated bibliography of arabic manuscripts which deal with the theory, practice, and history of arabian music from the eighth to the seventeenth century. Leiden 1965.

Friedreich, Johann Baptist: Versuch einer Literärgeschichte der Pathologie und Therapie der psychischen Krankheiten. Würzburg 1830. Nachdruck Amsterdam 1965.

Großes vollständiges Universal-Lexicon aller Wissenschafften und Künste. Bd. 1–64. Suppl.-Bd. 1–4. Halle/S., Leipzig 1732–54.

Hamarneh, Sami: Bibliography on medicine and pharmacy in medieval Islam. Stuttgart 1964. (= Veröffentlichungen der Internationalen Gesellschaft für Geschichte der Pharmazie. Neue Folge. Bd. 25.)

Handwörterbuch des deutschen Aberglaubens. Hrsg. von Hans Bächtold-Stäubli. Bd. 1–10. Berlin, Leipzig 1927–42.

Handwörterbuch der musikalischen Terminologie. Hrsg. von Hans Heinrich Eggebrecht. Wiesbaden 1972 ff.

Index catalogue of the library of the surgeon-general's office, United States Army. Ser. I, Bd. 1–16. Washington 1880–95. Ser. II, Bd. 1–21. Ebd. 1896–1916. Ser. III, Bd. 1–10. Ebd. 1918–1932.

Index zur Geschichte der Medizin, Naturwissenschaft und Technik. Bd. 1. Hrsg. von Walter Artelt. München, Berlin 1953. (S. 25–297: Anneliese Wittmann: Medizinhistorische Bibliographie 1945–1948.)

Index zur Geschichte der Medizin und Biologie. Bd. 2. Hrsg. von Johannes Steudel. München, Berlin, Wien 1966. (S. 1–195: Wilfried Ricker: Medizinhistorische Bibliographie 1949–1951.)

Index Islamicus. 1906–1955. A catalogue of articles on Islamic subjects in periodicals and other collective publications. Compiled by J. D. Pearson (and Ann Walsh). Cambridge 1958. Suppl. 1956–1965. Ebd. 1962–67. Suppl. 1966 ff. London 1971 ff.

Internationale Bibliographie zur Geschichte der Medizin, 1875–1901. Hrsg. von Gunter Mann. Hildesheim, New York 1970.

Jöcher, Christian Gottlieb: Allgemeines Gelehrten-Lexicon. Teil 1–4. Leipzig 1750–51. Fortsetzung und Ergänzungen von J. Chr. Adelung, H. W. Rotermund und O. Günther. Bd. 1–7. Leipzig 1784–1897.

Kestner, Christian Wilhelm: Medicinisches Gelehrten-Lexicon. Jena 1740. Nachdruck Hildesheim, New York 1971.

Klebs, Arnold C.: Incunabula scientifica et medica. Hildesheim 1963.

Laehr, Heinrich: Die Literatur der Psychiatrie, Neurologie und Psychologie von 1459–1799. Bd. 1–4. Berlin 1900.

Leitner, Helmut: Bibliography to the ancient medical authors. Bern, Stuttgart, Wien 1973.

MacKinney, Loren: Medical illustrations in medieval manuscripts. Berkeley, Los Angeles 1965.

Mecklenburg, Carl Gregor Herzog zu: Bibliographie einiger Grenzgebiete der Musikwissenschaft. Baden-Baden 1962. (= Bibliotheca Bibliographica Aureliana. Bd. 6.)

Mercklin, Georg Abraham: Lindenius renovatus sive Johannis Antonidae van der Linden de scriptis medicis libri duo . . . Nürnberg 1686.

Mitteilungen zur Geschichte der Medizin, der Naturwissenschaften und der Technik. Bd. 1–40. Leipzig 1902–43.

Die Musik in Geschichte und Gegenwart. Hrsg. von Friedrich Blume. Bd. 1–15. Kassel, Basel usw. 1949–73.

Pauly, Alphonse: Bibliographie des sciences médicales. Paris 1874.

Pazzini, Adalberto: Bibliografia di storia della medicina italiana. Mailand 1939. (= Enciclopedia biografica e bibliografica italiana. Ser. XXXI: La medicina.)

Ploucquet, Wilhelm Gottfried: Initia Bibliothecae medico-practicae et chirurgicae realis sive repertorii medicinae practicae et chirurgicae. Bd. 1–8. Tübingen 1793–97. Suppl. Bd. 1–4. Ebd. 1799–1803.

Répertoire international de littérature musicale. Jg. 1 (1967) ff.

Riemann Musik Lexikon. 12. Aufl. Hrsg. von Wilibald Gurlitt. Personenteil. Bd. 1–2. Mainz 1959–61. Sachteil. Hrsg. von Hans Heinrich Eggebrecht. Ebd. 1967. Erg.-Bd. Personenteil. Hrsg. von Carl Dahlhaus. Bd. 1–2. Ebd. 1972–75.

Sachs, Curt: Real-Lexikon der Musikinstrumente. Berlin 1913. Nachdruck Hildesheim 1964.

Sartori, Claudio: Dizionario degli editori musicali italiani. Florenz 1958.
Schullian, Dorothy M.: [Bibliographie zum Thema „Musik und Medizin".] In: Music and medicine (L 1948), S. 407–471.
Sena, John F.: A bibliography of melancholy. 1660–1800. London 1970.
Shock, Nathan W.: A classified bibliography of gerontology and geriatrics. Stanford 1951. Suppl.-Bd. 1–2. Ebd. 1957–63.
Skinner, Henry Alan: The origin of medical terms. 2. Aufl. Baltimore 1961.
Steinschneider, Moritz: Die europäischen Übersetzungen aus dem Arabischen bis Mitte des 17. Jahrhunderts. Graz 1956.
–: Die arabischen Übersetzungen aus dem Griechischen. Graz 1960.
Thorndike, Lynn u. Pearl Kibre: A catalogue of incipits of mediaeval scientific writings in latin. Revised and augmented edition. London 1963.
Wickersheimer, Ernest: Dictionnaire biographique des médecins en France au moyen âge. Paris 1936.

Verzeichnis der Abbildungen

Abb. 1: Josephus Struthius: Sphygmicae artis iam mille ducentos annos perditae et desideratae libri V. Basel 1555, S. 23.

Abb. 2: Robert Fludd: Pulsus seu nova et arcana pulsuum historia. Frankfurt a. M. 1629, S. 78.

Abb. 3: Samuel Hafenreffer: Monochordon symbolico-biomanticum... Ulm 1640, S. 55.

Abb. 4: Ebd. S. 56.

Abb. 5: Ebd. S. 61 f.

Abb. 6: Ebd. S. 57.

Abb. 7: Ebd. S. 63.

Abb. 8: Ebd. S. 58.

Abb. 9: Ebd. S. 63.

Abb. 10: Ebd. S. 59.

Abb. 11: Ebd. S. 64.

Abb. 12: Athanasius Kircher: Musurgia universalis, sive ars magna consoni et dissoni. Rom 1650. Bd. 2, S. 417.

Abb. 13: Ebd. S. 415.

Abb. 14: François Nicolas Marquet: Nouvelle Méthode facile et curieuse, pour connoître le pouls par les notes de la musique. Seconde édition. Amsterdam 1769. Tafel-Anhang.

Abb. 15: Bibliothèque Nationale, Paris. Ms. fr. 12323, fol. 79v. 14. Jahrhundert. Photo Bibliothèque Nationale, Paris. Reproduktion mit deren Erlaubnis. (Aldebrandino von Siena: Le régime du corps. Initiale am Beginn des Kapitels „coment on se doit garder de courous".)

Abb. 16: Fratelli Zucchi: Inneres des Findelhauses des Ospedale di Santo Spirito in Rom. Zweite Hälfte des 16. Jahrhunderts. Fresko in der Aula des Palazzo del Commendatore des Hospitals. Foto Sciamanna, Rom. Reproduktion genehmigt.

Abb. 17: Malachias Geiger: Microcosmus hypochondriacus, sive de melancholia hypochondriaca tractatus. München 1652, Tafel zwischen S. 116/117.

Abb. 18: Lorenz Fries: Tractat der Wildbeder... Straßburg 1519, Titelholzschnitt.

Abb. 19: Hans Bock der Ältere: Das Bad zu Leuk (?). 1597. Gefirniste Tempera auf Leinwand. H. 77,5 cm, B. 108,5 cm. Inv. Nr. 87. Öffentliche Kunstsammlung Basel. Foto der Öffentlichen Kunstsammlung Basel. Reproduktion mit deren Erlaubnis.

Abb. 20: Georg Philipp Telemann: Scherzi Melodichi, per divertimento di coloro, che prendono le Acque minerali in Pirmonte, Con Ariette semplici e facili, a Violino, Viola e Fondamento... Settimana prima. (Hamburg) 1734. Titelblatt der Violinstimme. Das Foto durch freundliche Vermittlung von Prof. Dr. M. Ruhnke, Erlangen.

Abb. 21: Petrus Saulnier: De capite sacri ordinis Sancti Spiritus dissertatio. Lyon 1649, zweite Tafel zwischen S. 128/129.

Abb. 22: Hieronymus Brunschwig: Liber de arte distulandi simplicia et composita... Straßburg 1508, fol. Z IIII r. Foto der Herzog August-Bibliothek Wolfenbüttel. Reproduktion mit deren Erlaubnis.

Abb. 23: Bibliothèque Nationale, Paris. Ms. fr. 25528, fol. 85v. 15. Jahrhundert. Photo Bibliothèque Nationale, Paris. Reproduktion mit deren Erlaubnis. (Illustration aus Giovanni Boccaccios „Filostrato". „Et cecy faisoient ilz pour le oster hors de la merencolie . . .")

Abb. 24: Sächsische Landesbibliothek, Dresden. Ms. Db 93, fol. 467r. Zweite Hälfte des 15. Jahrhunderts. Foto der Sächsischen Landesbibliothek, Dresden. Reproduktion mit deren Erlaubnis. („Galeni opera varia". Initiale am Beginn des Textes von „De methodo medendi".)

Abb. 25: Jacob Balde: Solatium podagricorum. München 1661, Titelkupfer.

Abb. 26: Stadtbibliothek Nürnberg. Cod. Cent. V 59, fol. 231r. 13. Jahrhundert. Foto der Stadtbibliothek Nürnberg. Reproduktion mit deren Erlaubnis. (Aristoteles: De somno et vigilia. Initiale am Beginn des Textes.)

Abb. 27: Österreichische Nationalbibliothek, Wien. Cod. Vindobon. 5264, fol. 105r. 15. Jahrhundert. Foto der Österreichischen Nationalbibliothek, Wien. Reproduktion mit deren Erlaubnis. (Tacuinum sanitatis. „Uno che non po dormire . . .")

Namenregister

469

Sachregister

478

Orbis academicus

Problemgeschichten der
Wissenschaft in Dokumenten und Darstellungen
Unter Mitarbeit von August Buck, Robert Scherer, Hans Schimank,
Clausdieter Schott, Elisabeth Ströker, Hans Thieme, Meinolf Wewel
herausgegeben von Fritz Wagner
im Verlag Karl Alber (Freiburg i. Br.)

Rudolf von Albertini: *Freiheit und Demokratie in Frankreich.* Von der Restauration bis zur Résistance

Hans Arens: *Sprachwissenschaft.* Von der Antike bis zur Gegenwart. 2., stark erweiterte Auflage

Theodor Ballauff und Klaus Schaller: *Pädagogik.* Geschichte der Bildung und Erziehung von der Antike bis ins 20. Jahrhundert. 3 Bände

Alfred Barthelmeß: *Vererbungswissenschaft*

Alfred Barthelmeß: *Wald – Umwelt des Menschen.* Naturschutz, Landschaftspflege und Humanökologie

Hanno Beck: *Geographie*

Oskar Becker: *Grundlagen der Mathematik.* 2., erweiterte Auflage

Ernst Benz: *Die Ostkirche* im Lichte der protestantischen Geschichtsschreibung von der Reformation bis zur Gegenwart

J. M. Bocheński: *Formale Logik.* 3. Auflage

Carl Joachim Friedrich: *Die Politische Wissenschaft*

Alexander Gosztonyi: *Der Raum.* 2 Bände

Helmut Hölder: *Geologie und Paläontologie*

Carl Jantke und Dietrich Hilger: *Die Eigentumslosen.* Der deutsche Pauperismus und die Emanzipationskrise

Karl Ernst Jeismann: *Das Problem des Präventivkriegs im europäischen Staatensystem*

Friedrich Klemm: *Technik*

Werner Georg Kümmel: *Das Neue Testament.* 2., ergänzte Auflage.

Michael Landmann: *De homine.* Der Mensch im Spiegel seines Gedankens

Annemarie und Werner Leibbrand: *Formen des Eros.* Kultur- und Geistesgeschichte der Liebe vom antiken Mythos bis zur „sexuellen Revolution". 2 Bände

Werner Leibbrand: *Heilkunde*

Werner Leibbrand und Annemarie Wettley: *Der Wahnsinn.* Geschichte der abendländischen Psychopathologie

Heinrich Lützeler: *Kunsterfahrung und Kunstwissenschaft*. System und Entwicklung des Umgangs mit der Bildenden Kunst. 3 Bände

Peter Meinhold: *Geschichte der kirchlichen Historiographie*. 2 Bände

A. G. M. van Melsen und Heimo Dolch: *Atom – gestern und heute*. Der Atombegriff von der Antike bis zur Gegenwart

Hermann Pfrogner: *Musik*

Kurt von Raumer: *Ewiger Friede*. Friedensrufe und Friedenspläne von der Renaissance bis 1800

Ernst Reibstein: *Völkerrecht*. Seine Ideen in Lehre und Praxis vom Ausgang der Antike bis zur Gegenwart. 2 Bände

Ernst Reibstein: *Volkssouveränität und Freiheitsrechte*. Die politische Theorie des 14. bis 18. Jahrhunderts. 2 Bände

Karl E. Rothschuh: *Physiologie*. Ihre Konzepte und Methoden vom 16. bis 20. Jahrhundert

Manfred Schlenke: *England und das friderizianische Preußen 1740– 1763*. Zum Verhältnis von Politik und öffentlicher Meinung

Karl Schneider-Carius: *Wetterkunde – Wetterforschung*

Helmut Schoeck: *Die Soziologie und die Gesellschaften*. 2., erweiterte Auflage

Jan de Vries: *Forschungsgeschichte der Mythologie*

Wilhelm de Vries: *Rom und die Patriarchate des Ostens*

Fritz Wagner: *Geschichtswissenschaft*. 2. Auflage

Max Wegner: *Altertumskunde*

Die Wissenschaft vom Leben. Geschichte der Biologie. Band I von Theodor Ballauff: Vom Altertum bis zur Romantik. Band II: in Vorbereitung. Band III von Emil Ungerer: Der Wandel der Problemlage in den letzten Jahrzehnten

Walter Zimmermann: *Evolution*

Ernst Zinner: *Astronomie*

Die Reihe „Orbis academicus" wird fortgesetzt. Prospekte vom Verlag.

Verlag Karl Alber Freiburg/München